《资本论》研究丛书
主编 陈 征 李建平

Das Kapital

《资本论》与中国特色社会主义政治经济学

李建平 黄茂兴 黄 瑾 主编

海峡出版发行集团 THE STRAITS PUBLISHING & DISTRIBUTING GROUP | 福建人民出版社 FUJIAN PEOPLE'S PUBLISHING HOUSE

图书在版编目（CIP）数据

《资本论》与中国特色社会主义政治经济学 / 李建平，黄茂兴，黄瑾主编．—福州：福建人民出版社，2017.9

（《资本论》研究丛书 / 陈征，李建平主编）

ISBN 978-7-211-07798-4

Ⅰ．①资… Ⅱ．①李… ②黄… ③黄… Ⅲ．①《资本论》—马克思著作研究—文集 ②中国特色社会主义—社会主义政治经济学—文集 Ⅳ．①A811.23—53 ②F120.2—53

中国版本图书馆 CIP 数据核字（2017）第 225339 号

《资本论》与中国特色社会主义政治经济学

ZIBENLUN YU ZHONGGUO TESE SHEHUIZHUYI ZHENGZHI JINGJIXUE

主　　编： 李建平　黄茂兴　黄　瑾
责任编辑： 林俊杰　陈斯敏　季奎奎
特约编辑： 韩腾飞
出版发行： 海峡出版发行集团
福建人民出版社　　**电　　话：** 0591-87533169(发行部)
网　　址： http://www.fjpph.com　**电子邮箱：** fjpph7211@126.com
地　　址： 福州市东水路 76 号　**邮政编码：** 350001
经　　销： 福建新华发行（集团）有限责任公司
印　　刷： 福州德安彩色印刷有限公司
开　　本： 720 毫米×1000 毫米　1/16
印　　张： 41
字　　数： 604 千字
版　　次： 2017 年 9 月第 1 版　2017 年 9 月第 1 次印刷
书　　号： ISBN 978-7-211-07798-4
定　　价： 98.00 元

总　　序

《资本论》是马克思倾其毕生心血写就的政治经济学鸿篇巨制。《资本论》第一卷德文版从1867年问世至今，已整整150周年，它的理论价值和实践意义，不仅没有随着时间的流逝而消退，而是愈发流光溢彩、历久弥新。

在人类历史上，还从来没有一本著作像《资本论》一样，从它诞生之日起就遭遇歌颂与攻击如此激烈的双重命运：工人阶级视之为“圣经”，资产阶级则把它看作洪水猛兽。究其原因，正在于它对资本主义经济运动规律和历史趋势的深刻揭示，从而对社会的发展和人类的命运产生了深刻而持久的影响。《资本论》运用唯物主义历史观和辩证方法，深入剖析“资本主义生产方式以及和它相适应的生产关系和交换关系”，深刻揭示资本主义产生、发展和灭亡的规律，科学阐明社会主义必然胜利的发展趋势和未来社会的基本特征。它是一把刺向资本主义制度的尖刀，是一支吹响社会主义胜利进军的号角。20世纪苏联、中国等社会主义国家的相继建立，亚非拉民族解放运动的蓬勃发展，充分证明了《资本论》对认识世界和改造世界的强大力量。20世纪80年代末90年代初苏联、东欧各个社会主义国家的政治经济体制发生根本性改变以后，世界社会主义发展遇到了空前挫折，所谓“历史终结于资本主义的自由民主制度”等西方资本主义思想甚嚣尘上，《资本论》也被认为是已经“过时”了。进入21世纪后，资本主义的内在矛盾和深刻弊端日趋严重，尤其是2008年的全球金融危机爆发，再次表明资本主义经济危机并非如西方主流经济学家所认为的那样，成为过去式，而是愈演愈烈。与之相反，中国特色社会主义建设则表现出强劲发展势头，风景这边独好，为世人所瞩目。以致提出“历史终结”论的弗朗西斯·福山在10年后也不得不发出这样的疑问：“我们是否已经仅在10年时间内就实现了从全球资本主义的胜利向危机的转变”？尤为具有讽刺意味的是，福山这篇文章的题目就叫《重回〈资本论〉》。今天，我们要深刻认识当代资本主义的本质，胜利推进中国特色社会主义现代化建设，就有必要认真学习和研究《资本论》，从中掌握马克思主义的立场、观点、方法。诚如西方一位知名学者所言，人类“不能没有马克思。没有马克思，没有对马克思的记忆，没有马克思的遗产，也就没有将来”。

针对有人鼓吹《资本论》过时的论调，习近平同志在哲学社会科学座谈会上的讲话中特别指出：“这个说法是武断的。远的不说，就从国际金融危机看，许多西方国家经济持续低迷、两极分化加剧、社会矛盾加深，说明资本主义固有的生产社会化和生产资料私人占有之间的矛盾依然存在，但表现形式、存在特点有所不同。国际金融危机发生后，不少西方学者也在重新研究马克思主义政治经济学，研究《资本论》，借以反思资本主义的弊端。”《资本论》不仅是一部伟大的政治经济学著作，而且是一座百科全书式的理论宝库，它蕴含着马克思在哲学、政治、法律、道德、宗教、美学、文学、历史、教育、科学技术等各个方面的宝贵思想。中国特色社会主义政治经济学的探索与构建离不开《资本论》这一经典著作，如同习近平同志所强调的，首先要解决真懂真信的问题，解决好为什么人的问题，并落实到怎么用上来。我们应该以《资本论》的基本原理和方法为指导，以正在做的事情为中心，从中国改革发展的实践中不断挖掘新材料，发现新问题，提出新观点，构建新理论，努力揭示中国社会发展、人类社会发展的大逻辑大趋势，把马克思所开创的伟大事业在21世纪不断推向前进。

为了纪念马克思《资本论》第一卷出版150周年，全面展现《资本论》的研究现状和成果，进一步推动《资本论》传播、研究、运用、创新和发展，为构建中国特色社会主义政治经济学大厦添砖加瓦，在福建人民出版社的积极倡议和大力支持下，福建师范大学全国中国特色社会主义政治经济学研究中心、经济学院组织出版《资本论》研究丛书。丛书由陈征、李建平担任总主编，共8种12册，包括：陈征著《〈资本论〉解说》（第四版）(全3册)，陈征著《论现代科学劳动：马克思劳动价值论的新发展》，陈征著《社会主义城市地租研究》（第二版），李建平著《〈资本论〉第一卷辩证法探索》（第三版），陈征、李建平、李建建、郭铁民主编《〈资本论〉与当代中国经济》(第三版)，李建平、黄茂兴、黄瑾主编《对〈资本论〉若干理论问题争论的看法》（上、下册），李建平、黄茂兴、黄瑾主编《〈资本论〉与中国特色社会主义政治经济学》，李建平、黄茂兴、黄瑾主编《〈资本论〉永放光芒——纪念〈资本论〉第一卷出版150周年》(上、下册)。丛书前四种属个人专著，后四种则是集体研究成果的结晶。对于参与集体成果研究的作者和论文被我们选用的作者，在这里谨表深深的谢意！

由于本套丛书篇幅较大，而时间又很仓促，所以疏漏和错误之处在所难免，诚挚欢迎大家提出批评意见。

陈　征　李建平

2017年5月于福州

前　言

2012年6月19日，习近平同志在考察中国人民大学《资本论》教学与研究中心时指出：马克思主义中国化形成了毛泽东思想和中国特色社会主义理论体系两大理论成果，追本溯源，这两大理论成果都是在马克思主义经典理论指导之下取得的。《资本论》作为最重要的马克思主义经典著作之一，经受了时间和实践的检验，始终闪耀着真理的光芒。加强《资本论》的教学与研究具有重要意义，要学以致用，切实发挥理论的现实指导作用，进一步深化、丰富和发展中国特色社会主义理论体系。①

《〈资本论〉与中国特色社会主义政治经济学》一书正体现了福建师范大学理论经济学学科在对《资本论》“学以致用”上的积极探索。该书上篇主要是研究《资本论》的基本原理和方法论，包括劳动价值论、劳动本体论等，以及运用《资本论》的原理与方法分析当代社会经济发展所形成的新的理论成果，尤其是对新自由主义思想进行了批判。下篇主要是基于中国国情和时代特点，探究中国特色社会主义政治经济学的新特征新内容新规律，并且紧紧围绕改革开放新的实践，总结当代中国马克思主义政治经济学的理论成果，以推动中国经济的全面协调可持续发展。收入本书的文章，根据编辑出版规范作了订正，基本上保持文章原貌。

---

① 《习近平同志视察中国人民大学〈资本论〉教学与研究中心》，《政治经济学评论》2012年第3期。

本书作者以福建师范大学经济学院的教师为主体，也包括曾经和正在经济学院攻读硕士、博士学位的研究生。他们的研究成果体现了福建师范大学经济学院对“南方坚持马克思主义的重要阵地”的长期坚守，也明晰了理论经济学学科未来的两条主攻方向——既要进一步深入《资本论》等马克思主义政治经济学经典著作的学习和研究，也要在实践中努力探索和构建中国特色社会主义政治经济学，经世致用。“路漫漫其修远兮，吾将上下而求索。”

编　者

2017 年 5 月

目　　录

上　　编
马克思《资本论》研究

下　　编
中国特色社会主义政治经济学研究

上编

马克思《资本论》研究

论劳动价值理论的两种形态

李建平*

一、什么是劳动价值理论的两种形态

在阐述什么是劳动价值论的两种重要形态之前，先从经济学界对劳动价值论的争论谈起。

马克思的劳动价值论的建立，如果从1859年《资本论》“初稿”《政治经济学批判》第一分册出版算起，已经过去140多年了。在这漫长的时间中，关于劳动价值论的争论，无论是西方还是中国的经济学界，从来就没有停止过。就从中国来说，从中华人民共和国成立后一直到今天，经历了四次争论高潮：第一次是20世纪50年代后期，第二次是20世纪80年代初期，第三次是20世纪90年代初期，第四次是2000年10月中共中央明确提出“在新的历史条件下，要深化对劳动和劳动价值论的认识”①。尤其是这一次讨论，经济理论作者参与讨论热情之高，发表论著之多，是空前的。这次讨论提出了许多新见解、新观点，大大拓宽了人们对劳动价值论认识的视野，但是，在讨论中也出现了三个值得注意的倾向。

一是讨论双方对《资本论》中有关劳动价值论的论述出现了完全不同的理解。如关于创造价值的劳动，一种观点认为这只是一种生产商品

---

* 李建平：福建师范大学经济学院、马克思主义学院教授，博士生导师。

① 《中共中央关于制定国民经济和社会发展第十个五年计划的建议》，人民出版社2000年版，第35页。

的简单体力劳动，不包括科学技术、经济管理这类复杂的脑力劳动。而另一种观点则通过大量论证，说明马克思的劳动概念已经把它们包含进去了。再如价值源泉，一种观点坚持只有活劳动才是价值的唯一源泉，认为这是马克思劳动价值论的唯一灵魂；另一种观点则主张活劳动和其他生产要素共同创造价值，并声称这是对马克思劳动价值论在新的历史条件下的深化和发展。持此观点的文章不仅越来越多，而且连一些著名学者，甚至中央部级课题组也参加进来，如此等等。本来真理是愈辩愈明的，但现在似乎给人一种愈讨论愈糊涂的感觉。

二是在讨论中，许多人试图把劳动价值论当作一把“万能的钥匙”，去直接打开现实经济生活中的各种各样的“锁”，解决在新历史条件下出现的新情况、新问题，如分配问题、科技工作者和经营管理者的地位问题、剥削问题、私营企业主入党问题等，但结果不是很理想，于是就认为“劳动价值论与现实生活的矛盾太大”，甚至怀疑劳动价值论本身的正确性。

三是对深化劳动价值论的研究有不同的理解。有的论者坚决反对否定马克思的劳动价值论，认为正确的态度是既要继承和坚持，又要创新与发展；有的论者却公开宣扬马克思的劳动价值论只适用于“原始的物物交换”，既不适用于资本主义商品生产，也不适用于社会主义商品生产，作为一种“过时”的理论应予以抛弃，而以西方的价值理论如效用价值论、供求价值论和要素价值论来取而代之；有的文章虽然也打着“深化劳动价值论研究”的旗号，但其实际阐述的内容却与马克思的本意相差十万八千里！这就向人们提出一个严肃的问题：对劳动价值论的认识要不要在继续和坚持的前提下深化？如何对它进行深入研究？

我认为，深化对劳动价值理论的研究和认识，应做好两方面的工作。一方面是要像邓小平在讲到研究毛泽东思想时所多次强调的那样，“要准确地完整地理解”①，不能断章取义，更不能随意曲解；另一方面则要结合新的实际，对劳动价值论加以发展。在这两个方面的工作中，前一方面的工作是前提，前提没有搞好，不仅会损害马克思主义“政治经济学

① 《邓小平文选》第2卷，人民出版社1994年版，第67页。

的整个基础”[①]，而且也使后一方面的工作失去依据和方向。在关于劳动价值论的争论中，之所以会出现上述种种问题，一个重要原因，就是争论各方对马克思的劳动价值论还是停留在传统的理解上，即限于《资本论》第一卷第一章的内容，例如有的论者就把劳动价值论的内容概括为三点，即商品的二重性学说、劳动二重性学说、价值形式学说。我认为，这是一种简单化的、片面的、错误的理解。用这种被扭曲的观点来解读《资本论》，就会感觉到《资本论》存在诸多逻辑矛盾；用它来说明现实就会觉得解决不了什么问题。

“横看成岭侧成峰，远近高低各不同。不识庐山真面目，只缘身在此山中。”根据我的理解，马克思的劳动价值论的内容不能仅仅局限在《资本论》第一卷第一章中，应该包括马克思的《政治经济学批判》第一分册（它是《资本论》的初篇）、《资本论》全四卷和一系列的经济学手稿。劳动价值理论的“庐山真面目”，就在于它具有两种形态：第一种形态是劳动价值理论的抽象形态，它的内容主要体现在《政治经济学批判》第一分册和《资本论》第一卷第一篇中，其特点就是所论述的内容都是一些“最简单的规定”、“稀薄的抽象”和“最一般的形式”。正是因为它“最简单”，所以它研究的“劳动产品的商品形式，或商品的价值形式”，对资本主义社会来说，“就是经济的细胞形式”[②]。“最简单的经济范畴，如交换价值”，就是“作为一个既定的、具体的、生动的整体的抽象的单方面的关系而存在”。[③] 正因为它“抽象”，所以马克思的论证附有若干假设和前提，一些比较复杂的因素，如市场竞争、供求关系等都被暂时舍象掉了，仅仅从它的“纯粹形态”方面进行考察。正因为它“一般”，因此似乎可以“适用于一切时代”[④]，不仅适用于前资本主义简单商品生产，而且适用于资本主义的商品生产，当然也适用于社会主义的商品生产。虽然这一形态的劳动价值理论是抽象的、简单的、一般的，不可能用它来直接解决现实中的经济问题，但它却是马克思整个经济科学大厦的基

① 《马克思恩格斯全集》第 26 卷第 2 册，人民出版社 1973 年版，第 264 页。
② 《资本论》第 1 卷，人民出版社 2004 年版，第 8 页。
③ 《马克思恩格斯全集》第 46 卷上册，人民出版社 1979 年版，第 38 页。
④ 《马克思恩格斯全集》第 46 卷上册，人民出版社 1979 年版，第 45 页。

础，是进一步研究的出发点。马克思在评价李嘉图时指出，“资产阶级制度的生理学——对这个制度的内在有机联系和生活过程的理解——的基础、出发点，是价值决定于劳动时间这一规定。李嘉图从这一点出发……李嘉图在科学上的巨大历史意义也就在这里”①。这一段话用来评价马克思第一种形态的劳动价值理论，也是完全适用的。

马克思劳动价值理论的第二种形态为具体形态，它是第一种形态的逐步具体化，其内容主要体现在《资本论》第一卷第二篇至第三卷的第七篇中，也就是通常所说的剩余价值学说，其特点：一是不再从“纯粹形态”方面进行考察，一些原来被舍象掉的因素如市场竞争、供求关系等逐步进入了研究的视野；二是贴近了资本主义社会的现实的经济生活。马克思在《资本论》第三卷一开头就指出，“在本册中将阐明的资本的各种形态，同资本在社会表面上，在各种资本的互相作用中，在竞争中，以及在生产当事人自己的通常意识中所表现出来的形式，是一步一步地接近了”②。三是具有鲜明的阶级倾向性。马克思在 1860 年 9 月的一封信中指出：“希望在复活节以前能出版第二部分（指《政治经济学批判》第二分册《资本》——引者）……这决不是出于我内心的要求，而是因为第二部分有直接的革命任务，而且，我在那里所叙述的关系也比较具体。”③ 马克思把《资本论》的出版看成是“向资产者（包括土地所有者在内）脑袋发射的最厉害的炮弹”④，主要是指劳动价值理论第二种形态的内容。

要准确地完整地理解马克思的劳动价值理论，就应该包括上述两种形态的内容。第一种形态是劳动价值理论的核心和基础，第二种形态是第一种形态的逻辑推演、逐步展开和具体化，两者构成相互联系、不可分割的劳动价值理论的“艺术的整体”⑤。

---

① 《马克思恩格斯全集》第 26 卷第 2 册，人民出版社 1973 年版，第 183 页。

② 《资本论》第 3 卷，人民出版社 2004 年版，第 30 页。

③ 《马克思恩格斯〈资本论〉书信集》，人民出版社 1976 年版，第 155 页。

④ 《马克思恩格斯〈资本论〉书信集》，人民出版社 1976 年版，第 209 页。

⑤ 《马克思恩格斯〈资本论〉书信集》，人民出版社 1976 年版，第 196 页。

二、劳动价值理论两种形态提出的依据

提出劳动价值论具有抽象和具体两种形态，是否符合马克思的本意？其依据何在？下面就来论述这一问题。

首先，这一划分符合资本主义商品生产发展的规律。资本主义商品生产经历了从产生、不发展到发展的过程，我们可以把资本主义商品生产的不发展阶段称为初级阶段，把比较发展的阶段称为高级阶段。马克思在《资本论》第一卷第一篇的研究中，资本这一概念还没有出现，市场竞争、供求关系等复杂因素也都暂时撇开了，这一“纯粹状态”是与资本主义商品生产的初级阶段大体相适应的。从《资本论》第一卷第二篇开始，货币开始转化为资本，资本成了社会经济生活的主角，与资本有关的各种复杂因素也依次进入马克思研究的视野，这一复杂状态是与资本主义商品生产的高级阶段大体相适应的。马克思在《资本论》及其经济学手稿中多次讲到这一点，例如他在《资本论》第三卷分析生产价格时指出：“全部困难是由这样一个事实产生的：商品不只是当作商品来交换，而是当作资本的产品来交换。”① “因此，商品按照它们的价值或接近于它们的价值进行的交换，比那种按照它们的生产价格进行的交换，所要求的发展阶段要低得多。按照它们的生产价格进行的交换，则需要资本主义的发展达到一定的高度。”② “因此，撇开价格和价格变动受价值规律支配不说，把商品价值看作不仅在理论上，而且在历史上先于生产价格，是完全恰当的。”③ 当时，有的学者对此持有疑问，甚至认为价值规律对资本主义商品生产来说是一种“假说”和“虚构”，恩格斯明确指出：“这里所涉及的，不仅是纯粹的逻辑过程，而且是历史过程和对这个过程加以说明的思想反映，是对这个过程的内部联系的逻辑研究。”④ 因

① 《资本论》第3卷，人民出版社2004年版，第196页。
② 《资本论》第3卷，人民出版社2004年版，第197页。
③ 《资本论》第3卷，人民出版社2004年版，第198页。
④ 《资本论》第3卷，人民出版社2004年版，第1013页。

此，劳动价值论的抽象形态和具体形态，正是对资本主义商品生产历史发展过程的“思想反映”，逻辑和历史是相一致的。

其次，这一划分是马克思总结古典经济学派理论上的失误和教训的结果。马克思对资产阶级古典政治经济学，特别是它的代表人物的历史功绩给予了高度的评价，认为他们力图透过竞争的表面现象，探索资本主义经济的内部联系，寻求资本主义的客观经济规律，研究并说明资本主义生产关系的矛盾，因此，他们的学说具有一定的科学性。但是由于时代的、阶级的和个人学识上的局限，他们未能把正确的理论贯彻到底，最终陷入了理论困境，使学派走向解体。马克思在谈到重农学派时写道：“对于重农学派来说，也像对他们的反对者来说一样，争论的焦点倒不是哪一种劳动创造价值，而是哪一种劳动创造剩余价值。因此，他们还没有把问题在初级形式上解决，就先在复杂化了的形式上进行探讨，正如一切科学的历史进程一样，在到达它们的真正出发点之前，总要经过许多弯路。科学和其他建筑师不同，它不仅画出空中楼阁，而且在打下地基之前就造起大厦的各层住室。”[①] 在这里，马克思批评重农学派连劳动价值理论的抽象形态（即初级形式）的问题还没有解决，就想解决具体形式（即复杂化形式）的问题，就显得缺乏根基。亚当·斯密的重要贡献在于“宣布劳动一般，而且是它的社会总体形式即作为分工的劳动，是物质财富或使用价值的唯一源泉。在这里他完全没有看到自然因素，可是在纯粹社会财富即交换价值的领域内，自然因素却追跟着他。诚然，斯密用商品中所包含的劳动时间来决定商品价值，但是，他又把这种价值规定的现实性推到亚当以前的时代。换句话说，从简单商品的观点看来他以为是真实的东西，一到资本、雇佣劳动、地租等等比较高级和比较复杂的形式代替了这种商品时，他就看不清了”[②]。也就是说，在劳动价值理论的具体形态领域，斯密最终背叛了自己。马克思认为：“李嘉图与亚当·斯密相反，他十分清楚地作出了商品价值决定于劳动时间这一规定，并且指出，这个规律也支配着似乎同它矛盾最大的资产阶级生产

① 《马克思恩格斯全集》第13卷，人民出版社1962年版，第47页。
② 《马克思恩格斯全集》第13卷，人民出版社1962年版，第49页。

关系。李嘉图的研究只限于价值量，在这方面他至少推测到这个规律的实现有赖于一定的历史前提。”“实际上，这不过是说，价值规律的充分发展，要以大工业生产和自由竞争的社会，即现代资产阶级社会为前提。”[①] 从阶级局限方面说，李嘉图“把劳动的资产阶级形式看成是社会劳动的永恒的自然形式。他让原始的渔夫和原始的猎人一下子就以商品所有者的身份，按照物化在鱼和野味的交换价值中的劳动时间的比例交换鱼和野味”[②]。从李嘉图著作本身来看，在头两章中，李嘉图就“把发展了的资产阶级生产关系，因而也把被阐明的政治经济学范畴，同它们的原则即价值规定对质，查清它们同这个原则直接适合到什么程度，或者说，查清它们给商品的价值关系造成的表面偏差究竟是什么情况”[③]。这一方法具有它的“历史合理性，它在政治经济学史上的科学必然性，同时也可以看出它在科学上的不完备性，这种不完备性不仅表现在叙述的方式上（形式方面），而且导致错误的结论，因为这种方法跳过必要的中介环节，企图直接证明各种经济范畴相互一致”[④]。这样做的结果，只能使理论研究进入了死胡同。马克思指出：“怎样单纯从商品的‘价值’规定得出商品所包含的剩余价值、利润、甚至一般利润率，——这一点对李嘉图来说仍然是一个秘密……他预先就把利润率当作规律来假定。我们看到，如果说人们责备李嘉图过于抽象，那末相反的责备倒是公正的，这就是：他缺乏抽象力，他在考察商品价值时无法忘掉利润这个从竞争领域来到他面前的事实。因为李嘉图不是从价值规定本身出发来阐述费用价格和价值的差别，而是承认那些与劳动时间无关的影响决定‘价值’本身……并且有时使价值规律失效，所以他的反对者如马尔萨斯之流就抓住这一点来攻击他的全部价值理论……认为价值决定于劳动时间这一规定不再适用于‘文明’时代了。”[⑤] 从马克思的论述中，可以看出，李嘉图的理论失误在于运用抽象的价值规定原理分析资本主义经济

① 《马克思恩格斯全集》第13卷，人民出版社1962年版，第50页。
② 《马克思恩格斯全集》第13卷，人民出版社1962年版，第50页。
③ 《马克思恩格斯全集》第26卷第2册，人民出版社1973年版，第186页。
④ 《马克思恩格斯全集》第26卷第2册，人民出版社1973年版，第181页。
⑤ 《马克思恩格斯全集》第26卷第2册，人民出版社1973年版，第211页。

时，没有分两步走，而是企图毕其功于一役，把劳动价值理论的抽象形态和具体形态搅和在一起，最终没办法走出困境。

最后，这一划分体现了马克思在《资本论》中所运用的由抽象上升到具体的辩证方法。早在1857年《〈政治经济学批判〉导言》中，马克思就指出，政治经济学的叙述方法有两种可供选择：一种是从实在和具体开始，从现实的前提开始，如从人口、民族、国家等分析开始；另一种是从一些有决定意义的抽象的一般关系，如价值、货币等分析开始。马克思认为，第一种方法是资产阶级古典经济学在它产生时期在历史上走过的道路，事实证明这一方法有其历史合理性，但也存在明显缺陷。而从抽象上升到具体的方法，“显然是科学上正确的方法。具体之所以具体，因为它是许多规定的综合，因而是多样性的统一。因此它在思维中表现为综合的过程，表现为结果，而不是表现为起点，虽然它是实际的起点，因而也是直观和表象的起点……从抽象上升到具体的方法，只是思维用来掌握具体并把它当作一个精神上的具体再现出来的方法”①。在1859年出版的《政治经济学批判》第一分册中，马克思在详尽论述了劳动价值理论抽象形态的一系列规定后，遵循由抽象上升到具体的方法，把李嘉图学派遇到的四大难题，拟放在以后的具体分析中逐步加以解决。如：已知劳动力时间是交换价值的内在尺度，试以此为基础论证工资。雇佣劳动学说将答复这个问题。为什么在纯粹由劳动时间决定的交换价值的基础上进行的生产，结果竟会使劳动的交换价值小于这劳动的产品的交换价值呢？这个问题在研究资本时解决。一种与交换价值不同的市场价格是如何在交换价值的基础上发展起来的，或者更正确地说，交换价值规律如何只是在自己的对立物中实现？这个问题在竞争学说中解决。如果交换价值不过是一个商品所包含的劳动时间，那么，不包含劳动时间的商品怎么会有交换价值呢？换句话说，纯粹的自然力的交换价值是从哪里来的？这个问题将在地租学说中解决。② 在《资本论》中，马克思按照从抽象上升到具体的方法，以劳动价值理论的抽象形态为基础和出

① 《马克思恩格斯全集》第46卷上册，人民出版社1979年版，第38页。
② 《马克思恩格斯全集》第13卷，人民出版社1962年版，第51—53页。

发点，在第一卷第二篇至第三卷的各篇章中，通过一系列中介环节，逐步解决了使李嘉图学派解体的若干难题，揭开了许多悬而未决的历史谜团，实现了政治经济学的根本变革。马克思曾批评庸人和庸俗经济学家看问题的错误方法，并说明《资本论》中运用由抽象上升到具体的辩证方法的好处，他在给恩格斯的一封信中写道："由于反映在他们头脑里的始终只是各种关系的直接的表现形式，而不是它们的内在联系。情况如果真像后面说的这样，那末还要科学做什么呢？如果我想把所有这一类怀疑都预先打消，那我就会损害整个辩证的阐述方法。相反地，这种方法有一种好处，它可以到处给那些家伙设下陷阱，迫使他们过早地暴露出他们的愚蠢。"①

综合上述，可以肯定，劳动价值论具有抽象和具体两种形态，符合马克思的本意，有充分的历史依据、理论依据和方法论依据。

三、劳动价值理论两种形态给我们的启示

启示之一：要以科学的态度对待马克思的劳动价值理论。一个最基本的要求，就是要准确地完整地理解劳动价值理论。所谓准确，就是要像马克思所说的那样，"一个人如果想研究科学问题，首先要学会按照作者写作的原样去阅读自己要加以利用的著作，并且首先不要读出原著中没有的东西"②。例如，晏智杰先生认为，马克思的价值分析暗含了三个前提条件，其中之一是"物物交换，而且是人类历史上最初的原始的实物交换……让我们稍微引述一下马克思的有关论述。在《政治经济学批判》中，马克思就是从这种实物交换的分析开始。作为分析对象的举例的商品的本身可以是很'现代'的，但是并没有让这些商品带着它们所由生产的那种环境和条件进入现在分析中，就是说这些商品并非是现代条件下的商品，而是原始交换和生产条件的产品"③。这段话所暗含的意

① 《马克思恩格斯〈资本论〉书信集》，人民出版社 1976 年版，第 219 页。

② 《资本论》第 3 卷，人民出版社 2004 年版，第 26 页。

③ 晏智杰：《重温马克思的劳动价值论》，《经济学动态》2001 年第 7 期。

义这里不去探究，就他所说的马克思的价值分析是以“人类历史上最初的原始的实物交换”为前提条件，则是完全离开了马克思的本意。请看马克思本人是怎么说的。在《经济学手稿（1857—1858 年）》中，马克思明确指出，商品是“表现资产阶级财富的第一个范畴”①。在《经济学手稿（1861—1863 年）》中，马克思指出：“作为我们出发点的，是在资产阶级社会的表面上出现的商品，它表现为最简单的经济关系，资产阶级财富的要素。”“如果我们现在进一步研究，究竟在什么情况下产品才普遍作为商品来生产，或者说，究竟在什么条件下产品作为商品的存在才表现为一切产品的一般的、必然的形式，那么，我们就会发现，这只有在历史上特定的生产方式即资本主义生产方式的基础上才会发生。”② 在《资本论》中，马克思又重申了这一观点。③ 马克思讲得如此明白，有的人却视而不见，这怎么能谈得上“准确地理解”呢？所谓完整，就是要从马克思的全部经济学著作中去理解劳动价值理论，而不仅仅限于《资本论》第一卷第一章。晏智杰先生断言：“马克思的劳动价值论，按照马克思的分析条件、理解和推论，应当只是一个说明简单实物交换比例决定的法则。如果马克思对这个原理的运用到此为止，或者，人们对劳动价值论的属性及其作用范围的理解也没有超出这个范围，那是没有异议的。然而如果越出了马克思（以及古典学派）建立劳动价值论时所设定的条件，这个理论本身以及它对其他领域的现象仍然保有说服力，这还没有得到证明，或者说还需要加以证明。”④ 晏智杰先生把《资本论》第一卷第一章和货币转化为资本后马克思的一系列论述完全割裂开来了，把劳动价值理论的抽象形态和具体形态完全割裂开来了，并对建立在价值规律基础上的剩余价值规律采取了怀疑和否定的态度。马克思说得好：“科学的任务正是在于阐明价值规律是如何实现的。”⑤ 以平均利润和生产价格学说为例，“如果我们不以价值规定为基础，那末，平均利润，从而

① 《马克思恩格斯全集》第 46 卷下册，人民出版社 1980 年版，第 411 页。
② 《马克思恩格斯全集》第 47 卷，人民出版社 1979 年版，第 37 页。
③ 《资本论》第 1 卷，人民出版社 2004 年版，第 197 页。
④ 晏智杰：《重温马克思的劳动价值论》，《经济学动态》2001 年第 7 期。
⑤ 《马克思恩格斯〈资本论〉书信集》，人民出版社 1976 年版，第 282 页。

费用价格（指生产价格——引者注），就都成了纯粹想象的、没有依据的东西。各个不同生产部门的剩余价值的平均化丝毫不改变这个总剩余价值的绝对量，它所改变的只是剩余价值在不同生产部门中的分配。但是，这个剩余价值本身的规定，只有来自价值决定于劳动时间这一规定。没有这一规定，平均利润就是无中生有的平均，就是纯粹的幻想。”① 晏智杰先生认为马克思不应该越出价值规定的范围去分析其他领域的现象，实际上等于取消了马克思的整个经济科学。

启示之二：发展抽象形态的劳动价值理论要十分谨严。我认为，深化对劳动价值理论的认识，特别是要发展抽象形态的劳动价值理论，不能太过于轻率，而应十分地严肃、谨慎。第一，这一部分是马克思长期以来对资产阶级古典政治经济学进行批判、扬弃和对历史和现实中的大量材料进行深入研究得出的结果，具有很强的科学性。马克思在评价它的《政治经济学批判》第一分册时写道：“1. 它是十五年的、即我一生的黄金时代的研究结果。2. 这部著作第一次科学地表述了对社会关系具有重大意义的观点。”② 从 1859 年该书出版到 1867 年《资本论》第一卷德文第一版面世，再到 1873 年德文第二版，马克思对这部分又经过了将近 15 年的修改补充。恩格斯曾说，马克思之所以有时会拖延出版自己的经济学著作，主要原因一直是“过于谨严”③。这种对待科学的“谨严”态度，是我们今天在深化劳动价值理论时应该学习和采取的。第二，这一部分是马克思“政治经济学的最抽象的部分”④，是资本主义“经济的细胞形式”⑤，它不仅适用于资本主义社会，也适用于其他存在商品生产的社会。因此，它具有质的相对稳定性，不会随着某些历史条件的变化而发生较大的变化，这就像 150 年前人类的细胞同现代人的细胞不会有多大区别一样。从存在商品生产的社会条件这一意义上说，这部分的原理、规律带有一点自然科学的公理性质。第三，这一部分是马克思整个政治

① 《马克思恩格斯全集》第 26 卷第 2 册，人民出版社 1973 年版，第 210 页。

② 《马克思恩格斯〈资本论〉书信集》，人民出版社 1976 年版，第 137—138 页。

③ 《马克思恩格斯〈资本论〉书信集》，人民出版社 1976 年版，第 154 页。

④ 《马克思恩格斯〈资本论〉书信集》，人民出版社 1976 年版，第 143 页。

⑤ 《资本论》第 1 卷，人民出版社 2004 年版，第 8 页。

经济学的基础，竖立其上的马克思经济科学大厦就是依赖之支撑的。如果基础发生动摇，整个大厦就有倾覆的危险。140多年来西方资产阶级经济学家极力攻击抽象的价值规定，秘密就在这里。

在劳动价值理论的讨论中，不少论者发表了很有见地的观点，但是也有一些论者，对劳动价值理论的抽象形态部分，采取了不太严谨的态度。例如，晏智杰认为："从纯概念上说，交换价值就是使用价值的延伸，使用价值通常是指当事人本身的价值，而交换价值是对别人的使用价值；更重要的使用价值不仅仅是交换价值的物质承担者，而且在于需求相符的条件下，它还是交换价值的决定因素之一。"① "另一方面，交换价值也并非商品经济价值的唯一形态：除了交换价值外，商品价值还应包括其生产的价值和消费的价值。"② 晏智杰先生关于价值的见解，不仅完全否定了马克思关于商品使用价值和价值的界定，也倒退到亚当·斯密以前的经济学去了。不仅如此，晏智杰先生还认为，在商品经济和市场经济条件下，"价格始终是一个本质的事实"和"唯一的存在"，而价值不过"是价值中的一种形式，即长期价格水准罢了"；"只从价格的存在和变动去探求和说明价值，而不是相反"；"价格决定是比价值决定更高的层次，更带普遍性的问题，价值决定只是经济决定中的一种，而不是相反，所以价值的决定理应从属于价格的决定法则。"③ 如果说，前面的引证还多少保留一点价值的位置，而后面的这些引证中，可以看出，价值已成了价格的一个特例，价值概念的内容实际上被彻底取消了，价值只剩下一个空壳而已。晏智杰先生还进一步分析了马克思劳动价值论的局限性："这种局限性，主要表现在两个方面：一方面在商品价值的源泉问题上，排斥了创造使用价值、效用和财富的各种要素的作用……另一方面，它难以为竞争条件下的生产价格和市场价格理论提供适当的基础。"④ 其实晏智杰先生在这里所谈的并不是劳动价值论的局限，而是要

① 晏智杰：《劳动价值学说新探》，北京大学出版社2010年版，第14页。

② 晏智杰：《劳动价值学说新探》，北京大学出版社2010年版，第14页。

③ 晏智杰：《古典经济学》，北京大学出版社1999年版，第379—380页。我曾在一篇文章中分析了晏先生对《资本论》所使用的方法理解的偏差，参见《当代经济研究》2002年第1期。

④ 晏智杰：《劳动价值学说新探》，北京大学出版社2010年版，第32页。

从根本上否定这一理论。正如马克思所指出的："价值本身的源泉必定不是劳动，而是别的什么东西了，这样一来，政治经济学就会失去任何合理的基础了。"[①]

启示之三：结合新的历史条件，在深化劳动价值理论具体形态的研究上下功夫。从《资本论》第一卷第二篇"货币转化为资本"开始，马克思研究"比较具体的经济规定"[②]，如劳动力商品、不变资本和可变资本、绝对剩余价值生产和相对剩余价值生产、工资、资本积累、资本的循环和周转、社会再生产、平均利润和生产价格、商业利润、利息、地租等。从表面上看，这些"比较具体的经济规定"与价值规定是不相符合，甚至是完全相反的。马克思指出："科学的任务正是在于阐明价值规律是如何实现的……当庸俗经济学家不去揭示事物的内部联系却傲慢地断言事物从现象上看不是这样的时候，他们自以为这是做出了伟大的发现。实际上，他们夸耀的是他们紧紧抓住了现象，并且把它当作最终的东西。这样，科学究竟有什么用处呢？"[③] 马克思收集了大量英国和其他国家有关资本主义生产的历史和现实的材料，以劳动价值理论抽象形态的基本原理为基础，以唯物辩证法为指导，进行了多年的深入研究，终于解决了古典学派未能解决的难题，创立了剩余价值学说，揭示了当时资本主义生产方式的运行特点和基本矛盾，为无产阶级的解放斗争提供了强大的理论武装。今天，《资本论》出版已经过去了将近一个半世纪，世界的经济和政治形势发生了巨大变化，马克思劳动价值理论的抽象形态，应该说还是普遍适用的，但是它的具体形态，将随着社会实践的发展而发展，对当代经济生活实践中出现的新情况、新问题作出有说服力的回答。

江泽民指出："现在，我们发展社会主义市场经济，与马克思主义创始人当时所面对和研究的情况有很大不同。我们应该结合新的实际，深化对社会主义社会劳动和劳动价值理论的研究和认识。"[④] 这是时代的需

---

① 《资本论》第3卷，人民出版社2004年版，第167页。
② 《马克思恩格斯〈资本论〉书信集》，人民出版社1976年版，第132页。
③ 《马克思恩格斯〈资本论〉书信集》，人民出版社1976年版，第282—283页。
④ 江泽民：《在庆祝中国共产党成立八十周年大会上的讲话》，人民出版社2001年版，第32页。

要，也是实践的呼唤，作为经济理论工作者，我们肩负光荣而又十分艰巨的任务。之所以十分艰巨，原因在于以下几个方面。第一，从研究目的看，马克思的研究是为了论证资本主义生产方式的历史过渡性和被社会主义社会取代的必要性，而我们研究的目的则是为了说明社会主义市场经济的合理性，实现国家的繁荣强盛和人民的富裕幸福。第二，从研究内容上看，呈现在人们面前的各种经济现象比马克思所处的时代要复杂得多。从国际上说，经济全球化趋势进一步加强，科学技术进步突飞猛进，跨国公司的地位和所起的作用前所未有，等等。从中国来说，当前正处在“两个根本性转变”的过程中，所有制和分配方式呈多样化格局，随着经济结构的调整，社会各阶层利益和人们相互关系也将发生很大的变化，等等。这些林林总总、形形色色的现实经济问题，如何在劳动价值理论抽象规定的基础上得到合理的说明，确实需要经过许多中介环节，需要花很大的功夫。第三，从经济范畴看，按马克思的说法，经济范畴是生产的社会关系的理论表现，“人们按照自己的物质生产的发展建立相应的社会关系，正是这些人又按照自己的社会关系创造了相应的原理、观点和范畴。所以，这些观念、范畴也同它们所表现的关系一样，不是永恒的。它们是历史的暂时的产物。”劳动价值理论抽象形态的经济范畴，本质上是商品生产的社会关系的理论反映，因此，在社会主义市场经济中还是适用的；而劳动价值理论具体形态的经济范畴，本质上是比较发达的资本主义商品生产的社会关系的理论反映，能否和如何把它们运用到社会主义市场经济中来，需要做好剥离（社会主义市场经济和资本主义市场经济既有其特殊、对立的一面，也有普遍、统一的一面）、改造、充实和创新等一系列艰苦细致的理论研究工作。第四，从研究方法看，由于所运用的研究方法不同，结论就会大相径庭。例如斯密在著作中分别使用了内在观察法和外在观察法，结果使正确的东西和错误东西安然并存，马克思批评这种折中主义。李嘉图之所以走不出理论困境，一个重要的原因就是他不懂得抽象的价值规定的具体化要经过许多中介环节。近年来经济学界有的人怀疑以至否定马克思的劳动价值理论，一个重要原因就是因为他们不了解马克思所应用的方法。恩格斯在谈到

《资本论》时说：“谁能辩证地思维，谁就能理解它。”[①] 今天，我们要深化对劳动价值理论的研究和认识，唯物辩证法是应当掌握的唯一正确的方法，舍此没有别的更好的认识工具。但是，要掌握好唯物辩证法，并运用它来分析和解决现实经济生活中的各种问题，也需要花费相当的气力。在这里，让我们把马克思在《资本论》法文版序言中的一段话作为座右铭：“在科学上没有平坦的大道，只有不畏劳苦沿着陡峭山路攀登的人，才有希望达到光辉的顶点。”[②]

（原文发表于《人民日报》2002 年 8 月 8 日理论版、《学术月刊》2002 年第 9 期）

① 《马克思恩格斯〈资本论〉书信集》，人民出版社 1976 年版，第 214 页。
② 《资本论》第 1 卷，人民出版社 2004 年版，第 24 页。

《资本论》抽象形态劳动价值论的基本内容探索

李建平*

长期以来，人们对马克思的劳动价值论内容涉及的《资本论》篇幅的理解很不一致，有的仅限于《资本论》第一卷第一篇第一章第一、第二节，或者加上第三、第四节；有的则认为应包括《资本论》全三卷。由此，对劳动价值理论内容要点的概括也五花八门，有的认为包括“价值实体、价值量和价值形式三个方面”①，有的认为“其基本内容包括：商品具有二因素，价值与使用价值一起共同构成商品的实体；劳动二重性决定商品的二因素；价值是人类劳动一般即抽象劳动的产物；商品价值量决定于生产商品的社会必要劳动时间；价值是一种经济关系与社会概念；价格是价值的表现形式；劳动力创造价值和剩余价值，剩余价值理论是以价值规律为基础而产生的”②。显然，如何准确地把握劳动价值论的内容，在理论上和现实上都具有重要意义。

10 多年前，我根据马克思在《资本论》中所应用的抽象上升到具体的辩证方法，认为劳动价值论应划分为抽象和具体两种形态。抽象形态的劳动价值论，它的内容主要体现在《政治经济学批判》第一分册和《资本论》第一卷第一篇中，其特点就是所论述的内容都是一些最简单的规定和最一般的形式。具体形态的劳动价值论是前者的逐步具体化，其内容主要体现在《资本论》第一卷第二篇至第三卷的第七篇中，也就是通常所说的剩余价值学说。这两种形态的劳动价值论的关系，前者是劳动价值论的核心和基础，后者是前者的逻辑推演、逐步展开和具体化，

* 李建平：福建师范大学经济学院、马克思主义学院教授，博士生导师。

① 胡世祯：《〈资本论〉研读》上卷，暨南大学出版社 2012 年版，第 93 页。

② 逄锦聚：《马克思劳动价值论的继承与发展》，经济科学出版社 2005 年版，第 19 页。

两者构成相互联系、不可分割的劳动价值论的整体。[①] 关于抽象形态的劳动价值论基本内容，当时未作深入研究。在后来学习《资本论》的过程中，我把它概括为五个理论：商品理论、劳动理论、价值理论、货币理论、拜物教理论。

一、商 品 理 论

《资本论》的分析是从商品开始的。

1.《资本论》开篇的商品是资本主义商品的抽象形态。

关于《资本论》开篇商品的性质，是国内外《资本论》研究中长期争论的一个学术问题。苏联早在 20 世纪 30 年代，就有所谓理论意义上的简单商品同历史上的简单商品之争，日本 20 世纪 30 年代就有所谓“简单商品”和“资本主义商品”之争。[②] 中华人民共和国成立后，特别是改革开放以来，学术界曾对这个问题进行过热烈的讨论。尽管讨论的观点五花八门，但归结起来就是两种：一种认为是前资本主义的简单商品，另一种认为是资本主义性质的商品。争论双方都从《资本论》和有关文本中作了很多引证，以证明自己观点的合理性。我认为，如果不从《资本论》的研究对象和方法出发，这场笔墨官司是没有结果的。马克思在《〈政治经济学批判〉导言》中明确指出，在研究经济范畴的发展时，“应当时刻把握住：无论在现实中或在头脑中，主体——这里是现代资产阶级社会——都是既定的；因而范畴表现这个一定社会即这个主体的存在形式、存在规定，常常只是个别的侧面；因此，这个一定社会在科学上也决不是在把它当作这样一个社会来谈论的时候才开始存在的”[③]。《资本论》开篇商品尽管是以“细胞形式”存在，但它毕竟是属于现代资产阶级社会这个“主体”的。

① 李建平：《划分和研究两种形态的劳动价值论》，《人民日报》2002 年 8 月 8 日；李建平：《论劳动价值理论的两种形态》，《学术月刊》2002 年第 9 期。

② 侯恒、顾士明主编：《〈资本论〉若干理论问题争议》，河南人民出版社 1986 年版，第 69 页。

③ 《马克思恩格斯全集》第 46 卷上册，人民出版社 1979 年版，第 44 页。

也许有人会问，讨论《资本论》开篇商品的性质有什么意义？从理论上讲，讨论所涉及的问题决不是一个单纯研究的出发点问题，而是同整个《资本论》的研究对象、研究方法、逻辑结构和理论体系紧密联系在一起的。通过讨论，不仅对于深入理解《资本论》，而且对于探索政治经济学社会主义部分的逻辑起点、逻辑结构和理论体系都有重要指导意义。从现实上看，这场讨论也关系如何正确理解马克思创立的劳动价值论的正确性问题。晏智杰先生在《古典经济学》一书中大谈马克思劳动价值论的局限性，其主要依据就是马克思的劳动价值论是建立在前资本主义的实物交换的分析基础上。“事实上，马克思建立劳动价值论的分析前提，和亚当·斯密及李嘉图没有什么两样，都是实物交换，这就必然留下一个如何以它来分析非实物交换的法则的问题。……马克思的劳动价值论并没有摆脱古典派价值论的局限性，因而也就不能以之解释实物交换以后的商品生产和交换关系，如果确要坚持这样做，结果必然是理论的破产和对实际经济生活的曲解。”[①] 古人说：“差之毫厘，谬以千里。”晏智杰先生由于不了解马克思在《资本论》中所应用的方法，竟然得出否定马克思劳动价值论的结论，实在可悲！我曾撰文批驳晏智杰先生的这一错误观点[②]，此不赘述。

2. 商品是使用价值和价值的矛盾统一体。

关于商品的二因素即使用价值和价值的区分，资产阶级古典经济学家亚当·斯密已经注意到了，但是，他们缺乏辩证思维，不懂得它们之间的辩证关系。马克思认为，商品的使用价值和价值之间是一种既对立又统一的关系。其对立表现在：首先，使用价值是商品的自然属性，体现人和物之间的关系，而价值则是商品的社会属性，它体现人和人之间的社会生产关系；其次，使用价值既有质的区别，又有量的区别，而价值在本质上是同一的，只有量的区别；再次，使用价值可以具有多种用途，随着社会实践的发展，商品有用性会不断被发现，而价值则是相对稳定的；最后，使用价值只是在使用或消费中得到实现，而价值则只能

---

① 晏智杰：《古典经济学》，北京大学出版社 1999 年版，第 382 页。

② 李建平：《掌握〈资本论〉方法，正确理解劳动价值论》，《当代经济研究》2002 年第 1 期。

在交换中实现。

使用价值和价值除了有对立的一面外，还有统一的一面。首先，使用价值离不开价值。一个物只有使用价值而没有价值，那它只是一种劳动产品，不能用来交换，成不了商品；价值也不能离开使用价值而独立存在，使用价值成了价值的物质承担者。其次，在商品交换中，卖者只有出让自己的商品的使用价值，才能使价值得以实现；买者则必须付出价值才能得到卖者的使用价值。因此，商品的二因素既互相排斥和对立，又互相联系和依赖，共居于商品这个统一体中。[①]

马克思在《资本论》第一卷第一版序言中指出："对资产阶级社会说来，劳动产品的商品形式，或者商品的价值形式，就是经济的细胞形式。在浅薄的人看来，分析这种形式好像是斤斤于一些琐事。这的确是琐事，但这是显微镜解剖学所要做的那种琐事。"[②] 马克思通过对商品这一"经济细胞形式"的解剖，揭示了商品内部矛盾的奥秘即使用价值和价值的对立统一关系，具有巨大的科学价值。这一分析为商品发展的进一步研究，即从商品过渡到货币和资本的研究，奠定了坚实的基础，开辟了广阔的道路。

3. 商品体现特定的社会生产关系，具有历史的性质。

在《资本论》第一卷第二版跋中，马克思在概括辩证法本质特征时指出："辩证法对每一种既成的形式都是从不断的运动中，因而也是从它的暂时性方面去理解。"[③] 这一辩证法特征，也体现在商品上。马克思认为，资本主义社会是人类社会发展过程中的一个特殊阶段，因此，反映这个社会经济关系的"经济范畴，也都带有自己的历史痕迹"[④]。商品作为表现资产阶级财富的第一个范畴，自然也不例外。在《经济学手稿(1857—1858 年)》中，马克思指出商品的使用价值即物质方面，在极不相同的生产时期可以是共同的，例如小麦，不管是奴隶、农奴还是自由

---

① 李建平：《〈资本论〉第一卷辩证法探索》，社会科学文献出版社 2006 年版，第 27—29 页。
② 《资本论》第 1 卷，人民出版社 2004 年版，第 8 页。
③ 《资本论》第 1 卷，人民出版社 2004 年版，第 22 页。
④ 《资本论》第 1 卷，人民出版社 2004 年版，第 197 页。

工人种植的，都具有同样的使用价值。但使用价值要成为商品，必须以历史上一定的经济关系为前提，“正是这种特定的关系给使用价值打上商品的印记”①。在《资本论》中，马克思进一步指出，要使“产品成为商品，需要有一定的历史条件……这种情况只有在一种十分特殊的生产方式即资本主义生产方式的基础上才会发生”②。马克思还设想，在未来“自由人联合体”的社会里，实现了生产资料公有制，产品不表现为价值，不采取商品的形式。

同马克思的看法相反，资产阶级经济学家所持的出发点是不变动的永远既成的东西。他们从超历史的“经济人”出发，这种“经济人”出于利己主义的本性，倾向于互通有无、物物交换、互相交易。“这种倾向，为人类所共有，亦为人类所特有，在其他各种动物中是找不到的。”③

亚当·斯密正是从“经济人”利己主义本性演绎出商品交换和自己的整个经济理论体系。对此，马克思在《资本论》中作了深刻的批判：“古典政治经济学的根本缺点之一，就是它从来没有从商品的分析，特别是商品价值的分析中，发现那种正是使价值成为交换价值的价值形式。恰恰是古典政治经济学的最优秀的代表人物，像亚·斯密和李嘉图，把价值形式看成一种完全无关紧要的东西或在商品本性之外存在的东西。”“劳动产品的价值形式是资产阶级生产方式的最抽象的、但也是最一般的形式，这就使资产阶级生产方式成为一种特殊的社会生产类型，因而同时具有历史的特征。因此，如果把资产阶级生产方式误认为是社会生产的永恒的自然形式，那就必然会忽略价值形式的特殊性，从而忽略商品形式及其进一步发展——货币形式、资本形式等等的特殊性。”④ 马克思的批判真是一针见血！

---

① 《马克思恩格斯全集》第46卷下册，人民出版社1980年版，第411页。

② 《资本论》第1卷，人民出版社2004年版，第197页。

③ [英]亚当·斯密：《国民财富的性质和原因的研究》上卷，商务印书馆1972年版，第13页。

④ 《资本论》第1卷，人民出版社2004年版，第98—99页注（32）。

二、劳　动　理　论

1. 生产商品的劳动具有具体劳动和抽象劳动的二重性。

马克思在分析了商品二因素后，进一步探究商品二因素产生的原因。商品作为劳动产品，它的使用价值是由特定种类的劳动所产生的，马克思称之为具体劳动，这种劳动是由它的目的、操作方式、对象、手段和结果决定的。具体劳动作为使用价值的创造者，“是不以一切社会形式为转移的人类生存条件，是人和自然之间的物质变换即人类生活得以实现的永恒的自然必然性”[①]。但是，两种不同的商品是由不同的具体劳动创造的，它们能够互相交换，就在于它们本质上都“是人类劳动力在生理学意义上的耗费；就相同的或抽象的人类劳动这个属性来说，它形成商品价值”[②]。在马克思看来，作为生产商品的具体劳动和抽象劳动，并不是互相独立的两种劳动，而是同一种劳动的两个方面，它们也是既对立又统一的：抽象劳动只能存在于具体劳动之中，而具体劳动要能够相互交换，就必须转化为它的对立面——抽象劳动。马克思非常重视劳动二重性，在给恩格斯的一封信中，视之为《资本论》“三个崭新的因素”之一。[③] 在《资本论》中则进一步指出，“商品中包含的劳动的这种二重性，是首先由我批判地证明的。这一点是理解政治经济学的枢纽”[④]。

2. 二重性劳动有质和量的规定。

生产商品的劳动二重性即具体劳动和抽象劳动，各有质和量的规定。具体劳动的质比较好理解，因为“各种使用价值如果不包含不同质的有用劳动，就不能作为商品互相对立。在产品普遍采取商品形式的社会里，也就是在商品生产者的社会里，作为独立生产者的私事而各自独立进行

---

① 《资本论》第1卷，人民出版社2004年版，第56页。

② 《资本论》第1卷，人民出版社2004年版，第60页。

③ 《马克思恩格斯〈资本论〉书信集》，人民出版社1976年版，第249页。

④ 《资本论》第1卷，人民出版社2004年版，第54—55页。

的各种有用劳动的这种质的区别，发展成一个多支的体系，发展成社会分工”[①]。具体劳动的量指的是劳动生产率。马克思说：“生产力当然始终是有用的、具体的劳动的生产力，它事实上只决定有目的的生产活动在一定时间内的效率。”[②] 抽象劳动的质，就是指撇开具体劳动特定形态的一般的无差别的人类劳动。关于抽象劳动的量，马克思是从劳动的难易程度来考察的，并区分出简单劳动和复杂劳动。所谓简单劳动，“它是每个没有任何专长的普通人的有机体平均具有的简单劳动力的耗费。简单平均劳动本身虽然在不同的国家和不同的文化时代具有不同的性质，但在一定的社会里是一定的”[③]。所谓复杂劳动，指的是“自乘的或不如说多倍的简单劳动，因此，少量的复杂劳动等于多量的简单劳动”[④]。在商品交换过程中，可以通过一定的倍数把复杂劳动转化为简单劳动。在存在私有制的社会里，这种折算“是在生产者背后由社会过程决定的”[⑤]。

3. 私人劳动和社会劳动。

马克思认为，在存在私有制的社会里，商品生产者用自己的生产资料进行劳动，产品归自己占有和支配，他们的劳动具有私人性，是私人劳动；另一方面，由于存在社会分工，每个人的劳动都是社会总劳动的一个组成部分，相互为对方提供产品，这种劳动又具有社会性，是社会劳动。私人劳动的社会性质要得到实现，则必须通过商品交换。私人劳动和社会劳动的矛盾是商品生产的基本矛盾，它决定了商品经济其他矛盾的产生和发展。

三、价 值 理 论

1. 作为《资本论》本体的价值实体。

---

① 《资本论》第1卷，人民出版社2004年版，第55—56页。

② 《资本论》第1卷，人民出版社2004年版，第59页。

③ 《资本论》第1卷，人民出版社2004年版，第58页。

④ 《资本论》第1卷，人民出版社2004年版，第58页。

⑤ 《资本论》第1卷，人民出版社2004年版，第58页。

《资本论》第一卷第一篇第一章第一节的标题是“商品的两个因素：使用价值和价值（价值实体，价值量）”，显然，马克思这里的“价值实体”指的是价值的质。什么是价值实体呢？马克思说：“正是由于缝和织具有不同的质，它们才是形成作为使用价值的上衣和麻布的要素；而只是由于它们的特殊的质被抽去，由于它们具有相同的质，即人类劳动的质，它们才是上衣价值和麻布价值的实体。”① 为什么马克思要用“价值实体”这一概念呢？这就涉及对“实体”概念的理解。根据《辞海》的解释，实体“亦称‘本体’，在西方哲学史中，一般指一切属性的基础和本原的东西。对它有各种理解。唯物主义把它作为物质（如德谟克利特的原子）。唯心主义把它作为精神（如柏拉图的理念）”②。马克思一再强调劳动二重性的重要性，认为“这是对事实的全部理解的基础”③，说明“价值实体”具有本原性，《资本论》的所有其他范畴都是在它基础上逐渐展开的，这是其一。其二，“价值实体”又具有客观性。价值实体虽然看不见摸不着，但它并非是一种精神性的东西，如同黑格尔的“绝对概念”。马克思说：“作为价值，上衣和麻布是有相同实体的物，是同种劳动的客观表现。”④ 其三，“价值实体”作为人类劳动力的耗费或者说人类劳动的结晶，具有能动性，它同斯宾诺莎哲学中的那个唯一不变的实体是有重大区别的。正因为价值实体具有能动性，所以它在外化为价值形式后仍不断地发展，直至货币的形成，成为《资本论》经济范畴转化的内在驱动力。其四，价值实体是可以感知的。康德认为，人们只能认识物自体（实体）的现象，其本质是不可知的。而马克思这里所讲的价值实体，尽管它“是被掩盖着的、未展开的、抽象的”，但却是人们可以“用抽象力来加以区别和把握的”。⑤ 了解价值实体的含意及其特征，对于进一步理解《资本论》所应用的辩证法、逻辑结构和理论体系，具有重要的作用。

---

① 《资本论》第1卷，人民出版社2004年版，第58—59页。

② 《辞海》第3卷，上海辞书出版社2009年版，第2061页。

③ 《马克思恩格斯〈资本论〉书信集》，人民出版社1976年版，第225页。

④ 《资本论》第1卷，人民出版社2004年版，第57页。

⑤ 《资本论》（根据第一卷德文第一版翻译），经济科学出版社1987年版，第24页。

2. 由社会必要劳动时间决定的价值量。

商品价值的量是指商品中包含的劳动量，它表示劳动多少、劳动时间多长的问题。那么，价值量怎样计量的呢？马克思指出："是用它所包含的'形成价值的实体'即劳动的量来计量。"[①] 劳动的自然尺度是劳动时间，所以价值量也就决定于劳动时间。生产同一种商品的不同生产者，由于生产的主客观条件的差别，生产同量的使用价值所耗费的个别劳动时间是不同的。但是，在正常条件下，一种商品只有一个价值。显然，决定商品价值量的不是个别劳动时间，而是社会必要劳动时间。"社会必要劳动时间是在现有的社会正常的生产条件下，在社会平均的劳动熟练程度和劳动强度下制造某种使用价值所需要的劳动时间。"[②]

3. 价值的外化和价值形式的发展。

商品价值是看不见摸不着的，因为在商品的价值对象性中连一个自然物质的原子也没有。"但是如果我们记得，商品只有作为同一的社会单位即人类劳动的表现才具有价值对象性，因为它们的价值对象性纯粹是社会的，那么不言而喻，价值对象性只能在商品同商品的社会关系中表现出来。"[③] 这里所说的"表现出来"也就是商品价值的外化。外化，又称外在化、对象化、客观化，是德国古典哲学特别是黑格尔哲学的一个重要概念。黑格尔把绝对精神当作世界的本体和发展的主体，认为绝对精神是唯一能动的创造性的力量。绝对精神先后外化为自然、社会，最后回复到了自身，达到了完全自觉、完全认识自己的阶段。对黑格尔的唯心主义外化观，马克思曾作过深刻的批判：黑格尔哲学的"全部外化历史和外化的整个复归，不过是抽象的、绝对的思维的生产史，即逻辑的思辨的思维的生产史"[④]。黑格尔哲学的外化观虽然是唯心的，但其中包含的合理因素，如：由事物内部向外部的辩证转化，转化是一个过程等，都为马克思所吸收，并巧妙地应用于价值形式发展的分析。价值形式的发展作为商品价值的逐步外化过程，经过了四个阶段，概括地说：

① 《资本论》第1卷，人民出版社2004年版，第51页。
② 《资本论》第1卷，人民出版社2004年版，第52页。
③ 《资本论》第1卷，人民出版社2004年版，第61页。
④ 《马克思恩格斯全集》第42卷，人民出版社1979年版，第161页。

第一阶段是“一个商品的价值性质通过该商品与另一个商品的关系而显露出来”[①]，商品的使用价值和价值开始发生空间上的分离，这种分离若即若离，还很不固定，这是简单的、个别的或偶然的价值形式；第二阶段是这种分离不再具有偶然性，而是逐渐趋向固定，这是总和的或扩大的价值形式；第三阶段分离是这种分离基本固定下来，这是一般价值形式；第四阶段是这种分离最终固定下来，使“商品交换价值在货币上的独立化”[②]，货币形式成为商品价值可以看得见、摸得着的表现形式。

四、货　币　理　论

马克思在《资本论》第一章第三节和第二章论述了“商品怎样、为什么、通过什么成为货币”[③]，指明货币无非是固定充当一般等价物的特殊商品（金），它体现商品生产者的一定的社会关系。但是，在商品交换过程中，货币是怎样发挥一般等价物的作用？它本身还有哪些规定？马克思在第三章进而研究这些问题。不过，这里有一个前提，就是“我们所谈的只是从商品交换直接产生出来的那些货币形式，而不是属于生产过程较高阶段的那些货币形式，如信用货币”。[④]

从简单商品流通的纯粹形态下考察货币在商品交换中所起的社会作用，它具有以下三个规定。

1. 作为观念货币的价值尺度。

马克思说：“货币的第一种规定，即货币作为价值尺度的规定。”[⑤] 货币执行价值尺度的职能，是通过价格来实现的。所谓价格，就是商品价值的货币表现，这种表现是观念的。马克思说：“商品的价格或货币形式，同商品的价值形式本身一样，是一种与商品的可以捉摸的实在的物

---

① 《资本论》第1卷，人民出版社2004年版，第65页。
② 《马克思恩格斯全集》第26卷第3册，人民出版社1974年版，第141页。
③ 《资本论》第1卷，人民出版社2004年版，第112页。
④ 《马克思恩格斯全集》第13卷，人民出版社1962年版，第54页。
⑤ 《马克思恩格斯全集》第46卷上册，人民出版社1979年版，第443页。

体形式不同的，因而只是观念的或想象的形式。”[①] 在商品交换中，由于商品价格彼此作为不同的金量而进行比较，这样就结晶为一种符号，这种符号切合于想象的金量并把这个金量表现为等分的标准，这就是价格标准。金最初作为价格标准执行职能时，金属重量的货币名称和金属原来的重量名称是一致的，后来由于各种原因，使金属重量的货币名称和它通常的重量名称相分离，变成了民族习惯。但为了普遍使用，最后由国家通过法律来规定。这种由法律规定的价格标准，可以不必与实际重量标准相符，可以把一定重量的贵金属分成若干等分部分，以它作为货币单位并给以规定的名称。这时，一定的金属重量虽然还是金属货币的标准，但分法和名称已改变了。当一切商品都用金标准的货币名称来表现或计算自己的价值时，借助于价格标准执行价值尺度职能的金就成为一种计算货币了。出现计算货币后，商品价值和价格的矛盾也明显表现出来，这既见诸量的方面（价格偏离价值量的可能性），也见诸质的方面（如有些东西本身并不是商品，例如良心、名誉等，但也可以出卖以换取金钱）。所以，马克思说，“在这里，价格表现是虚幻的”，它“又能掩盖实在的价值关系或由此派生的关系”。[②]

2. 作为象征货币的流通手段。

由于货币获得流通手段的规定，是它作为商品流通媒介的结果，所以，马克思在第三章第二节首先分析商品形态的变化，即商品流通。马克思指出，商品交换过程是通过“商品—货币—商品”，即“W—G—W”的形式变换完成的。马克思分别考察了 W—G 和 G—W，发现了各自的一些特点，例如：“商品价值从商品体跳到金体上……是商品的惊险的跳跃。这个跳跃如果不成功，摔坏的不是商品，但一定是商品占有者。”[③] 马克思把商品总形态变化“W—G—W”比作一个循环，各种商品总形态变化是互相交错的，这全部过程就表现为商品流通。在商品流通中，货币是流通的媒介，因而获得了流通手段规定。货币流通与商品流通不同，“商品在流通中的运动不过是瞬息间的要素，而在流通中不息奔走却成为

① 《资本论》第 1 卷，人民出版社 2004 年版，第 115 页。
② 《资本论》第 1 卷，人民出版社 2004 年版，第 123 页。
③ 《资本论》第 1 卷，人民出版社 2004 年版，第 127 页。

货币的职能。货币在流通过程中的这种特殊职能，使作为流通手段的货币具有新的形式规定性”①。在商品流通中，当商品从卖者手中转到买者手里后，就退出流通领域进入消费领域，而货币仍不断地留在流通领域中，因此，就产生了流通中需要多少货币量的问题。马克思通过科学的分析，指出流通的货币量决定于三个因素：商品总量、商品的价格水平、货币的流通速度。如果货币流通速度越快，则所需要的货币量越少；如果货币流通速度变慢，则所需的货币量就会增加，不仅如此，“在货币流通中由于速度代替数量而引起的流通手段的观念化”②，会使原先作为实在的货币发生质的变化。先是铸币，在铸币流通最快因而磨损也最快的商品流通领域，可以用银记号和铜记号代替金铸币，这就是辅币。辅币在流通中比铸币磨损得还要快，因此，它们的流通手段的职能实际上完全不依赖于它们的重量。“因此，相对地说没有价值的东西，例如纸票，就能代替金来执行铸币的职能”③，这样，“货币的职能存在可以说吞掉了它的物质存在”④，因而作为流通手段的货币成了象征性的货币。

3. 作为实在货币的货币。

马克思称之为“充分发展的货币的第三种规定”，它“以前两种规定为前提，并且是它们的统一”。⑤ 第三种规定的货币的特点是：第一，从存在形式上看，它必须以其金体（银体）出现，因而作为货币商品出现；第二，从量的规定来看，作为一定的物质的量的货币本身的数目是很重要的；第三，从职能方面看，除了兼含价值尺度、购买手段的职能外，还具有贮藏手段、支付手段、世界货币等新的职能。因此，它“成为交换价值的唯一适当的存在”⑥，“成为财富的物质代表，又成为财富的一般形式，而与只是作为财富的特殊实体的各种商品相对立”⑦。

在商品流通中，第三种规定的货币也有一个逐渐展开、逐渐充实的

---

① 《马克思恩格斯全集》第13卷，人民出版社1962年版，第91—92页。
② 《马克思恩格斯全集》第13卷，人民出版社1962年版，第98页。
③ 《资本论》第1卷，人民出版社2004年版，第149页。
④ 《资本论》第1卷，人民出版社2004年版，第152页。
⑤ 《马克思恩格斯全集》第46卷上册，人民出版社1979年版，第167页。
⑥ 《资本论》第1卷，人民出版社2004年版，第153页。
⑦ 《马克思恩格斯全集》第46卷上册，人民出版社1979年版，第180页。

过程。货币贮藏是由充当流通手段的货币转化而来。在商品流通中，如果商品形态变化的系列发生了中断，卖了以后不接着买，货币就停止流动，从而“硬化为贮藏货币”[①]。但贮藏货币中“实际上不过是暂歇的铸币”[②]，它或迟或早要进入流通，充当支付手段的货币。货币作为支付手段进入流通，但又不是充当流通手段，不再是流通过程的媒介了，“它作为交换价值的绝对存在，或作为一般商品，独立地结束这一过程”[③]。随着商品生产和商品交换的进一步发展，货币就会越出国内流通领域，在世界市场发挥作用，于是货币就成了世界货币。在世界货币上，货币原先的各项规定充分展开了，世界货币既是第三种规定货币发展的最后阶段，同时也是整个货币规定发展的完整形态。马克思说：“在世界贸易中，商品普遍地展开自己的价值。因此，在这里，商品独立的价值形态，也作为世界货币与商品相对立。只有在世界市场上，货币才充分地作为这样一种商品执行职能，这种商品的自然形式同时就是抽象人类劳动的直接的社会实现形式。货币的存在方式与货币的概念相适合了。”[④]

五、拜物教理论

马克思在《资本论》第一卷第一章第四节和第二章先后分析了商品拜物教和货币拜物教，不过，“货币拜物教的谜就是商品拜物教的谜，只不过变得明显了，耀眼了”[⑤]，所以这里着重分析商品拜物教。

1. 商品拜物教就是“物的人格化和人的物化”[⑥]。

表面看起来，商品好像是一个很普通、很容易明白的东西，但进一步分析又表明，商品是很复杂的，充满着神秘性。这种神秘性既不是来自商品的使用价值，也不是被称作价值实体的一般人类劳动本身。那么，

① 《资本论》第1卷，人民出版社2004年版，第153页。
② 《资本论》第2卷，人民出版社2004年版，第382页。
③ 《资本论》第1卷，人民出版社2004年版，第160页。
④ 《资本论》第1卷，人民出版社2004年版，第166页。
⑤ 《资本论》第1卷，人民出版社2004年版，第113页。
⑥ 《马克思恩格斯全集》第26卷第1册，人民出版社1972年版，第419页。

“劳动产品一旦采取商品形式就具有的谜一般的性质究竟是从哪里来的呢?”马克思指出:“显然是从这种形式本身来的。人类劳动的等同性,取得了劳动产品的等同的价值对象性这种物的形式;用劳动的持续时间来计量的人类劳动力的耗费,取得了劳动产品的价值量的形式;最后,生产者的劳动的那些社会规定借以实现的生产者关系,取得了劳动产品的社会关系的形式。”① 马克思用一种带有德国古典哲学色彩的语言概括商品拜物教的特点,那就是“物的人格化和人的物化”。这里所讲的“人的物化”,是指人的属性变成了物的属性。人的劳动是具有社会性的,物是不具有社会性的,可是物一旦成为商品,人们“本身劳动的社会性质”便转移到商品身上,成为商品这种“物的性质”②。这里所讲的“物的人格化”,则是指“人手的产物”本来是没有生命的,是随人任意摆布的,但一旦成为商品,就如同宗教世界中“人脑的产物”一样,“表现为赋有生命的、彼此发生关系并同人发生关系的独立存在的东西”③,不仅如此,还能反过来支配、控制、统治人,就像宗教中的神灵一样。拜物教在货币身上就更典型了,“货币从它表现为单纯流通手段这样一种奴仆身份,一跃而成为商品世界的统治者和上帝”④。

2. 商品拜物教是个人劳动和社会劳动分离的结果。

为什么会产生商品拜物教这种奇特的社会现象呢?马克思指出:“商品世界的这种拜物教性质……是来源于生产商品的劳动所特有的社会性质。”⑤ 我认为这里指的是个人劳动和社会劳动的分离和对立。在商品生产的社会里,由于存在私有制和社会分工,劳动是分散进行的,表现为千差万别的个人劳动。但是个人劳动虽然各有特殊,却有一个共同点,即它们都是社会总劳动的一个组成部分,都是一般人类劳动的耗费,因此,个人劳动本质上也是社会劳动。不过在生产领域,个人劳动的社会性质不能直接地表现出来,它只是潜在地存在于个人劳动之中。可是在

① 《资本论》第1卷,人民出版社2004年版,第89页。
② 《资本论》第1卷,人民出版社2004年版,第89页。
③ 《资本论》第1卷,人民出版社2004年版,第90页。
④ 《马克思恩格斯全集》第46卷上册,人民出版社1979年版,第171页。
⑤ 《资本论》第1卷,人民出版社2004年版,第90页。

交换过程中，情况就不同了，为了使交换得以进行，包含在产品的各种特殊劳动必然转化为无差别的一般人类劳动，即社会劳动，这样，原来潜伏在个人劳动中的社会劳动便分离出来，成为独立存在的物质实体。由于这种分离出来的社会劳动不可能被人的感官所直接感觉，如同马克思所说的具有“幽灵般的对象性”[①]，是不可捉摸的，因此就带有很大的神秘性，为常人所不能理解；又由于这种分离出来的社会劳动是整个交换的基础，个人劳动反而要受它支配，这就更使人不可思议了，此其一。其二，从个人劳动分离出来的社会劳动，虽然成为一种独立的存在，但正如马克思所指出的，这种独立的存在“只能象征性地存在”[②]，它“并不是作为一般的、与商品的自然特性相脱离和相分离（相隔绝）的交换对象而存在。正是劳动（从而交换价值中所包含的劳动时间）的一般性即社会性的物化，使劳动的产品成为交换价值，使商品具有货币的属性”[③]。这就是说，社会劳动必须以劳动产品作为它的物质外壳。由于社会劳动的物化，产品就转变成商品，因而一切真实的买卖都被掩盖了。总之，“由于这种转换，劳动产品成了商品，成了可感觉而又超感觉的物或社会的物”[④]，由此也就产生商品拜物教。

3. 商品拜物教将消失于自由人联合体社会。

商品拜物教根源于个人劳动和社会劳动的分离，那么，这种分离是古来就有的，并且要永远存在下去吗？马克思的回答是否定的。马克思实际上把个人劳动和社会劳动的分离看作是“既不同于资本主义前的各社会形态又不同于未来的共产主义社会的资产阶级社会的一般特征”[⑤]。为了说明这一点，马克思在《资本论》中详细考察了其他生产形式中个人劳动和社会劳动的关系。他说：“一旦我们逃到其他生产形式中去，商品世界的全部神秘性，在商品生产的基础上笼罩着劳动产品的一切魔法妖术，就立刻消失了。”[⑥] 马克思首先以鲁滨逊的故事为例，从最简单的

① 《资本论》第1卷，人民出版社2004年版，第51页。
② 《马克思恩格斯全集》第46卷上册，人民出版社1979年版，第115页。
③ 《马克思恩格斯全集》第46卷上册，人民出版社1979年版，第115页。
④ 《资本论》第1卷，人民出版社2004年版，第89页。
⑤ 《马克思恩格斯全集》第46卷上册，人民出版社1979年版，第102页。
⑥ 《资本论》第1卷，人民出版社2004年版，第93页。

形式开始分析，结果发现："鲁滨逊和构成他自己创造的财富的物之间的全部关系在这里是如此简单明了"[①]，因此不存在个人劳动和社会劳动的分离。至于农村家长制生产和欧洲中世纪的封建社会，也不存在个人劳动和社会劳动的分离，人们在劳动中的社会关系并没有披上物的外衣。在自由人联合体即未来的共产主义社会中，生产资料是公有的，人们同他们的劳动和劳动产品的社会关系，无论在生产上还是在分配上，都是简单明了的，因此也就不存在个人劳动和社会劳动的分离，商品拜物教也就消失了。不过应当记住，扬弃个人劳动和社会劳动的分离所应具备的这些物质"条件本身又是长期的、痛苦的发展史的自然产物"[②]。如果客观物质条件不成熟，那么一切消除它的尝试都是堂吉诃德的行为。

（原文发表于《福建师范大学学报（哲学社会科学版）》2015 年第 5 期）

① 《资本论》第 1 卷，人民出版社 2004 年版，第 94 页。

② 《资本论》第 1 卷，人民出版社 2004 年版，第 97 页。

马克思《资本论》本体论思想探索及其启示

谭苑苑*

马克思的哲学思想中是否存在本体论，是从20世纪90年代以来我国哲学界讨论的热点问题之一，因为它关系对马克思主义哲学内容和体系构建的正确理解，因而具有重要的理论和现实意义。有的人坚决否认之，有的人则持肯定态度。本文认为马克思的哲学中存在本体论，同时对很少有人问津的马克思的主要著作《资本论》中的本体论思想进行了初步探索。

一、马克思写作《资本论》之前本体论思想的发展

本体论这门学问在西方虽然古已有之，但直到18世纪才出现它的定义。第一个为本体论下定义的是18世纪德国哲学家沃尔夫。黑格尔在《哲学史讲演录》中曾引他关于本体论的定义："本体论，论述各种关于'有'的抽象的、完全普遍的哲学范畴，认为'有'是唯一的、善的；其中出现了唯一者、偶性、实体、因果、现象等范畴；这是抽象的形而上学。"①《中国大百科全书·哲学卷》则认为本体论"在西方哲学史中，指关于存在及其本质和规律的学说。"俞宣孟认为："在古希腊罗马哲学中，本体论的研究主要是探究世界的本原或基质。"②

西方的本体论研究可从古希腊哲学发轫说起。泰勒斯、阿那克西曼

* 谭苑苑：中共福建省委党校、福建行政学院马克思主义研究所讲师，法学博士。

① ［德］黑格尔：《哲学史讲演录》第4卷，贺麟、王太庆译，商务印书馆1978年版，第189页。

② 俞宣孟：《本体论研究》，上海人民出版社2012年版，第15页。

德、阿那克西米尼那里分别将“水”“无限”“气”视作万物本原，而后赫拉克利特将“火”视作万物本原。然而更重要的是，赫拉克利特首次在唯物主义基础之上运用朴素的辩证思维解决问题，指出认识万物本原之“火”的关键在于洞悉“火”背后的“逻各斯”（即客观规律）。到了巴门尼德那里，他首次提出“存在”这一概念，开始在复杂多样的感性事物背后探寻稳定、不变的本质，这是人类具备“多中求一”哲学思维方式的明确体现。之后，亚里士多德赋予本体问题研究以“第一哲学”的美誉，在其逻辑学著作《范畴篇》以及哲学著作《形而上学》里分别展开了关于“实体”以及形而上的超感性之物的研究。在西方近代哲学那里，德国古典哲学的代表人物，康德和黑格尔的哲学也一直未能绕开关于本体论的哲学研究。康德在本体论问题上始终表现出怀疑、批判却又未完全否定的矛盾态度：他肯定“物自体”的存在，却又将其解释为理性不可企及的“彼岸世界”。此后，黑格尔将本体论研究推向了最高峰，以“绝对理念”作为其本体论的立场，贯穿这一核心的本体论思维方法是其别于以往本体论（形式逻辑）的属黑格尔特有的“辩证逻辑”。这一“辩证逻辑”通过否定性、超越性和批判性特质的辩证法实现了概念自身的逻辑展开，从而本体论亦找到了使其焕发生机的存在方式。

马克思在柏林大学念书时，曾倾心于黑格尔哲学，并受到很深的影响。1841 年他写作博士论文《德谟克利特的自然哲学与伊壁鸠鲁的自然哲学的差别》，是站在“自我意识”的本体论立场上。马克思在博士论文的序言中把哲学看作是与一切天上的神和地上的神相对立的东西，因为哲学正是这样一种“自我意识”。没有任何神可以同人的自我意识相并列，相反，人的自我意识具有最高的神性。[①] 不过马克思那时已意识到，这一本体论立场本身并不是自足的，而是有缺陷的。吴晓明、陈立新（2012）认为，“滞留于抽象个别性层面上的自我意识，不过是非我或他物无限对立的主观性，实质上仅意味着‘脱离定在的自由’。虽说马克思提出了具体的现实性的要求，但是，黑格尔借以完成这种现实性的概念却被取消了，新的支柱尚未建立起来，这就必然在哲学理论内部遭遇着

① 《马克思恩格斯全集》第 40 卷，人民出版社 1982 年版，第 188 页。

一种矛盾。不过对于马克思来说，这种矛盾恰恰是驱迫前进的力量。”[①]

马克思与黑格尔唯心主义本体论的全面决裂是在《1844 年经济学哲学手稿》中。马克思在 1873 年 1 月写的《资本论》第一卷第二版跋中指出：“将近 30 年以前，当黑格尔辩证法还很流行的时候，我就批判过黑格尔辩证法的神秘方面。”[②] 在《1844 年经济学哲学手稿》中，马克思专设一章“对黑格尔的辩证法和整个哲学的批判”，对黑格尔唯心主义本体论进行了全面的清算，从此以后，马克思的辩证方法，“从根本上来说，不仅和黑格尔的辩证方法不同，而且和它截然相反。”[③] 这里所说的“根本”，我体会就是指“本体论”，马克思通过对黑格尔唯心主义本体论的批判而走上了唯物主义本体论的道路。

有一种观点认为，马克思批判过黑格尔的唯心主义本体论后，也就告别了本体论，“要在马克思主义以后再恢复本体论则是难以想象的了”[④]。“一旦把‘本体论’与马克思主义哲学连在一起，那么马克思主义哲学与旧哲学的区别的界限从此也就模糊掉了。”[⑤] 这一观点遭到了多数学者的批评，认为它不符合马克思哲学发展的史实。但是，在如何看待马克思的本体论上，学术界却发生了分歧。有人从辩证唯物论的角度，认为马克思的本体论是物质本体论；有人从《1844 年经济学哲学手稿》中得出结论，马克思的本体论是感性存在本体论；有人从马克思 1845 年春写的《关于费尔巴哈的提纲》强调实践在哲学中的作用，推论马克思的本体论是实践本体论；有的人从马克思和恩格斯 1845—1846 年写的《德意志意识形态》强调生产劳动在社会发展中的作用，认为马克思的本体论是生产劳动本体论；有的人认为马克思在 1859 年写的《〈政治经济学批判〉序言》中明确指出社会存在决定社会意识，因此马克思的本体论是社会存在本体论；有人则认为马克思的本体论既不是物质本体论，也不是实践本体论，而是实践—物质本体论；等等。上述各种观点都可

---

① 吴晓明、陈立新：《马克思主义本体论研究》，北京师范大学出版社 2012 年版，第 105 页。

② 《资本论》第 1 卷，人民出版社 2004 年版，第 22 页。

③ 《资本论》第 1 卷，人民出版社 2004 年版，第 22 页。

④ 俞宣孟：《本体论研究》，人民出版社 2012 年版，第 112 页。

⑤ 俞宣孟：《本体论研究》，人民出版社 2012 年版，第 127 页。

以在马克思的著作里找到一定的根据，因此也都有一定的道理。我认为，它们实际上是马克思的本体论思想在哲学思想发展的各个不同阶段上的表现。俞吾金曾把马克思的本体论思想发展概括为五个阶段：自我意识本体论、情欲本体论、实践本体论、生产劳动本体论和社会存在本体论(在后来发表的文章中后一种本体论修正为“实践——社会生产关系本体论”)。① 我基本赞同俞先生的这一观点，虽然对马克思本体论思路历程的划分还有不同看法。在我看来，马克思自从彻底批判黑格尔的唯心主义本体论后，并未抛弃本体论，而是创造了唯物主义的本体论，这种本体论在马克思思想发展的不同时期有不同表现，但是最集中、最典型、最成熟的表现则是在其主要著作《资本论》中。

二、马克思《资本论》本体论思想的探索

我认为，本体论思想在马克思那里，特别是在《资本论》那里，从未中断过，马克思通过扬弃德国古典哲学以及英国古典政治经济学思想，再在自己前期著作，特别是《德意志意识形态》《雇佣劳动与资本》《哲学的贫困》等的基础上深入发展、完善，从而在《资本论》中建立起新本体论——劳动本体论。

马克思的劳动本体论思想像一条红线贯穿于《资本论》创作之始终，它是全书活的灵魂。在这里以《资本论》第一卷为例，劳动本体论思想具体表现为：从劳动二重性学说开始，到货币转化为资本、剩余价值生产过程、资本主义工资、资本的积累等一系列重要理论。这些理论在逐渐展开过程中均围绕着“劳动”本体这一看不见、摸不着、形而上的存在而展开。

1. 劳动二重性与劳动本体。

生产劳动是一切社会存在的基础，马克思在《德意志意识形态》里就明确指出，“一切人类生存的第一个前提”“一切历史的第一个前提”

---

① 俞吾金：《马克思哲学本体论思路历程》，《学术月刊》1991 年第 11 期。

就是“生产满足这些需要的资料，即生产物质生活本身……”[①] 生产劳动本体论是马克思和恩格斯创立的唯物史观的核心思想，这为《资本论》创作中的劳动本体论思想奠定了坚实的理论基础。

马克思《资本论》的研究从商品开始，从商品二因素推导出劳动二重性。为何马克思眼中的商品是“充满形而上学的微妙和神学的怪诞”[②]的存在呢？我们可以从构成商品二因素的使用价值与价值里寻找答案，使用价值体现的是“物的有用性”[③] 这一肉眼可见的商品自然属性，自然也就没有什么“微妙”与“怪诞”可言，那么答案就一定得从价值里找。这时候，“把商品体的使用价值撇开”后，剩下的那个属性，那个让“一切可以感觉到的属性都消失了的”“同一的幽灵般的对象性”，也就是“无差别的人类劳动的单纯凝结”——商品价值出现了。[④] 马克思认为，“使用价值或财物具有价值，只是因为有抽象人类劳动对象化或物化在里面”，价值量是通过“它所包含的‘形成价值的实体’即劳动的量来计算”。[⑤] 因此，具有不同使用价值的商品可以按照一定比例进行交换的秘密就在于，它们拥有形成价值的“同一的人类劳动力的耗费”[⑥]。换言之，商品内部拥有质上相同的东西，才有可能从量上进行比较、交换，对形成商品价值的抽象劳动的揭示，从此便拉开了《资本论》劳动本体论思想的序幕。

马克思特别强调，“商品中包含的劳动的这种二重性，是首先由我批判地证明了的。这一点是理解政治经济学的枢纽”[⑦]。商品二因素是由包含其中的劳动二重性决定的，但具体劳动只是“人和自然之间的物质变换即人类生活得以实现的永恒的自然必然性”，反映的是劳动的自然属性，它既无任何神秘之处又“不是它所生产的使用价值即物质财富的唯

---

① 《德意志意识形态》，人民出版社2003年版，第23页。
② 《资本论》第1卷，人民出版社2004年版，第88页。
③ 《资本论》第1卷，人民出版社2004年版，第48页。
④ 《资本论》第1卷，人民出版社2004年版，第51页。
⑤ 《资本论》第1卷，人民出版社2004年版，第51页。
⑥ 《资本论》第1卷，人民出版社2004年版，第52页。
⑦ 《资本论》第1卷，人民出版社2004年版，第55页。

一源泉”[①]。所以，研究的焦点应当落在形成商品价值的唯一源泉——抽象劳动上，它是各种具体劳动里“特殊的质被抽去”之后的“相同的质，即人类劳动的质”，[②] 亦即形成商品的价值实体。马克思在《资本论》第一卷第一章第一节的标题中，在“价值”之后的括号里标明的“价值实体”（在哲学上，“实体”概念就带有本体论的意涵），指的是形成商品价值的“无差别的人类劳动的单纯凝结”[③] ——抽象劳动。内在于具体劳动之中的抽象劳动，也就是这种劳动的二重性，是我们之后解开一系列经济理论迷宫的钥匙。

2. 货币转化为资本与劳动本体。

马克思在研究“货币转化为资本”时首先考察了资本的总公式及其矛盾，并从中发现了资本增殖的秘密。货币作为“资本的最初表现形式”，马克思是从 W—G—W 与 G—W—G 这两种流通形式入手分析的。在这个流于表象的形式里，人们首先只能粗浅地得出看似“荒唐、毫无内容”[④] 的流通过程。马克思对这两种流通形式的同异进行分析比较，进而考察 G—W—G 的内容，发现“不是因为两极有质的区别（二者都是货币），而只是因为它们有量的不同……原预付价值不仅在流通中保存下来，而且在流通中改变了自己的价值量，加上了一个剩余价值，或者说增殖了。正是这种运动使价值转化为资本”[⑤]。

马克思对特殊的劳动力商品的分析，既成为货币转化为资本的关键，又为《资本论》的劳动本体论思想再添有力证据。马克思从 G—W 这一过程中“幸运地”发现了那个“使用价值本身具有成为价值源泉的独特属性”的、“实际消费本身就是劳动的对象化，从而是价值的创造”的“独特的商品”[⑥] ——劳动力。马克思明确指出，“劳动力的使用就是劳动本身”[⑦]。劳动力这一特殊商品既有与其他商品一样的使用价值与价值，

---

① 《马克思恩格斯文集》第 5 卷，人民出版社 2009 年版，第 58 页

② 《资本论》第 1 卷，人民出版社 2004 年版，第 58—59 页。

③ 《资本论》第 1 卷，人民出版社 2004 年版，第 51 页。

④ 《资本论》第 1 卷，人民出版社 2004 年版，第 173 页。

⑤ 《资本论》第 1 卷，人民出版社 2004 年版，第 176 页。

⑥ 《资本论》第 1 卷，人民出版社 2004 年版，第 194—195 页。

⑦ 《资本论》第 1 卷，人民出版社 2004 年版，第 207 页。

却又不同于普通商品：一方面，劳动力商品的使用价值生产价值以及超出自身价值的价值，即剩余价值；另一方面，劳动力商品的价值“是由生产从而再生产这种独特物品所必要的劳动时间决定的”，即“维持劳动力占有者所必要的生活资料的价值”决定。[①] 在此，劳动力商品成为关键，成为上一阶段劳动二重性的进一步具体化。从此，马克思引领读者离开那个“嘈杂的、表面的、有目共睹的领域”深入到资本主义生产过程内部，揭示了“资本是怎样被生产出来的”，发现了资本“赚钱的秘密”和“剩余价值的来源”。[②]

3. 剩余价值生产过程与劳动本体。

在劳动力成为商品之后，劳动力便离开流通领域而进入资本主义生产过程。作为资本主义社会特有的生产过程，其实质为“劳动过程和价值增殖过程的统一”[③]。就劳动过程而言，生产过程本身并不带有资本主义社会的烙印，马克思是“撇开每一种特定的社会的形式来加以考察”[④]的，“制造使用价值的有目的的活动……为人类生活的一切社会形式所共有”。然而，生产使用价值如果不能同时产生剩余价值，也无法成为资本家热衷于生产的终极原因，因为他们“不是为了皮靴本身而制造皮靴”，他们“要生产具有交换价值的使用价值”，“要使生产出来的商品的价值，大于生产该商品所需要的……价值总和”。[⑤] 因此，包含价值增殖过程的价值形成过程，即剩余价值的生产过程，才是资本家们关注和感兴趣的焦点！雇佣工人们在超过“必要劳动时间”的“剩余劳动时间”里所创造的价值，就是剩余价值，是被资本家无偿占有的超过劳动力价值的价值。马克思将价值增殖过程生动地描述为“一个有灵性的怪物，它用‘好像害了相思病’的劲头开始去‘劳动’”[⑥]。

资本主义生产过程的实质就是为了剩余价值的生产，其具体形式主要包括绝对剩余价值生产和相对剩余价值生产。以上两种生产剩余价值

① 《资本论》第1卷，人民出版社2004年版，第198—199页。
② 《资本论》第1卷，人民出版社2004年版，第204页。
③ 《资本论》第1卷，人民出版社2004年版，第230页。
④ 《资本论》第1卷，人民出版社2004年版，第207页。
⑤ 《资本论》第1卷，人民出版社2004年版，第217页。
⑥ 《资本论》第1卷，人民出版社2004年版，第227页。

的方法均与劳动本体之间存在密切关联：一是靠延长工作日来实现绝对剩余价值的生产；一是靠缩短必要劳动时间、提高劳动生产率来实现相对剩余价值的生产。二者均是通过增多雇佣工人的剩余劳动时间来提高剩余价值量的生产，最终目的都是加深资本家对工人的剥削程度，获取尽可能大的剩余价值。其中，绝对剩余价值生产是相对剩余价值生产的雏形、起点，相对剩余价值生产是绝对剩余价值生产在资本主义社会生产力得到迅猛发展的情况下的进一步深化。

4. 资本主义工资与劳动本体。

马克思在考察完资本主义生产过程的二重性之后，深入到资本主义社会工人阶级工资问题的探讨。如上所述，货币转化为资本的关键在于劳动力成为商品，那么在特定的资本主义制度条件下，劳动力的价值或价格的转化形式就成为工资。马克思着重区分了劳动与劳动力，这是准确理解工资形式的前提："劳动力存在于工人身体内，它不同于它的职能即劳动，正如机器不同于机器的运转一样。"① 工资形式的产生"消灭了工作日分为必要劳动和剩余劳动、分为有酬劳动和无酬劳动的一切痕迹"②，同时也掩盖了资本主义社会里资本家与工人之间赤裸裸的剥削与被剥削的关系。

工资的基本形式可分为计时工资和计件工资，这也是劳动本体思想进一步推演的具体表现形式。计时工资以劳动时间来计算工资额，计件工资则以劳动量、工作量来计算工资额。就本质而言，"计件工资无非是计时工资的转化形式，正如计时工资是劳动力的价值或价格的转化形式一样"③。尽管相较于计时工资而言，"计件工资是克扣工资和进行资本主义欺诈的最丰富的源泉"④，同时是"最适合资本主义生产方式的工资形式"，但是这两种工资形式的剥削本质未发生改变。⑤ 总之，没有被出卖的劳动力商品，就没有剩余价值的产生，没有剩余价值，就不可能有工

① 《资本论》第1卷，人民出版社2004年版，第617页。
② 《资本论》第1卷，人民出版社2004年版，第619页。
③ 《资本论》第1卷，人民出版社2004年版，第633页。
④ 《资本论》第1卷，人民出版社2004年版，第636页。
⑤ 《资本论》第1卷，人民出版社2004年版，第640页。

资形式的转化。尽管在资本主义社会的现实中工资形式使剩余价值的秘密愈发隐蔽和难以理解，但却被马克思揭去了层层外衣，暴露在光天化日之下。

5. 资本的积累与劳动本体。

马克思对“资本的积累”问题进行考察，遵循着人类认识客观事物的规律，从抽象、纯粹的视角出发，“抽象地来考察积累，也就是把积累只看作直接生产过程的一个要素……暂时抛开掩盖它的机制的内部作用的一切现象”[①]。由于“生产过程必须是连续不断的……必须周而复始地……”，所以就涉及再生产的问题。[②] 简言之，唯有对不可分割的、连续进行的生产过程进行考察，“可变资本才会失去从资本家私人基金中预付的价值的性质”，所有资本才可能“转化为积累的资本或资本化的剩余价值”[③]。

根据规模的划分，资本主义社会再生产包括简单再生产和扩大再生产：前者就原有规模进行重复再生产，后者则在扩大原有规模的基础上进行再生产。其中，扩大再生产实现剩余价值转化为资本，促成资本积累，周而复始，资本积累又造成新一轮的扩大再生产。归根究底，被资本家持续无偿占有的剩余价值是工人剩余劳动的凝结，也是资本主义社会再生产的前提和资本积累的实质。至此，以劳动本体为主线的《资本论》创作思路始终为解决资本主义社会现实问题发挥着本质作用：一方面，以创造剩余价值为核心的资本主义再生产过程是循环向前、永不停歇的；另一方面，重复的资本主义再生产过程所造成不断扩大的资本积累，在获得看似欣欣向荣的发展的同时，亦在资本主义社会内部日益激化着资本家阶级与工人阶级的矛盾。无论是劳动价值论，还是剩余价值论，劳动始终在发挥着本体的决定性作用。离开了劳动本体论，《资本论》就无从理解了。

---

① 《资本论》第1卷，人民出版社2004年版，第652页。

② 《资本论》第1卷，人民出版社2004年版，第653页。

③ 《资本论》第1卷，人民出版社2004年版，第656—658页。

三、《资本论》本体论思想的现实启示

马克思著作中包含的哲学思想是一个动态发展的过程，其中的哲学本体论思想也存在一个逐渐成熟、完善的发展轨迹。在《资本论》这部凝聚着马克思毕生心血、智慧的经典政治经济学巨著里，既闪烁着马克思唯物辩证法思维的天才光辉，又内蕴马克思关于本体论、认识论、逻辑学内在统一以及经济学—哲学融为一体的思想精髓。就马克思的研究方法以及叙述方法而言，整部《资本论》就是马克思以价值为基本元素，劳动为本体而构建起来的政治经济学大厦，这对于今天处在社会主义市场经济下的中国仍然具有重要现实启示。

第一，重视生产劳动的首要地位，深刻领会马克思劳动创造世界的精神内蕴。人类社会在任何时候都应该把生产劳动放在第一位，这不仅对处于社会主义初级阶段的中国来说是这样，即使是发达资本主义国家也不例外。在党的十一届三中全会召开以前，我国曾有相当长的一段时间实行“以阶级斗争为纲”的指导思想，党的工作重心发生严重的偏离和错位，忽视生产力的发展，没有真正把握社会的主要矛盾，随之酿成十年动荡的“文化大革命”，国民经济处于崩溃的边缘。党的十一届三中全会之后，邓小平提出了“一个中心，两个基本点”，党的工作重心转移到经济建设上来，坚持四项基本原则以及改革开放，实现以现代化建设为中心，全党全民致力于发展生产力。至此，我国社会的主要矛盾，即人民群众日益增长的物质文化需要同落后的社会生产之间的矛盾，才算真正被认清和把握，社会主义现代化建设才开始步入正轨。另外，20世纪七八十年代以来，伴随着经济全球化进程的推进，虚拟经济在世界范围内蓬勃发展，它带来了社会资源优化配置以及提升全体经济格局运行效率的正面效应，但也给实体经济造成巨大冲击，乃至严重影响了整个世界经济的发展。比如2008年爆发于美国的金融危机，就是虚拟经济和实体经济的不平衡发展所致，虚拟经济发展大大超越实体经济，甚至脱离实体经济而过度发展。简言之，实体经济的内涵在于“劳动创造世

界”，它是一切人类社会发展的基础，亦是任何一个国家的立国之本，是国民经济包括虚拟经济得以健康发展的源头、基础。因此，在全国乃至全世界范围内，都要注重实体经济的发展，建立健全虚拟经济监管体系，适度、均衡推动虚拟经济发展，避免过度经济金融化所导致的泡沫经济危机。

第二，尊重劳动，尊重劳动者，大力弘扬劳动精神。2015 年习近平同志在庆祝“五一”国际劳动节暨表彰全国劳动模范和先进工作者大会上的讲话中提出，要始终弘扬劳模精神、劳动精神，为中国经济社会发展汇聚强大正能量。始终坚持人民主体地位，充分调动工人阶级和广大劳动群众的积极性、主动性、创造性。始终高度重视提高劳动者素质，培养宏大的高素质劳动者大军。① 我体会这里有几层含意：其一，尊重劳动，依靠劳动创造的物质、精神财富是我国社会繁荣发展、各民族团结稳定的根基和立脚点。其二，尊重劳动者，充分发挥广大劳动人民，特别是劳模先进代表的积极性、主动性、创造性，巩固各个工作岗位劳动者群体的主人翁地位，无论是体力劳动者还是脑力劳动者。其三，大力弘扬劳动精神，让“劳动最光荣、劳动最崇高、劳动最伟大、劳动最美丽蔚然成风”，以助力我国“四个全面”战略布局的推进以及“两个一百年”奋斗目标最终实现，让“中国梦·劳动美”成为继往开来的中国特色社会主义现代化建设事业中最美妙、动人的乐章。

第三，努力构建一个以劳动为本体的马克思主义哲学和政治经济学体系。河北大学宫敬才教授在《马克思经济哲学研究》一书中特别强调，应该在“广义的历史唯物主义”视野中考察马克思哲学本体论问题，认为马克思哲学本体论是“劳动哲学本体论”。② 我们且不论他对马克思哲学本体论含义的解析恰当、全面与否，但这也说明劳动在马克思著作里，特别是在《资本论》里有举足轻重的地位。《资本论》的研究从商品这一逻辑起点开始，理论的层层推进都未曾绕开劳动这一本质思考：从作为价值实体的抽象劳动开始，到价值外化为价值形式直至成为货币，货币

---

① 习近平：《在庆祝“五一”国际劳动节暨表彰全国劳动模范和先进工作者大会上的讲话》，《光明日报》2015 年 4 月 29 日。

② 宫敬才：《马克思经济哲学研究》，人民出版社 2014 年版，第 339 页。

购买到劳动力商品后转化为资本，再到包含了价值增殖过程的资本主义生产过程，根据劳动时间、劳动量、劳动效率划分剩余价值生产的两种方法，到劳动力的价值或价格进一步转化为工资，并根据劳动时间、劳动量划分为计时工资与计件工资，最后资本在连续不断的生产过程中获得了资本的积累，得以在规模上进行简单再生产和扩大再生产……我认为，马克思《资本论》包含着经济学、哲学的双重思考维度，既以政治经济学的现实问题作为考察对象，又从本体论维度呈现马克思的哲学思维。因此，致力于构建以劳动为本体的马克思主义哲学和政治经济学体系，可以从《资本论》中得到强大的理论指导。

（原文发表于《福建师范大学学报（哲学社会科学版）》2015 年第 5 期）

新自由主义市场拜物教批判

——马克思《资本论》的当代启示

李建平*

一、新自由主义者竭力宣扬市场拜物教

发端于2008年美国金融危机的国际金融风暴，横扫西方世界，美欧各国哀鸿遍野，有的国家甚至已到了破产的边缘。曾经备受推崇的新自由主义在西方受到了严重的质疑和严厉的批判。正如当代著名经济学家、诺贝尔经济学奖获得者约瑟夫·E. 斯蒂格利茨在《自由市场的坠落》一书的“结论性评语”中所说：“游戏规则已经在全球范围内发生了改变，华盛顿共识政策及其背后的市场原教旨主义的基本意识形态已经没有生命力了。”① 但奇怪的是，在地球的另一端，在社会主义的中国，新自由主义却仍然受到很多人的追捧，并且想方设法要把新自由主义的政策主张推行到下一步的经济和政治的改革中去。

新自由主义的核心观点，就是片面夸大资本主义私有制条件下的市场对经济发展的作用，反对任何形式的国家干预。新自由主义者坚信，市场是最有效率的，因为市场有一只“看不见的手”，促使每一个人在追求自己利益的同时，也为别人创造价值，而且比其主观上想为社会做贡献时创造的价值更大；市场是最完美的，因为市场还有一只“隐形的眼睛”，它时时刻刻在监视着我们，使每一个人必须好好表现，对自己的行

* 李建平：福建师范大学经济学院、马克思主义学院教授，博士生导师。

① [美] 约瑟夫·E. 斯蒂格利茨：《自由市场的坠落》，机械工业出版社2010年版，第262页。

为负责，从而使市场上的陌生人之间能够相互合作，彼此信任。当然，市场的这种神奇作用并不是无条件的，它有两个非常重要而且必要的前提：一是强调产权私有；二是拒绝国家干预。在强调产权私有上，哈耶克为了说明“私有制是自由的最重要的保障”[①]，他在《通往奴役之路》一书中引用了马克斯·伊斯这样一段话：“私有财产制度是给人以有限的自由与平等的主要因素之一……私人资本主义连同其自由市场的发展成了我们一切民主自由的发展的先决条件。”[②] 所以，凡是新自由主义者都无一例外地鼓吹私有化，他们认为包括中国在内的广大发展中国家要发展市场经济首先就要实行产权私有。对国家干预的认识上，在新自由主义者看来，任何形式的国家干预都只能造成经济效率的损失。他们认为，在国家干预之下，市场无法正常传递信息，私人经济活动会受到各种限制；一个日益强大的政府迟早将摧毁自由市场带来的繁荣，摧毁“独立宣言”庄严宣布的人类自由。因此，管得越少的政府，才是最好的政府。各国经济活动中出现的种种问题，都不是市场的错，而是政府惹的祸。新自由主义者在分析当前这场国际金融危机的根源时，居然冒天下之大不韪地说：“这完全是政府和中央银行的货币政策的错误，与放松金融管制无关。美国经济的高度杠杆化是美联储信贷扩张政策的结果，而不是其原因。”[③]

有效而完美的市场、明晰的私人产权和拒绝任何形式的国家干预，这种“三位一体公式”构成了新自由主义者心目中理想的市场经济，这种市场经济据称是“人类最伟大的创造”，是“人类进步最好的游戏规则”，是“个人解放的必由之路”。这种市场经济是没有任何缺陷的，“事实上，所谓市场的缺陷，很大程度上是市场批评者的臆想和由此导致的政府干预的结果。特别是由于政府或者某种强权的不恰当干预，破坏了市场经济的正常运作，使市场经济表现为病态的市场经济，这时候，人们往往以为这是市场本身的毛病。这就跟人一样，本来没病，但有人不

① ［英］弗·奥·哈耶克：《通往奴役之路》，中国社会科学出版社 1997 年版，第 101 页。
② ［英］弗·奥·哈耶克：《通往奴役之路》，中国社会科学出版社 1997 年版，第 102 页。
③ 张维迎：《市场的逻辑》，上海人民出版社 2010 年版，第 287 页。

断说他有病，非给他吃药不可，最终反而吃出病来了”[1]。所以，“市场经济需要有人去捍卫。这就是经济学家的基本责任。一个真正的经济学家，一定是市场经济的坚定捍卫者”[2]。

上述这种对市场的过度颂扬和崇拜，我称之为市场拜物教。这种市场拜物教有四个特征：一是市场无所不在。市场不是社会历史发展特定阶段的产物，而成了一种非历史、超时空的东西。二是市场无限美好。它完美无瑕，无可挑剔，市场的各种所谓“毛病”都是人们强加给它的。三是市场无所不知。因为市场集合了无数“经济人”的理性，所以它具有完全的理性。四是市场无所不能。只要满足了市场的先决条件，市场就可以创造出意想不到的人间奇迹，整个世界就可以实现如同德国18世纪初哲学家莱布尼茨所提出的“预定的和谐”[3]。

对于这种市场拜物教，马克思作过深刻的揭露和批判，认为这是人与物关系的颠倒。马克思在《经济学手稿（1861—1863年）》中谈到“资本使用劳动”时就已指出：“这种关系在它的简单形式中就已经是一种颠倒，是物的人格化和人的物化；因为这个形式和以前一切形式不同的地方就在于，资本家不是作为这种或那种个人属性的体现者来统治工人，他只在他是‘资本’的范围内统治工人；他的统治只不过是物化劳动对活劳动的统治，工人制造的产品对工人本身的统治。”[4] 在《资本论》第一卷中，马克思又专门论述了商品拜物教问题，指出人和物的颠倒这一反常现象在资本主义市场经济中却成了一种普遍现象，在商品交换者看来，“他们本身的社会运动具有物的运动形式。不是他们控制这一运

---

① 张维迎：《市场的逻辑》，上海人民出版社2010年版，第3页。

② 张维迎：《市场的逻辑》，上海人民出版社2010年版，第2页。

③ “预定的和谐”是18世纪德国唯心主义哲学家莱布尼茨（1646—1716）提出的一个重要学说。莱布尼茨认为，世界是由上帝创造的一种精神性的实体——“单子”构成的。上帝在创造每一个单子时就已全部预见到了一切单子的整个发展情况，因此预先就已安排好使每个单子都各自独立地变化发展，而又自然地能和其余一切单子的变化发展过程和谐一致。整个世界就像一个庞大的乐队，每一种乐器都按照上帝原先谱就的乐曲演奏各自的旋律，而整个乐队所奏出的就自然是一篇完整的和谐的交响乐曲。我认为，莱布尼茨的“单子论”和“预定的和谐”说是新自由主义市场观的一个重要哲学基础。

④ 《马克思恩格斯全集》第26卷第1册，人民出版社1972年版，第419页。

动，而是他们受这一运动控制”①。市场如同商品、货币、资本等一样，本来是人创造出来的东西，是人类社会历史发展到一定阶段的产物，但在新自由主义者那里，却“变成一种非常神秘的存在”②，成了一种统治人、驾驭人的力量，成了人们要为之顶礼膜拜的神明。这种市场拜物教也就是市场的异化。

二、《资本论》关于市场内在缺陷的精辟分析及其现实意义

现代意义上的市场是同资本主义社会一起产生和发展的。马克思比任何人都更充分地肯定资本主义市场的巨大历史进步作用，他提出，“资产阶级在它的不到一百年的阶级统治中所创造的生产力，比过去一切世代创造的全部生产力还要多，还要大”③；“它按照自己的面貌为自己创造出一个世界”④。

但是，正如马克思所说的，“辩证法在对现存事物的肯定的理解中同时包含对现存事物的否定的理解”⑤。马克思对现代资本主义市场经济进行了科学的分析和有力的批判，深刻指出现代市场、市场经济也和世界上任何事物一样，具有二重性：它既充满活力，又有先天缺陷；表面上相互平等，实际上弱肉强食；看起来繁花似锦，实际上却已潜藏着重重危机。如果看不到市场和市场经济消极的一面，就可能迷失方向，大难临头，如同目前西方已持续了五年的金融危机。

马克思关于资本主义市场和市场经济的缺陷的论述很多，现大体归纳为以下十个方面。

1. 在市场经济条件下，赚钱是商品生产者的唯一目的和决定性动机。

---

① 《资本论》第1卷，人民出版社2004年版，第92页。
② 《马克思恩格斯全集》第26卷第1册，人民出版社1972年版，第422页。
③ 《马克思恩格斯选集》第1卷，人民出版社1995年版，第277页。
④ 《马克思恩格斯选集》第1卷，人民出版社1995年版，第276页。
⑤ 《资本论》第1卷，人民出版社2004年版，第22页。

市场经济并不如同新自由主义者所描绘的那么美好：每一个人在追求自己利益的同时，也为别人创造价值，而且比其主观上想为社会做贡献时创造的价值更大。市场经济是商品生产占统治地位的经济社会形态，商品生产者的目的不是为了满足自己的物质和精神生活的需要，而是为了交换价值。在资本主义市场经济条件下，则是为了获得尽可能多的剩余价值、尽可能多的利润。赚钱是其唯一的目的和决定性动机。马克思在《资本论》第一卷第四章论述货币转化为资本时就明确指出，一旦货币所有者变成了资本家，“他这个人，或不如说他的钱袋，是货币的出发点和复归点。这种流通的客观内容——价值增殖——是他的主观目的；只有在越来越多地占有抽象财富成为他的活动的唯一动机时，他才作为资本家或作为人格化的、有意志和意识的资本执行职能。因此，决不能把使用价值看作资本家的直接目的。他的目的也不是取得一次利润，而只是谋取利润的无休止的运动。”① 马克思称这种现象为“绝对的致富欲”和“价值追逐狂”。② 在第三篇开始论述剩余价值生产时，马克思明确指出：“剩余价值的生产是资本主义生产的决定的目的。”③ “作为资本家，他只是人格化的资本。他的灵魂就是资本的灵魂。而资本只有一种生活本能，这就是增殖自身，创造剩余价值，用自己的不变部分即生产资料吮吸尽可能多的剩余劳动。资本是死劳动，它像吸血鬼一样，只有吮吸活劳动才有生命，吮吸的活劳动越多，它的生命就越旺盛。”④ 新自由主义者居然抹杀资本主义商品生产中还有资本家和雇佣工人的区别。马克思指出：“资本主义生产不仅是商品的生产，它实质上是剩余价值的生产。工人不是为自己生产，而是为资本生产。因此，工人单是进行生产已经不够了。他必须生产剩余价值。……这种生产关系把工人变成资本增殖的直接手段。”⑤ 马克思把“生产剩余价值或赚钱”当作资本主义市场经济的“绝对规律”。⑥ 这种“绝对规律”会使人变得十分贪婪，以致

---

① 《资本论》第1卷，人民出版社2004年版，第178—179页。
② 《资本论》第1卷，人民出版社2004年版，第179页。
③ 《资本论》第1卷，人民出版社2004年版，第265页。
④ 《资本论》第1卷，人民出版社2004年版，第269页。
⑤ 《资本论》第1卷，人民出版社2004年版，第582页。
⑥ 《资本论》第1卷，人民出版社2004年版，第714页。

不惜跨越道德和法律的底线。马克思曾引用他人的一段评论，刻画资本的贪婪："资本害怕没有利润或利润太少，就像自然界害怕真空一样。一旦有适当的利润，资本就胆大起来。如果有10％的利润，它就保证到处被使用；有20％的利润，它就活跃起来；有50％的利润，它就铤而走险；为了100％的利润，它就敢践踏一切人间法律；有300％的利润，它就敢犯任何罪行，甚至冒绞首的危险。"①

美国的金融危机起源于次贷危机。2008年美国一学者出版了一本揭露美国次贷危机真相的书，该书作者曾经在美国抵押贷款行业干了14年，最清楚美国曾经大肆吹嘘的金融创新是怎么一回事。他在书中写道："如果说次级贷款行业有什么艺术性可言的话，那就是'无中生有'。……直到我直接和经纪商接触和往来，我才了解到创新金融是怎样的一回事。我的销售经理罗伯·雷格将此过程称之为'用鸡屎做鸡肉沙拉'。虽然无甚诗意，不过概括了这个行业的'真谛'。"② "要说这个行业的贪婪，我曾目睹过太多太多，以至于在行业待了一段时间之后，没有什么事能让我感到吃惊和意外了。"③ 这本书反映的只是美国市场经济的冰山一角，但已经够触目惊心了。

中国是社会主义国家，现阶段实行的是社会主义市场经济。社会主义生产的目的应该是在生产发展的基础上，满足全体人民群众日益增长的物质文化需要。但是，由于中国社会中目前还存在多种经济成分，在非公有制经济中，获得利润或赚钱仍然是不少企业生产的主要目的，因此如果不加强监管，由于资本的本能冲动，就有可能干出种种伤天害理的事。这一类的报道几乎每天都有，难道不应该引起我们的思考吗？

2. 市场会产生流通创造剩余价值的假象，导致对生产领域、实体经济的忽视。

市场纷繁复杂，常以假象示人，而把真相掩盖。比如，剩余价值从

---

① 《资本论》第1卷，人民出版社2004年版，第871页。

② ［美］理查德·比特纳：《贪婪、欺诈和无知——美国次贷危机真相》，中信出版社2008年版，第75页。

③ ［美］理查德·比特纳：《贪婪、欺诈和无知——美国次贷危机真相》，中信出版社2008年版，第71页。

现象来看，似乎是从流通中产生的，因为价值“它离开流通，又进入流通，在流通中保存自己，扩大自己，扩大以后又从流通中返回来，并且不断重新开始同样的循环。G—G′，生出货币的货币……资本的最初解释者重商主义者就是这样来描绘资本的”[①]。“庸俗的自由贸易论者用来判断资本和雇佣劳动的社会的那些观点、概念和标准就是从这个领域得出的”[②]。

马克思通过分析，指出剩余价值的源泉是在生产领域，是因为资本在流通领域找到了劳动力这一种特殊的商品。其特殊就在于，在生产过程中，劳动力的使用价值不仅能够创造新价值，而且能够创造比其自身价值更大的价值，这种新创造的超过劳动力价值部分的价值就是剩余价值，它不属于工人，而为资本家所占有。

在《资本论》第二卷中，马克思在论述资本形态变化及其循环时，进一步指出，资产阶级的“政治经济学看到的是表面的现象，也就是流通时间对资本增殖过程的作用。它把这种消极的作用理解为积极的作用，因为这种作用的结果是积极的。并且，因为这种假象似乎证明了资本有一个神秘的自行增殖的源泉，它来源于流通领域，与资本的生产过程，从而与劳动的剥削无关，所以，政治经济学就更是抓住这个假象不放。我们以后会看到，甚至科学的经济学也不免受这种假象迷惑。以后也会表明，这种假象由于下述各种现象而根深蒂固”[③]。当前国际金融危机的一个重要原因就是有关国家忽视财富创造的真正源泉来自生产领域和实体经济。自20世纪下半叶以来，欧美一些发达资本主义国家制造业的实际利润率持续低迷，实体经济逐渐陷入困境，于是产业资本大量进入金融、证券等虚拟经济领域。虚拟经济的发展对实体经济有积极的促进作用，但是若过度扩张会引发泡沫经济。根据国际货币基金组织的统计，1980年全球金融资产价值只有12万亿美元，与当年全球国内生产总值(GDP)规模基本相当；1993年达到53万亿美元，为当年全球国内生产总值的2倍；2003年增长到124万亿美元，超过全球国内生产总值的3

---

① 《资本论》第1卷，人民出版社2004年版，第181页。
② 《资本论》第1卷，人民出版社2004年版，第205页。
③ 《资本论》第2卷，人民出版社2004年版，第142页。

倍；2007年全球金融体系内的商业银行资产余额、未偿债券余额和股票市值合计达到了230万亿美元，为当年全球国内生产总值的4.21倍。[①] 2007年，全球实体经济产值10万多亿美元，国内生产总值近54万亿美元，全球衍生金融产品市值为681万亿美元，与全球国内生产总值之比为13∶1。而这一年美国的金融衍生品市值约为340万亿美元，国内生产总值近14万亿美元，二者之比高达25∶1，其中实体经济的产值仅占金融衍生品市场的1/68。[②] 虚拟经济是为实体经济服务的，它本身并不创造财富；虚拟经济如果过度膨胀，那金融危机的爆发只是迟早的问题了。

3. 市场掩盖了商品交换背后的社会生产关系，以致见物不见人。

马克思和资产阶级经济学家的根本区别，就在于指出市场不仅仅是商品这种物的交换，而是体现一定的社会生产关系，这既是商品、货币、资本的本质，也是市场的本质。马克思说："流通是商品占有者的全部相互关系的总和。"[③] "他们在交换中使他们的各种产品作为价值彼此相等，也就使他们的各种劳动作为人类劳动而彼此相等。他们没有意识到这一点，但是他们这样做了。"[④] 在《资本论》第一卷德文第二版中，马克思特意在这里加了一个脚注："因此，当加利阿尼说价值是人和人之间的一种关系时，他还应当补充一句：这是被物的外壳掩盖着的关系。"[⑤]

马克思批判了资产阶级经济学的"幻觉"："货币主义的幻觉是从哪里来的呢？是由于货币主义没有看出：金银作为货币代表一种社会生产关系，不过这种关系采取了一种具有奇特的社会属性的自然物的形式。而蔑视货币主义的现代经济学，当它考察资本时，它的拜物教不是也很明显吗？认为地租是由土地而不是由社会产生的重农主义幻觉，又破灭了多久呢？"[⑥]

4. 市场无法保证商品价值和剩余价值的实现，从而潜藏着经济危机。

---

① 朱民等著：《改变未来的金融危机》，中国金融出版社2009年版，第189页。

② 李慎明：《当前资本主义经济危机的成因、前景及应对建议》，见李慎明主编：《美元霸权与经济危机——今天对今天经济危机的剖析》（上），社会科学文献出版社2009年版，第37页。

③ 《资本论》第1卷，人民出版社2004年版，第192页。

④ 《资本论》第1卷，人民出版社2004年版，第91页。

⑤ 《资本论》第1卷，人民出版社2004年版，第91页。

⑥ 《资本论》第1卷，人民出版社2004年版，第101页。

商品交换并不总是那么顺利、美妙的，而是充满风险。马克思说："商品价值从商品体跳到金体上……是商品的惊险的跳跃。这个跳跃如果不成功，摔坏的不是商品，但一定是商品占有者。"[①] 在《资本论》第三卷中，马克思分析利润率趋向下降的规律所引起的资本主义社会的各种矛盾时指出，在直接生产过程中获得了剩余价值，但是这个代表剩余价值的部分必须卖掉。"如果卖不掉，或者只卖掉一部分，或者卖掉时价格低于生产价格，那么……榨取的剩余价值就完全不能实现……进行直接剥削的条件和实现这种剥削的条件，不是一回事。二者不仅在时间和地点上是分开的，而且在概念上也是分开的。前者只受社会生产力的限制，后者受不同生产部门的比例关系和社会消费力的限制。……因此，市场必须不断扩大，以致市场的联系和调节这种联系的条件，越来越取得一种不以生产者为转移的自然规律的形式，越来越无法控制。……生产剩余价值的条件和实现这个剩余价值的条件之间的矛盾，恰好也会随之而增大。"[②]

这是市场和市场经济的致命伤，历次的经济危机往往就是在这样的环节上爆发的。在美国的这次金融危机中，房产的过剩就很突出。"据美国人口统计部门一份《关于房产行业整体状况》的报告所示，美国 2008 年有 1400 万套房屋空置，比起 1985 年的 740 万套，差不多翻了一倍，这些房屋足够安置 4000 万以上的人居住。"[③] 可见，在产品过剩的背后则是产能过剩。"美国产能过剩的问题早在 21 世纪初网络经济泡沫破灭后就已现端倪。据美联储理事会估计，2001 年 2 月美国制造业的产能利用率约 78.1%，创 9 年来新低；半导体产业的产能利用率降至约 80%，且持续下滑；计算机产业的产能利用率也达到 3 年来最低水平。随后，房地产业成为新的经济增长引擎，大量投资向房地产和钢铁、汽车等制造业集中。随着次贷泡沫的退去，这些行业的产能过剩逐渐浮出水面。2009 年 6 月，美国第二大钢铁生产商纽柯公司……目前的产能利用率仍处于

---

① 《资本论》第 1 卷，人民出版社 2004 年版，第 127 页。

② 《资本论》第 3 卷，人民出版社 2004 年版，第 272—273 页。

③ 王佳菲：《揭开经济危机的底牌——透过〈资本论〉看新危机时代》，新华出版社 2010 年版，第 16 页。

45年来最低水平，远低于正常水平。”[①]

20世纪以来，中国在经济快速增长的同时，有些行业也出现了不同程度的产品过剩和产能过剩，以机械工业为例，“国家统计局数据显示，2011年机械工业产销增速和利润增速均表现出持续下滑的态势。2011年以来，机械产品的市场需求呈现疲软态势，产成品库存同比增速基本处于20%左右的高位，远远高于前两年10%左右的水平。同时，企业订单增速明显下降……订货不足，进一步加剧了产能过剩的矛盾”[②]。这已引起有关部门的重视，并正采取积极对策。

5. 信用是市场经济发展的必然产物，但它是一把双刃剑。

马克思指出，随着大规模生产的发展，“信用就是不可避免的了；信用的数量会随着生产的价值量一起增长，信用的期限也会随着市场距离的增大而延长。在这里是互相影响的。生产过程的发展促使信用扩大，而信用又引起工商业活动的扩展”[③]。但是，信用是一把双刃剑，它既可以促进社会生产的巨大发展，又会造成对社会生产的巨大破坏。马克思在《资本论》第一卷论述货币的支付手段职能时就指出：“货币作为支付手段的职能包含着一个直接的矛盾……这种矛盾在生产危机和商业危机中称为货币危机的那一时刻暴露得特别明显。这种货币危机只有在一个接一个的支付的锁链和抵消支付的人为制度获得充分发展的地方，才会发生。”[④] 在《资本论》第三卷中，马克思在专门分析信用在资本主义社会生产中的作用时指出：“信用制度加速了生产力的物质上的发展和世界市场的形成；使这二者作为新生产形式的物质基础发展到一定的高度，是资本主义生产方式的历史使命。同时，信用加速了这种矛盾的暴力的爆发，即危机，因而促进了旧生产方式解体的各要素。”[⑤]

当前的国际金融危机，包括欧债危机，其实就是资本主义的信用危

---

① 王佳菲：《揭开经济危机的底牌——透过〈资本论〉看新危机时代》，新华出版社2010年版，第16—17页。

② 刘宝亮：《机械工业：“高端不足，低端过剩”亟待解决》，《中国经济导报》2012年2月21日。

③ 《资本论》第3卷，人民出版社2004年版，第544—545页。

④ 《资本论》第1卷，人民出版社2004年版，第161—162页。

⑤ 《资本论》第3卷，人民出版社2004年版，第500页。

机，其典型表现就是“把资本主义生产的动力——用剥削他人劳动的办法来发财致富——发展成为最纯粹最巨大的赌博欺诈制度，并且使剥削社会财富的少数人的人数越来越减少”①。2008 年美国金融危机暴露出来的许多丑闻，都是马克思这段话的最好诠释。其中最轰动的莫过于伯纳德·麦道夫的“庞氏大骗局”。这位美国纳斯达克原主席、华尔街的头面人物、著名的慈善大家，居然是一个行骗达 10 年之久，被骗对象包括国外知名金融机构和社会知名人士，涉及数额高达 500 亿美元的超级大骗子。非常有讽刺意味的是，“在麦道夫公司的网站上有这样的声明：客户们知道，伯纳德·麦道夫本人在追求完美无瑕的从业记录，致力于公平交易，并保有高尚的道德标准，这些一直以来都是本公司的标志。’”② 麦道夫现在已经成了阶下囚，并被判处 150 年的监禁，麦道夫事件对华尔街乃至美国的金融信用都是一个极为沉重的打击。在美国的现有金融体制下，麦道夫既不是第一个，但肯定也不是最后一个；麦道夫的出局，既带有很大的偶然性，但也是一种历史的必然。

无独有偶，美国出了个麦道夫，中国则出了个吴英。吴英是原浙江本色控股集团有限公司法人代表，因集资诈骗金额 3.8 亿余元受到法律的制裁。和麦道夫这个大巫比起来，吴英确实是太小巫了，但有一段时间仍为国人所关注，因为它折射出中国民间借贷信用所存在的问题以及尽快治理的期望。麦道夫案、吴英案给我们的最大启示是：在市场经济条件下，如何运用和控制信用这一把双刃剑，是一个至关重要的问题。运用和控制得好，可能会把你送往天堂；反之，则必然要下地狱。这不仅仅是信贷双方都要深思熟虑、慎重行事，社会和政府更应该未雨绸缪，有所作为。

6. 资本主义市场交易表面的平等掩盖实际上的不平等。

马克思指出：“劳动力的买和卖是在流通领域或商品交换领域的界限以内进行的，这个领域确实是天赋人权的真正伊甸园。那里占统治地位的只是自由、平等、所有权和边沁。……一离开这个简单流通领域或商

① 《资本论》第 3 卷，人民出版社 2004 年版，第 500 页。

② 钱勇、邓伟、林彬：《麦道夫美国骗局》，中国经济出版社 2009 年版，第 5 页。

品交换领域……就会看到，我们的剧中人的面貌已经起了某些变化。”[①] 在《资本论》第一卷“工作日”一章中，马克思进一步指出：“必须承认，我们的工人在走出生产过程时同他进入生产过程时是不一样的。在市场上，他作为‘劳动力’这种商品的占有者与其他商品的占有者相对立，即作为商品占有者与商品占有者相对立。他把自己的劳动力卖给资本家时所缔结的契约，可以说像白纸黑字一样表明了他可以自由支配自己。在成交以后却发现：他不是‘自由的当事人’，他自由出卖自己劳动力的时间，是他被迫出卖劳动力的时间；实际上，他‘只要还有一块肉、一根筋、一滴血可供榨取’，吸血鬼就决不罢休。”[②] 这种表面上平等和实际上的不平等，在当今世界西方发达国家和发展中国家的贸易往来中，在实行市场经济的广大发展中国家的私有经济中，不是每天都在发生吗？仅以中国的稀土问题为例。稀土是重要的战略资源，具有不可再生性，长期以来，由于全球稀土供应和市场存在的严重不合理，导致对中国稀土资源无序乃至掠夺性开发，使中国付出沉重的环境代价，而有的西方国家则趁机大肆囤积超出自己实际需要的廉价稀土资源。在这种情况下，中国出于保护环境和可持续发展的目的加强对稀土开采和出口管理，符合世界贸易组织规则中关于保护可用尽的自然资源的例外条款，无可厚非。但是，这一正当合理的行为却遭到了西方发达国家的强烈反对，对中国施加种种压力，甚至联手向世界贸易组织提出诉讼，声称中国限制稀土出口违反世贸组织的贸易公平规则。“只许州官放火，不许百姓点灯。”满口“自由”“公平”的西方国家，在他们同发展中国家的贸易往来中，并不像新自由主义者所想象的那么温文尔雅、绅士风度，它们所惯用的就是这套强盗逻辑。

7. 市场经济的发展必然导致收入分配差距过大，出现两极分化。

在《资本论》第一卷中，马克思在揭示资本主义积累的一般规律时指出：“不管工人的报酬高低如何，工人的状况必然随着资本的积累而恶化。……这一规律制约着同资本积累相适应的贫困积累。因此，在一极

① 《资本论》第1卷，人民出版社2004年版，第204—205页。

② 《资本论》第1卷，人民出版社2004年版，第349页。

是财富的积累，同时在另一极，即在把自己的产品作为资本来生产的阶级方面，是贫困、劳动折磨、受奴役、无知、粗野和道德堕落的积累。”[①] 在《资本论》第三卷的“规律的内部矛盾的展开”一章中，马克思进一步指出：“社会消费力既不是取决于绝对的生产力，也不是取决于绝对的消费力，而是取决于以对抗性的分配关系为基础的消费力；这种分配关系，使社会上大多数人的消费缩小到只能在相当狭小的界限以内变动的最低限度。其次，这个消费力还受到追求积累的欲望，扩大资本和扩大剩余价值生产规模的欲望的限制。这是资本主义生产的规律”[②]。

马克思所揭示的资本主义市场经济的这一规律，在当前的国际金融危机中得到了进一步的验证。始于 2011 年 9 月 17 日美国金融中心纽约由数百人发起的小规模“占领华尔街”抗议活动，不到一个月时间迅速蔓延到美国的上千个城市，并迅速扩散至各主要的西方国家。抗议者举起的“1%对 99%”的标语牌，表现出他们对日益加剧的经济不平等现象及其制度根源感到不满和愤怒。“一些美国学者指出，美国经济不平等的严重程度为上世纪三十年代‘大萧条’以来所未见，比其他西方发达国家都要高。……据统计，1%的美国富人占有国民收入的五分之一和社会总财富的三分之一。……1%最富裕美国人的税后收入自 1979 年以来增加了两倍，而处于金字塔底部的 80%的美国人同期收入仅增加了三分之一。美国企业主管的收入与普通工人的收入差距，由以前的 30 倍增加到现在的 300 倍。”[③] “占领华尔街”抗议活动表明，资本主义市场经济无法解决社会财富和收入分配的贫富分化问题，导致了生产的无限扩大与群众有支付能力需求相对缩小的矛盾不断尖锐化，从而酿成各种危机。

中国自改革开放以来，打破“大锅饭”和平均主义，逐步确立了按劳分配为主体、多种分配方式并存的分配制度，有效地激发了社会创造力，促进了社会财富的极大增加，居民的收入水平普遍提高。但是，毋庸讳言，在经济持续增长的背后，居民收入差距不断扩大，受到了社会各界的高度关注。从基尼系数看，1978 年仅为 0.16，2000 年就超过了

---

① 《资本论》第 1 卷，人民出版社 2004 年版，第 743—744 页。

② 《资本论》第 3 卷，人民出版社 2004 年版，第 273 页。

③ 余晓葵：《华尔街的拐角美国社会的“拐点”》，《光明日报》2012 年 2 月 6 日。

0.4的国际警戒线，现已接近或超过0.5；从绝对贫困人口看，如果按“十二五”规划的第一年人均纯收入1500元的贫困标准，全国贫困人口总数将达9000万以上；从财富的集中度看，“2009年中国家财千万元的富豪已达82.5万人，家产过亿的有5.1万人；2011年千万级的增加到96万人，过亿的达6万人……2010年，家产十亿的富豪有1363人，其中百亿富豪97人；2011年，家产20亿元的就达2000人。在2009年，中国仅仅前200名富豪的财富总额就达2.60万亿元，相当于全国国内生产总值的7.76%……另一方面，劳动者占新创造价值的份额明显下降（在私有经济中更是如此，私有企业工人的平均工资仅为国有企业工人的52%）”[①]。关于中国当前的居民收入差距不断扩大的原因，理论界给出了各种解释，但我认为都有意无意地回避了一个重要原因，那就是市场经济的内在规律使然。马克思所揭示的不仅是资本主义市场经济的规律，也是一般市场经济的规律，社会主义市场经济当然没有例外。和资本主义市场经济根本不同的是，我国有信心也有能力通过政府的有力干预和其他各种措施，解决西方国家无法解决的社会两极分化问题。

8. 以追求利润为唯一目的的资本主义市场经济导致环境生态严重恶化。

马克思在《资本论》第一卷论述大工业和农业的关系时指出：“在农业领域内，就消灭旧社会的堡垒——‘农民’，并代之以雇佣工人来说，大工业起了最革命的作用。……资本主义生产使它汇集在各大中心的城市人口越来越占优势，这样一来，它一方面聚集着社会的历史动力，另一方面又破坏着人和土地之间的物质变换，也就是使人以衣食形式消费掉的土地的组成部分不能回归土地，从而破坏土地持久肥力的永恒的自然条件。这样，它同时就破坏城市工人的身体健康和农村工人的精神生活。……资本主义农业的任何进步，都不仅是掠夺劳动者的技巧的进步，而且是掠夺土地的技巧的进步，在一定时期内提高土地肥力的任何进步，同时也是破坏土地肥力持久源泉的进步。……资本主义生产发展了社会

① 《重视研究当前两类社会矛盾及其相互关系——访厦门大学原党委书记吴宣恭教授》，《马克思主义研究》2012年第5期。

生产过程的技术和结合，只是由于它同时破坏了一切财富的源泉——土地和工人。”①

当代人类生存环境的恶化和生态危机，与盲目扩大的生产和市场以及片面追求资本的增殖、片面追求国内生产总值增长有着密切的关系。西方发达国家在其工业化的历史过程中，曾对生态环境造成了严重的破坏。迫于国内的压力和资本追逐利润的本能，现在他们正千方百计把生态环境恶化的祸水引向广大发展中国家。还是以前面所举的稀土为例，“据《华盛顿邮报》报道，早在上世纪 90 年代初，美国在稀土矿业市场上占主导地位，后来大量减少本国稀土矿的开采，封存矿山，既保存自己的战略资源，又廉价获得中国稀土资源，还把环境污染挡在国门外，”②这是典型的损人利己，以邻为壑。而中国在相当长一段时间内，缺乏对稀土资源开采、利用和保护的战略规划，许多企业在高利润驱动下，乱采滥挖直接导致出口量很大而价格不断下降，同时储藏量锐减。专家估计，照此速度开采，二三十年后就将采尽挖光。令人更加担忧的是，一些中小企业为了节约成本，用落后技术开采稀土，对环境造成不可逆转的放射性污染、地下水污染和耕地破坏。2012 年，“仅以稀土资源丰富的赣南为例，如果要对开采稀土等矿产破坏的土地进行生态修复，初步估计资金投入将高达 380 亿人民币以上，而去年，江西省全省出口稀土不到 10 亿美元（约合 63 亿元人民币）。也就是说，其出口利润很难弥补环境的损失。”③

9. 商品（货币、资本）拜物教是市场经济的特有产物。

对商品、货币、资本拜物教的分析，是马克思《资本论》中最精彩的内容之一。他指出“商品形式和它借以得到表现的劳动产品的价值关系，是同劳动产品的物理性质以及由此产生的物的关系完全无关的。这只是人们自己的一定的社会关系，但它在人们面前采取了物与物的关系的虚幻形式。因此，要找一个比喻，我们就得逃到宗教世界的幻境中去。在那里，人脑的产物表现为赋有生命的、彼此发生关系并同人发生关系

① 《资本论》第 1 卷，人民出版社 2004 年版，第 578—580 页。

② 吴黎明：《如何赢得资源博弈　稀土不应沦为西方廉价“肥肉”》，《文汇报》2012 年 3 月 15 日。

③ 吴黎明：《如何赢得资源博弈　稀土不应沦为西方廉价“肥肉”》，《文汇报》2012 年 3 月 15 日。

的独立存在的东西。在商品世界里，人手的产物也是这样。我把这叫作拜物教。劳动产品一旦作为商品来生产，就带上拜物教性质，因此拜物教是同商品生产分不开的。”① 当然，商品拜物教也是同市场分不开的。马克思还分析了货币拜物教：“一种商品成为货币，似乎不是因为其他商品都通过它来表现自己的价值，相反，似乎因为这种商品是货币，其他商品才都通过它来表现自己的价值。中介运动在它本身的结果中消失了，而且没有留下任何痕迹。……这些物，即金和银，一从地底下出来，就是一切人类劳动的直接化身。货币的魔术就是由此而来的。……因此，货币拜物教的谜就是商品拜物教的谜，只不过变得明显了，耀眼了。”② 在《资本论》第三卷中，马克思分析了资本拜物教的种种形式。“在生息资本的形式上，资本拜物教的观念完成了。按照这个观念，积累的劳动产品，而且是作为货币固定下来的劳动产品，由于它天生的秘密性质，作为纯粹的自动体，具有按几何级数生产剩余价值的能力”。③

马克思指出，商品、货币、资本拜物教对社会具有极大的欺骗性和危害性。这种拜物教反映的是市场经济中的假象世界，而这种假象又往往同人们的生活常识相符合，因此，人们对“这些异化的不合理的形式，感到很自在，这也同样是自然的事情，因为他们就是在这些假象的形态中活动的，他们每天都要和这些形态打交道”④。这种拜物教的危害性在于它颠覆了几千年来人类文明所积淀的关于真善美和假恶丑的界限，破坏了传统社会的经济秩序、道德秩序和社会秩序。马克思指出：“从货币身上看不出它是由什么东西转化成的，所以，一切东西，不论是不是商品，都可以转化成货币。一切东西都可以买卖。流通成了巨大的社会蒸馏器，一切东西抛到里面去，再出来时都成为货币的结晶。连圣徒的遗骨也不能抗拒这种炼金术，更不用说那些人间交易范围之外的不那么粗陋的圣物了。”“还在幼年时期就抓着普路托的头发把他从地心里拖出来

① 《资本论》第1卷，人民出版社2004年版，第89—90页。
② 《资本论》第1卷，人民出版社2004年版，第112—113页。
③ 《资本论》第3卷，人民出版社2004年版，第449页。
④ 《资本论》第3卷，人民出版社2004年版，第940—941页。

的现代社会，则颂扬金的圣杯是自己最根本的生活原则的光辉体现。”[①]马克思还指出，一旦拜物教在全社会确立，那么这将是“一个着了魔的、颠倒的、倒立着的世界。在这个世界里，资本先生和土地太太，作为社会的人物，同时又直接作为单纯的物，在兴妖作怪”。[②]

在美国的这次金融危机中，从已披露出来的大量材料来看，作为美国乃至世界金融心脏的华尔街，确实是“一个着了魔的、颠倒的、倒立着的世界”，华尔街的金融资本先生不仅在全世界“兴妖作怪”，也在他们的家门口“兴妖作怪”，不过这次搞得太过头了，差点使其陷入灭顶之灾。至于我们国家是否也存在商品、货币和资本拜物教，人们曾经有过疑问，理论界也曾经讨论过，然而，在人们耳闻目睹了大量惊心动魄的事实后，这已成了不证自明的定论了。社会上最关注、老百姓最痛恨的腐败现象，其实就是资本拜物教——权力资本化的一种表现。现在摆在我们面前的，不是争论有没有商品、货币、资本拜物教的问题，而是如何认识和解决由此产生的一系列经济、政治和社会的问题。

10. 市场和市场经济无法解决自身存在的问题。

新自由主义总是把市场想象得那么美好：什么“只要让位于市场，一切关系都能理顺”；什么“如果把一切都委托给市场的自由交易，就会达到一种最佳的经济状态，并且这种状态是稳定的”；尤其难得的是“市场具有自我纠正错误的能力”，所以“市场制度是最成功的”；如此等等。这些赞美市场的“时髦词句”其实都是马克思早已批判过的陈词滥调，不过马克思当时主要是针对那些为资本主义市场经济制度作辩护的庸俗经济学家。马克思多次引用18世纪法国哲学家伏尔泰小说《老实人》的一句格言“在这个最美好的世界上，一切都十全十美”[③]，嘲笑那些狂热的市场拜物教者。

在马克思看来，无论是市场和市场经济的巨大历史进步作用还是它的种种弊端，都具有它的历史的必然性。在《资本论》第一卷第一版序言中，马克思就指出：“问题本身并不在于资本主义生产的自然规律所引

① 《资本论》第1卷，人民出版社2004年版，第155、156页。
② 《资本论》第3卷，人民出版社2004年版，第940页。
③ 《马克思恩格斯选集》第1卷，人民出版社1995年版，第221页。

起的社会对抗的发展程度的高低，问题在于这些规律本身，在于这些以铁的必然性发生作用并且正在实现的趋势。工业较发达的国家向工业较不发达的国家所显示的，只是后者未来的景象。”① 这里讲的“铁的必然性”，我理解包含两层意思。一是市场存在的种种问题，你承认也罢，不承认也罢，它都是客观存在的；你喜欢也罢，不喜欢也罢，它都要发生的。二是市场本身并无法解决这些问题。马克思说：“价值没有在额上写明它是什么。不仅如此，价值还把每个劳动产品转化为社会的象形文字。后来，人们竭力要猜出这种象形文字的涵义，要了解他们自己的社会产品的秘密，因为把使用物品规定为价值，正像语言一样，是人们的社会产物。后来科学发现，劳动产品作为价值，只是生产它们时所耗费的人类劳动的物的表现，这一发现在人类发展史划了一个时代，但它决没有消除劳动的社会性质的物的外观。……商品生产这种特殊生产形式才具有的这种特点，对受商品生产关系束缚的人们来说，无论在上述发现以前或以后，都是永远不变的，正像空气形态在科学把空气分解为各种元素之后，仍然作为一种物理的物态继续存在一样。”② 所以，马克思认为，《资本论》中所涉及的人，只是经济范畴的人格化，是一定的阶级关系和利益的承担者，不能要求这些个人对这些问题负责。

在资本主义市场经济条件下，唯一能够对市场的弊端进行局部的一定程度的改良的外部力量，就是国家权力。马克思在《资本论》第一卷中用了很大的篇幅来叙述英国工厂法的历史、内容和结果，“英国的工厂法是通过国家，而且是通过资本家和地主统治的国家所实行的对工作日的强制的限制，来节制资本无限度地榨取劳动力的渴望”③。马克思明确指出，“一个国家应该而且可以向其他国家学习”，虽然市场经济作为一种自然的发展阶段“既不能跳过也不能用法令取消”，“但是它能缩短和减轻分娩的痛苦”。④ 马克思在《资本论》中多次提到国家的作用（按照马克思原来的写作计划，《政治经济学批判》六册中“国家”作为单独一

① 《资本论》第 1 卷，人民出版社 2004 年版，第 8 页。
② 《资本论》第 1 卷，人民出版社 2004 年版，第 91—92 页。
③ 《资本论》第 1 卷，人民出版社 2004 年版，第 276—277 页。
④ 《资本论》第 1 卷，人民出版社 2004 年版，第 9、10 页。

册），例如，在论述信用在资本主义生产中的作用时，就指出："它在一定部门中造成了垄断，因而引起国家的干涉。"①

三、清除新自由主义市场拜物教的迷雾任重道远

显然，马克思上述对市场拜物教的批判，主要是针对资本主义市场经济的，即使过去了100多年，对我们今天研究当代资本主义的新发展，分析当前国际金融危机产生的原因和批判新自由主义，还是有重要指导意义。不仅如此，马克思的论述对实行市场经济的发展中国家，包括实行社会主义市场经济的中国，也具有很强的警醒和启迪意义。毋庸讳言，马克思所痛陈的资本主义市场和市场经济所存在的一系列消极现象和潜在风险，在中国也有不同程度的存在。有市场经济存在，就必然产生市场拜物教，这是不以人的意志为转移的。当然，在中国的社会主义制度下，在政府的有力干预下，可以把市场拜物教的消极效应尽可能地减少、缩小。但是，如果放松警惕，处理不慎，就有可能造成局部地区的外部冲突和整个社会的波动。这并非危言耸听，而是被近年来的一系列社会事件所证明。

即使在社会主义市场经济条件下，市场拜物教也是无法消除的，因为商品生产和商品交换是它孕育的土壤。但是，我们可以采取积极的措施，限制它作用的范围，化解它产生的矛盾，消除它恶劣的影响，预防它潜在的危机。为此，应采取以下具体措施。

1. 坚决批判新自由主义并消除其在中国的恶劣影响。

我们要认识到新自由主义所宣扬的市场拜物教在堂皇的词句后面所包藏的险恶用心，它所指引的道路，不是走向繁荣之路，而是走向社会动乱、两极分化、国家崩溃之路。新自由主义并不单纯是一种学术理论，从20世纪80年代以来，它已经成为西方发达国家的官方意识形态，成为对广大发展中国家和由计划经济向市场经济转轨的国家进行渗透、误

① 《资本论》第3卷，人民出版社2004年版，第497页。

导和颠覆的政治工具。无论是拉美地区还是原苏联、东欧各国以及东南亚地区，新自由主义都给这些地区的国家和人民带来了深重的灾难。当前美欧这场旷日持久的金融危机，正是西方国家新自由主义长期泛滥酿成的恶果。这用中国俗话来说，叫作害人又害己！

新自由主义所宣扬的市场拜物教，并不是什么新鲜的东西，它不过是马克思早已批判过的资产阶级庸俗经济学的老调重弹。正如马克思一针见血所指出的："庸俗经济学的特征恰恰在于，当那种在一定的已经过去的发展阶段上是新颖的、创造性的、深刻的和正确的见解已变成平凡、陈旧和错误的东西的时候，又把它们重新拣起来。这样，它也就供认，它对于古典经济学已经研究过的问题毫无所知。它把这些问题，和那些只在资产阶级社会的一个较低发展水平上才能提出的问题混为一谈。"[①]"庸俗经济学家所做的实际上只是把那些受竞争束缚的资本家的奇特观念，翻译成表面上更理论化、更一般化的语言，并且煞费苦心地论证这些观念是正确的"。[②]

对多年来新自由主义市场拜物教在我国经济理论界造成的迷误和危害，一定要有清醒的认识。有一本书在介绍新自由主义者弗里德曼 20 世纪八九十年代三次来华时这样写道："在三次访华中，弗里德曼近距离地观察了一个从计划经济体制走向市场经济体制的社会的变迁过程，他尽力向中国人介绍了自由市场制度的知识，表达了自己的思想观念。作为一个经济学家，他很好地完成了自己的任务，深入影响了一大批中国人——其中不乏能够直接影响甚至决定中国发展道路的人。可以说，在这十几年中，弗里德曼原有的世界范围的影响力扩充到了中国，而中国，也因此受益良多。"[③] 刘国光先生早在 2005 年就在一篇重要文章中指出，国内"有些人不愿意别人批评新自由主义。说什么批评者把新自由主义者当成了一个筐，什么都往里装。为什么要讳言新自由主义呢？如果你是真心实意地为中国特色的社会主义市场经济贡献力量的话，如果你也是不赞成新自由主义的理论前提和核心理论的话，你就不必担心批评新

---

① 《资本论》第 3 卷，人民出版社 2004 年版，第 888 页。

② 《资本论》第 3 卷，人民出版社 2004 年版，第 256 页。

③ 李子旸：《市场的力量》，华夏出版社 2010 年版，第 10 页。

自由主义会伤及无辜。如果你赞成他们的理论前提和核心理论，那你自己就跳进框框，怪不得别人。”[①] 尽管国际金融危机宣告了新自由主义的种种缺陷，但我国国内很多学者仍然迷信新自由主义，这提醒中国的马克思主义经济学学者，批判新自由主义将是一场长期的斗争。

2. 坚持社会主义公有制为主体的基本经济制度。

社会主义市场经济同资本主义市场经济的一个重要区别，就是前者公有制占主体地位。新自由主义以提高市场效率为名，不遗余力地鼓吹私有化。他们一方面断言公有制和市场经济不能兼容，私有化不可避免；另一方面，他们则是借口反垄断，反“国进民退”，企图瓦解我国的国有经济。某大学教授信口雌黄，说什么“现在活得好的国有企业，基本是靠垄断赚钱，但是它们的效率很低。国有企业占据着社会三分之二的经济资源，但创造的价值只是三分之一。等他们都民营化之后，可以想象中国经济会焕发出怎样的潜力”[②]。人们已经注意到，《光明日报》在 2012 年 4 月中旬连续发表“国企怎么样”“国企怎么了”“国企怎么办”的系列报道，通过大量翔实的数据，告诉人们关于国企的真实情况。过去，“国企是亏损的代名词”，而如今大型国企特别是央企是活力的代名词，在 2011 年公布的世界 500 强企业中，中央企业已有 38 家上榜。如今的国有企业已是行业的排头兵、国民经济的支柱力量，在维护经济社会稳定、完成宏观调控目标，承担各种急难险重任务等方面，国有企业始终发挥着中流砥柱的作用。日益壮大的国企不仅在经济上、政治上发挥重要的作用，而且还能对市场拜物教发挥有力的制约作用。新自由主义者为什么视国企为眼中钉、肉中刺，必欲拔之而后快，其中难言之隐就是国企的存在和发展完全与他们信奉的市场拜物教教义背道而驰，而这一教义是他们灵魂的栖息和安身立命之所在！国企当然还要深化改革，进一步完善，但世界上社会主义各国正反两方面的经验教训，可以证明：国企强，则国家强；国企弱，则国家弱。可以断言，当强大的国有经济瓦解之日，也就是人物颠倒的市场拜物教泛滥之时，那时虽然市场经济也还

① 刘国光：《对经济学教学和研究中一些问题的看法》，《刘国光文集》（第 10 册），中国社会科学出版社 2006 年版，第 614 页。

② 张维迎：《市场的逻辑》，上海人民出版社 2010 年版，第 342 页。

存在，但已经更名易帜，不叫社会主义了。因此，在任何时候，坚持公有制的主体地位和国有经济的砥柱作用，我们都不能有丝毫的动摇！

马克思主义认识论认为，实践是检验真理的唯一标准。中国改革开放30多年的实践已经有力地证明，以公有制为主体、多种所有制经济共同发展的基本经济制度，完全适应生产力发展的需要，创造了令世人瞩目的经济奇迹。新自由主义者关于“不能兼容”的看似严密的逻辑推理和故作高深的数学分析，在活生生的事实面前，显得多么滑稽可笑！他们死抱着陈腐的教条不放，却不懂得“理论是灰色的，生活之树常青”这个简单朴素的道理。

3. 加强政府对市场必要的干预。

讨论这一问题的前提是政府有没有必要对市场进行干预？新自由主义市场拜物教者的回答是否定的，因为按照他们的教义，既然市场是理性的、万能的，也就不需要政府这种外部力量的干预，否则，就会适得其反。令他们始料未及的是，这次国际金融危机对其笃信不疑的教义是一个毁灭性的打击。在西方国家的新自由主义市场拜物教者中，有的对此采取沉默，有的则被迫做了检讨，比如，2008年10月23日，美国国会众议院监督和政府改革委员会召集美国联邦储备委员会前主席格林斯潘等人作证，以便弄清管理的缺陷在多大程度上推动了这场金融危机。格林斯潘承认，缺乏监管的自由市场存在缺陷，政府采取的金融救援方案已经开始对市场产生影响。但是，中国的新自由主义市场拜物教者似乎很不以为然，他们坚持认为这次危机的根源在政府，而不在市场：“事实和逻辑分析表明，这次危机与其说是市场的失败，不如说是政府政策的失败；与其说是企业界人士太贪婪，不如说是主管货币的政府官员决策失误；政府目前对危机的政策与其说是在解决危机，不如说是在延后和恶化危机。在我看来，这次危机也许是复活奥地利学派经济学和彻底埋葬凯恩斯主义经济学的机会。”① 莫谓书生空议论，这里所提出的确实是一个关乎中国和世界各国应该如何认识和应对当前这场国际金融危机，如何看待政府和市场在经济发展中的作用，从而实现世界各国经济的持续健康发展这一重大原则问题。

---

① 张维迎：《市场的逻辑》，上海人民出版社2010年版，第283页。

2008年10月，联合国大会第六十三届会议主席米格尔·德斯科托·布罗克曼提议成立一个国际专家委员会，探讨本次金融危机的原因、影响和对策。该委员会由20位来自全球各地的顶尖国际金融专家组成，诺贝尔经济学奖获得者约瑟夫·E. 斯蒂格利茨担任主席。该专家委员会的研究报告对2009年6月26日召开的有联合国192个成员国参加的“世界金融和经济危机及其对发展的影响高级别会议”所发表的声明产生了积极的影响。该研究报告于2009年底发表。联合国大会主席在为该报告所写的序言中不指名地批评了新自由主义：“在过去的35年，这次危机通过在全球范围内推行（通常是被迫的）的专横经济观点以重要的方式相互紧密联系在一起。根据这一观点，市场逻辑会解决几乎所有的社会、经济以及政治问题。”[①] 该报告详细分析了这次金融危机的根源，明确指出：“当许多政治领导人和经济学家对放松监管表示赞成以后，当前的危机便接踵而至，他们曾认为，自由金融市场的固有效率会影响经济的总效率，或者至少‘轻微’监管会改善经济表现。这些言论几乎忽视了市场不完善和外部效应的概念，由于较早的经济事件和现代经济理论本应该让人产生质疑，所以本次危机的巨大规模和普遍性对这种观点（有时被称为自由市场原教旨主义者或新自由主义）是一种很强烈的反驳。人们现在一致认为，监管不足和监管制度不完善是导致本次危机的原因之一。”[②] 连美国的金融援助计划的国会监管委员会在监管改革的总结报告中也提道：“从根本上说，造成本次危机的监管失灵不仅是一种结构，更是一种理念。假如美国能更好地认识监管的作用，那么它可能已经在目前的监管制度下实施了有效的监管措施。”[③] 该报告对指导国际社会应对危机提出了若干基本原则，摆在首位的就是要“恢复市场和政府之间的平衡”，“在某种程度上，本次金融危机是由于对金融市场的监管过度放松造成的，恢复全球经济的健康首先需要将金融市场监管者的合适角色

---

① 联合国金融专家委员会：《斯蒂格利茨报告——后危机时代的国际货币与金融体系改革》，新华出版社2011年版，第3页。

② 联合国金融专家委员会：《斯蒂格利茨报告——后危机时代的国际货币与金融体系改革》，新华出版社2011年版，第74页。

③ 联合国金融专家委员会：《斯蒂格利茨报告——后危机时代的国际货币与金融体系改革》，新华出版社2011年版，第77页。

恢复到健康状态。另外，只能通过将政府在国家和全球范围内采取集体行动中的角色恢复到合适状态才可解决与全球经济危机和全球气候危机有关的外部效应。”[①]

上面之所以大段引用该报告的有关论述，是因为，该报告不啻具有很高的权威性和针对性，而且还是一份代表联合国对新自由主义市场拜物教的证据确凿、义正词严的判决书。当然，从马克思主义的观点来看，该报告对本次国际金融危机根源的分析还停留在表面层次，未能触及资本主义社会的基本矛盾这一本质，开出的治理“药方”也未必都符合实际，但是，在新自由主义多年来一直占据着西方经济学理论主流地位的情况下，这样一份报告能够得以发表，已经是很不容易的了。这份报告值得国人一阅，它至少能告诉我们：在市场和政府的关系上，我们该相信谁！

4. 矫治市场的弊端还需加强法律的他律和道德的自律。

现代市场经济其实就是信用经济，而信用无非是买卖、信贷双方的契约关系。这次国际金融危机始于美国的次贷危机，就是因为买卖、借贷双方在信用上出现了断裂。过去以为只是在市场经济发展的低级阶段上才会有信用问题（中国最早提出信用问题是在 20 世纪 90 年代初期，当时国务院下发了《关于在全国范围内开展清理“三角债”工作的通知》，第一次提出了社会信用问题，以后信用问题频繁地见诸报端和政府文件），现在看来并不尽然，这次发生严重信用危机的国家都是市场经济发展程度很高的国家。“不识庐山真面目，只缘身在此山中。”信用危机的真正原因，就在于市场的先天缺陷，马克思在一个半世纪以前就已洞察到了市场的痼疾，实在令人惊叹！要完全消除市场的这种痼疾，按照马克思的观点，“只有当社会生活过程即物质生产过程的形态，作为自由联合的人的产物，处于人的有意识有计划的控制之下的时候，它才会把自己的神秘的纱幕揭掉。但是，这需要有一定的社会物质基础或一系列物质生存条件，而这些条件本身又是长期的、痛苦的发展史的自然产物”[②]。既然马克思所说的这“一系列物质生存条件”我们现在还不具备，

① 联合国金融专家委员会：《斯蒂格利茨报告——后危机时代的国际货币与金融体系改革》，新华出版社 2011 年版，第 15 页。

② 《资本论》第 1 卷，人民出版社 2004 年版，第 97 页。

就不得不正视裹着“神秘的纱幕”的市场经济，在努力探索发挥它的积极作用的同时，尽可能限制它的消极因素。除了加强政府对市场的干预外，法律的他律和道德的自律是必不可少的。18世纪德国哲学家康德说过：“有两样东西，愈是经常和持久地思考它们，对它们日久弥新和不断增长之魅力以及崇敬之情就愈加充实着心灵：我头顶的星空，和我心中的道德律。”[①] “我头顶的星空”，康德指的是上帝，我认为应该把它换成法律，因为只有法律才是至高无上的。在现代文明社会，不允许有任何人凌驾于法律之上。在资本主义市场经济条件下，法律虽然不能根本解决市场问题，但是“它能缩短和减轻分娩的痛苦”，正是在这个意义上，马克思认为，工业化落后的国家应该向当时工业化先进的英国学习。我国实行的是社会主义市场经济，并且已经提出了“依法治国”的战略方针，就要切切实实把它落实到实处。至于康德所说的“我心中的道德律”，我们要好好研究一下，为什么这么多年来，我们所进行的道德教育，收效不是很大？问题究竟出在哪里？我认为，一个重要原因就是对市场的消极因素估计不足。古人云：哀莫大于心死。在现代市场经济活动中，则是哀莫大于心黑！随着市场经济的发展，市场上的物质产品日益丰富，但是我们生活的安全感却并没有随之成正比例增长，假冒伪劣、坑蒙拐骗常常使人们处于杯弓蛇影之中！市场拜物教的毒菌无时无刻不在污染人的心灵，败坏社会的空气，扭曲人与人之间的正常关系。中华民族确实需要建立起拯救灵魂的道德教育长效机制，而且是刻不容缓了！

马克思说：“辩证法不崇拜任何东西，按其本质来说，它是批判的和革命的。”[②] 我们要彻底清除新自由主义所散布的对市场的神化和崇拜的迷雾，还市场以本来面目，恢复和树立人在市场上的真正权威，切实做到以人为本。

（原文发表于《当代经济研究》2012年第9期。本文的要点曾于2012年5月27日在墨西哥都市大学召开的世界政治经济学学会第七届论坛的大会上宣读）

---

① ［德］康德：《康德的智慧》，曾纪军、刘烨编译，中国电影出版社2007年版，第226页。

② 《资本论》第1卷，人民出版社2004年版，第22页。

资本拜物教与资本主义经济金融化

李瑞德*

2008年国际金融危机以后，越来越多的学者把目光聚焦到资本主义经济金融化的推动力量和形成原因上，并且提出了许多观点。有的认为金融化是实体经济增长停滞导致投资回报下降的结果，有的认为是新自由主义体制对金融资本的放任造成的，还有的认为是由于金融权势的膨胀导致了政府政策安排有利于金融化，等等。这些观点从不同的角度和深度解读了资本主义经济金融化的趋势，但是都没有从深层次上触及问题的根本。分析资本主义经济金融化“既不能用显微镜，也不能用化学试剂。二者都必须用抽象力来代替”①。

马克思的拜物教批判理论为我们分析当前的资本主义经济金融化现象提供了一个独特的视角。虚拟金融资本的拜物教性质是推动经济金融化的深层次原因，经济金融化既是虚拟金融资本拜物教的表现，也是资本崇拜的必然结果。在经济金融化的进程中，资本的拜物教性质作为一种巨大的隐形推动力，尤其是其逐利性、贪婪性和狂热性，推动金融资本不断走向膨胀化、投机化、泡沫化和全球化。虚拟金融资本的无节制膨胀和扩张，最终导致了国际金融危机的频繁爆发及危机之后经济的持续衰退，财富分配两极分化和失业率持续走高，严重的主权债务危机和普通民众负债累累等严重后果，进一步激化了资本主义社会的基本矛盾。

---

* 李瑞德：福建师范大学助理研究员，博士。

① 《资本论》第1卷，人民出版社2004年版，第8页。

一、资本拜物教推动金融资本的膨胀化

马克思在《资本论》中专门对生息资本这一资本形式进行分析，指出它不用通过生产这一中间环节就可以实现自行增殖，正好满足了资本主义生产“钱生钱”的生产目的，资本关系取得了最富有拜物教性质的形式。在这里，商品化的货币或金融资本以抽象化和形式化的形式，被赋予了一种独立的、神秘的力量，成为世界性、普遍扩张的强大武器。为了充分发挥金融资本自行增殖的神秘魔力，资本家乐此不疲地进行金融创新，特别是采取个人贷款、信用卡贷款、债券融资、债务杠杆等一系列“寄生性”形式扩张金融资本。随着虚拟金融资本的急剧扩张，在传统金融产品的基础上，衍生出了期权、期货合约等基础性虚拟资本和指数期权、指数期货合约等衍生性虚拟资本。这样，通过单纯流通手段而形成的金融资本急剧膨胀，也就越来越脱离实体经济的运行基础，并且日趋膨胀起来。

根据美国商务部经济分析局的统计，美国金融业（金融、保险、地产、租赁部门）的产值占国内生产总值的比重总体保持上升趋势。从图1可以看到，1971年美国金融业占国内生产总值的比重仅为15.1%，2002

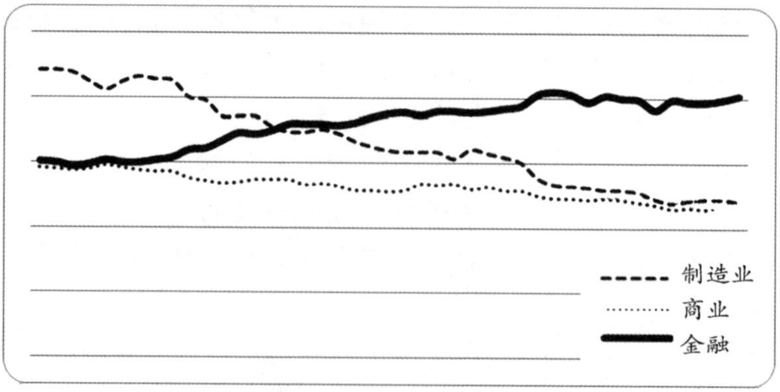

图1 美国各产业国内生产总值占比情况

资料来源：美国商务部网站。

年增加至20.5%的最高值，2008年受金融危机影响有所回落，但2013年又从新回归到20.2%的水平，2014年前3季度甚至达到21.2%的历史新高。与此同时，制造业、商业占国内生产总值的比重却呈现不断下降的趋势，特别是制造业的比重从1971年的22.1%下降到2009年的12.0%，虽然在此后的“再工业化”战略推动下有所回升，但到2013年仍然只有12.1%。这些都表明，金融部门在美国经济中的作用不断增强，虚拟经济日益脱离实体经济，走向独立化、膨胀化。

二、资本拜物教推动金融资本的投机化

英国著名国际政治经济学家苏珊·斯特兰奇把金融化的资本主义称为“赌场资本主义”，在这一形式下，“投机代替投资成为创造财富、推动增长的主要方式”[①]。马克思在《资本论》第一卷中曾引用《评论家季刊》里的一段话来阐明资本的贪婪性和赌博性：“资本害怕没有利润或利润太少，就像自然界害怕真空一样。一旦有适当的利润，资本就胆大起来。如果有10%的利润，它就保证到处被使用；有20%的利润，它就活跃起来；有50%的利润，它就铤而走险；为了100%的利润，它就敢践踏一切人间法律；有300%的利润，它就敢犯任何罪行，甚至冒绞首的危险。”[②] 在《资本论》第三卷中还专门讲到“信用和虚拟资本”的问题，认为信用制度本来是随着社会化生产的发展而建立起来的，“信用的数量会随着生产的价值量一起增长，信用的期限也会随着市场距离的增大而延长”[③]，然而在资本拜物教力量的驱动下，这种制度却成为少数人进行冒险赚钱的赌博欺诈手段。在信用的基础上，“钱能生钱”的幻象把价值和剩余价值的产生痕迹消除得一干二净，人们越来越热衷于金融投机，并且确信虚拟资本能够更快地使人致富，他们想尽办法绕过生产过程，企图在虚拟资本的流通、转移和交易中赚取更多的利润，于是社会上出

① 转引自李国平、周宏：《金融资本主义全球化：实质及应对》，《马克思主义研究》2014年第5期。

② 《资本论》第1卷，人民出版社2004年版，第871页。

③ 《资本论》第3卷，人民出版社2004年版，第544—545页。

现了大量利用虚拟资本进行赌博交易和投机交易的现象，造成了金融市场的投机性、赌博性和虚假性繁荣。

在资本拜物教力量的支配下，与经济金融化如影随形的是各种金融衍生品泛滥，金融巨鳄、国际“游资”到处寻找投机赚钱的机会。根据美国知名的财经博客网 Zero Hedge 披露，2007 年美国金融衍生品合约的总名义价值高达 500 万亿美元，在经历国际金融危机之后，2014 年又暴涨至 710 万亿美元；德意志银行的总衍生品风险敞口高达 75 万亿美元，超过该行总存款数的 100 多倍，相当于欧洲国内生产总值的 5 倍以上。值得警惕的是，这些在全球自由流动的金融资本，有相当部分属于投机性极强的“国际游资”，根据中国学者李国平、周宏的统计，20 世纪 90 年代以来，除了 2008 年、2009 年受国际金融危机影响外，在全球跨国资金的构成中，大部分年份国际“投机”资金的数额都超过国外直接投资，国际金融危机爆发前的 2007 年甚至高达 9.33 万亿美元，超过直接投资的 3 倍（如图 2 所示）。另据统计，亚洲金融危机期间，全球金融市场上每天的外汇交易约为 1200 亿美元，但在如此大规模的金融资本中，竟然有高达 85%用于国际金融投机，仅有 15%用于具有实质性交易的国际贸易和投资支付。①

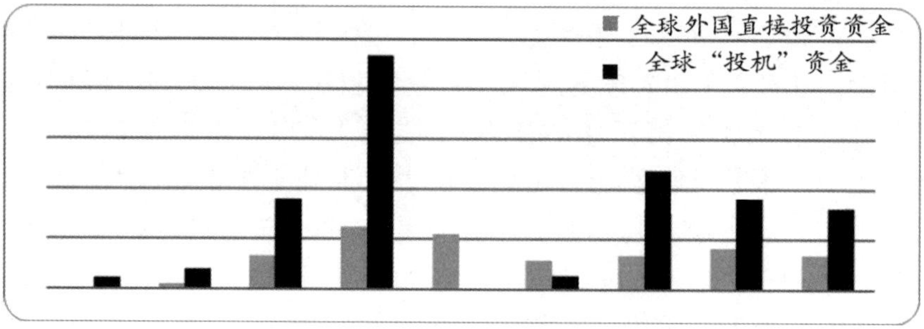

图 2　1980—2012 年国际“投机”资金分布情况

注：国际“投机”资金＝全球跨国流动资金总额—国外直接投资资金

数据来源：李国平、周宏著《金融资本主义全球化：实质及应对》，《马克思主义研究》2014 年第 5 期。

① J. Evans, “Economic Globalization: The Need for a Social Dimension,” in D. Foden and P. Morris (ed.), *The Search for Equity, Welfare and Security in the World Economy* (London: Lawrence & Wishart, 1998).

三、资本拜物教推动金融资本的泡沫化

所谓金融泡沫，是指金融资产的价格经过一系列超常规上涨之后，使其市场价格远远大于实际价格，从而导致虚假繁荣的一种现象。在虚拟资本特殊运动形式及其造成的假象和资本自我增殖本性的双重驱动下，金融资本在走向膨胀化、投机化的同时，也必然会产生大量的金融泡沫。马克思在《资本论》第三卷分析生息资本时，认为虚拟资本具有独立于现实资本的独特运动形式，通过不停的转手，其市场价格可以脱离现实价值不断地上升。这就给人造成一种拜物教现象，即“一切资本好像都会增加一倍，有时甚至增加两倍”[①]，好像有价证券价格的涨落代表着现实资本的增加，虚拟资本的扩张就是实体经济的增长。在当代资本主义社会，虚拟资本独特的拜物教性质及其造成的假象同样驱动着金融资本的扩张。美国经济学家海曼·明斯基认为，金融资本的无限制扩张和信用透支，“导致金融资产的价格上升速度超过了投资产出的供给价格。……金融市场的这些活动产生了金融泡沫，并且似乎在稳步地扩大”[②]。马克思在《资本论》第三卷中则更深刻地指出，“诱人的高额利润，使人们远远超出拥有的流动资金所许可的范围来进行过度的扩充活动”[③]，“一个国家就决不会因为名义货币资本这种肥皂泡的破裂而减少分文”[④]，一针见血地道出了金融资本泡沫化的必然性。

始于美国次贷危机的国际金融危机是金融资产泡沫破裂的危机。美国从 20 世纪 80 年代开始，在金融资本利润驱使下不断实施金融创新，尤其是金融行业通行的强激励机制，使金融行业创造出许多金融衍生品并推向市场。人们通过低价买进高价卖出赚取利润、哄抬价格，推动金

---

① 《资本论》第 3 卷，人民出版社 2004 年版，第 533 页。

② ［美］海曼·P. 明斯基：《稳定不稳定的经济：一种金融不稳定视角》，石宝峰、张慧卉译，清华大学出版社 2010 年版，第 221 页。

③ 《资本论》第 3 卷，人民出版社 2004 年版，第 459 页。

④ 《资本论》第 3 卷，人民出版社 2004 年版，第 531 页。

融资产价格的超常规上涨，由此形成了日益膨胀的金融泡沫。鉴于国际金融危机带来的巨大损失，美国等西方国家进一步加强了对金融资本的监管，但由于金融资本泡沫化的根源依然存在，危机之后金融资本仍然再次崛起。以房地产市场为例，根据居外网发布的《2014 年第四季度全球房市观察》，在统计的 39 个国家和地区的名义价格中，有 31 个国家和地区房价上涨，19 个国家和地区涨幅超过 5%，6 个国家和地区涨幅超过 10%。此前，国际货币基金组织已经对世界面临又一轮房产泡沫发出警告，认为部分国家的房产市场持续过热，从全球来看，房产价格也趋于达到最高值。

四、资本拜物教推动金融资本的全球化

资本的本性是无限度实现自身的价值增殖。金融资本要实现无限度的增殖，就必须不断突破流通限制、扩大流通范围，也正是在这个意义上马克思说“创造世界市场的趋势已经直接包含在资本的概念本身中”[①]。随着资本主义生产方式的发展和扩张，在资本拜物教的驱动下，金融资本通过世界市场像癌细胞一样在世界范围内不可抗拒、无限制地扩散开来，呈现出一种全球化的趋势。金融资本在全球范围内，通过金融系统内部，追逐高额利润，进行货币财富的积累，推动了资本流动的全球化、金融市场与金融机构的全球化与金融活动的全球化，形成了金融全球化的高级发展阶段。[②] 20 世纪后半期，世界各国逐渐放松对资本流动的限制，使金融资本的全球化成为可能。冷战结束后，两个“平行的”世界市场完成统一，也进一步推动了虚拟金融资本主导的金融全球化。

随着金融资本的全球化，金融机构也出现了全球化的趋势，根据联合国贸易和发展会议（UNCTAD）对于跨国金融机构经营状况的统计显示，2008 年，世界前 5 名、10 名金融机构的海外国家数分别为 54 个、46

① 《马克思恩格斯文集》第 8 卷，人民出版社 2009 年版，第 88 页。
② 李国平、周宏：《金融资本主义全球化：实质及应对》，《马克思主义研究》2014 年第 5 期。

个，海外分支机构数量分别为612个、573个，出现了许多“大而不能倒”的全球性金融机构。跨国金融机构通过参与跨国并购等活动积极开展追逐利润的活动，联合国贸易和发展会议的统计数据也显示，1987年私募股权基金与对冲基金参与完成的跨国并购的金额占全球跨国并购金额的比例接近15%，2009年则上升至31%，1993年的比例高达36.7%。另据有关媒体报道，截至2012年，全球股票和债券交易额是商品和服务贸易的10倍，高达600万亿美元。[①]

五、后果和启示

如上所述，在金融资本拜物教推动形成一个凌驾于实体经济之上的虚拟金融关系网络，并且渗透到资本主义社会的每一个角落，支配着社会的政治经济生活。由于虚拟金融资本的逐利性，必然要不断发展和全球扩张，当其膨胀超出一定限度后，就会给生产力和生产关系带来破坏性，进而激发资本主义基本矛盾。矛盾的激发主要表现在三个方面。

一是导致金融危机频繁爆发以及危机之后经济的持续衰退。虚拟金融资本拜物教背后隐藏着虚拟资本掠夺社会财富的逻辑，资本主义金融化在给极少数金融大鳄创造财富的同时，也使整个经济陷入极大的金融风险，每次金融泡沫的破裂都导致金融危机和经济衰退。自20世纪80年代以来，以金融体系崩溃为特征的世界性经济危机频繁爆发，最大规模的有80年代日本金融危机、1997年东南亚金融危机和2008年的国际金融危机。自2008年国际金融危机爆发以来，资本主义世界经济陷入了持续性的衰退，至今尚未完全复苏。据不完全统计，截至2014年底，仍然有42个国家的人均国内生产总值尚未恢复到2007年的水平，美国则花了22个季度（到2013年第二季度）才将人均国内生产总值恢复到危机前的水平。[②] 因此，有国外学者指出：“本次危机是资本的危机，只不

① 黄振奇、黄海燕：《虚拟金融资本统治是国际金融危机的根本原因》，《宏观经济管理》2012年第8期。

② 数据来源于世界银行发布的“世界发展指数”数据库、美国商务部网站。

过由于当代资本主义的金融化发展到了极端的程度，资本危机最明显、最公开的方面在金融领域暴露出来。”[①]这次危机很有可能导致全球经济特别是西方资本主义国家经济的长期萧条。

二是导致财富分配两极分化和失业率的持续走高。隐藏在资本背后的是人与人之间的关系。金融资本的无限制扩张，造成了金融资本家对普通民众财富的剥削，进一步加剧了资本主义社会财富分配不公的现象，严重激化了社会的阶级矛盾。据美国有线电视新闻网 2011 年 2 月 16 日报道，过去 20 年，90％的美国人实际收入没有增长多少，占美国人口 1％的富人收入却增长了 33％。[②] 此外，据法新社报道，世界上最富有的 1％的人所占有的全球财富从 2009 年的 44％增长到 2014 年的 48％，到 2016 年这一比重将超过 50％——世界最富 1％人口所占财富将超剩下 99％总和。另据美联储的报告，2008 年国际金融危机吞没了美国人近 1/5 的实际收入，剔除通货膨胀因素民众的生活倒退到 1992 年的水平。而据国际劳工组织统计，2009 年全球失业人口高达 2.12 亿人；据世界银行 2011 年统计，全球新增 4600 万极度贫困人口。欧美国家由于债务危机而削减工资福利，导致劳资矛盾尖锐，社会危机加深，抗议、罢工等社会矛盾接连不断。[③] 特别是 2011 年美国金融发源地爆发的“占领华尔街”运动，把整个资本主义制度作为抗议的核心对象，充分表明金融资本的统治对当代资本主义阶级矛盾的激发程度。

三是导致严重的主权债务危机和普通民众负债累累。在金融资本拜物教的支配下，西方国家试图采取以减税为主体的扩张性财政政策，不断增加预算赤字和公用债务，金融危机时大规模的财政刺激支出，更是推动公共债务的快速发展甚至引起债务危机。美国在 2008 年国际金融危机之前的主权债务约为 10 万亿美元，到 2013 年底已达到 17 万亿美元，约占当年国内生产总值的 103％；2014 年日本政府财政赤字超过国内生产总值的 9％，面临着极大的主权债务风险。而 2008 年国际金融危机之

---

① ［法］雷米·赫雷拉：《当前经济危机的一个马克思主义解读》，马克思主义研究网。

② 黄振奇、黄海燕：《虚拟金融资本统治是国际金融危机的根本原因》，《宏观经济管理》2012 年第 8 期。

③ 王立强：《国际金融危机的深层思考——金融危机预警机制初探》，《红旗文稿》2012 年第 6 期。

后，希腊、爱尔兰、葡萄牙等欧洲国家深陷主权债务危机，危机之后欧元区国家进一步向市场注入流动性，更加依赖非常规的宽松货币政策刺激经济，政府债务负担率持续攀升。此外，当代资本主义国家不仅政府靠举债维持运转，普通民众也靠借贷维持生计，金融扩张很大程度上是发放给普通民众利息极高的贷款。根据国际货币基金报告和有关媒体报道，2007年美国家庭债务与收入比率为130%，2012年底回落至105%，欧元区家庭则从100%升至近110%；美国七成家庭负债，家庭平均负债超过10万美元。美国蓝领工人工资收入的大约40%用于住房，15%用于支付其他债务，如学生贷款、汽车贷款、信用卡债务等，用于支付社会保障和医疗需要10%～15%，仅剩约1/3的工资收入用于衣食住行等基本开支。[①] 这种“负债式消费模式”既可以缓解民众因贫困而导致的产品相对过剩，还能让金融资本从贷款中对民众财产进一步盘剥，使得劳动人民的生活更加贫困化，生产社会化和生产资料私人占有的基本矛盾进一步凸显。

资本拜物教推动下的资本主义经济金融化及其引发的负面效应，对世界政治、经济、思想文化等领域都产生了深刻的影响。在经济全球化时代，在资本主义经济金融化进程中，致力于发展社会主义市场经济的中国不可能置身事外，也面临着资本拜物教尤其是金融资本拜物教的挑战问题。资本拜物教及其推动下的资本主义经济金融化进程和后果，对于我国当前发展社会主义市场经济具有重要的警示作用。

第一，在完善社会主义市场经济体制的同时，要深入批判放纵资本拜物教的新自由主义思潮。针对党的十八届三中全会《中共中央关于全面深化改革若干重大问题的决定》，新自由主义者片面强调关于“市场决定资源配置是市场经济的一般规律”，认为《决定》就是要抑制或否定政府的作用，完全忽略了《决定》中关于更好发挥政府作用的论述。尤其是一些新自由主义学者企图通过主张反对政府干预的完全市场化，为私有资本特别是国际垄断金融资本提供学理支撑，把对资本拜物教的放纵说成是尊重市场规律。在这样的背景下，我们要认清并深入批判新自由主义的资本拜物教性质，在全面深化改革中正确处理好政府和市场的关

① 宋宪萍、梁俊尚：《基于资本循环框架的金融化与空间化》，《马克思主义研究》2014年第10期。

系，使市场在资源配置中起决定性作用的同时，更好发挥政府作用，始终保持改革的社会主义方向。

第二，在利用金融资本发展经济的同时，要更加注重限制金融资本的投机和扩张。金融资本已经成为现代经济不可忽视的一股重要力量，它是社会经济发展的重要助推器，如果运用得当，就会极大促进生产力的发展。但是我们也应看到，金融资本的本性在于对利润的无限追求，如果运用不当或者没有对其进行必要的限制，它就会开始疯狂的冒险行为，并且导致严重后果。因此，推动社会主义市场经济的健康发展，还必须对金融资本加以监管，限制其疯狂冒险和投机游戏，矫正金融市场的过度投机行为。

第三，在发展虚拟经济的同时，要更加注重壮大实体经济。当前，中国的虚拟经济还不够发达，存在优质金融资产的长期短缺、投资者投资渠道单一等亟须改变的问题，我们要通过发展虚拟经济更好地为实体经济服务。但是剖析资本主义经济金融化的进程，我们也应该看到，金融资本作为实体资本的一种“纸质复本”，如果脱离实体经济无限制地运转，就必然会产生大量的金融泡沫。因此，中国要保持经济的持续平稳健康发展，尤其是在目前经济金融化、金融自由化内外压力增大情况下，必须坚持壮大实体经济的正确方向，坚持金融资本服务实体经济的原则，正确处理好虚拟经济与实体经济的关系，不断提高虚拟经济为实体经济服务的能力和水平，夯实经济健康发展的现实基础。

第四，在繁荣发展金融市场的同时，要更加注重发挥好政府的宏观调控作用。在市场经济条件下，繁荣发展金融市场有利于高效、合理配置资源，社会主义市场经济的发展离不开金融经济的支撑和金融市场的繁荣发达。但是，金融市场作为一种资源配置机制，具有自身无法克服的缺陷，无法通过自身规避金融风险。应对金融泡沫、影子银行、国际游资、互联网金融等一系列关系中国经济社会发展的重大金融问题，需要更好地发挥政府这只“看得见的手”的作用。同时，应对经济金融化进程中引起的地方债务、收入差距和财富分配不均等问题，也需要加强政府的宏观调控。

（原文发表于《当代经济研究》2015 年第 7 期）

对新自由主义及新帝国主义的深入分析和逻辑批判

——大卫·哈维《新自由主义简史》《新帝国主义》评析

黄茂兴*

近年来，对新自由主义及新帝国主义的研究与批判是西方马克思主义及其左派学者讨论最热烈的问题之一，其中美国纽约州立大学的大卫·哈维教授撰写的《新帝国主义》和《新自由主义简史》最具有代表性，这两部书研究了新自由主义和新帝国主义在现实逻辑下呈现出的种种弊端，并且针对新自由主义和新帝国主义霸权衍生的弊端，提出了众多克服和抵御方案。作为当代英美辩证法马克思主义的旗手，大卫·哈维执着地高擎马克思主义的理论旗帜，在一些西方人的眼中，他是“一个激进的学者”，但其关于“新自由主义”与“新帝国主义”的理论分析对我们认清新自由主义、新帝国主义霸权本质及危害具有重要的启示作用。

一、对新自由主义及新帝国主义霸权逻辑的分析批判

20世纪80年代以来，随着资本主义由国家垄断向国际垄断的发展，新自由主义及新帝国主义开始从理论、学术转变为国家政治的体现和意识形态的思潮，成为英美等国在国际上推行全球一体化理论体系的重要组成部分。

在大卫·哈维看来，帝国主义一词内涵丰富，它最普遍的意思是指一个国家的权力、统治或影响力向其他国家或不属于任何国家的社群的扩张或强加。他在《新帝国主义》一书中指出，“新帝国主义”存在两种

* 黄茂兴：福建师范大学经济学院教授、博士生导师，经济学博士。

要素的矛盾融合：一是指一个国家或国家联合体采用政治军事战略，以实现其在世界范围内的斗争目标，在现实世界的运行中表现为“领土逻辑”。二是指经济权力跨越国家边界在全球扩张，表现为“资本逻辑”。大卫·哈维认为，新自由主义霸权是帝国主义“权力的领土逻辑和权力的资本逻辑”辩证运动发展的必然结果。根据大卫·哈维对“新帝国主义”所含两种要素的论述，可以看出，大卫·哈维是把“资本——帝国主义”看作是政治和经济关系的矛盾的统一体。矛盾的一方是“国家和帝国的政治”，另一方是“资本积累在空间和时间中的分子化过程”。而对这一矛盾，哈维给出了更为严谨的解释和说明，其进一步指出：“我们应将这两种逻辑之间的关系视为一种功能性或片面性的关系。这两种明显不同但却相互纠缠的权力逻辑之间的辩证关系，为分析资本主义的帝国主义打下了基础”[①]。并且哈维创造性地提出了观察各种资本主义的帝国主义行径的解释性框架，即通过考察“权力的领土逻辑与资本逻辑之间以及资本主义国家的内部与外部关系之间的双重辩证关系”，来阐释现实的帝国主义的运行状态，以求透过纷繁复杂的帝国主义霸权表象，把握历史发展的本质和必然趋势。正如大卫·哈维指出的“如果权力积累必然伴随着资本积累，那么资本主义的历史必然是霸权不断扩张和膨胀的历史”[②]。

在《新帝国主义》一书中，哈维引用了阿瑞吉的理论，认为霸权意味着相互交织的两个方面：一方面是国家或者区域性国家集团通过强力和压迫实现的“支配权”，另一方面是通过价值观、发展模式与认同和相互之间的经济政治文化协作形成的“领导权”。根据已有的理论和经验，大卫·哈维对帝国主义霸权的领土逻辑和资本逻辑之间的内在关系提出质疑，即在新帝国主义霸权逻辑下，资本的大量积累能不能使其在政治、军事方面的权力得以同步提升，甚至最终是否会危害它们试图维护的霸权？针对这些疑问，大卫·哈维在他的《新自由主义简史》一书中，也

① ［美］大卫·哈维：《新帝国主义》，初立忠、沈晓雷译，社会科学文献出版社2009年版，第27页。

② ［美］大卫·哈维：《新帝国主义》，初立忠、沈晓雷译，社会科学文献出版社2009年版，第30页。

对西方国家近些年一直推崇的新自由主义霸权逻辑提出了尖锐的批评。用哈维在《新自由主义简史》中的话讲就是："新自由主义首先是一种政治经济实践的理论，即认为通过在一个制度框架内——此制度框架的特点是稳固的个人财产权、自由市场、自由贸易——释放个体企业的自由和技能，能够最大限度地促进人的幸福。"[①] 而国家在新自由主义实践过程中，就是要扮演创造和维持适合这一实践现实发展的制度框架。一些新自由主义国家，在资本主义逻辑运行中，在处理劳资关系方面，明显倾向于资本而非劳动。在新自由主义语境下，众多资本主义国家往往通过牺牲劳动者的集体权利，来维护资本主义"良好商业或投资环境"。另外，缘于资本融通在当今资本主义国家经济发展中的重要地位，这类国家当面临维护大众的幸福或环境质量和金融体系的正常运转的选择时，往往后者会成为现实的运行实践，而非前者。

近年来，包括大卫·哈维在内的一批西方学者也越来越深刻地认识到，随着资本主义全球化也催生出国家功能的强化，在新自由主义及新帝国主义霸权权力领土逻辑的支撑下，不同国家之间的冲突日益加剧。同时，在新自由主义及新帝国主义的运行逻辑下，资本积累与社会积累的关系不能得到有效解决，也导致全球性的经济危机周期性出现。并且，随着 20 世纪 70 年代全球经济危机的出现，资本主义的剥夺性积累在世界体系中的地位日益凸显，而金融投机就是其主要表现形式。由此，他认为对这种资本主义制度反抗的力量已不再是工人阶级，我们要关注对生存环境的破坏、被迫离开土地之类的斗争，并以此作为公民社会斗争的中心。然而，事实并非如此，当今资本主义仍然主要依赖对商品的生产和贸易，2008 年全球性金融危机爆发后也一度引发美国等发达资本主义国家对过度金融投机的反思，开始实施"再工业化"的行动，发达国家的工人阶级挑战新帝国主义的呼声和行动日益强烈。在当前新自由主义背景下，工人阶级也仍然是一支强大的社会力量。

---

① ［美］大卫·哈维：《新自由主义简史》，王钦译，上海译文出版社 2010 年版，第 2 页。

二、对新自由主义及新帝国主义实践危害性的分析批判

大卫·哈维在提及如何认识当下的帝国主义问题时，认为："我们面对的不是一种奇异的帝国主义，而是存在一系列不同的帝国主义实践，这些各式的帝国主义实践是在过剩资本的不均衡地理分布和传播的基础上形成的。这使其意识到，如果要确认新帝国主义到底'新'在何处，就要遵循一个特别重要的原则，即以地理和领土为基础，以资本过剩为抓手去探究过剩资本增大或贬值的实践。"① 根据大卫·哈维对新帝国主义现实运行的逻辑分析，新帝国主义的外在表现主要是在"权力的领土逻辑与资本逻辑"作用下的帝国主义实践；并认为"剥夺性积累"已然成为新帝国主义显著的外在特征，其重要程度也随着新帝国主义的实践活动与日俱增。"剥夺性积累"问题在新帝国主义实践中越发凸显，根源于资本主义生产方式下形成的过度积累。扩大再生产是资本追求剩余价值的重要途径，资本对剩余价值的贪婪导致资本过度积累。由于扩大再生产等一系列因素催生了长时间存在的资本过度积累问题，短期内难以有效解决，导致众多社会问题，特别是财富分配两极分化的出现，严重影响了社会的和谐发展。

大卫·哈维认为，面对新自由主义衍生的资本过度积累，社会采取的解决机制仍然是权力的资本逻辑的进一步展开，即采用"剥夺性积累"的方式解决资本过度积累的现实问题。也就是"以极低的价格……释放一系列资产（其中包括劳动力），过度积累的资本（盈余资本）能够抓住这些资产，并迅速利用这些资产进行赢利活动"②。大卫·哈维认为，在新帝国主义实践逻辑中，资本主义国家在以利润为中心的资本积累体制

---

① David Harvey, "In What Ways Is 'The New Imperialism' Really New?" *Historical Materialism*, 15 (Mar. 2007): 57—70.

② ［美］大卫·哈维：《新帝国主义》，初立忠、沈晓雷译，社会科学文献出版社2009年版，第121页。

下，资本积累在拓展资本权力结构、塑造同质化全球空间的同时，其发展方式也逐渐分野，呈现出多样化的“不平衡地理发展”状态。特别是，大卫·哈维从资本主义全球化空间生产的批判维度，认为在当前世界经济分工合作的前提下，以利润为中心的资本积累体制，给落后国家和地区带来了灾难性的后果，造成国家间的贫富差距逐渐扩大；特别是给大量发展中国家的资源和生态环境带来了极大的破坏，致使此类发展中国家在“剥夺性积累”的社会演进过程中，难以实现持续性发展。从而，也必将引起反抗“剥夺性积累”的斗争。

大卫·哈维在《新自由主义简史》中认为：“新自由主义化的主要实质性成就不是生产财富的收入，而是对财富和收入进行再分配”，即一种“掠夺性的积累”。① 新自由主义化将世界的所有资源尽可能私有化，并在以利润为核心的机制作用下，在资本的无限积累过程中，贫富差距幅度日益加大，使整个社会在区域内或全球范围内呈现出空间的两极分化，导致大多数人陷于始终无法脱离的贫困境地。而在权力资本逻辑和领土逻辑的语境下，国家功能不断强化，政府也逐渐偏离均衡社会财富分配的角色，对资本的倾向性更加明显，面对财富分配的非均衡状态采取默许甚至支持的态度。新自由主义化追求私有化、市场化、自由化的发展理念，并深植于社会发展的各个层面，甚至成为资本主义国家经济发展的指导思想，但要保证私有财产的首要地位，就需要一个强有力的独裁政府。这一新自由主义发展的现实逻辑似乎又同新自由主义的理念背道而驰。大卫·哈维在《新自由主义简史》一书中，也对中国的市场经济与新自由主义的关系进行了评述，他认为：“中国建立了一种特殊的市场经济，日益将新自由主义要素与权威主义的中央控制交叉结合”“中国作为全球经济大国的醒目出场，部分而言是发达资本主义世界的新自由主义转向所带来的意外结果”。② 这一评述，显然与中国的社会主义实践存在明显的差异。中国的社会主义市场经济形成基础与大卫·哈维的判断并不一致。中国特色社会主义市场经济理论是对马克思主义经济理论的

---

① ［美］大卫·哈维：《新自由主义简史》，王钦译，上海译文出版社2010年版，第183页。
② ［美］大卫·哈维：《新自由主义简史》，王钦译，上海译文出版社2010年版，第137—138页。

重大发展，是人类历史上前无古人的艰辛探索，它把市场竞争和国家宏观调控有机结合起来，不断优化资源的合理配置，并在实践中日益显示出社会主义制度的优越性，而并非像大卫·哈维所言的“将自由主义要素与中央控制交叉结合”[①]。中华人民共和国成立后特别是改革开放以后至今，中国经济取得了举世瞩目的巨大成就，这是因为中国人民紧紧依靠中国共产党的领导，国家政局稳定，人民团结，所以生产力得到持续发展，而并非是新自由主义“恩赐”给中国的礼物。

值得一提的是，大卫·哈维通过观察日本、韩国及欧洲一些国家的经济发展史，发现这些地区在20世纪取得的快速经济进步，并未搁置于新自由主义的理论框架之中。然而，随着新自由主义教条的广泛传播，在20世纪90年代中期形成的“华盛顿共识”，在美、英等国的推动下成为世界各国推动发展的唯一解决方案。以美国、英国为代表的新自由主义和新帝国主义霸权家，在权力资本逻辑和领土逻辑的作用下，利用其掌握的众多国际性组织，如国际货币基金组织（IMF）、世界贸易组织（WTO）等，特别是“华尔街——国际货币基金组织——美国财政部”复合体劝说、哄骗[②]，甚至通过战争迫使许多发展中国家实施新自由主义政策；日本和欧洲也被施加很大压力，要求他们走新自由主义道路[③]。大卫·哈维认为，新自由主义及新帝国主义霸权重塑了世界发展的制度框架和发展方式，并衍生出“创造性毁灭”的发展效应，不仅摧毁了先前的制度框架和力量（甚至挑战了传统的国家主权形式），而且摧毁了劳动分工、社会关系、福利供给、技术混合、生活方式和思考方式、再生产活动、土地归属和情感习性。[④]

同时，大卫·哈维认为，新自由主义显示出了巨大创造力，但也带来了不可估量的破坏示范，特别是在周期性的金融危机面前显疲软无力。因此，其将世界金融危机的根源归结为新自由主义；新自由主义引起的经济和政治矛盾，只有通过金融危机才能解决，成为新自由主义框架下

---

① ［美］大卫·哈维：《新自由主义简史》，王钦译，上海译文出版社2010年版，第137页。
② ［美］大卫·哈维：《新自由主义简史》，王钦译，上海译文出版社2010年版，第138页。
③ ［美］大卫·哈维：《新自由主义简史》，王钦译，上海译文出版社2010年版，第106页。
④ ［美］大卫·哈维：《新自由主义简史》，王钦译，上海译文出版社2010年版，第3页。

经济社会的矛盾解决机制。而金融危机也成为新自由主义及新帝国主义霸权下必然产生但又难以遏制的潜在危害。

三、对抵御和克服新自由主义及新帝国主义影响的深邃思索

面对复杂的新自由主义及新帝国主义问题，许多学者提出了各种各样的克服和抵御方案。诸如建基于“个人”主义或“自由社会”之上的“多元化”方案，或通过构造“世界国家”以对抗新自由主义帝国政策的方案，或基于民族—国家及地方性的对抗性方案，都包含着值得分辨的政治认同及立场。①

根据大卫·哈维的观点，改变新自由主义及新帝国主义运行逻辑，如何构建其替代方案？他说：“在任何资本主义生产方式的控制范围之内，解决这一问题的唯一可行性方案（尽管为临时性方案）就是在全球范围内实行某种形式的新的‘新政’。”即将资本逻辑从新自由主义的锁链中解放出来，以更深程度上的干涉主义和重新分配的方针重组国家权力，限制金融从而控制从国际贸易条款到我们通过媒体所能耳闻目睹的一切。② 大卫·哈维进一步认为，挣脱新自由主义锁链的资本，通过干涉和利用国家权力，实行金融限制和垄断并控制国际贸易，以侵占“自由社会”中的资本利益。即便如此，这种帝国主义仍比美国军国主义式的帝国主义仁慈许多。

关于采取何种反抗方式，取代新自由主义及新帝国主义，实现社会主义这一全新社会的发展范式的目标，大卫·哈维也做出了较为详尽的阐释。他认为，在反抗新自由主义及新帝国主义过程中，诉诸现代斗争的概念对新近出现的反抗剥夺性积累运动产生了约束性影响。所以，要深化认识扩大再生产和剥夺性积累的内在关联，有必要考察扩大再生产

---

① 邹诗鹏：《全球马克思主义研究风起云涌》，《社会科学报》2007年10月18日。

② ［美］乔万尼·阿瑞吉：《霸权的瓦解》，黄文前译，《国外理论动态》2009年第9期。

领域的斗争与反抗剥夺性积累的斗争的辩证运动过程。故而，全面考察反对新自由主义及新帝国主义的斗争，就要运用“内在关系的辩证法”，既要重视传统左派所关注的扩大再生产领域的斗争，又要重视诸如反对破坏其土地的斗争、反对由世界银行所支持的大规模建设项目的斗争等一系列反抗“剥夺性积累”的斗争。①

针对如何能驾驭自由这匹马，该骑着它去何方？大卫·哈维在《新自由主义简史》一书中，提出了相应的替代性方案，主要有两条道路可供选择：“我们可以参与到众多实际存在着的抗议运动之中，并试图从这些运动的激进主义中提取出一种具有广泛基础的对抗性方案的精髓。我们也可以诉诸理论和实践分析，探讨我们目前的状况（如我在此做的工作）并设法依靠批判分析推导出替代性方案。……我们的任务是要开启两种方式之间的对话，并借此加深集体理解，制造更充分的行动方针。”② 从某种程度上说，哈维对新自由主义终结的解读深入到了这个千疮百孔的肌体，找到了病因，当然仍尚无良方。他力图寻求新自由主义及新帝国主义的替代性方案，以超越新自由主义逻辑在现实社会中存在的弊端，但这种替代性的超越方案是否存在，还有待理论和现实的进一步回答。至少大卫·哈维在《新自由主义简史》中，触及了这个关乎人类历史的宏大话题，并指出了发展方向。

总之，在《新帝国主义》《新自由主义简史》这两部书中，大卫·哈维运用“内在关系辩证法”深入剖析了新自由主义及新帝国主义的外在特征，指出“剥夺性积累”的资本主义逻辑下的必然结果，也是资本主义社会的本质所在。他认为，新自由主义化存在一个“从生产和制造业霸权到金融霸权，从自由主义霸权到新自由主义霸权，从古典帝国主义到新帝国主义”的霸权逻辑③；并预测解决新自由主义及新帝国主义霸权的社会弊病的替代方案是社会主义，也认为在新历史条件下，反抗新自由主义及新帝国主义的斗争形式也会随之改变，要实现社会主义，就必须将扩大再生产领域的无产阶级斗争和反对“剥夺性积累”斗争有机结

---

① 田世锭：《戴维·哈维的新帝国主义理论探析》，《江海学刊》2010 年第 4 期。

② ［美］大卫·哈维：《新自由主义简史》，王钦译，上海译文出版社 2010 年版，第 228—229 页。

③ 张峰：《大卫·哈维新帝国主义理论的合理性探析》，人民网理论频道 2010 年 11 月 14 日。

合起来，充分发挥两种反抗新自由主义及新帝国主义斗争的联合效应。

毋庸讳言，大卫·哈维的《新帝国主义》《新自由主义简史》两本论著出版以后，在国内外学界产生了较为强烈的反响，同时也引发了对“新自由主义及新帝国主义”的研究热潮。对于大卫·哈维在两本著作中所述及的观点，赞扬者存在，贬斥者有之。但其著作中对“新自由主义及新帝国主义”进行了鞭辟入里的深入剖析，特别是其对“新自由主义及新帝国主义”本质——“剥夺性积累”的阐释，为读者拨开了认识资本主义社会发展逻辑和运行规律的重重迷雾，使人们可以更加深刻地感知和认识自己深处的现实社会。同时，大卫·哈维提出的新自由主义及帝国主义替代方案——社会主义，也为该领域的专家和学者进一步研究新自由主义及新帝国主义向社会主义过渡问题，指明了研究方向。

四、大卫·哈维对新自由主义及新帝国主义弊端分析批判的当代价值

大卫·哈维通过对“资本—帝国主义”的历史观察，辩证地分析了权力的领土逻辑和权力的资本逻辑的内在关联，并认为随着“两重逻辑”的交织运行和动态发展，必然将塑造出帝国主义的新自由主义霸权。在《新帝国主义》《新自由主义简史》这两部著作中，大卫·哈维在述及新自由主义霸权逻辑的基础上，阐释了新帝国主义的本质，即“剥夺性积累”；认为除了在扩大再生产领域进行斗争外，还应重视反对“剥夺性积累”斗争，并试图通过对理论和实践的批判性分析推导出替代性方案。大卫·哈维对新自由主义及新帝国主义霸权分析批判，对认识当前新自由主义及新帝国主义的本质、日益加剧的国家冲突，特别是重构世界秩序、最大限度地促进人的幸福提供了重要理论参考和依据。

首先，为我们深入理解各种资本主义的帝国主义行径开辟了新的观察视角。大卫·哈维在对新自由主义及新帝国主义霸权分析批判时，提出了“资本—帝国主义”的分析框架，并运用这一解释性框架阐述了新自由主义霸权逻辑，即新自由主义霸权是建立在“权力的领土逻辑和权

力的资本逻辑”的“辩证的内在关系”基础之上，又是上述“两重逻辑”发展的必然结果。新自由主义思潮作为西方主流意识形态，以反“凯恩斯主义”面貌呈现，主张发展中国家在经济上实行私有化、市场化和自由化。特别是在美国及世界银行和国际货币基金组织的倡导和推动下，不少发展中国家为摆脱国内经济发展困境，开始拥抱新自由主义思潮并卷入全球资本主义体系。在资本全球化过程中，发达资本主义国家一方面通过权力的资本逻辑来剥削和控制发展中国家，另一方面通过权力的领土逻辑挑起民族、区域冲突，试图颠覆这些国家政权。在新自由主义思潮的影响下，资本主义世界的权力“双重逻辑”交织演进，纷繁复杂的帝国主义霸权行为不断上演，资本主义的发展历史也就成为霸权不断扩张和膨胀的历史。大卫·哈维提出的“资本—帝国主义”解释性框架，为人们认识新自由主义及新帝国主义霸权的本质，思考资本主义的帝国主义行为提供了新的观察视角，奠定了一定的理论和方法基础。

其次，为发展中国家摆脱以利润为核心的资本积累体制，建立以人的幸福为出发点的发展模式提供了理论依据。大卫·哈维认为，在新自由主义思潮席卷中的资本主义世界，呈现不平衡的地理空间发展状态，而导致这一现象的根本原因是以利润为核心的资本积累体制。在资本全球化的语境下，为维护资本主义的经济政治利益，这一制度安排就成为发达资本主义国家进行“掠夺性积累”的有力工具。在新自由主义的所谓自由化、私有化、市场化思想的影响下，一方面，一切社会发展资源都采用私有化、商品化、金融化的处理方式，再经过以利润为核心的资本积累体制的传导，社会创造的大量财富集聚于少数人和少数地区。在各个国家，财富被各国的经济政治精英攫取；在世界范围内，财富被少数强国的金融中心攫取[①]，而大多数人在权力的资本逻辑下无法获取社会财富，深陷于一种贫困、饥饿、挣扎求生存的生活状态。另一方面，新自由主义把政治民主限制在对经济事务的依赖上，以利润为核心的资本积累体制日益成为政治民主的抵制力量。一些新自由主义国家漠视劳动

① 吴宁、冯琼、冯旺舟：《大卫·哈维对新自由主义的批判及其启示》，《中国人民大学学报》2013年第2期。

者的集体权利、民众的幸福和环境质量，凭借权力的资本逻辑，只顾维护资本的运转环境和金融体系的偿还能力，而抑制社会民主力量的活动。历史经验表明，新自由主义表现出的仁慈面目只不过是用来吹捧自由和民主，而掩盖阶级力量重建的严峻事实。发展中国家只有摒弃新自由主义范式的演进路径，摆脱发达资本主义国家的掠夺和控制，建立以人的幸福为出发点、切合本国经济社会实际的发展模式，才能真正实现经济发展和政治民主。

最后，为发展中国家反抗新自由主义及新帝国主义霸权提供了可供参考的路径。从 20 世纪 80 年代至今，受新自由主义和新帝国主义霸权波及的地理空间，不但未能实现利用新自由主义的“三化”思想推动空间内的经济增长和分配正义，反而出现了动荡不安的社会局面，经济危机和政治危机跌宕起伏，给发展中国家的人民带来了沉重的灾难，成为资本主义世界阶段性历史的重要表征。大卫·哈维通过对新自由主义及新帝国主义霸权的历史观察，鞭辟入里地分析了这个充满了对立和矛盾，又千疮百孔的社会肌体，指出了其问题存在的现实逻辑。在大卫·哈维看来，只要不改变阶级力量格局，不改变资本主义制度本身，任何摆脱目前危机的想法都不切实际。[①] 然而，当前工人阶级的反抗意识并不强烈，世界性的阶级力量格局也不可能在短期内得到改变，并且与新自由主义对抗的反资本主义全球联盟尚未建立。[②] 所以，大卫·哈维认为在当前历史阶段，应积极在扩大再生产和反对“剥夺性积累”的领域，寻求切实可行的对抗性方案，抑或在分析过剩资本不均衡地理分布的帝国主义实践的基础上，找出置换现实社会运行逻辑的替代方案，削除新自由主义及新帝国主义霸权带来的种种弊端和社会问题。虽然大卫·哈维提供的行动方案看起来略显理想，与现实有一定距离，并非良方，但仍然为发展中国家反抗发达资本主义国的剥削和控制指明了方向。

（原文发表于《当代经济研究》2016 年第 10 期）

---

① 复旦大学哲学学院：《国外马克思主义研究报告 2010》，人民出版社 2010 年版，第 114 页。

② 吴宁、冯琼、冯旺舟：《大卫·哈维对新自由主义的批判及其启示》，《中国人民大学学报》2013 第 2 期。

新自由主义的三大悖论

黄 瑾*

自2007年以来，资本主义经济危机愈演愈烈，学者们对危机爆发的原因进行了大量的研究。西方主流学者认为这场危机缘起于政府放松监管、信息不充分和银行高管贪婪或民众恐慌等因素，这种就事论事的分析只能是头痛医头、脚痛医脚，不能触及问题的本质。国外马克思主义学者则将危机的原因归结为20世纪70年代中期以来新自由主义的发展，特别是在此背景下金融业的过度扩张。托马斯·帕利（Thomas Palley）反对房贷泡沫破裂说，坚持认为美国政府在过去25年间执行的宏观经济政策是导致危机的直接原因，他尤其强调如下三个重要事项：第一，工资增长与劳动生产率增长的脱钩政策导致工资在收入份额中的比重下降；第二，公共、个人和商业债务史无前例地增长，与之相伴随的是金融部门地位的上升，甚至相对独立化；第三，以1999年废除格拉斯—斯蒂格尔法案（Glass-Steagall Act）为标志的放松管制政策。他认为，如果说金融市场的失败对于危机的爆发难辞其咎，那么宏观经济政策的失败才是根本性的原因。① 大卫·科茨（David Kotz）同样指出此次金融和经济危机是一场新自由主义体制的危机。② 本文也探讨新自由主义与经济危机的关系，侧重分析新自由主义三大悖论如何引发经济危机，即自由贸易引致发达国家就业市场和产业的空心化、自由竞争带来金融市场寡头垄断

* 黄瑾：福建师范大学经济学院教授，中国人民大学理论经济学博士后。

① Thomas Palley, "America's Exhausted Paradigm: Macroeconomic Causes of the Financial Crisis and Great Recession," *New American Contract Policy Paper* (Jun. 2009).

② David M. Kotz, "The Financial and Economic Crisis of 2008: A Systemic Crisis of Neoliberal Capitalism," *Review of Radical Political Economics* 41 (2009): 305.

的出现、自由经营实现了资本原始积累的时空穿越但加剧了资本主义基本矛盾，导致了经济危机的爆发。

一、自由贸易的悖论

新自由主义不断向发展中国家宣扬“贸易自由化”主张，宣称自由贸易有助于包括消费者和生产者在内的整体福利提高；各国开放国内市场并参与国际贸易，能够实现经济的发展。但2007年经济危机的爆发表明自由贸易的好处并不是如新自由主义者所宣称的那样，倡导自由贸易的全球化导致美国就业市场和产业空心化，劳动者大量失业，收入分配两极分化，国内消费需求不足。

美国就业市场的“空心化”（hollow-out）或“两极分化”（polarization）表现为高技能职业（high skill and high wage jobs）（如工程师、律师、金融专家等技术、专业性职业及管理行业）和低技能职业（low skill and low wage jobs）（如餐饮、保健看护、建筑、保洁等职业）的就业机会增长，而构成中产阶级主体的中等技能职业（medium skill and medium wage jobs）（如销售、文书、生产、操作员等职业）就业机会的缩小。[①] 根据全球化论点，中国全力融入世界贸易体系，不仅提供了广阔的消费市场，而且供应了大量的低工资劳动力资源。由于发达国家与发展中国家之间存在着巨大的工资差距，资本家为了追求更高利润，纷纷把制造业转移到劳动力成本较低的发展中国家，或者加快部分生产环节外包的进程，实现全球的工资套利。在这种情况下，更加关心个体私利而不是就业这样公共利益的跨国公司缺乏动力去推动可以节约劳动力的技术进步，也缺乏动力去提高劳动力密集型生产环节的竞争力。产业转移和国际外包导致产业空心化和就业市场空心化的出现，对制造业工人的需求下降，中下层收入停滞不前。2001年诺贝尔经济学奖得主斯宾塞

---

① David Autor, "The Polarization of Job Opportunities in the U. S. Labor Market: Implications for Employment and Earnings," *The Hamilton Project and the Center for American Progress* (May 2010).

(Michael Spence) 在《外交》杂志上撰文称，全球化的影响除了表现为以中国和印度为代表的新兴经济体在全球价值链中的地位不断攀升，并在半导体的设计和制造、制药、信息技术服务等美国传统优势领域拥有越来越大的竞争优势以外，还体现为通过国际供应链的重新配置来影响产品的价格、工作的方式和工资的水平，美国制造业生产环节的工人由于遭遇发展中国家工人的竞争，不可避免地遭受失业及收入增长缓慢的命运。[①] 据统计，1990—2008 年美国就业工人人数从 1.22 亿增长到 1.49 亿，在增加的 2700 万个就业岗位中，98%来源于非贸易部门，该部门生产的商品和提供的服务只能在国内消费，包括政府机构、医疗保健、批发、建筑、餐饮部门等。同一时期，可贸易部门（包括制造业、工程师行业、咨询行业等）仅仅提供了微不足道的 60 万个就业岗位。更为糟糕的是，在经济危机的背景下，非贸易部门的就业增长前景不容乐观，如果可贸易部门不能成为就业增长的引擎，那么美国将面临长期的高失业局面。

曾几何时，自由贸易仅仅威胁到制造业生产工人的就业机会，而今日，计算机技术的发展使长期以来缺乏可贸易性的服务实现了贸易国际化，这进一步加剧了美国就业市场的“空洞化”问题。根据传统技术进步论点，受教育程度和技能水平决定了工作机会和薪酬水平，信息技术的进步和交易的自动化将大大减少低技能劳动者的工作机会。2008 年诺奖得主克鲁格曼（Paul Krugman）则指出，现代技术并没有为受过良好教育的工人提供更多就业机会，相反，那些手工劳动（如卡车司机、大楼门卫）由于指令无法明确化而难以实现自动化，因此他们并不受到技术进步的威胁。另一方面，计算机智能化水平的提高却使那些例行化的工作易于实现自动化。[②] 以律师行业为例，电脑软件可以高效低价地处理成千上万的法律文书和任务，从而取代了律师业无数文员的工作。同样的情况也发生在芯片设计业等行业。因特网技术使这些需要受过良好教育的工作——相比于低工资低技能的工作——由于更易于“外包”，因而难逃失业的命运。麻省理工学院经济学教授戴维·奥特（David H. Autor）的研究发现，在经

① Michael Spence, “The Impact of Globalization on Income and Employment: The Downside of Integrating Markets,” *Foreign Affairs*, June 2, 2011.

② Paul Krugman, “Education’s Not the Answer, After All,” *New York Times*, March 8, 2011.

济金字塔中，低技能岗位的就业机会正在增长，中等技能的白领和蓝领的就业机会因为产业转移和外包正在失去，20 世纪 90 年代曾快速增长的高技能岗位的就业机会因为外包也正在减缓。

在马克思看来，即使自由贸易扩大了生产力，降低了消费品的价格，增加了对劳动的需求，但工人的处境不但难以改观，反而更加恶化。这一方面是由于自由贸易加速了资本的积累和集中，促进了分工的扩大和机器的更大规模使用，从而加剧了工人之间的竞争，工人劳动报酬日益减少，劳动强度日趋增加。另一方面，随着自由贸易的实现，工人所得恰好就是最低工资。在消除了妨碍自由贸易的羁绊之后，竞争越来越具有把每一种商品的价格都降低到该商品的最低生产费用的作用，劳动力这种商品也不例外。最低工资是劳动力的自然价格，是要维持工人使他能勉强养活自己并在某种程度上延续自己的后代所必要的支出。由于不断地找到以更廉价的食品来维持劳动的新方法，最低工资也就不断降低。即使由于工业接连地经过繁荣、过剩、停滞、危机诸阶段而形成一种反复循环的周期，工人的所得有时会多于这种最低工资，但这种多余部分不过是补充了他在工业停滞时期所得低于最低工资的不足部分而已。在历史上，由于实行以罗斯福新政为代表的资本主义改良措施，一方面对富人和企业增加税收，提高工人工资；另一方面加强社会福利保障体系的建设，工人的整体状况得到改善。由此产生了一种流行的观点，即大多数劳动者都步入“中产阶级”的行列，工人阶级正逐渐消失。对于以收入高低划分阶级的观点，马克思曾尖锐地指出：“所谓资本迅速增加对工人有好处的论点，实际上不过是说：工人把他人的财富增殖得愈迅速，落到工人口里的残羹剩饭就愈多，能够获得工作和生活下去的工人就愈多，依附资本的奴隶人数就增加得愈多。这样我们就看出：即使最有利于工人阶级的情势，即使资本的尽快增加如何改善了工人的物质生活状况，也不能消灭工人的利益和资产者即资本家的利益之间的对立状态。”①因此，上文所分析的新自由主义所倡导的全球化从表面上看是发展中国家工人对发达国家工人的排挤，表现为发达国家内部不仅制造业劳动者

① 《马克思恩格斯全集》第 6 卷，人民出版社 1961 年版，第 497 页。

承受发展中国家的竞争压力，而且也降低了对某些可以为计算机取代的较高技能劳动者的需要，由此导致发达国家失业率高居不下，工人收入增长停滞甚至下降。而实际情况却是跨国公司通过产业转移和外包等方式，使资本对劳动力的剥削从发达国家扩展到发展中国家，从而实现了劳资对立从发达国家向发展中国家的跨国转移，极大强化了资本在全球范围内控制劳动的权力。

二、自由竞争的悖论

新自由主义经济学主张自由竞争是一切经济活动和经济进步的原动力，只要让自由竞争市场发挥自发的作用，就能够自动实现生产的均衡，国家只需充当创造良好外部条件的“守夜人”角色。但2007年经济危机的爆发表明自由竞争的好处并不是如新自由主义者所宣称的那样，是自由竞争的必然结果，是金融市场金融寡头垄断的出现，并促使金融资本与寡头政治相互勾结，危及经济与社会繁荣。

华尔街虽然发源于自由金融市场体系，自由竞争的效率是华尔街取得成功的原因，但“赢者通吃”的无干预自由市场机制也导致华尔街垄断的出现。1994年，美国最大六家银行的总资产占国内生产总值的比重为17%，2009年达到63%。与此同时，银行业集中度不断提高。1990年，前十大银行资产占有24%的银行总资产份额，2000年为44%，2008年为58%。[①] 马克思指出，正是自由竞争规律决定了生产和资本集中的趋势和机制，“竞争斗争是通过使商品便宜来进行的。在其他条件不变时，商品的便宜取决于劳动生产率，而劳动生产率又取决于生产规模。因此，较大的资本战胜较小的资本。……竞争的结果总是许多较小的资本家垮台，他们的资本一部分转入胜利者手中，一部分归于消灭”[②]。当生产和资本集中发展到一定程度就必然产生垄断。与此同时，“一种崭新的力量

① Sewall Chan, “Financial Debate Renews Scrutiny on Banks' Size,” *New York Times*, April 20, 2010.

② 《资本论》第1卷，人民出版社2004年版，第722页。

——信用事业，随同资本主义的生产而形成起来。起初，它作为积累的小小的助手不声不响地挤了进来，通过一根根无形的线把那些分散在社会表面上的大大小小的货币资金吸引到单个的或联合的资本家手中；但是很快它就成了竞争斗争中的一个新的可怕的武器；最后，它转化为一个实现资本集中的庞大的社会机构"[①]。随着工业资本集中和垄断的形成，银行资本也在激烈的竞争中走向垄断，形成了金融资本与金融寡头的统治。

面对自由竞争造成的市场垄断，以及资源的不合理配置，经济面临一种抉择：如何实现市场竞争和规模经济之间的合理均衡？这个"合理"如何把握？是通过市场自律、公众监督，抑或是政府监管？显然，由于人性的贪婪与激励机制的不足，市场自律与公众监督是难以奏效的。对于金融市场，政府监管无疑必不可少，但华尔街的例子证明，政府并没有承担监管职责，新自由主义所倡导的自由化、反对任何形式的国家干预反而对于金融市场的迅速膨胀发挥了推波助澜的作用。卡萝塔·佩蕾丝（Carlota Perez）从纵向经济周期的角度分析了金融监管缺失导致的金融化问题。[②] 每次技术革命都可以保证发达国家持续约五六十年的经济增长，其间经历"镀金年代"和"黄金年代"两个阶段。前一阶段由金融资本主导的投资促成新产业和新基础设施的形成，以及原有产业的现代化。在后一个阶段，投资由生产资本主导，并通常获得国家政策以及监管更为完善的金融体系的支持。生产资本和金融资本是市场经济中相互区别但相互依赖的两个主体。前者是财富的创造者，后者是财富的分配者。当一项技术革命趋于成熟时，生产资本也趋于保守，这时金融资本粉墨登场，在支持新企业的同时，也往往诱发金融投机。随着泡沫破裂，人们开始重新管制金融领域。这时偏重应用的生产性投资加大，经济增长率和就业率就随之上升。但在美国，预期中的经济繁荣并没有出现，其体制性原因在于 20 世纪 90 年代，金融行业在高科技泡沫破灭之后，

---

① 《资本论》第 1 卷，人民出版社 2004 年版，第 722 页。

② Carlota Perez, "The Advance of Technology and Major Bubble Collapse: Historical Regularities and Lessons for Today," *Engelsberg Seminar on "The Future of Capitalism Ax:son Foundation, Sweden"* (Jun. 2010).

并未受到严厉监管，大量资金在监管缺失的情况下转入非生产性领域。由此，经济表面上实现了普遍“繁荣”，实际上却付出了实体与虚拟经济严重失衡的代价。与此同时，政府却较少执行有关再分配的社会政策，工会力量受到大型企业和政府的沉重打击。这些都使得1%人口收入急剧增加，整个社会贫富差距日益悬殊。

与21世纪初美国1%与99%的尖锐对立相比，美国民众十分怀念20世纪40年代到20世纪70年代中期的资本主义经济黄金时代。当时的实际工资和生产率同步增长，人民生活水平持续提高，由此造就了让无数人向往的“美国梦”。但如今，“美国梦”只是个神话，过去的十年对于中产阶级来说是“失去的十年”。收入最高的人群享用着更大的一块蛋糕；位于贫困线以下的人群在扩大，中等收入和最高收入人群之间的差距也在拉大。[①] 2010年，1%最富有家庭收入占总收入比重为19.8%，这是自20世纪20年代末期以来仅次于2007年和2000年的最高值（见图1）。

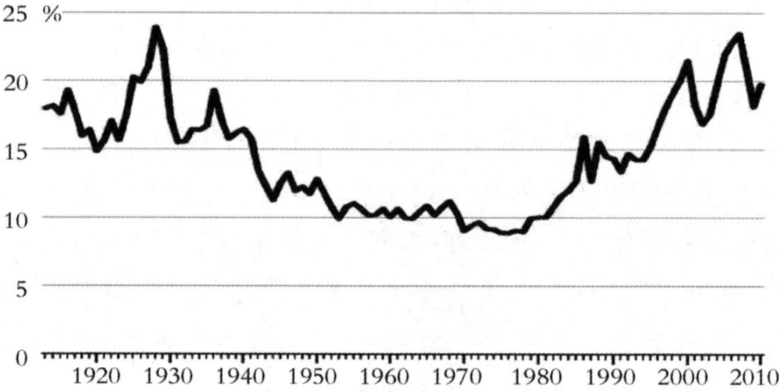

图1 1920—2010年美国1%最富有家庭收入占总收入比重

数据来源：Shaw Hannah. and Stone Chad. “Incomes at the Top Rebounded in First Full Year of Recovery, New Analysis of Tax Data Shows”. *Center on Budget and Policy Priorities*, (Mar. 2011).

克鲁格曼提出，美国贫富差距加剧的主要原因在于“政治文化”，即20世纪70年代里根执政以来共和党的“向右转”，而背后的“原因也许

① Joseph E. Stiglitz, “America Is No Longer a Land of Opportunity,” *Financial Times*, June 25, 2012.

是：精英虽然人数不多，但有能力也有意愿捐助大笔竞选资金”[①]。马萨诸塞大学阿默斯特分校的阿林德拉吉特·杜伯（Arindrajit Dube）和斯德哥尔摩大学的艾森·考普兰（Ethan Kaplan）强调所谓的精英是那些首席执行官、金融高管和华尔街的律师们。他们掌控着资本和金融部门，并且利用这种金融资本权力俘获了美国政治，用来为自身谋求最大利益。[②]正如“华尔街观察”（Wall Street Watch）在一份《华尔街与华盛顿如何出卖了美国》报告中所指出的，1998—2008年华尔街（包括金融、保险和地产行业）用于获得政治影响力的投资超过50亿美元，其中17亿美元为政治捐款，33亿美元用于职业游说。2008年政治捐款和职业游说的金额分别比1998年增长了175%和114%。[③]

在马克思看来，资本主义条件下自由的实质是资本的自由。在对外关系上，自由是排除一切阻碍着资本前进的民族障碍，让拥有垄断优势的工业资本更充分地自由活动。当时的英国之所以主张自由贸易政策，是因为它是一切最重要工业部门的实际垄断者。当在自由竞争下已经再没有别的国家能同它相抗衡时，“最聪明的办法莫过于把它爬上高枝时所用的梯子扔掉，然后向别的国家苦口宣传自由贸易的好处”[④]。由此保证英国在国际分工体系内能够长期垄断工业生产。在对内关系上，自由是资本榨取工人最后脂膏的自由，当发展到垄断资本主义阶段时，所谓的自由就是金融资本的自由、大银行家的自由，是华尔街的自由。作为职业经理，他们即使在自己所服务机构出现严重亏损时，也可以拿到丰厚的离职“补偿金”。作为美国政治的后台老板，他们极尽保护自己之能事，最为显著的根据就是“太大而不能倒（Too big to fall）”——那些占据市场主导地位的金融机构一旦倒闭，有可能引发全面的系统性风险。因此，2007年经济危机以来，美国政府拿出上万亿美元援助那些陷入危

① ［美］保罗·克鲁格曼：《美国怎么了——一个自由主义者的良知》，中信出版社2008年版，第3页。

② Arindrajit Dube and Ethan Kaplan, “Occupy Wall Street and the Political Economy of Inequality,” *The Economists' Voice*, (Sept. 2012): 3.

③ Robert Weissman and James Donahue, “Sold Out: How Wall Street and Washington Betrayed America,” *Essential Information and the Consumer Education Foundation*, (Mar. 2009).

④ ［法］弗里德里希·李斯特：《政治经济学的国民体系》，商务印书馆1961年版，第307页。

机的华尔街金融公司。这再一次证明，所谓的自由仅仅是资本极尽所能剥削劳动者的自由，所谓反对政府不干预，仅仅是反对对资本不利，而鼓励对资本有利的干预。

以上关于自由贸易和自由竞争悖论的分析似乎表明，如果现实经济生活中不发生新自由主义政策的逆转——没有融入全球化的进程、没有放松对金融部门的监管——那么危机是可以避免的。新自由主义的自由经营主张试图掩盖危机的制度根源。但在马克思看来，资本主义危机是制度的危机，资本对剩余价值的追求必然恶化资本主义基本矛盾，不可避免地爆发经济危机。

三、自由经营的悖论

新自由主义经济学宣称每个人在追求自身利益最大化的同时，“看不见的手”会引导着去促进社会利益，自由经营能够实现资源的有效配置，市场是实现效率的唯一手段。但 2007 年经济危机的爆发表明，资本家对利益的追求仅仅是资本人格化的外在表现，对剩余价值的追求导致后福特主义生产方式的形成，而适应国际垄断资本主义要求的自由化、私有化和市场化主张加剧了资本主义基本矛盾，导致经济危机的爆发。

资本主义生产的目的不是为了使用价值，即用某种商品交换货币以换取另一种商品，而是为了剩余价值，即用货币购买劳动力商品以获得更多货币。全球化的形成和发展主要是由资本追逐剩余价值的本性决定的。“创造世界市场的趋势已经直接包含在资本的概念本身中。”[①] 不断扩大生产规模和产品销路的需要，驱使资产阶级奔走于全球各地，到处落户，到处开发，到处建立联系。资本表现出对以前各生产阶段所固有的种种界限和限制的否定，最终形成一个全球普遍联系的世界市场。与此同时，为了加速积累，资本力求用时间去消灭空间，使商品从一个地方转移到另一个地方所花费的时间缩短到最低限度，使商品从一种款式更

① 《马克思恩格斯全集》第 46 卷上册，人民出版社 1979 年版，第 391 页。

新到另一种款式所需要的时间压缩到最短限度。生产和流通时间的缩短提高了资本的生产效率，增强了竞争力。但是，生产总是要遇到消费的界限，“工人的消费能力一方面受工资规律的限制，另一方面受以下事实的限制，就是他们只有在他们能够为资本家阶级带来利润时才能被雇用。一切现实的危机的最后原因，总是群众的贫困和他们的消费受到限制，而与此相对比的是，资本主义生产竭力发展生产力，好像只有社会的绝对的消费能力才是生产力发展的界限”①。资本主义制度下生产无限扩大的趋势与劳动人民购买力相对缩小的基本矛盾并没有因为全球化的到来而消失。在马克思看来，正是资本在全球的自由流动，才使市场机制在世界范围内自由起作用，并在周期性生产过剩的危机中达到顶峰，从而导致资本家和生产者之间极端的对抗，加速了社会革命化过程。“因为在实行自由贸易以后，政治经济学的全部规律及其最惊人的矛盾将在更大的范围内，在更广的区域里，在全世界的土地上发生作用；因为所有这些矛盾一旦拧在一起，互相冲突起来，就会引起一场斗争，而这场斗争的结局则将是无产阶级的解放。”②

二战后，资本主义的发展实际遵循着马克思洞察的资本主义发展轨迹。福特主义生产方式通过大规模生产来降低产品价格，推动了大众消费，从而把雇佣劳动纳入到社会再生产的大循环之中，资本主义经历了一个30年的黄金时期。但是，20世纪70年代以来，凯恩斯主义的反危机措施不仅没有解决反而加重了资本主义的基本矛盾，资本主义普遍出现了滞胀。为了寻求出路，资产阶级对生产方式进行了调整，后福特主义弹性专业化生产方式开始建立。它一方面以全球模块化生产网络为基础，这种更加灵活的生产组织方式为跨国公司利用低成本劳动力提供了可能，使资本在发展中国家实现了原始积累的时空穿越。与此同时，出现了核心劳动力和边缘劳动力的分化以及资本权力的集中，导致工会力量的衰退和收入差距的扩大。在美国，工会覆盖率从1973年的26.7%下

---

① 《资本论》第3卷，人民出版社2004年版，第548页。

② 《马克思恩格斯全集》第4卷，人民出版社1958年版，第295—296页。

降到2011年的13%。[①] 另一方面，跨国公司主宰着产业资本在世界范围内的自由转移，加速世界市场成为世界工厂，而网络技术的发展实现了服务产业的可贸易化，使资本对全球经济实现了全产业控制。20世纪80年代以来，适应国家垄断资本主义向国际垄断资本主义转变的要求，新自由主义甚嚣尘上[②]，自由化、私有化和市场化的主张为资本控制全球经济扫清了制度上的障碍，一个以资本主义生产方式为主导的全球化开始形成，一个以国际垄断资本主义与新自由主义相结合的美国模式风靡世界。它们在全球范围内追逐剩余价值的生产与实现，但以发展中国家工人受剥削程度加深和发达国家工人失业加剧为代价。因此，在发达国家内部呈现出工资增长落后于劳动生产率增长、工资不升反降而利润却不断上涨的图景（表1）。

表1 小时工资与劳动生产率（1967—2010）

	劳动生产率增长率（%）	小时工资增长率（%）	劳动生产率增长率与小时工资增长率的差额
1967—1973	2.40	2.93	−0.53
1973—1979	1.08	−0.13	1.21
1979—1989	1.30	0.38	0.92
1989—1999	1.65	0.94	0.71
1999—2006	2.28	−0.03	2.31
2006—2010	1.78	0.69	1.09

数据来源：Lawrence Mishel，et al. *The State of Working America*（New York：Cornell University Press，2012）.

在内需不足的约束下，资本家不是通过提高工资水平，而是以贷款的方式（房地产贷款、汽车贷款、学生助学贷款、信用卡透支等）来提高工人的购买力。而技术进步体现出的资本有机构成不断提高导致了资本利润率的下降，过剩的资本也在寻求出路。因此，自20世纪70年代

① Lawrence Mishel，et al，*The State of Working America*（New York：Cornell University Press，2012），p.269.

② 何秉孟、戎殿新等：《新自由主义研究》，《马克思主义研究》2003年第6期。

以来，资本主义世界出现了“巨大金融化”现象[①]，并通过金融“扼制”牢牢掌握着整个经济体系。尽管古典政治经济学自创立以来一直坚持生产性活动与非生产性活动、实体经济和虚拟经济的区分，但新自由主义完全否定这一区分，甚至假装金融资本就是产业资本增长的一部分。美国密苏里大学的迈克尔·赫德森（Michael Hudson）强调指出，对于实体经济而言，金融部门被称为“寄生虫”更合适。它的危害不仅仅是吸干主体营养那么简单，而是取代主体的大脑，让主体相信它就是主体身体不可缺少的一部分，并且像幼童一样需要保护。当奥巴马宣布“为了拯救实体经济，必须拯救银行业”的时候，人们不得不相信，金融部门已经成功地掩盖了其“寄生性”，金融资本已经发挥了对实体经济的支配性作用。[②]

四、结　语

作为一种理论思潮，新自由主义继承了古典自由主义经济理论的自由经营、自由贸易、自由竞争等思想。它以追求个人利益最大化、能够做出理性选择的个人为研究出发点，强调市场在经济出现紊乱的时候具有自我修复的功能，任何的国家干预只能造成经济效率的损失。基于这样的认识，新自由主义认为经济危机的产生是源于外在因素，而不是内在于资本主义生产方式。与此不同，马克思主义经济学从社会生产出发，强调资本生产的目的在于获取剩余价值，经济危机是资本主义生产方式内在矛盾的强制性解决。2008 年金融危机的爆发仍然是由生产资料私人占有与生产社会化的资本主义基本矛盾所引起的。

作为一种政策主张，新自由主义适应于国际垄断资本主义的需要而产生，为垄断资本进行全球扩张扫清了制度上的障碍。但是经济全球化

① 裘白莲、刘仁营编：《资本积累的金融化：金融帝国主义新阶段》，《国外理论动态》2011 年第 9 期。

② Michael Hudson, “Financial Parasites Have Killed the American Economy,” *Washington's Blog*, August 26, 2009.

只是暂时延缓生产与剩余价值实现之间的矛盾，不可能从根本上解决矛盾，相反，在全球化中居于主导地位的发达国家资本却不可避免地在全球化进程中陷入危机甚至停滞的局面。新自由主义的自由贸易主张使美国的就业市场和产业都出现空心化特征，国内有效需求不足；自由竞争的主张使美国金融寡头势力不断扩张，金融资本与寡头政治相互勾结统治国家；自由经营的主张使资本实现了原始积累的时空穿越，但也导致劳动力的分化和经济的“金融化”，最终导致经济危机的爆发。

作为一种经济体制，新自由主义是资产阶级恢复强资本权力与占有高利润收入的制度形式。它采取的主要手段包括反对国家对宏观经济的调控、削弱工会组织的力量、缩减社会福利支出、削减高收入者所得税、对国有企业和公共资产进行私有化、对金融市场放松管制等，从而造成收入差距拉大，消费需求不足，金融投机猖獗，2007 年经济危机正是新自由主义体制所导致的一个合乎逻辑的结果。随着危机的爆发，美国民众于 2011 年 9 月 17 日发起了名为“占领华尔街（Occupy Wall Street）”的运动。该运动宣称：我们共同的特点是占总人口 99%的普罗大众再也无法忍受仅占总数 1%的人的贪婪。愤怒的民众将矛头直指华尔街，但实际是对新自由主义的直接反抗。可以预计，在未来几年中，新自由主义思潮和主张将在人们的深刻反思中得到某种程度的遏制，有利于缓解贫富悬殊的社会福利保障措施，以及其他调节国家与经济、改善劳动与资本关系的政策措施将得到一定程度的恢复。

随着中国日益融入全球化进程，新自由主义也影响着中国经济社会的发展。在对外方面，过于强调发挥比较优势，必然在国际分工中处于低附加值的劳动密集型生产环节，陷于全球价值链的低端。过分依赖外需，一旦发达国家实施贸易保护手段，必然出口急剧下降，爆发“产能过剩”。在对内方面，追求效率第一，必然忽略社会平等；强调纯粹竞争，必然反对政府干预；崇尚绝对自由，必然强化资本至上。由此导致社会生活中贫富悬殊、两极分化等社会不稳定状态，自然环境和社会道德等人类社会赖以生存的基础被破坏。因此，在思想上，我们必须清醒认识到新自由主义的欺骗性，以及无节制地发展资本和市场的危害性。在行动上，要转变经济发展方式，把经济发展的动力从出口拉动转向内需拉动；在增加居民收入的同时，不断完善社会保障制度，以缩小贫富收入特别是劳资收入的差距；国家要对金融资本实施强有力的监管和调控，以维护国家经济安全；要积极发挥公有制经济在稳定宏观经济、调整经济结构、保障社会公平、推动自主创新等方面的关键作用，以克服市场经济的局限性。

（原文发表于《当代经济研究》2013 年第 7 期）

马克思经济学理论体系构建方法探析

——兼论世界市场成为其理论体系逻辑归宿的原因

黄 瑾*

在《〈政治经济学批判〉导言》（以下简称《导言》）中，马克思详细说明了政治经济学的研究对象和方法，在此基础上，制定出自己的经济学“五篇结构计划”。随着理论的发展，该计划又演变为“六册结构计划”。一些论著主要从抽象上升到具体方法的角度理解马克思所建立的经济学理论体系。我认为仅仅强调从抽象上升到具体是构建科学经济学体系的方法是不够充分的，因而仅仅把世界市场概念理解为世界市场交换关系总和也是不够全面的。还有必要强调逻辑和历史相一致的方法，由此才能把握马克思经济学理论体系构建的独特视角，以及世界市场成为其理论体系逻辑归宿的原因。

一、从抽象上升到具体的方法

从政治经济学的发展史看，政治经济学经济体系是从具体开始，还是从抽象开始呢？重商主义者和古典政治经济学创始人的著作是“从生动的整体，从人口、民族、国家、若干国家等等开始”[①]，并且他们的研究在抽象出一些有决定意义的一般的关系，如分工、货币、价值等之后就结束了。比如威廉·配第的《赋税论》就是通过深入研究“国家”及其“赋税”这些具体，抽象出价值、劳动等范畴，进而提出解决国家财

* 黄瑾：福建师范大学经济学院教授，中国人民大学理论经济学博士后。

① 《马克思恩格斯全集》第12卷，人民出版社1962年版，第750—751页。

政经济问题的具体办法，即节约劳动、节约劳动时间。马克思指出，从现实和生动的现象如人口、国家、贸易等开始构建经济学理论体系，似乎符合人们的认识过程，应该是正确的。更仔细地分析起来，却是错误的。因为在阶级社会，抛开阶级，国家就是一个抽象。在资本主义社会，抛开雇佣劳动和资本等因素，阶级也是一个抽象；抛开交换、分工、价格等前提，雇佣劳动或资本等因素又是抽象。因此，如果一开始就研究国家，面对的是一个关于整体的混沌的表象，根本不可能把错综复杂的总体的内部联系阐述清楚，从而必然陷入混乱。正确的行程应该是从表象中的具体达到一些抽象的规定，然后从抽象的规定上升到越来越具体的范畴，直到具有许多规定和关系的丰富的总体为止。这个总体在思维中表现为综合的过程，表现为叙述的终点，表现为思维的产物。因此，从抽象上升到具体的方法，是"思维用来掌握具体并把它当做一个精神上的具体再现出来的方式"[①]，是建立政治经济学理论体系的正确方法。

从历史上看，也正是在17世纪的经济学家确定了一些抽象的规定之后，后来的经济学家才有可能按照从抽象上升到具体的方法建立起自己的经济学理论体系。"这些个别要素一旦多少确定下来和抽象出来，从劳动、分工、需要、交换价值等等这些简单的东西上升到国家、国际交换和世界市场的各种经济学体系就开始出现了。"[②]（着重号是引者加的）马克思认为，抛弃旧的从具体现象出发的叙述方法，采用新的从抽象规定出发的叙述方法是以詹姆斯·斯图亚特为起点的。斯图亚特是"建立了资产阶级经济学整个体系的第一个不列颠人"[③]，完成了《政治经济学原理研究》。在他之后，重农主义、亚当·斯密、大卫·李嘉图都坚持了从抽象到具体的道路。马克思从19世纪40年代《巴黎笔记》开始在批判地继承古典经济学优秀成果的基础上，逐渐制定出自己的经济学理论体系。政治经济学的这一段历史发展也表明，有"各种经济学体系"都采用了从抽象上升到具体的方法，那么能否断定依此方法建立的经济学理

① 《马克思恩格斯全集》第12卷，人民出版社1962年版，第751页。
② 《马克思恩格斯选集》第2卷，人民出版社1995年版，第18页。
③ 《马克思恩格斯全集》第13卷，人民出版社1962年版，第47页。

论体系都是“科学上正确的”[①] 呢？当然不能。科学的叙述过程的关键在于是否认清现实经济矛盾的本质，在此基础上，形成最抽象的规定，并构建经济学体系。因此，仅仅依据从抽象上升到具体的方法判定马克思经济学理论体系是“科学上正确的”，理由并不充分。

二、逻辑和历史相一致的方法

在《导言》中，马克思在阐述从抽象上升到具体方法的同时，也阐述了逻辑和历史相一致的方法。其一，逻辑和历史的关系问题，核心在于实现范畴的从抽象到具体的逻辑进程和现实的历史过程相统一。恩格斯说，“历史从哪里开始，思想进程也应当从哪里开始，而思想进程的进一步发展不过是历史过程在抽象的、理论上前后一贯的形式上的反映”[②]。由此可见，逻辑的起点应该与研究对象的历史起点保持一致。从逻辑的运动方面看，最抽象的范畴虽然正是由于它们的抽象而适用于一切时代，但是这个抽象规定性的充分深入而广泛的发展恰恰只能产生在一个复杂的社会形式中。“只有对外贸易，只有市场发展为世界市场，才使货币发展为世界货币，抽象劳动发展为社会劳动。抽象财富、价值、货币、从而抽象劳动的发展程度怎样，要看具体劳动发展为包括世界市场的各种不同劳动方式的总体的程度怎样。”[③] 因此，世界市场是建立以资本主义生产为研究对象的政治经济学理论体系的前提。其二，逻辑和历史的一致是指以“现代资产阶级生产”为“研究的本题”[④] 的政治经济学逻辑，应当符合资本主义社会的现实发展。马克思说：“在研究经济范畴的发展时，正如在研究任何历史科学、社会科学时一样，应当时刻把握住：无论在现实中或在头脑中，主体——这里是现代资产阶级社会——都是既定的；因而范畴表现这个一定社会即这个主体的存在形式、存在规定、

① 《马克思恩格斯全集》第12卷，人民出版社1962年版，第751页。

② 《马克思恩格斯选集》第2卷，人民出版社1995年版，第43页。

③ 《马克思恩格斯全集》第26卷第3册，人民出版社1974年版，第278页。

④ 《马克思恩格斯全集》第12卷，人民出版社1962年版，第735页。

常常只是个别的侧面；因此，这个一定社会在科学上也决不是在把它当作这样一个社会来谈论的时候才开始存在的。这必须把握住，因为这对于分篇直接具有决定的意义。”① （着重号是引者所加）在历史上，作为商品交换场所的世界市场早就存在。但是，现代世界市场如果没有资本这个前提就根本无法存在，“创造世界市场的趋势已经直接包含在资本的概念本身中”②。而在历史发展过程中资本也确实一步步地把传统的世界市场的存在形态塑造成了适合于资本的形式，并且现代世界市场既体现了资本主义生产关系的总和，也暴露了资本主义的一切矛盾，因此，马克思的经济学研究把资本主义的产生、发展与世界市场联系起来加以考察，世界市场成为建立以资本主义生产为研究对象的政治经济学理论体系的结果。

三、从现代资本主义社会的本质出发建构马克思经济学理论体系

根据资本主义经济的本质和内部结构来安排从抽象到具体的范畴体系，是马克思构建自己政治经济学理论体系的独特视角，因而也是马克思经济学体系与其他经济学体系的区别之处。在从具体到抽象的过程中，虽然从丰富的经验材料中蒸发出一些抽象规定，“是把直观和表象加工成概念这一过程的产物”③。但这些抽象规定之间是孤立的和互不联系的，正如黑格尔所说的，“用分析的方法来研究对象，就像剥葱一样，将葱皮一层一层剥掉，但原葱已不在了”④。因此，为了对事物形成总体的认识，需要把这些抽象规定在思维行程中综合起来。但根据什么来进行综合呢？蒲鲁东从唯心主义出发，把现实的社会经济关系看作是思想观念自我运动的结果，经济范畴“这些抽象本身竟是从世界开始存在时起就存在于

① 《马克思恩格斯选集》第2卷，人民出版社1995年版，第24页。
② 《马克思恩格斯全集》第46卷上册，人民出版社1979年版，第391页。
③ 《马克思恩格斯全集》第46卷上册，人民出版社1979年版，第39页。
④ 黑格尔：《小逻辑》，商务印书馆1980年版，第339页。

天父心怀中"[①]。马克思在《哲学的贫困》中根据唯物主义原则强调指出经济范畴是社会经济关系的理论表现，即其抽象。每个社会的生产关系都构成一个统一的整体，对其中不同部分的考察必须从它们与整体的联系出发，而不能孤立地进行。在《导言》中马克思进一步指出，经济范畴的结构和体系必须反映"它们在现代资产阶级社会内部的结构"、内在的运动和联系。经济理论体系作为"思想总体""思想整体""思想具体"一旦建立，"呈现在我们面前的就好像是一个先验的结构了"[②]，其实，这个先验的结构完全是主体，即现代资产阶级社会的理论反映。因而，把经济范畴按主观次序或者符合历史发展的自然次序来排列是错误的。

资产阶级政治经济学按照从抽象上升到具体的方法，从"生产一般"出发。他们"现在时髦的做法，是在经济学的开头摆上一个总论部分——就是标题为《生产》的那部分（参看约·斯·穆勒的著作），用来论述一切生产的一般条件。""这个总论部分包括…… (1) 进行生产所必不可缺少的条件"，即"一切生产的基本要素"。"(2) 或多或少促进生产的条件"，例如气候、土壤肥沃程度等。[③] 马克思指出，这些经济学家所规定的"生产一般"仅仅是生产的最表面的、非本质的属性。"对生产一般适用的种种规定所以要抽出来，也正是为了不致因为有了统一（主体是人，客体是自然，这总是一样的，这里已经出现了统一）而忘记本质的差别。那些证明现存社会关系永存与和谐的现代经济学家的全部智慧，就在于忘记这种差别。"[④] 同样，现代西方经济学强调："经济学是一门研究作为目的和具有不同用途的稀缺手段之间关系的人类行为的科学。"[⑤] 这种只研究抽象的"超制度的"资源配置，却不研究具体特定生产方式的资源配置的做法不正是继承了马克思所批判的庸俗经济学的全部智慧吗？与之相反，政治经济学不仅要揭示一般性的规定，而且要反映各种社会形态的差别，因为构成社会发展的恰恰是有别于这个一般和共同点

---

① 《马克思恩格斯全集》第 27 卷，人民出版社 1972 年版，第 482 页。

② 《马克思恩格斯选集》第 2 卷，人民出版社 1995 年版，第 111 页。

③ 《马克思恩格斯选集》第 2 卷，人民出版社 1995 年版，第 4 页。

④ 《马克思恩格斯全集》第 46 卷上册，人民出版社 1979 年版，第 22 页。

⑤ 罗宾斯：《经济科学的性质和意义》，商务印书馆 2000 年版，第 20 页。

的差别。因而，马克思的政治经济学理论体系虽然也遵循从抽象上升到具体的方法，但是它从“一开始就要声明，我们指的是某个一定的历史时代，例如，是现代资产阶级生产——这种生产事实上是我们研究的本题”[①]。由此出发，马克思经济学和西方经济学的根本分歧不在于要不要研究资源配置，而在于要不要区分抽象的生产一般的资源配置和具体的特定生产方式的资源配置，以及要不要研究具体的特定生产方式的资源配置。[②]

正是针对资产阶级经济学家构建理论体系时的“非历史性”方法论错误，马克思紧接着说：“显然，应当这样来分篇：(1) 一般的抽象的规定，因此它们或多或少属于一切社会形式，不过是在上面所阐述的意义上。(2) 形成资产阶级社会内部结构并且成为基本阶级的依据的范畴。资本、雇佣劳动、土地所有制。它们的相互关系。城市和乡村。三大社会阶级。它们之间的交换。流通。信用事业（私人的）。(3) 资产阶级社会在国家形式上的概括。就它本身来考察。‘非生产’阶级。税。国债。公共信用。人口。殖民地。向国外移民。(4) 生产的国际关系。国际分工。国际交换。输出和输入。汇率。(5) 世界市场和危机。”[③] 显然，马克思构建了虽然方法上与各种经济学体系相类似（从抽象上升到具体），但实质上是科学的全新的经济学体系。表现如下。

其一，马克思所建立的政治经济学理论体系不仅是遵从了从抽象上升到具体的方法，更重要的是从现代资本主义社会开始，实现了概念的逻辑进程同现代资产阶级社会的现实历史的一致。因而判断从抽象上升到具体方法的运用是否科学，关键在于经济理论体系及结构是否把握了现代资本主义生产方式的本质。西方“经济学家们向我们解释了生产怎样在上述关系下进行，但是没有说明这些关系本身是怎样产生的，也就是说，没有说明产生这些关系的历史运动”[④]。而在马克思的抽象过程中，“主体——这里是现代资产阶级社会——都是既定的”，资本主义社会尽

① 《马克思恩格斯选集》第2卷，人民出版社1995年版，第3页。
② 吴易风：《论政治经济学或经济学的研究对象》，《中国社会科学》1997年第2期。
③ 《马克思恩格斯选集》第2卷，人民出版社1995年版，第26页。
④ 《马克思恩格斯全集》第4卷，人民出版社1958年版，第139—140页。

管有各种经济形式掺杂其间，但经济范畴的次序一定是按照“它们在现代资产阶级社会中的相互关系”①，按照“它们在现代资产阶级社会内部的结构”来安排，原因就在于“在一切社会形式中都有一种一定的生产决定其他一切生产的地位和影响，因而它的关系也决定其他一切关系的地位和影响。这是一种普照的光，它掩盖了一切其他色彩，改变着它们的特点”②。在资本主义经济理论体系中，“资本”是一个发挥主导作用的范畴，它就像“普照的光”一样影响着其他范畴的排列顺序。

其二，马克思所建立的政治经济学理论体系反映了复杂的整体的现实关系。古典政治经济学家由于不能认识事物的本质，其理论体系往往囿于外在的复杂联系而无法深入内在的本质，从而为“庸俗经济学的在原则上只忠于假象的浅薄性提供了牢固的活动基础”③。马克思指出，资本主义社会虽然表现为复杂的关系，但政治经济学理论体系必须区分两种生产关系，一种是位于抽象层次的第一级的原生的生产关系，另一种是上升到具体层次的“第二级的和第三级的东西，总之，派生的、转移来的、非原生的生产关系”，它们是生产关系的具体形式或实现形式，包括经济体制、经济机制等。马克思还提出政治经济学要进一步研究“国际关系在这里的影响”“生产关系作为法的关系怎样进入了不平衡的发展”④ 等内容。这表明政治经济学研究既要研究第一级的本质关系，也要研究其他级的非本质关系；既要研究国内关系，也要研究国际关系。为了表现资本主义现实关系的整体性和层次性，马克思经济学理论体系从一般抽象范畴“商品”开始，上升到“货币”，再从货币上升到“资本”；在资本部分，从较抽象范畴“资本一般”开始，上升到“资本的竞争”“信用”“股份资本”；之后，考察了一国内部与资本相适应的“土地所有制”“雇佣劳动”，在此基础上，上升到资本主义生产关系总和的承担者“国家”，继而引进“国家对外”，考察生产的国际关系，最后上升到作为资本主义经济总体的范畴“世界市场”，由此形成了一个考察资本主义经

---

① 《马克思恩格斯全集》第12卷，人民出版社1962年版，第758页。
② 《马克思恩格斯选集》第2卷，人民出版社1995年版，第24页。
③ 《资本论》第1卷，人民出版社2004年版，第617页。
④ 《马克思恩格斯选集》第2卷，人民出版社1995年版，第27—28页。

济制度的科学而完整的理论体系。

四、世界市场成为马克思经济学理论体系逻辑归宿的原因

就马克思实际写作并出版的《政治经济学批判》的内容来看，1859年6月出版的《政治经济学批判》第一分册只包括“商品”和“货币或简单流通”两章，在写作第二分册“资本一般（资本的生产过程，资本的流通过程，两者的统一，或资本和利润、利息）”的过程中完成了《经济学手稿（1861—1863年）》。在此期间，马克思改变并最终放弃了《政治经济学批判》的计划，开始写作《资本论》。[①] 也就是说，在《政治经济学批判》“六册结构计划”中，马克思只是写作了第一册中的第一篇，他认为这一篇“具有决定性的重要意义”“是全部资产阶级污垢的核心”。[②] 关于世界市场，马克思在《资本论》中指出：“一般说来，世界市场是资本主义生产方式的基础和生活环境。但资本主义生产的这些比较具体的形式，只有在理解了资本的一般性质以后，才能得到全面的说明；不过这样的说明不在本书计划之内，而属于本书一个可能的续篇的内容”[③]。这既指明了《资本论》在“六册结构计划”中的地位，也说明了对世界市场这个资本主义生产最丰富和全面具体的分析离不开资本要素。

世界市场之所以成为马克思经济学理论体系的逻辑归宿，主要原因如下。

首先，世界市场是资本主义生产方式占统治地位的世界市场。资本一方面具有创造越来越多的剩余劳动的趋势，另一方面也具有创造越来

---

① 1862年12月28日，马克思在致库格曼的信中首次提到了《资本论》计划：“第二部分（指《政治经济学批判》第二分册的手稿——引者注）终于已经脱稿，只剩下誊清和付排前的最后润色了。这部分大约有三十印张。它是第一册的续篇，将以《资本论》为标题单独出版，而《政治经济学批判》这个名称只作为副标题。其实，它只包括本来应构成第一篇第三章的内容，即《资本一般》。这样，这里没有包括资本的竞争和信用。这一卷的内容就是英国人称为‘政治经济学原理’的东西。”（《马克思恩格斯全集》第30卷，人民出版社1974年版，第636页）

② 《马克思恩格斯全集》第29卷，人民出版社1972年版，第483页。

③ 《资本论》第3卷，人民出版社2004年版，第126页。

越多的交换地点的补充趋势。依靠迅速改进的生产工具和日益便利的交通条件，资产阶级奔走于全球各地，到处落户，到处开发，到处建立联系，“力求摧毁交往即交换的一切地方限制，夺得整个地球作为它的市场”[①]。而在建立世界市场的同时，资本也力求“按照自己的面貌为自己创造出一个世界”[②]。在这个世界中，资本在一切地点把生产变成由资本推动的生产，即“在一切成为流通的前提，成为流通的生产中心的地点，把这些地点加以同化，也就是把它们变为进行资本化生产的地点或生产资本的地点。这种传布的（传播文明的）趋势是资本特有的——这和以往的生产条件不同”[③]。正是在摧毁一切旧的生产方式过程中，资本不但建立起普遍的市场关系，而且把不同的国家纳入到资本主义生产体系，从而在全球建立起资本生产方式的统治地位。

其次，世界市场既是全球商品交换关系的总和，更是不同阶级不同国家的生产关系总体。“资本主义生产方式是发展物质生产力并且创造同这种生产力相适应的世界市场的历史手段。”[④] 在资本占统治地位的世界市场中，生产力的发展推动了人们普遍交往的建立，商品交换得以空前繁荣。“资产阶级，由于开拓了世界市场，使一切国家的生产和消费都成为世界性的了……新的工业的建立已经成为一切文明民族的生命攸关的问题；这些工业所加工的，已经不是本地的原料，而是来自极其遥远的地区的原料；它们的产品不仅供本国消费，而且同时供世界各地消费。旧的、靠本国产品来满足的需要，被新的、要靠极其遥远的国家和地带的产品来满足的需要所代替了。过去那种地方的和民族的自给自足和闭关自守状态，被各民族的各方面的互相往来和各方面的互相依赖所代替了。物质的生产是如此，精神的生产也是如此。各民族的精神产品成了公共的财产。民族的片面性和局限性日益成为不可能，于是由许多种民族的和地方的文学形成了一种世界的文学。”[⑤] 与此同时，从生产方面看，

---

① 《马克思恩格斯全集》第46卷下册，人民出版社1980年版，第33页。

② 《马克思恩格斯选集》第1卷，人民出版社1995年版，第276页。

③ 《马克思恩格斯全集》第30卷，人民出版社1995年版，第541—542页。

④ 《资本论》第3卷，人民出版社2004年版，第279页。

⑤ 《马克思恩格斯选集》第1卷，人民出版社1995年版，第276页。

“一种与机器生产中心相适应的新的国际分工产生了，它使地球的一部分转变为主要从事农业的生产地区，以服务于另一部分主要从事工业的生产地区”[①]。由此逐渐形成了国际分工体系中中心国家和外围国家之间的不平等关系，它表现为未开化的和半开化的国家从属于文明的国家、农民的民族从属于资产阶级的民族、东方依赖于西方。在发达资本主义中心内部，“工人十分安然地同他们（资产阶级政党——引者注）共享英国在世界市场上的垄断权和英国的殖民地垄断权。”[②]“英国无产阶级实际上日益资产阶级化了，因而这一所有民族中最资产阶级化的民族，看来想把事情最终弄到这样的地步，即除了资产阶级，它还要有资产阶级化的贵族和资产阶级化的无产阶级。自然，对一个剥削全世界的民族来说，这在某种程度上是有道理的。”[③] 因此，资产阶级不仅破坏了国际工人间的团结，而且有效地把无产阶级和资产阶级的对立由一国内部向国际扩展，阶级分化问题在世界市场这一空间层面表现得越来越突出。“把世界范围的剥削美其名曰普遍的友爱，这种观念只有资产阶级才想得出来。在任何个别国家内的自由竞争所引起的一切破坏现象，都会在世界市场上以更大的规模再现出来。”[④]

最后，世界市场为共产主义诞生提供了物质和阶级条件以及矛盾集聚空间。“被共产主义者做为自己前提的不是某种哲学，而是过去历史的整个过程，特别是这个过程目前在文明各国的实际结果。”[⑤] 因而，对共产主义前提和条件的讨论离不开世界市场。第一，共产主义“是以生产力的普遍发展和与此相联系的世界交往为前提的”[⑥]。当人类交往只限于相邻地区的时候，每一种发明在每一个地域都必须单独进行，生产力发展十分缓慢。只有随着“各民族的原始封闭状态由于日益完善的生产方式、交往以及因交往而自然形成的不同民族之间的分工消灭得越是彻

① 《资本论》第1卷，人民出版社2004年版，第519—520页。
② 《马克思恩格斯选集》第4卷，人民出版社1995年版，第648页。
③ 《马克思恩格斯选集》第4卷，人民出版社1995，第552页。
④ 《马克思恩格斯选集》第1卷，人民出版社1995年版，第228页。
⑤ 《马克思恩格斯全集》第4卷，人民出版社1958年版，第311—312页。
⑥ 《马克思恩格斯选集》第1卷，人民出版社1995年版，第86页。

底”[①]，历史才越由民族国家历史转变为世界历史，市场才越由地域性市场转变为世界性市场，生产力才由此获得较快发展。“随着资产阶级的发展，随着贸易自由的实现和世界市场的建立，随着工业生产以及与之相适应的生活条件的趋于一致，各国人民之间的民族分隔和对立日益消失。”[②] 在这样的环境下，单个人才有可能摆脱种种民族局限和地域局限而同整个世界的生产发生实际联系，才有可能获得利用全球的全面的生产和能力。可以说，正是在普遍联系的世界市场中，生产力才获得普遍的发展，从而为共产主义提供了物质基础。第二，普遍联系的世界市场孕育了无产阶级的世界性存在，为共产主义培育了阶级基础。“许许多多人仅仅依靠自己劳动为生——大量的劳力与资本隔绝或甚至连有限地满足自己的需要的可能性都被剥夺，——从而由于竞争，他们不再是暂时失去作为有保障的生活来源的工作，他们陷于绝境，这种状况是以世界市场的存在为前提的。因此，无产阶级只有在世界历史意义上才有可能就像共产主义——它的事业——只有作为‘世界历史性的’存在才能可实现一样。”[③] 第三，世界市场的发展过程是资本主义矛盾和危机日益深化的过程。在世界市场上，“整个国家的生产既不是用它的直接需要，也不是用扩大生产所必需的各种生产要素的分配来衡量。因此，再生产过程并不取决于同一国家内相互适应的等价物的生产，而是取决于这些等价物在别国市场上的生产，取决于世界市场吸收这些等价物的力量和取决于世界市场的扩大。这样，就产生了越来越大的失调的可能性，从而也就是危机的可能性。”[④] 也就是说，世界市场空间的扩张虽然使资本的矛盾获得某种程度的缓和，但同时也加剧了世界市场危机爆发的可能性。“资本本身在其历史发展中所造成生产力的发展，在达到一定点以后，就会不是造成而是消除资本的自行增殖。超过一定点，生产力的发展就变成对资本的一种限制……一旦达到这一点，资本即雇佣劳动同社会财富和生产力的发展就会发生像行会制度、农奴制、奴隶制同这种发展所发

---

① 《马克思恩格斯选集》第 1 卷，人民出版社 1995 年版，第 88 页。

② 《马克思恩格斯选集》第 1 卷，人民出版社 1995 年版，第 291 页。

③ 《马克思恩格斯选集》第 1 卷，人民出版社 1995 年版，第 87 页。

④ 《马克思恩格斯全集》第 48 卷，人民出版社 1985 年版，第 147 页。

生的同样的关系，就必然会作为桎梏被打碎。”[①] 这个“点”从空间的角度而言，就是世界市场。

在马克思经济学理论体系中，遵循从抽象上升到具体的方法，世界市场表现出全球商品交换关系总和的特征。按照逻辑与历史一致的方法，即政治经济学理论体系从现代资本主义社会出发，其目的是为了揭示资本的运动发展规律，因而，从历史与逻辑进程上看，对世界市场的研究不能离开资本，世界市场是资本主义生产方式占统治地位的世界市场；对世界市场的研究不能停留于商品交换关系总和的层面，更要看到世界市场体现了流通背后不同阶级不同国家之间生产关系的总体特征；对世界市场的研究不能停留于资本，更要深入分析世界市场为共产主义产生创造的物质和阶级条件。在这种情况下，《世界市场》册研究的落脚点在于“世界市场和危机”。它主要包括以下内容：(1) 资本主义生产方式占统治地位的世界市场总体——生产以及它的每一个要素都表现为总体；(2) 世界市场矛盾；(3) 世界市场危机；(4) 共产主义的产生。

（原文发表于《东南学术》2016 年第 1 期）

---

① 《马克思恩格斯全集》第 46 卷下册，人民出版社 1980 年版，第 268 页。

论马克思世界市场理论的发展进程
（19 世纪 50 年代至 80 年代）

黄 瑾*

世界市场发展的必然结果是经济的全球化。目前理论界对马克思世界市场理论的研究大多是以马克思全球化理论的面目出现，大体可分为两个方面。一方面侧重于哲学角度，从世界历史的层面对全球化的动力、特征等基础理论问题进行论述，如丰子义等的《马克思"世界历史"理论与全球化》。一些研究是在唯物史观的体系内展开，比如从马克思交往理论出发，审视当代国际分工、国际交换和全球化等现实问题，如栾文莲的《交往与市场——马克思交往理论研究》。此外，还有一些著作考察马克思单篇著作中包含的全球化观点，如北京大学马克思主义文献研究中心编写的《共产党宣言与全球化》。另一方面，从经济学角度研究马克思全球化理论。张宇的《马克思与全球化》主要从横向角度归纳了马克思全球化理论的若干内容，并比较分析马克思与其后的马克思主义全球化理论的发展关系。颜鹏飞等的《中国对外开放的思想渊源——马克思的世界市场和全球化理论》主要围绕马克思的代表作从纵向角度分析了马克思理论的发展演变历程。

关于马克思世界市场理论本身，有些学者主要围绕马克思构想的《世界市场》册展开研究，如汤在新主编的《〈资本论〉续篇探索——关于马克思计划写的六册经济学著作》系统地阐明了马克思《世界市场》册的主要内容和结构，许兴亚的《马克思的国际经济理论》以马克思"六册计划"为基础初步建立了马克思主义国际经济学。有的学者从市场经济全球化角度研究马克思世界市场理论，如栾文莲的《全球的脉动

* 黄瑾：福建师范大学经济学院教授，中国人民大学理论经济学博士后。

——马克思主义世界市场理论与经济全球化问题》。有的学者侧重于揭示世界市场同资本主义生产方式的内在联系，如郭宝宏的《世界市场与资本主义》。

以上研究为人们认识与理解马克思世界市场理论提供了有益的思想资源，但存在的问题主要有：第一，缺乏对马克思理论发展演变的全面回顾。由于缺乏对马克思本人思想源头的研究，因而对全球化现实问题的认识不免变成“无源之水”，在许多情况下演变成简单的“我注六经”，甚至有可能造成对马克思理论的曲解。第二，忽视马克思政治经济学和作为它的方法论的历史唯物主义之间的密切关系。如果缺少唯物史观的基础，仅仅从经济学角度理解的全球化往往十分“单薄”，大多停留于就事论事。基于前期的研究成果[①]，本文梳理总结了 19 世纪 50 年代至 80 年代马克思关于世界市场的主要观点，以期较为全面地展示马克思世界市场理论的发展进程。

一、19 世纪 50 年代上半期

1.《伦敦笔记》(1850—1853 年)。

1850 年，马克思在伦敦重新投入了经济研究工作。从 1850 年 7 月至 1853 年 8 月，马克思几乎涉猎了当时所有经济科学的重要领域，批判研究了众多资产阶级经济学家的理论，整整写下了 24 本摘录笔记，即《伦敦笔记》。其中详细研究了世界经济史、对外贸易、国际分工、世界市场、殖民制度等经济问题，以及与劳动价值论和剩余价值论相关的一些国际问题，如金银在对外贸易中的作用，贵金属运动的原因、趋势以及同危机的联系，汇率，支付差额，世界市场与资本的循环和再生产等。[②]

① 黄瑾：《马克思世界市场理论的早期发展进程》，《福建师范大学学报（哲学社会科学版）》2003 年第 5 期。

② ［民主德国］克·布洛克：《马克思经济学著作结构计划中的对外贸易和世界市场》，《马克思恩格斯研究》第 4 辑，1990，第 59—70 页。转引自汤在新主编：《〈资本论〉续篇探索——关于马克思计划写的六册经济学著作》，中国金融出版社 1995 年版，第 670 页。

2.《不列颠在印度的统治》和《不列颠在印度统治的未来结果》。

19世纪50年代，马克思收集和掌握了丰富的实际材料，给美国的《纽约每日论坛报》写作了许多关于世界经济问题的评论文章，包括：《贫困和贸易自由。——日益迫近的商业危机》《希腊和土耳其。——土耳其和西方列强。——英国粮食贸易的缩减》《英国的贸易危机和货币流通》《俄国的对华贸易》《鸦片贸易史》等。通过这些涉及范围广泛的评论文章，马克思建立在唯物史观基础上的世界市场理论得到了验证和丰富。

1853年，马克思在《不列颠在印度的统治》和《不列颠在印度统治的未来结果》这两篇评论中，以印度的发展为例，深刻阐明了世界市场的双重作用及落后国家在资本主义占统治地位的世界经济中获得发展的条件。

落后国家在世界市场上遭遇了各种不平等待遇，承受了悲惨的命运，但是仅仅从道义的层面谴责资本主义剥削制度，或者对落后国家表示深切的同情是无益的。因为落后国家存在的自然经济生产方式尽管表面上充满田园风味，但实际是作为东方专制社会的牢固生产基础而存在的。英国凭借机器大工业的产品破坏了落后国家传统的农业和家庭手工业生产方式，凭借自由贸易的利器打破了自给自足的自然经济形态，推动了亚洲历史上一次史无前例的、规模空前的社会变革，这是英国资产阶级在落后国家完成的“破坏的使命”。另一方面，英国还履行了“重建的使命”，为推广资本主义生产方式，在落后地方积极修筑铁路公路、兴修水利设施、投资办厂建制。因此，在马克思看来，虽然发达国家犯下了深重的罪行，但在这个过程中毕竟打击甚至消灭了落后国家传统的生产方式，并为资本主义生产方式的建立创造了物质条件。

不论英国在落后国家承担的是破坏性的还是建设性的使命，都只是在不自觉中充当了历史进步的工具，与此相同，落后国家也不能无条件地或不自觉地获得资产阶级的建设性成果。建设性成果的取得“不仅仅决定于生产力的发展，而且还决定于生产力是否归人民所有”①。这就意

① 《马克思恩格斯全集》第9卷，人民出版社1961年版，第250页。

味着，只有在英国工业无产阶级推翻了资产阶级统治，或者在落后国家完全摆脱了英国的统治之后，英国资产阶级在落后国家土地播下的新社会因素的果实才能为落后国家人民所享有。

二、19 世纪 50 年代下半期至 70 年代

在开始政治经济学研究 15 年之后，马克思相继写作了《经济学手稿（1857—1858 年）》《经济学手稿（1861—1863 年）》和《资本论》[①]，对世界市场的认识不断深化。

1. 区分国内和国际资本主义经济关系。

19 世纪 50 年代初，马克思认为，资本主义社会内部生产社会化和生产资料的私人占有之间的矛盾是经济危机爆发的原因，而世界市场危机是这一国内危机在国际范围内的表现，它必然导致资本主义社会的解体。“资本的集中是资本作为独立力量而存在所十分必需的。这种集中对于世界市场的破坏性影响，不过是在广大范围内显示目前正在每个文明城市起着作用的政治经济学本身的内在规律罢了。资产阶级历史时期负有为新世界创造物质基础的使命”[②]。新世界诞生的前提条件是“伟大的社会革命支配了资产阶级时代的成果，支配了世界市场和现代生产力，并且使这一切都服从于最先进的民族的共同监督”[③]。在马克思看来，伟大的社会革命是和危机联系在一起的，“根据最近一些事件，我比任何时候都更确信，没有商业危机，就不会有重大的革命事件”[④]。

1857 年第一次世界性的经济危机爆发，但并没有出现革命运动。马克思在《巴师夏和凯里》一文中对国内资本主义经济关系和国际资本主义经济关系进行了明确区分，对世界市场与资本主义生命力之间的关系有了更充分的认识，他改变了原先认为的世界市场危机将很快导致资本

① 关于《资本论》中的世界市场思想将另辟专文探讨。
② 《马克思恩格斯选集》第 1 卷，人民出版社 1995 年版，第 773 页。
③ 《马克思恩格斯选集》第 1 卷，人民出版社 1995 年版，第 773 页。
④ 《马克思恩格斯全集》第 27 卷，人民出版社 1972 年版，第 620 页。

主义解体的看法。“在凯里那里，资产阶级的生产关系一旦在世界市场这个最广大的场所，以最巨大的发展规模，作为生产者国家的关系而出现，便以这些关系的极度不和谐而告终。”“凯里不懂得，这种世界市场的不和谐只是那种作为抽象关系在经济范畴中被确定下来，或者在最小的规模上取得某种局部存在的不和谐的最后的、恰如其分的表现。”① 换句话说，“世界市场的不和谐”虽然表面上表现为“英国式的关系”“生产的国际关系”的结果，但实际上却是由国内资产阶级生产关系和矛盾造成的。在认识到危机的这一本质特征基础上，也必须承认世界市场空间范围和规模的拓展给资本主义经济带来的积极影响，那就是，资本关系在世界范围内最丰富、最具体的发展，在使资本主义生产方式的矛盾获得全面暴露的同时，也为资本主义的经济运行规律提供了最充分和崭新的实现条件。世界市场的形成与扩张推动了资本以空前的速度和规模在世界范围内流动，“由于对外贸易，交换领域的界限扩大了，使资本家有可能消费更多的剩余劳动。”② 因此，1858 年 10 月马克思在给恩格斯的信中写道，“资产阶级社会的真实任务是建立世界市场（至少是一个轮廓）和以这种市场为基础的生产。因为地球是圆的，所以随着加利福尼亚和澳大利亚的殖民地化，随着中国和日本的门户开放……在极为广阔的领域内资产阶级社会还在走上坡路”③。

世界市场给资本主义生产方式带来更大的利润空间，但是世界市场是否就能挽救资本主义的生命力呢？李嘉图学派认为，生产与流通、供给与需求的矛盾仅仅是偶然发生的，资本的本质包含着克服这些矛盾的可能性。而第一个明确提出“世界市场”概念的西斯蒙第则认为：“由于财产集中到少数私有者手中，国内市场就必定要日益缩小，工业就必定日益需要寻求国外市场，因而该国的工业就要受到更加巨大的波动的威胁。”“一切生产超过消费的国家一致注视着这个国外市场，好像国外市场宽广无垠似的。但是，自从航海发达，陆路开通，安全有了进一步保

① 《马克思恩格斯全集》第 46 卷上册，人民出版社 1979 年版，第 7 页。
② 《马克思恩格斯全集》第 46 卷上册，人民出版社 1979 年版，第 401 页。
③ 《马克思恩格斯全集》第 29 卷，人民出版社 1972 年版，第 348 页。

证以来，人们开始看出，世界市场和从前各国的国内市场同样地狭小。”①马克思指出，西斯蒙第正确地强调生产会遇到消费和市场的限制，世界市场并不能解决商品的实现问题，而且强调这个限制是由资本本身产生的，这些限制必然导致资本的毁灭。因此，西斯蒙弟“对以资本为基础的生产的局限性，对它的消极的片面性的理解比较深刻”②。但作为小资产阶级经济学家，西斯蒙第提出通过习惯、法律等手段给生产设置限制，以解决生产与消费的矛盾。但由于这些限制只是外部的，所以不可能触及和解决资本的本质问题。在马克思看来，由资本本身产生的消费和流通限制，不可避免地导致资本主义经济危机的爆发，并日益严重地威胁到资本本身。

2. 抽象上升到具体和逻辑与历史一致的方法。

马克思在《〈政治经济学批判〉导言》中运用从抽象上升到具体的方法和逻辑与历史一致的方法，构建了政治经济学理论体系，确立了世界市场在体系中的地位。

(1) 世界市场整体。

重商主义者和古典政治经济学代表人物的著作都是“从生动的整体，从人口、民族、国家、若干国家开始”分析的。马克思指出，在建立理论体系时，如果一开始就叙述国家、世界市场等现实的整体，那它只是一个关于整体的混沌的表象，根本不可能把错综复杂的内部联系阐述清楚。因此，正确的做法应该是透过表象中的具体获得一些抽象的规定，然后从抽象的规定经过一系列的中介环节最后上升到一个具有许多规定和关系的丰富的总体，即世界市场总体。这个总体在思维中表现为综合的过程，表现为叙述的终点，表现为结果。从历史上看，正是在 17 世纪的经济学家确定了一些抽象的规定之后，后来的经济学家才有可能按照从抽象上升到具体的方法建立自己的经济学理论体系。“这些个别要素一旦多少确定下来和抽象出来，从劳动、分工、需要、交换价值等等这些简单的东西上升到国家、国际交换和世界市场的各种经济学体系就开始

---

① ［法］西斯蒙第：《政治经济学新原理》，商务印书馆 1983 年版，第 217—218 页。

② 《马克思恩格斯全集》第 46 卷上册，人民出版社 1979 年版，第 394 页。

出现了。”[①]

(2) 世界市场历史。

在《导言》中，马克思除了阐述从抽象上升到具体方法外，还同时阐述了逻辑和历史相一致的方法。逻辑和历史的关系问题，最重要的是实现以“现代资产阶级生产”为“研究本题”的政治经济学逻辑和资本主义社会现实发展的统一。

其一，马克思考察世界市场的特殊视角。在《经济学手稿（1857—1858年）》的“资本章”中马克思指出，资本的形成史虽然不属于受资本统治的生产方式的实际体系，但是，“对我们来说更为重要的是，我们的方法表明必然包含着历史考察之点，也就是说，表明仅仅作为生产过程的历史形式的资产阶级经济，包含着超越自己的、对早先的历史生产方式加以说明之点”[②]。从历时性的角度看，对资本主义生产方式的考察必然包含着世界市场历史考察之点。资产阶级前的世界市场阶段是封闭的、地域性的、偶然联系的，生产力和资本的发展要求形成开放的、全球性的、普遍联系的世界市场，并建立占统治地位的现代资本主义生产方式。而历史并没有在此终结，在世界市场上，现代的生产条件表现为正在扬弃自身，也正在为新生产制度的产生创造历史前提。因此，马克思的世界市场理论与其说提供的是一幅革命的图绘，不如说提供了一卷历史的图景。

从共时性的角度看，发达国家向不发达国家所展示的是后者未来的景象。在马克思看来，世界市场的资本主义时代是人类社会发展的一个新阶段。如果离开资本主义社会这一参照系，就无法说明世界市场的形成和发展。但是，如果离开了世界市场的背景，也无法揭示资本主义社会发展的内在规律。马克思正是借助于世界市场的宏观研究，摆脱了只研究一国之内资本主义问题的局限，把资本主义放在正在形成中的世界市场体系中进行考察，认清了社会发展的统一性和多样性，这为马克思晚年提出东方经济文化比较落后国家有可能在与世界市场的联系中跨越

---

① 《马克思恩格斯选集》第2卷，人民出版社1995年版，第18页。

② 《马克思恩格斯全集》第46卷上册，人民出版社1979年版，第458页。

资本主义“卡夫丁峡谷”的设想奠定了十分重要的思考基础。

其二，世界市场概念的提出要以资本主义生产方式为前提。在马克思的著作中，世界市场概念包含两种含义。第一种含义是指通过对外贸易，各国建立起的世界范围的商品交换场所和领域[①]，第二种含义是指世界规模的资本主义经济关系的总体。前者侧重的是“市场”，强调的是市场的世界性，指市场空间的扩大直至世界性范围；后者侧重的是“世界”，强调的是世界的市场性，指资本主义和市场制度在世界范围的扩张。正是第二种含义的世界市场体现了现代世界市场与以往的根本区别。

马克思指出，研究政治经济学虽然要重视经济历史，但对历史的研究必须服从现实经济关系的理论探讨。在历史上，作为商品交换场所和领域的世界市场早已存在。但是，现代世界市场如果离开资本这个前提就根本无法理解，因为正是资本推动了现代世界市场的形成。在资本的作用下，市场空间不断地扩大，流通时间的长短越来越成为劳动生产率提高和价值增殖的限制，因此，如何缩短流通时间，如何用时间去更多地消灭空间成为重大问题。[②] 在马克思那个年代，其主要手段是交通运输工具的改进，今天则主要是依靠通讯的现代化、信息网络和服务业的发展。但是，流通是在时间和空间中进行的，时间和空间的转化是辩证地进行的，马克思在强调用时间消灭空间的同时，也提出了用空间消灭时间。“流通时间的缩短（只要这不是由于把产品运往市场所必需的交通运输工具的发展），部分地是由于开拓了延续不断的市场，因而是不断扩大的市场；部分地是由于发展了经济关系，发展了资本借以人为地缩短流通时间的那些形式（一切信用形式[③]）。”[④] 也就是说，市场经济制度和资

---

① “正如市场整个来说分为本国市场和外国市场一样，国内市场本身又分为本国股票、本国公债券等市场和外国公债券、外国股票等市场。不过，所有这些情况其实属于世界市场，世界市场不仅是同存在于国内市场以外的一切外国市场相联系的国内市场，而且同时也是作为本国市场的构成部分的一切外国市场的国内市场。”（《马克思恩格斯全集》第46卷上册，人民出版社1979年版，第238页）也就是，世界市场把各国国内市场连接为一个有机整体，各国在世界市场上展开对外贸易，“市场……采取总体的形态”。

② 《马克思恩格斯全集》第46卷下册，人民出版社1980年版，第33页。

③ 马克思说：“全部信用制度……就是以必然要扩大和超越流通的界限和交换领域的界限为基础的。”（《马克思恩格斯全集》第46卷上册，人民出版社1979年版，第400页）

④ 《马克思恩格斯全集》第46卷下册，人民出版社1980年版，第36—37页。

本主义经济制度的建立也是流通时间缩短的关键，而这些制度的建立正是资本的内在需求。“创造世界市场的趋势已经直接包含在资本的概念本身中。”[①] 具体来看，资本为了扩大产品的销售市场，不断扩大流通范围，建立起了世界市场，与此同时，资本力图把一切传统的生产都变成适应资本生产方式的生产，即“在一切成为流通的前提，成为流通的生产中心的地点，把这些地点加以同化，也就是把它们变为进行资本化生产的地点或生产资本的地点。这种传布的（传播文明的）趋势是资本特有的——这和以往的生产条件不同”[②]。由于资本具有摧毁一切旧的生产方式的力量，它不仅建立了全球范围的普遍联系的世界市场关系，更重要的是把不同国家都纳入资本主义生产方式体系，建立起了资本的全球统治。

其三，从逻辑的运动方面看，抽象的经济范畴只有在现代世界市场才能获得充分的表现。“只有对外贸易，只有市场发展为世界市场，才使货币发展为世界货币，抽象劳动发展为社会劳动。抽象财富、价值、货币、从而抽象劳动的发展程度怎样，要看具体劳动发展为包括世界市场的各种不同劳动方式的总体的程度怎样。”[③] 因此，世界市场既是建立以资本主义生产方式为研究对象的政治经济学理论体系的历史前提，又是这一理论体系的逻辑发展结果。

（3）包括世界市场在内的政治经济学理论体系。

在马克思以前，资产阶级经济学家对世界市场就有过一定的认识，并建立了包括世界市场的政治经济学理论体系。比如，被称为英国古典政治经济学“最后的伟大代表”的大卫·李嘉图在其《政治经济学及赋税原理》一书中提出了国家间贸易的比较成本说，即每个国家在对外贸易中都要对自己占有优势和劣势的商品进行比较分析，做到两利取其重、两弊取其轻。这一理论揭示了世界市场上商品交换的一定的规律性，具有某些科学成分。但如同李嘉图在其劳动价值论中所犯的“时代错误”——“让原始的渔夫和原始的猎人一下子就以商品所有者的身份，

① 《马克思恩格斯全集》第46卷上册，人民出版社1979年版，第391页。

② 《马克思恩格斯全集》第30卷，人民出版社1995年版，第541—542页。

③ 《马克思恩格斯全集》第26卷第3册，人民出版社1974年版，第278页。

按照物化在鱼和野味的交换价值中的劳动时间的比例交换鱼和野味"[①] ——一样，他在分析世界市场时也舍象掉了世界市场的资本主义性质，以及资本家通过国际贸易进行不平等交换等因素。

针对资产阶级政治经济学理论体系总是脱离现代资本主义社会的历史现实，强调所谓适用于各种社会形态的一般规律的"非历史性"方法论错误，马克思紧接着说，"显然，应当这样来分篇：(1) 一般的抽象的规定，因此它们或多或少属于一切社会形式，不过是在上面所阐述的意义上。(2) 形成资产阶级社会内部结构并且成为基本阶级的依据的范畴。资本、雇佣劳动、土地所有制。它们的相互关系。城市和乡村。三大社会阶级。它们之间的交换。流通。信用事业（私人的）。(3) 资产阶级社会在国家形式上的概括。就它本身来考察。'非生产'阶级。税。国债。公共信用。人口。殖民地。向国外移民。(4) 生产的国际关系。国际分工。国际交换。输出和输入。汇率。(5) 世界市场和危机。"[②] 显然，从现代资本主义社会出发，在批判地继承资产阶级经济学理论和方法基础上，构建起的马克思经济学理论体系与其他经济学体系的主要差别之处并不仅仅在于所运用的从抽象上升到具体的方法，而是在于对资本主义社会本质的认识，这表现在经济理论体系起点、中介和终点的不同上。在资本处于支配地位的社会形式中，一切经济关系都受制于资本，资本必须成为起点又成为终点。资本核心范畴的地位在《资本论》中得到最集中的体现。

众所周知，马克思并没有完成其《资本论》续篇的写作，因而并没有就世界市场进行过专门的论述。但是，如同马克思在《巴师夏和凯里》一书中所认为的那样，世界资本主义经济关系的"不和谐"不过是一国内部资本主义生产关系和矛盾在更大规模和范围之内的表现，因而，马克思在《资本论》及其手稿中所探究的一国内部资本主义关系本质的相关结论，同样适用于说明国际范围的资本关系。马克思所言"创造世界市场的趋势已经直接包含在资本的概念本身中"，正是我们今天研究《资

① 《马克思恩格斯全集》第13卷，人民出版社1962年版，第50页。
② 《马克思恩格斯选集》第2卷，人民出版社1995年版，第26页。

本论》及其手稿的意义所在。

3. 现代世界市场竞争的方法。

资本的逐利本性必然突破一切阻碍资本增殖的传统生产方式，使资本本身发展成为在世界市场上占统治地位的生产方式，所以“资本一方面具有创造越来越多的剩余劳动的趋势，同样，它也具有创造越来越多的交换地点的补充趋势……从本质上说，就是推广以资本为基础的生产或与资本相适应的生产方式”[①]。在马克思那个年代，作为经济运动地理空间和经济关系整体的世界市场正在形成，《共产党宣言》对这一过程进行了详细的描述。

就市场本身而言，市场总是受到外部地理范围的限制，即使从长远来看市场具有无限扩大的可能，但是在每个特定的时刻它又是有限的。在资本主义生产方式下有限的市场首先表现为消费对生产的界限，“资本作为生产出来的产品会遇到现有消费量或消费能力的限制”[②]。在这种市场环境下，“生产相对剩余价值，即以提高和发展生产力为基础来生产剩余价值，要求生产出新的消费；要求在流通内部扩大消费范围，就像以前［在生产绝对剩余价值时］扩大生产范围一样。第一，要求扩大现有的消费量；第二，要求把现有的消费推广到更大的范围，以便造成新的需要；第三，要求生产出新的需要，发现和创造出新的使用价值”[③]。这是生产和实现相对剩余价值的三个方法。第一和第二种方法主要是通过挖掘原有市场的深度，以提高购买既有产品的有效需求；第三种方法依靠的是开拓新的市场广度，以增加购买新产品的有效需求。这种从产品和产业角度所阐明的为实现相对剩余价值而进行的市场扩张，已经成为当代企业拓展市场空间的三种主要策略：一是通过扩大企业的生产规模和范围，以实现规模经济和范围经济，从而降低成本，扩大市场占有率；二是通过增强企业的核心竞争力，以差别化战略来保持和扩大市场份额；三是通过跳出传统产业，发展新型产业，来开辟新的产业增长领域，形成“新经济”格局。

---

① 《马克思恩格斯文集》第 8 卷，人民出版社 2009 年版，第 88 页。

② 《马克思恩格斯全集》第 46 卷上册，人民出版社 1979 年版，第 387 页。

③ 《马克思恩格斯全集》第 46 卷上册，人民出版社 1979 年版，第 391 页。

马克思高度评价这样的市场扩张为“资本的伟大的文明作用”——形成了不断扩大的和日益广泛的生产体系，以及与之相适应的不断扩大的和日益丰富的需要体系。在《经济学手稿（1861—1863 年）》以及《资本论》中，马克思不再过多强调第三点，即产品的创新和新产业的培育，而是把研究重点放在既有产品的分析上。实际上，之所以“忽视”产品创新，其主要原因是马克思所运用的从抽象上升到具体的方法。[①]

4. 资本主义世界市场的双重作用。

资产阶级由于开拓了世界市场，造就了“普遍的社会物质变换，全面的关系，多方面的需求以及全面的能力的体系”[②]。马克思认为，世界市场的普遍联系这一“资本的伟大的文明作用”是相对于前资本社会阶段而言的，原始社会表现为一种自然血缘关系，奴隶社会和封建社会表现为以统治服从关系为基础的人的依赖关系。但是，马克思深刻地指出，资本的普遍联系仅仅是一种物的联系，其背后隐藏的生产与消费的矛盾必然导致危机的产生，最终驱使人们利用资本来消灭资本。信用制度的建立和金融工具的创新等在某种程度上有利于缓和资本的矛盾。比如“在信用中，资本主义生产方式为自己创造出适合于生产过程规模的、缩短流通过程的必要形式，而由这种生产方式同时形成的世界市场，有助于在每个个别场合把这种形式的作用掩盖起来，并且为这种形式的扩大提供非常广阔的余地”[③]。但把世界市场危机的原因归结为信用泛滥，就等于从资本流通的表现形式来解释危机，恰恰掩盖了危机的资本根源。随着经济的全球化，世界市场的运行越来越表现为不以生产者为转移的自然规律作用的结果，人们越来越迷信于自由市场机制，于是就出现了世界市场拜物教，即马克思所说的世界市场的力量的支配。[④]

总之，资本在追逐相对剩余价值过程中在全世界范围实现了人类生产和消费的多样性和丰富性，又不可避免地遇到资本本身的限制。资本在克服人类地方性发展的同时，又为“建立在个人全面发展和他们共同

---

① 黄瑾：《市场竞争与产品创新——从马克思角度进行的研究》，《当代经济研究》2004 年第 3 期。
② 《马克思恩格斯全集》第 46 卷上册，人民出版社 1979 年版，第 104—108 页。
③ 《马克思恩格斯全集》第 49 卷，人民出版社 1982 年版，第 292 页。
④ 《马克思恩格斯选集》第 1 卷，人民出版社 1995 年版，第 89 页。

的社会生产能力成为他们的社会财富这一基础上的自由个性”[①] 的新世界奠定了物质基础。

三、19 世纪 80 年代

在资本主义生产方式占统治地位的世界市场中，资本主义这种特殊的“以太”和普照的光决定着其他一切生产的地位和影响。因而，理解资本主义社会的内在结构是非工业化国家和民族发展的前提，“资产阶级经济为古代经济等等提供了钥匙”[②]。但是，马克思也指出，在世界市场中非工业化国家和地区在一定条件下可以实现某种社会形态的跨越。

就一国内部冲突的发生来说，工业比较不发达国家同工业比较发达国家之间的国际竞争将加速暴露和激化前者内部的无产阶级与资产阶级之间的矛盾。

就国际冲突的发生来说，世界市场的发展导致一国内部的无产阶级和资产阶级对立演变成了世界范围的宗主国和殖民地的对立[③]，而宗主国内部原本冲突的两大阶级都成为世界市场的受益者。“工人十分安然地同他们（资产阶级政党——引者注）共享英国在世界市场上的垄断权和英国的殖民地垄断权。”[④] “英国无产阶级实际上日益资产阶级化了，因而这一所有民族中最资产阶级化的民族，看来想把事情最终弄到这样的地步，即除了资产阶级，它还要有资产阶级化的贵族和资产阶级化的无产阶级。自然，对一个剥削全世界的民族来说，这在某种程度上是有道理的。”[⑤]

世界市场日益形成资产阶级化—无产阶级化、中心—外围的结构，这使得相对落后的民族国家有可能实现跨越式的发展。马克思指出：“如果俄国是脱离世界而孤立存在的，如果它要靠自己的力量取得西欧通过

① 《马克思恩格斯全集》第 46 卷上册，人民出版社 1979 年版，第 104 页。
② 《马克思恩格斯选集》第 2 卷，人民出版社 1995 年版，第 23 页。
③ 张宇：《马克思与全球化》，《教学与研究》2002 年第 1 期。
④ 《马克思恩格斯选集》第 4 卷，人民出版社 1995 年版，第 648 页。
⑤ 《马克思恩格斯选集》第 4 卷，人民出版社 1995 年版，第 552 页。

长期的一系列进化（从原始公社到它的目前状态）才取得的那些经济成就，那末，公社注定会随着俄国社会的发展而灭亡这一点，至少在我看来，是毫无疑问的。可是，俄国公社的情况同西方原始公社的情况完全不同。俄国是在全国广大范围内把土地公社占有制保存下来的欧洲唯一的国家，同时恰好又生存在现代的历史环境中，处在文化较高的时代，和资本主义生产所统治的世界市场联系在一起。”“俄国吸取这种生产方式的肯定成果，就有可能发展并改造它的农村公社的古代形式，而不必加以破坏……”[①] 正因为“和控制着世界市场的西方生产同时存在，使俄国可以不通过资本主义制度的卡夫丁峡谷，而把资本主义制度的一切肯定的成就用到公社中来”[②]。

如果没有资本主义所开创的世界历史，没有同资本主义制度所统治的世界市场联系在一起，东方一些落后国家就不可能跨越资本主义“卡夫丁峡谷”。同样，在世界市场条件下，一个国家和民族的发展不仅取决于本国，也取决于国际环境。在资本主义生产方式占统治的世界市场中，落后国家要实现跨越式发展，不仅不能脱离现代世界而孤立生存，而且要吸收发达资本主义国家的一切肯定的成就。

四、小　　结

19世纪40年代的《德意志意识形态》和《共产党宣言》主要从“是什么”和“为什么”两个层面探讨了世界市场的主要特征和发展趋势。在20世纪50年代至70年代的《资本论》及其手稿中，马克思运用逻辑与历史相一致方法，强调了要从资本主义生产方式角度研究现代世界市场的独特视角，并主要从“怎样”的层面阐释了世界市场的竞争手段。如果说《资本论》还只是就资本主义一国范围内部的结构进行考察，那么在马克思所设想的《政治经济学批判》“六册结构计划”中，世界规模

① 《马克思恩格斯全集》第19卷，人民出版社1963年版，第444页。
② 《马克思恩格斯全集》第19卷，人民出版社1963年版，第435—436页。

的资本主义经济关系总体已纳入考察范围。也正是在此基础上，到了 20 世纪 80 年代，马克思提出了在世界市场上的东方发展道路理论。

以上从理论发展史的角度概括了马克思世界市场理论的形成历程，由此总结，马克思世界市场理论主要是关于世界市场的形成原因及其影响的分析。具体说来，马克思以资本主义经济发展的现实为基础，从生产力和生产关系两方面探究了现代世界市场形成的原因，揭示了资本主义生产方式占统治地位的世界市场的本质，探讨了世界市场条件下落后国家的跨越发展以及人类社会的未来发展。显然，马克思世界市场理论的独特和进步之处，在于他不仅从唯物史观和科学社会主义的高度，洞察和预见性地分析了世界市场的历史地位和全球化的发展趋势，而且在此基础上，对资本主义生产方式占统治地位的世界市场进行了深入的经济学分析，使我们对世界市场的资本主义时代有了更为全面和深刻的认识。这里体现了作为方法论的历史唯物主义和马克思政治经济学之间的密切关系。

当然，由于马克思未能完成其经济学著作的全部计划，因而对世界市场主要是一种一般的和抽象的分析，并且因为马克思所研究的是自由竞争的资本主义时代，所以当代的马克思主义经济学者不能把马克思在一定的叙述方法下、针对特定的分析对象得出的结论僵化，而要在坚持其基本理论的前提下，研究资本主义社会的新发展，做出新的具体的分析。当然，还必须避免另一种倾向，即片面强调马克思所研究的世界市场的一般性特征，而抹杀其重要的资本主义性质，这实际背离了马克思经济学研究的出发点，即资本主义社会现实，从而模糊了当代经济全球化的本质和发展趋势。

（原文发表于《福建师范大学学报（哲学社会科学版）》2015 年第 5 期）

近代以来世界性经济危机爆发的主要特点及成因分析

黄茂兴　叶　琪*

人类进入资本主义社会后，周期性的生产过剩危机就相伴而生，而且每隔若干年就要爆发一次的经济危机给整个社会生产造成严重的破坏，沉重打击了原有的生产力体系，甚至造成整个世界经济体系的瓦解和崩溃。尤其从15世纪开始，随着新航路的开辟和地理大发现，原有封闭的区域经济体被逐渐打破，各国经贸往来日益频繁，加速了世界经济体的形成，经济危机可以在这个经济体里自由地渗透和延伸，任何一个区域性的经济波动都会迅速地向整个经济体系扩散，造成整个资本主义世界的动荡。因此，资本主义经济危机也从最初的在某一国爆发演变为在几个国家同时爆发，最后殃及整个资本主义世界，形成世界性经济危机。

一、近代以来世界性经济危机的历史形成

资本主义生产的发展推动资本主义经济的繁荣，也催生了资本主义特有的经济危机。经济危机是资本主义制度的必然产物。概括而言，经济危机可以从狭义和广义角度来理解。狭义上，经济危机指的是生产过剩，即社会生产超过了有支付能力的需求；广义上，经济危机不仅表现为生产与需求相脱节，而且涉及信用、债务、能源、贸易等经济领域各个层面，经济发展陷入长期停滞状态。经济危机是生产力发展到一定历

* 黄茂兴：福建师范大学经济学院教授、博士生导师，经济学博士。叶琪：福建师范大学经济学院副教授，经济学博士。

史阶段的产物，是引发危机的各因素的不断膨胀和普遍化的集中性爆发。可以说，世界性经济危机是经济危机概念的地域性限制，在整个世界市场融为一体的进程中，经济危机突破国家限制，在同一时期多个资本主义国家同时出现生产停滞、经济衰退等现象，并且通过世界商品、金融、贸易等纽带波及广大发展中国家和非资本主义国家，经济危机表现出强烈的世界性和互通性。从前面的分析中可以看到，世界性经济危机作为一个科学范畴来讲，是指席卷世界绝大多数资本主义国家的生产过剩危机；或者更严格一些，可以理解为同时袭击着几个主要资本主义国家的生产过剩危机。这里需要明确的是，我们所说的世界性经济危机就其本质来说是生产过剩危机，而不是其他什么危机。①

马克思和恩格斯早在100多年前就生动地揭示了经济危机是荒唐现象的社会瘟疫，它“仿佛是一次饥荒、一场普遍的毁灭性战争，使社会失去了全部生活资料；仿佛是工业和商业全被毁灭了”②。经济危机是资本主义体制的必然结果。由于资本主义的特性，其爆发也存在一定的必然性。

最早的经济危机可以追溯到1637年荷兰的“郁金香狂热”，这是近代金融史上有史以来第一次投资泡沫，但还没有带上典型的资本主义色彩，影响的范围有限，也不能称为世界性经济危机。人类社会在经历长期的短缺、匮乏之后，1788年英国棉纺织工业破天荒地出现第一次过剩危机。这是单个部门发生的过剩危机，对其他部门波及影响不大。但随着工厂制度的普遍建立和机器大工业的发展，产业链条的延伸，出现过剩危机的部门越来越多。到了1825年，又是在英国爆发了人类历史上的第一次普遍性的工业生产过剩危机，这场危机几乎冲击了英国所有的工业部门。③

随着资本主义势力在世界范围的扩大，各国的经济联系日益紧密，到了1847年，英国爆发的经济危机开始具有广泛的国际影响，出现了第一次国际性经济大危机。1857年，靠空头支票、出口信贷生存的进出口

① 苏绍智：《资本主义世界经济危机试论（上）》，《经济研究》1962年第8期。

② 《马克思恩格斯选集》第1卷，人民出版社1995年版，第278页。

③ 林晨辉：《危机时刻：200年来的经济大动荡》，中央文献出版社1998年版，第203页。

商首先大批破产，继之银行纷纷倒闭。一度同纽约争夺全国金融中心地位的费城，几乎全部银行都停止支付。随后，纽约63家银行中的62家遭到挤兑而停止支付，贴现率上升60%～100%。铁路公司的股票价格跌去85%～87%。金融危机迅速蔓延至英国，英格兰银行将贴现率提高到前所未有的10%。破产银行和有价证券共损失达8000万英镑，危机造成的全部损失则高达25000万～30000万英镑。在德国的贸易中心汉堡，曾因信贷贸易而异常繁荣的交易所一片混乱，数以百计的银行和工商企业倒闭，贴现率提高到12%。法国情况稍缓和，从1856年到1858年间，破产事件12030起，动产信用公司股票价格下跌64%，达姆斯塔特信用银行股票价格下跌一半，法兰西东方铁路公司股价下跌三分之一。欧洲破产公司的债务总额高达7亿美元。这样，以英国为中心的第一次世界性经济危机终于更加猛烈地到来了。

马克思认为，经济危机本质上是一种制度现象，是资本主义生产相对于劳动者有效需求的过剩。导致危机的最深刻根源是资本主义经济的基本矛盾，即生产的社会性与生产资料资本主义私人占有制之间的矛盾。资本主义无法消除产生经济危机的根源，因而经济危机周期地爆发。经济危机总是有规律地每隔若干年就爆发一次，并且波及的范围越来越广，影响的程度愈来愈深，危机爆发的周期也越来越短。经济危机的这种周期性使资本主义再生产也表现出周期性，这种周期包括四个阶段：危机、萧条、复苏和高涨。危机使资本主义的基本矛盾得到强制性解决，生产和消费的平衡得到暂时恢复，为新的增长奠定基础，直到下次危机爆发。经济危机的周期性发生是资本主义再生产的一个重要规律。[①]

资本主义的历史是由一系列不间断的或长或短、或大或小的周期性经济危机构成。迄今为止，资本主义世界已经爆发了大大小小数十次的经济危机，其中，持续时间较长、影响程度较大、后果较严重的世界性经济危机主要有11次。

历史已经证明，资本主义——像其他社会制度一样——是能够在它的扩张阶段克服自身矛盾的，但它留给后代的矛盾，其对立程度则更加

① 张宇：《马克思经济危机理论的基本观点》，《人民日报》2009年6月19日。

尖锐。这与以往各种社会制度的稳定性形成了鲜明对比，但是，资本主义制度这种内在的不稳定性同时又是其发展的动力：在两次危机之间，扩展的规模非常大，以往时代的缓慢发展根本无法与之相比。资本主义在极其短暂的历史时期内改变了人类的生存状况，推动了经济的快速增长，但由于这种增长是一种指数增长（具有非均衡性和巨大破坏性），所以它不可能无限期地延长它的繁荣，必然周期性地经历危机、萧条、复苏和高涨的发展阶段，因此，危机就伴随着资本主义发展的全过程。

二、近代以来世界性经济危机爆发的主要特点

世界性经济危机是在资本主义世界经济体系内部发生的大体上在同一时期内袭击主要资本主义国家的周期性的生产过剩危机，它在资本主义长达500多年的发展历程中从未停止，从而也使世界性经济危机呈现出以下几个特点。

1. 世界性经济危机的影响具有普遍性。

世界性经济危机的影响是广泛而普遍的。首先表现在影响国家和地区的普遍性，危机一般从最大的资本主义国家爆发，[①] 因为这些国家是国际技术、工业、贸易和金融的国际交往活动的中心，是世界经济运行的中枢，然后危机通过贸易往来、资本纽带等方式向其他国家转嫁和扩散。其次表现在影响行业的普遍性，危机一般从某个行业和部门开始，而后迅速向其他行业传导，最后几乎牵连所有行业部门，如1873年的危机源于农业部门，却给工业部门带来沉重的打击，使美国1/3的企业倒闭，造船业下降了60%，采煤业、纺织业等直到1876年才恢复过来。再次表现在影响群体的普遍性，经济危机的爆发不仅给资本家阶级以沉重的打击，也给广大工人阶级带来灾难，如1929—1933年危机中，整个资本主义世界工业产量下降了44%，后退到1908—1909年的水平，危机的沉重

① 历史上，美国和英国是世界经济危机发端最多的国家，虽然近些年来，危机也有从发展中国家开始的，如拉美危机、亚洲金融危机等，但总体上世界经济危机还多数发端于发达国家。

负担向广大劳动人民转嫁，根据官方压低了的数字显示，1932—1933 年在工业、运输业及建筑业中，工人的实际工资比 20 年代后期下降了约 1/4，退到了 1900 年的水平。

2. 世界性经济危机的爆发具有周期性。

自从 1825 年英国爆发第一次普遍性的工业生产过剩的危机后，危机就像潜伏在资本主义世界的瘟疫一样，每隔若干年就要爆发一次，伴随着资本主义的成长与繁荣，也伴随着经济全球化进程，令整个世界都纷纷卷入其中。从一次危机爆发到下一次危机开始之间的这个时期，构成资本主义再生产的一个周期，即经济周期，包括危机、萧条、复苏、高涨四个不同的阶段。世界性经济危机同一国危机相比，它的周期进程更不规则。从周期的长度来说，有时表现得较为规则，如第二次世界大战以前的时期，差不多每隔七八年爆发一次；有时表现不规则，如在第二次世界大战之后的时期，从周期的各个阶段来说，有时危机、萧条、复苏和高涨四个阶段很不明显，如 1973—1975 年大危机之后，只相隔 4 年多一点就接着爆发了 1980 —1982 年世界性经济危机。当然，我这里所讲的世界性经济危机的周期性，并不是说危机会定期爆发，只是指危机的不可避免性和暂时性。

3. 世界性经济危机的爆发呈现同期性。

在资本主义发展过程中，经济危机表现为同一时期内袭击主要资本主义国家，爆发时间和周期长短无明显差别。从 1857 年爆发的第一次世界性经济危机之后，差不多每隔 10 年左右就要发生一次，直到二战以前，各主要资本主义国家经济危机的周期变化不大，次数也大体相同，表现为资本主义国家大体上同期发生了经济危机。如 1857 年第一次世界性经济危机爆发后，不仅袭击了美、英、奥、法、俄等整个资本主义国家，而且对落后国家也有较大的影响。恩格斯在论及 1857 年危机时写道：“在这次危机中，过剩生产的普遍性是从来没有的，即在殖民地商品中也不可否认，谷物也有同样的情形。这是卓绝的，必定会有巨大的后果。过剩生产如只限于工业，那不过局部的，但一涉及农业与温带、热带，那就是大规模的”。[①] 又如1929—1933年危机，美、英、德、日等国也都是在1929年开始爆发危机，虽然法国在1930年才开始爆发危机，但并不妨碍世界性经济危机的基本同期性。二战以后，各主要资本主义国家所爆发的经济危机，在发生的次数和爆发的时间上，都有了较大差别，出现了同期性和非同期性交错发生的情况。[②] 如1964—1969年经济危机，各国爆发的时间相差5年。法国早在1964年5月开始，日本在1965年1月，英国和联邦德国同时在1966年4月，美国在1969年10月才爆发。但从20世纪70年代开始，各国发生危机的时间又比较接近，再度出现了比较明显的同期性特征。如发生于1973—1975年世界性经济危机，联邦德国在1973年8月爆发，法国在1974年2月爆发，日本、英国在1974年3月爆发，美国在1974年9月爆发，几乎发生在同一时期。因此，纵观资本主义发展的整个历程，同期性是世界性经济危机爆发的主要特点之一。

4. 世界性经济危机的爆发具有累积性。

经济发展具有一定的周期，表现为复苏、繁荣、高潮、衰退、萧条，周而复始，因此经济危机也伴随经济发展的起伏而呈现出一定的规律性和周期性，经济危机既是一定时期矛盾累积的释放，又是多次局部性危机累积的集中爆发，只有经过经济危机的调整，许多潜在的矛盾才能得到重新梳理，许多新的技术才会被重视和推广，寻找到新的支撑点和突破点的经济开始新一轮的增长。二战前，在1857年和1873年世界经济危机之间夹杂着1866年危机，在1873—1929年经济危机之间又有1900年、1907年、1920—1921年等几个规模不一的经济危机；二战后，除了几次规模较大的同期性世界经济危机外，各国还发生了参差不等的局部性经济危机，如美国有1948—1949年、1953—1954年、1960—1961年、1969—1970年等、日本有1954年、1962年、1965年、1970—1971年等、英国有1951—1952年、1961—1962年、1966年等，联邦德国有1952年、1961年、1971年等，可见，一些各国共同所有的世界性顽疾经过局

① 《马克思恩格斯通信集》第2卷，李季译，生活·读书·新知三联书店1957年版，第301页。

② 王同勋：《战后资本主义经济危机的特点及发展趋势》，《北京师范大学学报（社会科学版）》1989年第6期。

部性的调整是不能解决的，各国局部性危机的爆发是累积爆发更大规模世界性经济危机的前奏。

5. 世界性经济危机具有很强破坏性。

世界经济危机就像是无形的战役，对经济体本身产生巨大的破坏，最直接的是造成工业生产的大幅度下降，如1857年经济危机使美国采煤量倒退两年，生铁产量倒退四年，出口额倒退两年；1929—1933年经济危机中法国工业产量降低了32.9%，大约后退到1911年的水平，德国降低了40.6%，大约后退到1896年，英国降低了23.8%，大约后退到1897年；[①] 1979—1982年经济危机期间，美国工业下降了11.9%，企业破产数将近2万家；1990年的经济危机，英国工业生产下降了7.4%，加拿大下降了7.3%。除了对经济的破坏，经济危机更会直接影响社会的安定稳定，最典型的就是大量企业倒闭引起的失业率上升，1929—1933年的危机使32个资本主义国家中失业人数从1929年的590万增加到1932年的2640万；1979—1982年经济危机期间，资本主义国家失业率在10%以上；1997年亚洲金融危机时日本失业率从1990年的2.1%上升到1998年的4.3%；2008年金融危机也带来了各国失业率的高涨，英国2009年2—4月的失业率为7.2%，德国2009年6月的失业率为8.3%，法国和俄罗斯2008年第四季度的失业率分别达8.7%和7.1%。失业人口的增多又会引发社会的动荡，工人不满失业和低工资，组织罢工和游行示威；社会犯罪率也会上升，英国犯罪调查透露，在2008年金融危机使公司董事长犯罪从198起上升到818起，比以往升高了313%，信用卡诈骗升高了4%，达到280万起，偷窃案件上升了25%，商店盗窃上升10%。经济危机还会打击整个社会的信心，年轻一代面对经济危机和未来的迷茫前景，不知何去何从。

① [匈] 尤·瓦尔加：《世界经济危机：1848—1935》，世界知识出版社1958年版，第127页。

三、近代以来世界性经济危机爆发的成因

不同世界性经济危机引发的导火线和直接原因是不同的，有的源于工业产品过剩，有的源于国际资本过剩，有的源于经济泡沫破裂，等等，但经济危机的深层次原因却是一脉相承的，这些深层次原因伴随着资本主义的发展历程愈加根深蒂固，具体表现在五个方面。

1. 资本主义的狂热本性。

资本主义社会自从诞生以来就带上了狂热的本性，这种本性是资本主义从骨子里所透出来的，无法改变和扭转。这种本性注定了资本主义对物质财富的追求，并凭着在经济上的强权令整个世界经济潜伏着躁动的因素，当这些躁动的因素迸发出来以后，就带来了世界性经济危机。对新兴工业生产的狂热奠定了资本主义产生的血与火的历程，在工业化时期，资本主义对利润追求的狂热，一方面不断生产出大量的工业品，另一方面又尽可能压低工人的工资，生产与消费严重脱节，酿就了生产过剩的经济危机。随着资本市场的兴起，资本主义的狂热从物质领域向资本市场蔓延，开始了对投资的狂热，甚至演化成非理性的狂躁。虚拟经济下的狂热吹大了虚假繁荣的泡沫，当泡沫破裂之时，带来的是对实体经济更大的破坏。如 1929—1933 年经济危机就源于股市的狂热，2000 年互联网泡沫破裂是源于对网络科技的狂热，2008 年的金融危机是对虚拟经济的狂热。随着资本主义经济的发展，对虚拟经济的这种狂热只会愈加猛烈，并且延伸到每一个新兴产业领域①，而狂热的极点就要爆发经济危机，并通过经济危机为其降温。

2. 资本主义的强权理念。

强权主义是资本主义的重要特征，资本主义产生后就开始不断扩张，在世界各地争夺殖民地，每一个资本主义国家都试图成为主宰世界的霸主。这种强权不仅表现为对本国劳动人民的强权统治，而且还表现为对

---

① 潘锐：《美国次贷危机的成因及其对国际金融秩序的影响》，《东北亚论坛》2009 年第 1 期。

其他发达资本主义国家的强权争夺和对广大发展中国家的强权掠夺。这样，一方面可以使各国通过经济利益纽带紧密联系在一起，另一方面也可以使各国的危机有了转嫁的目标。企业家加强对工人的管理，解雇和压低工资，企图将企业的重压转嫁给工人，反而使工人生活更加贫困；发达资本主义国家力图通过与其他国家在国际上竞争，在世界范围内争夺原料、能源、商品销售市场和资本输出范围，将本国的压力由其他国家共同分担；发达资本主义国家还加强对殖民地和附属国的统治，压低原料收购价格和高价向那些地区倾销剩余的工业产品，导致发展中国家的经济更加贫困，加深了发达资本主义国家与发展中国家之间的矛盾。在这种强权压力之下，一旦某个国家内部经济发生失衡，便很容易通过这种传导渠道迅速向世界范围内蔓延；同时也会激起被统治一方的反抗，导致危机影响范围扩散到全世界，影响程度更深，如拉美的债务危机就是在世界经济危机爆发之后，发达国家将危机转嫁至拉美国家，而拉美国家奋起抗争又引发世界经济动荡。

3. 资本主义崇尚自由放任的市场经济。

市场经济的基本特征就是遵循经济规律的调节自动达到资源的优化配置和合理配置，资本主义发展的前期崇尚经济的自由放任，将自由看作是资本主义经济战胜封建经济的法宝。但是过度的自由难以避免市场经济的缺陷，经济危机的爆发就是过度自由竞争经济的代价，如1929—1933年的经济大萧条就是起源于对股市的放松监管，而2008年美国次贷危机也是源于金融衍生品市场的过度自由。虽然资本主义从自由经济过渡到垄断阶段后，特别是二战后，资本主义国家加强了对市场的监管，也制定了一系列的“反危机”政策措施规范市场行为，但在政策实施过程中却采取过于宽松的形式，如宽松的金融监管政策，这反而可能成了危机的隐患。如亚洲金融危机就是亚洲一些国家国际金融市场的宽松政策导致的，2008年美国次贷危机也是源于住房抵押贷款市场的宽松政策。无论采取怎样的市场调节手段都不可能触及资产阶级的根本利益，因此，也只能令矛盾暂时缓和，这些用来医治经济危机的“反危机”措施，到头来会变成进一步加深危机的因素。

4. 经济全球化的推波助澜。

资本主义经济发展之初就有了全球化的冲动，通过对外殖民地扩张和争夺霸权使世界经济愈加紧密结合在一起，因此也带来了危机的全球化。早期经济危机一般都是在主要资本主义国家产生的，但会通过“全球化”的纽带迅速传导到其他国家和地区，演化成全球性的经济危机。可以说，经济全球化促成了矛盾和危机的扩散。尤其是第三次科技革命之后，经济全球化愈加深入，技术使各国更加紧密联系在一起，跨国公司的发展使资本主义生产进一步国际化。以货币金融危机来说，20 世纪 70 年代以来，资本主义货币体系混乱，动荡不定，美元发生多次危机，各国汇率经常处于不稳定的状态等，这同跨国公司在国家间进行货币投机活动有很大关系。经济全球化使各国经济联系日益密切，再生产周期条件的差别逐渐缩小，也使各国经济危机从不同期走向同期，各国发生危机的时间日趋一致，形成了世界性经济危机。

5. 技术创新的内在驱动。

创新是建立在破坏的基础上的，技术创新的原因在于原有推动经济发展的技术动力逐渐弱化，经济发展需要注入新的动力或寻求新的突破，特别是资本主义进入工业化时期之后，技术创新的内在驱动力就愈加明显。然而资本主义旧有发展基础和传统部门的广泛存在，特别是利益集团对既得利益的维护成为创新的障碍，客观要求和主观障碍之间的矛盾愈演愈烈，危机成为矛盾解决的方式，所以经济危机在某种程度上又是一种破坏性的创新，危机的根本解决依赖于技术上的突破。历史上的三次科技革命正是得益于世界经济危机爆发后对原有生产模式障碍的破坏。当然，技术创新也为新一轮世界经济危机埋下隐患，技术创新提高了劳动生产率，扩大再生产规模，但劳动生产率提高又会使失业率增加，加剧贫富两极分化，技术创新在不同国家与地区开展的不平衡也会导致世界经济的不平衡。如在第三次科技革命的发展过程中，日本和东南亚国家缺少“科学创新技术创新”，又陷于投机商业、泡沫经济，终于酿成了 1997 年的亚洲金融危机。所以，技术创新与世界经济危机总是演绎在不断循环之中。

四、简 要 评 论

资本主义生产的发展推动资本主义经济的繁荣，也催生了资本主义特有的经济危机。导致危机的最深刻根源是资本主义经济的基本矛盾，即生产的社会性与生产资料资本主义私人占有制之间的矛盾。资本主义无法消除产生经济危机的根源，因而经济危机周期地爆发。虽然自第二次世界大战以后，科技革命、垄断组织的发展和国家垄断资本主义种种反危机政策、措施，可以暂时缓和或中断经济危机的进程，使危机出现转机，但是它是在不改变资本主义制度的前提下进行的。这无异于饮鸩止渴，我们绝不能为此而产生任何错觉和幻想。这些反危机因素的消极作用日积月累又给资本主义矛盾的日益深化制造了条件。当这些矛盾发展到一定程度，就不可避免地引起新的经济危机的爆发，使资本主义的基本矛盾在起伏波动中继续向前发展。资本主义世界就是在这种经济周期的循环动荡中，迈着充满各种矛盾的步伐而蹒跚前进的。毫无疑问，经济危机是同资本主义制度共存亡的。无论二战后经济危机出现多少新的特点，危机后给资本主义经济怎样输血充气，都摆脱不了它给世界所带来的重重矛盾和沉重的灾难。

当前，愈演愈烈的国际金融危机已经逐渐演化为全球性经济危机，从发达国家传导到新兴市场国家，从金融领域扩散到实体经济领域，使世界经济陷入“低迷”。这场危机爆发的原因是多方面的，如消费过度透支、货币政策失误、金融衍生品滥用、金融创新过度、政府监管不力等。但是归结起来，上述这些因素并不是孤立的、偶然的，而是存在着内在的紧密联系。经济危机是资本主义经济基本矛盾的集中体现和强制性解决，当前的这场全球性危机正是资本主义经济基本矛盾不断深化和集中爆发的结果。

中国作为世界经济一个重要的组成部分，也难以在危机中独善其身。我们应当如何应对这场危机，实现全面建设小康社会的宏伟目标呢？对此，既要有扎实有力的具体措施，如认真判断国内国际的经济形势，立足国情，采取有效的方案参与国际金融救援，尽可能降低实体经济下滑的幅度，缓解社会对未来经济发展的担忧，提升市场信心；更要有长远而全面的战略性选择，建立起真正以内需为龙头的经济增长模式，进而建成比较完善的社会主义市场经济体制，并根据现实的变化和要求适时调整和创新中国的发展模式和发展道路，赋予其新的活力和创造力，把严峻的危机转化成为前进的动力和发展的机遇，切实提升中国的国际竞争力，实现中华民族伟大复兴。

（原文发表于《当代经济研究》2010 年第 3 期）

马克思主义竞争理论及其在当代中国的运用与发展

黄茂兴　叶　琪　陈洪昭*

竞争是市场经济的本质属性和基本要义，是经济学理论中的一个重要范畴。马克思恩格斯在继承和发展古典政治经济学竞争理论的基础上形成了自己独特的竞争观点。他们全面考察了资本主义竞争的动态过程，揭示了资本主义市场竞争的实质、竞争规律和竞争关系在社会生产关系系统中的地位和作用，形成了完整的资本主义竞争理论。适应不断开拓当代中国马克思主义政治经济学新境界的发展需要，深入学习和研究马克思主义竞争理论，不仅对我们进一步深化认识竞争在我国市场经济实践中的重要作用，而且对当代马克思主义政治经济学的创造性发展，都具有十分重要的意义。

一、马克思主义竞争理论的主要内容

1. 马克思恩格斯的竞争理论。

马克思指出："只有了解了资本的内在本性，才能对竞争进行科学的分析，正像只有认识了天体的实际的、但又直接感觉不到的运动的人，才能了解天体的表面上的运动一样。"① 马克思恩格斯把竞争关系视为资本主义经济关系中最一般的关系，在论述价值的形成和实现、剩余价值的生产和分配过程中，对竞争关系和运动规律做了深刻的阐述，形成了

* 黄茂兴：福建师范大学经济学院教授、博士生导师，经济学博士。叶琪：福建师范大学经济学院副教授，经济学博士。陈洪昭：福建师范大学经济学院讲师，经济学博士。

① 《资本论》第1卷，人民出版社2004年版，第368页。

其独特的竞争观。概括起来，马克思恩格斯关于竞争的理论观点主要体现在他们对竞争的产生、竞争的过程和竞争的结果的系统分析方面。

（1）马克思恩格斯关于竞争产生的理论阐述。

马克思是从商品货币关系开始分析资本主义经济规律的，对竞争的讨论也以此为出发点。马克思恩格斯从分析竞争是如何产生这一问题开始，逐渐地认识到商品经济竞争的规律性，并认为竞争是商品生产的必然结果，而竞争规律是商品经济的基本规律。首先，竞争是商品经济范畴的必然产物。马克思在《哲学的贫困》一书中指出竞争是生产力和生产关系发展到一定历史阶段的产物，恩格斯在为《哲学的贫困》所做的序言《马克思与洛贝尔图斯》中批判了洛贝尔图斯的谬论，得出了竞争在商品经济发展中是客观存在的论断。“只有通过竞争的波动从而通过商品价格的波动，商品生产的价值规律才能得到贯彻，社会必要劳动时间决定商品价值这一点才能成为现实。”① 马克思和恩格斯还指出了商品经济产生的两大条件中也是充满竞争的。其中，社会分工“使独立的商品生产者互相对立，他们不承认任何别的权威，只承认竞争的权威，只承认他们互相利益的压力加在他们身上的强制”②。劳动产品归不同的所有者所有即生产资料私有制是竞争的前提，“只要私有制存在一天，一切终究都会归结为竞争。”③ 其次，竞争规律是商品经济运动的重要表现形式。马克思和恩格斯从商品生产的价值规律中发现了竞争规律的存在及作用，并认为价值规律是通过竞争实现的，竞争促进商品的个别价值转化为社会价值，并引起价格围绕价值波动。恩格斯认为：“商品生产同任何其他生产形式一样，有其特殊的、固有的、和它分不开的规律……这些规律在唯一保留下来的社会联系形式即交换中表现出来，并且作为强制性的竞争规律作用于各个生产者。”④ “竞争使商品生产的价值规律在进行交换的商品生产者的社会里发生作用，从而也就使得在这种条件下唯一可能

① 《马克思恩格斯全集》第21卷，人民出版社1965年版，第215页。
② 《资本论》第1卷，人民出版社2004年版，第412页。
③ 《马克思恩格斯全集》第1卷，人民出版社1960年版，第612页。
④ 《马克思恩格斯全集》第20卷，人民出版社1973年版，第297页。

的社会生产组织和制度得以实现。”[①] 竞争是商品经济的产物，竞争也会随着商品经济的消失而消失，对此，马克思和恩格斯进行了预测“一旦社会占有了生产资料，商品生产就将被消除，而产品对生产者的统治也将随之消除。社会生产内部的无政府状态将为有计划自觉的组织所代替。个体生存斗争停止了”[②]。

(2) 马克思恩格斯关于资本主义竞争过程的理论阐述。

马克思恩格斯将整个生产阶段的竞争分为价值形成过程的竞争、价值实现过程的竞争和价值分配过程的竞争，竞争是存在于资本主义生产的全过程。

第一，资本家对剩余价值的无尽追求——价值形成过程的竞争。马克思指出：“竞争首先在一个部门内实现的，是使商品的不同的个别价值形成一个相同的市场价值和市场价格。”[③] 从追求绝对剩余价值到相对剩余价值再到超额剩余价值，资本家一刻也没有停止他们对剩余价值的炙热追求和为此开展的残酷竞争。马克思深刻地剖析竞争与剩余价值以及积累之间的关系，“资本主义生产的发展，使投入工业企业的资本有不断增长的必要，而竞争使资本主义生产方式的内在规律作为外在的强制规律支配着每一个资本家。竞争迫使他不断扩大自己的资本来维持自己的资本，而他扩大资本只能靠累进的积累。”[④]为了追求超额剩余价值，资本家都自觉地改进生产方式，加快了技术进步的步伐，客观上也推动了社会生产力的进步，因为“虽然竞争经常以其生产费用的规律迫使资本家坐卧不宁，把他制造出来对付竞争者的一切武器倒转来针对着他自己，但资本家总是想方设法在竞争中取胜，孜孜不倦地采用价钱较贵但能进行廉价生产的新机器，实行新分工，以代替旧机器和旧分工，并且不等到竞争使这些新措施过时，就这样做了。”[⑤]资本家对剩余价值无尽追求的贪婪本性使商品价值形成过程充斥着竞争，也推动了社会的进步。

---

① 《马克思恩格斯全集》第 21 卷，人民出版社 1965 年版，第 215 页。

② 《马克思恩格斯选集》第 3 卷，人民出版社 1995 年版，第 633 页。

③ 《资本论》第 3 卷，人民出版社 2004 年版，第 201 页。

④ 《资本论》第 1 卷，人民出版社 2004 年版，第 683 页。

⑤ 《马克思恩格斯全集》第 6 卷，人民出版社 1961 年版，第 502 页。

第二，生产者与消费者的市场竞争——价值实现过程的竞争。生产者和消费者在市场上的接触构成了商品庞大的供求体系，而价格是这一体系的核心，商品价格是由价值来决定的，但供求的失衡引起价格与价值之间的偏离矛盾又是通过生产者与消费者之间的竞争来解决的。“要使一个商品按照它的市场价值来出售，也就是说，按照它包含的社会必要劳动来出售，耗费在这种商品总量上的社会劳动的总量，就必须同这种商品的社会需要的量相适应，即同有支付能力的社会需要的量相适应。竞争，同供求比例的变动相适应的市场价格的波动，总是力图把耗费在每一种商品上的劳动的总量归结到这个标准上来。”① 因此，当商品价格与价值不一致时，生产者和消费者会自动地调整自己的产量和需求，“供给者之间的竞争和需求者之间的竞争构成购买者和出卖者之间斗争的必然要素”②。生产者与消费者之间竞争的波动最终会使价格朝着与价值相适应的方向发展，在这一过程中，商品价值也实现了。

第三，部门之间的竞争使利润率趋于平均化——价值分配过程的竞争。资本的逐利性推动了资本主义竞争从部门内部扩展到部门之间，竞争引导资本从利润率低的部门不断流向利润率高的部门，从而推动了利润率的平均化。“不同生产部门中占统治地位的利润率，本来是极不相同的。这些不同的利润率，通过竞争而平均化为一般利润率。”③ 利润率的平均化并不妨碍部门内部个别资本为获取超额剩余价值的竞争，资本家一刻也没有停止通过自身的技术改进来使个别生产价格低于部门平均生产价格，从而获得超额剩余价值。正是由于不同部门之间的竞争引起利润率的平均化才使得不同部门都有生产者愿意投资，生产出多样化的商品，社会再生产也能继续进行。马克思正是运用竞争的原理解释了自由竞争资本主义经济中等量资本是如何获得等量利润的。

(3) 马克思恩格斯关于资本主义竞争结果的理论阐述。

马克思和恩格斯认为资本主义竞争结果有积极的一面，也有消极的一面，并对资本主义竞争的发展趋势做了前瞻性的预判。竞争的结果主

---

① 《资本论》第3卷，人民出版社2004年版，第214页。

② 《马克思恩格斯全集》第4卷，人民出版社1958年版，第87页。

③ 《资本论》第3卷，人民出版社2004年版，第177页。

要表现为：

第一，促进技术进步，提高社会劳动生产力。马克思和恩格斯充分肯定了竞争在推动技术进步方面的积极作用。众多资本家在追求超额剩余价值过程的竞争中会主动地改进技术，改善经营管理，提高劳动生产率，其结果必然是推动整个社会技术进步，促进社会生产力水平不断提高，因为竞争“这个规律不让资本有片刻的停息，老是在它耳边催促说：前进！前进！”[①] 资产阶级“在它不到一百年的阶级统治中所创造的全部生产力，比过去一切世代创造的全部生产力还要多”[②]。正是竞争为资本主义的快速发展注入了加速度。

第二，加剧资本主义基本矛盾，引发周期性的经济危机。经济危机是资本制度的必然结果，是资本主义基本矛盾激化的产物，恩格斯早在《政治经济学批判大纲》中就考察了经济危机，认为商业危机“像彗星一样有规律地反复出现”[③]。经济危机是生产资料私有制、竞争以及生产无政府状态下的必然结果，会产生大量的破产和失业，“会使更多的小资本家破产，使专靠劳动为生的阶级人数剧增，因而也必然使急待就业的人数显著地增加”[④]。马克思和恩格斯也同时指出了由于竞争引发经济危机还可能会引发社会革命，对资本主义社会必将为社会主义社会所取代进行了预示性判断。

第三，导致生产者优胜劣汰，形成资本主义垄断。竞争会造成资本主义各生产者的优胜劣汰，“竞争的激烈程度同互相竞争的资本的多少成正比，同互相竞争的资本的大小成反比。竞争的结果总是许多较小的资本家垮台，他们的资本一部分转入胜利者手中，一部分归于消灭。”[⑤] 竞争会导致垄断，而垄断的高额利益诱惑也会促使竞争更加激烈。在编辑《资本论》第三卷时，恩格斯增补了竞争与垄断的关系，指出了垄断已经取代了竞争成为资本主义发展的新特点，“历来受人称赞的竞争自由已经

---

① 《马克思恩格斯全集》第 6 卷，人民出版社 1961 年版，第 501 页。
② 《马克思恩格斯选集》第 1 卷，人民出版社 1995 年版，第 277 页。
③ 《马克思恩格斯全集》第 1 卷，人民出版社 1960 年版，第 614 页。
④ 《马克思恩格斯全集》第 1 卷，人民出版社 1960 年版，第 614 页。
⑤ 《资本论》第 1 卷，人民出版社 2004 年版，第 722 页。

日暮途穷，必然要自行宣告明显的可耻破产”①。

第四，推动资本主义信用发展，催生新的生产组织方式。马克思把竞争视为是推动信用发展的强大动力，“一种崭新的力量——信用事业，随同资本主义的生产而形成起来。起初，它作为积累的小小的助手不声不响地挤了进来，通过一根根无形的线把那些分散在社会表面上的大大小小的货币资金吸引到单个的或联合的资本家手中；但是很快它就成了竞争斗争中的一个新的可怕的武器；最后，它转化为一个实现资本集中的庞大的社会机构”②。在信用制度的发展中，马克思还特别强调了股份公司的产生和作用，认为股份公司是“资本在它的最适当形式中的最终确立”③。“信用制度是资本主义的私人企业逐渐转化为资本主义股份公司的主要基础。”④ 可见，马克思和恩格斯已经将银行、国家等信用的产生与竞争紧密结合在一起。

第五，竞争会从国内向国际延伸，引发日益激烈的国际竞争。随着国际贸易的开展，资本对剩余价值的剥削也从国内市场向国际市场延伸，资本家对国际市场的争夺推动了国际竞争的兴起与发展。为了占领更大的国际市场，各个国家生产商品的劳动时间不仅要低于国内的社会必要劳动时间，而且要低于世界平均劳动时间。“投在对外贸易上的资本能提供较高的利润率，首先因为这里是和生产条件较为不利的其他国家所生产的商品进行竞争，所以，比较发达的国家高于商品的价值出售自己的商品，虽然比它的竞争国卖得便宜。”⑤ 国际竞争也催生了贸易保护手段的出现，“竞争很快就迫使每一个不愿丧失自己的历史作用的国家，为了保护自己的工场手工业而采取新的关税措施（旧的关税已无力抵制大工业了），并随即在保护关税的保护下开办大工业”⑥。

---

① 《资本论》第 3 卷，人民出版社 2004 年版，第 496 页。
② 《资本论》第 1 卷，人民出版社 2004 年版，第 722 页。
③ 《马克思恩格斯全集》第 46 卷下册，人民出版社 1980 年版，第 167 页。
④ 《资本论》第 3 卷，人民出版社 2004 年版，第 499 页。
⑤ 《资本论》第 3 卷，人民出版社 2004 年版，第 264 页。
⑥ 《马克思恩格斯全集》第 3 卷，人民出版社 1956 年版，第 67 页。

2. 列宁的竞争理论。

19世纪末20世纪初，资本主义从自由竞争进入垄断阶段，列宁概括了这一时期的资本主义发展中生产和资本集中的典型特征，形成了其著名的垄断竞争理论。列宁在马克思恩格斯等人前期研究的基础上，深刻揭示了垄断资本主义产生的历程、运行的方式、垄断组织的优势和特征以及存在的矛盾，阐明了资本的市场关系已经从自由竞争时代的资本与资本之间的平等竞争让位于垄断时代大资本对小资本的绝对控制，列宁的这一论述使得人们对自由竞争的发展趋势和本质的认识显得更加深刻。列宁有关垄断与竞争理论可以概括为三个方面。

第一，自由竞争发展到垄断是资本主义发展的必然趋势。

列宁根据20世纪初垄断资本主义的发展，认为自由竞争广泛存在于资本主义经济形态中，为了获得超额利润，资本家增加积累，采用新技术，扩大生产规模，力求个别生产价格低于社会生产价格，在追求规模的同时引起的资本集聚和资本集中是自由竞争的后果，在优胜劣汰的过程中形成垄断。列宁指出："德国采矿工业确切地证实了卡尔·马克思关于集中的学说是正确的"① "集中发展到一定阶段，可以说就自然而然地走到垄断……这种从竞争到垄断的转变，不说是最新资本主义经济中最重要的现象，也是最重要的现象之一"② 到了帝国主义阶段，垄断将要取代竞争成为最基本的经济形式。列宁认为："帝国主义阶段的资本主义紧紧接近最全面的生产社会化，它不顾资本家的愿望与意识，可以说是把他们拖进一种从完全的竞争自由向完全的社会化过渡的新的社会秩序。"③ 在列宁生活的时代，垄断已经成为一种普遍的社会现象，垄断取代竞争是发展的必然。

第二，垄断与竞争并存是帝国主义的本质。

列宁在分析帝国主义的垄断同时并没有否定和排斥竞争，而是强调了垄断和竞争的关系。列宁指出："从自由竞争中成长起来的垄断并不消除竞争，而是凌驾于竞争之上，与之并存，因而产生许多尖锐许多特别

① 列宁：《帝国主义是资本主义的最高阶段》，人民出版社2001年版，第12—13页。
② 列宁：《帝国主义是资本主义的最高阶段》，人民出版社2001年版，第11页。
③ 列宁：《帝国主义是资本主义的最高阶段》，人民出版社2001年版，第19页。

剧烈的矛盾、摩擦和冲突。”虽然垄断大大地推动了生产社会化，但是并没有改变其垄断资本主义私有制的属性，因而也不可能消灭竞争。在私有制的商品经济中，垄断和竞争总是并存的，“正是竞争和垄断这两个互相矛盾的‘原则’的结合才是帝国主义的本质”①。列宁还概括了垄断条件下竞争的特征和变化，垄断竞争的目的、手段、范围和后果，都有了较大的变化，因而竞争也更加复杂、激烈，更具有破坏性。“现在已经不是小企业同大企业、技术落后的企业同技术先进的企业进行竞争。现在已经是垄断者在扼杀那些不屈服于垄断、不屈服于垄断的压迫和摆布的企业了。”② 在垄断阶段，垄断组织之间竞争的手段和过去自由竞争的竞争手段相比更加直接和残酷，“垄断组织在一切地方用一切办法为自己开辟道路，从偿付‘微薄的’出让费起，直到像美国那样‘使用’炸药对付竞争者为止。”③

第三，垄断在一定程度上也会加剧竞争。

列宁提出了竞争转变为垄断使得生产社会化的过程有了巨大的进展，特别是技术发明和改良的过程也开始社会化了。在自由竞争的阶段，各个生产者之间的竞争是分散的，但是到了帝国主义阶段，“资本主义紧紧接近最全面的生产社会化，它不顾资本家的愿望和意识，可以说是把他们拖进一种从完全的竞争自由向完全的社会化过渡的新的社会秩序”④。生产社会化了，但是生产资料的占有仍然是私有制的，仍然掌握在少数人的手中，自由竞争依然存在。生产社会化会加剧垄断组织和非垄断组织之间的竞争，并且造就了有组织的、投机的活动，列宁认为这种投机的基础就是生产社会化，并且还论述了那些对资本帝国主义作市侩式的反动批评的人，怎样“根据这一点”而梦想恢复“自由”“和平”“诚实”的竞争。列宁还特别强调了垄断会加深危机，而危机反过来又会促进竞争，大大强化生产集中和垄断。在几个工业部门中形成的垄断，使整个资本主义生产所特有的混乱现象更加厉害，更加剧烈。作为一般资本主义特点的农业和工业的发展不相适应的现象，变得更加严重了。

---

① 《列宁全集》第 29 卷，人民出版社 1985 年版，第 480 页。

② 列宁：《帝国主义是资本主义的最高阶段》，人民出版社 2001 年版，第 19 页。

③ 列宁：《帝国主义是资本主义的最高阶段》，人民出版社 2001 年版，第 21 页。

④ 列宁：《帝国主义是资本主义的最高阶段》，人民出版社 2001 年版，第 19 页。

二、马克思主义竞争理论是中国社会主义市场经济实践的基本遵循

马克思的竞争理论体现在或者说贯穿于《资本论》及他的一系列手稿之中[①]，在诸多基本理论，如价值理论、剩余价值理论、资本积累理论、利润率平均化理论中都扮演了重要角色。[②] 尽管马克思是在分析资本主义商品经济中的竞争现象，但他所运用的方法和得出的某些结论，对于我们认识市场经济中竞争的一般规律，特别是社会主义市场经济中的竞争问题，仍具有理论上的指导意义和现实启发性。[③] 中国从发展商品生产到社会主义市场经济实践，都是对马克思主义竞争思想的基本遵循和中国化发展。

由于马克思主义者曾经强调竞争规律是商品经济的规律，到了共产主义社会，社会占有全部生产资料，将不再存在商品生产，竞争也就消失了。恩格斯 1878 年的《反杜林论》明确指出，“一旦社会占有了生产资料，商品生产将被消除”[④]。并进一步指出：“在共产主义社会里，人和人的利益并不是彼此对立的，而是一致的，因而竞争就消失了。”[⑤] 因此，中国在社会主义制度建立初期，排斥商品经济与竞争机制，实施计划经济，由国家对生产、资源分配以及产品消费进行事先计划。这种缺乏竞争，忽视本国生产力实际发展状况，没有对马克思主义原理进行发展运用的结果是：企业没有活力，劳动者缺乏积极性，生产效率低下，供给长期短缺，生产力发展受到限制。现实的经济困境与严峻的发展形势，使中国逐步认识到社会主义条件下仍然存在商品生产，社会主义初级阶段仍需要大力发展商品经济，仍需要发挥竞争激励作用来促进生产力的发展。进而中国对于商品经济和市场经济的认识，经历了从传统的计划

---

① 邹东涛：《马克思的竞争理论之我见》，中国《资本论》研究会第 11 次研讨会论文，2002 年。

② 孟捷、向悦文：《竞争与制度：马克思主义经济学的相关分析》，《中国人民大学学报》2012 年第 6 期。

③ 陈秀山：《再学马克思的竞争理论》，《教学研究》1994 年第 2 期。

④ 《马克思恩格斯选集》第 3 卷，人民出版社 1995 年版，第 633 页。

⑤ 《马克思恩格斯全集》第 2 卷，人民出版社 1956 年版，第 605 页。

经济，到党的十二大提出“以计划经济为主，市场调节为辅”，再到党的十三大提出“发展有计划的商品经济”，一直到党的十四大提出“建立社会主义市场经济体制”的一次次飞跃。

1. 中国发展商品经济是以马克思竞争规律为重要指导。

发展商品经济是由中国现实的生产力水平决定的，而发展商品生产就离不开竞争。马克思认为，竞争作为一种经济现象，是商品经济的必然产物，在商品经济下的社会分工体系中，交换双方都具有自身的物质利益和要求，要实现这种利益就必然产生竞争。这就意味着竞争并不是资本主义所特有的现象，只要存在商品生产，竞争规律就必然发生作用。中国发展商品经济也必然受竞争规律的影响。

商品经济的基本规律是价值规律。竞争使价值规律的内在必然性表现出来，这是竞争规律的基本作用。① 马克思指出：“只有通过竞争的波动从而通过商品价格的波动，商品生产的价值规律才能得到贯彻，社会必要劳动时间决定商品价值这一点才能成为现实。”② 而且，作为价值规律执行者的竞争规律，是商品经济发展的主要推动者。③ 一是生产者与消费者之间的竞争，即供求关系的变化决定着商品价值的实现程度，④并通过这一实现程度的变化来调节商品供求趋于平衡。可以说，商品生产客观上需要竞争，而竞争又促进了商品生产的发展。⑤ 二是竞争规律使价值规律演变为生产价格规律，生产价格规律要求企业的个别生产价格不能高于社会生产价格，否则商品出售后不仅得不到平均利润，甚至还会亏本。这就会激励企业不断改进生产技术和加强经营管理，降低个别生产价格来获取超额利润，从而激活了企业生产活力，增强了市场商品供给。三是竞争促使了信用制度的产生，形成了社会化的生产组织形式，推动了商品生产的大发展。在竞争规律的推动下，中国商品经济快速发展，社会主义生产力得到一定程度的释放。

---

① 张之光、万桂兰：《马克思竞争理论的两个问题》，《〈资本论〉与当代经济》1993年第2期。
② 《马克思恩格斯全集》第21卷，人民出版社1965年版，第215页。
③ 张之光、万桂兰：《马克思竞争理论的两个问题》，《〈资本论〉与当代经济》1993年第2期。
④ 陈秀山：《再学马克思的竞争理论》，《教学研究》1994年第2期。
⑤ 聂德林：《竞争是商品经济的伴侣》，《经济科学》1985年第2期。

市场经济是商品经济发展到一定阶段的产物，是商品经济的现代化形式和发达形态。中国的社会主义市场经济，是社会主义基本经济制度与商品经济联系形式的结合。竞争作为商品经济的固有特性，将决定着中国社会主义市场经济在其运行的过程中，竞争机制将无时无刻不在发生作用。市场经济以价值规律客观要求为基础，通过竞争实现其经济协调功能，释放市场活力。可以说，在中国社会主义初级阶段，竞争是社会主义经济的重要推动力，竞争规律及其作用应当是社会主义本质和基本经济规律得以实现的形式。[①]

2. 中国实施的市场化资源配置是马克思竞争规律的客观反映。

资源配置是指将生产资料和劳动力等经济资源按比例地分配在各种产品和劳务的生产上。资源配置追求合理性与高效性，即通过合理配置资源实现社会供给与社会需求相匹配，同时使资源得以充分利用。在市场经济条件下，只有市场化的资源配置方式才能实现资源的有效配置。因为，市场经济是以商品经济充分发展为前提的，也必然要求生产要素如劳动力、资本、科技、信息等资源的商品化。因此，社会主义市场经济下资源的流动与交换，也必将遵循价值规律。通过竞争，企业力争使个别劳动时间小于社会必要劳动时间，不断提高生产效率，达到市场上的优胜劣汰，实现资源流向高效企业的合理配置。而社会劳动时间在各部门有效配置的标准是每个部门耗费的劳动时间总量是社会必要劳动时间，其实现依赖于价值规律充分发挥作用，市场机制是价值规律的作用机制。[②] 市场经济是竞争经济。[③] “竞争，同供求比例的变动相适应的市场价格的波动，总是力图把耗费在每一种商品上的劳动的总量归结到这个标准上来。”[④] 可见，在社会主义市场经济条件下，由于竞争的存在，价值规律和供求规律不仅敏感地调节着市场上商品的供求关系，而且在一定程度上也促进了资源在全社会的合理配置。[⑤]

---

① 王永年、陈艳君：《马克思竞争理论的几个基本问题》，《当代经济研究》2010 年第 1 期。

② 洪银兴：《关于市场决定资源配置和更好发挥政府作用的理论说明》，《经济理论与经济管理》2014 年第 10 期。

③ 卫兴华：《中国特色社会主义经济理论体系研究》，中国财政经济出版社 2015 年版，第 343 页。

④ 《资本论》第 3 卷，人民出版社 2004 年版，第 214 页。

⑤ 李建平：《开拓马克思主义竞争理论研究的新领域》，《马克思主义研究》2013 年第 10 期。

由上述分析可见，在市场经济中，价格机制在竞争的作用下，能够实现资源配置的合理性和高效性。而价格只有在竞争性的市场上形成，才能形成准确反映市场供求的价格体系，才能反映价值规律的要求。[①] 马克思曾明确指出：市场不承认“任何别的权威，只承认竞争的权威”[②]。因此，社会主义市场经济下的资源配置应是政府让位于市场，将资源配置权交给竞争规律。在市场经济体制建立并不断成熟后，由市场决定资源配置是实现资源合理配置的需要，也是马克思竞争规律的客观要求。我国自党的十四大确立建立社会主义市场经济体制以来，社会主义经济体制不断发展，习近平指出：“现在，我国社会主义市场经济体制已经初步建立，市场化程度大幅度提高，我们对市场规律的认识和驾驭能力不断提高，宏观调控体系更为健全，主客观条件具备，我们应该在完善社会主义市场经济体制上迈出新的步伐。”[③] 为此，党的十八届三中全会通过的《中共中央关于全面深化改革若干重大问题的决定》中，明确提出“使市场在资源配置中起决定性作用”。

3. 我国实施的加强政府宏观调控是马克思主义竞争思想的重要延伸。

市场竞争机制能够提高资源配置效率，因此市场在资源配置中应起决定性作用。但在社会主义市场经济中，应更好发挥政府作用，做好宏观调控，弥补市场不足。这是马克思主义竞争理论带给我们的重要启示。

马克思主义认为，在商品资本独立化的前提下，竞争是一个以当事人的盲目活动为基础的自然规律[④]，会形成单个企业生产的盲目性。在发达的商品经济中，专业化与社会化的社会生产使得生产与消费之间的距离不断拉大，从而容易造成虚假的社会需求，加剧生产与消费的脱节。马克思指出，“在一定的界限内，尽管再生产过程生产出的商品还没有实际进入个人消费或生产消费，再生产过程还可以按相同的或扩大的规模进行。……整个再生产过程可以处在非常繁荣的状态中，但商品的一大

① 洪银兴：《关于市场决定资源配置和更好发挥政府作用的理论说明》，《经济理论与经济管理》2014 年第 10 期。

② 《资本论》第 1 卷，人民出版社 2004 年版，第 412 页。

③ 习近平：《关于〈中共中央关于全面深化改革若干重大问题的决定〉的说明》，《人民日报》2013 年 11 月 16 日。

④ 倪振峰：《马克思主义竞争理论初探》，《中央政法管理干部学院学报》1998 年第 1 期。

部分只是表面上进入消费，实际上是堆积在转卖者的手中没有卖掉，事实上仍然留在市场上"[①]。这种脱节必将造成资源的浪费与配置低效率。再加上，竞争催生的信用制度结合机器化大生产，为生产的迅速膨胀提供了资本与技术条件，直接、间接地促使资本不顾自身的界限而将生产过程强化到极点[②]，使供给能在很大的空间和时间限度内超越有支付能力的需求，加剧了经济失衡的可能性。与市场经济相伴随的宏观经济失衡，并非只存在于资本主义市场经济，因为它是无序竞争与盲目生产所导致的结果，是市场机制自身难以避免的问题，因此，在社会主义市场经济中也会存在。而解决经济失衡，避免资源配置浪费的有效手段，是加强政府对宏观经济的调控作用。

此外，市场竞争能够提高生产效率，但无法解决公平问题。社会主义市场经济的运行既有效率目标又有公平目标，因此，政府有责任促进社会公平正义，克服市场失灵，以体现社会主义的要求。[③] 同样，在竞争利益的驱使下，公共服务、公共品的供给必然难以满足社会需要，生态环境问题亦难以有效解决。这些都有赖于政府作用的发挥加以解决。社会主义宏观调控是在尊重市场上竞争机制对资源配置基础上，有效地干预和改善经济运行的状况，以便使全社会的经济利益得到保证和实现，只有这样，市场决定作用的盲目性才能够得到克服。[④] 因此，党的十八届三中全会明确提出市场在资源配置中起决定性作用和更好地发挥政府作用。社会主义宏观调控不是马克思竞争理论中所阐述的内容，但却是马克思主义竞争思想对市场经济建设的重要启示，是保证社会主义市场经济合理发展的重要依据。

4. 我国实行的市场竞争管理是马克思竞争理论的创新与发展。

马克思的竞争理论，并不是竞争的一般，而是关于资本的竞争理论，

---

① 《资本论》第 2 卷，人民出版社 2004 年版，第 88—89 页。

② 李健英：《马克思的危机理论：我国宏观调控理论的基础》，《南方经济》2000 年第 1 期。

③ 洪银兴：《关于市场决定资源配置和更好发挥政府作用的理论说明》，《经济理论与经济管理》2014 年第 10 期。

④ 刘学梅、李明、丁堡骏：《对社会主义国家资源配置理论的再认识》，《毛泽东邓小平理论研究》2015 年第 1 期。

是以资本的存在为前提条件的，是以资本主义运动为分析对象的。[①] 马克思与恩格斯认为社会主义社会将消灭竞争，但在现实生产力约束下，中国仍需要发展商品经济，有商品生产必然存在竞争，而且竞争所导致的问题也同样伴随，这就需要我们对社会主义市场经济中的竞争进行规范、管理与引导。社会主义对市场竞争的管理思想是对马克思竞争理论的进一步拓展。

马克思并不否定竞争的积极意义，他曾指出："在大多数生产劳动中，单是社会接触就会引起竞争心和特有的精力振奋，从而提高每个人的个人工作效率。"[②] 因此，充分利用好、引导好社会主义竞争，有助于推动中国社会主义市场经济建设。为此，社会主义市场竞争管理的思路应是，首先，充分利用市场竞争，发挥价值规律作用，推动社会生产。一方面，通过企业间的合理竞争，促使社会商品生产的社会必要劳动不断减少，提高商品生产效率；另一方面，以竞争推动创新，在创新收益的激励下，不断驱使生产者采用新的生产技术和工艺方法，从而推动整个社会的创新积极性。其次，规范竞争，通过供求规律与价格机制调节，合理配置资源。在社会主义宏观调控下，避免恶性竞争与盲目生产，有规划地推动市场竞争，优化资源配置，发展生产。针对市场上存在的造假售假、欺行霸市、市场垄断、虚假广告等不正当竞争，要发挥政府作用，进行必要的干预，规范竞争。最后，引导竞争，推动社会生产的良性发展。资本主义商品经济中竞争的动力是追求剩余价值，不可避免地出现"货币拜物教"。社会主义竞争活动应与资本主义竞争有本质的不同，竞争的目的不应是完全为了追逐私人利益，还需兼顾国家和社会的利益。这就需要政府有效引导市场竞争，在生产中关注社会效益，推动公平发展。正是基于上述市场竞争管理理念，《中共中央关于全面深化改革若干重大问题的决定》提出健全宏观调控体系和正确履行政府职能，强调政府的职责和作用主要是保持宏观经济稳定，加强和优化公共服务，保障公平竞争，

---

① 王永年、陈艳君：《马克思竞争理论的几个基本问题》，《当代经济研究》2010年第1期。

② 《资本论》第1卷，人民出版社2004年版，第379页。

加强市场监管，维护市场秩序，推动可持续发展，促进共同富裕。[①] 这一系列社会主义市场竞争管理思想丰富了马克思竞争理论。

我们研究社会主义竞争是不能离开马克思竞争理论的，我们的任务是要借助于马克思的科学方法论，把马克思的竞争理论从资本竞争中分离出来，揭示出马克思竞争理论对商品经济的一般适用性，[②] 用于指导、发展社会主义市场竞争。因此，在今后的社会主义市场经济建设中，以马克思主义竞争思想为引领，竞争理论必将向更宽广的领域延伸与应用。

三、运用马克思主义竞争理论指引中国国际竞争力提升的战略思路

学习马克思主义竞争理论，是为了更好地指导中国市场经济发展实践，只有充分开展市场竞争，确实发挥市场在资源配置中的决定性作用，才能激发市场主体的活力并提高其素质，才能从根本上优化社会资源配置。当前，中国已经成为全球最大的贸易国、潜在的最大经济体和跨国投资主要目的地，中国在全球经济地位的快速上升必然会积极谋求国际上的话语权，这极大地动摇了长期以来以发达国家为主导的国际关系格局，发达国家为了维护自己的竞争地位必然会对中国设置诸多的竞争阻力和障碍，包括西方竞争意识渗透和竞争行动上的诱导。这意味着，中国在参与世界竞争的过程中会遇到更多的挑战，要清楚地摆正自己的位置，认清国际竞争形势和本质。因此，新形势下我国要坚持以马克思主义竞争理论为指导，坚定自己的立场，有独立的判断，在社会主义市场经济大潮中，鼓励竞争，保护竞争，规范竞争，逐步建立起适应市场经济发展的竞争机制。同时，要妥善处理好与西方竞争思想的冲突，汲取西方竞争思想的科学成分，推动马克思主义竞争思想的传承与创新，并

① 黄文川：《怎样理解使市场在资源配置中起决定性作用和更好发挥政府作用——访国务院研究室副主任韩文秀》，《求是》2013 年第 24 期。

② 邹东涛：《马克思的竞争理论之我见》，中国《资本论》研究会第十一次研讨会论文，2002 年 4 月。

凝聚具有中国特色的竞争力理论体系，为我国参与国际竞争提供丰富的理论给养，夯实我国的国际竞争力，不断提高中国的国际竞争地位。

1. 在与西方竞争思想的融合交流中要做到“兼容并蓄”。

积极参与国际竞争是中国融入世界的重要途径，然而不同制度、不同发展水平国家之间的竞争总是充斥着不同竞争思想的摩擦，从而在竞争方式、竞争态度上表现出极大的差异。国际竞争中不同竞争思想的汇合和冲击会对中国在国际竞争中的态度和立场产生强烈的动摇，因此，既要坚持马克思主义竞争思想的指导地位，保持竞争的独立性，又要促进不同竞争思想的融合，积极汲取西方竞争思想中的科学成分，适应市场竞争的规律性和动态性，以更加开放包容的姿态在传承与创新马克思主义竞争思想中凝聚成中国特有的竞争内涵，又要进一步升华为中国的核心的竞争优势。在推进竞争思想的融合交流中，中国还应积极弘扬中国传统的竞争思想和文化，中国传统文化的核心思想讲究“和而不同”“兼容并蓄”，主张不同文明的求同存异，在国际竞争中，既要弘扬中国的竞争思想，通过中国的影响力的不断扩大向世界推介自己的竞争理念，同时又要积极吸纳西方竞争思想中有关效率、资源优化配置等有益成分，形成既竞争又合作、既讲求效率又注重和谐、既对立又包容的竞争观，使得融入中国传统文化元素和现代西方科学竞争思想的马克思主义竞争理论更具生命力和价值性。

2. 在应对西方竞争冲击时要做到“以柔克刚”。

以柔克刚是中国传统的智慧，也是中国古代兵家常用的战略战术，中国传统竞争思想的竞争思路总体是比较柔和的，不主张采用过激的竞争手段，甚至为了维护统治地位而反对竞争。相比较而言，西方竞争思想中所表露出来的竞争手段就强硬得多，主张通过自由竞争来实现资源的优化配置，而大鱼吃小鱼的自由竞争过程就是多数竞争主体的灭失换取少数竞争主体的胜利，是异常残酷和赤裸裸的。马克思主义竞争理论虽然对资本主义制度持激烈的否定态度，主张发挥市场自由竞争规律的作用，但是他又对竞争中的弱势群体持同情的一面。在国际竞争中，中国应擅用“以柔克刚”之术，积极汲取马克思主义竞争思想的合理部分，在面对西方竞争思想冲击时，保持自身竞争理念和方式的独立性，将国际竞争的焦点放在经济竞争方面，并且通过技术创新、制度创新等手段夯实自己的竞争实力。充分发挥中国智慧，通过“一带一路”等战略实施来团结广大的发展中国家和新兴市场国家，加大实施对周边国家的“亲诚惠容”的外交战略，建立他们对中国的信心与信任，同时加快建立东亚与东南亚的大统一市场，削弱发达国家的影响力，促使发达国家不得不降低姿态，寻求与发展中国家的国际合作。

3. 在发扬中华先进竞争思想中要做到“强化内功”。

中国是马克思主义理论坚定的拥护者和继承者，同时肩负着向世界宣传和推广马克思主义理论的神圣使命，因此，中国在参与国际竞争的过程中要向世界推介马克思主义的竞争理论，推介中国的竞争思想和文化。要让中国的竞争思想被世界认可和接受，首先要强化中国的经济实力，构建良好的竞争秩序和竞争体制，用事实向世界证明马克思主义竞争思想的科学性和中华传统竞争思想的前瞻性。中国应以积极参与国际竞争为目标和动力，准确把握经济发展的新常态，进一步全面改革，破除束缚经济发展的体制机制，通过“一带一路”倡议和自贸区建设、“京津冀一体化”建设等区域性改革，创新经济运行的体制机制。重视实体经济发展，坚持走新型工业化发展道路，促进信息化和工业化深度融合。实施创新驱动，推进万众创新、大众创业，在技术领域、管理领域、运营领域等多个领域实现创新突破。通过经济的发展带动社会更加文明，国家更加富强，在强化内功的过程中让世界更加认识和了解中国，提升中国的国际形象和国际竞争地位，让“中国梦”演绎出更多的精彩乐章。

4. 在参与世界竞争合作中要做到“以德服人”。

随着国际分工的深化，全球经济错综复杂地交织在一起，形成一张紧密联系的利益网，每个国家和地区处在不同的节点上，既要争夺资源要素，又要加强同其他国家的合作，因此，暴力的手段已经不再适合作为竞争的方式，霸权的态度也难以获得其他国家的信任和支持。随着各个国家经济发展水平的提升，在解决基本的温饱问题后，各个国家更加关注国家尊严和地位，希望构建新的全球治理模式，共同应对全球问题。在更加追求和平发展的时代，中国应该通过不断塑造良好的国际形象来提升国际地位，得到更多国家的认可。马克思主义的竞争思想倡导推翻阶级统治，实现人类的解放。中国在参与世界竞争中应发扬优秀的文化传统，彰显东方礼仪之邦的良好形象，以德服人。在自身经济实力不断增强的同时积极实施包容共享的经济发展理念，积极融入国际分工体系，在加强同发达国家经贸合作的同时，也强化同广大发展中国家的经济联系，帮助落后国家加强基础设施建设、发展经济等。同时我们在国际上要保持谦逊的姿态，树立正确的义利观，政治上坚持正义、道义为先，经济上坚持互利共赢，彰显良好的道德形象，从根本上赢得世界上其他国家的认可和信任。

5. 在顺应世界竞争格局演变趋势中要做到“运筹帷幄”。

2008 年国际金融危机爆发后，全球经济受到巨大影响，各国均采取了一定的经济扩张政策应对危机，但各国经济增长仍然极不稳定，经济失衡和结构性问题始终未能得到有效解决，面临的困难和风险依然较多。当前，世界正经历冷战结束以来最重大深刻的变革调整，多极化趋势全面深入推进，大国关系重组空前复杂，国际矛盾斗争空前尖锐，国际秩序重构推陈出新，世界竞争格局处于不断调整演变中，这对中国而言，既是机遇，又是挑战。中国应主动融入国际竞争中，充分发挥中国智慧，运用马克思主义的思维方式和眼光，精准地判断世界竞争格局的演变趋势和竞争热点的变化。在构建新一轮经济增长点、发展智能制造、推动战略性新兴产业发展等方面，发展中国家和发达国家几乎是站在同一起跑线上，谁能率先实现关键技术的突破，谁就将可能是未来世界经济发展的引领者，谁就能在国际经济规则的制定上拥有更多的话语权，这也将是未来国际竞争的焦点。因此，这是一场关系未来国家地位和国家荣誉的竞争，中国要做好充分的准备，通过创新、协调、绿色、开放、共享等一系列发展战略的实施，形成中国独特的竞争优势，并且做好应对复杂国际竞争形势变化的充分准备，在国际竞争浪潮中运筹帷幄，力挽狂澜，发挥示范和引领的作用，彰显中国的大国风范。

6. 在参与全球治理和区域合作中要做到“勇于担当”。

在长期的国际竞争实践中，西方发达国家占据着主导地位，把控着全球治理的地位，其所推崇的西方竞争思想一度是国际竞争的主导思想，而且试图通过思想的渗透把广大的发展中国家纳入其竞争体系中，实现长期控制。西方国家还在一些重大问题上，如应对全球气候变化问题上推卸责任，并且把责任转移给广大发展中国家和不发达国家。要扭转这种不合理的竞争格局就应该在全球治理中发出自己的声音。中国要在国际竞争中发扬和传导马克思主义竞争思想，积极参与全球治理和区域合作，彰显中国和平发展和对外开放的积极姿态，推动塑造国际经济新秩序，影响全球治理架构的调整和经贸规制制定。中国共产党作为马克思主义政党要积极推动中国以负责任大国的姿态，倡导开放包容、平等互利，在参与全球治理和区域合作中勇于担当，通过减缓外部摩擦和开放竞争压力，营造机遇共享的国际合作环境，通过提升全球价值链的地位，培育国际合作竞争新优势，推动构建各参与方权益平衡的决策机制，构建规范有序和利益共享的世界经济新秩序。与此同时，我国也应借助更加广阔的国际平台向世界宣扬和传播中国的竞争思想和竞争文化。

（原文发表于《数量经济技术经济研究》2016 年第 5 期）

《资本论》生产过剩理论及其现实意义

钟洪亮*

过剩与短缺是现实经济中供给量和需求量之间相比较的状态。当前，全球正在遭遇过剩经济大考，供求失衡已成为一国中长期经济发展的现实。中国工业领域也由计划经济时期的短缺不断演变为过剩，并从消费品生产领域不断蔓延到投资品生产领域甚至新近的一些战略新兴产业，经济常态由短缺向过剩发生根本性转变。但是，生产过剩及其根源是什么，理论界的讨论和纷争从未停止①，这直接导致了经济政策抉择的迥异和产能过剩治理绩效的不同。为了更好地把脉中国产能过剩问题实质及其治理机制，必须从《资本论》出发，正本清源，深入探寻生产过剩的奥秘，比较两种社会性质下的生产过剩典型特征及其根本区别，以避免把手段当作目标而误入歧途。正如毛泽东在《实践论》中所言："感觉到了的东西，我们不能立刻理解它，只有理解了的东西才更深刻地感觉它。感觉只解决现象问题，理论才解决本质问题。"② 马克思指出："理论在一

---

* 钟洪亮：经济学博士。《我国产能过剩治理研究》获2015年福建省优秀博士学位论文奖。

① 陈淮认为，"我国面临的过剩经济并非是生产与消费、供给与需求之间此长彼短的简单失衡。在过剩的现象背后隐含着很多前提与结果相悖的深层次矛盾。"姚德全认为，"我国目前在社会主义初级阶段出现的过剩现象，带有明显的体制转型特征，与经济发达国家的过剩经济有着本质的差别，这只是低水平下的过剩，是需求约束主导型的过剩，是供给对于传统需求的过剩，是满足消费者生存需求的过剩，是对即期需求的过剩"；此外，在1998年"过剩经济：形势与对策"研讨会上，呈现了三种主要的反对观点，分别是："我们面临的最多是买方市场，而不应概括为过剩经济"；"我们即或面临过剩，也只是相对过剩"；"尽管市场过剩，但很多产品还依赖于进口，因此我们面临的是结构性过剩"。陈淮：《过剩经济：悖论求解》，《管理世界》1998年第5期。姚德全：《缺陷与追求：社会前进的原动力——转型期过剩经济特点分析》，《学术交流》1999年第4期。古箴：《过剩经济：形势与对策研讨会概述》，《经济学动态》1998年第9期。

② 《毛泽东选集》第1卷，人民出版社1991年版，第286页。

个国家实现的程度，总是取决于理论满足这个国家的需要的程度。”[①]

一、《资本论》生产过剩的逻辑：竞争、资本运动与利润率下滑

马克思以唯物史观为基础，以商品分析为切入点，在资本主义生产、流通、分配三个环节中发现“要使商品中包含的价值和剩余价值能够在资本主义生产所决定的分配条件和消费关系下实现并再转化为新的资本，……商品就生产得太多了。”“不是财富生产得太多了。而是资本主义的、对立的形式上的财富，周期地生产得太多了。”[②] 这种生产过剩的形成，是在市场竞争机制作用下，在资本循环与利润率下滑过程中酝酿并生成，并成为“贫困和匮乏的源泉”。

1. 竞争规律是矛盾性的辩证统一体。

马克思指出“竞争贯穿在我们的全部生活关系中”[③]，“这种过程表现为各资本以及其他一切由资本决定的生产关系和交往关系的相互作用”[④]，作为资本主义生产关系中也内含资本间的竞争关系，是价值规律存在的基础和实现形式。竞争规律作为一般市场经济的重要推动力，在调节市场供求双方主体过程中，由于“竞争建立在利益基础上”[⑤] 和利己排他性，真实性的经济竞争是一种“无限制”的“强制性”的破坏性状态。因此，恩格斯在《国民经济学批判大纲》中进一步强调：“竞争的规律是：需求和供给始终力图互相适应，正因为如此，从未有过互相适应。双方又重新脱节并转化为尖锐的对立。供给总是紧跟着需求，然而从来没有达到过刚好满足需求的情况；供给不是太多，就是太少，它和需求永远不相适应，因为在人类的不自觉状态下，谁也不知道需求和供给究竟有

---

① 《马克思恩格斯选集》第 1 卷，人民出版社 2012 年版，第 11 页。
② 《马克思恩格斯文集》第 7 卷，人民出版社 2009 年版，第 287 页。
③ 《马克思恩格斯文集》第 1 卷，人民出版社 2009 年版，第 84 页。
④ 《马克思恩格斯文集》第 8 卷，人民出版社 2009 年版，第 180 页。
⑤ 《马克思恩格斯文集》第 1 卷，人民出版社 2009 年版，第 73 页。

多大。”[①] 不难发现，由于供给与需求之间总是非均衡状态，生产过剩就必然是市场经济常态。无论是在生产领域，还是在流通领域，甚至在分配领域，我们都看到竞争规律在促进了经济发展的同时，竞争状态总会从“兄弟般”的一般竞争转向“兄弟相残”的“不投资即死亡”的无限制的强制性的破坏性竞争，不仅导致了生产过剩，甚至可能诱发经济危机，这是一种矛盾的辩证统一体。

2. 资本运动中的生产过剩。

在资本运动总公式 G—W—G′中，资本再生产和流通中形成的货币资本、生产资本和商品资本，依次经过三个阶段变换形式再回复到原来的形式，并进行周而复始的资本运动。在竞争规律作用下，随着资本积累与生产力发展，货币、生产和商品形态与此同时也发生相应形式的拓展。“由于资本无限度地追求超额劳动、超额生产率、超额消费等等，它同样有超越这种比例的必然趋势。”[②] 这又将落入悖论性陷阱，资本积累的螺旋式增长必须依赖市场消费需求的持续性增容，而金字塔式的社会结构中具有强劲消费需求的普通劳动者群体的购买力稀缺，直接限制了消费能力的内生增长。囿于资本家厂商贪婪逐利的本性，“在资产阶级眼界内，满脑袋都是生意经”[③]，其生产动机“不是使用价值和享受，而是交换价值和交换价值的增殖”[④]，资本家“作为价值增殖的狂热追求者，他肆无忌惮地迫使人类去为生产而生产”[⑤]，因此他们就无法通过放弃资本螺旋式积累，替代为规模消费来弥合这一差额。“到了一定的发展程度上，在工厂部门极度扩展的同时，所使用的工人人数不仅可能相对地减少，而且可能绝对地减少”[⑥]，导致相对人口过剩，同时却又生产出大量超过消费需求限度的商品，进一步加深了生产和消费的矛盾，即“生产同价值实现不一致，因而是生产过剩，或者同样可以说，这是产品不能

① 《马克思恩格斯文集》第 1 卷，人民出版社 2009 年版，第 73—74 页。
② 《马克思恩格斯文集》第 8 卷，人民出版社 2009 年版，第 94 页。
③ 《马克思恩格斯文集》第 6 卷，人民出版社 2009 年版，第 133 页。
④ 《马克思恩格斯文集》第 5 卷，人民出版社 2009 年版，第 683 页。
⑤ 《马克思恩格斯文集》第 5 卷，人民出版社 2009 年版，第 683 页。
⑥ 《马克思恩格斯文集》第 5 卷，人民出版社 2009 年版，第 515 页。

转化为货币的、不能转化为价值的生产；是不能在流通中得到证实的生产”[①]。普遍生产过剩“不是对消费来说过多，而是对保持消费和价值增殖之间的正确比例来说过多”[②]，“没有考虑市场的现有界限或有支付能力的需要的现有界限”[③]。于是发生了过剩危机，利润率会下降，商品过剩并行出现，商品再转化为货币发生障碍，再生产过程进一步遭到破坏。因此，马克思强调“在生产过剩的普遍危机中，矛盾并不是出现在各种生产资本之间，而是出现在产业资本和借贷资本之间，即出现在直接包含在生产过程中的资本和在生产过程以外（相对）独立地作为货币出现的资本之间”[④]，收入不断转化为资本。这种生产是以剥削和掠夺广大劳动群众为基础的，生产失去了消费的刺激，对剩余价值的进一步掠夺必然使劳动人民的购买力和无限扩大的生产不相容甚至相互掣肘，“手段——社会生产力的无条件的发展——不断地和现有资本的增殖这个有限的目的发生冲突”[⑤]，生产过剩问题更加严重。

3. 利润率下滑的破坏性加剧。

正如恩格斯强调“经商所冒的风险非常大”[⑥]，竞争越激烈其风险也就也大，其潜在利润率也就越高，竞争吸引力也就越大。作为剩余价值转换形式的利润，由于个体资本有机构成不同，所实现的利润率也呈现差异化特征，“不变资本同可变资本相比的这种逐渐增加，就必然会有这样的结果：在剩余价值率不变或资本对劳动的剥削程度不变的情况下，一般利润率会逐渐下降”[⑦]，逐渐被等额资本获取等额利润的平均利润替代，即由平均利润与总预付资本之比决定的利润率差异不断缩小[⑧]，利润趋于平均化。实践中，“一般利润率日益下降的趋势，只是劳动的社会生

① 《马克思恩格斯文集》第 8 卷，人民出版社 2009 年版，第 93 页。
② 《马克思恩格斯全集》第 30 卷，人民出版社 1995 年版，第 433 页。
③ 《马克思恩格斯文集》第 8 卷，人民出版社 2009 年版，第 274 页。
④ 《马克思恩格斯文集》第 8 卷，人民出版社 2009 年版，第 94 页。
⑤ 《马克思恩格斯文集》第 7 卷，人民出版社 2009 年版，第 279 页。
⑥ 《马克思恩格斯文集》第 7 卷，人民出版社 2009 年版，第 1021 页。
⑦ 《马克思恩格斯文集》第 7 卷，人民出版社 2009 年版，第 236 页。
⑧ 何国文：《关于影响平均利润率下降的因素的问题——与政治经济学教科书作者商榷资本周转影响利润率的原理》，《中山大学学报（社会科学版）》1957 年第 1 期。

产力的日益发展在资本主义生产方式下所特有的表现”[①]，从长远来看利润率呈现平均化规律，由于各经济主体的逐利性，各种生产要素逐渐在不同产业部门间不断流出、流入和重组，经过多轮循环演化最终导致各产业部门都能按平均利润率获得平均利润。随着经济进一步发展，资本积累将被破坏[②]，那些盈利能力低于平均水平的企业就会逐渐出现经营困难，尤其初始平均利润率越低，企业破产增加的数量就越多[③]。这意味着劳动密集型等利润率较低的行业，其遭遇利润率平均化导致破产的风险就越大，行业性产能过剩形成周期就越短，破坏性风险扩散速度就越快。

与此同时，“信用制度表现为生产过剩和商业过度投机的主要杠杆”[④]，“货币经济中的信用关系不断打破对生产扩张的束缚和限制”[⑤]，“信用又使买和卖的行为可以互相分离较长的时间，因而成为投机的基石”[⑥]，货币信用过度扩张导致资产泡沫化。“资本造成的劳动供给比资本对工人的需求越是增加得快”[⑦]，出现了相对过剩人口；资本的绝对量增加了，但一定量资本所生产的剩余价值量减少，利润率下降。伴随出现的是资本过剩，“一部分资本全部或部分地闲置下来”，“另一部分资本由于受到失业或半失业的资本的压迫以较低的利润率来增殖”。[⑧] 而生产资料（以固定资本和流动资本形式存在的生产资料）被闲置，不起资本的作用，而且会受到自然的侵蚀而遭到破坏。资本的过剩、劳动人口的过

---

① 马克思：《资本论》第3卷，人民出版社2004年版，第237页。

② 谢富胜、汪家腾：《马克思放弃利润率趋于下降理论了吗——MEGA² Ⅱ出版后引发的新争论》，《当代经济研究》2014年第8期。

③ 刘磊：《利润率下降危机理论的一个经验研究——〈大失败：资本主义生产大衰退的根本原因〉述评》，《中国人民大学学报》2014年第2期。

④ 《马克思恩格斯文集》第7卷，人民出版社2009年版，第499页。

⑤ 按照马克思的分析，倘若没有信用体系，资本积累所导致的生产扩张将不断遭遇到工人工资收入和消费需求的限制，呈现为可以伸缩的再生产过程，但是货币经济中的信用关系不断打破对生产扩张的束缚和限制。其结果是信用创造的虚假需求并不能真正解决生产与消费间的尖锐冲突，“在再生产过程的全部联系都是以信用为基础的生产制度中，只要信用突然停止，只有现金支付才有效，危机显然就会发生”。详可参阅《马克思恩格斯文集》第7卷，人民出版社2009年版，第555页。

⑥ 《马克思恩格斯文集》第7卷，人民出版社2009年版，第494页。

⑦ 《马克思恩格斯文集》第5卷，人民出版社2009年版，第733页。

⑧ 《马克思恩格斯文集》第7卷，人民出版社2009年版，第280页。

剩和生产的过剩之间互为补充、互为叠加、互为因果，必然使比例关系不断受到破坏，资本价值受到更为严重的破坏，股票价值下降，部分资金闲置，现有资本贬值，商品价格下滑，信用制度崩溃，利润率下滑，“由此引起强烈的严重危机，突然的强制贬值，以及再生产过程的实际的停滞和混乱，从而引起再生产的实际的缩小”①。

当然，也应该认识到在生产过剩危机对资本造成破坏的同时，“另一些要素也会起作用”②，使资本主义生产重新归于平衡。“平衡都是由于一个或大或小的资本被闲置下来，甚至被毁灭而得到恢复”③。但是，“已经发生的生产停滞，为生产在资本主义界限内以后的扩大准备好了条件”④。首先，是危机导致大量生产工人失业，迫使在业工人工资降低到劳动力价值的平均水平以下，从而提高资本剥削的剩余价值量；其次，价格下滑和激烈的市场竞争，使得资本家采用新的机器、新的改良的劳动方法、新的结合，可变资本与不变资本比例关系发生新变化，虽然生产效率得以促进，但同时却出现资本家雇佣工人需求减少，而同期人口却在不断增长，由此形成新一轮的生产进步下的人为的人口过剩；第三，“不变资本要素的贬值，本身就是一个会使利润率提高的要素”⑤。资本生产得以恢复是由于上述因素的发挥作用，资本在新的基础上发挥职能。而且随着生产的扩大，市场也会扩大，资本积累不断进行，在新的基础上，“同样的恶性循环将再次发生”，必然导致新的更深刻的经济危机。第四，信用在生产过剩时期营造市场需求的虚假繁荣，催化并错误引导了实际生产不是缩小而是继续扩张甚至超出供给需求均衡的边界，从而爆发了更为严峻的生产过剩。在马克思看来，“信用制度……扬弃了资本的私人性质，从而自在地，但也仅仅是自在地包含着资本本身的扬弃……成了使资本主义生产超出它本身界限的最有力的手段，也是引起危机和欺诈行为的一种最有效的工具”⑥。“现实危机只能从资本主义生产的现实运动、

① 《马克思恩格斯文集》第7卷，人民出版社2009年版，第283页。
② 《马克思恩格斯文集》第7卷，人民出版社2009年版，第283页。
③ 《马克思恩格斯文集》第7卷，人民出版社2009年版，第282页。
④ 《马克思恩格斯文集》第7卷，人民出版社2009年版，第284页。
⑤ 《马克思恩格斯文集》第7卷，人民出版社2009年版，第284页。
⑥ 《马克思恩格斯文集》第7卷，人民出版社2009年版，第686页。

竞争和信用中来说明”[①]，生产过剩导致了产业危机，产业危机更深化了信用危机，呈现有规则的循环反复。马克思指出，资本主义“危机永远只是现有矛盾的暂时的暴力的解决，永远只是使已经破坏的平衡得到瞬间恢复的暴力的爆发”[②]，“只是作为盲目起作用的自然规律强制性地和破坏性地为自己开辟道路”[③]。

二、资本主义和社会主义生产过剩的典型特征及其根本区别

伴随全球需求增长率下滑和全球经济增长放缓，近20多年来几乎所有竞争性产业都遭遇大规模的产能过剩约束，生产过剩表现出长期性和顽固性趋势。《经济学家》认为“目前全球销量和产能之间的鸿沟是自20世纪30年代以来之最”[④]。大量经济事实表明，马克思在《资本论》中揭示的生产过剩规律，在资本主义世界屡试不爽，对于一般市场经济运行过程也基本适用。当然，我们也应该辩证地看待不同社会性质下生产过剩的内部矛盾，“辩证逻辑要求从事物的发展、‘自己运动’（像黑格尔有时所说的）、变化中来考察事物”[⑤]，需要“对每一种既成的形式都是从不断的运动中，因而也是从它的暂时性方面去理解”[⑥]。一方面要认清生产过剩作为一般市场经济运行的必然现象存在，另一方面也应看到，资本主义和社会主义不同条件约束下，生产过剩也有其异质性特征。

1. 资本主义市场经济生产过剩典型特征。

（1）周期性循环演化。从20世纪30年代以后资本主义世界历次经济危机的特征来看，无论危机呈现方式如何现代化，传导机理如何复杂化，涉及国别、群体如何规模化，在本质都始终遵循是上述生产过剩特

① 《马克思恩格斯文集》第8卷，人民出版社2009年版，第250—251页。

② 《马克思恩格斯文集》第7卷，人民出版社2009年版，第277页。

③ 《马克思恩格斯文集》第3卷，人民出版社2009年版，第560页。

④ *Economist* (February 20, 1999), p.15.

⑤ 《列宁专题文集·论辩证唯物主义和历史唯物主义》，人民出版社2009年版，第314页。

⑥ 《马克思恩格斯文集》第5卷，人民出版社2009年版，第22页。

征和危机演化规律[①]，劳动生产力不是一直顺利地向前发展，而是在周期性进行的经济危机的破坏中向前发展的，利润率趋向下降的规律在起作用，都是“当生产扩大到在另一个前提下还显得远为不足的程度时，对资本主义生产的限制已经出现了”[②]。这些也恰恰说明了“资本主义生产不是绝对的生产方式，而只是一种历史的、和物质生产条件的某个有限的发展时期相适应的生产方式”[③]。危机的周期性总是在社会生产膨胀和收缩的交替运动中，不断经历复苏、繁荣、危机和停滞的周期性循环演化，“总是以一场普遍危机的爆发而告终，这场危机既是一个周期的终点，也是另一个新周期的起点”[④]。

（2）寡头竞争与市场垄断。随着资本主义从自由竞争向垄断资本主义阶段的发展，现实经济生活中的垄断因素不断增强，垄断组织逐渐成为资本主义国家全部经济生活的基础[⑤]，表现为垄断竞争市场和寡头垄断市场。一般情况来说寡头垄断厂商的前四位企业市场占有率（CR4）最低在30%，前八位企业市场占有率（CR8）最低在40%（如表1所示）。资本主义国家中不少行业尤其是核心产业都表现出寡头垄断的特征[⑥]，如美国的汽车业、烟草业、电气设备业、供水业、玻璃产业、农具产业、罐头产业，中东少数几个国家控制了世界大部分石油储藏等。在这一市

---

① 详可参阅《从马克思主义经济学的观点看当前的金融和经济危机——张宇教授访谈》，《国外社会科学》2009年第7期；孟捷：《危机与机遇：再论马克思主义经济学的创造性转化》，《经济学动态》2009年第3期；杨继国：《基于马克思经济增长理论的经济危机机理分析》，《经济学家》2010年第2期；王宇伟：《从马克思的〈资本论〉看美国的次贷危机》，《当代经济研究》2009年第3期；吴易风、王晗霞：《国际金融危机和经济危机背景下西方国家干预主义和新自由主义的论争》，《政治经济学评论》2011年第4期.

② 《马克思恩格斯文集》第7卷，人民出版社2009年版，第288页。

③ 《马克思恩格斯文集》第7卷，人民出版社2009年版，第289页。

④ 《马克思恩格斯全集》第49卷，人民出版社1982年版，第241页。

⑤ 主编陈孟熙、副主编郭建青：《经济学说史教程》（第二版），中国人民大学出版社2003年版，第396页。

⑥ 据工业委员会研究，兼并者控制的平均市场份额为71%，穆迪（J. Moody）研究了92个大兼并，发现其对市场份额的占有是很明显的，其中78个控制了所在产业产出的50%以上，57个控制了所在产业产出的60%以上，26个控制了所在产业产出的80%以上；甚至在杜因（A. D额外）所列举的14个兼并未获成功的产业中，平均比重也高达54%。详可参见［美］G. L. 施蒂格勒：《产业组织与政府管制》，上海人民出版社1996年版，第10页。

场中，厂商之间相互依赖，每个寡头垄断厂商的决策都不得不考虑市场中其他厂商的可能行为和反应，并在合作与不合作的行为之间做出选择，竞争厂商之间存在着复杂的策略性相互影响，使得寡头垄断厂商均衡变得更加复杂化。现实经济生活中，由于受到集中度、领导者之间的地位不平等以及其他因素影响，导致寡头垄断结构不同，以及竞争厂商的态度和动机的多样性，决定了寡头垄断的不确定性，从而加剧了生产过剩危机的复杂性和综合性。

表 1 贝恩对美国产业竞争和垄断类型的划分

类型	前四位企业市场占有率（CR4）	前八位企业市场占有率（CR8）
完全垄断	一个厂商占有 100%的市场份额	
极高寡占型	75%以上	——
高度集中寡占型	65%≤CR4<75%	85%≤CR8
中（上）集中寡占型	50%≤CR4<65%	75%≤CR8<85%
中（下）集中寡占型	35%≤CR4<50%	45%≤CR8<75%
低集中寡占型	30%≤CR4<35%	40%≤CR8<45%
原子型	30%以下	40%以下

资料来源：J. S，Bain，*Industrial Organization*（New York：Harvard University Press，1959）

(3) 治理政策的阶级合意性。纵观资本主义社会生产过剩调节，都是从资产阶级利益出发，试图通过合意的经济政策，缓解市场经济运行过程中出现生产过剩矛盾。其政策虽能在短期内缓和矛盾并实现产能的短期均衡，却因无法对生产过剩矛盾进行科学解释导致面临更为严峻的实践挑战，将带来更复杂更危险的系统性的经济风险。从世界资本主义发展史来看，无论如何进行宏微观经济政策调整和制度创新，资本主义如何扩展本身，对生产过剩治理开出的处方也仅是暂时缓解了其根本矛盾，始终无法摆脱长期生产过剩的困扰，仍处在“一个生产过剩仍占统治地位的世界中”[①]。当前世界资本主义经济深陷长期产能过剩困扰就是很好的说明。

2. 中国社会主义市场经济生产过剩典型特征。

(1) 伴随产业结构调整。改革开放以来，在中国由计划经济向市场经济转轨的发展过程中，逐步形成以“结构调整和结构优化”为经济治理和发展的主线。由于经济和社会结构迅速变化使得相关经济决策部门不可能全面、及时、准确地获得产业规制所需要的信息并合理地使用这些信息，从而使得工业产品也由计划经济时期供给约束向市场经济时期需求约束转变。不同社会发展阶段和工业经济领域开始持续性面临多样化的“产能过剩”“重复建设”“过度投资”“过度竞争”等相类似的问题困扰，并表现出不同的特征，对中国经济健康发展带来了一定的威胁。如，20 世纪 80 年代中国开始了工业化战略，开始压缩基础建设和调整重工业增速，转向扶持轻工业发展，实施轻工业“六个优先”政策，积极促进非国有经济和乡镇工业成长，并出现了家用电冰箱、洗衣机、电视机、啤酒、塑料等生产能力过剩。对苏州市 1985 年建成的 215 个生产企业调查显示，建成后不能投产的有 20 个，占 9.3%；生产能力利用率不到 25%的 41 个，占 19.1%；生产能力利用率在 25%～50%的 45 个，占 20.9%；生产能力利用率在 51%～75%的 43 个，占 20%；生产能力利用率在 76%以上的 66 个，占 30%。也就是说，有近一半的新建企业生产能力利用率不足 50%。[②] 当前光伏、风电、多晶硅等十几个行业也出现了不同程度的产能过剩，而中国体育鞋服纺织行业也因前期渠道过度扩张、品牌辨识度低和产品同质化困扰形成全行业性产能过剩，仅 2012 年第三季度 22 家 A 股上市公司库存总量就达 382 亿元。如，2012 年李宁集团亏损达 19.79 亿元，负债总额达 42.2 亿元，平均每天关店 5 家，2014 年门店数减少到 5626 家。

---

① Steven Kettell，“Cricuits of Capital and Overproduction：A Marxist Analysis of Present World Economic Crisis，” *Review of Radical Political Economics* (Jan. 2006).

② 马洪、周叔莲、汪海波：《中国工业经济效益问题研究（下）》，中国社会科学出版社 1990 年版，第 72 页。

(2) 体制机制因素较显著。在中国多层级多地区的政府间关系中，不同主体之间利益诉求差异性较大，目标函数大为不同，面临的约束条件也大为不同。中央政府与地方政府在金融资源、竞争约束、信息规模等方面都存在较大差异。这种结构性差异，就形成了中国地方政府官员独特的激励和行为方面的不同。现实中，地方政府与辖区经济紧密联系在一起，在供给“经济增长”过程中地方政府官员在辖区经济发展中一直扮演着积极的角色，他们通过财政、信贷资源、土地、税费优惠、管制标准等具体调控手段的实施，积极寻找资源、项目来推动发展地方经济和促进地方财政收入的热情前所未有，从而放松了产能管制。因此，区域地方政府之间的过度竞争，是地方政府官员为增长而进行竞赛性质的竞争，必然导致产能同构和生产能力过剩。周黎安（2005）的研究发现，省级官员的升迁概率与省区国内生产总值的增长率呈显著的正相关关系。[①] Li 和 Zhou（2005）发现，辖区经济增长速度每提高 1 个百分点，书记、省长晋升概率就显著地提高 10 个百分点。[②] 因此，由于晋升竞标赛的存在，就会经常发现地方官员会积极推进有利于局部利益、但损害全局利益的非经济理性的结果，甚至还会出现即使是负利率预期也不能阻止其市场进入，如经济开发区的泛滥、同质竞争和重复建设。[③] 这也是为什么各地方在同一产业或建设项目的竞争中会经常无视经济亏损的原因。

(3) 经济政策的部门合意性。从产业政策制定过程来看，由于产业政策的限定性，中央各部门和地方政府作为本部门本地区利益的代表，出现了不同部门、不同地区之间的利益之争，竞相提出各种理由成为中央政策的优惠对象（如表 2），并存在一种倾向，就是现有厂商总是积极

---

① 周黎安、李宏彬、陈烨：《相对绩效考核：中国地方官员晋升机制的一项经验研究》，《经济学报》2005 年第 1 期。

② Li H，Zhou L，“Political turnover and economic performance：the incentive role of personal control in china”，*Journal of Public Economic*，89（Sept. －Oct. 2005）：1743—1762.

③ 2014 年第十八届中国国际投资贸易洽谈会上反馈的数据显示，截至 2014 年 7 月，国家级经济技术开发区 215 家，国家级高新技术产业开发区 115 家，国家级保税区 13 家，国家级出口加工区 63 家，国家级边境经济技术开发区 15 家，其他国家级开发区 57 家，省级开发区 1170 个。

表 2 各部门各地区对优惠政策的要求（1978—1991）

行业或地区	要求成为重点的理由	政策要求
冶金工业、煤炭工业、石油工业、电力工业、核工业、化学工业、农业、林业、交通运输业、邮电通信业等	“瓶颈”产业，基础产业	给予优惠政策优先发展
微电子工业、航空工业、航天工业、某些机械行业、某些化学工业、核工业等	高新技术	
纺织工业、轻工业、电子工业、船舶工业等	劳动密集型行业或技术密集型行业	
纺织工业、轻工业、电子工业、船舶工业等	出口创汇行业	
机械工业、微电子工业、汽车工业、建材工业、建筑工业、化学工业	支柱产业、带头产业	
东部地区	对外开放，资金收益率高，劳动生产率高，新产品新技术比率高	
中部地区	老工业基地，工业基础雄厚，技术力量强，大中型国有企业多，地理位置适中	
西部地区	资源产区，为中、东部地区长期做贡献，能源充裕，沿边地区，少数民族地区	

资料来源：江小涓《制度变革与产业发展：进程和案例研究》，北京师范大学出版社 2010 年版，第 13 页。

推动新制定政策限制潜在的进入厂商，以防止重复生产建设。但与此同时，我们发现各部门和地区在这些问题上却存在“双重标准”现象，由于厂商逐利本质，导致其不仅要维护既有行业类别，又有强烈偏好要进入情景预测较好的行业或产品。不同区域之间“双重标准”现象的普遍存在，使得工业交叉发展与区域结构趋同矛盾并行，即产业同构化，进一步加剧了产能过剩矛盾。如 20 世纪 80 年代电冰箱、洗衣机、彩电等家电的产业组织政策，就存在这些因素，最后由于受到“各方面压力”和利益博弈影响，不但没有控制生产达到规模经济，反而出现政策生产是按照“一个部门、一个省区、一个直辖市原则上有一家”形式实现平衡，这又进一步强化了产业政策和产业规划的盲目性[①]，前文研究已经表明这些政策又在某种程度上强化了重复建设和重复生产问题，生产过剩问题的矛盾性加剧，形成“越过剩越投资”陷阱。

3. 两种社会生产过剩矛盾比较和现实突围。

(1) 社会性质不同。不管是马克思时代资本主义生产过剩还是当前资本主义经济中的产能过剩，其实质都是锁定在价值和剩余价值创造中的生产关系。因由其私有制为基础，谋取利润就成为资本无休止的运动[②]，无论发展到哪一个阶段，生产和一般财富的一切因素的过剩都成为“贫困和匮乏的源泉”，诱致了生产萎缩和大量失业的生产相对过剩危机，并呈现周期性循环反复特质。而中国产能过剩问题的发轫于社会主义市场经济发育过程，与国家宏观经济结构调整和产业布局相伴随，其发生是由于市场主体之间信息不对称、体制机制不健全导致的矛盾，产能过剩矛盾行业类型阶段性特征显著。在以公有制为前提下，其产能过剩的影响范围、政府作用能力乃至对抗性矛盾均较资本主义国家有着根本性区别。

(2) 影响范围不同。在资本主义市场经济中，生产过剩危机一旦爆发，就会发生多米诺骨牌效应。其影响范围不仅在一国之内，甚至会波及整个资本主义经济世界；不仅在某一特定产业之内，甚至会波及绝大多行业企业。20 世纪 30 年代以来历次生产过剩经济危机，就充分说明了这一点。如，2008 年金融危机就从最开始的金融系统，再到欧债危机和

① 从信息资源来看，中央与地方之间信息不对称显著，中央政府一方面无法完全掌握所有信息进行管制政策决策，另一方面中央政府也无法对地方政府的政策执行开展有效的督查，从而必然导致地方政府通过各种整合性资源违规新建产能。从市场需求预测能力看，20 世纪 80 年代以来历次中央产能管制政策文件对家电、钢铁、汽车、纺织等行业市场需求规模和结构的预测，都严重偏离实际需求增长空间和结构变化趋势，从而大大强化了地方政府与企业合谋突破产能过剩限制以谋求丰厚利润的动力。详可参阅范林凯、李晓萍、应珊珊：《渐进式改革背景下产能过剩的现实基础与形成机制》，《中国工业经济》2015 年第 1 期；向洪金：《战略授权、预算软约束与中国国有企业产能过剩——基于混合寡占竞争模型的研究》，《广东社会科学》2015 年第 1 期；徐朝阳、周念利：《市场结构内生变迁与产能过剩治理》，《经济研究》2015 年第 1 期。

② 李建平：《试析社会主义市场经济条件下更好发挥政府作用的理论依据》，《东南学术》2015 年第 3 期。

美债危机的持续爆发，最后蔓延至整个实体经济衰退，甚至诱发了冰岛等国家的破产。而中国产能过剩矛盾影响范围，从20世纪80年代的轻工业，再到20世纪90年代轻工业和重工业并存，发展到21世纪重工业和战略新兴产业并存，虽然行业企业类型在拓展，并呈现顽固性和漫长性趋势，但影响程度及其作用方式截然不同。从每个时期治理绩效来看，始终坚持以国家发展战略和规划为导向[①]，都及时化解了不同发展阶段产能过剩矛盾和有效调整了产业结构，促进了工业进步。不难想象，如果没有得到及时、科学可控的治理，中国的家电、化工等就无法走向世界，汽车产业无法振兴，民族品牌无法屹立于世界强国之林。

(3) 政府能力不同。无论是古典经济学，还是新古典经济学，甚至政府治理，都不难发现资本主义国家信奉自由市场原则，在化解产能过剩危机时都重视并依赖厂商之间横向和纵向合作，力促在自由市场中、在“相互尊重的竞争”中持续增长[②]。但现实总是残酷的，即使2008年金融危机后，西方国家重新重视了政府作用，但由于其特定的社会治理结构，导致政府作用方式、实现机制都受到诸多制约，大大降低了其生产过剩治理有效性。而中国历来重视产能过剩治理发挥的政府作用，既有直接干预也有间接调整，宏观层面十分强调有计划按比例发展规律[③]，微观层面突出发挥供求变动和竞争机制作用。从1978年《关于加快工业发展的若干问题的决定（草案）》开始，先后出台了各式各样的抑制产能过剩、加强产业规制的政策文件，如《国务院关于当前产业政策的要点的决议》(1989)、《90年代国家产业政策纲要》(1994)、《关于国有企业改革和发展若干重大问题的决定》(1999)、《关于投资体制改革的决定》(2004)、《关于加快推进产能过剩行业结构调整的通知》(2006)、《关于进一步淘汰落后产能工作的通知》(2010)、《国务院关于化解产能严重过剩矛盾的指导意见》(2013) 等，从国家战略层面深入推进了产业结构调整和产能过剩化解。从治理绩效和历史数据来看，政府这种干预

---

① 《中共中央关于全面深化改革若干重大问题的决定》，《人民日报》2013年11月16日。

② ［美］小艾尔弗雷德·钱德勒：《规模与范围：工业资本主义的原动力》，张逸人等译，华夏出版社2006年版，第33—41页。

③ 刘国光：《关于政府和市场在资源配置中的作用》，《当代经济研究》2014年第3期。

手段和机制都有效化解了当时的过剩性矛盾，极大避免了经济的激烈波动，有效推进了产业结构优化和产业组织螺旋式演替，极大提升了经济治理质量。

三、中国产能过剩治理的现实意义

随着信息化社会进步，《资本论》中提到的产品积压引起的生产过剩逐渐被产能过剩的概念替代。经济学界越来越重视研究微观层面企业设计生产能力和实际产出之间的比值，以判定企业的生产资源有效利用程度。当固定成本在总成本中占比例比较高，市场价格表现较低，在市场需求制约下不能足够利用时，可能给企业带来较大的亏损面等，就出现了产能过剩。即使现在，产能过剩问题依然困扰发达资本主义国家的经济发展，杰克·韦尔奇指出“几乎所有的行业都存在产能过剩”[①]。西方经济学家和政府仍然在努力突围，仍在孜孜以求防范和化解产能过剩的治理方略。由于受到信息和环境等确定性的影响，中国产能过剩形成的原因比较复杂，既有市场不完善的问题，也有政府干预不当的问题；不同行业之间既有共性，也有差异性。因此，治理产能过剩，有其特定的理论意义和现实意义。

1. 正确认识产能过剩是一种常态。

在市场经济运行中厂商生产和服务的供给能力大于均衡价格下的市场总需求，或说实际产出没有达到潜在的产出水平，产能闲置超出合理区间，从而出现生产过剩现象。马克思强调“有限性之间的矛盾是生产过剩的基础”[②]，由于“商品是处于不断的运动过程中”[③]，在现实市场经济条件下，任何经济主体或部门都无法对称性地获得市场供需的完备信息，其市场结构表现为典型的非均衡特征，再加之经济主体多元化、利益关系博弈等增加了经济形势的复杂性，从而使交易市场中供不应求和

① *New York Times*, November 16, 1997, p. 3.

② 《马克思恩格斯全集》第 26 卷第 2 册，人民出版社 1973 年版，第 602 页。

③ 李建平：《〈资本论〉第一卷辩证法探索》，社会科学文献出版社 2006 年版，第 26 页。

生产过剩将成为一种常态。正如马克思强调“问题本身并不在于资本主义生产的自然规律所引起的社会对抗的发展程度的高低。问题在于这些规律本身，在于这些以铁的必然性发生作用并且正在实现的趋势。工业较发达的国家向工业较不发达的国家所显示的，只是后者未来的景象”①，不管哪种社会性质，乃至何种社会发展阶段，只要是实行市场经济体制，产能过剩就必然会存在，仅是政府和市场组合治理方式不同。对中国而言，当前产能过剩治理过程是“利益格局调整”的过程，当前影响产能过剩治理的是地方保护主义和财税既得利益。作为市场经济运行常态的产能过剩，其治理不过是改变利益分配的方式，从而改变产业发展参与主体的行为方式和行为预期，形成可持续的激励机制和可持续的收益分配制度，以激发可持续的增长动力。

2. 深刻批判新自由主义“美化、虚化市场的美好”。

斯蒂格利茨指出，“新自由市场原教旨主义一直是为某些利益服务的政治教条，它从来没有得到经济学理论的支持。它也没有得到历史经验的支持”②，这具有很强的欺骗性和危害性。现实市场经济体系中的产能过剩，并不能够自我修复和自动调节市场供求，而是伴有破坏性的非均衡过程。恩格斯指出市场竞争机制“是一个以当事人的无意识活动为基础的自然规律”③，因此在不受约束条件下，市场也有可能出现无序竞争，甚至会出现厂商个体组织化与社会整体无政府化的冲突。在中国社会主义市场经济中，“社会主义和市场经济之间不存在根本矛盾”④，“市场是配置资源和提供激励的有效方式，它通过竞争和价格杠杆把稀缺物资配置到能创造最好效益的环节中去”⑤，但“并不是说市场是全面的、万能的。市场也有其自身的明显弱点和局限性”⑥。现实的不完全竞争市场中，为了获取最优化利润，厂商之间、厂商与消费者之间发生了各种形式的竞争和博弈。由于市场发育还不成熟，自身存在自发性、盲目性和

---

① 《马克思恩格斯文集》第5卷，人民出版社2009年版，第8页。
② ［美］斯蒂格利茨：《新自由主义的终结》，《东方早报》2008年7月12日。
③ 《马克思恩格斯文集》第1卷，人民出版社2009年版，第74页。
④ 《邓小平文选》第3卷，人民出版社1993年版，第148页。
⑤ 《江泽民文选》第1卷，人民出版社2006年版，第200页。
⑥ 《江泽民文选》第1卷，人民出版社2006年版，第201页。

滞后性等弊端，现实经济中任何经济主体或部门的竞争决策都只能是在信息不对称情况下做出，从而导致了市场中资源配置在时间和空间上存在错位的可能，如供不应求、产能过剩等市场非均衡状态，大量低效率企业和低效率产能将长期存在。这也恰恰说明，政府干预的必要性，必须“更好发挥作用”，特别是纠正以往由于体制机制因素诱发的产能过剩现象，就要政府的正确干预。其治理根本在于法治思维和法治方式，以避免把手段当作目标而误入歧途，法治精神应该成为产能过剩治理的基础性保障，形成秩序和规范的作为不断实现从政策推动走向法治引领，使其越来越成为协调冲突利益和价值的“规制理性”。

3. 积极转变经济发展方式，深化产业结构调整。

产能过剩本质上是自由竞争的结果，由于“竞争的规律是：需求和供给始终力图互相适应”，“这个规律永远起着平衡的作用”，[①] 因此适度的产能过剩将有利于供给与需求的相对一致，成为促进中国社会主义市场经济发展的推动器。针对不同类型产能过剩治理的过程，本身就是产业结构调整和转型升级的契机，也是推进企业兼并重组、提升产业集中度和企业综合竞争力的重要战略机遇期，更是促进“创造性破坏”过程的完成。当前，中国产能过剩治理的关键在于加快经济发展方式转变，强化国家的组织能力、整合能力和规划能力，促进经济结构调整，加强分配制度改革，以更好地提升国民的消费能力，从而在投融资体制改革深化中，优化资源配置功能，优化产业空间布局。而要实现经济体自主的产能过剩化解，根本路径在于强化创新驱动的力量，要抓住第三次工业革命契机，促进经济发展方式转变，再造中国经济体的竞争优势。以产业科技革新为依托，培育产业核心竞争力。以信息技术创新为导向，研制大数据经济战略，深化产业生态变革。通过优化制度引导市场模式，跨越产能过剩的体制陷阱，在协同创新地方产业组织中，化解产能过剩同构约束，并在政策体系上支撑企业退出，解决后顾之忧。在微观层面，亟须加强中国企业产能过剩治理能力建设，强化企业创新驱动，优化竞争策略，以重建市场瞄准机制，通过拓展国内和国际市场来保障企业做

---

① 《马克思恩格斯文集》第1卷，人民出版社2009年版，第73—74页。

大做强，从而消除企业库存压力与产能过剩矛盾。当然，所有这些措施得以落细落小落实的根本在于法治化保障，法治已成为建立秩序和规范的最大公约数，以确保产能过剩治理的制度化、规范化、有序化，凝聚共识和力量，实现社会公正和共同富裕。

4. 坚持生产资料公有制为基础，发挥国有企业镇定器作用。

产能过剩行业往往效率损失都较为严重，必须优化地方国有经济布局和结构，促进产能过剩行业的国有资本效率得到提升，建立健全现代企业制度和公司法人治理结构，使其由粗放型经营向集约型经营转变，切实建立国有企业的制度自信。2015 年 7 月 18 日习近平同志在吉林调研时强调“推进国有企业改革，要有利于国有资本保值增值，有利于提高国有经济竞争力，有利于放大国有资本功能”①。现时改革，首当其冲就要始终坚持生产资料公有制为基础，充分发挥国有企业镇定器作用，深化国有企业是国民经济发展的中坚力量。审慎推进产能过剩行业的国有资本混合所有制改革试点，突出依靠市场力量调整和优化存量产能，杜绝出现违规项目，谨防“私有资本的盛宴”，防止“一刀切”。② 要坚持“两条腿走路”，形成巨大的正外部性和外溢性，促进国有资本和民营资本在竞争中合作，在合作中壮大，切实提高国有资本的竞争力和抗风险能力，真正把实体经济抓好。此外，在进行产能过剩行业的国有资本混合所有制改革时，要加强与产能过剩化解政策的联动机制建设，强化国有企业经理人员的创业精神和企业家能力建设，增强中央与地方、地方与地方、地方与部门之间的相互协同与共建共享。要积极依托国家“一带一路”建设，促进产能中西部转移和国际合作，更好地加强互联互通以及利益协调与共享。当然，产能国际合作中要谨防欧美发达国家的“产业空心化”，将高端产业、关键零部件和核心研发能力牢固锁定在国内。

---

① 《保持战略定力增强发展自信　坚持变中求新变中求进变中突破》，《人民日报》2015 年 7 月 19 日。

② 李文的研究发现，“俄罗斯在私有化期间的损失总计约合 1.7 万亿美元，相当于其 1996 年国内生产总值的 4.2 倍、第二次世界大战期间损失的 2.5 倍。匈牙利在私有化运动期间，经济增长不进反退，尤其在 1990—1993 年间，国内生产总值下降了近 20%”。资料来源于李文：《新自由主义的经济“成绩单”》，《求是》2014 年第 16 期。

5. 加强地方政府的专业能力建设。

地方政府在产能过剩形成中的扭曲激励，主要缘于政府自身的能力约束，即部门能力约束和官员能力约束。加强地方政府的专业能力建设，就要通过加强自身的学习能力，提升对相关产业的识别能力、产业规划能力与信息捕获能力，谨防过度利用行政力量来扩张产能，现实中还需要加强与企业之间的互动和沟通，以更好把握市场需求。在推动地方经济发展过程中，亟须改变传统项目直接投资的审批，转向依靠节能、环保、安全生产指标来约束和规范市场投资行为。优化政府信息服务能力与信息资源共享平台，及时、准确引导社会投资，强化区域内多方参与的“集体行动”机制，让市场机制真正发挥作用，形成“创业式的探索过程”。对于地方官员的能力建设，要加大人员甄选力度，加强官员知识的持续积累，这是提高地方官员实际工作能力的保障。要积极吸引具有丰富管理经验的复合型人才加入政策研究与制定，从根本上提高决策的正确性。在各级干部培训中，要加强产业组织经济知识等培训，优化地方官员产业规制、产业布局与项目运作的能力。此外，还要改革并完善地方官员政绩考核体系，针对不同发展水平区域，制定不同的绩效评价体系，转变政府经济治理思路，突出效益意识、质量意识、内涵意识。

（原文发表于《福建师范大学学报（哲学社会科学版）》2015 年第 5 期）

马克思的劳动力产权思想及其当代价值

陈晓枫*

一、引　　言

自1978年以来，中国经济保持着持续的高增长态势，人民生活水平也得到显著提升，但同时也伴随着劳动报酬在初次分配中占比偏低、居民收入差距拉大的现实。2013年中国国家统计局公布中国基尼系数已由1978年的0.16上升至0.473，超过了国际警戒线水平。面对居民收入差距拉大的现状，党和政府也在积极探索缩小居民收入差距的途径。2007年党的十七大报告首次提出："提高劳动报酬在初次分配中的比重，创造条件让更多群众拥有财产性收入。"2010年十一届全国人大三次会议强调："在社会分配中更加重视劳动，切实提高劳动报酬在初次分配中的比重。"2012年党的十八大报告指出："要千方百计地增加人民收入，深化企业和机关事业单位工资制度改革，推进工资集体协商制度，保护劳动所得。"2013年国务院转发发改委、财政部、人力资源保障部《关于深化收入分配制度改革的若干建议》进一步强调："要维护劳动收入的主体地位。"由此引发了理论界对"劳动力产权"相关研究的升温。

姚先国、方浩（2010）分析了劳动力产权的内涵，认为中国当代学者对劳动力产权的理解主要有劳动产权论、劳动力产权论和人力资本产

* 陈晓枫：厦门大学理论经济学博士后流动站在研人员，福建师范大学经济学院副教授，经济学博士。

权论，并提出劳动力产权理论亟待解决的问题是要区分劳动力产权是属于天然权利还是历史权利、是法权关系还是经济关系。[①] 王炳春（2011）研究了劳动力产权的理论溯源，认为劳动力产权思想的形成离不开马克思、舒尔茨，并从产权关系变革、强化劳动者责任感等方面肯定劳动力产权研究的意义。[②] 张秋惠、于桂兰（2010）从劳动与资本的关系问题出发，认为中国劳动力产权理论主要沿着两条路径：劳动价值理论及人力资本理论，由此形成了两种不同的“双产权制度”，一是“物质财产产权”和“劳动力产权”构成的双产权制度，另一是“物质资本财权”和“人力资本产权”组成的双产权制度。[③] 尽管他们研究的角度不同，但都认同劳动力产权理论的形成离不开马克思政治经济学和西方制度经济学这两个学派，认可劳动力产权理论的确立为合作型劳资关系奠定了理论基础。俞宪忠（2012）从科斯定理出发提出劳动力产权的两种界定模式，私人界定模式和国家界定模式，其中私人界定模式存在两条可能性路径——劳动者自愿放弃或自主拥有劳动力产权；而国家界定模式也存在两条可能性路径——将劳动力产权界定为国家所有或是私人所有；并得出“个人主权和国家保护”的劳动力产权模式。[④] 吴宏洛（2010）认为在社会主义条件下，劳动力产权的实现需要在两个层面上下功夫，在所有制层面上保护并承认个人财产权，在分配层面上实行利润分享的制度模式。[⑤] 以上研究成果从不同角度拓宽了对劳动力产权的研究，提供了可选择的路径，然而各种对劳动力产权实现的分析更多的是概述性的想法，并没有对其进行详细的论述。基于此，本文以马克思劳动力产权思想为指导，侧重探索社会主义初级阶段劳动力产权的特殊性和实现模式。

---

① 姚先国、方浩：《劳动力产权：分析视角、现状与趋势——劳动力产权问题研究述评》，《江苏社会科学》2010 年第 2 期。

② 王炳春：《论劳动力产权》，《学习与探索》2011 年第 5 期。

③ 张秋惠、于桂兰：《劳资关系的产权理论演化研究》，《南京农业大学学报（社会科学版）》2010 年第 6 期。

④ 俞宪忠：《劳动力产权界定的最优模式及其最佳途径》，《经济问题》2012 年第 8 期。

⑤ 吴宏洛：《论我国劳动力产权的实现》，《东南学术》2010 年第 1 期。

二、马克思的劳动力产权思想

1. 劳动力产权的内涵。

就像马克思没有明确地使用过“产权”这一概念一样，马克思也没有明确提及“劳动力产权”这一概念，但是在《资本论》等著作中，马克思实际上提出了许多劳动力产权的思想。正如吴宣恭教授指出，在马克思的多数著作中，马克思一般把产权称为“Eigentum”（即英语中的“Property”），中文版有的把它译为财产，有的译为所有权。这种行文仅就翻译而言无可厚非，因为“Eigentum”和“Property”在德文和英文里本来就是多义词，本身包含有财产、财产权、所有权甚至所有制的多种意思。“只要略为仔细地研究一下马克思如何使用 Eigentum 和 Property，就可以看出它不仅是指财产这种物或‘客体’，在多数场合指的就是财产权利关系，即产权关系。”[①] 马克思既从经济关系的层面上分析产权关系，也从法律形式上研究产权关系。前者说明产权关系实际上是人们在社会生产过程中围绕生产条件的占有而形成的物质利益关系，后者说明了作为产权法律形态的所有权是经济关系的反映，受制于经济关系。

马克思从所有权、支配权和收益权等多角度阐述了劳动力产权的主要内容。劳动力的所有权是指劳动力所有者对自己的劳动力所拥有的权利关系，即劳动力的归属关系。它有广义和狭义之分：广义的劳动力所有权包括劳动力的占有、使用、支配和收益等等具体权能；狭义的劳动力所有权是广义的劳动力所有权中的一项具体权能，即劳动力的最终归属权。由于劳动力是存在于劳动者身上的体力和脑力的总和，因而劳动力要成为商品在市场上买卖，前提是劳动者必须拥有劳动力商品的所有权，能够自由支配自己的劳动力。劳动力商品的买卖与一般商品买卖不

---

① 吴宣恭：《产权理论比较——马克思主义与西方现代产权学派》，经济科学出版社 2000 年版，第 38 页。

同之处在于它只是将一定时期的劳动力支配权和使用权转让给买者，从而使作为卖主的劳动者能够较长时间地保持劳动力的买卖关系，而不是一次性卖身为奴。正如马克思所说的："劳动力所有者就必须始终把劳动力只出卖一定时间，因为他要是把劳动力一下子全部卖光，他就出卖了自己，就从自由人转化为奴隶，从商品占有者转化为商品。他作为人，必须总是把自己的劳动力当作自己的财产，从而当作自己的商品。而要做到这一点，他必须始终让买者只是在一定期限内暂时支配他的劳动力，消费他的劳动力，就是说，他在让渡自己的劳动力时不放弃自己对它的所有权。"[①] 马克思在此不仅说明了劳动者对自己的劳动力具有支配权力，而且阐明了劳动力所有权与支配权分离的可能性。

劳动力的支配权主要指在一定时期内为了获得某种收益而具体使用劳动力的权利。劳动力的支配权既可以与所有权统一于一体，也可以处于分离状态。在一定的生产关系条件下，劳动力的所有权与支配权不仅存在着分离的可能性，也存在着分离的必然性。

劳动力的收益权则是劳动者在一定时间内让渡劳动力的使用权而获得报酬的权利，是将一定时期劳动力的支配权转让给买者而获得收入的权利。马克思指出："劳动力这种独特商品的特性，使劳动力的使用价值在买者和卖者缔结契约时还没有在实际上转到买者手中。和其他任何商品的价值一样，它的价值在它进入流通以前就已确定，因为在劳动力的生产上已经耗费了一定量的社会劳动，但它的使用价值只是在以后的力的表现中才实现。"[②] 这不仅说明了劳动力商品的价值决定，实际上也说明了劳动力收益权是在劳动力的使用权出让后实现的。

2. 劳动力产权的历史发展特性。

在人类社会的不同经济形态中，劳动力产权有着不同的表现形式，并经历了由不完整的产权向完整的产权的发展过程。按照马克思的分析，在奴隶制社会，劳动力产权的权力属性没有完全地得到体现。由于奴隶从属于奴隶主，仅仅是奴隶主的"会说话的工具"，劳动力的所有权和使

---

① 《资本论》第1卷，人民出版社2004年版，第195—196页。

② 《资本论》第1卷，人民出版社2004年版，第202页。

用权均由奴隶主掌握，奴隶也就不可能拥有对自己劳动力的所有权，更谈不上收益权了。在封建制度下，劳动者的劳动力产权仍然是一种不完整的产权，尽管在封建制度下，农民不再是“会说话的工具”，对本身劳动力拥有一定所有权和收益权，但由于农民赖以生存的土地绝大多数掌握在地主手中，使得农民和土地所有者之间也存在着一定的人身依附关系，租地农民不得不以租金的形式将部分劳动成果缴纳给土地所有者，从而导致了农民劳动力产权中收益权的不完整。

资本主义私有制决定了资本主义私有产权关系的特点。在资本主义制度下，工业取代了农业成为主导产业，土地也退位于资本成为次要生产要素。然而，劳动者与生产资料的分离又是资本主义私有产权关系形成的前提，正如马克思所说的：“所谓分配，不是通常意义上的消费资料的分配，而是生产要素本身的分配，其中物的因素集中在一方，劳动力则与物的因素相分离，处在另一方。”[①] 由于劳动者没有生产资料和生活资料，不得不以商品形式出卖自己的劳动力，形成雇佣劳动制度这一特有的经济关系。在劳动力市场上资本家与劳动者彼此作为法律上平等的所有者发生交换关系，但由于生产资料所有权和劳动力所有权的分离，劳动力所有权与使用权也随之分离，劳动力和生产资料一样都从属于资本，归资本所有者支配，劳动者在生产过程中创造的剩余价值全部由资本家占有。马克思从资本家无偿占有劳动者创造的剩余价值这个角度，说明了资本与劳动相交换这种形式上的平等掩盖了事实上的不平等。这一不平等也证明了资本主义制度下劳动者的劳动力收益权的不完整性。这种不完整性也可以从“剧中人的面貌”看出端倪：“原来的货币占有者作为资本家，昂首前行；劳动力占有者作为他的工人，尾随于后。一个笑容满面，雄心勃勃；一个战战兢兢，畏缩不前，像在市场上出卖了自己的皮一样，只有一个前途——让人家来鞣。”[②] 因而，在资本主义制度下劳动力所有者仍然处于被动地位，劳动者的劳动力产权也是不完整的。

随着生产力的发展，生产资料私有制必将被公有制取代，马克思在

① 《资本论》第2卷，人民出版社2004年版，第40页。
② 《资本论》第1卷，人民出版社2004年版，第205页。

论述资本积累的历史趋势时明确指出这一点："从资本主义生产方式产生的资本主义占有方式，从而资本主义的私有制，是对个人的、以自己劳动为基础的私有制的第一个否定。但资本主义生产由于自然过程的必然性，造成了对自身的否定。这是否定的否定。这种否定不是重新建立私有制，而是在资本主义时代的成就的基础上，也就是说，在协作和对土地及靠劳动本身生产的生产资料的共同占有的基础上，重新建立个人所有制。"① 这里的"重新建立个人所有制"实际上就是在生产资料公有制基础上建立高级完整的劳动力产权，在生产资料公有的社会中劳动者应当享有劳动力的所有权，同时劳动者也享有劳动力的收益权，即享有完整的劳动力产权。这种"个人所有制"应当建立"在协作和对土地及靠劳动本身生产的生产资料的共同占有的基础上"。

3. 劳动力产权的实现方式。

受不同经济关系的影响，在不同的社会经济形态中劳动力产权的实现方式也各不相同。在奴隶制社会，由于奴隶主占有土地和其他生产资料，并直接占有奴隶本身，奴隶丧失了自己劳动力的所有权和支配权，被迫在奴隶主的监督下进行劳动，奴隶主占有全部的剩余产品，并占有部分奴隶生产的必要产品，奴隶日夜不停地劳动仅仅能从奴隶主那获取生存所需的必要产品。马克思指出奴隶的劳动力是属于奴隶主的，但是"奴隶并不曾把自己的劳动力一劳永逸地卖给自己的主人"，也即是说，奴隶的劳动力产权的实现也是依赖于劳动力使用权。马克思对封建社会生产关系的分析是以西欧封建制度作为典型，在西欧封建社会中存在两类劳动者，一部分是独立的生产者，他们拥有自己劳动力的所有权和使用权，这部分劳动者通过参与耕种、劳作获取劳动产品并全部归自己所有；另一部分是农奴，由于农奴的劳动力部分归奴隶主所有，因而农奴参与劳作取得的产品必须上缴部分给农奴主。在资本主义生产关系中，劳动者通过出卖劳动力的使用权，以工资收益的方式在一定程度上来实现劳动力产权。马克思在《资本论》中论述劳动力的买与卖时，将劳动力看作是一种特殊商品，认为劳动者出卖的是劳动力的使用权而不是所

① 《资本论》第1卷，人民出版社2004年版，第874页。

有权，是先预付了自己的劳动力给资本家使用，而后才在后期的生产中获得收益权。

马克思在分析资本主义生产关系的发展趋势时，认为在未来的“自由人联合体”社会，每个社会成员都成为真正的“单个人”。也即是说马克思认为，劳动力产权的实现首先必须要保证劳动者的个人所有权，劳动者必须是“自由身”，即劳动者拥有自己劳动力的所有权，他们不是其他任何人的私有财产，这是劳动力产权之所以成为一项权利的根本。其次，马克思提出“重建个人所有制”的观点，这里所要重建的“个人所有制”不是生产资料的私有制而是生产资料的公有制，不是孤立的、单个劳动者的生产资料“个人所有制”，而是联系的、全体劳动者的生产资料“个人所有制”。也就是说，劳动力产权必须是在生产资料公有制的基础上才得以实现，劳动力产权才是高级的完善的产权。最后，马克思从消费资料分配的角度，阐述了劳动力产权实现的条件。他认为在“自由人联合体”的社会中，不存在阶级差别，因为每个人都只有一重身份即劳动者，但他强调每个劳动者的工作能力各不相同，因而在消费资料的分配中，“生产者的权利是同他们提供的劳动成比例的”，因而“某一个人事实上所得到的比另一个人多些，也就比另一个人富些，如此等等”[①]。也就是说在资本主义社会替代体中，在肯定劳动者身份无差异的基础上，必须重视按劳动者的能力进行消费资料的分配，这样才能保证劳动者收益权公平性。

三、社会主义初级阶段劳动力产权实现的特殊性

1. 与马克思所分析的资本主义社会劳动力产权实现条件的比较。

首先，不论是在资本主义社会还是社会主义初级阶段，劳动力产权的实现均以劳动力成为商品为前提。在资本主义社会，劳动者丧失了赖以生存的生产资料，只能出卖自身劳动力来获取必要生活资料，这就为

① 《马克思恩格斯选集》第3卷，人民出版社1995年版，第305页。

资本增殖创造了必要条件；在社会主义社会初级阶段，市场对资源配置起着决定性作用，必然要遵循基本经济规律，劳动力同其他生产要素一样，由市场进行合理配置。为了实现经济利益，各种经济组织要获得利润就必须占有可以实现价值增殖的劳动力商品。所以就资本产生的前提而言，劳动力产权的商品化是市场经济的客观要求，资本主义社会和社会主义市场经济下都强调普通劳动者是劳动力商品的所有者和剩余产品（剩余价值）的创造者。

其次，社会主义初级阶段劳动力产权的实现具有特殊性。马克思的劳动力产权思想主要以生产资料的资本主义私人占有为背景，在资本主义社会劳动者的劳动只是单纯的谋生手段，其所创造的社会财富有很大部分被资本家占有，即劳动产品受资本支配，因而劳动力所得实现的仅是部分产权，即工资索取权。若要使劳动力产权得以完全实现，其前提是要改变资本雇佣劳动的关系，消灭私有制。在社会主义初级阶段，劳动者的利益同企业、国家利益联系在一起，劳动力产权的实现可以通过利润在劳动者、企业、国家间的合理分配来实现。社会主义初级阶段的劳动力产权是劳动力所有权、使用支配权、收益权的统一。从所有权来看，应赋予劳动力基本生存权和维持劳动力再生产的权利；从使用支配权来看，应赋予劳动力自由迁徙和自主择业的权利；从收益权来看，不仅体现为工资索取权，更体现为剩余索取权，即劳动者不仅可凭借自己的劳动获取工资收入，而且还可以参与剩余价值分享。劳动力所有权与收益权相互依存，不可分割。劳动力所有权是收益权的存在前提和基础，收益权是取得所有权的目的和行使的结果，即有权为了得利，有权才能得利。① 可以说，在社会主义市场经济条件下占有自己的剩余劳动成果或参与剩余劳动成果的分享，是劳动者劳动力产权实现的标志和关键。

为此，社会主义初级阶段劳动力产权的实现需要具备一定的条件：(1) 劳动力产权实现的所有制基础。马克思认为："消费资料的任何一种

---

① 吴宣恭等：《产权理论比较——马克思主义与西方现代产权学派》，经济科学出版社2000年版，第2—3页。

分配，都不过是生产条件本身分配的结果；而生产条件的分配，则表现生产方式本身的性质。”① 生产方式决定分配方式，生产资料公有制是实现劳动力产权的前提条件。正如党的十八届三中全会通过的《中共中央关于全面深化改革若干重大问题的决定》所指出的：“公有制为主体、多种所有制经济共同发展的基本经济制度，是中国特色社会主义制度的重要支柱，也是社会主义市场经济体制的根基。”（2）劳动力产权实现的法律基础。这需要不断完善保护劳动力产权的法律法规，充分认可劳动力产权，保障劳动者对自身劳动力完全独立、自主的支配权，同时赋予劳动者参与企业决策的权利。（3）劳动力产权实现的市场基础。应不断完善社会主义市场体制，使各种生产要素能够充分流动，劳动力的自由流动不受限制；构建有效的劳资谈判机制，保护劳动者参与企业内部利润的分配。

2. 与未来社会劳动力产权实现条件的比较。

关于未来社会，马克思把它称为“集体的、以共同占有生产资料为基础的社会”。也就是说在未来社会即共产主义社会中，仅仅存在公有制经济，这就消除了由于生产资料的私有而产生的资本所有权收益，人们的收入都表现为劳动收入。在物质资料极其丰富的共产主义社会里，基本生活资料实行按需分配，人们可以毫无顾虑地自由选择自己偏爱的职业，劳动力得到充分的解放，劳动者对自己的劳动力具有充分的支配权，由于劳动者的思想觉悟普遍提高，劳动不仅仅是满足谋生的手段，而且变成了人们生活的第一需要，是一种人生的乐趣，劳动者从劳动过程中获得了最大的满足。

然而，在社会主义初级阶段按劳分配依然是个人消费资料分配的主要方式。根据马克思的观点，在物质资料还没有丰富到可以实行按需分配以前要实现个人消费资料的公平分配，必须贯彻按劳分配的原则，即以劳动作为取得报酬的依据。在公有制经济中每个劳动者都享有对生产资料的所有权，这种所有权不像蛋糕一样可以任意分割，即社会成员不能凭借对公共生产资料的共同所有权而无偿获得报酬，任何有劳动能力

① 《马克思恩格斯选集》第3卷，人民出版社1995年版，第306页。

的人都必须通过劳动取得个人收入。在中国社会主义初级阶段，除了以按劳分配方式为主外还实行多种分配方式，这就与社会主义高级阶段劳动力产权实现条件存在显著不同。由于实行生产资料公有制为主体、多种所有制经济并存的基本经济制度，也就必然存在与劳动收入相区别的其他所有权收入。即使在全民所有制内部，劳动者整体作为全民财产的主人所拥有的共同权利与作为单个劳动者参与生产获得的分配权利也存在区别。

四、中国现阶段劳动力产权的缺失

既然劳动力产权是劳动力的占有、使用、支配和收益等权利的集合，那么衡量劳动力产权是否缺失的标准就在于劳动力产权的完整性上。所谓劳动力产权的缺失是指对构成劳动力产权的具体权能受到限制，致使劳动力产权的权能不能得到充分体现。在社会主义初级阶段，生产资料的公有制，仅仅为劳动力产权的完整性提供了一个良好的环境。中国改革开放 30 多年来，劳动力市场化的程度的大为提高，劳动者重新获得了自身劳动力的所有权和职业选择权。《中华人民共和国劳动法》《中华人民共和国劳动合同法》的相继颁布，为劳动力产权的界定和保护提供了日益强大的法律支撑。但由于多种所有制经济的存在，劳动力产权的权能依然受到不同程度的限制，劳动力产权残缺现象较为普遍，劳资双方在劳动力的所有、支配权和收益权方面的矛盾日益尖锐，具体表现以如下三个方面：

一是劳动力所有权缺失。由于资本稀缺，劳动力相对过剩，劳动力市场的供求失衡再加上劳动者自身素质较低，使劳动者无法获得与劳动力产权对应的等价权利。2009 年全国人民代表大会常务委员会执法检查组在《中华人民共和国工会法》执法检查时发现，企业侵害职工劳动经济权益问题比较严重。不少非公有制企业经营者不与职工平等协商签订集体合同或劳动合同，不按时发放工资、不支付加班费、不缴或少缴社会保险费等侵害职工劳动经济权益的现象时有发生。[①] 人力资源和社会保障部公布的《2012 年度人力资源和社会保障事业发展统计公报》显示，截至 2012 年底，在 26261 万农民工中，参加养老保险者仅占 17.29%，参加医疗保险者仅占 19%，参加工伤保险者仅占 27.3%。[②]

二是劳动力使用权、支配权缺失。由于市场经济体制不完善，城乡、区域市场的分割，劳动力无法充分自由流动，劳动力使用权的转让受到户籍制度、社会保障不到位、隐性的歧视政策等种种制度限制，劳动者并不拥有独立的支配权。

三是劳动力收益权缺失。20 世纪 90 年代，中国借鉴西方产权理论对企业治理结构进行了改革，开始引入激励机制，部分劳动者（企业管理人员、经理）通过经营权不仅得到了足够的劳动力使用的收益权更有甚者还分享到了剩余索取权，其经济权利得到极大的增强。但普通劳动者劳动力产权实现往往只限于劳动力价值或价格即工资，其他利润分享形式单一，大都未能获得劳动力剩余索取权。劳动者努力程度不能与企业效益高低、利润大小合理衔接，劳动收入占比偏低。近年来，中国劳动报酬占国内生产总值（GDP）的比重偏低且呈现出下降趋势，劳动报酬占国内生产总值的比重由 2004 年的 50.7%下降到 2011 年的 44.9%。劳动力产权的弱化，使得劳资冲突日益激化。

五、社会主义初级阶段劳动力产权的实现模式

1. 利润分享是劳动力产权的主要实现方式。

劳动力产权的价值实现主要包括劳动力产权使用权的价值实现与劳动力所有权、收益权的价值实现。其中，劳动力产权使用权的价值实现主要通过工资报酬加以补偿，而劳动力所有权、收益权的价值实现，其

---

① 吕吉凤：《不容回避的劳动关系矛盾，任重道远的通向和谐之路——本刊记者对话全国总工会集体合同部部长张建国》，《中国劳动关系学院学报》2011 年第 1 期。

② 人力资源和社会保障部：《2012 年度人力资源和社会保障事业发展统计公报》。据人力资源和社会保障部网站（2013 年 6 月 3 日发布）。

主要形式表现为剩余索取权，在现实中主要通过利润分享的形式加以实现。诚如马克思所言，在“自由人联合体”的社会中剩余产品依据劳动者的贡献来参与分配。而在现实中，在生产资料公有制度下，国家可以通过控制国有大中型企业，发展国家所有制经济占有大量剩余劳动产品即利润，这就为利润共享提供了坚实的经济基础。就处于社会主义初级阶段的中国而言，利润共享强调将按劳分配与按生产要素分配结合起来。事实上，随着中国经济体制以及国企制度改革的深入开展，一些地区和企业也实行了各种利润共享的模式，在如企业职工持股、科学技术入股、劳动分红等方面都进行了积极的探索，积累了相当多的经验，但也仅仅是取得初步成果，仍存在不少问题，例如发展范围有限、分享比例偏低、分享份额常常受到时间的推延等，这就有必要借鉴国外利润分享模式的先进经验。

2. 利润分享模式的国际参照。

国外利润分享模式以美国员工持股计划（ESOP 方案）与西班牙蒙德拉贡模式为典型。1961 年路易斯·凯尔索在《新资本主义》一书中提出双因素经济论——“劳动与资本都是财富的创造者”后，美国职工持股计划从 20 世纪 70 年代起发展至今。许多美国企业已加入该项计划，受益企业员工人数也在逐年增长。值得注意的是，该项计划不同于中国企业职工持股模式那样以政府为主要力量而是依赖于民间自发力量，同时此项计划并不是向企业员工提供某项固定收益或福利，而是以员工所持有的该公司股票相联系。员工持股这在事实上就增加了普通劳动者对资本的拥有量，即将一定劳动力等量于一定的资本，以资本的形式来共享利润。另外，美国员工持股计划在一定程度还起到减少失业的效果，企业与员工一般达成不裁员的协议。美国员工持股计划从本质上来说还是以资本雇佣劳动为基础，资本仍处于主导地位。西班牙的蒙德拉贡模式则是劳动雇佣资本的利润共享模式的典范，该模式强调企业的控制权和生产、分配决策权的真正基础是劳动而不是资本，这在事实上肯定了劳动力处于主导地位，劳动雇佣资本这样的从属关系在《蒙德拉贡合作实验基本原则》的第四条“资本的工具性和从属性（Instrumental and Subordinate Nature of Capital）”中有明确出处。《原则》第三条“劳动者主权（The Sovereignty of Labor）”特别指出生活资料的分配是基于劳动而非劳动者拥有的资本数量的多寡。蒙德拉贡合作社内的成员报酬由两个基础部分构成，预付报酬及合作社红利。预付报酬同劳动者的工作能力、态度相联系，该部分报酬每月发放类似于工资，合作社红利则是对工人拥有控制权和收入权的补偿，该部分每年发放一次。

3. 创建有中国特色的利润分享模式。

首先，进一步完善以公有制为主体、多种所有制经济共同发展的基本经济制度，为创建中国特色的利润分享模式奠定坚实的基础。生产资料公有制强调生产资料归全体劳动者所有，每个劳动者都是企业的主人，这是中国创建利润分享模式的内在优势。但是这种优势在实践中的运用很模糊，根源于国家代表全体劳动者占有生产资料使得劳动者和生产资料所有权往往没有真正结合，形成了劳动者利益同国家利益的矛盾，这也是劳动力产权丧失经济基础的原因。因而创建中国特色的利润共享模式，既要积极推动国有企业改革，构建现代企业制度，改变政企不分的现状，巩固和发展公有制经济增强国有经济活力、控制力、影响力。同时在鼓励、支持、引导非公有制经济发展的过程中，应加强对非公有制经济的监督管理，调节劳资之间的矛盾，为利润共享提供良好制度环境。

其次，实施企业员工持股计划，丰富按劳分配方式。中国现行的分配制度是以按劳分配为主、多种分配方式并存，这就决定了中国的利润分享模式必须适应这种分配制度。一方面，可以将一部分企业利润根据按劳分配的原则来确定个人收入分配，以劳动者受教育的程度、工龄长短、工作经验及熟练程度等尺度来确定每个劳动者可以获得的这部分利润份额，即强调在企业的收益进行共享时，必须承认劳动者的劳动能力的差别，这样才能使劳动力产权真正得以有效实现；另一方面，积极探索和实施企业员工持股计划。《关于深化收入分配制度改革的若干意见》中提出支持有条件的企业实施员工持股计划。《中共中央关于全面深化改革若干重大问题的决定》进一步指出：允许混合所有制经济实行企业员工持股，形成资本所有者和劳动者利益共同体。对于剩余的企业利润根据其他要素投入多寡加以分配。这里可以借鉴美国员工持股计划及蒙德拉贡联合公司的企业模式，通过鼓励员工出资或规定持股，或以完善公共服务如开办养老、医疗保险等业务将剩余企业利润转化为转移支出，提高普通员工生活水平，缩小社会成员间的收入差距。

由于中国正处在社会主义初级阶段，与之相适应的产权制度还处于不断完善之中，产权制度的改革必将引起经济利益的重新调整，也将面临不小的困难和阻力，需要做好顶层设计和分阶段实施计划，劳动力产权实现方式的探索任重道远。

（原文发表于《福建论坛（人文社会科学版）》2014年第7期）

《资本论》中的生态思想及其当代价值

胡家勇　李繁荣*

一、人类“生态文明”诉求

随着人类社会实践的发展，人类对所面临的生态问题日益严峻。回归到《资本论》等经典著作的相关论述，梳理其基本理论脉络，有助于我们准确把握“生态”的内涵，为当代生态文明建设提供认识论基础。

1．“自在自然”意义上的自然生态系统。

所谓“自在自然”，是指和人没有发生关系的自然界，即人类活动还没有作用过的自然界，包括人类世界出现之前的自然界以及人类产生以后其活动还没有涉足的那部分自然界，马克思称之为“自然界的自然界”①。自在自然意义上的自然生态系统是一个由存在于其中的所有生物与其环境所构成的统一整体，其中，非生物环境、生产者、消费者、分解者作为自然生态系统的主要组成成分，彼此互相联系、互相作用，不断地进行物质循环和能量流动。自然生态系统虽然没有真正意义上的人类参与其中，但探究其内在的自然规律，有利于更好地阐释人类生态系统的应然状态。

自然生态系统是一个完全开放的系统，系统中每一组成成分与其他成分之间不断进行物质与能量循环。通常情况下，自然生态系统会通过

---

* 胡家勇：中国社会科学院经济研究所研究员，经济学博士。李繁荣：太原师范学院经济系副教授，经济学博士，中国社会科学院经济研究所博士后流动站博士后。

① 《马克思恩格斯全集》第 42 卷，人民出版社 1979 年版，第 179 页。

具有负反馈的自我调节机制，实现系统的自我平衡，保持生态系统结构、功能和能量输入、输出上的稳定。生态系统的稳定是一种动态的稳定。系统中各组成成分在与其他成分进行能量输入与输出的过程中改变着自身，也使生态系统的结构和功能不断发生变化。这种按照自然生态系统本身规律发生的有序、可预见的动态变化过程是自然生态的演替过程。

可见，在自在自然意义上的自然生态系统中，生物与生物之间、生物与环境之间通过能量流动、物质循环和信息传递，自发地实现生态系统自身的平衡，在自我恢复和调节中自发地实现生态系统演替。如果没有强大外力的作用，不会爆发生态危机。

2. “人化自然”意义上的人类生态系统。

马克思视野中的另一种自然即“人化自然”。“人化自然”是指已经被人类社会的劳动涉足、改造并打上了人类烙印的自然界。“在人类历史中即在人类社会的产生过程中形成的自然界是人的现实的自然界；因此，通过工业——尽管以异化的形式——形成的自然界，是真正的、人类学的自然界。”[①] 马克思所谓的“真正的、人类学的自然界”，即区别于“自在自然”生态系统的人类生态系统。

人类生态系统是在自然生态系统基础上随着人类劳动的发展而形成的，是一个由人类经济系统复合于自然生态系统之中而形成的开放系统。人类作为生态系统中的生物群体之一，与生态系统中其他组成成分之间进行物质与能量循环。人类生态系统与纯粹自然生态系统的区别在于，人类作为特殊的生物群体在生态系统中居于主动地位。为了生存和发展，人类有目的地从自然生态系统中获取物质和能量，通过经济系统的生产和消费，又向自然生态系统中输出物质和能量，从而实现人类自身的物质和能量循环。如果人类经济系统从自然生态系统的物质能量获取和向自然生态系统的物质能量排放尚没有干扰到自然生态的自我动态平衡，则人类生态系统会在自我调节中进行生态演替。

与自然生态系统中的其他生物不同，人类不是被动地适应自然，而是有意识地与自然生态系统进行物质和能量交换，人类的生产和消费活

---

① 《马克思恩格斯全集》第42卷，人民出版社1979年版，第128页。

动会对生态系统的演替产生促进或抑制的作用，对生态系统进行改造或重建。这就意味着，原本属于自然生态系统组成成分之一的人类社会，在日益累积的社会生产力作用下所形成的人类经济系统，可能会成为自然生态系统的外在干扰因素。当这种外在干扰超过自然生态系统自我调节、自我恢复的限度时，就会出现生态失衡，甚至生态危机。

可见，生态危机本质上是由于人类行为所引起的自然生态系统结构和功能失调、生态系统动态平衡破坏、自然生态补偿能力减弱，从而威胁到人类的生存和发展。生态危机因人而生，因此，缓解生态矛盾、解决生态危机就需要改变人类经济行为，把人类对自然生态系统的干扰控制在自然生态系统自我调节的阈值之内。而在自然生态系统已经遭到破坏的情况下，则需要人类依靠和帮助自然生态系统恢复其自我调节能力。

3. 人类生态文明诉求。

恩格斯认为，文明是人类社会历史发展的一个阶段，是与野蛮相区别的一个历史阶段。在《社会主义从空想到科学的发展》中，恩格斯非常赞同傅立叶把社会历史划分为蒙昧、野蛮、宗法和文明四个发展阶段的看法，并且指出文明阶段就相当于现在所谓的资产阶级社会，即从16世纪发展起来的社会制度。[①] 在《家庭、私有制和国家的起源》中，恩格斯又分析了摩尔根关于蒙昧时代、野蛮时代和文明时代的划分，指出："蒙昧时代是以采集现成的天然产物为主的时期；人类的制造品主要是用作这种采集的辅助工具。野蛮时代是学会经营畜牧业和农业的时期，是学会靠人类的活动来增加天然产物生产的方法的时期。文明时代是学会对天然产物进一步加工的时期，是真正的工业和艺术产生的时期。"[②] 由此可见，作为人类社会历史发展的一个阶段，文明时代是从野蛮时代过渡而来的，是和野蛮时代相区别的一个历史阶段，是人类利用文明所创造的工具在更大程度上干预自然的历史阶段。

随着文明时代的来临，人类对生态系统演替产生的影响越来越大。人类在蒙昧时代直接从自然界获取天然产物以满足自身消费，在野蛮时代为

① 《马克思恩格斯全集》第19卷，人民出版社1963年版，第213页。
② 《马克思恩格斯全集》第21卷，人民出版社1965年版，第38页。

了自身消费而进行生产，而在文明时代，人类则会为了交换而生产。随着人类文明的发展，人类的生产活动和消费活动越来越分离。为了提高生产能力，人类发明了越来越先进的工具，从而在越来越大的程度上干预自然生态系统的演替。然而，人类愈是力图成为人类生态系统的中心，在生产和消费活动中形成的规律则愈是“作为异己的、起初甚至是莫名其妙的、其本性尚待努力研究和认识的力量，同各个生产者和交换的参加者相对立”①。

从16世纪至今的人类文明发展，在某种意义上可以视为工业文明的发展。工业文明程度的提高，伴随着人类支配自然能力的增强，而生产和消费的脱节，又伴随着人与自然之间物质变换关系某种程度的破坏。人类借助文明的力量从自然界获取物质产品的能力越强，人类经济系统对自然生态系统的干扰力就越大，人类生态系统的自我恢复能力就越是被削弱。随着工业文明的发展，人类生态系统偏离生态动态平衡和自我实现的轨道越来越远。人类要维护自身赖以生存的生态系统，就必须在推动文明发展的过程中加入“生态”诉求，实现从“工业文明”向“生态文明”的飞跃。

二、《资本论》中的生态思想：方法、逻辑和基本观点

在人类所面临的生态问题日益严峻的背景下，对马克思《资本论》中所包含的生态思想的探究已成为《资本论》研究的一个新热点。相关成果已从多方面证明《资本论》中包含着丰富的生态思想，并从正确处理人与自然的关系、变革资本主义生产方式等方面阐明了《资本论》中生态思想的指导意义。研究还需要继续推进，以进一步挖掘《资本论》中所包含的生态逻辑，提炼出对中国生态文明建设有具体指导意义的思想方法和基本理论观点。

人类要生存，就必须不断地生产出物质和精神产品。自然生态系统所发生的变化（除纯粹的自然生态系统自我循环之外）与人类劳动密切相关。人类所能支配的生产力通过生产过程和消费过程对自然生态系统

① 《马克思恩格斯全集》第21卷，人民出版社1965年版，第199页。

产生影响，从而使其朝着有利于或不利于人类社会再生产的方向变化。下面将循着这样一条基本线索，剖析《资本论》中的生态思想，并从具体路径上探究如何实现生态文明和经济社会的可持续发展。

1.《资本论》中生产力概念的生态意蕴和科学技术的生态取向。

生产力是政治经济学中的基本概念，它反映人与自然之间的关系。在《资本论》中，马克思通过劳动过程阐明人与自然之间的关系。“劳动首先是人和自然之间的过程，是人以自身的活动来中介、调整和控制人和自然之间的物质变换的过程。”[①] 劳动过程“是制造使用价值的有目的的活动，是为了人类的需要而对自然物的占有，是人和自然之间的物质变换的一般条件，是人类生活的永恒的自然条件”[②]。可见，马克思是从“人和自然之间的物质变换”来理解人与自然之间的关系的。正是基于“物质变换”这一核心概念，马克思在《资本论》中既强调“社会生产力”，又强调“自然生产力”。

在马克思对劳动生产力影响因素[③]的分析中，前四个因素，即“工人的平均熟练程度，科学的发展水平和它在工艺上应用的程度，生产过程的社会结合，生产资料的规模和效能”，主要是对“社会生产力”产生作用的因素，而常常被我们忽略掉的第五个因素即“自然条件”，则是决定“自然生产力”的最基本的因素。劳动的社会生产力，是指人类通过劳动和交往创造出来的生产力，具体表现为由发明创造[④]、生产中的协作[⑤]、社会劳动组织的发展[⑥]、贸易的发展[⑦]等所引起的物质产品生产能力的提

---

① 《资本论》第1卷，人民出版社2004年版，第207—208页。

② 《资本论》第1卷，人民出版社2004年版，第215页。

③ 《资本论》第1卷，人民出版社2004年版，第53页。

④ “某一个地方创造出来的生产力，特别是发明，在往后的发展中是否会失传，取决于交往扩展的情况。”《马克思恩格斯全集》第3卷，人民出版社1956年版，第61页。

⑤ “协作是结合的工作日的特殊生产力，是劳动的社会生产力。”《马克思恩格斯全集》第16卷，人民出版社1964年版，第309页。

⑥ “局部工人在一个总机构中的分组和结合，造成了社会生产过程的质的划分和量的比例，从而创立了社会劳动的一定组织，这样就同时发展了新的、社会的劳动生产力。”《资本论》第1卷，人民出版社2004年版，第421—422页。

⑦ “只有实行自由贸易，蒸汽、电力、机器的巨大生产力才能够获得充分的发展。”《马克思恩格斯全集》第21卷，人民出版社1965年，第416页。

高。劳动的自然生产力，按照马克思的说法，是指由于利用了自然界本身所具有的自然力而表现出来的那种生产力，是“劳动在无机界发现的生产力”①，“受自然制约的劳动生产力”②。“同一劳动量用在富矿比用在贫矿能提供更多的金属”③，说明自然生产力与社会生产力共同构成生产力整体，同时说明自然生产力之于人类整体生产力的重要作用。④ 马克思在分析剩余劳动和剩余产品时明确指出，“剩余价值有一个自然基础”⑤，劳动生产率是同自然条件相联系的。马克思把外界自然条件在经济上分为两大类：生活资料的自然富源和劳动资料的自然富源，并且指出，“在文化初期，第一类自然富源具有决定性的意义；在较高的发展阶段，第二类自然富源具有决定性的意义”⑥。占有瀑布的那一部分工厂主，正是把瀑布作为一种自然界提供的劳动资料的自然富源，垄断性地利用这种“和一种自然力的利用结合在一起的劳动的较大的自然生产力”⑦，在生产中产生超额利润并转化为地租。可见，马克思非常重视自然生产力在生产过程中的作用，马克思的生产力概念，是自然生产力和社会生产力结合起来的整体生产力。

自然力作为能够并入生产过程的要素，“它们发挥效能的程度，取决于不花费资本家分文的各种方法和科学进步”⑧。在《政治经济学批判》中，马克思就曾明确指出“生产力中也包括科学”⑨，科学技术的发展水平越高，在工艺上的应用越广泛，就越能够渗透到劳动者、劳动对象、劳动资料中，提高工人的平均熟练程度，促进生产过程的社会结合，扩大生产资料的规模和效能。因此，科学技术的发展，在人类利用自然生产力、提高社会生产力方面做出了巨大的贡献。不过，当我们从生态的

① 《马克思恩格斯全集》第 26 卷第 3 册，人民出版社 1973 年版，第 122 页。

② 《资本论》第 1 卷，人民出版社 2004 年版，第 589 页。

③ 《资本论》第 1 卷，人民出版社 2004 年版，第 53 页。

④ 廖福霖等把这种由社会生产力和自然生产力共同构成的整体生产力叫作生态生产力。参见廖福霖：《生态生产力导论》，林业出版社 2007 年版，第 1 页。

⑤ 《资本论》第 1 卷，人民出版社 2004 年版，第 585 页。

⑥ 《资本论》第 1 卷，人民出版社 2004 年版，第 586 页。

⑦ 《资本论》第 3 卷，人民出版社 2004 年版，第 726 页。

⑧ 《资本论》第 2 卷，人民出版社 2004 年版，第 394 页。

⑨ 《马克思恩格斯全集》第 46 卷下册，人民出版社 1980 年版，第 211 页。

角度研究《资本论》时，就不仅要认识到科学技术提高生产力、改善生态环境的作用，还要认识到，忽略自然生产力的科学技术发展会破坏生态环境，进而延缓生产力的发展。科学技术能够提高生产力，废弃物的循环利用、资源的节约也依赖科学技术，但忽略自然生态环境变化的科学技术则会破坏生态环境并进而延缓生产力的提高。

2.《资本论》中的农业生态思想。

农业是直接以土地资源为劳动对象的生产部门，是人类通过劳动直接从自然界获取物质产品的部门，是自然生产力最能得以充分表现，也最能直接反映人与自然之间物质变换过程的生产部门。

在《资本论》中，马克思不仅阐明了农业生产中人与自然之间的物质变换，更重要的是指出了资本主义农业生产方式所导致的人与自然之间物质变换的断裂。“资本主义生产使它汇集在各大中心的城市人口越来越占优势，这样一来，它一方面聚集着社会的历史动力，另一方面又破坏着人和土地之间的物质变换，也就是使人以衣食形式消费掉的土地的组成部分不能回归土地，从而破坏土地持久肥力的永恒的自然条件。”[①]人类消费排泄物“对农业来说最为重要”[②]，但是，正如马克思所描述的：“例如，在伦敦，450万人的粪便，就没有什么好的处理方法，只好花很多钱来污染泰晤士河。”[③]

资本主义生产方式对农业生态环境的破坏作用，一方面表现在该归还土地的物质没有归还，另一方面还表现在农业生产力的提高使人类集约化地利用土地，从而从土地上拿走更多的东西。机器的使用、化学肥料的发明及应用，大大提高了农业生产力，同时也加剧了土地营养物质流失的速度。在《资本论》中，马克思多处引用李比希“从自然科学的观点出发阐明了现代农业的消极方面”[④] 的思想，批判地指出资本主义农业生产是一种对土地的掠夺式使用方式。李比希所主张的“归还原则”(即“土地好比是一个机器，要经常将庄稼从土壤中拿走的东西归还给

---

① 《资本论》第1卷，人民出版社2004年版，第579页。
② 《资本论》第3卷，人民出版社2004年版，第115页。
③ 《资本论》第3卷，人民出版社2004年版，第115页。
④ 《资本论》第1卷，人民出版社2004年版，第580页。

它，才能恢复它在生产中所消耗的力量”① ）在马克思的物质变换思想中得到了充分体现，但资本主义农业生产方式却导致了人与自然之间物质变换的断裂。

在物质变换思想的基础上，马克思阐明了如何实现合理农业的发展。其一，排泄物的回收再利用对合理农业的发展非常重要。在大规模社会生产的条件下，集中地、大量地回收、再利用人类消费排泄物以增强土壤肥力，完成人与自然之间正常的物质变换，这是农业生产可持续发展的基本条件。其二，马克思认为，人类不应该是土地的所有者，而只是土地的占有者、受益者，“并且他们应该作为好家长把经过改良的土地传给后代”②。在这里，马克思实际提出了可持续发展的思想，即农业生产对土地的利用不能只满足当代人的需要，而且要满足后代人继续使用土地的需要，因而必须在发展合理农业的基础上对土地进行改良。为此，马克思提出，“合理的农业同资本主义制度不相容（虽然资本主义制度促进农业技术的发展），合理农业所需要的，要么是自食其力的小农的手，要么是联合起来的生产者的控制”③。在马克思看来，联合起来的生产者，“将合理地调节他们和自然之间的物质变换，将它置于他们的共同控制之下，而不让它作为一种盲目的力量来统治自己；靠消耗最小的力量，在最无愧于和最适合于他们的人类本性的条件下来进行这种物质变换”④。

3.《资本论》中工业生产的循环经济思想。

工业生产对自然生态系统产生的影响是通过如何从自然界获取物质原料和如何向自然界排放废弃物来实现的。因此，要减小工业生产对自然生态系统的负面影响，就应该从如何减少从自然界获取物质原料和如何减少向自然界排放废弃物这两方面入手，即节约资源和实现废弃物的资源化再利用。马克思在《资本论》中对此的论述，形成了“循环经济”思想。

生产资料的节约首先可以通过改良劳动过程的社会组织形式来实现。

---

① ［德］李比希：《化学在农业和生理学上的应用》，农业出版社 1983 年版，第 2 页。
② 《资本论》第 3 卷，人民出版社 2004 年版，第 878 页。
③ 《资本论》第 3 卷，人民出版社 2004 年版，第 137 页。
④ 《资本论》第 3 卷，人民出版社 2004 年版，第 928—929 页。

在分析协作问题时，马克思就指出，协作可以引起生产资料的节约。“总之，一部分生产资料，现在是在劳动过程中共同消费的”[①]。生产资料的集中使用，可以减少因分别使用生产资料以及为生产资料而修建的各种建筑，同时也节省了因工厂分别使用生产资料而多占用的土地，在一定程度上减小因工业生产而对生态环境产生的干扰。当代，产业集群因其更紧密、细致的分工协作而大大提高了资源的利用效率，证实了马克思当年的分析。

马克思把生产废弃物的再利用作为生产条件节约的一个重要源泉。“我们指的是生产排泄物，即所谓的生产废料再转化为同一个产业部门或另一个产业部门的新的生产要素；就是这样一个过程，通过这个过程，这种所谓的排泄物就再回到生产从而消费（生产消费或个人消费）的循环中。”[②] 关于生产废弃物，马克思举例说包括化学工业在小规模生产时损失掉的副产品，制造机器时废弃的但又作为原料进入铁的生产的铁屑等。

马克思看到，“原材料的日益昂贵，自然成为废物利用的刺激”[③]。当废弃物再利用的成本小于原材料的购买价格时，生产者会考虑以废弃物的回收利用取代原材料。而原材料的日益昂贵正反映了人类从自然界获取物质资料的数量受到限制，这种限制显然不是来源于社会生产力不足，而是来源于自然生产力的下降，归根结底，是来源于人类耗竭性开发利用自然资源或者以超过自然界再生产的速度使用自然资源，从而导致原材料供给不足，价格上涨。

生产废弃物的回收再利用需要在大规模社会生产的条件下才能实现。马克思指出：“这一类节约，也是大规模社会劳动的结果。由于大规模社会劳动所产生的废料数量很大，这些废料本身才重新成为贸易的对象，从而成为新的生产要素。这种废料，只有作为共同生产的废料，因而只有作为大规模生产的废料，才对生产过程有这样重要的意义，才仍然是交换价值的承担者”[④]。生产废料再转化为新的生产要素也需要科学技术

---

① 《资本论》第 1 卷，人民出版社 2004 年版，第 377 页。
② 《资本论》第 3 卷，人民出版社 2004 年版，第 94 页。
③ 《资本论》第 3 卷，人民出版社 2004 年版，第 115 页。
④ 《资本论》第 3 卷，人民出版社 2004 年版，第 94 页。

的发展及其应用，“科学的进步，特别是化学的进步，发现了那些废物的有用性质”[①]。而只有在一个社会大量产生这种生产废料的情况下，进行这种转化的科技研发才是有意义的。因此，大规模的社会生产是循环经济发展的前提条件。不过，与马克思所处的机器大工业时代不同，当代的大规模社会生产既可以是大企业的生产，也可以是产业集群联结起来的众多企业的生产，更多的是通过市场交易网络紧密联结起来的许许多多不同规模企业的生产。

按照马克思的分析，无论是生产资料的节约还是生产废弃物的回收再利用，都需要以大规模的社会化生产为条件。大量的生产废料要作为同一个产业部门的新的生产要素，就需要有一定的产业集中度和上下游企业之间的产业链延伸。因此，产业集群和工业园区的发展，以及基于市场交易网络的生产废料回收体系的建立，是工业部门实现循环经济发展的途径。生产废弃物的资源化回收利用，一方面可以减少人类对日益减少的自然资源的需求，另一方面也减少了工业向自然界中的废弃物排放，从而可以缓解人与自然之间的矛盾。

4.《资本论》中资源性产品开发和利用的生态反思。

资源性产品的开发利用也是人类劳动直接作用于自然生态系统的活动。马克思在分析劳动对象时指出，劳动对象有两类：一类是天然存在的劳动对象，一类是被以前的劳动“滤过”的劳动对象，即原料。天然存在的劳动对象是“未经人的协助，就作为人类劳动的一般对象而存在。所有那些通过劳动只是同土地脱离直接联系的东西，都是天然存在的劳动对象”[②]。对自然资源的开发和利用直接表现出人类对自然生态系统产生的影响。下面以采掘工业作为不可再生自然资源的代表，以林业作为可再生自然资源的代表，探究马克思在《资本论》中对自然资源开发利用生态影响的认识。

(1) 资源性产品价格决定的生态意蕴。

商品的价值是由生产商品的社会必要劳动时间决定的。马克思在

① 《资本论》第3卷，人民出版社2004年版，第115页。

② 《资本论》第1卷，人民出版社2004年版，第209页。

《资本论》第三卷中从再生产的角度界定了社会必要劳动时间，指出："每一种商品（因而也包括构成资本的那些商品）的价值，都不是由这种商品本身包含的必要劳动时间决定的，而是由它的再生产所需要的社会必要劳动时间决定的。这种再生产可以在和原有生产条件不同的、更困难或更有利的条件下进行。"[①] 从再生产的角度理解社会必要劳动时间，对于正确把握自然资源产品的价值非常重要。

以野生林为代表的可再生自然资源，其本身对于人类就有非常重要的生态功能。如果人类对其开发利用的速度超过自然界的再生速度，就会破坏自然再生产。为了满足人类日益增加的需求，林业作为一种依靠自然力而进行的生产活动便应运而生。在这种情况下，以林业为代表的可再生自然资源产品的价值就取决于人类为了再生产出该产品所付出的社会必要劳动时间。天然野生林虽然没有人类劳动凝结其中，但由于其数量有限且再生周期长，其产品与人工林的产品处于同一市场中，其市场价格决定如同农产品价格决定一样，取决于人工林再生产中的劣等生产条件。

以矿产品为代表的不可再生资源，人类只能开发和利用它，而不能再生产它。过度开发和利用矿产资源，一方面会导致资源的枯竭，另一方面矿产资源区的生态环境会在开发过程中遭到严重破坏。如果矿产品价格没有体现资源稀缺性和生态环境成本，就会导致不可再生资源的过度开发和利用。扼制生态破坏和资源枯竭的趋势，需要进行资源性产品价格改革。不可再生自然资源的价格应体现自然资源的稀缺性、自然资源开发的生态补偿成本、自然资源开发加工劳动凝结的价值、不可再生资源替代品的研究开发劳动凝结的价值等。

总之，既体现自然资源的稀缺性，又体现其生态环境成本的资源性产品价格，一方面可以促使人们节约资源、保护生态环境，另一方面可以鼓励人们从事林业生产，改善生态环境，或寻找可取代不可再生资源的其他资源，减缓资源耗竭的速度。

（2）资源性产品的可持续开发利用。

在自然资源的开发利用过程中，自然生产力发挥着重要作用。马克

---

① 《资本论》第3卷，人民出版社2004年版，第157页。

思指出，“同一劳动量用在富矿比用在贫矿能提供更多的金属”[1]。劳动生产率是同自然条件相联系的，这一点在自然资源产品生产过程中尤其突出。然而，马克思也对依赖资源发展生产提出了警示：“资本主义生产方式以人对自然的支配为前提，过于富饶的自然‘使人手离不开自然的手，就像小孩子离不开引带一样’。”[2] 马克思所担心的一国经济发展过分依赖自然资源的状况，与后来一些国家在经济社会发展过程中陷入“资源诅咒陷阱”的状况是一样的。

在可再生资源和不可再生资源中，一国不可再生资源拥有量越大，越容易陷入“资源诅咒陷阱”。马克思指出，植物性材料和动物性材料的“生长和生产必须服从一定的有机界规律，要经过一定的自然时段”[3]，这就意味着人类对这类资源的开发利用还会受到它们本身生长时间的限制；而煤炭、矿石等不可再生资源是自然界在历史时期形成的，一旦被人类探明其存在，“只要具备相应的自然条件”，其产量“在最短时间内就能增加”。[4] 在这样的条件下，一国的劳动生产率越高，对自然资源的开发速度就越快。但是，“这些自然条件的丰饶度往往随着社会条件所决定的生产率的提高而相应地减低”[5]。自然条件随着开发的进行而恶化，最终导致劳动生产力发生相反的运动。马克思说：“我们只要想一想决定大部分原料产量的季节的影响，森林、煤矿、铁矿的枯竭等等，就明白了。”[6] 因此，无论是可再生资源还是不可再生资源，良好的自然条件为人类进行生产提供了物质基础，但只有在人与自然和谐发展的基础上，可持续地而非破坏性地利用自然资源才能实现人类经济社会的可持续发展。

与矿产资源开发利用的生态负效应不同，林业发展和农业发展本身具有改善生态环境的作用。但如同前面对农业生产的分析一样，只有生态化的林业生产才能带来生态效益和经济效益的同时增加，而片面以经

① 《资本论》第1卷，人民出版社2004年版，第53页。
② 《资本论》第1卷，人民出版社2004年版，第587页。
③ 《资本论》第3卷，人民出版社2004年版，第134页。
④ 《资本论》第3卷，人民出版社2004年版，第134页。
⑤ 《资本论》第3卷，人民出版社2004年版，第289页。
⑥ 《资本论》第3卷，人民出版社2004年版，第289页。

济效益为目标的林业生产在生态效益方面作用却是令人怀疑的。单纯为了经济利益而进行的不适合当地生态环境的林业生产将会出现对地力的掠夺和浪费。对此，马克思在分析对外贸易问题时曾指出：

“先生们，你们也许认为生产咖啡和砂糖是西印度的自然秉赋吧。

“二百年以前，跟贸易毫无关系的自然界在那里连一棵咖啡树、一株甘蔗也没有生长出来。也许不出五十年，那里连一点咖啡、一点砂糖也找不到了，因为东印度正以其更廉价的生产得心应手地跟西印度虚假的自然秉赋作竞争。而这个自然秉赋异常富庶的西印度，对英国人说来，正如有史以来就有手工织布天赋的达卡地区的织工一样，已是同样沉重的负担。”①

这表明，资本主义生产者为了获取利润，所进行的看似具有生态效益的林业生产事实上与当地的生态系统并不融洽。

在对资本主义生产方式的批判中，马克思表明：“资本主义生产指望获得直接的眼前的货币利益的全部精神，都和维持人类世世代代不断需要的全部生活条件的农业有矛盾。森林是说明这一点的最好例子。”② 如同合理农业的发展要求联合起来的生产者的手一样，马克思同样指出，“只有在森林不归私人所有，而归国家管理的情况下，森林的经营才会有时在某种程度上符合全体的利益”③。

这就告诉我们，林业是一个特殊的行业，林业对于人类生存和发展来说，所能够发挥的生态功能是最重要的。但由于林业的生态功能是外溢效应，又由于林业生产周期较长，私人经营者要么不愿意从事林业生产，要么也只在其投资回收期限内考虑如何进行林业生产，从而无法保证林业生态功能的持续发挥。因此，从全局出发，从人类代际传承出发，政府应在森林经营中发挥重要作用。

5.《资本论》中的消费理论及其生态蕴含。

消费，是人与自然之间物质变换的一个重要环节。消费是人类享受从自然界所获取的物质产品的过程，同时也是向自然界排放废物的过程。

---

① 《马克思恩格斯全集》第4卷，人民出版社1958年版，第457—458页。
② 《资本论》第3卷，人民出版社2004年版，第697页。
③ 《资本论》第3卷，人民出版社2004年版，第697页。

消费不仅因为消费过程本身会对自然生态环境产生影响，还因为对生产过程产生反作用而间接作用于自然生态环境。马克思在《〈政治经济学批判〉导言》及《资本论》等著作中，对消费以及消费与生产之间的关系进行了系统论述，其中所包含的生态思想对我们以消费的生态化来推进生态环境的改善有重要启示。

（1）消费产生新的生产需要。“人从出现在地球舞台上的第一天起，每天都要消费，不管在他开始生产以前和在生产期间都是一样”[①]。消费是人类再生产自身生产力的过程，是对生产过程中所生产的产品的占有和享受的过程。消费与生产具有直接同一性。“消费直接也是生产，正如自然界中的元素和化学物质的消费是植物的生产一样。例如，在吃喝这一种消费形式中，人生产自己的身体，这是明显的事。”[②] 生产决定着消费，消费也生产着生产。马克思认为，消费从两方面生产着生产：一方面，产品只有在消费中才成为现实的产品；另一方面，消费创造出新的生产的需要，因而创造出生产的观念上的内在动机，后者是生产的前提。“消费在观念上提出生产的对象，把它作为内心的图像、作为需要、作为动力和目的提出来。消费创造出还是在主观形式上的生产对象。没有需要，就没有生产。而消费则把需要再生产出来。”[③] 当我们把研究的视角放在生态影响的时候，就会发现，一定时期的自然生态环境不仅受到直接生产过程的影响，还受到由生产所决定的消费方式的影响；不仅受到消费方式本身对自然生态环境的直接影响，还受到消费反作用于生产所带来的间接影响。马克思在《资本论》中对资本主义消费模式的生态批判正是从这里开始的。

（2）资本主义消费模式的生态影响。资本逻辑即资本主义生产的决定性目的和动机是在资本的不断运动中获取越来越多的剩余价值。为此，扩大再生产便成为资本主义生产的特征。尤其是随着资本有机构成的提高，规模扩大的再生产表现为用于再生产的生产资料数量的增加。这就意味着，在资本逻辑所决定的资本主义生产方式下，生产性消费不断扩

① 《资本论》第1卷，人民出版社2004年版，第196页。

② 《马克思恩格斯全集》第46卷上册，人民出版社1979年版，第27—28页。

③ 《马克思恩格斯全集》第46卷上册，人民出版社1979年版，第29页。

大从自然界获取物质产品的数量，可能形成对自然资源的掠夺式使用及耗竭式开发。

资本要在不断的运动中实现价值增殖，这就需要所生产的产品能够顺利实现价值补偿。马克思在分析资本循环时指出，“全部商品产品的消费是资本本身循环正常进行的条件”[①]。为了使商品顺利卖出，企业会想尽一切办法推销自己的商品。商业资本的出现更是在商品还没有到达消费者手中时，便给了生产者扩大再生产的信号。商品促销活动也促成了消费者在商品还没有完全报废之前就废弃它。

这种大量废弃的消费方式不但表现在生活消费中，也表现在生产消费中。为了避免无形磨损的损失，企业会加快固定资本折旧的速度，在机器设备等完全报废之前就更新机器设备，以提高劳动生产率，使自己生产商品的个别劳动时间低于社会必要劳动时间，从而获取超额利润。

由此可见，被后人概括为“大量生产——大量消费——大量废弃”的模式在《资本论》中已经为马克思所揭示，这种模式的每一个环节，都包含着人类对自然生态环境的过度干扰，是人类超量从自然界获取物质产品和超负荷向自然界排放的过程。生产方式决定消费方式，但消费方式对生产方式有巨大的反作用。改变反生态的生产方式，需要消费环节的生态化。

三、《资本论》中生态思想与当代生态文明建设

自从人类作为自然生态系统的主动者，自从纯粹自然生态系统向人类生态系统发展以来，生态系统失衡的可能性就已经存在了。随着人类文明的发展，尤其是工业文明的发展，人类干预自然的能力增强了，而生态系统自我恢复能力遭到了削弱。由于忽略了人与自然之间正常的物质变换关系，人类的生产活动和消费活动在工业文明发展的帮助下更加大了人与自然之间物质变换的代谢断层。对此，马克思在其 100 多年以前的经济学巨著《资本论》中就早有论述，它所揭示的工业文明发展的

---

① 《资本论》第 2 卷，人民出版社 2004 年版，第 108 页。

生态演替后果，在100多年以后的今天正在更大程度上继续发展着。《资本论》中生态思想对于当代生态文明建设有着重要的启示意义。

1. 人类生态系统的失衡是可以避免的。

人类生态系统的失衡源于人类从自然生态系统中输入物质能量和向自然界输出物质能量的过程破坏了自然生态系统的自我调节能力，恢复人类生态系统的动态平衡要求人类社会经济活动对自然生态系统所产生的影响不要超出自然生态系统自我恢复的生态阈值。只要人类对自然生态系统的干扰尚在这一阈值范围内，人类生态系统的失衡是可以避免的。

马克思在《资本论》中对人与自然之间的“物质变换”关系进行了系统的分析，指出人与自然之间不是单向的征服与被征服的关系，而是一种双向的物质变换关系。对“生产力”概念不应该单纯从人类改造和征服自然的能力这一角度来理解，生产力是由自然生产力和社会生产力构成的整体。科学技术的发展能够提高社会生产力，社会生产力的持续提高仍需要通过不断进行科技创新来实现。但忽略自然生产力的科学技术发展最终也会由于破坏自然力而导致整体生产力的提高受到限制。因此，从生态维度认识生产力的发展，就需要从生态维度客观认识科技创新。科学技术的生态取向，不仅指发展有利于生态系统改善的科学技术，还要求人类经济社会发展中的科技创新活动及其成果应用应以不破坏人与自然之间的物质变换过程为原则。

但是，科学技术的生态取向并没有引起足够的重视。我们在专门为生态环境改善而进行的科技创新方面取得了显著成绩，但在为提高社会生产力而进行的科技创新方面，生态取向却存在欠缺。值得注意的是，为生态环保而进行的专门科技创新大多发挥着事后修补的作用。这就意味着，为了发展经济，我们一方面不断创新科学技术，提高从自然界获取物质产品的能力，加大了对自然界的掠夺和对生态系统的破坏，另一方面又通过技术创新来修复被破坏的生态系统。然而，对生态系统的改善和修复的速度不及对生态系统的破坏速度，从而使已取得的经济成果大打折扣。正如马克思在《资本论》中所言：“社会生产力的增长仅仅补偿或甚至补偿不了自然力的减低，——这种补偿总是只能起暂时的作用。”[①] 因此，从根本上改变科学技术的生态负效应，必须强调所有科学技术创新及其成果应用的生态化。

在市场经济条件下，多数应用型科技创新活动是由企业来完成的，市场是推动科技创新的决定性力量。同样，科学技术发展的生态取向，归根到底也需要通过市场来实现。正是在这个意义上，党的十八届三中全会通过的《中共中央关于全面深化改革若干重大问题的决定》提出“建立主要由市场决定技术创新项目和经费分配、评价成果的机制”。由于科技创新的生态效益具有正外部性，当企业等经济主体进行技术创新实现的生态效益不能完全表现为经济效益的提高时，或为兼顾生态效益而在技术创新活动中额外支付的成本无从补偿时，企业等经济主体的科技创新便会忽略其所产生的生态影响，科学技术的生态取向就难以实现。这就需要在发挥市场决定性作用的同时，更好地发挥政府作用。通过建立一套能够激发生态取向科技创新的长效激励机制，为生态化科技创新活动提供有利的竞争环境。对于具有生态正效应或者没有生态负效应的科技创新及其应用，政府可以采取减税、补贴、优惠融资、政府采购等激励措施加以支持，以企业经济效益的提高来推动环境负外部性的减少和正外部性的增加。

2. 当代生态危机的缓解需要进行生态建设。

生态危机是指人类赖以生存的生态环境遭到严重破坏，人类的生存和发展受到威胁，人类不当或过度的生产和消费活动已经引起了生态系统自我恢复能力的破坏。生态危机一旦出现，在一定时期内难以恢复。当代生态危机已成为全球性的现象，人类首先必须帮助自然界恢复其自我调节能力，通过生态建设缓解生态危机。

生态建设包括生态重建和生态恢复。生态重建与生态恢复是不同程度的概念。生态重建是借助人类经济活动使已经被破坏的生态环境恢复到接近于以前的状况；生态恢复则是自然生态系统的自我回归，是自然生态系统自我调节能力的恢复，即通过减少人类经济系统对自然生态系统的破坏性干扰，使自然生态系统保持自我修复和调节。生态恢复和生

---

① 《资本论》第 3 卷，人民出版社 2004 年版，第 867 页。

态重建在时间尺度上有差别，生态恢复的时间尺度包括地质年代尺度（以千、万、亿年计）和自然生态系统世代演替尺度（以十、百、千年计），生态重建的时间尺度以一、十、百年计。[①] 在当代生态危机愈演愈烈的背景下，人类生态破坏的速度显然远远大于生态恢复的速度，因此，缓解生态危机必须进行生态重建。而从长远看，恢复自然生态系统的自我修复和自我调节能力则是解决生态问题的根本。

在马克思生活的年代，工业文明的发展对生态环境的破坏已经出现，但还远不像百年后的今天这么严重，那时马克思就已明确指出在农业、工业、自然资源开发和利用等人类经济活动中保持人与自然之间正常的物质变换以维持自然生态系统自我调节能力的重要性。农业生产可持续发展的出路在于农业生态化发展。农业生产方式的转变必须实现农业生产的经济效益、社会效益和生态效益的协调统一。这就要求：更加注重能够恢复和改善农业生态系统的农业科学技术创新；推动城乡协调发展，保护农业生态环境；在大规模农业生产的基础上，实现农业生态化。

在工业领域，提倡建立生态化工业园区，在大规模社会化生产和提高市场化水平的基础上实现工业循环经济，通过不变资本的节约减少从自然生态系统的输入，同时一个企业的生产废弃物成为另一个企业的生产要素，减少向自然生态系统的排放，实现工业生产的生态化。

加快资源性产品价格改革，形成体现资源稀缺性和生态环境成本的资源性产品价格形成机制，一方面促使人们节约资源、保护生态环境，另一方面鼓励人们从事林业生产，改善生态环境，或寻找可取代不可再生资源的其他资源，减缓资源耗竭的速度。

绿色消费是现代消费生活的一种新趋势，这种生态化的消费方式以满足人类生存和发展本身对产品的消费为目的，减少甚至完全抛弃那种不顾自然生态系统承载力的奢侈型、浪费型、炫耀型消费。消费生态化仅仅有消费者转变观念还不够，还必须有保证消费者选择绿色产品的制度措施，这就需要有人们所信赖的非营利机构对生态化产品进行认证和

---

① 张新时：《关于生态重建和生态恢复的思辨及其科学涵义与发展途径》，《植物生态学报》2010 年第 1 期。

标识。对生态化产品进行认证和标识，一方面能够使消费者容易识别绿色产品，扩大绿色产品消费市场；另一方面还能够为绿色生产者提供有利的市场竞争环境，以经济利益的提高诱使生产者从事绿色生产。

3.《资本论》中生态思想指导下的生态文明建设。

在《资本论》中，马克思从人与自然之间的关系，以及生产过程、消费过程等环节剖析了工业文明发展中的生态缺失，同时以人与自然之间的物质变换、合理农业、可持续发展、循环经济等思想指出如何实现人类生态系统的永续发展。工业文明正是由于其引起的生态系统动态平衡的破坏而使其进一步发展受到限制。通过生态文明建设，推动工业文明向生态文明发展，是《资本论》中生态思想的期冀所在。

生态文明作为人类文明发展的一个新的阶段，是一种在遵循人与自然、人与人、人与社会和谐共存原则下的社会发展形态，是人类为了修复生态系统、保护生态环境而取得的一系列物质成果、精神成果、制度成果的总和。生态文明建设，是克服工业文明弊端，探索资源节约型、环境友好型发展道路的过程。生态文明目标的实现需要“把生态文明建设融入经济建设、政治建设、文化建设、社会建设各方面和全过程”。

(1) 转变经济发展方式，实现人与自然的和谐统一。

工业文明大大提高了人类从自然界获取物质产品的能力，“大量生产——大量消费——大量废弃”成为工业文明经济循环的典型模式。工业文明在带来物质产品极大丰富的同时，一方面耗竭性地使用自然资源，另一方面生产过程和消费过程产生的废弃物、排泄物超出自然生态系统的自我净化能力。工业文明越发达，人类经济社会发展与自然生态系统平衡之间的矛盾往往就越尖锐。但生产力水平和消费水平的提高并不必然意味着生态环境的破坏，推动工业文明向生态文明转化，首先要求转变经济发展方式。

转变经济发展方式，就是要从忽略人与自然之间物质变换关系转向人与自然之间的协调；从过度强调经济效益转向强调经济效益与生态效益、社会效益兼顾。马克思《资本论》中的生态思想启发我们，经济发展方式的转变需要在正确对待人与自然关系的基础上，通过生产过程和消费过程的生态化来推进。首先，要正确判断人类经济活动对自然生态环境的影响，使社会生产力的发展不要破坏自然生产力，使人类对自然生态系统的干扰处于自然生态系统的阈值范围之内。其次，在生产社会化和经济市场化的条件下，实施生态循环经济模式，减少从自然生态系统的输入，减少向自然生态系统的非生态性输出。再次，消费的生态化会对生产的生态化发挥重要的引导作用。通过生态文明知识的普及以及产品标识制度的完善，引导消费者主动选择生态产品和生态化消费模式。

（2）完善领导干部政绩考核机制，强化地方政府保护和修复生态环境的责任。

工业文明向生态文明过渡是对人类经济行为的一种反向校正过程，必须依靠强有力的制度支持。经济发展方式从反自然向生态化的转变，需要内化于经济主体的行为中。长期以来，单纯以国内生产总值等经济总量指标为主的政绩考核机制，难免使地方政府主要以经济效益的提高来进行产业结构和政府扶持政策等方面的调整，容易导致重经济增长轻生态环境改善的后果。

完善政绩考核机制，要求“加大资源消耗、环境损害、生态效益、产能过剩、科技创新、安全生产、新增债务等指标的权重”①。当前，应该对各地方政府辖区内的自然资源、生态环境状况进行合理评估测算，把自然资源、生态环境统计数据定期向社会公布，在考核周期内对经济增长率和资源消耗量、生态环境变化状况进行比较，以此作为政绩考核的指标，实行生态环境问责制。

（3）建设生态文化，发挥文化对生态文明建设的导向功能。

文化形成人们行为选择的软制度环境。生态文明建设需要人们认识到工业文明的生态缺陷，认识到生态环境对人类生存和发展基础性地位。

工业文明史形成了“人定胜天”的文化意识，人类以掠夺性利用自然的行为向自然生态系统表明自己的主体地位，而马克思的“人与自然之间物质变换”思想和我国传统文化中的“天人合一”思想却在一定程度上被忽略了。形成生态文化，树立生态意识，从而使保护和改善生态环境成为人们的自发行为。

---

① 《中共中央关于全面深化改革若干重大问题的决定》，人民出版社2013年版。

生态文明建设的制度化还要求加强生态立法建设。与中国工业文明发展相适应，中国生态保护立法偏重于事后的规范和治理，无法纠正“先污染、后治理”的工业化发展模式。生态保护立法要从事后治理转向事前规范，建立高污染、高耗能行业的市场准入制度，以及通过生态立法保护生态化产品的市场权利。

（4）拥有良好的生态环境是最基本的民生。

“良好生态环境是最公平的公共产品，是最普惠的民生福祉”①。改善民生首先要改善人民的生存环境，让人民呼吸到新鲜的空气，喝上清洁的水，吃上放心的食物，而这正是生态建设和生态修复的目的所在，是生态文明建设的应有之义。

恩格斯在《国民经济学批判大纲》中提出了“人类同自然的和解以及人类本身的和解”②，马克思在《1844年经济学哲学手稿》提出了“人和自然界之间、人和人之间的矛盾的真正解决”③，人与自然、人与人之间的和谐，是和谐社会的两个基本方面。良好的生态环境、人与自然之间的和谐协调，是人与人之间和谐共存的基础。这需要生态文明制度化，界定自然资源产权，合理利用自然生态环境，实现人类社会生态可持续发展。

（原文发表于《经济学动态》2015年第7期）

① 习近平：《在中共十八届三中全会第一次全体会议上的讲话》，载中共中央文献研究室编《习近平关于全面深化改革论述摘编》，中央文献出版社2014年版，第107页。

② 《马克思恩格斯全集》第1卷，人民出版社1956年版，第603页。

③ 《马克思恩格斯全集》第42卷，人民出版社1979年版，第120页。

马克思主义绿色发展观与当代中国的绿色发展

——兼评环境与发展不相容论

黄茂兴 叶 琪*

1978年改革开放以后30多年的高速发展使中国经济总量步入了世界前列，但也带来了严重的生态环境问题，建立在资源要素大量消耗和污染物任意排放基础上的粗放型生产方式，不仅使中国付出了沉重的环境代价，而且也对经济可持续发展形成了巨大压力。如何统筹协调好经济发展与生态环境保护的关系是新常态下中国经济转型面临的重大考验。然而，不乏有一些悲观的言论认为中国比西方国家的环境污染更严重、更广泛、更长久，中国的环境与发展是不相容的，要保持一定的经济增长速度，中国的环境会进一步恶化。还有一些西方国家以“环保卫士”自居，认为中国带来了大量的超越国界的生态环境问题，提出了所谓的“中国生态环境威胁论”，故意借环境问题来排挤中国，损害中国的国际形象。中国有必要通过实际行动来回击这些言论，通过中国特有的环境保护理念和特色的行动方案增强信心。党的十八届五中全会提出了绿色发展的重要理念，和创新、协调、开放、共享一起构成“十三五”时期乃至更长时期中国经济社会发展的“五大发展理念”，描绘出中国全面建成小康社会的宏伟蓝图。绿色是大自然的底色，是生命的气息，代表了万物生长的欣欣向荣，绿色发展表达的就是人与自然和谐共处的最高境界。绿色发展理念是对长期以来人类处理人与自然关系的规律性认识的高度凝结，是对千百年来人类对人与自然关系思想认识的升华，是对马克思主义绿色发展观的传承和创新，更明确了中国生态文明建设的路径

* 黄茂兴：福建师范大学经济学院教授、博士生导师，经济学博士。叶琪：福建师范大学经济学院副教授，经济学博士。

和方向。在这一理念指引下的中国绿色发展必将为全球探索永续发展奉献“中国样本”。

一、绿色发展是人类探寻永续发展进程中的重大理论创新

适应环境变化的物种进化产生了人类这一伟大的物群，最早的原始人对自然充满了恐惧和敬畏，但是生存的欲念使人类逐渐学会利用自然和改造自然，从树枝石刀到钻木取火，从采集狩猎到刀耕火种，人类在用自然资源编织文明的同时也破坏了自然。在社会生产力水平提升的过程中总是交织着人与自然关系的失衡和再平衡的调整，这种调整并不是简单的循环反复，也不可能回到原点，因为人与自然的关系是不可逆的，每一次的失衡都会使自然环境变得更加脆弱，而每一次的修复也只是人与自然关系的暂时弥合。于是，人类便陷入了经济越发展，环境越恶化，治理代价越大的怪圈之中。在探索人与自然和谐发展的进程中，人类的认识也得到不断深化。

在农业革命以前，人类对环境的影响极为有限，环境基本上是按照自然规律变化的。随着人类进入农业社会，出现了历史上第一次人口爆炸性增长，人口的剧增加大了对食物的需求。然而，受制于落后的生产力，人类主要通过大面积砍伐森林、开垦草原来扩大耕种面积，大片肥沃的土地由此也逐渐变成了不毛之地。农业文明的发展不当引发生态环境恶化催生出人类最早的保护环境思想。古希腊思想家柏拉图、亚里士多德等较早提出人类发展要与环境承载相适应，要适度保持人口规模。古罗马的哲学家卢克莱修和历史学家李维也意识到土壤侵蚀和地力枯竭可能带来的恶果。西欧的农业生产虽然对生态环境的破坏性不大，但是大量增加的城市却带来了严重的城市污染问题，如 12、13 世纪西欧出现的烟的公害问题，1661 年英国作家约翰·伊凡林曾写出《驱逐烟气》以讽刺伦敦的烟尘污染。工业革命之前是人类对人与自然关系认识的觉醒阶段，这种认识是简单的、朴素的，虽然有一部分有识之士呼吁对环境

的保护，但没有提出切实的政策措施，也没有得到政府的重视。由于农业生产离不开自然环境，在农业生产力落后的时代，温饱和生存显然是高于环境保护的。

工业革命带来生产力巨大飞跃的同时，也加剧了环境污染的扩散化和严重化，利益驱动对生态环境的肆意破坏和对自然资源的无度索求终于酿成了一系列的环境危机事件，如 1930 年的马斯河谷烟雾事件、20 世纪 40 年代的洛杉矶光化学烟雾事件、1952 年伦敦烟雾事件，等等。在工业化进程中，人类从未停止过对人与自然关系的探索，仅从经济学的角度来看，重商主义学者霍尼亚、塞拉等人就已经意识到人口、资源等要素对经济发展的重要作用。古典经济学时期的亚当·斯密提出人口的增加会带来资源的短缺，马尔萨斯进一步地强调资源的稀缺是绝对的，要妥善处理人口、资源与环境之间的关系，李嘉图认识到人口和生活资料之间的矛盾，约翰·穆勒则第一次探讨了关于人类社会的经济增长和自然环境的承受界限问题。到了新古典经济学时期，马歇尔提出了外部经济的概念，庇古认为可以用立法、税收和补贴等政策来解决外部性问题，而以科斯为代表的新制度经济学派则更强调把产权界定的方式内生化到市场机制中来解决市场失灵。从对环境问题研究中衍生出的环境经济学者和生态经济学者关注人类对自然生态承载力的威胁，主张在可持续发展的目标推进中实现环境成本内部化，减少物质流，实现零增长。显然，这些经济学者们不仅意识到经济增长过程中环境问题的存在，而且提出了相应的对策。这一时期，人类对人与自然关系的认识把对环境问题的讨论从学者间的研究上升到政府与市场之间的博弈。

随着越来越多的发展中国家进入工业化阶段，工业扩张的持续推进使环境问题从局部性问题演变成全球性问题，从而也触发人类从全球性的视野来看待人与自然的关系。1962 年，美国海洋生物学家蕾切尔·卡森出版了《寂静的春天》一书，该书向工业文明宣战，唤醒了全世界环境保护意识。1972 年，联合国在瑞典首都斯德哥尔摩召开了人类历史上第一次人类环境会议，标志着全球环境治理的开端。此后，以国际公约为依据的全球环境合作不断开展起来。1992 年，联合国在巴西里约热内卢召开环境与发展大会，第一次把经济发展与环境保护结合起来，提出了可持续发展战略。20多年来，围绕“共同但有区别的责任”，各国开始共同应对减贫、环境保护、全球气候变化的难题。2002年的可持续发展世界首脑会议把可持续发展的共识变成可行性的计划和方案，形成统一的全球目标。近年来，各国就应对全球气候变化、生态危机等问题开展了积极的谈判磋商，提出了发展低碳经济、循环经济、绿色经济等新理念，推进环境保护理论的发展和创新，也推动人与自然的关系问题超越了国家间的其他问题成为人类共同面对的首要问题。

西方环境保护运动的不断发展，也推动人类从哲学和伦理学的角度来思考人与自然的关系。20世纪末，生态伦理学思想开始盛行起来，主要包括人类中心主义和自然中心主义。人类中心主义公然为资本主义生产方式的生态责任进行辩护，他们认为历史唯物主义过分强调生产而忽视了自然资源本身的稀缺性。自然中心主义对上述观点持否定态度，他们认为人与自然的关系应该居于主导地位，促进人与自然的和谐，当代西方绿色发展观中充斥着人类中心主义和自然中心主义两种思潮的冲突与交叉。[①] 西方学者从环境破坏事件中不断总结环境问题产生的原因，并且逐渐融合多个学科的理论和观点，试图在可持续发展进程中，在现行的社会制度下缓和人与自然的矛盾。

中国在漫长的人与自然关系调整中也形成了丰富的环境保护思想，生态伦理和可持续发展思想成为中国绿色发展的传统文化根基。古代儒家哲学信仰天人合一，主张天与人之间相互统一；道家认为整个自然界包括“道”“天”“地”“人”，人与环境的关系是建立在“道法自然”万物平等基础上的，主张把崇尚自然和效法天地作为人生行为的基本准则。古人还注重节俭，《周易》中专有一卦讲“节”，墨子警告人们“俭节则昌，淫佚则亡”，管仲反对奢侈浪费，提出“宫室必有度，禁伐必有时”。人口增长对生产资料和生活资料的压力也引起了人们的重视，洪吉亮的人口思想就对人口的膨胀充满了担忧。近代以来，中国的环境保护思想基本处于停滞状态。中华人民共和国成立后，开始了工业化的进程，随之而来的环境问题也引发了越来越多人的关注，推动了中国环境保护理

① 王雨辰：《当代生态文明理论的三个争论及其价值》，《哲学动态》2012年第8期。

念的创新，同时在实践中不断总结环境发展规律，走出了一条中国特色的环境保护之路。1972 年，中国派代表参加了第一次人类环境会议，并于 1973 年召开了第一次全国环境保护会议；1987 年中国提出了“既满足当代人的需要，又不损害子孙后代满足其需求能力的发展”的可持续发展理念；1992 年实施可持续发展被确立为国家战略。进入 21 世纪以来，工业化进程所引发的一系列环境问题更加凸显，加快了中国环境保护的步伐，也推动中国对生态环境保护认识层次的不断提升。2003 年，党的十六届三中全会提出科学发展观，树立全面、协调、可持续的发展观；党的十六届四中全会进一步把人与自然的和谐相处作为构建社会主义和谐社会的基本特征之一；党的十六届五中全会首次把建设资源节约型和环境友好型社会确立为国民经济和社会发展中长期规划的一项战略任务；党的十七大首次把生态文明写入全国代表大会报告；党的十七届五中全会明确提出树立绿色、低碳发展理念；党的十八大报告提出建设“美丽中国”，并把生态文明建设提升到与经济建设、政治建设、文化建设、社会建设同等的高度，构建了中国特色社会主义“五位一体”总体布局；党的十八届三中全会进一步提出加快生态文明制度建设；党的十八届五中全会把绿色发展作为五大发展理念之一，不仅深化对生态文明建设的认识，而且成为推动国家经济转型的重要推动力。中国在探寻可持续发展进程中已经形成了层次性、系统性的理论体系，从自下而上的环保诉求到自上而下的全面部署，这种理论创新的密集化推进彰显了中国生态环境保护实践的速度和效率，是中国千百年来生态伦理思想的高度总结和智慧升华。

可见，绿色发展的理念是几个世纪以来人类对人与自然关系永续共存的探索实践中的智慧结晶和人类历经不同环境发展阶段的实践总结，是东西方文化思想相互碰撞的智慧之光，同时结合中国经济社会发展阶段性特征，顺应从工业文明到生态文明跃迁的发展大势和客观规律形成的高度思想概括和理论总结，是人类探寻永续发展思想理念的伟大传承和创新。绿色发展是继中国提出生态文明这一高度概括的理念之后，又提出的践行生态文明理念的具体行动，对生态文明建设起到了统一思想、明确目标、引领路径的作用。在绿色发展的释义里，人类与环境的关系既不失简单朴素的基础，同时又融入了更多的经济、社会、文化等因素，形成了人、自然、社会的复合系统。绿色发展的提出体现了中国在处理环境与发展问题上的理论自信和道路自信，是对“看衰中国”和质疑中国处理生态环境问题能力的有力回击。绿色发展不仅是中国协调环境与发展关系的可靠依据，而且也是对世界环境保护理论的重要突破，为世界环境保护的开展开辟了一条新的道路，其理论创新指出主要表现在以下几个方面。

第一，绿色发展反映了人与自然关系的动态性和全面性。绿色发展中的“发展”本身就是一个动态的过程，反映人与自然的关系并不是一成不变的，也不是简单的相互适应或相互妥协。在经济发展水平较低的阶段，人与自然的关系是简单朴素的，而在经济发展达到一定程度后，人与自然关系就会愈多地夹杂着经济、政治、技术、文化等因素，绿色发展表现为人与自然相互交融、螺旋上升的过程。当然，这个过程并不是纯粹和孤立的，需要“创新”提供动力，“协调”提供保障，“开放”提供机遇，“共享”促进成果转化，人与自然关系已经渗透到经济社会的各个领域，编织成一张紧密的大网。

第二，绿色发展反映了人与环境的和谐共融会推动生产力的巨大飞跃。当今世界，新一轮科技革命和产业变革正在孕育兴起，而生态环境领域成为技术创新的关键领域，也是各个国家探寻新一轮经济增长点的重要领域。绿色发展就是通过建立绿色、低碳、循环发展产业体系和清洁、低碳、安全、高效的现代能源体系推动产业结构的调整和实现经济发展方式的创新，通过主体功能区建设、低碳循环发展、资源节约与利用、环境整治、生态屏障构筑等一系列的措施实现人类与环境在更高发展层面上的再调整和再平衡，这种关系调整符合生产力和生产关系的客观规律，会推动生产力的巨大提高。绿色发展已深度融入经济发展的体系之中，将成为推动全球结构调整的重要动力。

第三，绿色发展反映了人与环境之间联系着广阔的空间和广泛的载体。绿色发展要求要处理好生产、生活和生态三者之间的关系，合理安排好生活空间、生产空间和生态空间，走生产发展、生活富裕、生态良好的文明发展道路。绿色发展还依托于广泛的载体，包括科学合理的城市化格局、农业发展格局、生态安全格局、自然岸线格局，通过这些载体把绿色发展的理念落实到具体的生产建设和社会发展之中。这种纵横交错的绿色发展格局反映了人与环境之间并不是单线或双线的平面关系，而是在广阔的空间中通过各种载体连接形成多维立体关系。

第四，绿色发展反映了以人为本在人与环境关系中的根本地位。在人与环境的相互关系中，人是居于主体地位和能动地位的，人不仅要适应环境，科学地改造环境，更应该发挥人的智慧在处理人与环境关系中实现“帕累托改进”。绿色发展就是要保障人的生存权、发展权和公平权，让人类更多地享受良好的环境给予的各种馈赠，通过建立起一套绿色的生产生活方式，为广大民众提供清新空气、清澈水质、清洁环境等更多优良生态产品，让每个人都公平地享受到良好生态环境这一公共产品，增进民生福祉。

第五，绿色发展反映了人与环境关系的自然规律和约束机制。人与环境关系的发展变化是有其自然发展规律的，人类的生产活动不能超越自然变化的规律，也不能畏惧于自然，否则会导致“拔苗助长”或“故步自封”。绿色发展既尊重和顺应环境自我变化的规律性，同时又建立良好的制度设立人与环境关系的边界，在环境承载的能力和范围内，通过人的经济社会活动进行规范和约束，形成全社会共同遵守的客观条例、政策、法规等，通过构建生态文明体系建立绿色发展的良好机制，针对不同发展阶段的特点有序推进人与自然的和谐共处，形成更加公平民主的绿色发展制度和公共决策机制。

二、马克思主义绿色发展观是当代国内外绿色发展的重要思想源泉

绿色发展理念是在千百年来人类对人与环境关系不断反思的基础上提出的创新性的发展理念，绿色与发展的结合凸显了人类步入生态文明时代在发展理念和方式上的深刻转变。绿色发展理念是植根于国内外有关环境的丰富的理论基础上，特别是以马克思主义绿色发展观作为其牢

固的思想理论根基，是马克思主义经典作家关于生态思想中国化的产物，是对马克思主义绿色发展观的升华，同时结合中国环境变化的现实问题，是理论与实践高度结合的产物，极大地丰富了中国特色社会主义理论体系的内容。在绿色发展强大的思想理论面前，那些毫无依据地认为中国跳不出发达国家走过的“先污染、后治理”的老路，以及西方的一些学者臆断中国经济陷入了系统性陷阱，将导致中国“崩溃”，还有“谁来拯救被雾霾笼罩的中国人”等言论是毫无理论根基的，显得非常幼稚。

1. 马克思主义绿色发展观的思想演进。

绿色发展虽然是一个现代概念，但在马克思主义理论的发展和传承中却蕴含着丰富的绿色发展思想，形成了其科学的绿色发展观。从马克思主义绿色发展观的思想演变脉络梳理中可以看出，不同时代的马克思主义者从所处的时代背景出发，对生态环境破坏的现象进行了大量的阐述，并深刻揭示其中的原因，提出解决生态环境问题的方法路径，构建了马克思主义绿色发展观丰富而深刻的理论体系。

(1) 马克思恩格斯有关绿色发展的基本立场和逻辑起点：马克思主义绿色发展观的形成期。

马克思恩格斯所处的时代正是工业革命的上升阶段，工业文明带来的自然破坏和环境污染已日益显现，马克思恩格斯敏锐地觉察到资本主义生产方式的逐利性与环境保护的矛盾，他们在对资本主义社会进行逻辑考察和理性审视的基础上，从历史唯物主义和实践的角度对人与自然的关系进行深刻阐述和科学预见，形成了生态问题研究的基础和起点，也表明了人与自然关系是生态环境问题中最原始、最根本的关系。马克思恩格斯强调人与自然的协调性与适应性，认为自然界先于人而存在，“人本身是自然界的产物，是在自己所处的环境中并且和这个环境一起发展起来的”[①]。同时，人在适应环境的同时也会改造环境，人“并不‘处在’某一种关系中，而是积极地活动，通过活动来取得一定的外界物，从而满足自己的需要。(因而，他们是从生产开始的)”[②]。人与自然的和

① 《马克思恩格斯文集》第9卷，人民出版社2009年版，第38—39页。
② 《马克思恩格斯全集》第19卷，人民出版社1963年版，第405页。

谐统一又是以物质交换为纽带，以社会为载体，因为人类所需要的生产资料和生活资料都是来源于自然界，并且通过劳动实现物质交换，即劳动过程“是制造使用价值的有目的的活动，是为了人类的需要而对自然物的占有，是人和自然之间的物质变换的一般条件，是人类生活的永恒的自然条件”①。“因为只有在社会中，自然界对人来说才是人与人间联系的纽带，才对别人说来是他的存在和对他说来是别人的存在，才是属人的现实的生命要素；只有在社会中，自然界表现为自己属人的存在。”②

马克思恩格斯从资本主义制度的本质特征揭示了生态环境问题产生的根本原因是资本主义私有制下对利润的无度追求和对资源的无节制攫取，资本主义国家如果不改变当前的生产方式，“不以伟大的自然规律为依据的人类计划，只会带来灾难”③。马克思把实现人类同自然的和解以及人类本身的和解确立为正确处理人与自然、社会三者关系的最高价值目标，并围绕这个目标提出了“使自然界真正复活”“使任何自然矛盾真正解决”的历史使命。可以通过技术进步更有效地利用和节约资源，促进资源的循环使用，因为“机器的改良，使那些在原有形式上本来不能利用的物质，获得一种在新的生产中可以利用的形态；科学的进步，特别是化学的进步，发现了那些废物的有用性质”④，从根本上要彻底推动社会制度的变革，只有选择适合人与自然和谐发展的生产方式和发展制度，只有“对我们的直到目前为止的生产方式，以及同这种生产方式一起对我们的现今的整个社会制度实现完全的变革”⑤。

马克思恩格斯虽然没有直接提及绿色、生态等概念，但是从人性和制度的本质开辟了有关生态环境问题研究的新思路，极大地冲击了资本主义学者对环境问题研究一贯思维，也为我国当前抵御西方自由主义学派言论的冲击，驳斥把中国环境与发展相对立的观点提供了研究视角。

(2) 列宁有关绿色发展的制度实践与动态思维：马克思主义绿色发

---

① 《资本论》第1卷，人民出版社2004年版，第215页。
② 《1844年经济学哲学手稿》，人民出版社1979年版，第75页。
③ 《马克思恩格斯选集》第3卷，人民出版社1995年版，第251页。
④ 《马克思恩格斯文集》第7卷，人民出版社2009年版，第115页。
⑤ 《马克思恩格斯选集》第4卷，人民出版社1995年版，第385页。

展观的发展期。

列宁在领导无产阶级革命和苏维埃的社会主义建设中，继承和发展了马克思恩格斯自然观和生态环境思想，通过实践验证社会主义制度较之于资本主义制度在处理人与自然关系方面的优越性，以此来进一步批判资本主义和帝国主义对自然资源的过度消耗和对生态环境的肆意破坏。列宁在把马克思主义辩证自然观与工人阶级革命运动实践相结合中深刻阐释了人与自然的关系，他指出："无论在工业或农业中，人只能在认识到自然力的作用以后利用这种作用，并借助机器和工具等以减少利用中的困难。"[①] 列宁还批判性地指出："说工人生活日益困难是由于自然界减少了它的赐物，这是充当资产阶级的辩护士。"[②] 列宁强调在社会主义实践中，要顺应和利用自然规律，加强自然资源和环境的保护，他主张通过立法把土地、水、森林、矿产等资源国有化，以更好地实现资源使用和开发的统一管理和保护。他还主张对资源的循环利用，甚至把废弃物的处理和资源的循环利用作为消灭城乡差别的重要目标，这是较早的循环经济思想。此外，列宁还十分重视人的作用，号召在资源与环境保护中充分发挥人民群众和社会团体的作用，指出"生气勃勃的创造性的社会主义是人民群众自己创造的"。

列宁在不断思考和探索社会主义环境保护之路的同时也对资本主义生产方式进行批判，并且他还以动态的眼光看待环境问题的动态性和蔓延性，不仅揭示了资本主义生产方式对人类生存环境破坏规模的扩大，而且在其帝国主义理论中更进一步指出帝国主义的扩张造成了殖民地环境的破坏，一针见血地指出了帝国主义带给整个世界生态环境的灾难。当前西方国家企图模糊生态环境问题的根源，撇清环境问题的历史责任，将责任转嫁给中国等发展中国家，借环境保护的借口干涉中国的发展，西方资本主义国家的本质和企图在列宁的生态理论中已经得到了深刻的阐释。

(3) 国际有关绿色发展的思潮涌现和中国的实践探索：马克思主义

---

① 《列宁全集》第 5 卷，人民出版社 1986 年版，第 90 页。
② 《列宁全集》第 5 卷，人民出版社 1986 年版，第 90 页。

绿色发展观的深化期。

工业革命发生后，特别是二战以来，工业化的拓展和深入所带来的环境污染的蔓延和环境危害事件的频发，引发了越来越多学者关注生态环境问题，在探寻环境污染的原因及解决环境问题的路径中，西方学者产生了理论分歧。一部分的西方学者认为历史唯物主义是“人类中心主义”，不承认“自然的极限”，认为历史唯物主义过分强调生产而忽视了自然资源本身的稀缺性，为资本主义生产方式的生态责任进行辩护。也有一部分的西方学者对上述观点持否定态度，他们在回应部分西方学者对历史唯物主义的挑战中把生态学和马克思主义相结合，产生了生态马克思主义流派。

生态马克思主义兴起于 20 世纪 70 年代后期。该学派以马克思主义关于人与自然关系理论、异化理论、人本主义思想、人的全面发展理论和社会主义理论等作为理论基础，对全球环境问题和人类发展困境进行反思，不仅进一步深刻阐释了人与自然的关系，而且揭示了资本主义制度与生态危机的必然性，提出解决生态危机的根本途径。生态马克思主义认为人与自然是辩证统一的，人类中心主义并没有否认自然界中的存在物各自生存和发展的要求。格伦德曼等指出：“马克思主义的人类中心主义是一种广义上的定义，‘广义的’人类中心主义主张将非感知自然的价值建立在对人类生命价值所做的贡献的基础上，但它不同于狭义的人类中心主义，即不单单从工具性方面看待这种贡献。”① 人类利益与自然利益是统一的。生态马克思主义认为应跳出马克思经济危机的理论框架，用生态危机理论来解释资本主义社会向社会主义社会过渡的必然性。美国社会学家奥康纳认为必须把生态破坏置于资本积累和社会转型的核心位置，充分认识资本主义生产方式对资源枯竭和自然退化的破坏程度。加拿大的社会学家阿格尔也提出，当代资本主义经济危机已经从生产领域向消费领域转移，生态危机是最大的危机。生态马克思主义在此研究基础上进一步指出只有通过生态革命，建立起生态理性与经济理性相统

---

① Jonathan Hughes. *Ecology and Historical materialism* (Cambridge University Press, 2000), p. 32.

一的生态社会主义制度，走生态社会主义道路才能彻底解决生态危机。生态马克思主义思潮是对马克思生态思想的继承和发展，是生态运动和社会主义运动相结合的产物，但是由于受西方马克思主义社会批判的影响，他们在一定程度上把马克思主义理论与方法割裂开来，使得生态马克思主义与马克思主义生态环境思想在经济危机、资本主义基本矛盾、社会主义基本特征等方面的阐释存在较大差异。虽然生态马克思主义并没有完全坚持马克思主义的经典理论，但是其提供的理论和方法为马克思主义的当代发展注入了新的思想元素。

中华人民共和国成立后，中国历代领导人坚持把马克思主义与中国的社会主义实践相结合，推动马克思主义理论的不断发展和创新，在生态环境领域涌现出丰硕的理论成果，特别是推动马克思主义绿色发展观的不断深化和中国化。毛泽东十分重视自然资源的作用，提出“天上的空气，地上的森林，地下的宝藏，都是建设社会主义所需要的重要因素”①。在经济发展十分困难的情况下，毛泽东力推节约，反对浪费，提出“节约是社会主义经济的基本原则之一”②，同时还主张大力开发新的资源能源。毛泽东还提出可以通过水利建设和开展绿化来改善生态环境，他曾说：“南北各地在多少年内，我们能够看到绿化就好，这件事情对农业，对工业，对各方面都有利。”③ 邓小平非常重视人口、资源与环境的协调，从基本国策的高度和持续发展的远见提出要坚持“植树造林，绿化祖国，造福后代”④，而且这一事业要“一代一代永远干下去”⑤。这不仅需要政策的引导，还要加强法制保障，“加强环境管理，要从人治走向法治”⑥，更要注重发挥科学技术的重要作用，“解决农村能源，保护生态环境等等，都要靠科学”⑦。这是科学技术是第一生产力的观点在我国生态环境领域的应用。江泽民全面推进了可持续发展理念在中国的实施，

---

① 《毛泽东文集》第7卷，人民出版社1999年版，第34页。
② 《毛泽东文集》第6卷，人民出版社1999年版，第447页。
③ 《毛泽东文集》第6卷，人民出版社1999年版，第445页。
④ 《邓小平文选》第3卷，人民出版社1993年版，第21页。
⑤ 《邓小平论林业与生态建设》，《内蒙古林业》2004年第8期。
⑥ 《邓小平论林业与生态建设》，《内蒙古林业》2004年第8期。
⑦ 《邓小平年谱》（下册），中央文献出版社2004年版，第882页。

他提出“在现代化建设中，必须把实现可持续发展作为一个重大战略”[①]，从而把邓小平的生态环境协调发展思想从不同要素间的协调推进到代际间的协调。江泽民还从国家视野提出全球性问题的解决需要靠国际上的相互配合和密切合作。[②] 进入新世纪以来，环境污染和破坏愈加严重，以牺牲环境为代价的传统工业化模式已经走到尽头，在快速推进工业化进程中，如何协调好经济发展和生态环境之间的关系是摆在当代中国面前的重大现实问题，亟须理论上的突破和探索出一条中国绿色发展之路。以胡锦涛为总书记的中央领导集体提出了科学发展观，即坚持以人为本，树立全面、协调、可持续的发展观，经济、生态、社会的有机统一，体现以人为本和以生态为本价值取向的双重统一。党的十八大以来，习近平同志结合国内外严峻的资源环境形势，从文明和发展的角度把绿色发展提到一个更高的层面。他在多次讲话中提道：“我们既要绿水青山，也要金山银山。宁要绿水青山，不要金山银山，而且绿水青山就是金山银山。”[③] 生态是人类文明继工业文明之后的更高层次的精神追求，“生态兴则文明兴，生态衰则文明衰”，“生态就是资源，生态就是生产力”。中国在探寻人与自然和谐关系进程中已经形成了层次性、系统性的理论体系，中国在推进生态保护中密集的理论创新，既是对马克思主义绿色发展观的传承和创新，也是实践经验的总结升华。中国在化解过剩产能、淘汰落后生产方式、防范环境风险、改善环境质量中已经取得了显著的成效，同时又能在推进结构性改革中保持较快的经济增长速度，使“中国崩溃”的言论不攻自破。

2. 马克思主义绿色发展观为当代国内外绿色发展提供了丰富的理论营养。

绿色发展是中国在新的环保形势下提出的创新理念，是中国环境保护实践的经验总结，这一理念指明了未来中国经济发展该走什么样的绿色之路。这一伟大的理论创新是根植于马克思主义绿色发展观的丰沃土壤，100 多年来不断传承和发展的马克思主义绿色发展观为其提供了丰富

---

① 《江泽民文选》第 1 卷，人民出版社 2006 年版，第 463 页。

② 《江泽民文选》第 1 卷，人民出版社 2006 年版，第 480 页。

③ 《绿水青山就是金山银山》，《人民日报》2014 年 7 月 11 日。

的理论营养。(1) 人与自然的关系是贯穿于马克思主义绿色发展观的一条主线。从马克思恩格斯把人与自然关系作为研究生态环境问题的起点开始，不同时期的马克思主义学者从未放弃对人与自然关系的探讨，试图探索出一条人与自然和谐共处之道，这一最原始、最朴素的关系也正是绿色发展的现实旨归。(2) 人本观念是马克思主义绿色发展观为绿色发展界定的基本立场。无论是资本主义制度下对人类解放的呼吁，还是社会主义制度下对人的价值实现和代际协调的探讨，人在保护环境的行动中既是参与者，更是受益者，始终居于环境保护行动的核心地位。绿色发展的终极目标就是要实现对人性的关怀和人的持续发展。(3) 制度和技术是马克思主义绿色发展观提倡绿色发展的依托手段。马克思主义绿色发展观不仅从理论上强调生态环境保护的理念，也重视生态环境保护的方法和手段的运用，特别是强调制度和技术手段的作用。马克思、恩格斯和列宁都曾认为资本主义制度是环境问题的根源，必须用社会主义制度取代资本主义制度才能从根本解决环境问题，同时技术创新可以为环境保护提供更多的方法。绿色发展中也广泛融入了制度和技术的理念，制度创新和技术创新可以为绿色发展提供更强劲的动力。(4) 辩证唯物主义和历史唯物主义是马克思主义绿色发展观提供给绿色发展的思维方法。马克思主义绿色发展观以辩证的思维看待人与自然环境之间的关系，要求合理把握人、自然、社会之间的关系界限。马克思主义绿色发展观从历史的角度来看待环境问题产生的原因，把环境责任区分为历史责任和现实责任，同时，着眼于未来的持续发展探索生态问题解决的路径。绿色发展秉承唯物主义的思维，强调发展程度不同的国家之间有区别的环境责任，强调环境、经济和社会发展之间的协调性，合理把握生态环境的承载力，充分发挥环境改善对推进经济社会发展的积极作用。(5) 以动态发展的眼光看问题是马克思主义绿色发展观提供给绿色发展的思考方式。从马克思主义绿色发展观的历史演变可以看出，其发展和创新是一个动态演绎的过程，在这一过程中，马克思主义绿色发展观通过实践不断融入经验总结，对人与自然环境的关系认识不断深刻，体现了马克思主义理论的与时俱进及时代活力，也反映了马克思主义者对如何处理人与自然关系进行艰难的探索和不懈的努力。绿色发展本身代表的就是一种发展方式，而发展又是一个动态过程，这是马克思主义绿色发展观在新的发展阶段的传承和创新，着眼于生态环境变化的动态性和长期性，着眼于长期可持续发展，是马克思主义绿色发展观在新时期的生动再现。

三、中国倡导的绿色发展是马克思主义绿色发展观在当代中国的运用与创新

千百年来，人类从未停止过对环境的破坏，但也从未放任环境的恶化。人与自然环境的关系总是处在既破坏也治理，既保护又开发的无限的矛盾循环之中，人类也曾提出和践行环境保护的各种理念和措施，但始终未能跳出越治理越污染的怪圈。究其原因主要有两个方面：一是环境污染和破坏的蔓延性和无界性，单是某个国家或地区，或是某个阶段的治理只能使人和自然的关系得到暂时的缓解和弥合；二是环境治理的成本较高，甚至必须以牺牲经济发展为代价，许多国家和地区坚持经济利益高于环境利益的原则，导致环境治理的不彻底，甚至将污染转移到其他国家和地区。这些治标不治本的方法未能阻止环境恶化的步伐，反而更加威胁人类的生存，如何探寻出一条人与自然环境和谐共处之路是人类面临的共同考验，中国也一直在努力，并且为推动全球环境的改善从理论和行动上都做出了积极的贡献。绿色发展理念提出之初，理论界夹杂着一些不同的声音，有人认为绿色发展是一个很抽象的概念，缺乏实际可操作性；有人认为绿色发展和之前提出的循环经济、低碳经济、生态文明建设等没有本质的区别，只是一种没有新意的新名词；还有些学者认为中国生态环境建设中夹杂着复杂的经济利益关系，绿色发展很难推进。这些质疑性的言论虽然看到了中国推行绿色发展不易，但是却夸大了困难，最主要是没有从根本上理解绿色发展的内涵和属性。绿色发展着眼于经济社会发展的规律性和长远性，着眼于环境问题的动态性和全球性，着眼于环境治理行动的战略性和自觉性，真正实现环境治理的彻底性。绿色发展理念凸显了战略性、纲领性、引领性，显示了中国

愿意牺牲短期的利益向困难挑战的决心，是中国在世界舞台上作为负责任大国的使命担当，是马克思主义绿色发展观在当代中国的运用与创新。可以从以下五个方面来理解绿色发展的创新性以及构建的思想、动力、保障等全面的支撑体系。

1. 强调意识主导：以生态文明筑就全民共识。

绿色发展从理念到行动的转化需要广大民众的支持，需要全体人民的共同行动，但这种行动不是行政式命令的被动行为，而是广大民众主动自觉的参与，充分体现了马克思主义绿色发展观的人本理念。绿色发展并不同于大多数的政策或规范，直接规定人们能做什么或不能做什么，而是把绿色和经济社会的发展结合在一起，和全面建成小康社会结合在一起，使人们切实感受到绿色发展就在身边，是与个人的生存发展息息相关的。绿色发展就是通过理念上的渗透转化为人们的自觉行动，以生态文明为引导，塑造人们的价值取向，从个人行为上升到事关民族文明进步的高度。首先争取人们思想上的支持，强调思想意识上的感化，通过理论体系的构建，培育生态文化和生态道德，使生态文明成为社会主流的价值观。通过广泛的教育和舆论宣传，引导人们把自然和生态融入生命的延续中，在体验和感悟中，把生态文明融入思想中，进而转化为外在的保护环境、生态建设、低碳生活、文明健康等生活方式和消费模式，形成全民共同推进绿色发展的普遍共识。这种在思想意识上的强大力量构筑了绿色发展最坚实的支持体系，并且代代相传，既节约了绿色发展的成本，又凝聚了中华民族文明的合力。

2. 强调系统推进：以顶层设计保障战略实施。

绿色发展是马克思主义绿色发展观对发展规律把握的新的总结和延伸，是对“生态兴则文明兴，生态衰则文明衰”这一历史发展规律深刻认识基础上提出的全新发展观，是事关文明兴衰和人类永续长存的综合发展体系，系统性的问题需要运用系统性的方式来解决。因此，要在思想认识、理念框架、政策体系和机制构建等方面推动中国的全面转型。绿色发展并不同于以往单纯的“环保主义”，也不是自下而上的民间呼吁，而是着眼于人与自然关系的动态发展，把自然系统、经济系统、生态系统有机地结合在一起，把生态文明建设融入经济、政治、文化、社会建设的各方面和全过程。当然，这种系统性工程的推进凭借单个人的力量或是政府的力量是无法完成的，必须从总体上系统把握，统筹推进。针对这一系统工程，中国进行了系统的顶层设计和具体部署，并且上升到党和国家发展战略的高度，通过制定《生态文明体制改革总体方案》，形成产权清晰、多元参与、激励约束并重、系统完整的生态文明制度体系。中国把绿色发展作为理念写入党和国家的发展战略、发展规划，凸显了自上而下的对环境保护的全方位部署，并确保各项措施落到实处。绿色发展还强调了制度保障，加大环境治理力度，实行最严格的环境保护制度，实行省以下环保机构监测监察执法垂直管理制度。这种通过顶层设计的方式形成自上而下的力量凸显政府的魄力和决心，是绿色发展战略有效实施的强力保障。

3. 强调全程控制：以深化改革助推结构升级。

绿色发展秉承了马克思主义发展观从本质探索深层次原因的方法，强调了人与自然环境关系的调整并不是问题导向式的末端处理，也不是产业链的某个环节的调整，而是从生产到消费的全过程的控制，迫切要求改变传统粗放式的生产方式和浪费的生活方式。中国目前正在推进的深化改革可以为绿色发展扫清障碍，通过改革破除僵化的体制机制，释放创新的活力和动力，形成更加绿色的生产消费体系。绿色发展理念中提到的加快建设资源节约型、环境友好型社会，形成人与自然和谐发展的新格局，建立绿色低碳循环发展产业体系和清洁低碳、安全高效的现代能源体系正是体现了绿色发展的全面性。绿色发展意味着要推动环境供给侧改革，通过低碳循环和减量化的生产方式纠正生态资源的扭曲配置，削减过度供给和过剩产能，积极推进新能源、新环保、新服务等绿色产业体系的创新，通过产业结构调整和产品结构调整提高产品的质量，满足人们新的消费需求。绿色发展还意味着调整人们的消费结构，引导人们购买、使用绿色环保产品，养成良好的生活方式，节约能源资源，推动可持续性消费，形成勤俭节约的社会风尚。绿色发展强调从生产到消费的全过程的调整和控制也正是顺应了当前中国生产结构和消费结构全面升级的要求，更加强调绿色发展的体制机制保障。

4. 强调技术支撑：以创新驱动构筑发展动力。

绿色发展是经济发展到较高阶段的新的发展模式，在推进绿色发展的过程中也会面临着依托手段和路径的考验。在传统的处理人与自然关系过程中，主要依靠资金、人力等要素的投入，通过大量集中的物质投入换取环境暂时性的改善，或是依靠自然界漫长的自我修复。虽然马克思主义绿色发展观中也提出了运用技术的手段，但主要还是直接作用于生态环境的单一技术，或是能直接带来经济效益的技术改进。科学技术的发展已经为中国环境保护提供了各种可能的技术支持，绿色发展顺应经济发展方式从要素、投资驱动转向创新驱动，强调构建创新体系进行系统的推进，包括管理创新、技术创新、制度创新等全方位的创新，特别突出信息技术、互联网技术等高新技术在支撑绿色发展中的重要作用。它不仅节约成本，提高效率，而且会使人和自然之间建立起一种现代化的关系，既不失自然本身的特征，又强调生产力进步对生态环境的正向回馈，是生态效益、经济效益、社会效益的高度统一。绿色发展突出中国通过加快科技体制改革，建立面向人才、研发、产品、市场的全方位绿色创新支撑体系；强化企业在技术创新中的主体作用；积极开发新能源开发利用技术、绿色装备制造技术等；积极开展资源环境生态领域关键技术和前沿技术攻关。可以说，创新驱动贯穿于绿色发展的全过程，是成为推动绿色发展的持久动力。

5. 强调开放合作：以全球行动维护生态安全。

马克思主义绿色发展观具有开放包容的属性，绿色发展强调中国要“为全球生态安全作出新贡献”，这不仅反映了中国积极主动应对全球气候变化，致力于全球环境改善的责任担当，也反映了中国对环境问题全球性的深刻认识，彰显了中国作为负责任的大国以开放的姿态携手世界其他国家共同应对全球环境问题的诚意。绿色发展既是中国未来调整人与自然关系的总体思路，也是中国对全球环境治理的积极贡献，只有把生态环境问题放到全球化的背景下进行考量，才能够唤醒全世界的环保意识，构筑起生态环保的国际新格局。这是中国推动新一轮对外开放中的包容性思维，也是在国际环境合作中践行马克思主义绿色发展观的科学思维，这种理念虽然无关制度、无关经济发展的差异，但它充分尊重每个国家和地区的主体地位，倡导任何国家和地区在此问题上都可以进行平等的对话或是获得可能的援助。为维护全球生态安全，中国积极参与国际绿色经济发展规则和全球可持续发展目标制定，积极参与国际绿色科技交流；积极向世界各国推介中国生态文明建设的规划和实践经验，宣扬绿色发展理念，以期通过中国思想和中国方案的传递，形成全球共同行动的合力，推动形成全球人与自然和谐共处的生态安全局面。

四、加快推动中国绿色发展亟须解决的关键问题和路径选择

中国凭借着经济地位的提升充分开展生态外交，如积极参与联合国开展的各项环境事务，长期参与国际气候谈判并做出积极努力，开展环境保护的双边和多边合作，在二十国集团领导人杭州峰会、“一带一路”国际合作高峰论坛等中国主场国际会议中积极推介中国绿色发展理念。绿色发展理念逐渐得到全球的认可，中国的努力和行动使得国际上“中国环境威胁论”“中国环境与发展难协调”等言论的支持者大大减少。当前，由环境污染和破坏引发的一系列生态危机和环境危机正考验着中国经济的持续增长，市场机制的自发作用已经难以调节经济建设与生态环境之间的矛盾，资源紧缺、环境污染、生态失衡是制约中国夺取全面建成小康社会胜利的重大障碍，也是实现中华民族永续发展亟须解决的重大课题。中国绿色发展的一系列举措在具体实施过程中还面临着如何合理地界定绿色发展在发展过程中的地位和作用，如何通过要素支撑保证绿色发展作用的持续发挥，如何保证绿色发展的各项措施转化为广大民众的自觉行为，如何发挥绿色发展在资源配置中的积极作用，以及如何扩大绿色发展的影响力等问题，这些是束缚中国绿色发展作用发挥的瓶颈，必须突破这些关键问题，才能为中国绿色发展的有效实施提供更畅通的路径，建立起生态环境与发展相协调的强大自信，有力地回击质疑中国的言论，彻底地粉碎借环境问题而大肆“唱衰中国”、别有用心的阴谋。

1. 地位问题：通过绿色传递将五大发展理念紧密串联。

绿色发展并不是一个独立的发展理念，而是与创新、协调、开放、共享等其他四个发展理念共同统一于中国特色社会主义的伟大实践进程中，彼此间是一种辩证统一的关系。因此，要对绿色发展在五大发展理念中进行清晰的定位，充分发挥相互间的协调促进作用，形成正向合力。绿色发展代表的是未来发展的方向和主色调，在其战略实施中要为其他的发展理念提供绿色引领和发展导向，通过绿色的传递把五大发展理念紧密联系在一起。同时，绿色发展又要广泛汲取其他发展理念的支持。创新会为绿色发展提供动力，协调会为绿色发展提供方法和目标，开放会为绿色发展提供更大的视野和机遇，共享是绿色发展的归宿，促进绿色成果转化。因此，绿色发展要推动绿色低碳循环技术创新，提高资源利用率和生产效率；要促进区域和城乡协调，根据人与自然和谐的要求促进主体功能区建设，实现城乡和区域环境治理的协调；要进一步开放资源和环境产品市场，促进环境产品的贸易，加强国际环境合作，与其他国家和地区共同应对气候变化和携手推进绿色发展；要着眼于广大民众的生存发展，加大生态补偿力度，加快扶贫事业发展，使广大民众能共享良好生态环境这一公共产品。绿色已经充斥于中国经济社会发展每一个层面，就像是一条无形的纽带把各个发展理念紧密地串联在一起，正是明确了绿色发展的这一地位，才能更加坚定绿色发展的方向和信心，才能有助于实现绿色发展的目标。

2. 投入问题：加大绿色发展的各类要素保障。

长期以来，中国以牺牲环境为代价的粗放式发展模式已经积累了日益严重的环境问题，生态环境的历史欠账太多，以至于中国加强环境治理、恢复良好生态需要巨额的投入，因此，必须有充分的要素保障才能确保绿色发展的顺利推进。要加强环保领域的财政投入，加大绿色发展的投资，确保绿色发展充足的资金，通过金融政策和金融体制机制创新，实施多样化的金融工具，试行政府和社会资本合作模式（PPP），引导资金更多投资环境基础设施建设和其他公共基础设施建设，引导资本向生态农业、生态工业、节能环保产业等在内的绿色产业领域加大投入。加强绿色发展的技术投入，广泛实施创新驱动发展战略，加大绿色技术研发资金投入，加快发展新环保技术、新能源技术，全面推行绿色制造，为绿色发展提供更加先进的手段。要加快发展各类清洁能源、新能源技术，开发更多的新能源实现对传统化石能源的替代。加大绿色发展的人才投入，有针对性地培养和引进掌握先进技术，能为环境治理提供技术支持的创新型科技人才，擅长产业合理布局的规划型人才，熟知国内外环境规则，懂得谈判和合作的法律人才等，同时要引导高层次人才向企业流动，充分发挥环保企业的主体作用。总而言之，绿色发展是一个长期的过程，要确保绿色发展形成稳定而持续的投入机制，将有限的资源集中于亟须解决的重点领域，通过以点带面，逐步实现全面的环境治理和生态恢复。

3. 力度问题：强化绿色发展的制度规范和法治约束。

绿色发展的推进并不是政府部门的“独角戏”，而是需要全社会的共同支持和参与，要从自上而下的发展理念转化为全体民众自觉的行动，要从理论上的广泛宣传转化为全体民众的习惯性行为，这就要强力推进绿色发展理念深入人心，落到实处，必须建立起绿色发展的制度规范和法治约束，通过制度和法治的要求形成全社会的行为规范。要形成绿色发展的制度，完善绿色发展的科学决策机制，制定绿色标准，从产业发展、结构调整、项目投资等源头上控制资源环境问题的产生蔓延。实行最严格的耕地保护制度、水资源管理制度、环境保护制度和生态保护红线管理制度，建立健全生态保护责任追究制度、环境损害赔偿制度和环境损害责任终身追究制度。充分发挥市场机制作用，积极探索建立自然资源资产产权等一系列制度，实现理论和实践上的创新和突破。实施最严格的环境法律制度，加强绿色发展的立法工作，明确规定各个部门和个人在环境建设和保护、清洁生产等方面可以做什么，不能做什么，增强立法的实效性和针对性。对绿色发展的具体实施要加大法律监督力度，确保各项法律法规的有效实施，保证各项制度的有效落实。执法部门要加大对污染环境和破坏生态行为的惩罚力度，追究行政责任或刑事责任。只有通过强制力、权威性和高效率的规则体系的制定，才能确保绿色发展强有力地落到实处。

4. 配置问题：确保绿色发展的供给侧和需求侧有效对接。

绿色发展的理念虽然已成为中国新时期党和国家的执政理念，生态文明建设也是“十三五”时期乃至更长一段是时期中国发展的重要内容，但是绿色发展并不是行政命令式的推进，也不是脱离发展实际的凭空想象，而是对中国社会主义市场经济发展特征的深刻总结和方向引领，绿色发展也要顺应市场经济发展的规律，因此，绿色发展应充分发挥市场机制的作用，实现资源的优化配置。绿色生产和绿色消费是绿色发展的重要组成部分，如何实现两者的有效对接是提升绿色发展的效率的重要环节。绿色生产代表了绿色发展供给的一面，要推进绿色发展的供给侧改革，通过推广低碳循环和减量化的生产方式淘汰落后产能，化解过剩产能，减少过度供给。同时，调整生产结构和产品结构，面向消费者需求促进产业结构升级，生产高质量的产品，消除供需缺口。充分发挥市场机制对生态环境资源的优化配置作用，提高资本、劳动等要素的配置效率。绿色消费代表了绿色发展需求的一面，德国学者魏茨察克曾提出了“生态包袱”这一概念，即每单位产品重量所需要的物质投入总量，例如，一个 10 克重的金戒指，生态包袱是 3500 千克，一件 170 克重的汗衫，生态包袱是 226 千克[①]，因此，倡导勤俭节约、绿色低碳的生活和消费方式可以极大地节约物质能源的消耗。通过广泛进行绿色消费宣传，鼓励消费者购买节能环保型产品，反对过度消费和炫耀性消费，形成全社会勤俭节约、绿色低碳的消费新风尚。此外，各级政府还要加强生产和消费的联系和对接，从生产上的绿色导向引导消费方向的转变，同时也要通过绿色消费倒逼生产方式的变革。供求和需求的有效对接可以更好地发挥市场机制的调节作用，促进资源的优化配置。

5. 定位问题：立足绿色发展的全球视野。

环境问题是一个全球性问题，环境治理需要全世界所有国家和地区共同的努力。中国一直致力于推动国际环境合作的开展，并在重要的国际环境会议和气候大会上呼吁不同发展水平国家各自承担相应的环境责任，共同遵守环境保护的各项公约，以实际行动履行承诺。中国也在探索环境保护的道路上不断进行理论和实践的创新，为全球生态环境治理提供了丰富的理论依据和实践经验。绿色发展理念的提出又是中国对环

① 钱易：《以绿色消费助推生态文明建设》，《人民日报》2015 年 6 月 11 日。

境保护认识的新发展，是中国参与全球环境治理的又一重要贡献，是中国积极维护全球生态安全的具体行动。中国在推进绿色发展的进程中既要立足中国的实际，又要着眼于世界，在参与国际绿色经济规则和全球可持续发展目标制定中，要坚持自己的立场，争取主动权，坚持维护广大发展中国家的利益，彰显中国作为发展中大国的使命担当和中国共产党作为马克思主义先进政党的广阔胸襟和视野。要积极参与国际绿色交流，向国外推介中国在环境科技创新方面取得的先进成果，对不发达国家的环境保护开展技术、资金等方面的援助，同时，中国也要善于引进发达国家先进的环保技术和方式来增强自身环境保护的能力。此外，中国还要加强与国际上其他国家的绿色合作，借助中国新一轮对外开放的机遇，共同研究开发绿色关键技术，共同应对和治理区域性的生态环境问题，将中国的生态文明理念、绿色发展理念不断向世界传播。

（原文发表于《经济研究》2017 年第 6 期）

马克思小农经济理论与破解中国“三农”问题的启示

罗正月*

研读马克思关于小农经济的论述，我们不难把握其小农经济理论的核心观点：以私有制为基础的小农经济必然要为工业化为代表的社会化大生产所替代，但在农民占居民大多数的农业国家里，小农阶级的消亡是一个漫长的历史过程。马克思这一观点是否还具有现实适用性，是否还具有解决当代中国“三农”问题的指导意义，目前学界存在较大分歧。我们认为，改革开放30多年来，在党和政府一系列惠农政策的支持下，中国的“三农”矛盾得以明显缓解，总体上已进入以工促农、以城带乡的发展阶段，确立了破除城乡二元结构、形成城乡经济社会发展一体化新目标。但是时至今日，在中国13亿多人口中仍有9.49亿农民和2.6亿多个小农户分散居住在380多万个自然村，农业生产方式落后、农民增收缓慢、城乡差距拉大等问题并未得到根本解决。那么，中国“三农”问题的根本解决之道究竟何在？马克思的小农经济理论是否可以为我们寻求破解“三农”难题提供思路上的启迪？本文拟对这些问题进行初步的探讨。

* 罗正月：福建师范大学经济学院副教授。

一、马克思对小农经济内涵和特征的阐释

“小农经济”，目前学术界对“小农”的理解存在很多的分歧[①]。我认为，“小农经济”的含义不能局限于字面上的理解，它是有其确定的科学内涵的。本文所使用的“小农经济”的概念来自马克思的界定。马克思把小农经济视为历史上小生产的一种方式，即农业领域中的小生产。他指出：“这种小生产者包括手工业者，但主要是农民，因为总的说来，在资本主义以前的状态中，只要这种状态允许独立的单个小生产者存在，农民阶级必然是这种小生产者的大多数。”[②] 这种小生产（小农经济）的生产方式主要有五个特征。

1. 以个体家庭为生产单位。马克思说：“在这种生产方式中，耕者不管是一个自由的土地所有者，还是一个隶属农民，总是孤立地，作为单独的劳动者，同他的家人一起生产自己的生存资料”[③]。这种“小块土地的所有者或租佃者”[④] 小农，“家庭是自给自足的”[⑤]。因此，所谓小生产又可以称为个体小生产，而“个体”，就是指个体家庭而言，并非只是指单个的农民。我们习惯上所说的“个体农民”，实际上也是指以个体家庭为单位从事农业生产的农民。

2. 生产过程的孤立、分散。这种小生产是“在劳动孤立地进行和劳动的社会性不发展的情况下，直接表现为直接生产者对一定土地的产品的占有和生产”[⑥]。就劳动过程而言，这种生产方式中的个体劳动者是把

① 有的学者所说的“小农”只是指自耕农，而不包括依附农和佃农（刘昶：《试论中国封建社会长期延续的原因》，《历史研究》1981年第2期）；有的学者则把经营地主也包括到“小农（经济）”中去（黄宗智：《华北小农经济与社会变迁》中译本，中华书局1986年版）；还有的学者把中国历史上的“小农经济”类同于现代的“家庭农场”，并对“小农经济”这个概念的科学性提出质疑（赵冈：《重新评价中国历史上的小农经济》，《中国经济史研究》1994年第1期）。

② 《资本论》第3卷，人民出版社2004年版，第672页。

③ 《资本论》第3卷，人民出版社2004年版，第911—912页。

④ 《马克思恩格斯选集》第4卷，人民出版社1995年版，第486页。

⑤ 《马克思恩格斯选集》第4卷，人民出版社1995年版，第487页。

⑥ 《资本论》第3卷，人民出版社2004年版，第715页。

后来彼此分离开来的一切职能结合在一起的。因此，小农不但要独立地完成农业生产的全过程，而且总是“独立地经营他的农业和与农业结合在一起的农村家庭工业”[①]。这是一种“维持生计的农业”[②]，因此，也必然是一种以自给性生产为基础的经济。

3. 落后的生产方式导致生活水平的低下。马克思指出：“这种生产方式是以土地和其他生产资料的分散为前提的。它既排斥生产资料的积聚，也排斥协作，排斥同一生产过程内部的分工，排斥对自然的社会统治和社会调节，排斥社会生产力的自由发展。”[③] 小生产只是向自然界索取简单的生活资料，是“以治园方法来耕种田地的小农业”[④]。因此，原始落后的生产方式使人们一直处在那种很低的生活水平上。

4. 个体劳动者直接占有生产资料。马克思说：“劳动者对他的生产资料的私有权是小生产的基础”[⑤]。这是一种不同于剥削者私有制的劳动者的私有制，它是“靠自己劳动挣得的私有制，即以各个独立劳动者与其劳动条件相结合为基础的私有制”[⑥]。在这里，马克思把小农经济称为“生产者对劳动条件的所有权或占有权——以及与此相适应的个体小生产”[⑦]，可见，“劳动者实际上或名义上是他的劳动条件和产品的所有者”[⑧]是小农经济的主要特征之一。需要指出，这种“自己拥有劳动条件的小生产者”的内涵比较宽泛，它既包括“农民是自己耕种的土地的自由私有者”这种“典型形式”[⑨]，也包括在奴隶制度、农奴制度以及其他形式的从属关系中存在的直接生产者对生产资料或劳动条件实际上的所有或占有。马克思提醒我们，“决不要忘记，甚至农奴，不仅是他们宅旁的小块土地的所有者（虽然是负有纳租义务的所有者），而且是公有地

① 《资本论》第3卷，人民出版社2004年版，第893页。
② 《资本论》第3卷，人民出版社2004年版，第693页。
③ 《资本论》第1卷，人民出版社2004年版，第872页。
④ 《马克思恩格斯论中国》，人民出版社1957年版，第2页。
⑤ 《资本论》第1卷，人民出版社2004年版，第872页。
⑥ 《资本论》第1卷，人民出版社2004年版，第873页。
⑦ 《资本论》第3卷，人民出版社2004年版，第674页。
⑧ 《资本论》第3卷，人民出版社2004年版，第673页。
⑨ 马克思有时称之为“小块土地所有制”“自耕农的自由所有权”“自耕农的这种自由的小块土地所有制形式”等。

的共有者”[①]。这种小私有制根源于生产资料，主要是生产工具的细小、简陋和原始。马克思说：“在资本主义生产出现以前，即在中世纪，普遍地存在着以劳动者私人占有生产资料为基础的小生产：小农、自由农或依附农的农业和城市的手工业。劳动资料——土地、农具、作坊、手工业工具——都是个人的劳动资料，只供个人使用，因而必然是小的、简陋的、有限的。但是，正因为如此，他们也照例是属于生产者自己的。”[②]

5. 人与人之间关系的封闭性。马克思指出：“小农人数众多，他们的生活条件相同，但是彼此间并没有发生多种多样的关系。他们的生产方式不是使他们互相交往，而是使他们互相隔离。”“他们进行生产的地盘，即小块土地，不容许在耕作时进行分工，应用科学，因而也就没有多种多样的发展，没有各种不同的才能，没有丰富的社会关系。”[③] 在小农经济原始落后的生产方式下，“每一个农户差不多都是自给自足的……他们取得生活资料多半是靠与自然交换，而不是靠与社会交往”[④]。总之，由于“小生产只能同生产和社会的狭隘的、自然产生的界限相容”[⑤]，每一个家庭都成为独立的组织，过着闭关自守的生活。

根据马克思上述的有关论述，我们可以把小农经济界定为：农业领域内与简陋的手工工具相联系的、以直接生产者的小私有制为基础的、以个体家庭为单位进行的、以劳动的孤立性为特征的小生产。或者说，小农经济是农业中以个体家庭为基础的小生产和小私有的统一。

二、正确理解马克思关于小农经济趋于衰亡的科学论断

马克思指出，小农经济“发展到一定程度就造成消灭它自己的物质

① 《资本论》第1卷，人民出版社2004年版，第824页，注（191）。
② 《马克思恩格斯选集》第3卷，人民出版社1995年版，第619页。
③ 《马克思恩格斯选集》第1卷，人民出版社1995年版，第677页。
④ 《马克思恩格斯选集》第1卷，人民出版社1995年版，第677页。
⑤ 《马克思恩格斯选集》第3卷，人民出版社1995年版，第475页。

手段”[①]。然而，由于资本主义发展不平衡，小农经济在一定历史时期还会存在。即使“我们预见到小农必然灭亡，但是我们无论如何不要以自己的干预去加速其灭亡”[②]。因此，小农的消亡是一个漫长的历史过程，在这一过程中首先出现的是农民阶级内部的阶层分化和农业人口转化为工业和城市人口。于是，纯粹的小农阶层出现了经济上的贫困化和社会地位的没落，原因何在？马克思指出：“小块土地所有制按其性质来说排斥社会劳动生产力的发展、劳动的社会形式、资本的社会积聚、大规模的畜牧和对科学的累进的应用。”[③]“高利贷和税收制度必然到处使这种所有制陷入贫困境地。”[④] 与此同时，农村家庭工业由于大工业的发展而被消灭。在这种情形下，“农业上的各种改良一方面降低了土地产品的价格，另一方面要求较大的投资和更多的物质生产条件，这些也促进了上述土地所有权的灭亡”[⑤]。因此，随着资本主义生产形式的发展，“割断了农业小生产的命脉；这种小生产正在无法挽救地灭亡和衰落”[⑥]。然而，对于马克思小农经济趋于衰亡的理论，有学者却提出质疑，熊吉峰（2007）认为，国际上农业现代化的先行者如美国、日本经验表明，农业经营制度仍实行以农民的家庭经营——家庭农场为主的经营制度。据此，他推断，我国农业即使实现了现代化，家庭农场仍是农民自由发展的必然选择。[⑦] 许经勇、张志杰（2001）也认为，家庭经营具有广泛的适应性和旺盛的生命力，不存在生产力水平提高了就要改变家庭经营的问题[⑧]，并由此得出小农业经济将长期存在的结论。

不可否认，农民的家庭经营，因其与农业的自身特点相适应，其内在的激励约束机制及无须外部监督，是这种经营制度的优势。但是并不

---

① 《马克思恩格斯选集》第 3 卷，人民出版社 1995 年版，第 475 页。

② 《马克思恩格斯选集》第 4 卷，人民出版社 1995 年版，第 498 页。

③ 《资本论》第 3 卷，人民出版社 2004 年版，第 912 页。

④ 《资本论》第 3 卷，人民出版社 2004 年版，第 912 页。

⑤ 《资本论》第 3 卷，人民出版社 2004 年版，第 912 页。

⑥ 《马克思恩格斯选集》第 4 卷，人民出版社 1995 年版，第 485 页。

⑦ 熊吉峰：《制度变迁与历史命运——转型期中国小农经济改造研究》，山西经济出版社 2007 年版，第 168—169 页。

⑧ 许经勇、张志杰：《家庭承包经营与发展现代农业》，《经济评论》2001 年第 1 期。

能由此得出“小农经济富于旺盛的生命力，马克思的小农经济衰亡理论已经过时”的结论。我认为，虽然生产力水平的差异性决定了小农经济生产方式仍有其存在的合理性，但并不能由此否定马克思关于“这种小生产正在无法挽救地走向灭亡和衰落”的科学论断。主要依据如下：

1. 就资本主义农业发展而言，资本主义大农业生产如同大工业生产一样，在成本的节约和效率的提高方面远远优越于小农业生产。正如考茨基在《土地问题》一书中所指出的那样，大农业在节省劳动力及物资方面远远优越于小农业；大农业在兽舍、粮仓、水利等建筑方面可较小农业更为节省；大农业节省土地和减少劳动耗费；大农业节省劳动工具和有利于更加合理地使用农业机械，特别是有一些大型机械，小农业根本无法利用；大农业可以科学地使用牲畜；大农业比小农经营可以更充分地利用分工的优越性，而合理的分工可以充分地利用各种专门的农机具及其他一些专门机能；大农业可以充分发挥体力和智力分工的优越性，特别是可以雇佣和培养更优秀的技术人才，这是现代大农业进行合理经营的第一个重要条件；大农业有利于更充分地利用一些较大的灌溉和排水设施；大农业除了在生产领域具有这些优点之外，在银行信用和商业领域内还有许多优点。毫无疑问，这些优势的存在“将把他们那无力的过时的小生产压碎”。[①]

2. 20 世纪以来各资本主义国家的农业发展史雄辩地证明了马克思这一科学论断的正确性。从 1935 年到 2005 年的 70 年间，美国农场总数由 681.4 万个减少到不足 200 万个，每个农场平均经营规模由 191 英亩增加到 435 英亩，扩大了 127.7%，每个农场平均拥有固定资产价值由几十美元增加到 60 多万美元。目前，美国年产值在 10 万美元以下的小型农场仅占农业产值 11.4%，而年产值在 10 万～50 万美元之间的中型农场却占到 26.9%，年产值在 50 万美元以上的大型农场更是占到了 61.9%[②]。再如，从 1970 年到 2004 年的 30 余年间，丹麦农场总数从 20 万个减少到 45624 个，每个农场平均经营规模由十几公顷扩大到接近 60 公顷，目前

① ［德］卡尔·考茨基：《土地问题》，生活·读书·新知三联书店 1955 年版，第 12—15 页。

② 夏显力、赵凯、王劲荣：《美国农业发展对加快我国现代农业建设的启示与借鉴》，《农业现代化研究》2007 年第 4 期。

全国仅剩下18.3万户农民，农业劳动力只有6.8万人。预计在未来的10～15年，该国农场平均规模仍将再扩大一倍以上[①]。荷兰人均耕地仅为0.84亩，在世界上属于人均占有耕地资源最少的国家之一。但在最近的二三十年间，该国家庭农场总数由18.5万个减少到2.5万个，以年均4.8%的速度递减，每个农场平均经营规模由16公顷扩大到22.5公顷，目前全国仅剩下8.6万户农民，农业从业人员12万人。预测在未来的10～15年内，该国仍将有40%的小农户被淘汰出局[②]。

3. 家庭经营方式并不否认小农经济的衰亡的趋势。农业经营既可以在原有的技术基础上扩大农场面积，即土地规模的扩张，也可以是土地面积很小或极小的、种植特种商业性作物的农场，这种作物的特点就是可以在土地面积很小的条件下大大扩大生产规模和使用雇佣劳动。列宁指出：“‘小’生产——如果仍然按照惯例，根据土地面积把它算作小生产的话——按其投入土地的资本数量来说却是‘大’生产。这种情况并不是个别的，而是所有正在以集约农业代替粗放农业的国家的典型现象。一切资本主义国家都是如此，如果忽视农业的这个典型的、本质的、根本的特点，就会犯小农业崇拜者常犯的错误——只根据土地面积的大小来作判断。”[③] 因此，“资本主义农业发展的主要路线就是：小经济（就土地面积来说仍然是小经济）变成大经济（就生产规模、畜牧业发展、使用肥料数量、采用机器增多等等来说就是大经济）。”“谁掌握着银行，谁就直接掌握着美国1/3的农场，并且间接统治着所有农场”[④]。所以，判断一个国家农业发展是不是小农经济，不管是否是家庭经营，也不管土地面积的大小，关键看是否被纳入到资本主义的企业经营方式中来。一旦农民从属于资本主义生产方式，农业尽管还是有小商品生产者分散而独立的性质，却被纳入按资本主义生产方式聚集成一系列巨大企业的经济体系之中，并因此而受到金融资本主义最高组织形式的控制，这种生产方式就不能称之为“小农经济”的生产方式。

---

① 亓学太：《丹麦农业的历史变迁：实践及启示》，《中国农村经济》2006年第2期。

② 厉为民：《创造世界奇迹的荷兰现代农业》，《今日浙江》2007第1期。

③ 《列宁全集》第27卷，人民出版社1990年版，第176页。

④ 《列宁全集》第27卷，人民出版社1990年版，第204、236页。

4. 小农经济的衰亡不是农业的终结或者乡村生活的终结，而是小农的终结。在一个传统的农业社会转变为工业社会和后工业社会的过程中，一方面，农民的绝对数量和人口比例都会大幅度减少，他们已成为一个很小的社会职业群体。虽然农业劳动者仍然是整个社会中的一个重要的不可或缺的社会群体。在那些最发达的国家，现在农业的从业人员基本上分成三部分人：一是占有生产资料、只负责经营的农场主；二是占有生产资料、自己从事大部分劳作的自我雇佣的农业生产者；三是不占有生产资料、被雇佣的农业机械的操作者，他们实际上已成为农业工人。经营性农场主的收入和生活水平大体相当于中型企业经理，自我雇佣的农业生产者也相当于中产阶级的上层，操作农业机械的农业工人相当于技术工人。总之，现在发达国家的农业从业者，无论在生产方式上还是在生活方式上，都发生了很大的变化，他们融入了后工业社会，并随着技术的进步而发展。但农业的绝对产量并不会因此大幅度减少，这是一些发达的工业大国同时也是农业产出大国的原因。如美国、加拿大、澳大利亚、法国、西班牙等。而且，无论社会怎样发展，无论乡村怎样变化，农民不会无限地减少，即农业从业人员作为基本生活必需品原料的生产供应者不会消失，但传统农民阶级及其生产方式已经随着工业化社会的到来而终结了其历史使命。

三、马克思小农经济理论对于重构中国“三农”问题解决思路的启示

如前所析，我们从不同角度论证了马克思关于“小农经济必将走向衰亡”论断的正确性，得出了以私有制为基础的小农经济必然要为工业化为代表的社会化大生产所替代的结论。但另一方面又应该清醒地看到，马克思同时指出，在历史上和现实社会中小生产占优势或占很大比重、农民占居民大多数的农业国家里，小农的消亡是一个漫长的历史过程，在这一过程中首先出现的是农民阶级内部的阶层分化和农业人口转化为工业和城市人口。随着现代大农业的发展，农村农业工人将成为农民阶

级的主体，农民将逐步变为城市工业工人和农村农业工人，城市和农村生活方式的优点互相结合，工人阶级和农民阶级之间的不平等和差别将被消灭。这一观点已经为中国“三农”问题的长期性所证实。当前困扰中国“三农”问题解决的因素很多，但其中亟待解决的根本问题是两大实践难题：一是如何实现小农制与现代农业的有效衔接，二是如何在培育和发展现代农业基础上增加农民收入。归结起来就是要解决“人往哪里去”和“钱从哪里来”这两个问题。前者的根本途径只能是通过农村剩余劳动力的转移将农民变成市民；后者则必须依赖于把传统农业改造成现代农业。而目前中国的经济发展模式并不能从根本上解决中国未来数以亿计的农村剩余劳动力转移、农村居民收入增长长期滞缓这两大难题，而不能成功地解决这两大难题，则目前为解决“三农”问题所单一作出的举措都注定是低效甚至无效的。就本质而言，上述两大难题实际上是一个问题的两个方面，因为农民增收的最终解决取决于农民就业问题的解决，只有农民就业的社会化，农村劳动力配置的社会化，才能够带来社会化过程中小农急需的货币收入，缓解货币支出压力。因此我认为，就这种意义上说，中国“三农”的根本问题是农民问题，而农民问题的症结就在于其就业问题。只要这一问题能够有效解决，农民的增收难题也将随之化解。依循这一逻辑思路，本文提出以下解决中国“三农”问题的对策建议。

1. 在加速工业化和城镇化进程中促进农民非农化转移。调查显示，尽管近几年是中国农民收入增长最快的时期，2007 年农村居民人均纯收入实际增长 9.5%，为 1985 年以来增幅最高的一年，但城乡居民收入比却扩大到 3.33∶1，绝对差距达到 9646 元，是改革开放以来差距最大的一年。同时我们注意到，在 2007 年中国农民人均年收入 4140 元中，只有 415 元来自农村、农业经营收入[①]。如此巨大的城乡收入差距，显然使解决“三农”问题，统筹城乡发展的目标面临极大的困难。现行的改革思路，如果不跳出就农村、农业和农民内部来解决“三农”问题的狭隘模式，就不能从根本上解决“三农”问题。没有哪个国家能够只改革、

① 童大焕：《三农改革 90%功夫应着眼于城市》，《东方早报》2008 年 10 月 13 日。

调整农村经济关系，就能消除城乡二元结构的。历览近代主要大国的发展历史，其共同点之一，就是马克思所指出的：在农业社会向工业社会演化过程中，农民作为一个阶级最终走向消亡。要顺应这一历史规律，政府的改革措施必须从城市化和工业化这个趋向出发，从城市而非农村着手，以城市为主导带动农村的变革与发展，要树立工业化、城镇化是解决“三农”问题的必经之路的战略思路。确立这一思路，给农民公平的国民待遇，破除城乡隔离的各种政策藩篱，让农民在工业化和城市化过程中自由、持续、永久地进入城市成为市民，应该成为各级政府统筹城乡发展的政策定位。正如2008年诺贝尔经济学奖得主、美国经济学家克鲁格曼所指出的，无论是在20世纪中叶收入差距的减小上，还是在20世纪晚期收入差距的扩大上，政府的政策都扮演更为重要的角色①。

2. 加大政府财政对农业的增量投入。中国目前农业、农村的基础设施日渐凋敝。据统计，全国有57%的耕地没有灌溉设施，8万多座水库处于年久失修状态，农业靠天吃饭的局面还没有根本改变。这与现代农业发展要求相差甚远。而农村基础设施则更脆弱，欠账更多。有资料表明，中国9亿农民中还有2.6亿人存在着饮水困难、饮用水不安全问题，有740多万人口没用上电，9万多个行政村至今不通公路，农村生态环境处在局部改善总体恶化的局面。造成这种局面的主要原因在于财政投入严重不足。改革开放以来，在国民经济持续快速增长的基础上，全国财政收入不断跨上新台阶：2003年至2007年，全国财政收入连续突破2万亿元、3万亿元、5万亿元大关，5年财政收入累计约17万亿元，比上一个五年增加10万亿元，年均增长22%。从1978年1000多亿元到2007年5.1万亿元，全国财政收入30年间增长了近50倍，与此同时，国家财政对“三农”的支出比重在逐年下降。根据中国农业大学何炳生的计算，中央“三农”支出从1996年的774亿元增加到2006年的3397亿元，但同期在中央财政总收入中所占比重从21.1%下降到了16.6%②。其间，中央财政用于农村“六小工程”等基础设施建设的资金约为293亿元，

① ［美］克鲁格曼：《美国怎么了：一个自由主义者的良知》，中信出版社2008年版，第10页。
② 邓瑾：《还权、还账：三中全会定调农村新政》，《南方周末》2008年10月16日。

尚不足财政收入的1%；而地方各级财政由于财力所限，也难以拿出更多资金用于农村基础设施建设[①]。值得庆幸的是，党的十七届三中全会高度重视“三农”问题，要求大幅度增加国家财政对农业基础设施的投入，大幅度提高土地出让收益用于农业的比例，大幅度增加对中西部农业公益性项目的建设投入。需要强调的是，一方面政府要加大对农村基础设施投入力度的同时，加强对这部分资金分配和使用的落实与监管；另一方面，要综合采用财税杠杆和货币政策等金融工具，通过定向实行税费减免和费用补贴，引导更多的信贷资金和社会资本投向农村基础设施领域。

3. 进一步深化对农村土地产权制度改革。中国现行法律虽然规定了农村土地三级“农民集体”所有，但却没有明确规定“农民集体”作为土地所有权主体的构成要素和运行原则，也没有明确产权代表和执行主体的界限和地位。在现行土地制度框架下，各级政府成为实际的土地所有权主体，拥有征收权下的开发权、转让权和收益权，农民以承包权方式行使的土地使用权其实只体现为耕作权和部分收益权，在土地被政府征用时，耕作权和部分收益权即被取消，农民只获得按农业用途给予的一定的政策性补偿。显而易见，农民土地产权制度的残缺是农民土地权益无法得到保障的主要原因。因此，解决“三农”问题的一个重要举措就是深化改革现行的农村土地产权制度，切实赋予农民土地产权主体地位。为此，我建议：应该严格按照党的十七届三中全会通过的《中共中央关于推进农村改革发展若干重大问题的决定》精神，健全严格规范的农村土地管理制度。一方面要保持现有的农村土地承包关系的稳定并长久不变，甚至可以考虑对农村土地制度实行永包制，即农民土地承包权永远不变，承包权可以转让、抵押和继承，允许宅基地流转，逐步推进变这些固定的沉没的财产为可交易、流动、增值的土地资本，以增加农民的财产性收入。另一方面，从征地制度的三个重要环节上加大改革的力度。一是城镇建设用地要严格界定公益性和经营性用地，逐步缩小征地范围，完善征地补偿机制。二是城镇规划圈外建设用地的改革在城镇

① 姚学亮：《关于财政支持农村基础设施建设的思考》，《产业与科技论坛》2007年第11期。

规划区以外经批准占用农村集体土地的非公益性项目，允许农民依法通过多种方式参与开发和经营，并要保障农民合法权益。三是逐步建立城乡统一的建设用地市场，依法取得的农村集体经营性建设用地进入这个市场，以公开规范的方式转让土地使用权。这样，政府随意侵占农民耕地的现象就会受到最严格的约束，农业集约经营也具备了条件，也可大规模从事农业生产，摆脱小农经济，加速中国农业的现代化步伐。

4. 矫正制度歧视，真正赋予农民平等的国民待遇。众所周知，以户籍制度为标志的城乡二元分割制度是长期以来制约农民非农化转移的根本障碍。但是，户籍制度本身并不是统筹城乡发展的真正障碍，真正的障碍是附加在户籍制度之上的相关社会经济政策及由此形成的社会利益分配格局。如何有效地调整这一格局，以保证在加速工业化和城镇化进程中促进农民非农化转移目标的实现？我认为，应对社会保障、计划生育、义务教育，特别是农村土地承包和集体经济收益相关的现行法律法规政策进行一次全面清理，逐步剥离现行附加在户籍制度之上的社会管理和福利制度。具体来说，一是终结城乡二元户籍制度，代之以公平合理的以居住年限自然获得城市户口的制度，保证进城农民的平等的同工同酬、社会保障、教育培训的权利。二是重新审视和定位城管体制，确保文化水平不高、就业能力有限的进城农民有自主创业的空间，同时也为新移民提供安全、有序、廉价的住房服务。只有废除城乡二元体制，农民和城市居民一样同工同酬，享受同等权利，城乡收入差距才能得以缩小，扩大内需以及城乡一体化也才有坚实的收入基础。

（原文发表于《当代经济研究》2009 年第 4 期）

下编

中国特色社会主义政治经济学研究

构建中国特色社会主义政治经济学的三个重要理论问题

李建平*

习近平同志在2015年12月21日中央经济工作会议上第一次明确提出“中国特色社会主义政治经济学”这一概念，迅即传遍神州大地。那么，什么是中国特色社会主义政治经济学呢？以下就三个重要理论问题谈一些不成熟看法。

一、中国特色社会主义政治经济学的时代性质

习近平同志指出：“党的十一届三中全会以来，我们党把马克思主义政治经济学的基本原理同改革开放的新的实践结合起来，不断丰富和发展马克思主义政治经济学，形成了当代中国马克思主义政治经济学的许多重要理论成果。”这段话表明：一是中国特色社会主义政治经济学姓马，是坚持以马克思主义政治经济学基本原理为指导的；二是但又不完全等同于经典马克思主义政治经济学，而是其在当代中国的“丰富和发展”，我称之为3.0版的当代中国马克思主义政治经济学。

马克思主义政治经济学和其他事物一样，有一个产生和发展过程，不可能是一成不变的。马克思说：“辩证法对每一种既成的形式都是从不断的运动中……去理解。”恩格斯认为，政治经济学本质上是一门历史的科学，不可能对一切国家和一切历史时代都是一样的。习近平则明确指出，当代中国的伟大社会变革，“不是简单套用马克思主义经典作家设想

* 李建平：福建师范大学经济学院、马克思主义学院教授，博士生导师。

的模板，不是其他国家社会主义实践的再版，也不是国外现代化发展的翻版，不可能找到现成的教科书。我国哲学社会科学应该以我们正在做的事情为中心，从我国改革发展的实践中挖掘出新材料、发现新问题、提出新观点、构建新理论”。

我把马克思主义政治经济学 150 多年来发展所经历的三个阶段分别称之为 1.0 版、2.0 版、3.0 版。

1.0 版是马克思主义政治经济学的原生形态，是马克思在批判英国古典政治经济学的基础上创立的科学的政治经济学理论体系，其任务是探寻资本主义社会经济运动的规律，揭露资本家剥削工人的秘密，证明无产阶级革命的正当性和必要性；资本主义社会并非人类社会发展的终点，由于其内在的社会矛盾必将为更高的社会经济形态即社会主义社会所取代。所以，《资本论》成了“工人阶级的圣经”。

2.0 版是马克思主义政治经济学的次生形态，是列宁、斯大林等人对 1.0 版的坚持和发展。其任务一方面是研究资本主义发展的最高阶段帝国主义的若干新特征，得出了帝国主义是垄断的、腐朽、垂死的资本主义，是无产阶级革命的前夜的结论；另一方面，则注重于马克思、恩格斯生前没有看到的社会主义社会经济运动规律的研究，形成了包括苏联和东欧社会主义国家在内的所谓苏联社会主义模式以及相应的政治经济学。2.0 版高速推进国家工业化，大力推进农业集体化，凭借强有力行政命令，形成了计划经济的体制和机制。2.0 版在一定的历史时期起到了积极的作用，但也暴露了内在的缺陷：否认商品和商品生产，否认价值规律的作用；体制僵化、闭关自守；劳动生产效率递减，生活消费资料匮乏。在思想方法上，则是盲目照搬，教条主义，严重脱离实际。随着社会主义实践的发展，2.0 版必须要更新。

3.0 版的马克思主义政治经济学是当代中国马克思主义政治经济学，是从 1978 年党的十一届三中全会后开始的改革开放过程中形成的。一方面它坚持马克思主义政治经济学的基本原理，不搞西方主流经济学那一套，不走改旗易帜的邪路；另一方面也不搞本本主义、生搬硬套，不走封闭僵化的老路，而是把马克思主义政治经济学基本原理同我国改革开放新的实践结合起来，不断丰富和发展马克思主义政治经济学，形成了具有鲜明特色的当代中国马克思主义政治经济学，即 3.0 版。

3.0 版与 1.0 版、2.0 版不同之处如下。

一是时代背景不同。从 20 世纪 80 年代以来，世界经济政治格局发生深刻变化，全球合作向多层次全方位拓展，新兴市场国家和发展中国家整体实力不断增强，国际力量对比正朝着有利于维护世界和平方向发展。因此，和平与发展、合作与共赢已成为时代主题，经济全球化、世界多极化、文化多元化、科技信息化成了当代的新特点。习近平指出："要跟上时代前进的步伐，就不能身体已进入 21 世纪，而脑袋还停留在过去……老框框内。"

二是社会发展阶段不同。马克思所设想的未来社会主义社会和共产主义社会，仍然是我们的奋斗目标，但在现实上我们所处的是不发达的社会主义初级阶段，而且它将经历相当长的历史时期。因此，在任何情况下都要牢牢把握社会主义初级阶段这一最大的国情，推进任何方面的改革发展都要立足这个最大的实际，社会主义初级阶段是建设中国特色社会主义的总依据。

三是经济调节手段不同。在社会主义初级阶段，商品生产不可逾越，因此要实行社会主义市场经济，使市场在资源配置中起决定性作用和更好地发挥政府的作用，充分发挥市场"看不见的手"和政府"看得见的手"这"两只手"的调节作用。

四是历史任务不同。3.0 版的任务是按照社会主义本质的要求，解放生产力，发展生产力，消灭剥削，消除两极分化，最终达到共同富裕；是实现"两个一百年"奋斗目标、实现中华民族伟大复兴的中国梦。

五是承担的国际责任不同。我国是世界最大的发展中国家，改革开放 30 多年来，我们的国内生产总值已跃居世界第二，创造了世界经济史上的奇迹。作为一个负责任的大国，我国应积极参与全球经济治理，促进世界经济发展，维护公平与正义。中国的发展需要世界，世界的发展也需要中国，中国应当对世界作出较大的贡献。

正因为有上述不同，3.0 版成了具有鲜明时代特色和中国特色的马克思主义政治经济学。

二、中国特色社会主义政治经济学的研究对象

1.0版经典马克思主义政治经济学研究先进资本主义国家的“资本主义生产方式以及和它相适应的生产关系和交换关系”。马克思通过对资本主义生产过程（资本直接生产过程、资本流通过程和资本主义生产总过程）的研究，揭示资本主义社会生产力和生产关系矛盾运动的一系列规律。

2.0版的马克思主义政治经济学所面对的是在经济发展落后的国家基础上建立起来的社会主义社会，其目标是尽快实现农业、工业、国防和科学技术的现代化，因此2.0版政治经济学更多关注社会主义生产关系，试图通过不断调整生产关系以促进生产力的发展。

3.0版的中国特色社会主义政治经济学的研究对象是什么？学术界已发表了各种观点，都有一定的合理之处。我认为，中国特色社会主义政治经济学研究对象应为中国社会主义初级阶段的生产方式和与之相适应的生产、交换关系以及政治、国家关系。这里有三个问题需要解决。

一是所研究的生产是什么生产。首先是商品生产，是经济全球化时代的商品生产；是在市场经济条件下，进入信息化和互联网时代的商品生产；但这种商品生产发生在社会主义初级阶段的中国，市场经济不仅要与公有制兼容，而且公有制还占主体地位；生产的目的是最大限度地满足人民日益增长的物质和文化需要。这种商品生产与资本主义社会的商品生产是有根本区别的。

二是研究如何进行生产。通过对社会主义市场经济条件下商品生产过程中生产、交换、分配、消费诸环节之间关系的分析，通过对经济制度、经济体制、经济运行、经济改革、经济发展和对外开放之间相互作用的分析，通过对国内和国际两种空间、两种市场、两种资源相互竞争与合作的分析，揭示生产力和生产关系、经济基础和上层建筑之间的矛盾运动的一系列规律。

三是提出研究对象应包括“与之相适应的政治、国家关系”。这是一

个有争论的问题，我的依据如下：

首先，这是唯物史观题中的应有之义。生产力决定生产关系、经济基础决定上层建筑，同时后者对前者又具有反作用。政治和经济是不可分割的，经济是政治的物质基础，政治是经济的集中表现。马克思说："实际上国家不外是资产者为了在国内外相互保障自己的财产和利益所必然要采取的一种组织形式……因为国家是属于统治阶级的各个个人借以实现其共同利益的形式，是该时代的整个市民社会获取集中表现的形式，因此可以得出一个结论：一切共同的规章都是以国家为中介的，都带有政治形式。"毛泽东在评论苏联《政治经济学教科书》修订第三版时曾明确指出："政治经济学研究的对象主要是生产关系，但是，政治经济学和唯物史观难得分家。不涉及上层建筑方面的问题，经济基础即生产关系的问题不容易说得清楚。"唯物史观是马克思主义政治经济学方法的"基础"，政治经济学不讲政治和国家关系，把完整的唯物史观基本原理加以肢解，这还叫马克思主义政治经济学吗？

其次，这在经济学思想史上也可得到佐证。"经济"的古希腊词源是指家庭或庄园的管理。政治经济学概念的首次提出是1615年，法国重商主义学者孟克莱田在《献给国王和王后的政治经济学》中把"经济"从家庭（庄园）管理层面拓展为国家治理层面。而古典经济学严格地说就是政治经济学。19世纪初德国历史学派的著名代表李斯特认为，在个人与整个人类之间有一中介体——国家，在现实情况下，各国国家的发展水平是不同的，比较落后的国家要赶上先进的国家或者不受后者的欺压，必然要依靠国家的干预。李斯特称自己的学说为国家主义经济学，以与所谓的世界主义经济学相对立。

最后，改革开放以来30多年中国经济发展的"奇迹"也充分证明经济发展不能离开政治的作用和国家的干预。从20世纪70年代末农村家庭联产承包制在全国农村的推广、80年代乡镇企业的兴起，到城市国有企业改革的逐步推进，直至党的十八届三中全会提出全面深化改革；从1980年深圳等四个经济特区的设立，直至加入世贸组织，全面提高开放型经济水平；从1984年提出实行有计划商品经济到1992年明确确立社会主义市场经济体制；从邓小平提出的"分三步走"实现现代化的战略目标到习近平提出的实现“两个一百年”的奋斗目标、实现中华民族伟大复兴的中国梦等等，哪一项不和政治的作用和国家的干预有关？

西方主流经济学标榜所谓“价值中立”，鼓吹经济学要远离政治，完全否定国家干预的必要性，似乎只有这样才能显示其“学术性”和“科学性”，这不仅严重脱离实际，而且是十分虚伪、自欺欺人的。现在的问题不在于承认不承认政治、国家对经济发展作用的存在，而在于政治、国家关系如何与社会生产方式、经济基础相适应，如何对经济改革和经济发展发挥必要的积极的正面的作用。

三、中国特色社会主义政治经济学的方法论

方法论和方法是有区别的，方法论指方法的体系，方法则指一种或若干种具体研究方法。

我认为，中国特色社会主义政治经济学的方法论包括三个方面。

一是历史唯物论。这是马克思一生中的两大发现之一，在1845—1846年和恩格斯合著的《德意志意识形态》一书中对唯物史观的基本内容作了详细论述，在1859年的《〈政治经济学批判〉序言》中则作了经典概括。列宁认为，马克思的历史唯物主义是人类有史以来科学思想中的最大成果。“历史唯物主义也从来没有企求说明一切，而只企求指出‘唯一科学的’（用马克思在《资本论》中的话来说）说明历史的方法”。

习近平同志高度重视历史唯物主义对建设中国特色社会主义的指导作用，他指出：“历史和现实都表明，只有坚持历史唯物主义，我们才能不断把对中国特色社会主义规律的认识提高到新的水平，不断开辟当代中国马克思主义发展新境界。”他强调，要学习和掌握物质生产是社会生活的基础的观点，坚持发展仍是解决中国所有问题的关键这个重大战略判断，聚精会神搞建设、一心一意谋发展；要学习和掌握社会基本矛盾分析法，只有把生产力和生产关系的矛盾运动同经济基础和上层建筑的矛盾运动结合起来观察，才能全面把握整个社会的基本面貌和发展方向；要学习和掌握人民群众是历史创造者的观点，要一切为了群众、一切依

靠群众，从群众中来、到群众中去的群众路线，是我们党始终坚持的根本工作路线和根本工作方法；等等。可以说，历史唯物主义不仅是中国共产党人的历史观和价值观，也是中国特色社会主义政治经济学的根本方法。

二是唯物辩证法。这主要是马克思在《资本论》等著作中批判地继承、应用和发展了的黑格尔唯心辩证法，包括客观辩证法（即一系列客观规律和范畴）和主观辩证法（即辩证逻辑方法）。唯物辩证法也包括列宁、毛泽东所发展了的辩证法，特别是毛泽东在《矛盾论》等著作中所阐明的具有中国风格的辩证法，如矛盾的普遍性与特殊性、内因和外因、主要矛盾和次要矛盾、两点论和重点论等。

改革开放作为一场深刻而全面的社会变革，迫切需要唯物辩证法这一重要的思想武器。习近平同志指出："在推进改革中，要坚持正确的思想方法，坚持辩证法，处理好解放思想和实事求是的关系、整体推进和重点突破的关系、全局和局部的关系、顶层设计和摸着石头的关系、胆子要大和步子要稳的关系，着力提高操作能力和执行力。"他强调要不断提高辩证思维能力，就是承认矛盾、分析矛盾、解决矛盾，善于抓住关键、找准重点、洞察事物发展规律的能力。因此，唯物辩证法是中国特色社会主义政治经济学不可或缺的重要方法。

三是以实践为基础的马克思主义认识论，可简称为实践认识论。马克思早在 1845 年春写的《关于费尔巴哈的提纲》中，就指出实践对认识的重要作用："全部社会生活在本质上是实践的。凡是把理论引向神秘主义的神秘东西，都能在人的实践中以及对这种实践的理解中得到合理的解决。"列宁认为，在马克思的《资本论》中，逻辑、辩证法和唯物主义认识论是同一个东西，都应用于同一门科学，即政治经济学。列宁特别强调："生活、实践的观点，应该是认识论的首先的和基本的观点。"毛泽东的《实践论》结合中国革命战争的实践，对马克思、列宁的认识论作了创造性的发展。

现有的政治经济学著作或教科书介绍方法论时不谈马克思主义认识论，这是一个很大的缺陷。人们对社会经济现象的分析，对社会经济运动规律的探索，是一种认识活动，因此也要遵循认识的规律和方法。特别是中国特色社会主义政治经济学，它的形成和发展都和马克思主义认识论息息相关。中国的改革开放是以党的十一届三中全会为起点的，但真正揭开全党思想大解放序幕的，则是关于真理标准问题的大讨论。邓小平指出，实事求是、一切从实际出发、理论联系实际、坚持实践是检验真理的标准，这就是我们党的思想路线。“只有解决好思想路线问题，才能提出新的正确政策，首先是工作重点的转移，还有农村政策、对外关系政策，以及相应的一整套社会主义的政策。”习近平同志十分重视马克思主义认识论的运用，强调“实行改革开放、发展社会主义市场经济，我们的老祖宗没有讲过，其他社会主义国家也没有干过，只能通过实践、认识、再实践、再认识的反复过程，从实践中获得真知”。他特别指出，“加强顶层设计和摸着石头过河都是推进改革的重要方法”。

历史唯物论、唯物辩证法和实践认识论三者是一个有机的整体，缺一不可。其中，历史唯物论是整个方法的基础，唯物辩证法和实践认识论各有其特殊的重要作用，它们共同构成了中国特色社会主义政治经济学的方法论体系。

（原文发表于《福建日报》2017 年 1 月 17 日）

深化对中国特色社会主义经济理论的认识

——卫兴华教授访谈录

卫兴华　黄丽云*

党的十八大以来，以习近平同志为核心的党中央与时俱进、开拓创新，逐渐形成了全面建成小康社会、全面深化改革、全面推进依法治国、全面从严治党的“四个全面”战略思想。“四个全面”战略思想在理论形态上是中国特色社会主义理论体系的新成果。中国特色社会主义经济理论体系是中国特色社会主义理论体系的基础和核心。为深化对中国特色社会主义经济理论的认识，本刊特邀著名经济学家、中国人民大学经济学院卫兴华教授对中国特色社会主义经济理论的坚持、创新与发展进行深入解读。

一、“四个全面”战略思想是中国特色社会主义理论体系的新发展

黄丽云：党的十八大以来，以习近平同志为核心的党中央在治国理政的实践中着力理论创新，逐渐形成了“四个全面”战略思想。您作为经济学家，如何看待“四个全面”战略思想对中国特色社会主义理论的新发展？

卫兴华：“四个全面”战略思想是多层次的逻辑严密的系统理论。“四个全面”战略思想与中国特色社会主义理论体系一脉相承，都是中国

* 卫兴华：中国人民大学经济学院荣誉一级教授，博士生导师。黄丽云：福建师范大学理论经济学博士后流动站研究人员，法学博士。

共产党人以马克思主义为指导，在中国特色社会主义建设实践中的理论创新成果。“四个全面”都与中国特色社会主义经济理论与实践有着内在联系。全面建成小康社会，属于中国特色社会主义走共同富裕道路的内容；全面深化改革，首先要全面深化经济体制改革。发展与完善社会主义市场经济体制，属于中国特色社会主义经济理论与实践的内容；全面推进依法治国，包括依法改革与发展，依法坚持公有制为主体、多种所有制经济共同发展的基本经济制度，要依据宪法，“保障国有经济的巩固和发展”，保障我国市场经济要在法治轨道上运行；全面从严治党，是坚持和发展中国特色社会主义的政治条件，只有中国共产党的正确领导，才能实现中国特色社会主义的顺利发展。

中国特色社会主义是对马克思列宁主义、科学社会主义的坚持、发展与创新，是中国共产党经过新民主主义革命和社会主义革命的长期社会主义实践的结果，是总结了社会主义建设与发展中得失成败、正反两方面的经验与教训而提出和不断发展的新型社会主义。中国特色社会主义，是一种适合中国国情的新型社会主义制度，是从中国实际出发所走出的一条新的社会主义道路；又是在发展与改革的实践中形成的一套中国特色社会主义理论体系。中国特色社会主义，是以中国特色社会主义经济为基础的，中国特色社会主义理论体系以中国特色社会主义经济理论体系为支柱和核心。

经过中国共产党人 90 多年来的不断探索，经过中华人民共和国 60 多年来的社会主义实践，特别是经过 30 多年来改革开放的实践与理论的发展和创新，中国已形成了适用于整个社会主义初级阶段的中国特色社会主义经济理论体系。就是说，它已不是个别的原理和原则，而是具有丰富内容和相互联系的、包括生产力发展特点和生产关系体系特点的较为完整的理论体系。

二、中国特色社会主义经济理论的十大内容

黄丽云：您将中国特色社会主义经济理论体系概括为十大理论内容，

请您跟我们介绍一下这十大理论的主要内容。

卫兴华：对这个问题，理论界有不同的概括和论述。见仁见智，角度和撷取有异。但从主要内容来看，是基本一致的。我根据对这一理论体系的理解与把握将其概括为十大理论内容。一方面着重从正面阐述和评析这一理论体系的重要内涵和实践意义，另外又对偏离这一理论体系本意的有关解读和观点辨明理论是非，力求准确科学地予以把握。

1. 社会主义本质论。讲社会主义本质，在社会主义这一概念中已经包含了作为社会主义经济基础的公有制和作为社会主义分配原则的按劳分配。社会主义本质的实现，要以公有制和按劳分配的存在为前提。最能体现社会主义本质是两个方面的规定：一是快速发展生产力；二是实现共同富裕。它涵盖了生产力和生产关系两方面。发展生产力，是实现共同富裕的物质条件；而消灭剥削，消除两极分化是实现共同富裕的社会制度条件。

2. 社会主义经济是公有制基础上的有计划的商品经济论。党的十二届三中全会通过的《中共中央关于经济体制改革的决定》提出“商品经济的充分发展是社会主义经济发展不可逾越的阶段”，并指出：传统经济体制的弊端之一，“就是忽视商品生产、价值规律和市场的作用”，要突破把计划经济与商品经济对立起来的传统观念。在后来的有关文件和论述中，将这个论断发展为“社会主义经济是公有制基础上的有计划的商品经济”。社会主义经济是制度性范畴，商品经济是存在于多个社会的非制度性范畴，它不能规定任何社会经济制度的本质。但强调提出社会主义经济是有计划的商品经济，对社会主义经济体制改革具有重大理论意义。

3. 社会主义市场经济论。党的十四大报告指出：“我们要建立的社会主义市场经济体制，就是要使市场在社会主义国家宏观调控下对资源配置起基础性作用”。对社会主义市场经济的内涵，需要把握三点：其一，通过市场机制直接调节企业的经营活动，实现市场在资源配置中的基础性作用（现改称“决定性作用”）；其二，社会主义市场经济是将市场经济与社会主义基本制度结合起来；其三，社会主义国家要从宏观层次上对市场经济进行调控，以减少市场的盲目性和自发性，要用“看得见的手”引导“看不见”的手。

4. 社会主义初级阶段基本经济制度论。改革开放以后，党中央根据我国生产力水平低、多层次、不平衡的情况，提出社会主义处于初级阶段的理论。这一科学定位，可以避免不再盲目地去干一些超越发展阶段的错事。社会主义初级阶段理论的提出，为调整所有制结构和收入分配结构提供了理论支持。坚持现阶段基本经济制度，就是既不搞单一的公有制，又决不搞私有化。

5. 按劳分配为主体多种分配方式并存论。公有制为主体多种所有制经济共同发展的所有制结构，决定了我国社会主义初级阶段的分配方式必然是按劳分配为主体、多种分配方式并存。所谓多种分配方式，就是除社会主义公有制经济中实行按劳分配外，在私营和外资经济中实行按生产要素即按资本、劳动、管理工作、科技工作等的贡献进行分配。

6. 社会主义公平与效率统一与并重论。党的十七大明确提出：“初次分配和再分配都要处理好效率与公平的关系，再分配更加注重公平”。并且在总结我国改革开放以来所取得的十大宝贵经验中，将“把提高效率同促进社会公平结合起来”作为列入其中的一条。

7. 三条“是否有利于”的判断标准论。邓小平在1992年初南方谈话中提出了三条判断标准：是否有利于发展社会主义社会的生产力，是否有利于增强社会主义国家的综合国力，是否有利于提高人民的生活水平。邓小平理论是把生产力标准与社会主义价值标准（主要是生产关系标准）统一了起来。如果只强调社会主义道路、社会主义公有制，而忽视生产力标准，只能搞贫穷的社会主义，价值标准也难以实现。如果反过来只强调生产力标准，而忽视社会主义的价值标准，就会出现贫富分化、偏离社会主义共同富裕道路的现象。

8. 转变经济发展方式与科学发展论。转变经济发展方式，主要是从发展生产力和调整社会经济关系的两方面途径着手。转变生产力发展方式包括诸多方面，如经济结构调整、产业结构优化升级、科技进步与创新、发展高新技术产业和新型战略产业，实现管理创新，提高劳动者素质，实现可持续发展等。但只重视这些方面的内容是不够的，还应重视转变经济发展方式所包括的社会经济关系的发展和优化的内容。

9. 坚持独立自主同扩大开放、参与经济全球化相结合论。中国作为发展中的社会主义大国，发展经济与社会事业应放在独立自主、自力更生的基点上。既对发达国家开放，也对发展中国家开放。开放的内容，既有引进先进技术设备和人才；也有引进外资，发展外资经济；并坚持“走出去”的发展战略，鼓励民族资本到国外投资，发展对外贸易等。实行对外开放，实际上是参与了经济全球化进程。

10. 改革、发展、稳定三者关系统一论。改革是动力，发展是目的，稳定是前提。改革，是为了更好更快地发展。发展，是为了满足人民日益增长的物质文化需要，实现共同富裕。稳定，是为改革与发展提供一个和谐而宽松的环境。改革与发展同稳定是互相依存与促进的。改革的力度与发展的速度要考虑社会可承受的程度。

三、经济体制改革的理论是非辨析

黄丽云：党的十八届三中全会通过了《中共中央关于全面深化改革若干重大问题的决定》，全面深化改革的重点是经济体制改革。中国经济体制改革经历了漫长的探索过程，也产生了一些理论是非。您长期进行科学社会主义和中国特色社会主义经济理论的研究，请您跟我们谈谈您的见解？

卫兴华：中国经济体制改革经历了由计划经济体制向社会主义市场经济体制转变的过程。由最初的计划经济为主、市场调节（市场经济）为辅，到有计划的商品经济体制；到计划和市场覆盖全社会，即国家调节市场、市场引导企业；到计划经济与市场调节（市场经济）相结合；再到最后建立社会主义市场经济。

在经济体制转轨问题上，存在一些理论是非，需要研究和澄清。

第一，应当用历史观点看待由计划经济转向市场经济的改革过程。不应全盘否定社会主义在一定时期内实行计划经济的必要性和作用。苏联实行计划经济，也曾起过着力推进生产力发展的作用，迅速缩小了落后沙皇俄国时期与美国的经济差距，为战胜强大的法西斯德国奠定了物质技术基础。中华人民共和国建立后也曾实行计划经济，尽管有“左”的失误，发展成就也超过了旧中国百年以上。而且，生产力落后的新中国，如果在发展的初期就搞市场经济，就难以集中力量在短时期内建立完整的工业体系，也难以大力发展以国有经济为核心的社会主义经济。但计划经济有其内在的弊端，在经济发展到一定阶段时其弊端显露得更明显，这时就需要转轨，最终确立了社会主义市场经济。

第二，有人把邓小平和陈云的理论观点对立起来，认为前者是市场经济派，后者是计划经济派。而且存在褒市场经济贬计划经济和褒计划经济贬市场经济的对立。这两种对立观都与未准确掌握邓小平与陈云的理论观点有关。不少学者没有准确解读邓小平于 1979 年 11 月 26 日与外宾谈话时所提出的社会主义市场经济的本意，认为邓小平那时就肯定提出了我国现在实行的社会主义市场经济。邓小平说：“说市场经济只存在于资本主义社会，只有资本主义的市场经济，这肯定是不正确的。社会主义为什么不可以搞市场经济……我们是计划经济为主，也结合市场经济，但这是社会主义的市场经济。”① 如果断言邓小平远在 1979 年就提出现在实行的社会主义市场经济，就会产生一系列难以说明的理论与实践的矛盾。兹举几例：例一，1984 年 9 月 9 日，中央负责同志写给邓小平等中央领导同志的信中讲，我们所要建立的管理体制是“不同于资本主义那样的市场经济”，这种提法获得同意，随后全信内容公开发表。例二，1984 年，《中共中央关于经济体制改革的决定》中继续讲计划经济的优越性，并强调指出，“就整体说，我们国家实行的是计划经济，而不是那种完全由市场调节的市场经济”。邓小平对这一决定的内容给予高度评价，完全肯定。例三，直到 1989 年，江泽民在庆祝中华人民共和国成立 40 周年大会上还讲到：“如果一味削弱乃至全盘否定计划经济，企图完全实行市场经济，在中国是行不通的，必然导致经济生活和整个社会生活的混乱”。这一重大会议的讲话必然要经过邓小平的认同。例四，1989 年春夏之交的政治风波后，邓小平在 6 月 9 日的讲话中讲：“我们要继续坚持计划经济与市场调节相结合，这个不能改……以后还是计划经济与市

① 《邓小平文选》第 2 卷，人民出版社 1994，第 236 页。

场调节相结合"[①]。

实际上，邓小平 1979 年 11 月 26 日所讲的内容，是计划经济为主、市场调节（市场经济）为辅观点的另一种表述。计划外的完全由市场调节的经济，就是市场经济。"为主为辅"的观点是陈云提出的，得到邓小平的赞同。在 1982 年 4 月 3 日的一次谈话中，邓小平讲："最重要的，还是陈云同志说的，公有制基础上的计划经济，市场调节为辅"[②]。并且，将这一体制模式写入 1981 年邓小平主持制定的《关于建国以来党的若干历史问题的决议》中。

弄清邓小平 1979 年关于社会主义的市场经济讲话的本意，就可以明了邓小平、陈云的观点是一致的，不存在计划派与市场派的对立。原国家计委的一位老局长写文章说，陈云在 1979 年 3 月刚讲计划经济为主，邓小平同年 11 月就提出搞市场经济。他就此进行褒贬。既错解了邓小平的原意，也错解了陈云的观点。因为陈云讲市场调节为辅，就是市场经济为辅。其实，早在 1979 年 2 月，李先念就和陈云谈论过，二者主张计划经济和市场经济相结合，市场经济是补充，不是小补充，是大补充。[③]

第三，邓小平关于社会主义市场经济的理论观点，也有一个发展过程。他原来也是坚持计划经济的，后来同意陈云计划经济为主、市场调节为辅的改革模式，往后又赞同公有制基础上有计划的商品经济模式。1989 年春夏之交政治风波后，又提出计划经济与市场调节（市场经济）相结合，直到 20 世纪 90 年代初的南方谈话，才确定了社会主义市场经济的改革模式。

有关中国社会主义经济中"市场调节""市场经济"概念和理论观点的最先提出者是陈云和李先念，并获得邓小平的赞同。但后来邓小平超越了计划经济为主、市场调节（市场经济）为辅的板块结合的模式，改为计划经济与市场调节（市场经济）有机结合的模式。最后突破了社会主义不能全面实行市场经济的传统观点，建立了由市场配置资源的社会主义市场经济体制。

---

① 《邓小平文选》第 3 卷，人民出版社 1993 年版，第 306 页。

② 《陈云年谱》下卷，中央文献出版社 2015 年版，第 338 页。

③ 《陈云年谱》下卷，中央文献出版社 2015 年版，第 265 页。

四、社会主义经济增长和经济发展的问题

黄丽云：近年来，中央和理论界一再强调加快转变经济发展方式。您刚才谈到，经济发展方式转变要从发展生产力和社会经济关系的途径两个方面的统一为着眼点。那么，究竟应该如何来理解这两者的统一呢？

卫兴华：中央文件中先提出转变经济增长方式，后提出转变发展方式。经济增长主要是发展生产力的问题；而经济发展是以经济增长为基础，包括经济、社会、环境、教育、经济关系等发展的多方面的内容。提出转变经济发展方式，并不是用以取代经济增长方式，二者是同时并存、前者包括后者并以后者为条件的关系。经济快速优化发展，才能拉动社会各方面的有效发展。但也可能割裂经济增长与发展的关系，出现快增长而慢发展，或有增长而无发展。这就需要统筹兼顾、全面协调可持续的科学发展。

经济增长分粗放型增长和集约型增长，又讲内涵型增长和外延型增长。在英语中，“集约”和“内涵”是同一个词，“外延”与“粗放”也是一个词，因而学界不少人认为集约型增长与内涵型增长同义，粗放型增长与外延型增长同义。根据这种认识，当党的十四届五中全会提出我国要实现经济增长方式的转变时，有的学者宣称是要由外延型增长转变为内涵型增长。这种认识失去准确性和科学性。

集约型和粗放型本是应用于农业生产中的两个概念，是农业中的两种经营方式。扩大耕地面积发展生产称作粗放型，在同一土地上增加投入提高产量称作集约型。在李嘉图的著作中和马克思的《资本论》中也用这两个概念。马克思当时并没有把粗放型视作低效率。马克思认为扩大耕地面积增加产量，可以是投向肥沃程度不同的土地，也可以投向更肥沃的土地。而原始土地积淀着有利于农业生产的自然因素，所以并不一定是“广种薄收”，也可以是广种多收。因此，粗放型经营并不必然意味着效益低下。后来，粗放型集约型概念扩展到工业等其他经济部门，粗放型耕作变成“广种薄收”的同义词，工业等部门的粗放型经营，也

变成高投入、高消耗、低产出、低效益的解读。概念的内涵也经历了历史的变迁。

在理论认识上，不能把经济增长的集约型等同于内涵型，把粗放型等同于外延型。内涵型扩大生产与外延型扩大生产，是马克思在《资本论》中提出的。集约型或粗放型增长是两种经营方式；而内涵型或外延型发展是两种扩大再生产的方式。同一字或同一词可以有多种含义，中外一样，不应从一词多义引用混淆不同概念的内涵。如汉字“沽”字，既有买义，又有卖义，不能因此断言买与卖是一回事。就一个企业内部来说，增加新车间，扩大厂房面积，是外延型扩大生产，在原有工厂和车间内增加投入和产出，是内涵型扩大生产。就社会范围来看，建立新企业，是外延型扩大生产，同一企业增加投入产出，是内涵型扩大生产。中国倡导企业“挖潜改造”，通过管理创新、技术创新提高效益，这是内涵型扩大、集约型经营。不赞同低水平重复建设，乱铺摊子，也就是应减少低水平的外延型扩大，这是正确的。但是并不排除也不应贬抑外延型扩大。国家需要建设高新科技产业，增加基础设施建设，可以是外延型扩大、集约型经营，如宝钢的建设、高铁的发展等。另外，中国发展多种所有制经济，私营、个体和外资企业每年不断增加，这种外延型发展是需要的。因此，中国的经济增长与发展，应是重集约、轻粗放，由粗放型增长方式转变为集约型增长方式。至于内涵型扩大和外延型扩大，应是两者并重，不存在强调由外延型扩大转变为内涵型扩大的问题。

近些年来，中国强调转变经济增长和发展方式，强调调整拉动经济增长的“三驾马车”的增长结构，减少过重的出口依赖和投资依赖，扩大消费内需。不以 GDP 论英雄，这是正确的。但是，又不能忽视 GDP 的增幅。不搞唯 GDP，但又不要忽视 GDP。不过度依赖出口和投资，但又不能忽视出口和投资的重要作用。特别在当前需保持经济中高速增长的新形势下，更是如此。

中国的经济发展，是科学发展，是以人为本、统筹兼顾、全面协调可持续发展，既要重视经济的发展，也要重视社会的发展、人的发展，还要重视经济社会发展的安全，重视社会主义经济制度的发展。我提出转变经济发展方式，需要注意处理好四个关系。一是处理好经济增长方式转变与经济发展方式转变的关系，二者既具有一致性，又存在差异性和矛盾性。靠高投入、高消耗、高污染、低产出、低效益、低质量、低工资的经济增长，也可以是快速的，但不利于经济社会的发展和发展方式的转变。二是处理好经济发展与人的发展相统一的关系。劳动者的生产知识、科技水平越高，越有利于经济发展和发展方式的转变。三是处理好经济发展中利用外资和经济安全的关系。引进外资有利于我国经济发展，但是要分清外资与内资对民族经济发展的作用的差异。前一个时期有学者甚至政府高官宣称，外资企业在中国发展就是中国民族经济。这种论断不能认同，它会导致忽视民族经济的安全。有些外资并购我国品牌企业，具有垄断生产和市场的目的，应当引起注意。四是处理好经济发展与社会主义经济制度发展的关系。经济发展了，财富增长了，但如果私有制经济占比不断扩大，以国有经济为核心的社会主义公有制经济不断消退，占比不断下降。收入分配差距不断扩大，广大工农群众成为弱势群体，与作为社会主义本质内容的消灭剥削、消除两极分化、最终达到共同富裕的要求越来越远，经济发展和转变发展方式就会失去其社会主义应有的意义。应切记：中国的经济发展，是社会主义经济的发展！

五、贫富分化的根源问题

黄丽云：您刚才谈到，公有制经济是按劳分配，非公有制经济按要素所有权分配。这种分配制度有效激发社会创造力，促进社会财富的极大增长，居民收入普遍提高。但在经济持续增长的背后也产生了贫富分化问题。要如何来看待和解决这个问题？

卫兴华：中国曾流行过多年“效率优先，兼顾公平”的提法，将此作为社会主义的分配原则。还进一步讲：“初次分配重视效率，再分配重视公平”，就是初次分配可以不重视公平，但我始终不认同这种原则。在我的论著中，一贯讲在分配关系中应是公平与效率统一和并重，效率优先的对象不应是优先于分配公平。我主张生产重效率、分配重公平。在生产领域可以强调效率优先，优先于片面追求产值、追求国内生产总值。社会主义应当重视初次分配的公平。理由是：第一，收入差距过大和产生两极分化正是初次分配不公的结果。想靠再分配来取平，是不可能的，何况我国社会保障制度还不健全。第二，社会主义最本质的优越性是实现全体人民的共同富裕。这需要从初次分配做起。社会主义的分配与资本主义的分配是不同的。社会主义分配公平是消灭剥削，消除两极分化，最终实现共同富裕。如果初次分配不重视公平，就会产生偏离社会主义原则的贫富分化。第三，效率优先，不重视分配公平，有利于资本而不利于劳动。私营、外资企业可以接过来将效率优先等同于利润率优先，不顾劳动者的收入公平，并损害职工的权益。第四，有学者从生产决定分配，先生产后分配来论证效率优先，兼顾公平的正确性，并形象地比喻为先做蛋糕，后切分蛋糕，这种论证在逻辑上是不合理的。固然，生产在先，分配在后；生产什么才能分配什么；生产多少才能分配多少；蛋糕做大才能蛋糕分多。但是不能由此重生产、轻分配，认为初次分配可以不顾公平，任由收入分配差距过分扩大。先生产后分配，这是再生产过程的顺序。但生产是服从于消费需要的，要通过公平分配来满足需要。先做蛋糕是为了切分蛋糕，生产出蛋糕就要及时公平切分好蛋糕。生产决定分配，并没有决定社会主义经济中实行不公平分配。相反，社会主义生产决定了社会主义的公平分配是按劳分配。先生产后分配的顺序与分配公平不公平是不同的两回事。第五，效率优先，兼顾公平，初次分配不顾公平，是西方右翼经济学家如哈耶克、弗里德曼等的观点，并没有获得西方广大学界和社会的认同，西方政府也没有采纳这种原则。在中国收入分配出现差距过大的趋势下，不少学者首先是刘国光等提出应调整“优先、兼顾”的原则，应向公平倾斜。中央也逐渐调整并最后放弃了原有的提法。党的十七大报告改提“初次分配和再分配，都要处理好效率和公平的关系，再分配更加重视分配公平”。

改革开放以来，中国生产力快速发展了，但是没有同时促进社会主义经济关系的发展和完善，没有有效实现社会主义本质所要求的消灭剥削、消除两极分化，最终达到共同富裕，出现了收入差距严重扩大的趋势，产生了贫富分化。贫富分化的根源，学界认识不同。在这个问题上需要用马克思主义生产关系决定分配关系的原理来说明。贫富分化应区分非本质原因和本质原因。用城乡二元结构、地区发展不平衡、行业发展不平衡、垄断与腐败等作为其原因，固然有各自的道理，但都是非根本原因。讲根本原因是一个敏感的话题，但不能因此而回避问题。生产资料所有制是生产关系和分配关系的基础。资本主义所有制和资本与雇佣劳动相结合的生产方式，决定了资本主义的分配方式是按资本分配为核心的按要素（生产要素和流通要素）所有权分配。社会主义公有制和劳动者作为主人与公有的生产资料相结合，决定了社会主义的分配原则是按劳分配。在资本主义经济中，资本处于强势，劳动处于弱势，资本追求利润最大化，必然产生收入分配不公平。从世界范围来看，以私有资本为主体的市场经济，都存在贫富分化。萨缪尔森等的西方经济学论著早已说明了这一问题，近期法国的《21 世纪资本论》又系统论证了这个道理。中国目前的国内生产总值中，非公经济提供 70%～80%，城镇劳动者 80%以上在私有制经济中就业，按要素所有权分配比重远远大于按劳分配，无视这一现实对分配关系中贫富分化出现的作用是非科学的。这样讲，会引起敏感话题：是否贬抑和否定非公有制经济和市场经济的地位和作用？不！只是主张一分为二地分析问题。既肯定现阶段非公经济发展的必要及其积极作用，肯定实行社会主义市场经济的必要和作用，但也要看到它会产生分配不公、出现贫富分化的负面效应。中国不能搞新自由主义的私有化和完全市场化，要在国家宏观调控下，抑制其负面效应，引导其向正面效应发展。中央目前强调以人为本、民生为重，强调共同富裕是社会主义的根本原则，着手改进分配制度，提高低收入者收入水平，就是要力求缓解收入差距过大的趋势。

六、社会主义市场经济要在法治轨道上运行

黄丽云：党的十八届四中全会提出了“社会主义市场经济本质是法治经济”的重大命题。要如何看待社会主义市场经济与法治的关系？

卫兴华：过去学界研究和阐述社会主义市场经济，以及媒体宣传社

会主义市场经济，一般着眼于市场经济与经济制度的关系，着力于论述市场经济与宏观调控的关系，即政府与市场的关系，很少有专门研究和论述市场经济与法治关系的论著。其实，市场经济是竞争经济，也是法治经济，竞争要受法治监管。市场在资源配置中的决定性作用，要在法治的轨道上得到体现；政府的宏观调控，也要在法治的框架内进行。党的十八届四中全会通过的《中共中央关于全面推进依法治国若干重大问题的决定》中指出："社会主义市场经济本质上是法治经济"，要以法治"保护产权、维护契约、统一市场、平等交换、公平竞争、有效监管"。这实际上涉及社会主义市场经济的三层关系：政府、市场和企业。

先讲企业。在社会主义市场经济中，无论是国有企业还是私营企业，都是重要的市场主体，必须首先得到法律对其产权的保护。宪法和物权法已有保护公有和私有财产的规定。我国宪法规定："社会主义的公共财产神圣不可侵犯""禁止任何组织和个人用任何手段侵占或者破坏国家的和集体的财产"。对私有产权的保护也有明确规定："公民的合法的私有财产不受侵犯。国家依照法律规定保护公民私有财产不受侵犯。"物权法更有明确规定。党的十八届四中全会《决定》还特别提出"健全以公平为核心原则的产权保护制度"，也就是对多种所有制产权保护要以"公平"为"核心原则"，即法律保护一律平等。只有作为市场主体的多种所有制企业的财产所有权得到法律的承认和保护，企业才有权利以法人的独立身份进入市场，才具有平等权利，进行公平交易，参与竞争，提出自己的合法诉求，求取自己的权益。在市场经济中，企业间会发生各种契约关系。契约的确立以产权的确立为前提，法律要"保护产权、维护契约"。

再讲市场。市场是商品交换的场合、渠道。市场是统一的，不能搞市场封锁、市场割据。市场经济是竞争经济，但应是平等竞争，不能搞不正当竞争、违法竞争，不能搞市场垄断。这个方面也有相应的法律规定，如反垄断法等。

再讲政府。党的十八届三中、四中全会都强调指出："使市场在资源配置中起决定性作用和更好发挥政府作用。"党的十八届四中全会《决定》中还强调提出"政府的有效监管"，也就是政府对市场和企业要进行有效的宏观调控。宏观调控包括两方面：一是对微观经济的有效监管，二是对宏观经济的政策引导与调控。政府的有效监管不能是主观随意的，更不能由官员借机寻租谋取个人利益，应是依法进行监管。政府对市场与企业的监管职能也要受到法治的监管。

黄丽云：非常感谢卫教授！通过您的解读，使我们对中国特色社会主义经济理论体系有了清楚的认识。

（原文发表于《东南学术》2015年第5期）

论中国特色社会主义政治经济学的当代新特征

李建平　黄　瑾[*]

习近平同志指出："党的十一届三中全会以来，我们党把马克思主义政治经济学的基本原理同改革开放的新的实践结合起来，不断丰富和发展马克思主义政治经济学，形成了当代中国马克思主义政治经济学的许多重要理论成果"[①]。这段话表明：一是中国特色社会主义政治经济学姓"马"，它在本质上是马克思主义政治经济学，是对马克思主义政治经济学的立场、基本原理和方法的坚持和继承；二是中国特色社会主义政治经济学与经典马克思主义政治经济学又不完全等同，它是运用马克思主义世界观和方法论对中国改革开放和社会主义实践经验的理论总结，是对当代中国经济发展实践的规律性认识，本文称之为3.0版的马克思主义政治经济学。理论界关于中国特色社会主义政治经济学的本质问题存在不同的认识。有的学者强调中国特色社会主义政治经济学本质上仍然是社会主义经济理论或社会主义政治经济学，中国特色或中国实践不应超出此范围；有的认为要区分中国特色社会主义的政治经济学与中国特色的社会主义政治经济学之间的差别，中国特色社会主义政治经济学不能仅仅理解为一般意义上的社会主义政治经济学的修修补补，而应视为具有原创性的新的政治经济学理论体系；有的则强调中国特色社会主义经济理论是对社会主义经济理论的有效突破，因而本质上是一种社会主义市场经济学。而新自由主义经济学认为只有西方经济学才是真正的科

---

* 李建平：福建师范大学经济学院、马克思主义学院教授，博士生导师。黄瑾：福建师范大学经济学院教授，中国人民大学理论经济学博士后。

① 习近平：《立足我国国情和我国发展实践发展当代中国马克思主义政治经济学》，《人民日报》2015年11月25日。

学，中国特色社会主义政治经济学是有关政治的理论，不是经济学，充其量至多属于新制度经济学中制度变迁理论的一个分支——过渡经济学。除了新自由主义经济学外，以上理论观点的差别主要体现为如何看待中国特色社会主义政治经济学与经典马克思主义政治经济学之间的关系，以及马克思主义政治经济学理论一般与中国经济实践特殊之间的关系。本文认为，割裂马克思主义政治经济学不同阶段继承发展关系的观点是错误的；过分强调理论的一般性，而忽视中国特色的看法，或者过分突出中国特色，而忽视理论一般性的看法都是片面的。本文把马克思主义政治经济学150多年来发展所经历的三个阶段分别称之为1.0版、2.0版、3.0版，在此基础上，进一步分析3.0版与1.0版、2.0版在时代背景、社会发展阶段、经济运行机制、历史任务和国际责任等方面存在的不同，既从历史沿革层面揭示二者的继承与发展关系，又从现实具体层面更为明晰地展示3.0版马克思主义政治经济学的时代性质和主要特点。

一、150多年来马克思主义政治经济学发展区分为三个不同的阶段

马克思主义政治经济学和其他事物一样，有一个产生和发展过程，不可能是一成不变的。马克思说："辩证法对每一种既成的形式都是从不断的运动中……去理解"①。恩格斯认为，"政治经济学本质上是一门历史的科学。它所涉及的是历史性的即经常变化的材料"。"政治经济学不可能对一切国家和一切历史时代都是一样的"②。习近平明确指出，当代中国的伟大社会变革，"不是简单套用马克思主义经典作家设想的模板，不是其他国家社会主义实践的再版，也不是国外现代化发展的翻版，不可能找到现成的教科书。我国哲学社会科学应该以我们正在做的事情为中

① 《资本论》第1卷，人民出版社2004年版，第22页。
② 《马克思恩格斯全集》第20卷，人民出版社1973年版，第160—161页。

心，从我国改革发展的实践中挖掘出新材料、发现新问题、提出新观点、构建新理论”①。

1.0 版是马克思主义政治经济学的原生形态，是马克思恩格斯在批判英国、法国古典政治经济学的基础上创立的科学的政治经济学理论体系。其任务是研究资本主义经济制度，探寻资本主义社会经济运动规律，揭露资本家剥削工人的秘密，证明无产阶级革命的正当性和必要性。其结论是资本主义社会并非人类社会发展的终点，由于其内在的社会矛盾必将为更高的社会经济形态共产主义社会所取代。所以，体现了阶级性与科学性统一的《资本论》成了工人阶级的“圣经”。在揭示资本主义必然被共产主义所替代的历史发展规律的同时，马克思恩格斯也勾勒出未来共产主义社会经济关系的本质和特征，比如，实现人的自由全面发展；生产资料实现社会占有；对社会生产实行有计划按比例的调节；在初级阶段实行按劳分配，在高级阶段实行按需分配等。马克思恩格斯还提出：社会主义的建设必须实现发展生产力、提高人民生活水平和坚持公有制三者的统一。② “无产阶级……把一切生产工具集中在国家即组织成为统治阶级的无产阶级手里，并且尽可能快地增加生产力的总量。”③ “在共产主义社会里，已经积累起来的劳动只是扩大、丰富和提高工人的生活的一种手段。”④ 但是，1.0 版关于社会主义经济理论的探讨，只是一种逻辑推论，只能成为社会主义政治经济学的起点，而不可能是终点，理论需要在实践中不断丰富和发展。

2.0 版是马克思主义政治经济学的次生形态，是列宁、斯大林等人对 1.0 版的坚持和发展。其任务一方面是研究资本主义发展的最高阶段帝国主义的若干新特征，得出了帝国主义是垄断的、腐朽的、垂死的资本主义，是无产阶级革命的前夜的结论；另一方面，随着社会主义实践的发展，注重于马克思、恩格斯先前没有看到的社会主义社会经济运动规律

① 《习近平在哲学社会科学工作座谈会上的讲话》(2016 年 5 月 17 日)。

② 卫兴华：《中国特色社会主义政治经济学研究——为什么要搞社会主义，怎样搞好社会主义》，《河北经贸大学学报》2016 年第 3 期。

③ 《马克思恩格斯选集》第 1 卷，人民出版社 1995 年版，第 293 页。

④ 《马克思恩格斯选集》第 1 卷，人民出版社 1995 年版，第 287 页。

的研究，形成了包括苏联和东欧社会主义国家在内的苏联社会主义经济模式以及相应的政治经济学。如果说 1.0 版马克思主义政治经济学致力于回答“为什么要建立社会主义”的问题，那么 2.0 版则积极探索在落后国家“怎样建设社会主义”的答案，创造性发展了 1.0 版马克思主义政治经济学。斯大林明确提出社会主义生产目的是“在高度技术基础上使社会主义生产不断增长和不断完善的办法，来保证最大限度地满足整个社会经常增长的物质和文化的需要”[①]。由此，传统社会主义实践的国家高速推进国家工业化，大力推进农业集体化，借用强有力行政命令，形成了计划经济的体制和机制。2.0 版使 1.0 版关于共产主义社会的设想从理论转变为现实，在一定历史时期起到了积极的作用，但从总体上说，2.0 版对于社会主义的认识仍较多地受限于 1.0 版关于共产主义与社会主义的规范性规定，表现为实行单一的公有制、建立计划经济体制等。在思想方法上，存在着盲目照搬、教条主义、严重脱离实际的错误。在实践中也暴露了否认商品和商品生产，否认价值规律的作用；体制僵化、闭关自守；劳动生产效率递减，生活消费资料匮乏等内在缺陷。2.0 版必须要更新。

3.0 版是马克思主义政治经济学在当代中国的再生形态，是邓小平、江泽民、胡锦涛以及习近平等对 2.0 版的丰富和发展，是从 1978 年党的十一届三中全会后开始的改革开放过程中逐渐形成的。它一方面坚持马克思主义政治经济学的基本原理，不搞西方主流经济学那一套，不走改旗易帜的邪路；另一方面也不搞本本主义、生搬硬套，不走封闭僵化的老路，而是把马克思主义政治经济学基本原理同中国改革开放的新实践结合起来，不断丰富和发展马克思主义政治经济学，形成了具有鲜明特色的当代中国马克思主义政治经济学，即 3.0 版。3.0 版的任务包括三个方面，一是基于落后于发达资本主义国家的生产力水平，研究中国社会经济运行和经济发展的客观规律；二是基于改革开放 30 多年的社会主义经济实践，总结中国特色社会主义建设的成功经验；三是基于资本主义世界经济体系的背景，探索人类社会发展与社会主义经济制度竞争力提

---

① 斯大林：《苏联社会主义经济问题》，人民出版社 1952 年版，第 31 页。

高的有效途径。正如习近平对改革开放前后两个 30 年的评价[①]所反映出的历史唯物论和唯物辩证法，3.0 版的使命在于从理论上科学总结既有的成就，正确分析和解决中国面临的问题，坚定未来中国经济社会发展的大目标、大逻辑和大方向。

二、中国特色社会主义政治经济学与传统马克思主义政治经济学的比较分析

一位哲人曾经说过，一棵树上找不到完全相同的两片叶子。作为一种思想体系，在其历史发展过程中，由于环境条件的变化，在不同的发展阶段必然会呈现出不同的特征。3.0 版的中国特色社会主义政治经济学和 1.0 版的经典马克思主义政治经济学、2.0 版的苏联东欧马克思主义政治经济学具有一脉相承的内在联系，但又有显著的不同。这不同表现在以下五个方面。

一是时代背景不同。19 世纪中叶，马克思对资本主义社会的批判仍然具有现实意义，但从 20 世纪 80 年代以来，和平与发展、合作与共赢已成为时代主题，社会经济运行呈现了全球化、信息化等新特点。习近平指出："要跟上时代前进的步伐，就不能身体已进入 21 世纪，而脑袋还停留在过去……老框框内。"[②]

马克思在《资本论》第二版跋中指出："德国社会特殊的历史发展，排除了'资产阶级'经济学在德国取得任何独创的成就的可能性，但是

① "我们党领导人民进行社会主义建设，有改革开放前和改革开放后两个历史时期，这是两个相互联系又有重大区别的时期，但本质上都是我们党领导人民进行社会主义建设的实践探索。中国特色社会主义是在改革开放历史新时期开创的，但也是在新中国已经建立起社会主义基本制度、并进行了 20 多年建设的基础上开创的。虽然这两个历史时期在进行社会主义建设的思想指导、方针政策、实际工作上有很大差别，但两者决不是彼此割裂的，更不是根本对立的。不能用改革开放后的历史时期否定改革开放前的历史时期，也不能用改革开放前的历史时期否定改革开放后的历史时期。"（《习近平谈治国理政》，外文出版社 2014 年版，第 22—23 页。）

② 习近平：《积极树立亚洲安全观共创安全合作新局面——在亚洲相互协作与信任措施会议第四次峰会上的讲话》，《人民日报》2014 年 5 月 24 日。

没有排除对它进行批判的可能性。就这种批判代表一个阶级而论，它能代表的只是这样一个阶级，这个阶级的历史使命是推翻资本主义生产方式和最后消灭阶级。这个阶级就是无产阶级”[①]。这段话强调了一国所处的特殊时代背景对于该国政治经济学产生的意义，“德国社会特殊的历史发展”——落后的生产力发展水平和由英国主导的“相对的世界市场”[②]——一方面决定了德国资产阶级政治经济学的辩护性质，另一方面决定了无产阶级政治经济学对资本主义的批判性质。1.0 版马克思主义政治经济学是对 19 世纪中叶西欧资本主义经济社会特殊历史发展的反映。当时，资本主义生产已发展到机器大工业阶段，在创造出巨大生产力的同时，生产资料和产品的占有却日益集中到少数大资本家手中，资本主义基本矛盾日趋尖锐，经济危机不断爆发。基于这样的经济背景，马克思以批判的视角构建了《资本论》的革命逻辑，运用劳动价值论和剩余价值论，剖析了资本主义的基本矛盾，阐明资本主义最终导致“生产部门由整个社会来经营，就是说，为了共同的利益、按照共同的计划、在社会全体成员的参加下来经营”[③]，从而导致商品生产的消亡，以及阶级和国家的消亡。尽管也总结了社会化生产和商品经济的一般规律，但是，1.0 版马克思主义政治经济学在过去的 150 多年一直是作为“无产阶级解放的条件的学说”[④]，服从于无产阶级革命的需要。

当今世界经济发展出现了经济全球化、世界多极化、文化多元化、科技信息化等新特点。从生产力看，现代经济已由传统工业经济发展为以信息化引领的现代工业经济，生产智能化、网络化程度日益深入；从生产方式看，资本力量日益渗透到各个领域，社会化生产已摆脱某一国家或某一地区的限制，发展为全球价值链的生产方式，两种市场两种资源相互融合；从国际关系看，新兴市场国家和发展中国家整体实力不断增强，国际力量对比朝着有利于维护世界和平方向发展。在新的历史条件下，马克思主义政治经济学与时俱进，由革命的逻辑向建设的逻辑转

---

① 《资本论》第 1 卷，人民出版社 2004 年版，第 18 页。

② 《马克思恩格斯全集》第 3 卷，人民出版社 1956 年版，第 67 页。

③ 《马克思恩格斯选集》第 1 卷，人民出版社 1995 年版，第 237 页。

④ 《马克思恩格斯选集》第 1 卷，人民出版社 1995 年版，第 230 页。

换、由批判的思维向发展的思维转变。3.0版马克思主义政治经济学既着眼于当今世界经济的新发展，研究新技术的变革对以资本为主导的经济全球化的作用与影响，揭示当代资本主义生产方式的运行规律；更要以建设中国特色社会主义为使命，探索生产力落后国家的经济发展道路、创新社会主义基本制度与市场经济的结合方式、拓展全球化中利用国际国内两个市场两种资源的有效途径，“经济发展”“体制改革”和“对外开放”由此构成了中国特色社会主义政治经济学的主要内容。

二是社会发展阶段不同。马克思认为人类社会在经过高度发达的资本主义发展阶段后才可能进入到社会主义阶段，但在现实中中国所处的是不发达的社会主义初级阶段，而且它将经历相当长的时期。

在社会主义尚是一种理论构想的时候，恩格斯就指出：“所谓‘社会主义社会’不是一种一成不变的东西，而应当和任何其他社会制度一样，把它看成是经常变化和改革的社会”[①]。1.0版马克思主义政治经济学设想社会主义是产生于在生产力高度发达的资本主义，而经济落后的国家在无产阶级取得政权后怎样建设社会主义经济，则是一个没有现成理论指导的理论和实践问题。从事社会主义实践的苏联和东欧国家积极探索社会主义经济制度的实现形式和运行机制，在较短时间内，实现了其他国家在资本主义条件下完成的工业化任务，建立了相对独立完整的国民经济体系。但存在的主要问题是忽视了落后的生产力发展水平这一物质基础，把马克思恩格斯关于未来社会主义经济关系的一般规定等同于现实社会主义经济关系的具体形式，用抽象理论教条地指导特殊实践。[②]

3.0版马克思主义政治经济学基于中国的具体国情，突破1.0版和2.0版的某些具体结论和教条做法，明确中国还处于社会主义初级阶段，并且强调社会主义初级阶段的本质是解放和发展生产力，消灭剥削，消除两极分化，逐步达到共同富裕。邓小平指出：“中国社会主义是处在一个什么阶段，就是处在初级阶段，是初级阶段的社会主义。社会主义本身是共产主义的初级阶段，而我们中国又处在社会主义的初级阶段，就

① 《马克思恩格斯全集》第37卷，人民出版社1971年版，第443页。

② 张宇：《社会主义政治经济学的历史演变——兼论中国特色社会主义政治经济学的历史贡献》，《中国特色社会主义研究》2016年第1期。

是不发达的阶段。一切都要从这个实际出发，根据这个实际来制订规划”[①]。党的十八大报告指出：“我国仍处于并将长期处于社会主义初级阶段的基本国情没有变，人民日益增长的物质文化需要同落后的社会生产之间的矛盾这一社会主要矛盾没有变，我国是世界最大发展中国家的国际地位没有变。在任何情况下，都要牢牢把握社会主义初级阶段这个最大国情，推进任何方面的改革都要牢牢立足社会主义初级阶段这个最大的实际”[②]。习近平指出，解决我国发展面临的一系列突出矛盾和问题，实现经济社会持续健康发展，不断改善人民生活，要求全面深化改革。中国共产党人干革命、搞建设、抓改革，从来都是为了解决中国的现实问题。在这里，社会主义初级阶段这一最大的国情和最大的实际是建设中国特色社会主义的总依据，落后的生产力与人民日益增长的物质文化需求之间的矛盾是中国特色社会主义的主要矛盾，发展生产力是中国特色社会主义的本质要求和根本任务。由此，3.0 版把发展经济放在一个重要位置，既研究中国特色社会主义生产关系或经济制度的本质与实现形式，也研究生产力的发展，形成包括经济发展战略、经济发展道路、经济发展方式和经济发展理念的系统化的经济发展理论[③]，深化了对当代中国社会主义社会经济发展规律的认识。

三是经济运行机制不同。在社会主义初级阶段，商品生产不可逾越，因此要实行社会主义市场经济，把社会主义基本制度与市场经济相结合，使市场在资源配置中起决定性作用和更好地发挥政府的作用，充分发挥市场“看不见的手”和政府“看得见的手”这“两只手”的调节作用。

在 1.0 版马克思主义政治经济学中，市场开始之处，便是社会主义终止之地。因为市场作为资本主义生产关系的具体表现形式，其对资源的配置是建立在私有制基础上的。因此，社会主义的生产关系必须摒弃市场交易。“一旦社会占有了生产资料，商品生产就将被消除，而产品对生产者的统治也将随之消除。社会生产内部的无政府状态将为有计划的

① 《邓小平文选》第 3 卷，人民出版社 1993 年版，第 252 页。

② 本书编写组：《十八大报告辅导读本》，人民出版社 2012 年版，第 16 页。

③ 洪银兴：《以创新的理论构建中国特色社会主义政治经济学的理论体系》，《经济研究》2016 年第 4 期。

自觉的组织所代替。"[①] 对于蒲鲁东一面批判资本主义，一面却主张永久保留商品生产的观点，马克思嘲讽道："商品生产按自己本身内在的规律越是发展成为资本主义生产，商品生产的所有权规律也就越是转变为资本主义的占有规律。"而"蒲鲁东提出永恒的商品生产所有权规律同资本主义所有制相对立，想以此来消灭资本主义所有制，对他的这种机智不能不感到惊讶!"[②] 然而，当社会主义从理论转变为现实的时候，消灭市场的观点面临着极其明显的实际困难，以致现实的社会主义不断地把走市场化道路作为一种改革的举措。2.0版马克思主义政治经济学试图在传统社会主义基本经济制度的基础上探讨公有制如何与市场经济相结合，代表模式有：20世纪30年代产生的以计划模拟市场的"兰格模式"（这是社会主义与市场经济结合的最初形态），以及20世纪60至80年代随着苏联和东欧社会主义国家经济体制改革的发展而产生的计划与市场并存、决策分散的"分权模式"（这是社会主义国家把市场作为资源配置主要方式的第一次尝试）。尽管从可能性与必要性角度论证了市场经济与社会主义的结合并进行了积极探索，但苏联和东欧社会主义改革的失败，让科尔奈这样的社会主义改革倡导者都纷纷改弦更张，他提出，一旦人们拒绝接受苏联型"社会主义"，则除了各种形式的西方资本主义中的某一种外，别无其他可供选择的有生命力的道路，"第三条道路"是不存在的。

3.0版马克思主义政治经济学从中国的生产力国情和社会主义国情出发，既突破了传统社会主义计划经济理论的僵化教条，又克服了资本主义市场经济理论的内在弊端，还超越了前东欧市场社会主义理论的固有缺陷，实现了社会主义与市场经济的历史性结合。党的十一届六中全会指出："在公有制基础上实行计划经济，发挥市场调节的辅助作用。"1984年10月《中共中央关于经济体制改革的决定》通过之后，邓小平评价它"是写出了一个政治经济学的初稿，是马克思主义基本原理和中国社会主义实践相结合的政治经济学"[③]。党的十二届三中全会直接指出了"商品经济的充分发展是社会经济发展的不可逾越的阶段"，1987年10月

---

① 《马克思恩格斯全集》第19卷，人民出版社1963年版，第245页。

② 《资本论》第1卷，人民出版社2004年版，第677—678页。

③ 《邓小平文选》第3卷，人民出版社1993年版，第83页。

党的十三大进一步提出“社会主义有计划商品经济的体制，应该是计划和市场内在统一的体制”“新的经济运行机制，总体上来说是国家调节市场，市场引导企业”的机制。党的十四大报告直接确立了建设“中国特色社会主义市场经济”的改革目标。党的十八届三中全会《中共中央关于全面深化改革若干重大问题的决定》指出，使市场在资源配置中起决定性作用和更好发挥政府作用。中国特色社会主义实践表明，实现社会主义与市场经济的结合包括两个方面的内容：一是在经济制度上处理好公有制与市场经济的关系，核心是改革公有制的实现形式，使其既体现社会主义制度的根本性质，又能真正适应市场经济的基本要求；二是在经济体制上处理好计划与市场的关系，核心是政府职能的转变，使其既反映社会主义经济制度的本质要求，又能适应经济运行高效率的需求。

四是历史任务不同。马克思所设想的未来共产主义社会仍然是我们的奋斗目标，但中国特色社会主义的任务是按照社会主义本质的要求，解放生产力，发展生产力，消灭剥削，消除两极分化，最终达到共同富裕；是实现“两个一百年”奋斗目标、实现中华民族伟大复兴的中国梦。

在无产阶级夺取政权以后，马克思主义政治经济学的任务发生了变化。如果说 2.0 版和 3.0 版都致力于回答落后国家“怎样建设社会主义”的问题，那么二者的区别在于如何实现发展生产力和发展生产关系的统一。2.0 版马克思主义政治经济学没有从本国实际出发，过于强调生产关系的先进性，把重视发展生产力的理论和实践当作修正主义批判，把发展商品经济视为走资本主义道路，最终没有实现社会主义事业的长远发展。

3.0 版从社会主义初级阶段基本国情出发，在承担建设社会主义历史使命的同时，进一步回答了“实现什么样的发展、怎样发展”的问题，把国家发展与人民利益密切联系在一起，更加注重人民群众共享发展成果，实现了从生产目的论到人民中心论的转变。邓小平指出：“落后国家建设社会主义，在开始的一段很长时间内生产力水平不如发达的资本主义国家，不可能完全消灭贫穷。所以，社会主义必须大力发展生产力，逐步消灭贫穷，不断提高人民的生活水平。否则，社会主义怎么能战胜资本主义?"[①] 习近平同志指出："面向未来，中国将相继朝着两个宏伟目标前进：一是到 2020 年国内生产总值和城乡居民人均收入比 2010 年翻一番，全面建成惠及十几亿人口的小康社会。二是到 2049 年新中国成立 100 年时建成富强民主文明和谐的社会主义现代化国家。为了实现这两大目标，我们将继续把发展作为第一要务，把经济建设作为中心任务，继续推动国家经济社会发展。"[②] 3.0 版马克思主义政治经济学以人民为中心，坚持生产力与生产关系的统一，既立意于生产力的发展，也立足于中国特色社会主义的实践，更立志于中华民族的复兴，其任务可归结为发展生产力、达到共同富裕和实现民族复兴。必须强调，要完成以上历史任务不能离开政治的作用和国家的干预，这既是唯物史观的题中应有之义，也是政治经济学阶级性的表现，更为改革开放以来 30 多年中国经济发展的"奇迹"所充分证明。西方主流经济学标榜所谓"价值中立"，鼓吹经济学要远离政治，完全否定国家干预的必要性，这不仅严重脱离实际，而且是十分虚伪、自欺欺人的。现在的问题不在于承认不承认政治、国家对经济发展作用的存在，而在于政治、国家关系如何与社会生产方式、经济基础相适应，如何对经济改革和经济发展发挥必要的积极的正面的作用。

五是国际责任不同。中国是世界最大的发展中国家，改革开放 30 多年来，中国的国内生产总值已跃居世界第二，创造了世界经济史上的奇迹。作为一个负责任的大国，中国应积极参与全球经济治理，促进世界经济发展，维护公平与正义。中国的发展需要世界，世界的发展也需要中国，中国应当对世界作出较大的贡献。

3.0 版马克思主义政治经济学承担着推动社会经济发展，提升中国特色社会主义经济竞争力的国际责任。1.0 版马克思主义政治经济学所设想的社会主义是对发达资本主义的替代，与资本主义在时间上存在继起关系。2.0 版提出"两个平行世界"理论，资本主义与社会主义处于相互对立、彼此隔绝的世界市场。而在现实中，在国际上社会主义国家与资本

① 《邓小平文选》第 3 卷，人民出版社 1993 年版，第 10 页。

② 《习近平谈治国理政》，外文出版社 2014 年版，第 325—326 页。

主义国家时空并存，在中国国内则是公有制经济与多种所有制经济并存。1.0版马克思主义政治经济学为广大落后国家人民指明斗争的方向和目标，2.0版的“苏联模式”也被第三世界国家所广泛借鉴。但自苏联、东欧社会主义国家政治经济体制发生根本性变化以后，整个世界风行“比较性”的辩护，即资本主义的运行无论怎样不完美，但比人类所能设计的所有其他制度都要好。TINA——There Is No Alternative，无可替代地成为20世纪90年代以后西方自由主义替资本主义辩护的一个最强有力的论据。可以看出，在全球化中，社会主义与资本主义这一对不同性质的经济存在着矛盾和竞争的关系。因此，3.0版不仅需要阐述社会主义经济制度的优越性，更要在世界市场中积极提升社会主义经济竞争力。而改革开放30多年中国经济所取得成就，恰恰凝结了包含着人类共同价值追求的经济发展理论，比如反映了人类对美好生活共同向往和追求的消除贫困、共同富裕理论，反映人类社会发展规律的解放生产力、发展生产力和保护生产力理论。这些理论既反映经济发展的一般规律，又是中国经济为人类共同进步贡献的中国智慧，更是中国社会主义制度竞争力的充分体现，反映出作为发展中大国的中国对国际责任的担当。

3.0版马克思主义政治经济学还承担着寻求合作共识，积极参与全球治理的国际责任。3.0版马克思主义政治经济学的形成时期也正是全球化急速推进的时期。经济全球化是把双刃剑，在发展生产力、促进商品和资本流动、科技和文明进步、各国人民交往的同时，也进一步加剧世界资源配置和经济发展的不平衡，继续扩大南北发展差距，加剧贫富分化和环境恶化。如何在积极参与经济全球化的同时，保障国家经济安全并实现自主发展成为马克思主义政治经济学的重大课题。在经济全球化背景下，国际经济规则主要由发达国家主导，国际竞争格局和“游戏规则”在很大程度上反映着发达国家的国家利益。他们利用其掌握的先进生产力和对国际政治经济规则的控制权，力图固化发展中国家在国际产业分工中的地位。近年来，由于全球价值链的迅速发展，世界生产、国际经贸格局面临着深刻调整，与之相适应的新的国际经济“游戏规则”正在形成。因此，中国在世界经济体系中要积极参与全球治理，争取国际规则制定的话语权，并通过灵活运用国际规则，增强自身综合实力，提升自己在经济全球化中的地位。

三、简要的结论

1.0版马克思主义政治经济学揭示了资本主义社会的内在矛盾，合乎逻辑地推导出社会主义社会的基本特征。2.0版和3.0版从总体上看是围绕着1.0版基本理论如何走向具体、如何与实践相结合这个问题展开的。它们在继承的同时，创新发展了马克思主义政治经济学理论，从而展示了马克思主义政治经济学在各个时代的独特性质。

3.0版是具有鲜明时代特色和中国特色的社会主义政治经济学。当下的中国是一个处于发展和转型中的社会主义大国，正在经历着经济全球化、世界多极化、文化多元化、科技信息化的国际新变化，也正在进行着工业化、市场化、全球化与社会主义制度改革叠加的国内新变革，这是中国历史上最广泛和深刻的改革实践，也是人类历史上最宏大和创新的社会实践。3.0版马克思主义政治经济学既不忘初心，继承马克思主义政治经济学的基本原理和方法，又勇于进取，反映中国改革开放实践取得的巨大成就和对世界经济发展的重大贡献，创造出适应新时代要求的马克思主义理论，发展为当代中国马克思主义政治经济学。和1.0版、2.0版相比，它体现出如下的时代性质：第一，它处于“战争与革命”向“和平与发展”转变的时代背景下，“怎样建设”与“怎样发展”的建设逻辑与发展思维代替了批判逻辑与斗争思维，这是3.0版马克思主义政治经济学的整体特征。当然，作为社会主义政治经济学，无论是批判还是建设逻辑都需要坚持公有制为主体，必须坚定社会主义代替资本主义的信念。第二，它处于社会主义初级阶段，正在为实现“两个一百年”奋斗目标而努力，这是3.0版马克思主义政治经济学的客观基础。当然，作为社会主义政治经济学，既要突出生产力的发展，形成系统化的经济发展理论，也要研究与经济发展要求相适应的生产关系的变革。第三，它处于社会主义市场经济改革中，既要体现社会主义制度的优越性，又要体现市场经济的长处；既要发挥市场在资源配置中的决定性作用，又要更好发挥政府的作用，这是3.0版马克思主义政治经济学的理论核心。第四，它实现了从生产目的论到人民中心论的转变，坚持把实现共同富裕与民族复兴作为经济发展的出发点和落脚点，强调发挥政治的作用和国家的干预，这体现了中国特色社会主义政治经济学的阶级属性和历史任务。第五，它处在经济全球化浪潮中，如何在社会主义与资本主义的竞争中增强中国社会主义经济制度的优越性，如何正确处理与资本主义世界经济体系的关系，如何在对外开放中实现经济独立自主发展，如何推动经济全球化往正确的方向发展，如何为建设人类命运共同体贡献中国智慧，是中国特色社会主义政治经济学的中心议题。

（原文发表于《福建师范大学学报（哲学社会科学版）》2017年第2期。本文根据李建平《构建中国社会主义政治经济学的三个重要理论问题》一文第一部分扩写，由黄瑾执笔）

认识和努力掌握社会主义市场经济三个层次的规律

李建平*

马克思高度重视经济规律的研究，在1867年的《资本论》德文第一卷第一版序言中就明确指出，“本书的最终目的就是揭示现代社会的经济运动规律”[①]；在第二版跋中，马克思特地引用了俄国经济学家考夫曼关于《资本论》方法的大段评论，一开头就是：“在马克思看来，只有一件事情是最重要的，那就是发现他所研究的那些现象的规律。而且他认为最重要的，不仅是在这些现象具有完成形式和处于一定时期内可见到的联系中的时候支配着它们的那个规律。在他看来，除此之外，最重要的是这些现象变化的规律，这些现象发展的规律，即它们由一种形式过渡到另一种形式，由一种联系秩序过渡到另一种联系秩序的规律。他一发现了这个规律，就详细地来考察这个规律在社会生活中表现出来的各种后果”[②]。马克思认为考夫曼的评论是：“这样恰当……那他所描述的不正是辩证方法吗”[③]？今天我们在发展当代马克思主义政治经济学时，首要任务是开展对社会主义市场经济运动规律的研究。

2014年7月，习近平同志在主持召开经济形势专家座谈会时指出：“各级党委和政府要学好用好政治经济学，自觉认识和更好遵循经济发展规律，不断提高推进改革开放、领导经济社会发展、提高经济社会发展质量和效益的等能力和水平。”[④] 2015年11月习近平在中共中央政治局第

---

* 李建平：福建师范大学经济学院、马克思主义学院教授，博士生导师。

① 《资本论》第1卷，人民出版社2004年版，第10页。

② 《资本论》第1卷，人民出版社2004年版，第20页。

③ 《资本论》第1卷，人民出版社2004年版，第21页。

④ 《人民日报》2014年7月9日。

二十八次集体学习时又强调："要立足我国国情和我国发展实践，揭示新特点新规律，提炼和总结我国经济发展实践的规律成果，把实践经验上升为系统化的经济学说，不断开拓当代中国马克思主义政治经济学新境界"①。那么，社会主义市场经济究竟存在哪些规律呢？根据马克思主义经典作家长期的研究和新中国成立以来，特别是改革开放以来近40年的实践，我认为除了历史唯物主义所揭示的人类社会各社会经济形态都存在生产力和生产关系、经济基础与上层建筑相互作用等一般规外，主要存在以下三个层次的规律。

第一层次是商品运动的规律，主要有价值规律、供求规律、竞争规律等。

价值规律是商品经济的基本规律，只要有商品生产和商品交换，价值规律就会发生作用。马克思指出："要有充分发达的商品生产，才能从经验本身得出科学的认识，理解到彼此独立进行的、但作为自然形成的社会分工部分和互相全面依赖的私人劳动，不断地被转化为他们的社会的比例尺度，这是因为私人劳动产品的偶然的不断变动的交换比例中，生产这些产品的社会必要劳动时间作为起调节作用的自然规律强制地为自己开辟道路，就像房屋倒在人的头上时重力定律强制地为自己开辟道路一样。"② 商品价值量的多少，是通过价格来表现的，价格应该等于价值，但在市场上供求关系等多种因素不断影响价格的变动。因此，马克思说："供求实际上从来不会一致；如果它们达到一致，那也只是偶然现象，所以在科学上等于零，可以看作没有发生过的事情。"③ 商品价值确定和实现过程，也就是社会必要劳动时间确定和市场价格形成和实现的过程，同时也是商品生产者和经营者及购买者之间的竞争过程，正如马克思所指出的，"在一种商品上只应耗费生产该商品的社会必要劳动时间，这在商品生产的条件下表现为竞争的外部强制"④。在商品经济运动中，价值规律及供求规律和竞争规律所要求的"规则只能作为没有规则

① 《人民日报》2015年11月25日。

② 《资本论》第1卷，人民出版社2004年版，第92页。

③ 《资本论》第3卷，人民出版社2004年版，第211页。

④ 《资本论》第1卷，人民出版社2004年版，第400页。

性的盲目起作用的平均数规律来为自己开辟道路”[①]，从而对社会生产和交换起调节和推动作用。

党的十八届三中全会通过的《中共中央关于全面深化改革若干重大问题的决定》（以下简称《决定》）指出：“市场决定资源配置是市场经济的一般规律，健全社会主义市场经济体制必须遵循这条规律。”[②] 讲市场决定资源配置，也就是马克思主义经济学所说的利用价值规律调节商品生产和流通。在商品经济中，价值规律起调节作用就是通过价格在价值基础上随着供求状况的变动而涨落，自发地将作为资源的生产资料、劳动力和其他生产要素分配于不同的部门和地区。因此，价值规律的调节作用，也就是决定作用，与市场的决定作用是一回事，是马克思主义经济学的基本原理之一。

第二层次是资本运动的规律。

体现市场经济本质的不仅是价值规律这个一般规律，还有其他一般规律。市场经济作为商品经济发展的高级阶段，不仅包含了商品运动规律，还包含了资本运动的规律。马克思用毕生心血写成的《资本论》，既研究了商品运动的规律，也用主要的篇幅研究了资本运动的各种规律。这是马克思留给后人的宝贵精神财富，因为这些规律不仅适用于资本主义市场经济，也适用于其他的市场经济，包括社会主义市场经济。马克思所揭示的资本运动一般规律主要如下。

一是资本追逐价值增殖的规律。市场经济是商品生产占统治地位的经济社会形态，商品生产者的目的不是为了满足自己的物质和精神生活的需要，而是为了交换价值，在资本主义市场经济条件下，则是为了获得尽可能多的价值增殖。马克思把“生产剩余价值或赚钱”当作资本主义市场经济的“绝对规律”[③]。这种绝对规律会使人变得十分贪婪和冷酷，以致不惜跨越道德和法律的底线。西方经济学所列举的种种市场失灵现象，其根源就在于资本疯狂追逐价值增殖最大化所产生的恶果。社会主义市场经济根本区别于资本主义市场经济，但只要是市场经济，只要有

---

① 《资本论》第 1 卷，人民出版社 2004 年版，第 123 页。

② 《中共中央关于全面深化改革若干重大问题的决议》，人民出版社 2013 年版，第 5—6 页。

③ 《资本论》第 1 卷，人民出版社 2004 年版，第 714 页。

资本运动，追求价值增殖的绝对规律就必然起作用，既有正面效应也有负面效应。正面效应是促进经济的快速增长、人民生活的显著改善和国家实力的日益增强；负面效应则是市场上屡屡出现的不正当行为和丑恶现象，诸如产品假冒伪劣、不正当竞争、欺行霸市、黄赌毒市场、权钱交易、环境污染等。前不久曝光的山东5.7亿元逾200万只疫苗未经冷藏进入24个省区市，引起社会广泛关注。据报道一些疫苗接种机构已与疫苗贩子和经营企业长期勾结，将容易在最终消费环节出现库存积压甚至过期的二类疫苗在临近有效期结束时低价甩卖给了违法分子，再由违法分子通过借用经营企业资质、虚构购销流向的方式销售到有需求的地区和单位，特别是管理薄弱的农村偏远地区诊所和接种点，从中牟取暴利。2016年3月21日，食药监总局、公安部、国家卫计委联合发出通知，要求各地相关部门加强协作或成立联合工作组，尽快查清涉案产品来源去向，严惩违法犯罪行为，保障公众健康。① 国务院总理李克强2016年4月13日主持召开国务院常务会议，听取山东济南非法经营疫苗案系列案件调查处理情况汇报，决定先行对比责任人实施问责，通过《国务院关于修改〈疫苗流动和预防接种管理条例〉的决定》，强化制度监管，可见要解决以上种种问题，则必须有政府的强有力干预，如《决定》所提出的，“加强中央政府宏观调控职能和能力，加强地方政府公共服务、市场监督、社会管理、环境保护等职责”②。

二是资本生产过剩规律。在资本主义市场经济中，如果“生产同价值实现不一致，因而是生产过剩，或者同样可以说，这是产品不能转化为货币的、不能转化为价值的生产；是不能在流通中得到证实的生产”③。普遍生产过剩“不是对消费来说过多，而是对保持消费和价值增殖之间的正确比例来说过多；对价值增殖来说过多”④。“不考虑市场的现有界限”⑤，于是就爆发了经济危机。马克思认为资本生产过剩必然导致经济

---

① 《福建日报》2016年3月23日。
② 《中共中央关于全面深化改革若干重大问题的决议》，人民出版社2013年版，第28页。
③ 《马克思恩格斯文集》第8卷，人民出版社2009年版，第93页。
④ 《马克思恩格斯全集》第46卷上册，人民出版社1979年版，第437页。
⑤ 《马克思恩格斯文集》第8卷，人民出版社2009年版，第274页。

危机是一种不以生产者为转移的自然规律形式，由市场本身是“无法控制”的。自19世纪20年代以来西方资本主义世界已爆发多次生产过剩经济危机，2008年爆发的美国金融危机其实质就是美国长期累积的产品和产能过剩危机。我国在确立了社会主义市场经济体制后，经济获得了快速增长，但由于市场经济的内在规律的作用，生产过剩的弊端也逐步显露出来，21世纪以来，特别是近几年在有些行业甚至达到了比较严重的地步。根据中国企业家调查系统陆续发布的调查数据，在2013年至2014年所调查的19个制造业行业大类，产能过剩的情况仍十分严重，平均产能利用率分别为72%和72.2%，均低于75%。采矿业及制造业中的纺织、服装、造纸、化工、化纤、非金属制品、钢铁、有色金属、金属制品、通用设备、汽车、电气机械、电子设备等行业产能过剩问题突出，产能过剩“比较严重”和“非常严重”的企业超过八成。国家统计局的数据显示，到2015年末，全社会存煤已持续48个月超过了3亿吨。但国内煤矿现有生产能力为40亿吨左右，在建规模11亿吨，我国煤炭产能过剩问题，十分突出。除了传统产业，部分战略性新兴产业也出现过剩，比如光伏行业，短期内投资过度，致使严重过剩，原国家发改委领导曾披露，2013年，多晶硅、光伏电池、风机的开工率分别为35%、57%、70%。[①] 生产过剩已引起了中共中央、国务院和有关部门的高度重视，从2009年以来已连续下发文件，要求坚决抑制部分行业产能过剩和重复建设，引导产业健康发展。《决定》还特别指出，要建立健全防范和化解产能过剩的长效机制。2015年末的中央经济工作会议指出，中国经济发展面临着很多困难和挑战，特别是结构性产能过剩比较严重，会议提出的五大任务中，把去产能、去库存摆在首要位置。

三是资本积累过程中收入差距拉大导致两极分化的规律。马克思在揭示资本主义积累的一般规律时指出：“不管工人的报酬高低如何，工人的状况必然随着资本的积累而恶化……这一规律制约着同资本积累相适应的贫困积累。因此，在一极是财富的积累，同时在另一极，即在把自己的产品作为资本来生产的阶级方面，是贫困、劳动折磨、受奴役、无

① 胡迟：《产能过剩状况的最新分析及对策（上）》，《中国经济时报》2016年4月8日。

知、粗野和道德堕落的积累”①。在《资本论》第三卷的“规律的内部矛盾的展开”一章，马克思进一步指出：“社会消费力既不是取决于绝对的生产力，也不是取决于绝对的消费力，而是取决于以对抗性的分配关系为基础的消费力；这种分配关系，使社会上大多数人的消费缩小到只能在相当狭小的界限以内变动的最低限度。其次，这个消费力还受到追求积累的欲望，扩大资本和扩大剩余价值生产规模的欲望的限制。这是资本主义生产的规律”。②

马克思所揭示的资本主义市场经济的这一规律，由于触及资产阶级的根本利益，所以受到了代表资产阶级利益的经济学家的坚决反对。他们一方面认为，财富的增长是每个人都受惠的普遍增长，资本主义的性质决定了他是缩小贫富差距的机制而不是扩大贫富差距的机制；另一方面则认为，只要财富和收入的获得满足程序公正的原则，那么由此带来的分配结果就是公平的，不管差距有多大，嫉妒富人最终有损我们自己的利益。法国经济学家托马斯·皮凯蒂2013年出版的《21世纪资本论》，通过分析300年来西方国家收入和财富分配的历史演进，用大量无可辩驳的事实，充分验证了资本主义市场经济具有一种使收入和财富分配不均等程度日益加剧的长期趋势。在这本近700页62万多字的论著中，皮凯蒂分析了资本/收入比长期演进的未来趋势和21世纪全球范围内国民收入在劳动和资本之间的分配情况，深入探讨了不平等的现状及其本质，认为西方国家资本收益率从长期来看总是高于国民收入的增长率，这是导致一切不平等的根源，而资本主义的自由市场机制则是催生这一根源性不平等的温床，尽管皮凯蒂为解决不平的问题所提出政策性建议（如向富人征重税以及实施全球累积资本税等）是否具有现实可行性尚可讨论，但是他所得出的基本结论却是不容置疑的，这就进一步证明了140多年前马克思所揭示的由于资本积累必然产生收入分配差距过大，最终导致两极分化的规律是十分正确和有效的。

中国作为社会主义国家，是以“促进社会公平正义、增进人民福祉

① 《资本论》第1卷，人民出版社2004年版，第743—744页。

② 《资本论》第3卷，人民出版社2004年版，第273页。

为出发点和落脚点”[1]。但是，我国现在所实行的是社会主义市场经济，因此也要遵循市场经济的一般规律，在这里资本积累规律就必然要起作用，收入分配差距扩大是不可避免的。我国自改革开放以来，打破“大锅饭”和平均主义，逐步确立了按劳分配、多种分配方式并存的分配制度，有效地激发了社会创造力，促进了社会财富的极大增加，居民的收入水平普遍提高，但是，毋庸讳言，在经济增长的背后，居民收入差距不断扩大，已受到了社会各界的高度关注。根据《中国统计摘要》数据，2012 年中国城镇居民人均可支配收入与农村人均纯收入二者的比例为 3.1∶1，而 20 世纪 80 年代我国城乡居民收入差距一直处于 2.5 倍以内。根据《中国居民收入分配年度报告（2013）》数据，2012 年我国城镇居民人均可支配收入和农村居民人均纯收入最高地区、最低地区之间的比例分别约为 2.34∶1 和 3.95∶1；1990 年，城镇居民人均收入最高地区与最低地区之比为 2.03∶1；20 世纪 80 年代前期农村居民人均纯收入最高的地区与最低地区之比均在 3∶1 以内，其中差距最小年份只有 2.64∶1。根据国家统计年鉴数据，2012 年我国行业门类之间最高与最低平均工资差距为 3.96∶1，而 1993 年至 1998 年，我国按行业门类划分的行业平均工资差距为（2.12—2.35）∶1。[2] 根据国家统计局公布的数据，20 世纪八九十年代，我国的基尼系数都在 0.4 以下，1996 年为 0.3，1999 年为 0.39，而从 2003 年以后则一路攀升，2008 年达到了 0.491 后虽然逐年回落，但也都在 0.46 以上（2009 年至 2014 年，分别为 0.490、0.481、0.477、0.474、0.473、0.469、0.462）。[3] 基尼系数是国际上通用的测量贫富差距程度的方法，一般认为这一数据达到 0.4 以上是收入分配不平等程度扩大的标志。按此标准，当前我国贫富差距已超过国际公认的警戒线，这不能不引起我们的高度警惕。《决定》明确指出，全面深化改革必须“紧紧围绕更好地保障和改善民生、促进社会公平正义，深化社会

① 《中共中央关于全面深化改革若干重大问题的决议》，人民出版社 2013 年版，第 3 页。

② 苏海南：《如何正确判断和实现合理的收入分配比例关系》，《中国经济时报》2014 年 2 月 19 日。

③ 《文汇报》2013 年 2 月 6 日，《经济日报》2014 年 2 月 21 日，《光明日报》2016 年 3 月 23 日。

体制改革，改革收入分配制度，促进共同富裕”[①]。只要政府干预得力，政策对头，我们就能遏制收入分配差距扩大的趋势，避免两极分化。

价值增殖规律、生产过剩规律和收入分配差距扩大导致两极分化规律是资本运动三大一般规律，不论是发达国家，还是不发达国家，只要实行的是市场经济体制，这三大规律就必然要起作用。我们不能因为在市场经济前面冠以“社会主义”一词而无视这些规律的存在，而应该更好地发挥社会主义制度的优越性，把这些规律所产生的消极作用尽可能降低到最小限度。这就需要处理好政府和市场的关系，使市场在资源配置中起决定性作用的同时更好地发挥政府的调节作用。

第三层次是社会主义经济运动规律。

社会主义经济和社会主义市场经济是两个既有区别又互相联系的概念。其区别在于：社会主义经济是以公有制为基础的经济，社会主义市场经济则是既包括作为主体的公有制经济，同时还包括非公有制经济的内容；社会主义市场经济只存在于社会主义初级阶段，社会主义经济则存在于社会主义经济运动的全过程，包括初级阶段和中高级阶段。其联系在于，在社会主义初级阶段的中国，它们共处于一个经济体内。但是，社会主义经济有其自身的发展规律。

首先是社会主义基本经济规律。基本经济规律不是决定社会生产某一个个别方面或个别过程，而是决定社会生产一切主要方面和主要过程，因而是决定社会生产本质的。在社会主义经济思想史上是斯大林在《苏联社会主义经济问题》(1953) 中第一次提出了社会主义基本经济规律这一概念，并做了初步的表述：“用在高度技术基础上使社会主义生产不断增长和不断完善的办法，来保证最大限度地满足整个社会经济增长的物质和文化需要。”[②] 在我国经济学界，也有很多同志认为，邓小平关于社会主义本质的论述，即“解放生产力，发展生产力，消灭剥削，消除两极分化，最终达到共同富裕”[③]，是对斯大林论述的丰富和发展。我认为，社会主义基本经济规律的表述还需要进一步精确化，但其主要内容包括

---

① 《中共中央关于全面深化改革若干重大问题的决议》，人民出版社 2013 年版，第 4 页。

② 《斯大林选集》(下)，人民出版社 1979 年版，第 569 页。

③ 《邓小平文选》第 3 卷，人民出版社 1993 年版，第 373 页。

社会主义生产目的（满足人民的需要、实现共同富裕）和实现这一目的的手段（解放和发展生产力）则是不变的。建设社会主义市场经济必须遵循社会主义基本经济规律。《中共中央关于制定国民经济和社会发展第十三个五年规划的建议》提出了全面建成小康社会新的目标和创新、协调、绿色、开放、共享的五大发展理念，就是很好地体现了社会主义基本经济规律的内在要求，是对马克思主义政治经济学的重大发展。

社会主义经济规律还包括国民经济按比例发展规律。马克思早在《经济学手稿（1857—1858 年）》中就指出："时间的节约，以及劳动时间在不同生产部门之间有计划的分配"是公有制为基础的社会主义经济的"首要的经济规律"①。马克思还把按一定比例分配社会劳动的必要性，看作是绝不可能被社会生产的一定形式取消的"自然规律"。在社会主义市场经济条件下，国民经济按比例发展规律要求我们通过制定指导性、战略性、预测性的计划，用以从宏观上保持在一定经济水平下各项产业之间、主导产业和其他产业之间以及第一、第二、第三次产业的行业之间必然具备的平衡关系，使社会总供给和总需求的平衡得以实现，避免剧烈的经济波动，促进经济的稳定、持续、协调发展。这几年我国所实施的稳增长、促改革、调结构、惠民生、防风险的政策，特别是 2015 年底，中央经济工作会议提出的供给侧结构性改革，从根本上说也是为了解决总供给和总需求之间以及产业结构之间的失衡问题。因此，国民经济按比例发展规律在任何时候都是要遵循的。

社会主义市场经济三个层次的规律是客观存在的，具有不以人的意志为转移的历史必然性；它们又是不可或缺的，只承认商品运动的规律而否认资本运动的规律，或者只承认前二者而否认社会主义经济的规律，都是片面的、脱离中国现阶段实际的。这三个层次的规律有各自的作用，商品运动的规律和资本运动的规律是市场经济的一般规律，如若否定了它们，那就否定了市场经济；社会主义经济规律则是社会主义市场经济的特殊规律，在各种规律中起着支配和制约作用，体现了中国社会主义经济的性质和特色。这三个层次的规律相互依存、相互渗透，共同构成

① 《马克思恩格斯全集》第 46 卷上册，人民出版社 1979 年版，第 120 页。

了社会主义市场经济的规律体系。我们的任务是在经济发展过程深入认识规律，不断把握规律，积极运用规律，推动我国的社会主义建设事业取得一个又一个的胜利。

（原文发表于《经济研究》2016 年第 3 期）

试析社会主义市场经济条件下更好发挥政府作用的理论依据

李建平*

党的十八届三中全会通过的《中共中央关于全面深化改革若干重大问题的决定》（以下简称《决定》）指出："经济体制改革是全面深化改革的重点，核心问题是处理好政府和市场的关系，使市场在资源配置中起决定性作用和更好发挥政府作用。"① 关于"为什么要让市场在资源配置中起决定性作用"，《决定》的回答是："市场决定资源配置是市场经济的一般规律，健全社会主义市场经济体制必须遵循这条规律。"② 但为什么要"更好发挥政府作用"呢？《决定》在第四部分"加快转变政府职能"首先就提到："科学的宏观调控、有效的政府治理，是发挥社会主义市场经济体制的内在要求。"③ 那什么是"社会主义市场经济体制的内在要求"呢？这些问题都涉及在市场经济条件下是否需要政府干预？本文拟从学理上作进一步的探讨。

在市场经济条件下，是否需要政府的干预？这个问题在西方已经争论了100多年。在新自由主义者那里，对这一个问题的回答是否定的。因为按照他们的教义，既然市场是理性的、万能的，也就不需要政府这种外部力量的介入，否则，就会适得其反。但在西方经济学界，也有一部分学者认为，市场不是万能的，也会存在市场失灵，如宏观性失灵、公共性失灵、分配性失灵、外部性失灵、信息性失灵、垄断性失灵，市场还存在自发性、盲目性和滞后性的缺陷，这就为政府发挥作用提供了

---

* 李建平：福建师范大学经济学院、马克思主义学院教授，博士生导师。

① 《中共中央关于全面深化改革若干重大问题的决定》，人民出版社2013年版，第5页。

② 《中共中央关于全面深化改革若干重大问题的决定》，人民出版社2013年版，第5—6页。

③ 《中共中央关于全面深化改革若干重大问题的决定》，人民出版社2013年版，第16页。

空间。在我看来，这些关于市场失灵、市场缺陷的论述，只是涉及市场经济的外在表现和枝节问题，并未触及市场经济的本质，但即令如此，也仍然遭到了新自由主义者的极力反对。比如有一本书叫《市场的逻辑》，就是只能说市场的好，不能说市场的坏，认为“捍卫市场经济是经济学家的职责”。该书处处为市场经济的所谓“失灵”作辩护，比如，“有人认为市场经济的结果一定是贫富差距扩大。这是一种误解”[①]。在作者看来，“市场越开放、政府干预越少的地方，收入差距越小”[②]。这一辩护显然是在强词夺理，但这也说明，用“市场失灵、市场缺陷”来说明政府干预的必要性，并不显得理直气壮。

凯恩斯是西方公开批判古典经济学、论证政府干预必要性的经济学家。1936 年，凯恩斯出版了划时代的著作《就业、利息和货币通论》（简称《通论》），从而开创了西方经济学领域的一个重要分支——宏观经济学。在这之前，在古典经济学中占统治地位的是萨伊定律，按照这一定律，“供给能够自动创造自己的需求”，充分就业是资本主义经济的一种均衡状态，从而在政策上政府应实行不干预的自由放任主义。凯恩斯在《通论》中抛弃了这一传统古典理论，用于支撑其新说的是所谓资本主义市场经济中的三大基本心理规律：边际消费倾向递减、资本边际效用递减以及流动性偏好，由于这三大规律的作用导致了消费需求和投资需求的不足。凯恩斯认为，这种总需求的不足导致了非自愿失业的存在，而单纯的市场机制无法解决失业问题，只有通过国家干预，实行“需求管理”，才能有效地克服 20 世纪 30 年代旷日持久的经济萧条和通货膨胀，降低失业率，实现经济的稳定。这一理论观点与古典经济学完全不同，被后人称为“凯恩斯革命”。从马克思主义的观点来看，凯恩斯用“有效需求不足”掩盖了资本主义社会的基本矛盾，用所谓“三大基本心理规律”来代替对资本主义市场经济本质的客观分析，不足以构成对政府干预的有力论证，因而是非科学的。更何况，在西方经济学界，从凯恩斯理论诞生之日起，质疑和批评就从四面八方涌来，其中不乏经济学界著

① 张维迎：《市场的逻辑》，上海人民出版社 2010 年版，第 28 页。
② 张维迎：《市场的逻辑》，上海人民出版社 2010 年版，第 29 页。

名的大腕，如奥地利的冯·哈耶克、英国的庇古、美国的海尼曼·奈特等。另一些经济学家，如弗里德曼、布坎南等人，甚至认为凯恩斯主义对现实经济产生了严重的不良影响。他们认为，正是凯恩斯让人们丧失了对好的市场自发调节机制的信任，打开了政府干预经济事务的大门，出现了对个人权利和自由的日渐增多的侵犯。在批判凯恩斯主义的大合唱中，中国的新自由主义者也不甘落后。当 2008 年美国金融危机演变为国际金融风暴时，曾经备受推崇的新自由主义在西方受到了严重的质疑和严厉的批判。前述《市场的逻辑》一书的作者，却把金融危机的责任归咎于凯恩斯主义的政府干预，他说："有人把这次危机归结于市场失灵，特别是经济自由化导致的结果。确实，危机出现后，凯恩斯主义的经济干预政策已经开始在全世界大行其道，各国政府都在慌乱中出台各种各样的救市政策……但事实和逻辑分析表明，这次危机与其说是市场的失败，倒不如说是政府政策的失败；与其说是企业界人士太贪婪，不如说是主管货币的政府官员决策失误；政府目前应对危机的政策与其说是在解决危机，不如说是在延缓和恶化危机。在我看来这次危机也许是复活奥地利学派经济学和彻底埋葬凯恩斯主义经济学的机会。"[①]（着重号为引者所加）作者对凯恩斯主义，进而对政府干预的理论和政策是多么的厌恶和仇视！

显然，市场经济条件下政府干预的必要性，既不能从所谓的市场失灵、市场缺陷的理论那里寻求答案，也不能靠凯恩斯的三大基本心理规律来帮忙，只能通过对市场经济本质的科学分析获得理论依据。

习近平同志在《关于〈中共中央关于全面深化改革若干重大问题的决定〉的说明》中指出："市场决定资源配置是市场经济的一般规律，市场经济本质上就是市场决定资源配置的经济。"[②] 这无疑是正确的。讲市场决定资源配置，也就是马克思主义经济学所说的利用价值规律调节商品生产和流通。在商品经济中，价值规律起调节作用，就是通过价格在价值基础上随着供求状况的变动而涨落，自发地将作为资源的生产资料

① 张维迎：《市场的逻辑》，上海人民出版社 2010 年版，第 282—283 页。
② 《习近平谈治国理政》，外文出版社 2014 年版，第 77 页。

和劳动力分配于不同的部门。因此，价值规律的调节作用也就是决定作用，这里价值规律的决定作用与市场的决定作用是一回事。但是，体现市场经济本质的不仅是价值规律这个一般规律，还有其他的一般规律。市场经济作为商品经济发展的高级阶段，不仅包含了商品运动的一般规律——价值规律，还包含了资本运动的一般规律。马克思用毕生心血写成的《资本论》，既研究了商品运动的规律，也研究了资本运动的规律。马克思在《资本论》第一卷第二篇研究了货币是如何转化为资本后，从第三篇到第七篇，乃至《资本论》第二、三卷，都是研究资本运动规律的。马克思指出："在一切社会形式中都有一种一定的生产决定其他一切生产的地位和影响，因而它的关系也就决定其他一切关系的地位和影响。这是一种普照的光，它掩盖了一切其他色彩，改变着它们的特点。……资本是资产阶级社会的支配一切的经济权力。"[①] 马克思通过对资本主义生产的彻底的生理解剖，揭示了资本运动的各种规律。这是马克思留给后人的宝贵精神财富，因为这些规律不仅适用于资本主义市场经济，在剔除其资本主义性质外，也可适用于其他的市场经济，包括社会主义市场经济。马克思所揭示的资本运动一般规律主要有以下三个，它们一方面反映了资本主义市场经济的本质，另一方面也为市场经济条件下政府干预提供了"内在要求"的依据。

一是资本追逐价值增殖的规律。市场经济是商品生产占统治地位的经济社会形态，商品生产者的目的不是为了满足自己的物质和精神生活的需要，而是为了交换价值。在资本主义市场经济条件下，则是为了获得尽可能多的价值增殖。赚钱是其唯一的目的和决定性动机。马克思指出，一旦货币所有者变成了资本家，"他这个人，或不如说他的钱袋，是货币的出发点和复归点。这种流通的客观内容——价值增殖——是他的主观目的；只有在越来越多地占有抽象财富成为他的活动的唯一动机时，他才作为资本家或作为人格化的、有意志的和意识的资本执行职能。因此，决不能把使用价值看作资本家的直接目的。他的目的也不是取得一

① 《马克思恩格斯选集》第 2 卷，人民出版社 1995 年版，第 24—25 页。

次利润，而只是谋取利润的无休止的运动”[①]。马克思把“生产剩余价值或赚钱”当作资本主义市场经济的“绝对规律”。[②] 这种“绝对规律”会使人变得十分贪婪和冷酷，以致不惜跨越道德和法律的底线。西方经济学所列举的种种市场失灵现象，其根源就在于资本疯狂追逐价值增殖最大化所产生的恶果。就以生态环境的恶化来说，马克思早就指出：“资本主义生产……一方面聚集着社会的历史动力，另一方面又破坏着人和土地之间的物质变换，也就是使人以衣食形式消费掉的土地的组成部分不能回归土地，从而破坏土地持久肥力的永恒的自然条件。这样，它同时就破坏城市工人的身体健康和农村工人的精神生活。……资本主义生产发展了社会生产过程的技术和结合，只是由于它同时破坏了一切财富的源泉——土地和工人。”[③]

所以，在资本追逐价值增殖这一“绝对规律”的作用下，必然产生严重社会后果，客观上要求政府进行干预。在资本主义市场经济条件下，唯一能够对市场的弊端进行局部的一定程度改良的外部力量，就是国家权力。马克思在《资本论》第一卷中用了很大的篇幅来叙述英国工厂法的历史、内容和结果，“英国的工厂法是通过国家，而且是通过资本家和地主统治的国家所实行的对工作日的强制的限制，来节制资本无限度地榨取劳动力的渴望”[④]。马克思《资本论》中多次提到国家的作用（按照马克思原来的写作计划，《政治经济学批判》六册中“国家”作为单独的一册），例如，在论述信用在资本主义生产中的作用时，就指出：“它在一定部门中造成了垄断，因而引起国家的干涉。”[⑤]

社会主义市场经济根本区别于资本主义市场经济，但是只要是市场经济，只要有资本运动，追求“价值增殖”的绝对规律就必然起作用，既有正面效应，也会有负面效应。正面效应是促进经济的快速增长，人民生活的显著改善和国家实力的日益增强；负面效应则是市场上屡屡出

① 《资本论》第1卷，人民出版社2004年版，第178—179页。
② 《资本论》第1卷，人民出版社2004年版，第714页。
③ 《资本论》第1卷，人民出版社2004年版，第579—580页。
④ 《资本论》第1卷，人民出版社2004年版，第276—277页。
⑤ 《资本论》第3卷，人民出版社2004年版，第497页。

现的不正当行为和丑恶现象，诸如制假售假、生产和销售有毒食品、非法集资和传销、不正当竞争、虚假广告、欺行霸市、市场垄断、黄赌毒市场、行贿受贿、权钱交易、环境污染、损害生态平衡等等。雾霾是中国生态恶化的一个典型现象，现在已经到了谈霾色变、人人自危的程度。上述各种负面现象的总根源，就是马克思所指出的，“在这个世界里，资本先生和土地太太，作为社会的人物，同时又直接作为单纯的物，在兴妖作怪”①。要解决以上种种问题，则必须要有政府的强有力干预，发挥“降妖伏魔”的作用。《决定》提出：“加强中央政府宏观调控职能和能力，加强地方政府的公共服务、市场监督、社会管理、环境保护等职责。”② 这完全体现了市场经济本质的要求。

二是资本生产过剩的规律。这一规律在简单的商品交换中就已初见端倪。马克思说：“商品价值从商品体跳到金体上……是商品的惊险的跳跃。这个跳跃如果不成功，摔坏的不是商品，但一定是商品占有者。”③ 在资本主义市场经济条件下，如果“生产同价值实现不一致，因而是生产过剩，或者同样可以说，这是产品不能转化为货币的、不能转化为价值的生产，是不能在流通中得到证实的生产”④。普遍生产过剩“不是对消费者来说过多，而是对保持消费和价值增殖之间的正确比例来说过多，对价值增殖来说过多”⑤。“不考虑市场的现有界限或有支付能力的需要的现有界限”⑥，于是就爆发了经济危机。马克思认为资本生产过剩必然导致经济危机是一种不以生产者为转移的自然规律的形式，由市场本身是“无法控制”的。自19世纪20年代以来西方资本主义世界已经爆发了多次生产过剩经济危机。2008年爆发的美国金融危机，其实质就是美国长期累积的产品和产能过剩。在资本主义市场经济中，光靠市场既不能有效防止危机的发生，也不能在危机发生后尽快走出危机的阴霾，因此，必须要有国家的干预。20世纪30年代美国为应对世界性经济大萧条而实

① 《资本论》第3卷，人民出版社2004年版，第940页。
② 《中共中央关于全面深化改革若干重大问题的决定》，人民出版社2013年版，第18页。
③ 《资本论》第1卷，人民出版社2004年版，第127页。
④ 《马克思恩格斯文集》第8卷，人民出版社2009年版，第93页。
⑤ 《马克思恩格斯全集》第30卷，人民出版社1995年版，第433页。
⑥ 《马克思恩格斯文集》第8卷，人民出版社2009年版，第274页。

施的罗斯福新政，可以说是适应了美国市场经济发展的内在要求，而在这时应运而生的凯恩斯主义，绝不是历史的巧合。中国在确立了社会主义市场经济体制后，经济获得了快速增长，但由于市场经济的内在规律的作用，生产过剩的弊端也逐步显露出来，21 世纪以来，特别是近几年在有些行业甚至达到了比较严重的地步。根据国家工业和信息化部统计，2012 年产能过剩已从钢铁、水泥、有色金属等四个产业扩展到电石、煤炭、纺织、化纤、风电、多晶硅、光伏等十几个行业，企业经济效益大幅下滑，工业企业累计亏损数同比增长 26.9%[①]，关停并转型企业大量增加。以新能源光伏产业为例，2008 年至 2011 年，中国光伏行业产能加速发展，已有及在建的组件产能总量约 3000 万千瓦，占 2011 年全球光伏组件总产能的 60%。2012 年，全球晶硅组件产能共 6039 万千瓦，其中中国的产能就高达 4000 万千瓦，占比 66.33%，而 2012 年全球光伏组件的需求为 2500 万千瓦，显示产能已严重过剩。再从一些省份的情况来看，浙江省单晶硅硅片生产企业 96%停产，光伏电池、组件生产企业中，中小型企业开工率不足 50%。浙江省 30 家光伏企业中有 2 家破产，5 家停产清算，20 家离开光伏产业，亏损面达到 80%以上，总亏损额 50 亿元左右。江苏省硅片、电池和组件的产能利用率均未超过 60%，规模以上光伏企业数量从 418 家减少为 380 家，2013 年全省产能利用率虽然提高了 10%～20%，但硅片、电池和组件的产能利用率仍然较低，分别是 62.6%、65.7%和 67%。[②] 国家工业和信息化部原材料工业司相关负责人近日指出，2014 年中国原材料工业通过严控新增、淘汰落后、扩大需求等措施，产能利用率有所提高。但从产能总体水平来看，仍处于高位。其中钢铁行业 2014 年底粗钢产能达 11.6 亿吨，全年新开工项目 2000 多个；水泥行业 2014 年建成投产熟料产线 54 条，总产能 7000 多万吨；化工行业 2014 年新开工项目 1 万多个。而从市场需求看，国内对大宗原材

---

① 周振华等：《新机遇·新风险·新选择：中国经济分析 2012—2013》，格致出版社、上海人民出版社 2013 年版，第 9 页。

② 张军扩、赵昌文：《当前中国产能过剩问题分析——政策、理论、案例》，清华大学出版社 2014 年版，第 73 页。

料消费已呈现缓中趋降态势，过剩问题能将长期存在。[①]

生产过剩已引起了国务院和有关部门的高度重视，从2009年以来，已连续下发文件，要求坚决抑制部分行业产能过剩和重复建设，引导产业健康发展。政府的干预已取得了显著成效，避免了经济的剧烈波动。《决定》在谈到“加快转变政府职能”时，强调要健全宏观调控体系，“保持经济总量平衡，促进重大经济结构协调和生产力布局优化，减缓经济周期波动的影响，防范区域性、系统性风险，稳定市场预期，实现经济持续健康发展”[②]。这是十分正确的。《决定》还特别指出，要“建立健全防范和化解产能过剩的长效机制”[③]。

三是资本积累过程中收入分配差距拉大导致两极分化的规律。在《资本论》第一卷中，马克思在揭示资本主义积累的一般规律时指出：“不管工人的报酬高低如何，工人的状况必然随着资本的积累而恶化。……这一规律制约着同资本积累相适应的贫困积累。因此，在一极是财富的积累，同时在另一极，即在把自己的产品作为资本来生产的阶级方面，是贫困、劳动折磨、受奴役、无知、粗野和道德堕落的积累。”[④] 在《资本论》第三卷的“规律的内部矛盾的展开”一章中，马克思进一步指出：“社会消费力既不是取决于绝对的生产力，也不是取决于绝对的消费力，而是取决于以对抗性的分配关系为基础的消费力；这种分配关系，使社会上大多数人的消费缩小到只能在相当狭小的界限以内变动的最低限度。其次，这个消费力还受到追求积累的欲望，扩大资本和扩大剩余价值生产规模的欲望的限制。这是资本主义生产的规律”[⑤]。

马克思所揭示的资本主义市场经济的这一规律，由于触及资产阶级的根本利益，所以受到了代表资产阶级利益的经济学家的坚决反对。他们一方面认为，财富的增长是每个人都受惠的普遍增长，资本主义的性质决定了它是缩小贫富差距的机制而不是扩大贫富差距的机制；另一方

---

① 《经济日报》2015年2月26日。
② 《中共中央关于全面深化改革若干重大问题的决定》，人民出版社2013年版，第16页。
③ 《中共中央关于全面深化改革若干重大问题的决定》，人民出版社2013年版，第17页。
④ 《资本论》第1卷，人民出版社2004年版，第743—744页。
⑤ 《资本论》第3卷，人民出版社2004年版，第273页。

面则认为，只要财富和收入的获得满足程序公正的原则，那么由此带来的分配结果就是公平的，不管差距有多大，嫉妒富人最终有损我们自己的利益。法国经济学家托马斯·皮凯蒂2013年出版的《21世纪资本论》，用大量无可辩驳的事实揭穿了他们的谎言和诡辩。该书通过分析300年来西方国家收入和财富分配的历史演进，充分验证了资本主义市场经济具有一种使收入和财富分配不均等程度日益加剧的长期趋势。在这本近700页62万多字的论著中，皮凯蒂分析了资本/收入比长期演进的未来趋势和21世纪全球范围内国民收入在劳动和资本之间的分配情况，深入探讨了不平等的现状及其本质，认为西方国家的资本收益率从长期来看总是高于国民收入的增长率，这是导致一切不平等的根源，而资本主义的自由市场机制则是催生这一根源性不平等的温床。尽管皮凯蒂为解决不平等问题所提出的政策建议（如向富人征重税以及实施全球累计资本税等）是否具有现实可行性尚可讨论，但是他所得出的基本结论却是不容置疑的，这就进一步证明了140多年前马克思所揭示的由于资本积累必然产生收入分配差距过大最终导致两极分化的规律是十分正确和有效的！

中国作为社会主义国家，是“促进社会公平正义、增进人民福祉为出发点和落脚点”①。但是，中国现在所实行的是社会主义市场经济，因此也要遵循市场经济的一般规律。市场经济奉行的是优胜劣汰的原则，能否在激烈的市场竞争中获得生存和发展，决定着收入的高低。而适应市场的能力，既决定于生产经营者的才能，也决定于他们的经济实力，在这里资本积累规律就必然要起作用，收入分配差距扩大是不可避免的。中国的新自由主义者为了美化市场的作用、反对政府干预，竟然说：“平均而言，市场化程度越高的地区，收入差距倒越小而不是越大。”② 我国自改革开放以来，打破“大锅饭”和平均主义，逐步确立了按劳分配、多种分配方式并存的分配制度，有效地激发了社会创造力，促进了社会财富的极大增加，居民的收入水平普遍提高，但是，毋庸讳言，在经济持续增长的背后，居民收入差距不断扩大，已受到了社会各界的高度关

① 《中共中央关于全面深化改革若干重大问题的决定》，人民出版社2013年版，第3页。
② 张维迎：《市场的逻辑》，上海人民出版社2010年版，第273页。

注。根据《中国统计摘要》数据，2012 年我国城镇居民人均可支配收入与农村人均纯收入二者的比例为 3.1∶1，而 20 世纪 80 年代我国城乡居民收入差距一直处于 2.5 倍以内。根据《中国居民收入分配年度报告(2013)》数据，2012 年我国城镇居民人均可支配收入和农村居民人均纯收入最高地区与最低地区之间的比例分别约为 2.34∶1 和 3.95∶1，而 1990 年，城镇居民人均收入最高地区与最低地区之比为 2.03∶1，20 世纪 80 年代前期农村居民人均纯收入最高地区与最低地区之比均在 3∶1 以内，其中差距最小年份只有 2.64∶1。根据国家统计年鉴数据，2012 年我国行业门类之间最高与最低平均工资差距为 3.96∶1，而 1993 年至 1998 年，我国按行业门类划分的行业平均工资差距为 2.12～2.35∶1。[①] 根据国家统计局公布的数据，20 世纪八九十年代我国的基尼系数都在 0.4 以下，1996 年为 0.3，1999 年为 0.39，而从 2003 年以后则一路攀升，2008 年达到 0.491 后虽然逐年回落，但也都在 0.47 以上（2009 年至 2013 年，分别为 0.490、0.481、0.477、0.474、0.473)。[②] 基尼系数是国际上通用的测量贫富差距程度的方法，一般认为这一数据达到 0.4 以上是收入分配不平等程度扩大的标志。按此标准，当前我国贫富差距已超过国际公认的警戒线，这不能不引起我们的高度警惕。《决定》明确指出，全面深化改革必须“紧紧围绕更好保障和改善民生、促进社会公平正义，深化社会体制改革，改革收入分配制度，促进共同富裕”[③]。只要政府干预得力，政策对头，我们就能遏制收入分配差距扩大的趋势，避免两极分化。

追求价值增值规律、生产过剩规律和收入分配差距扩大导致两极分化规律是资本运动的三大一般规律，不论是发达国家，还是不发达国家，只要实行的是市场经济体制，这三大规律就必然要起作用。马克思在《资本论》第一卷第一版序言中指出：“问题本身并不在于资本主义生产的自然规律所引起的社会对抗的发展程度的高低，问题在于这些规律本身，在于这些以铁的必然性发生作用并且正在实现的趋势。工业较发达

① 《中国经济时报》2014 年 2 月 19 日。

② 《文汇报》2013 年 2 月 6 日，《经济日报》2014 年 2 月 21 日。

③ 《中共中央关于全面深化改革若干重大问题的决定》，人民出版社 2013 年版，第 4 页。

的国家向工业较不发达的国家所显示的，只是后者未来的景象。”[①] 我们不能因为在市场经济前面冠以“社会主义”一词而无视这些规律的存在，而应该更好地发挥社会主义制度的优越性，把这些规律所产生的消极作用尽可能降低到最小程度，这就需要政府的正确干预。所以习近平在《关于〈中共中央关于全面深化改革若干重大问题的决定〉的说明》中，在强调市场在资源配置中起决定性作用的同时，也明确指出：“当然，我国实行的是社会主义市场经济体制，我们仍然要坚持发挥我国社会主义制度的优越性、发挥党和政府的积极作用。市场在资源配置中起决定性作用，并不是起全部作用。”“全会决定对更好发挥政府作用提出了明确要求，强调科学的宏观调控，有效的政府治理，是发挥社会主义市场经济体制优势的内在要求。”[②]

（原文发表于《东南学术》2015 年第 3 期）

① 《资本论》第 1 卷，人民出版社 2004 年版，第 8 页。
② 《习近平谈治国理政》，外文出版社 2014 年版，第 77 页。

更好发挥政府作用符合客观规律

李建平*

经济体制改革是全面深化改革的重点，核心问题是处理好政府和市场的关系，使市场在资源配置中起决定性作用和更好发挥政府作用。当前，中国经济发展还存在市场体系不完善、市场规则不健全、市场秩序不规范、市场竞争不充分等问题。更好发挥政府作用，就要加强市场体系建设，进一步完善社会主义市场经济体制，在保证市场发挥决定性作用的前提下，管好那些市场管不了或管不好的事情。

更好发挥政府作用是历史唯物主义的内在要求

历史唯物主义是马克思一生中的重大理论成果之一。《德意志意识形态》一书对历史唯物主义的基本原理作了详细论述，《〈政治经济学批判〉序言》对历史唯物主义的基本思想作了经典概括。列宁认为，马克思的历史唯物主义是人类有史以来科学思想中的最大成果。历史唯物主义从来没有企求说明一切，而只企求指出“唯一科学的”说明历史的方法。习近平同志高度重视历史唯物主义对建设中国特色社会主义的指导作用。他强调，历史和现实都表明，只有坚持历史唯物主义，我们才能不断把对中国特色社会主义规律的认识提高到新的水平，不断开辟当代中国马克思主义发展新境界。

历史唯物主义是中国特色社会主义政治经济学的理论基础。生产力

* 李建平：福建师范大学经济学院、马克思主义学院教授，博士生导师。

决定生产关系，经济基础决定上层建筑，同时后者对前者又有反作用；政治和经济是不可分割的，经济是政治的物质基础，政治是经济的集中表现。这是历史唯物主义的基本原理。毛泽东曾指出："政治经济学和唯物史观难得分家。不涉及上层建筑方面的问题，经济基础即生产关系的问题不容易说得清楚。"① 中国经济建设和改革的经验证明：在经济改革和发展中不回避政治，政府对市场进行必要和科学的调控，是历史唯物主义的内在要求，也是当代中国马克思主义政治经济学区别于西方主流经济学的特色所在。

更好发挥政府作用是现代市场经济的内在要求

现代市场经济运行和发展是由两个层次的经济规律决定的：第一层次是商品运动规律，包括价值规律、供求规律、竞争规律等，它们调节着商品的生产和流通。资源配置由市场决定就是由这一层次的规律决定的。第二层次是资本运动规律。市场经济作为商品经济发展的高级阶段，不仅包含商品运动规律，还包含资本运动规律。马克思用毕生心血写成的《资本论》，既研究了商品运动规律，也用大量篇幅研究了资本运动的各种主要规律。这些规律不仅适用于资本主义市场经济，在剔除资本主义属性后，也适用于社会主义市场经济。

马克思所揭示的资本运动规律主要有三个，它们所产生的作用和结果是商品运动规律解释不了的。一是资本追逐价值增殖的规律。它会使资本家变得十分贪婪和冷酷，以致于为了追求价值增殖而不惜突破道德和法律的底线。西方经济学所列举的种种市场失灵现象，主要就是疯狂追逐价值增殖最大化所产生的恶果。虽然社会主义市场经济不同于资本主义市场经济，但只要是市场经济，只要有资本运动，追求价值增殖的规律就会起作用。其中既有正面作用，也有负面作用。正面作用是促进经济快速增长、人民生活水平显著提高、经济实力日益增强；负面作用

① 《毛泽东文集》第8卷，人民出版社1999年版，第138—139页。

则是市场上出现一些不正当行为和不良现象，诸如假冒伪劣产品、不正当竞争、欺行霸市、权钱交易、环境污染等。解决这些问题，需要政府进行强有力的监管和调控。为此，党的十八届三中全会《关于全面深化改革若干重大问题的决定》（以下简称《决定》）提出："加强中央政府宏观调控职责和能力，加强地方政府公共服务、市场监管、社会管理、环境保护等职责。"二是生产过剩规律。马克思认为生产过剩必然导致经济危机，并指出这是不以生产者的目的为转移的自然规律，是市场本身无法控制的。自19世纪20年代以来，西方资本主义世界已爆发多次生产过剩危机。我国在确立社会主义市场经济体制后，经济实现了快速增长，但由于市场经济内在规律的作用，生产过剩的问题也日渐显露，这引起党中央、国务院的高度重视。2015年的中央经济工作会议指出，中国经济发展基本面是好的，但也面临着很多困难和挑战，特别是结构性产能过剩比较严重，并部署了去产能、去库存、去杠杆、降成本、补短板五大任务。党的十八届三中全会《决定》指出，要"建立健全防范和化解产能过剩长效机制"。事实证明，产能过剩的问题，单靠市场本身很难根本解决，需要政府予以积极的引导、调控和规制。三是资本积累过程中分配差距拉大，导致两极分化的规律。马克思所揭示的这一规律，在今天仍然有效。法国经济学家皮凯蒂通过分析300多年来西方发达国家收入和财富分配的历史，指出美国等西方国家的社会不平等程度目前已经达到或超过历史最高水平，认为不加制约的资本主义加剧了财富不平等现象，而且会继续恶化下去。中国作为社会主义国家，发展经济是以促进社会公平正义、增进人民福祉为出发点和落脚点的。虽然中国实行的是社会主义市场经济体制，但市场经济所共有的资本积累规律也会在一定程度上发挥作用。因此，我们必须更好发挥政府作用，紧紧围绕保障和改善民生、促进社会公平正义，改革和完善收入分配制度，促进共同富裕。只要政府调控有力、政策制定合理，充分发挥中国社会主义制度的优越性，就一定能把市场经济固有规律所产生的消极影响降到最低。

更好发挥政府作用是社会主义市场经济的内在要求

在社会主义条件下发展市场经济，是中国共产党的一个伟大创举。社会主义市场经济把坚持公有制为主体与坚持多种所有制经济共同发展有机统一起来，把社会主义制度的优势与市场经济的优势有机结合起来，既有利于解放生产力、发展生产力，又有利于消灭剥削，消除两极分化，最终达到共同富裕。

除了现代市场经济的共同规律，中国社会主义市场经济还有其自身的发展规律。一是社会主义基本经济规律。基本经济规律不只决定社会生产的某一方面或个别过程，而且决定社会生产的一切主要方面和全过程，决定社会生产的本质。以习近平同志为核心的党中央提出的全面建成小康社会目标以及创新、协调、绿色、开放、共享的发展理念等，就鲜明体现了社会主义基本经济规律的内在要求。二是国民经济按比例发展规律。马克思曾把按一定比例分配社会劳动视为人类社会生产的普遍规律。在社会主义市场经济条件下，国民经济按比例发展规律要求我们通过制定指导性、战略性、预测性的规划，从宏观上保持一定经济发展水平下各产业之间的平衡关系，使社会总供给和总需求实现总体平衡，避免剧烈的经济波动，促进经济稳定、持续、协调发展。党中央提出的供给侧结构性改革，从根本上说就是为了实现和保持总供给和总需求之间以及产业结构之间的总体平衡。无论是社会主义基本经济规律还是国民经济按比例发展规律，客观上都要求更好发挥政府作用，对市场进行积极有效的引导、调控和规制。

（原文发表于《人民日报》2017 年 6 月 2 日第 7 版。本文曾在 2017 年 4 月中宣部举办的杭州治国理政论坛上宣读）

马克思主义经济学中国化与当代中国经济学建设

石淑华*

马克思主义经济学中国化，就是把马克思主义经济学基本原理与中国具体实际相结合，不断丰富和发展马克思主义经济学的过程。它具体包括两方面内容：其一，把马克思主义经济学与中国古近代经济思想相结合，即运用马克思主义经济学的基本原理和方法来审视、反思中国古近代经济思想，剔除其糟粕，吸收其精华，丰富马克思主义经济学的内容，强化中国马克思主义经济学的民族性。其二，把马克思主义经济学与中国当前社会经济发展实际相结合，即运用马克思主义经济学的基本原理和方法来考察和分析中国当前经济社会发展实际，从中总结和回答具有规律性的经济问题，推进马克思主义经济学的发展。这样一种马克思主义经济学中国化，不仅是当代中国马克思主义经济学发展的源泉，对于整个当代中国经济学建设也起到非常重要的引领作用。

一、马克思主义经济学中国化是当代中国马克思主义经济学中最需要和最值得深入研究的领域

自 19 世纪末 20 世纪初马克思主义在中国开始传播，也就掀起了马克思主义中国化运动的序幕。100 年来，随着马克思主义中国化运动的推进，中国的马克思主义经济学研究不断发展，对马克思主义经济学中国化的研究也越来越受到人们的重视。特别是进入 21 世纪以来，学界更是

---

* 石淑华：江苏师范大学淮海发展研究院教授，博士。

掀起了一股马克思主义经济学中国化研究的热潮[①]，马克思主义经济学中国化已经成为中国马克思主义经济学研究的一个热点。就其性质和地位而言，马克思主义经济学中国化是当代中国马克思主义经济学研究中最需要和最值得深入研究的领域。

马克思主义经济学中国化之所以是当代中国马克思主义经济学中最需要深入研究的一个领域，是由马克思主义经济学中国化的特殊地位决定的。马克思主义经济学中国化的目的，是要通过与中国经济实际相结合，使之成为既体现马克思主义经济学基本原理又具有中国特色的中国马克思主义经济学。由于中国的经济实际在不同历史时期是不同的，因此马克思主义经济学中国化是一个永无止境的过程。而随着马克思主义经济学中国化的不断推进，中国马克思主义经济学也就不断发展。[②] 可见，中国马克思主义经济学是马克思主义经济学中国化的理论成果，马克思主义经济学中国化是中国马克思主义经济学理论创新的不竭源泉。没有马克思主义经济学中国化，就没有中国马克思主义经济学，更没有中国马克思主义经济学的发展。因此，如果我们研究马克思主义经济学，特别是研究当代马克思主义经济学，最迫切需要深入探讨的是马克思主义经济学中国化。

马克思主义经济学中国化之所以是当代中国马克思主义经济学中最值得深入研究的一个领域，是由马克思主义经济学中国化的特殊性质决定的。马克思主义经济学揭示了人类社会经济发展的一般规律，具有世

① 2008年3月《学术月刊》开辟“经济学前沿”专栏，同时发表了四篇文章，专门讨论马克思主义经济学的中国化，引起学术界极大的关注，推进了马克思主义经济学中国化研究的深入。

② 1919年至1949年，马克思主义经济学与中国革命根据地和解放区的经济建设实践相结合，形成中国化马克思主义经济学新民主主义理论。1949年至1956年，马克思主义经济学与过渡时期的具体实际相结合，形成了中国化马克思主义经济学过渡时期理论。1956年至1979年，马克思主义经济学与贫穷落后的计划经济体制国家相结合，形成中国化马克思主义经济学社会主义计划经济理论。1979年至今，马克思主义经济学与转型国家的实践相结合，形成了中国化马克思主义经济学社会主义建设理论即中国特色的社会主义经济理论。参见裴小革：《中国化马克思主义经济学是建设经济学》，《长春市委党校学报》2009年第3期；马艳：《马克思主义经济学中国化的发展轨迹》，《学术月刊》2008年3月。新民主主义理论、过渡时期理论、社会主义计划经济理论以及中国特色的社会主义经济理论，不仅是我国不同历史时期马克思主义经济学中国化理论的具体形式，也丰富了马克思主义经济学中国化的内容，实现了马克思主义经济学中国化理论的一次又一次飞跃。

界性，但它最初是以一种民族经济学的形式出现的，是为工人阶级运动提供理论武器而对英国古典政治经济学进行的创新，代表着当时英国经济学发展的最高水平。由于集中反映了那个时代的特征，顺应了时代的发展，马克思主义经济学很快超越其创立时期的地域和民族界限，在世界范围内获得广泛传播，并在后来的社会主义经济建设实践中发挥了重大的理论指导作用，成为一种真正的“世界经济学”。在马克思主义经济学世界化过程中，各国的马克思主义经济学家根据本国的实际情况，进一步丰富和发展马克思主义经济学，不断地使马克思主义经济学民族化，出现了各种形式的马克思主义经济学民族化形式。马克思主义经济学民族化的过程实际上是规模更为宏大、影响更为深刻的马克思主义经济学世界化的过程。没有马克思主义经济学的民族化，就没有马克思主义经济学的世界化。马克思主义经济学只有表现为不同国家和民族的特点、风格和形式，才能使之成为世界性理论，才能充分体现其国际影响和意义。[①] 但是，马克思主义经济学民族化过程不是一种单纯的经济思想传播，而是使这一经济思想植入一些民族，成为其主流经济理论，且形成一脉相承而又与时俱进的经济思想体系，进而改变这些民族的历史命运和发展方向。马克思主义经济学这一世界化与民族化相统一的发展过程，是人类经济思想史上最壮观的一幕，至今还没有任何一种经济思想能够像马克思主义经济学那样具有如此顽强的生命力，能够如此深刻地影响人类经济思想和人类发展方向。马克思主义经济学中国化就是马克思主义经济学民族化形式之一，是马克思主义经济学世界化和民族化相统一的发展过程中的一个重要方面。只有深入研究马克思主义经济学中国化，才能真正理解马克思主义经济学，也才能懂得如何对待马克思主义经济学。

作为当代马克思主义经济学研究中最需要深入研究的一个领域，马克思主义经济学中国化应该包含六个方面内容。其一，马克思主义经济学中国化的理论基础。这部分内容首先需要探讨的问题就是马克思主义经济学为什么能够世界化和民族化（包括中国化）？马克思主义经济学的

---

① 蒋永穆：《马克思主义经济学中国化的基本特征》，《学术月刊》2008 年第 3 期。

世界性和民族性以及二者相统一的关系是如何实现的？可见，深入认识马克思主义经济学的本质和特征是研究马克思主义经济学中国化的理论依据时不可回避的一个问题。其二，马克思主义经济学中国化的思想史，即马克思主义经济学中国化是在怎样的思想指导下进行。这不仅包括马克思主义经典作家提出的马克思主义经济学民族化思想，也包括中国学者如何根据马克思主义经济学民族化思想而提出和形成的马克思主义经济学中国化思想，以及这一思想的发展演变过程。其三，马克思主义经济学中国化的历史进程，即不同时期的中国经济学者把马克思主义经济学与不同时期的中国具体实际相结合的探索与发展过程。它不仅包括马克思主义经济学中国化在不同时期取得的理论成就与经验教训，同时也包括不同时期马克思主义经济学中国化代表人物的思想。其四，马克思主义经济学中国化的内在规律，即贯穿于百年来马克思主义经济学中国化过程中并具体体现在一系列中国马克思主义经济学家的理论创新过程中的基本规律。它包括：（1）马克思主义经济学中国化整个发展历程中的共有规律；（2）马克思主义经济学中国化与其他形式的马克思主义经济学民族化共有的规律；（3）马克思主义经济学中国化特有的规律。其五，马克思主义经济学中国化面临的问题和挑战，包括马克思主义经济学中国化过程中积累下来的问题以及在新的历史条件下遇到的问题，也包括中国马克思主义经济学研究中内存的问题以及与马克思主义经济学中国化相关联的问题。我们需要认真分析这些问题的成因、演变过程及其实质，考察它们对马克思主义经济学中国化的影响，并作出有说服力的解答。其六，马克思主义经济学中国化的发展方向。我们无论是研究马克思主义经济学中国化的理论基础，考察马克思主义经济学中国化的思想发展史，还是总结马克思主义经济学中国化的经验教训，回答马克思主义经济学中国化面临的问题和挑战，其最终目的是为了明确马克思主义经济学中国化的发展方向，进一步推进马克思主义经济学中国化的发展。可以说，明确马克思主义经济学中国化的发展方向，是整个马克思主义经济学中国化研究的理论归宿和落脚点，不明确这一点，整个马克思主义经济学中国化研究就失去理论意义，最终会丧失中国马克思主义经济学在世界经济学中应有的地位和作用。为此，必须树立“世界视野”，从世界经济和世界经济学的角度来研究两个问题：一是全球化背景下当代中国经济发展的客观需要，二是当代世界经济学，特别是马克思主义经济学的发展趋势。这六个方面是相互联系的统一整体，其中，第四个问题是核心，它是推进马克思主义经济学中国化和当代中国马克思主义经济学发展的内在依据。

在以往的马克思主义经济学中国化研究中，上述六个方面都得到不同程度的发掘。目前，应当围绕着总结马克思主义经济学中国化的规律这一核心问题，深化马克思主义经济学中国化研究。首先，为了揭示马克思主义经济学中国化特有的规律，不仅需要宏观的整体性研究，更需要进行微观的个体化研究。因为马克思主义经济学中国化是官方和学界的一代又一代马克思主义者艰苦探索的过程，不了解他们个性化的经济学创新和贡献，就不可能真正了解马克思主义经济学中国化的历程，也就不可能真正揭示出马克思主义经济学中国化的规律。例如，毛泽东新民主主义经济理论是中国学界和官方马克思主义者集体智慧的结晶，但是，很少有人研究哪些是毛泽东本人的经济学创新，哪些是他人的贡献。其实，中国老一辈经济学家如王亚南、许涤新、钱俊瑞、薛暮桥、孙冶方、漆琪生、陶大庸等人的研究成果是毛泽东新民主主义经济思想形成的直接理论来源①。如果不对他们以及毛泽东本人的经济思想作深入细致的个案研究，我们就无法理解新民主主义经济理论的形成与发展，也无法说明为什么只有毛泽东才能集中学界马克思主义经济学者的智慧而创立毛泽东新民主主义经济理论，从而也就不能通过毛泽东新民主主义经济理论的研究而揭示马克思主义经济学中国化的特有规律。其次，为了揭示马克思主义经济学中国化历程中共有的规律，需要对马克思主义经济学中国化不同时期的典型人物和同一时期的不同典型人物的经济思想进行比较，研究他们的经济学贡献，找到马克思主义经济学中国化应该坚持的一些基本原则和方法。再次，为了揭示马克思主义经济学中国化与其他形式的马克思主义经济学民族化共有的规律，需要对马克思主义经济学中国化与其他形式的马克思主义经济学民族化进行比较研究。20

① 马艳：《马克思主义经济学中国化的发展轨迹》，《学术月刊》2008年第3期。

世纪以来出现了一些其他的马克思主义经济学民族化形式，如西方马克思主义经济学、苏俄马克思主义经济学、东欧马克思主义经济学、朝鲜马克思主义经济学、越南马克思主义经济学等，虽然它们在基础理论、研究视角、研究方法等方面存在很大差异，但它们都是把马克思主义经济学与本国经济发展的具体实际相结合的产物，都是马克思主义经济学世界化与民族化相统一的历史进程中的一个重要方面和表现，它们之间以及它们与中国马克思主义经济学之间必然存在一些共同之处。因此，对这些马克思主义经济学民族化形式开展比较研究，实际上是用世界视野来考察马克思主义经济学中国化的内在机制，也为揭示马克思主义经济学中国化的规律提供外部参考。

二、马克思主义经济学中国化是当代中国马克思主义经济学研究的核心范式

作为当代中国马克思主义经济学研究中的一个领域，马克思主义经济学中国化绝非一般的研究领域。长期以来，人们只是把马克思主义经济学中国化视为与马克思主义经济学基本原理、马克思主义经济思想史、国外马克思主义经济学并列的一个研究领域，甚至把它当作马克思主义经济思想史中的一个研究方向，这与马克思主义经济学中国化的本身地位非常不相称。既然中国马克思主义经济学是马克思主义经济学中国化的理论成果，那么，在推进当代中国马克思主义经济学发展的过程中，当代中国马克思主义经济学研究必须围绕着马克思主义经济学中国化这一核心问题展开。换言之，马克思主义经济学中国化是当代中国马克思主义经济学研究的核心范式。

把马克思主义经济学中国化视为当代中国马克思主义经济学研究的核心范式，与把马克思主义经济学中国化仅仅作为当代中国马克思主义经济学研究的一个领域甚至一个方向是完全不同的。如果把马克思主义经济学中国化作为马克思主义经济学研究中的一个领域，就意味着马克思主义经济学中国化是游离于当代中国马克思主义经济学研究之外的，

无论是马克思主义经济学基础理论、马克思主义经济思想史，还是国外马克思主义经济学，都可以与马克思主义经济学中国化无关。一个学者对马克思主义经济学中国化是否感兴趣并不影响他对当代中国马克思主义经济学的研究和贡献。然而，如果把马克思主义经济学中国化作为当代中国马克思主义经济学研究的核心范式，就意味着包括马克思主义经济学基础理论、马克思主义经济思想史、国外马克思主义经济学在内的整个当代中国马克思主义经济学研究必须服务于马克思主义经济学中国化，必须紧紧围绕着马克思主义经济学中国化这个中心任务展开，以马克思主义经济学中国化作为理论研究的评价标准。在这一前提下，一个学者的研究兴趣可以是马克思主义经济学基础理论、马克思主义经济思想史、国外马克思主义经济学中某一个领域，但其全部研究都必须自觉地服务于马克思主义经济学中国化的要求。

把马克思主义经济学中国化作为当代中国马克思主义经济学研究的核心范式，是整合当代中国马克思主义经济学研究的学术资源、统一当前中国马克思主义经济学研究中内存分歧的前提和基础。

自改革开放以来，当代中国马克思主义经济学研究呈现出百花齐放的局面，已经形成了八大流派。[①] 这就是：(1) 以林岗教授为代表，强调坚持马克思基本原则的“正统创新流派”；(2) 以程恩富教授为代表，强调马克思主义经济学理论假设和研究方法的现实性、科学性和辩证性的“新综合流派”；(3) 以李建平教授为代表，强调开展马克思主义文本研究的“经典文本流派”；(4) 以刘思华教授为代表，将生态环境系统和经济社会系统作为一个有机整体来揭示经济运行与发展的客观规律的“生态经济学流派”；(5) 以贾根良教授为代表，强调马克思经济学与演化经济学科学整合的“演化流派”；(6) 以白暴力教授为代表，尝试运用数理逻辑来表达和构建现代马克思主义经济学体系的“数理流派”；(7) 以王振中教授为代表，强调马克思经济转型理论的“转型经济理论流派”；(8) 以柳欣教授为代表，对新古典经济学和马克思经济学进行比较的“后凯恩斯主义流派”。其实，根据这些流派的内容和特点，可以将当代

① 薛宇峰：《当代中国马克思主义经济学的流派》，《经济纵横》2009 年第 1 期。

马克思主义经济学研究概括为三种类型。（1）“回到马克思”的文本研究，如“文本流派”。该类研究强调通过对马克思文本研究，厘清马克思文本的原有真意，深化对马克思经济学基本原理的认识，澄清对马克思主义经济学的偏见和误解。（2）关注现实的问题研究，如“生态经济学流派”“转型经济理论流派”。该类研究从马克思主义经典作家的思想出发，面对现实，从现实发展中提出经济学问题并作出深入解答，提炼出具有一般意义的经济学理论。（3）立足于对基本理论的创新研究，如“正统创新流派”“新综合流派”“数理流派”“后凯恩斯主义流派”。经济学是由在一定历史条件下的理论假设、基本理论、研究方法等组成一个完整理论体系。该类研究立足于对现代条件下马克思主义经济学的理论假设、基本理论、研究方法进行新探索，进而推动马克思主义经济学的发展。

这些研究虽然在研究思路、研究重点、研究方法等方面各不相同，但完全可以在马克思主义经济学中国化范式下得到统一和整合，而且只有在马克思主义经济学中国化范式下才能整合和统一起来。总体说来，马克思主义经济学研究大体上可分为马克思主义经济学的本身研究和马克思主义经济学的运用研究，其中，马克思主义经济学本身研究是马克思主义经济学运用研究的基础，而通过对马克思主义经济学运用研究可以使马克思主义经济学本身研究得到进一步的发展和深化。上述八大流派中，有的是属于对马克思主义经济学的本身研究，如“回到马克思”的“文本流派”和立足于对基本理论进行创新的“正统流派”“新综合流派”“数理流派”“后凯恩斯主义流派”；有的则属于马克思主义经济学的运用研究，如关注现实的“生态经济学流派”和“转型经济理论流派”。无论是哪一种流派，要真正体现马克思主义经济学的科学精神，必须遵从和服务于马克思主义经济学中国化的范式，必须自觉地坚持马克思主义经济学与中国具体经济实际相结合。例如，文本研究有利于我们准确把握马克思主义文本所体现的基本原理和科学思想，澄清对马克思主义经济学的偏见与误解，进而更好地把马克思主义经济学与中国具体经济实际相结合。同样，无论是对现实问题的研究，还是对基本经济理论创新的研究，其关键点都在于准确把握中国的具体经济实际，从而更好地把马克思主义经济学基本理论与中国具体经济实际相结合。

三、马克思主义经济学中国化是整个当代中国经济学研究的公共范式

马克思主义经济学中国化，不仅是当代中国马克思主义经济学研究的核心范式，而且也是整个当代中国经济学研究的公共范式。当代中国经济学尽管学科门类很多，但基本上都分属于马克思主义经济学、中国古近代经济学（中国古近代经济史）、西方经济学三个研究领域。因此，从某种意义上来说，当代中国经济学建设就是要处理好这三大领域之间的关系。程恩富教授和何干强教授在以往研究的基础上[①]于2009年联合撰文提出“马学为体、西学为用、国学为根”[②]，这一思想是对马克思主义经济学、西方经济学、中国古近代经济学这三大领域的关系所作的精确诠释，它对当代中国经济学的建设具有指导作用。既然作为当代中国经济学“体”的马克思主义经济学应该以马克思主义经济学中国化作为研究范式，那么，作为“用”的西方经济学和“根”的中国古近代经济学也该如此。也就是说，以马克思主义经济学中国化作为当代中国经济学建设的公共范式，就是指包括马克思主义经济学、西方经济学、中国古近代经济学在内的当代中国经济学各个领域都应当坚持马克思主义经济学中国化。

以马克思主义经济学中国化作为当代中国经济学各个领域的公共范式，并不意味着当代中国经济学各个领域都要研究马克思主义经济学中国化，而是指当代中国经济学各个领域的研究都要服务于马克思主义经济学中国化，紧紧围绕着马克思主义经济学中国化这个中心展开。尽管当代中国经济学各个领域的研究都是为了推动当代中国经济学的发展，

---

① 程恩富最早在1994年4月7日《社会科学报》发表的《21世纪：重建中国经济学》一文中就对中国经济学发展的前景作出了类似的判断。

② 程恩富、何干强：《论推进中国经济学现代化的学术原则——主析“马学”、“西学”与“国学”之关系》，《马克思主义研究》2009年第4期。

但绝不是任何存在于中国的经济学都被称为当代中国经济学[①]。当代中国社会主义经济建设的伟大成就是在中国特色社会主义经济理论指导下取得的，而中国特色社会主义经济理论就是中国化马克思主义经济学。因此，只有马克思主义经济学与中国经济实际相结合的理论成果即“中国化马克思主义经济学”才是当代中国经济学。当然，在马克思主义经济学与当代中国经济实际相结合的过程中，我们必须广泛吸收和借鉴西方经济学和中国古近代经济学中的有用思想。也正因此，对西方经济学和中国古近代经济学的研究才构成当代中国经济学建设不可缺少的组成部分。如果在当代中国经济学建设中有意或无意地偏离马克思主义经济学中国化这一理论目标，那么西方经济学和中国古近代经济学就会失去其在当代中国经济学建设中的理论依托，不仅不利于自身的发展，更会阻碍当代中国经济学建设，甚至葬送社会主义事业。

当前，为了使马克思主义经济学中国化成为当代中国经济学建设的公共范式，必须正确认识以下两个问题。

一是中国经济学的“国际化”问题。改革开放以来，“中国经济学向何处去”一直是学界讨论的热点。20 世纪 90 年代中期，很多学者提出了中国经济学“国际化”、中国经济学与现代经济学接轨等观点。进入新世纪，一些学者又提出如何推动中国经济学国际化、西方经济学如何“中国化”等问题，这一研究趋势值得高度重视。首先，我们要明确中国经济学需要什么样的“国际化”。中国经济学作为科学揭示当代中国经济运行和发展规律的重要理论，为了适应当代国际经济环境对中国社会主义经济提出的挑战以及适应中国社会主义初级阶段的经济科学发展的要求[②]，其发展趋势绝不是研究内容和研究手段上如何与现代经济学（西方经济学）接轨的“国际化”，而是研究视野的“国际化”，即中国经济学

① “中国经济学”是在经济学研究已经取得成果的基础上，与中国国内经济学自身的发展和中国经济实践结合基础上产生的新超越，是经济学的中国学派；而“中国的经济学”则是指经济学在中国，仅仅是指经济学一般理论在中国的应用及其效果的实证分析。见任保平：《新中国经济学 60 年：演化逻辑、发展轨迹与未来趋势》，《西北大学学报（哲学社会科学版）》2009 年第 3 期。

② 程恩富、何干强：《论推进中国经济学现代化的学术原则——主析“马学”、“西学”与“国学”之关系》，《马克思主义研究》2009 年第 4 期。

不仅是马克思主义经济学与中国当代经济实践相结合的产物，而且也是与全球化背景下和平发展的国际环境相结合的产物。这种新型的当代中国经济学不仅对中国有重要意义，对其他国家也具有意义[①]，必然引起全世界的广泛关注。其次，中国经济学不能选择“西方经济学中国化”。应当肯定，在推动当代中国经济和经济学建设中，需要根据中国的实际情况来学习和借鉴西方经济学。但是，西方经济学的意识形态属性以及中国经济学基础理论的“一元性”，决定了西方经济学不能够也不可以“中国化”。如果当代中国的西方经济学研究离开了马克思主义经济学中国化范式的指导，就谈不上西方经济学中反映社会化大生产和市场经济一般规律的理论在中国的运用。

二是中国经济学的“独立创新”问题。学术界在“中国经济学向何处去”的大讨论中，有些学者提出了中国经济学应该立足于原创，自行创造原理。他们认为，20 世纪的 100 年，中国经济学界总是依附于马克思主义经济学和西方经济学。中国当前正处于社会大范围变革时期，中国经济学的功能是面对现实来建设社会主义。马克思主义经济学主要是批判资本主义，无法在马克思主义经济学理论框架内建立中国经济学；而西方经济学因其社会制度和文化传统与中国大相径庭，也无法在其框架内建立中国经济学。[②] 另外，建立独立自主的中国经济学不仅完全必要，也完全可能，因为中国所具有的深厚文化资源（包括传统经济思想）为创立中国经济学提供了精神动力。表面上看，这种主张颇有几分道理。问题在于以下两方面。(1) 自 20 世纪以来，特别是中华人民共和国成立以来，中国经济建设和改革开放的伟大成就都是在马克思主义经济学的指导下取得的，是自觉地坚持马克思主义经济学与中国具体国情相结合的实践成果。其实，强调中国经济学自主创新同时也暗含着对马克思主义经济学主流地位的否定，而以马克思主义经济学为指导来研究中国经济正是马克思主义经济学中国化的重要内涵。那种认为马克思主义经济

① 胡钧、施九青：《正确认识和处理“中国经济学国际化”问题》，《理论学刊》2007 年第 11 期。

② 唐昌黎、孟海贵：《论经济学在中国的新格局：三足鼎立》，《社会科学战线》2008 年第 1 期。

学只是批判经济学而不是建设经济学的观点是可笑的，拒绝（或者否认）用马克思主义经济学中国化范式来研究中国经济是对历史的蔑视。（2）在马克思主义经济学中国化运动开始之前，中国经济学研究可以说是自主的，形成了具有中国特殊国情的经济思想。但是这些立足于传统封建社会、代表统治阶级利益的经济思想必将与现代社会的广大人民群众利益不相符合。尽管以马克思主义经济学中国化来研究中国经济学，在一定程度上消解了中国经济学研究的自主性，但唯有如此，才能使中国传统经济思想去其糟粕，存其精华，真正成为中国经济学之“根”。[①]

（原文发表于《徐州师范大学学报（哲学社会科学版）》2012 年第 1 期）

① 程恩富、何干强：《论推进中国经济学现代化的学术原则——主析“马学”、“西学”与“国学”之关系》，《马克思主义研究》2009 年第 4 期。

中国崛起为世界发展提供更大空间

陈　清*

中国正逐步崛起既是客观存在的事实，又是不可阻挡的趋势。改革开放30多年来，中国创造了世界发展史上的奇迹，正日益走向世界舞台的中心。中国崛起不仅从根本上改变了中国人民的命运和中国社会的面貌，而且给世界发展带来巨大的机遇和空间，将为构建人类命运共同体提供巨大红利。

一、中国崛起是世界经济的稳定之锚、动力之源

经济发展是中国崛起最坚实的基础。从改革开放之初到现在，中国经济总量已从3645亿元上升到74.41万亿元，成为世界第二大经济体、第一大制造业国、第一大贸易国；7亿多贫困人口实现脱贫，对全球减贫的贡献率超过70%。中国作为占世界人口1/5的大国，其经济发展的巨大成就不仅本身具有世界意义，而且为世界经济带来多重利好。

中国已成为世界经济增长的主要动力源。1978年至2015年，中国实际国内生产总值占世界的比重从1.8%上升到了15.5%。尤其是在国际金融危机后全球经济复苏乏力的大背景下，中国坚持稳中求进工作总基调，在转变经济发展方式的同时保持经济中高速增长，2016年实现经济增长6.7%，增速位列世界第一。根据国际货币基金组织（IMF）预测，2016年中国对世界经济增长的贡献率达到33.2%，是全球经济复苏最主

* 陈清：福建师范大学经济学院教授，经济学博士。

要的拉动力。

中国的发展给世界各国带来了巨大发展机会。中国目前已成为124个国家的最大贸易伙伴，一方面，中国的出口为世界市场提供了大量必需品，物美价廉的“中国制造”商品为世界各国居民带来巨大实惠，节省大量开支；另一方面，中国作为制造业大国，深入推动全球价值链分工与合作，进口大量零部件产品和资源能源，促进了各国相关产业发展。随着中国经济实力的增强，消费市场需求不断扩大，不仅从发展中国家进口的初级产品会增加，而且会更多地从发达国家进口高端消费品和技术产品。中国坚持“引进来”与“走出去”并重，近年来对外投资迅速扩大。在2015年对外直接投资存量超过1万亿美元的基础上，2016年中国非金融类对外直接投资额同比增长44.1%，首次跨过万亿元大关，投资对象包括164个国家和地区的7961家境外企业，直接推动了相关国家和地区的经济发展和就业。尤其是我们提出“一带一路”倡议，对广大发展中国家进行投资，在深化合作中始终坚持互利共赢，大量基础设施建设巩固了这些国家长期发展的根基，为其经济带去了新动力，涵养了未来发展，创造了就业机会。

国际上有一种声音，认为中国的发展挤占了发达国家的发展空间，偷走了他们的就业岗位。这种观点是完全站不住脚的。在改革开放进程中，中国有效承接了发达国家的产业转移，这符合中国的比较优势，也顺应了发达经济体经济结构调整的规律。中国经济的发展和对外贸易的扩大，有效促进了各贸易伙伴国包括发达国家的发展和就业。据统计，2001年至2011年中国加入世贸组织（WTO）10年中，平均每年进口7500亿美元的商品，相当于给贸易伙伴创造了1400万个就业岗位。近年来，世界贸易低迷，中国对外贸易受到很大影响，但每年进口额依然超过10万亿元人民币，为贸易伙伴创造了更多的就业岗位。随着中国经济实力上升，对欧美国家的直接投资明显增加。2017年1月美国美中贸易全国委员会发布题为《理解美中贸易关系》的报告显示，2015年，美国对中国的出口直接或间接支撑了美国180万个新工作和1650亿美元的国内生产总值；而美国对中国的投资和中国对美国的投资，共计产生美国260万个工作和2160亿美元的国内生产总值。

事实表明，中国的发展具有很强的正向外溢效应，随着中国的进一步崛起，将给世界经济发展带来更大机遇。

二、中国崛起是完善国际秩序和全球治理的重要支撑

近年来，中国在全球治理领域表现愈发抢眼，不论是倡导成立亚洲基础设施投资银行（AIIB）、创设金砖国家开发银行，还是主办亚太经合组织会议（APEC）、二十国集团（G20）领导人峰会等，都是中国崛起带来国际话语权上升的有力注脚。事实证明，中国不是国际秩序和规则的颠覆者、破坏者，而是建设者、完善者。中国在崛起过程中，始终致力于打造人类命运共同体，推动全球治理体系的调整和变革，为破解各种世界性难题提供中国理念和中国方案。

中国崛起将增进国际治理体系的正义性和包容性。随着世界政治经济格局的发展演变，既有的全球经济治理秩序导致的发展不平衡、不均衡、不平等现象越发突出。作为全球治理体系改革的坚定推动者，中国的目标始终明晰，那就是构建以合作共赢为核心的新型国际关系，打造人类命运共同体；所秉持的立场始终坚定，那就是坚持正确的义利观，提倡国家不分大小、强弱、贫富，都是国际社会的平等成员；所努力的方向始终不移，那就是推动全球治理体系朝着更加公正更加公平更加均衡的方向发展，赋予新兴市场国家和发展中国家更多代表性和发言权，使之适应国际经济政治格局新要求，确保各个国家在国际合作时权利平等、机会平等、规则平等。这些倡议和行动顺应了世界发展趋势，得到了大多数国家的积极响应和广泛认同。

中国崛起将为经济全球化提供更大的推动力。针对当前“逆全球化”思潮上扬、保护主义明显抬头的状况，习近平同志多次强调，把困扰世界的问题简单归咎为经济全球化，既不符合事实，也无助于问题解决。“逆全球化”思潮的形成，本质上是一些国家社会阶层撕裂和对立的国际表现，其根源还是经济发展出了问题，是经济问题社会化、政治化的反

映。事实上，经济全球化是社会生产力发展的客观要求和科学技术发展的必然结果，只有充分借助经济全球化的东风，深入推进开放合作，将全球经济这个“蛋糕”做大、分好，世界各国才能更好地分享机会和收益。中国始终高举经济全球化的旗帜，倡导打造开放共赢的合作模式，我们承诺自身开放的大门不会关上，并带动各国恪守不采取新的保护主义措施的承诺，积极推动贸易和投资自由化便利化，巩固多边贸易体制，发挥基础设施互联互通的辐射效应和带动作用，帮助世界各国尤其是发展中国家参与全球价值链。中国在崛起的过程中致力于推进经济全球化，这是中国对世界经济发展规律的深邃把握，体现了一个负责任大国的使命担当。

中国崛起将推动世界和平发展、合作共赢。以历史眼光纵览中国崛起，可以更加鲜明地看到中国对全球治理理念的丰富和发展。一些西方国家对中国崛起存有疑虑，最大的担心就是中国会像一些西方大国那样，走“国强必霸”的老路。回顾历史，自 1492 年哥伦布开辟新航路起，侵略殖民、武力扩张就是西方大国发展进程中的主旋律。但这种“国强必霸”的逻辑不适用于中国。改革开放以来，我们始终高举和平、发展、合作、共赢的旗帜，始终坚持独立自主的和平外交政策，始终奉行互利共赢的开放战略，从“不争霸”到“和谐世界”再到“人类命运共同体”，从“裁军百万”到“裁军 50 万”再到“裁军 30 万”，中国始终是国际和平稳定环境的坚定维护者。近 30 年来，中国是全球唯一没有使用武装力量挑起战争或军事冲突的大国，派出维和人员数量居联合国五大常任理事国之首。这些都充分说明了中国是推动人类和平与发展的重要力量，我们“走和平发展道路”不是权宜之计也不是外交辞令，而是基于对历史、现实、未来综合判断得出的客观结论，是被实践所证明了的承诺和行动。

三、中国崛起深化了对人类社会发展规律的认识

中国崛起的背后是中国特色社会主义道路的支撑。这条道路与以英、

美等国家为代表的“西方模式”有着本质不同，是中国共产党人基于当代中国实际和时代特征的伟大创造，是人类历史长河中一场极其宏大、极其深刻的理论和实践创新。比如在经济领域，打破了“市场原教旨主义”的枷锁，实现了社会主义与市场经济的有机结合。不同于西方国家所奉行的以绝对自由化、彻底私有化、全面市场化为特征的“新自由主义”模式，中国的社会主义市场经济坚持以实现共同富裕为目标，坚持公有制为主体、多种所有制经济共同发展，坚持以按劳分配为主体、多种分配方式并存，充分发挥市场在资源配置中的决定性作用和更好发挥政府作用。在人类发展史上，这是第一次成功地将社会主义制度与市场经济相结合，是马克思主义基本原理同中国改革开放实践相结合的典范。在政治领域，打破了“民主原教旨主义”的枷锁，宣告了“历史终结论”的终结。不同于西方国家所奉行的以多党制、议会制、三权分立等为特征的政治发展模式，中国选择了一条坚持党的领导、人民当家作主和依法治国有机统一的政治发展道路，通过人民代表大会制度、中国共产党领导的多党合作和政治协商制度、民族区域自治制度和基层群众自治制度等，既实现了一切权力属于人民，又体现了集中力量办大事的制度优越性，做到了民主内容和民主形式、民主实质与民主结果的高度统一。正是有了这条政治发展之路作为保证，中国改革开放才能沿着正确的方向前行，中国经济才能欣欣向荣，中国社会才能和谐稳定。

中国崛起为其他发展中国家提供了一条可借鉴的发展道路。“中国道路”的影响注定是深远的，它打破了对“西方模式”的迷信，丰富了世界道路的多样性，为世界各国尤其是发展中国家探索各具特色的现代化道路注入了信心，提供了启迪。长期以来，在一些西方舆论的诱导下，不少发展中国家试图通过模仿复制“西方模式”而快速实现现代化，但不论是拉美国家的新自由主义改革，还是“颜色革命”“阿拉伯之春”，不仅没有取得预期效果，反而使一些国家陷入长期动荡。中国崛起以及“中国道路”的成功用事实说明，广大发展中国家国情不同，经济基础、政治传统、民族特色、历史文化等差异巨大，在选择现代化路径时绝不能盲目地照搬照抄西方发展模式，只有既立足本国实际又紧跟时代潮流，借鉴而不照抄，坚守而不僵化，才能在不断探索中找到正确的发展道路。

当前，不少发达国家社会阶层对立严重，政治碎片化和意识形态逆主流化现象明显，从美国“占领华尔街”到巴黎“黑夜站立”，从希腊屡次被推到“退欧”边缘到英国“脱欧”，在某种意义上都是经济发展困难导致社会阶层分化、思想意识发生异动的表现。西方现行体制解决问题乏力，导致民众不再信任所谓“主流政治家”和“体制内政治集团”，厌倦了党派无休止的政治斗争，甚至对西方政治体制产生了质疑。在此背景下，国际社会对中国治国理政方式感兴趣的人越来越多，这正是基于西方国家治理乱象丛生与中国经济社会发展的成功实践比较得出的结论。“中国道路”体现了对人类社会发展规律认识的深化，正展现出强大的吸引力。

（原文发表于《求是》2017 年第 6 期）

马克思主义经济学视域下的供给侧结构性改革解读

——基于社会总资本再生产理论

李繁荣*

引 言

当前中国经济进入新常态，一系列结构性问题日益凸显，我国提出供给侧结构性改革，正是立足于我国现实问题做出的正确选择。对于“供给侧结构性改革”这一概念的解读，“必须坚持以马克思主义政治经济学为指导”①。研究者从马克思主义政治经济学的各个理论中探究我国供给侧结构性改革的理论基础及指导，包括生产过程四环节之间的关系②、生产关系与生产力的对立统一③、社会总资本再生产理论④等。其中，马克思的社会总资本再生产理论对社会生产进行了宏观总量分析，要求总量间保持平衡关系以及社会生产的结构和比例要协调，这与我国当前的供给侧结构性改革面临的经济问题契合度较高，因而更加引起了研究者的关注。

---

* 李繁荣：太原师范学院经济系副教授，经济学博士，中国社会科学院经济研究所博士后流动站博士后。

① 邱海平：《供给侧结构性改革必须坚持以马克思主义政治经济学为指导》，《政治经济学评论》2016 年第 2 期。

② 谢地、郁秋艳：《用马克思主义政治经济学指导供给侧结构性改革》，《马克思主义与现实》2016 年第 1 期。

③ 丁为民：《供给侧结构性改革的实质、路径与实现条件》，《政治经济学评论》2016 年第 2 期。

④ 许梦博、李世斌：《基于马克思社会再生产理论的供给侧结构性改革分析》，《当代经济研究》2016 年第 4 期。

但传统研究对马克思社会总资本再生产理论的内容理解，侧重于其体系框架，认为马克思的社会总资本再生产理论包括四个方面。(1) 社会总资本再生产理论的核心问题是社会总产品的实现问题。(2) 社会总资本再生产理论的两大理论前提包括社会总产品从价值形态上分为 c、v、m 三个组成部分；社会总产品从实物形态上按照其最终用途划分为生产资料和消费资料，从而将社会生产部门划分为生产生产资料的第Ⅰ部类和生产消费资料的第Ⅱ部类。(3) 社会总资本的简单再生产及其实现条件。(4) 社会总资本的扩大再生产及其实现条件。以马克思社会总资本再生产理论的体系框架为基础，研究者认识到社会生产的两大部类各种生产之间的比例关系是否合理对于再生产过程的顺利进行非常重要。但需要指出的是，马克思的社会再生产理论所涵盖的内容比我们当前的认识要更加丰富、更加深刻。即使过去了 100 多年，马克思的社会总资本再生产理论对我们研究当今世界市场经济的发展，分析中国当前的供给侧结构性改革，仍然有重要的指导意义。

一、重视货币资本的作用，防止信用“杠杆”的负面影响

从《资本论》第二卷第三篇的导言、简单再生产、积累和扩大再生产理论所涵盖的内容看，马克思在分析社会总资本再生产理论时自始至终都特别强调“货币资本的作用”，因此，我们对马克思社会总资本再生产理论的分析以及运用该理论解读当前的供给侧结构性改革也由此问题开始。

“资本主义的商品生产，——无论是社会地考察还是个别地考察，——要求货币形式的资本或货币资本作为每一个新开办的企业的第一推动力和持续的动力。”[①] 马克思认为货币资本是社会总资本的一个组成部分，在社会再生产过程中，货币资本发挥着重要的作用，其数量及

① 《资本论》第 2 卷，人民出版社 2004 年版，第 393 页。

其分布一定程度上推动或限制社会再生产的顺利进行。在分析两个部类之间的交换时，马克思指出，“这种交换是通过货币流通来完成的。货币流通成为交换的中介，同时也使这种交换难于理解，然而它却具有决定性的重要意义”①。为了完成两个部类的各单个资本家之间的无数个别的买和卖，“在任何情况下，资本家手中除生产资本外，必须要有一定的货币储备——或者作为资本预付，或者作为收入花掉”②。

在分析固定资本的实物补偿时，马克思指出，由于固定资本在其寿命终结前不需要用实物来补偿，因此，“它的价值的一部分——等于固定资本中有待补偿的损耗或价值损失——必须首先以货币形式沉淀下来，而在我们仅仅考察的当年再生产期间，不再作为流通手段执行职能”③。因此，社会总资本简单再生产得以顺利进行的实现条件Ⅰ(v＋m)＝Ⅱc，由于固定资本更新的特点导致货币流通的变化，使“公式的全部基础，即以不同生产体系之间保持完全的比例性为前提的规模不变的再生产，也就遭到彻底破坏”④。可见，尽管我们明确了社会生产的两大部类之间要保持一定的比例关系，而且社会生产的两大部类也按照恰当的比例关系进行生产，但“这种流动可能或多或少发生停滞，所以资本家方面必须有新的货币准备”⑤。

正是因为货币作为商品世界中的“物的神经”，“远在商品流通建立在资本主义商品生产的基础上以前，在简单的商品流通中已经产生了货币贮藏；社会现有的货币量，总是大于它处于实际流通中的部分，虽然这一部分会由于情况的变化而增加或减少”⑥。在资本主义商品经济条件下，货币贮藏已经是资本主义生产过程的一个内在因素了。扩大再生产是在积累的基础上进行的，积累，首先是货币积累。在货币积累与商品实现之间，信用以及在信用制度基础上出现的银行资本发挥了重要的桥梁作用：“在信用制度下，所有这些可能的资本，由于它们积聚在银行等

① 《资本论》第2卷，人民出版社2004年版，第442页。
② 《资本论》第2卷，人民出版社2004年版，第444页。
③ 《资本论》第2卷，人民出版社2004年版，第507页。
④ 《资本论》第2卷，人民出版社2004年版，第508页。
⑤ 《资本论》第2卷，人民出版社2004年版，第512页。
⑥ 《资本论》第2卷，人民出版社2004年版，第554页。

等的手中，而成为可供支配的资本、‘可贷资本’、货币资本，而且不再是被动的东西，不再是未来的音乐，而是能动的，生利的东西……这样我们就可以理解，为什么人们对此感到心满意足。”① 马克思还进一步说明了，在不同的生产部门，由于周转时间的长短不同和周转期劳动期间和流通期间的比例不同，“历时较长范围较广的事业，要求为较长的时间预付较大量的货币资本。所以，这一类领域里的生产取决于单个资本家拥有的货币资本的界限”②。货币资本充裕，就能推动企业的发展；货币资本短缺，就会限制企业的发展。但是，“这个限制被信用制度和与此相联的联合经营（例如股份公司）打破了”③。

马克思强调货币资本在资本主义生产过程、流通过程中的重要作用。从单个资本运动来看，为了避免货币资本短缺对资本顺利循环的限制，企业必须有一定的货币储备；从社会总资本的运动来看，各个部门的资本家手中的一定量的货币储备也是社会总资本再生产顺利进行的条件。银行事业的发展、股份公司的出现，使分散于社会生产各部门的闲散资本聚集起来，也使缺乏货币资本的企业可以通过借贷资本不受自身资本短缺的限制继续存在甚至扩大规模发展。在马克思写作《资本论》的年代，信用制度、银行、股份公司在经济生活中发挥作用的结果，使许多靠单个资本通过积累无法创办的事业在短时间内创办和发展起来，这是有目共睹的历史事实；信用制度、银行、股份公司以及虚拟资本对经济发展的扩张作用以及随之出现的危机可能性也越来越明显。但在马克思生活的年代，信用的发展、银行及其金融工具的衍生远不及现在的发展程度。马克思所描述的“整个信用机制不断地通过各种操作、方法和技术设施，把现实的金属流通限制在一个相对地日益缩小的最小限度，这样，整个机制的人为性质以及扰乱正常的进程的机会也会相应的增加”④，这种情况在现代经济生活中是以放大若干倍的效果表现出来的。

在《资本论》第一卷第三版出版时，马克思在分析货币支付手段职

---

① 《资本论》第 2 卷，人民出版社 2004 年版，第 554—555 页。
② 《资本论》第 2 卷，人民出版社 2004 年版，第 396 页。
③ 《资本论》第 2 卷，人民出版社 2004 年版，第 396 页。
④ 《资本论》第 2 卷，人民出版社 2004 年版，第 563 页。

能的部分特别加了一个注，区分了“任何普遍的生产危机和商业危机的一个特殊阶段”的货币危机与“称为货币危机的特种危机”，指出“后一种货币危机可以单独产生，只是对工业和商业发生反作用。这种危机的运动中心是货币资本，因此它的直接范围是银行、交易所和金融”①。在《资本论》第一卷出版后的100多年里，资本主义经济的发展正如马克思所言，随着信用制度和金融衍生工具的发展，在经济扩张时期，信用杠杆进一步推动经济扩张带来更高的收益；在经济收缩时期，信用杠杆的紧缩作用直接影响银行、交易所和金融，继而使工业和商业蒙受更大的损失。

因此，社会总资本再生产的顺利实现，无论是简单再生产还是扩大再生产，一方面得益于信用机制为企业获取货币资本带来的便利，另一方面也必然带来与信用制度相伴随出现的危机可能性。尤其在现代经济生活中，金融市场的发展及其各种金融衍生工具的作用，货币资本的杠杆效应使经济发展面临着更多更复杂的问题。从西方发达国家近年来的经济发展来看，金融在经济发展中所扮演的助推器和杠杆的作用，进一步大大推动了全球经济和金融的发展；然而，经济危机，直接以金融危机为表现方式的经济危机，也正是过度使用高杠杆的结果。危机爆发后，西方国家开始了去杠杆化的进程。

2015年底的中央经济工作会议上，中国政府将“去杠杆”作为供给侧结构性改革的五大任务之一。推动中国去杠杆进程，首先必须明确中国杠杆化过程与欧美国家有不同的特点。在2008年至2009年全球金融危机期间，为刺激经济发展，中国逆向而动采取了加杠杆操作，在信贷扩张和投资驱动过程中，政府扮演着关键的角色。由于中央政府、地方政府和银行之间千丝万缕的特殊联系，中国的债务杠杆具有三个明显特点：总体杠杆率不高，但是企业杠杆率高企；中央政府杠杆率保持偏低，但地方政府杠杆率上升较快，存在较大风险；高杠杆行业主要集中在中上游行业，部分行业产能过剩却仍处于被动加杠杆过程中。

去杠杆并不是否定货币资本及信用和金融工具在经济发展中的作用，

① 《资本论》第1卷，人民出版社2004年版，第162页。

马克思100多年以前就明确了信用杠杆的双刃剑作用，也就是说，应该在可控范围内充分发挥信用杠杆对经济的推动作用。当前中国供给侧结构性改革中“去杠杆”任务紧迫，必须根据中国杠杆化的特点，寻找去杠杆的有效途径。

二、“扩大有效供给”以解决当前“社会总产品的实现问题”

在分析单个资本的产品价值时，马克思曾假定单个资本家通过出售他的商品产品，先把他的资本的组成部分转化为货币，然后，通过在商品市场上再购买各种生产要素，把它们再转化为生产资本。在分析社会总资本再生产问题时，为了说明社会总资本再生产过程是如何进行的，这个假定已经满足不了分析的需要了。因此，“为了我们当前的目的，再生产过程必须从 W′的各个组成部分的价值补偿和物质补偿的观点来加以考察”[①]。马克思在这里所说的价值补偿和物质补偿，就是指的社会在一定时期生产出来的总产品如何实现的问题。

市场经济条件下，社会在一定时期所生产出来的总产品，是要通过市场交换来完成其运动过程的。市场交换，一方面是生产出来的产品卖出去即实现价值补偿的过程，另一方面同时也是进行再生产所需要的生产资料和消费资料的购买即实现物质补偿的过程。因此，马克思所分析的价值补偿和物质补偿的实现问题，作为社会总资本再生产的核心问题，并不是资本主义特有的现象，作为再生产理论的重要内容，其所揭示的一般规律对社会主义市场经济有重要的意义。

价值补偿反映的是生产出来的产品等待卖出去的过程，是社会总供给；实物补偿反映的是生产者和消费者用货币购买商品的过程，是社会总需求。马克思虽然没有直接使用“总供给”和“总需求”的概念，但他的社会总资本再生产理论实际是从总供给和总需求的角度进行的宏观

① 《资本论》第2卷，人民出版社2004年版，第436页。

分析。社会总产品是通过市场来实现其价值补偿和物质补偿的。在市场经济条件下，产品要能卖得出去实现其价值补偿，一方面要求产品具有满足社会需求的社会使用价值，另一方面要求产品是在社会总需求量范围内。因此，马克思指出“产品价值的一部分再转化为资本，另一部分进入资本家阶级和工人阶级的个人消费，这在表现为总资本的结果的产品价值本身内形成一个运动。这个运动不仅是价值补偿，而且是物质补偿，因而既要受社会产品的价值组成部分相互之间的比例的制约，又要受他们的使用价值，它们的物质形态的制约”①。“价值组成部分相互之间的比例的制约”即强调了不同部门所生产的社会总产品数量比例关系；“物质形态的制约”即强调了不同部门所生产的社会总产品结构比例关系。

价值补偿出现困难的原因有两种：一种是由于经济周期性波动过程中社会总产品的数量过多，而有支付能力的购买需求不足，导致社会总产品的价值补偿难以实现，从而社会再生产的顺利进行遭到破坏；另一种是某些社会产品生产过剩，价值补偿不能顺利实现，但同时存在有支付能力的需求得不到满足，生产过程和消费过程所需要的实物补偿不能顺利实现，从而导致社会再生产不能顺利进行。马克思对社会总产品实现问题的分析，不仅仅是总供给和总需求的数量比例关系的分析，还包括总供给和总需求的结构比例关系的分析。当由于市场失灵出现社会总资本再生产不能顺利进行时，往往是由于比较复杂的交织在一起的数量比例关系和结构比例关系失衡所导致的，政府这只“有形之手”在进行调节时，就必须在对经济现状宏观把握的前提下，选择合理的改革切入点。

当前，中国经济发展正面临着产能过剩与产品短缺并存的现状，无论是生产资料市场还是消费资料市场，这种过剩与短缺并存都是由于供给结构不能满足变化了的需求结构而导致的，即低端供给、无效供给过多，有效供给不足。从生产资料供给结构看，钢铁、煤炭、平板玻璃、水泥、电解铝等初级产品普遍存在产能过剩，精深加工后的高端产品，

① 《资本论》第2卷，人民出版社2004年版，第437—438页。

一部分仍需要靠进口才能满足市场需求；中国的制造业自主创新能力弱，关键核心技术与高端装备对外依存度高。从消费资料供给结构看，随着中国中等收入人口的增多，消费者的消费结构有所变化，消费者对产品和服务有了多样化的需求，但传统产业的发展并没有及时适应市场的这种变化，这导致中国刺激内需的政策所调动起来的消费潜力很大一部分并未释放在国内，精致化、品牌化的产品消费力外流严重。

有效供给就是与消费需求相适应的供给，即能够实现价值补偿的产品供给。扩大有效供给是中国供给侧结构性改革的一项重要任务，这项任务的完成与去产能、去库存、去杠杆密切相关，因为去产能、去库存、去杠杆并不是单纯地减少产量，而是要去掉低端产能、无效产能，通过结构调整和产业优化升级，增加高端供给、有效供给。这样，社会总产品的价值补偿和物质补偿都能实现，供给结构与供给数量适应消费需求，社会再生产才能顺利进行。

三、部类之间及其内部比例关系不协调会导致供给侧结构性失衡

“社会总产品，从而社会的总生产，分成两大部类：Ⅰ. 生产资料：具有必须进入或至少能够进入生产消费的形式的商品。Ⅱ. 消费资料：具有进入资本家阶级和工人阶级的个人消费的形式的商品。”① 把社会总产品从而社会的总生产分成两大部类，这是马克思研究社会总资本再生产的两大理论前提之一。但是，只是从两大部类的划分及其比例关系来理解马克思的社会总资本再生产理论并且将其运用于分析社会生产过程中出现的结构比例协调问题，那显然是不够的。在两大部类划分的基础上，马克思对社会生产各部门的结构和比例做了进一步深入研究。

第Ⅰ部类的社会总产品价值中，Ⅰc是生产资料的生产资料形式；第Ⅱ部类的社会总产品价值中，Ⅱc是消费资料的生产资料形式。这就是

① 《资本论》第2卷，人民出版社2004年版，第438—439页。

说，马克思进一步把生产生产资料的第Ⅰ部类划分为“生产资料的生产资料”和“消费资料的生产资料”两个分部类；在此基础上，马克思又将“消费资料的生产资料”进一步划分为“必要消费资料的生产资料”和“奢侈消费资料的生产资料”。“年商品生产的第Ⅱ部类是由种类繁多的产业部门构成的，但是，按它们的产品来说，可分成两大分部类：(a)消费资料。…… (b) 奢侈消费资料。”[①] 也就是说，马克思把第Ⅱ部类的社会生产部门按照所生产产品的不同划分为两大分部类：“必要消费资料”生产部门和“奢侈消费资料”生产部门。在简单再生产的前提下，马克思分析的结论包括以下几点。

(1) 两大部类之间的关系：Ⅰ(v+m)=Ⅱc。年劳动以生产资料的实物形式创造的新价值产品，等于年劳动的另一部分生产的产品价值所包含的以消费资料形式再生产的不变资本价值 C。其扩展公式Ⅰ(c+v+m)=Ⅰc+Ⅱc 与Ⅱ(c+v+m)=Ⅰ(v+m)+Ⅱ(v+m) 清晰地表明了两大部类之间的比例关系，即社会生产中第Ⅰ部类所生产的生产资料正好满足全社会再生产对生产资料的需求；社会生产中第Ⅱ部类所生产的消费资料正好满足全社会再生产对消费资料的需求。扩展公式的左边代表总供给，右边代表总需求，马克思的社会总资本简单再生产的实现条件明确表示当社会总供给与社会总需求相等时，再生产能够顺利实现。因此，社会主义市场经济条件下，宏观经济的发展在充分发挥市场对资源配置的决定性作用的同时，还要关注社会总产品的数量比例关系。

(2) 两大部类之间关系的进一步分析：以消费资料形式存在、要和Ⅰ(v+m) 交换的Ⅱc，其中一部分是用来交换必要生活资料的生产资料，另一部分是用来交换奢侈生活资料的生产资料。如果两大部类的平衡关系式Ⅰ(v+m)=Ⅱc 使研究者们注意到了马克思强调的社会再生产过程中的数量比例协调关系的话，这进一步的分析则向我们强调了社会再生产的结构比例协调的重要性，不仅强调了全社会的生产资料总供给在数量上要相当于全社会对生产资料的总需求，而且强调了社会总产品的供给结构要适应再生产过程中对社会总产品的需求结构，生产资料的生产

① 《资本论》第2卷，人民出版社2004年版，第448页。

资料、消费资料的生产资料（必要消费资料的生产资料、奢侈消费资料的生产资料）等各类产品的生产数量和结构如果能适应市场对它们的需求，社会产品在市场上能够顺利销售出去，实现价值补偿，就不会出现产能过剩；如果供给结构不能适应需求结构，一方面某些行业会出现严重的产能过剩，另一方面也会制约其他行业的再生产。中国当前出现的供给侧结构性失衡、消费品市场产品低端化及有效供给不足等问题的解决，从长远看，应该通过第Ⅰ部类的产业结构优化升级，减少无效产能；通过创新技术，提升第Ⅰ部类自身以及第Ⅱ部类产品的全球竞争力，扩大有效供给。

（3）第Ⅱ部类内部的关系：这里研究的是以消费资料形式存在、在第Ⅱ部类内部进行价值补偿和实物补偿的Ⅱ(v＋m)。马克思按照消费资料的实物形式对第Ⅱ部类生产进行了划分，Ⅱa是生产必要消费资料的分部类，Ⅱb是生产奢侈消费资料的分部类。研究结果表明，Ⅱa的资本家对奢侈消费资料的需求与Ⅱb的工人和资本家对必要消费资料的需求之和相等。对第Ⅱ部类内部交换关系的分析，同样向我们强调了社会再生产过程中的结构比例协调的重要性。正如马克思所言："既然全年总产品实际进入以流通为中介的年再生产过程，所以这些比例关系在全年总产品的每一次分配中，都具有质的决定意义。"[①] 不同时代人们对必要消费资料和奢侈消费资料的界定会发生变化，一些奢侈消费资料会随着生产的发展变为必要消费资料，同时一些必要消费资料也会随着时间的发展而被消费者淘汰。中国经济经历了持续的高速增长，已经步入中等收入国家行列，相应的消费结构也发生了变化。但从中国消费资料的供给结构来看，并没有及时得到调整，导致国内初级产品、低端产品过剩，甚至劣质产品充斥市场，一部分消费需求需要通过国外市场来满足，这在全球经济不景气、外需不足的背景下，造成内需也乏力，不利于中国经济向好发展。基于马克思的部类划分理论，唯有从供给侧入手，优化中国消费资料产业结构，提升产品的品质，才能满足新常态下国内的市场需求，在此基础上，配套的需求管理政策也才能行之有效。

---

① 《资本论》第2卷，人民出版社2004年版，第453—454页。

(4) 第Ⅰ部类内部的关系：这里研究的是以生产资料形式存在、在第Ⅰ部类内部进行价值补偿和实物补偿的Ⅰc，这一部分是马克思所说的“生产资料的生产资料”。“第Ⅰ部类的不变资本，由大量的不同的资本群构成。它们被分别投入不同的生产资料生产部门……每个这种资本群或每个这种社会的群资本，又由数量或多或少的独立执行职能的单个资本构成。”[①] 这些“生产资料的生产资料”或者进入把它当作产品生产出来的特殊生产部门，或者进入第Ⅰ部类的另一个群。“第Ⅰ部类的每个资本家按照他作为这4000不变资本的共有者所占的比例，从这个商品总量中取出他所需要的相应的生产资料。”显然，我们再次看到马克思在分析社会总产品及其实现问题时非常重视供给结构的问题，马克思本人也指出，这里的分析所得出的结论具有普遍性：“如果生产是社会的，而不是资本主义的，那么很明显，为了进行再生产，第Ⅰ部类的这些产品同样会不断地再作为生产资料在这个部类的各个生产部门之间进行分配，一部分直接留在这些产品的生产部门，另一部分则转入其他生产场所，因此，在这个部类的不同生产场所之间发生一种不断往返的运动。”[②]

总之，马克思对社会总产品及其实现问题的分析，是在对社会总产品总供给和总需求的数量比例和结构比例综合分析的基础上得出的结论，马克思的分析也绝不仅仅止于两大部类之间的比例关系，而是深入分析了两大部类之间、第Ⅰ部类内部、第Ⅱ部类内部等各种复杂的数量比例和结构比例关系，形成了系统而全面的社会总资本再生产理论体系。

当前中国经济发展出现了供给侧结构性失衡问题，研究者纷纷求助于马克思主义经典理论，其中认为“马克思主义经济学的社会再生产理论中关于两大部类平衡关系的相关理论能够解释我国经济运行中存在的供给侧结构问题”[③] 的学者不在少数，但我认为，仅仅运用马克思关于两大部类之间的关系分析社会总资本的简单再生产和扩大再生产的理论，得出“两大部类比例平衡关系在现实中表现为结构性问题”，然后在此基

① 《资本论》第2卷，人民出版社2004年版，第472页。

② 《资本论》第2卷，人民出版社2004年版，第473页。

③ 许梦博、李世斌：《基于马克思社会再生产理论的供给侧结构性改革分析》，《当代经济研究》2016年第4期。

础上分析中国经济生活中造成生产资料不足的原因和消费资料生产不足的根源，这显然是不全面的。运用马克思的社会总资本再生产理论分析当前中国的供给侧结构性改革，首先需要正确理解马克思的社会总资本再生产理论，在正确理解的基础上，才能运用马克思的社会总资本再生产理论分析当前的供给侧结构性改革，并基于马克思主义理论的指导来推进供给侧结构性改革。[①]

四、合理的结构、比例关系是解决“生产危机”的关键

马克思对经济危机的分析散见于《资本论》的三卷中。研究者对马克思关于货币流通手段职能、货币支付手段职能、信用制度的发展、资本积累的一般规律、商业资本的作用、固定资本的大规模更新等理论分析中所包含的经济危机理论认识比较明确，而对马克思的社会总资本再生产理论中所阐述的经济危机理论尚未给予足够的重视。马克思通过对社会生产进行部类划分，说明了社会总资本再生产顺利实现的条件，“从

① 与《基于马克思社会再生产理论的供给侧结构性改革分析》一文作者商榷。发表于《当代经济研究》2016年第4期的《基于马克思社会再生产理论的供给侧结构性改革分析》一文中，作者认为“中国目前经济形势的实质：供给侧结构问题导致的两大部类失衡”观点并没有正确揭示当前我国经济问题的关键。我国当前存在的供给侧结构性问题，并不是简单的两大部类失衡问题。该文基于马克思社会再生产理论对供给侧结构性改革进行分析，运用社会总资本简单再生产的实现条件和扩大再生产的实现条件，得出结论：“为了保持社会经济平稳运行，两大部类的生产和资本积累应保持合理的关系。当两大部类的比例失衡时，社会扩大再生产将无法实现，经济也随之偏离正常的发展轨道，甚至会出现衰退的现象。”但作者认为造成我国目前经济发展严峻形势的两大部类失衡实质上是因为供给侧结构出现了问题，进而从生产资料生产不足分析供给侧结构性问题和消费资料生产不足分析供给侧结构性问题，这一方面没有正确而全面的阐述马克思的社会总资本再生产理论，另一方面也没有准确界定我国当前的供给侧结构性问题。我国目前的经济发展现状，无论是生产资料还是消费资料，都是不足与短缺共存，这种供给侧结构性问题不能简单地用两大部类之间的关系来分析，必须全面深入地研究马克思关于两大部类之间、第Ⅰ部类内部、第Ⅱ部类内部等比例关系的理论，才能正确解读当前的供给侧结构性改革，并提出符合马克思主义观点的、对解决当前经济问题行之有效的政策建议。

一个特定的视角证明了资本主义再生产危机的必然性”①，这对于分析我国当前经济发展中存在的供给侧结构性问题有重要启示。

马克思的社会总资本再生产理论建立在社会生产的部类划分理论前提基础上，通过两大部类的划分以及两大部类中的分部类的划分，使马克思在社会总资本再生产理论中对经济危机的研究超越了总供给和总需求之间关系的分析，从供给结构和需求结构上进一步揭示了资本主义经济失常的原因、资本主义条件下爆发危机的必然性以及危机对社会经济产生的影响，对于解决危机的办法，也有独到的看法。

在分析第Ⅰ部类和第Ⅱ部类的交换关系时，马克思指出，由于固定资本的磨损部分不需要马上更新，从而会出现货币积累的情况，所以导致两大部类之间的交换即使是在简单再生产的条件下，仍然可能出现社会总产品的实现困难问题。由此，马克思得出结论：“尽管是规模不变的再生产，但危机——生产危机——还是会发生。”②

在这里，马克思把危机的表现形式分为两种，一种是再生产不足，另一种是生产过剩。对生产不足和生产过剩这两种危机形式产生的原因，马克思也从社会再生产的角度给予了分析。关于再生产不足，马克思的研究结论表明：由于固定资本的磨损和更新，社会再生产过程中需要再生产的流动资本的量必须和需要再生产的固定资本的量保持一定的恰当的比例关系，因为，如果“在一个场合，需要再生产的流动组成部分的量保持不变，而需要再生产的固定组成部分的量就会增加；因此，第Ⅰ部类的生产总额必须增加，不然，即使把货币关系撇开不说，也会出现再生产不足的现象”③。当出现这种再生产不足时，马克思认为，可以通过提高劳动生产率、增加劳动量或增加劳动强度来提供更多的产品，以弥补社会生产不足。但同时马克思指出，当再生产不足时，必然会出现生产要素从第Ⅰ部类的某个生产部门转移到另一个生产部门，而每一次的这样的移动，都会引起暂时的紊乱。

---

① 张衔：《马克思的社会资本再生产模型：一个技术性补充》，《当代经济研究》2015 年第 8 期。

② 《资本论》第 2 卷，人民出版社 2004 年版，第 524 页。

③ 《资本论》第 2 卷，人民出版社 2004 年版，第 524—525 页。

另一种是生产过剩的情况。马克思的分析表明，如果由于固定资本的磨损和更新，当第Ⅱ部类需要在实物形式上再生产的固定资本比例减少，而由第Ⅰ部类所生产的第Ⅱ部类消费的流动资本比例不变时，这就意味着要么第Ⅰ部类的生产需要缩减，要么就会出现生产过剩。这种“产能过剩”显然是在生产资料生产部门的供给侧结构出现比例失调造成的。当出现这种生产过剩时，马克思指出，“第Ⅰ部类必须压缩自己的生产，这对该部类的工人和资本家来说，意味着危机”①。

基于社会总资本再生产理论分析经济危机问题时，马克思注意到了对外贸易在流通领域发挥的作用。马克思认为，无论是再生产不足还是生产过剩，对外贸易都能起到补救作用。当再生产不足时，对外贸易可以通过向国外市场购买，使第Ⅰ部类保留货币形式的商品转化为消费资料；当出现生产过剩时，对外贸易可以利用国际市场，把过剩的商品销售掉。但是，“对外贸易既然不是单纯补偿各种要素，它就只会把矛盾推入更广的范围，为这些矛盾开辟更广阔的活动场所”②。显然，当出现供给侧结构性失衡导致危机时，期望通过对外贸易的发展即刺激外需的措施，并不能达到政策目的。

不解决经济发展本身存在的结构比例失调问题，依靠对外贸易只能在短期内缓和再生产不足或生产过剩的情况，不能真正解决经济危机。那么，刺激消费需求的政策措施对于这种结构性失衡带来的危机作用效果又怎样呢？在分析第Ⅱ部类的交换即消费资料产品的实现问题时，马克思指出，“每一次危机都会暂时减少奢侈品的消费”③。由于奢侈消费资料的消费减少，导致一部分生产奢侈品的工人被解雇，从而必要消费资料的出售也会受到影响。而在繁荣时期，“不仅是必要生活资料的消费增加了；工人阶级（他们的全部后备军现在都积极参加进来）也暂时参加了他们通常买不起的各种奢侈品的消费”④。对于提高工人的工资就能消除支付能力不足的危机这种说法，马克思指出：“危机每一次都恰好有这

① 《资本论》第2卷，人民出版社2004年版，第525页。
② 《资本论》第2卷，人民出版社2004年版，第525页。
③ 《资本论》第2卷，人民出版社2004年版，第456页。
④ 《资本论》第2卷，人民出版社2004年版，第456页。

样一个时期做准备，在这个时期，工资会普遍提高，工人阶级实际上也会从供消费用的那部分年产品中得到较大的一份。……因此，看起来，资本主义生产包含着各种和善意或恶意无关的条件，这些条件只不过让工人阶级暂时享受一下相对的繁荣，而这种繁荣往往只是危机风暴的预兆。”①

显然，马克思对“收入——消费——危机”之间关系的分析，在肯定收入与消费之间数量正相关的前提下，还强调了由于收入提高引起的消费结构的变化，指出企图通过增加收入来解决生产过剩的危机并不能收到预期的效果，往往只是在短期内缓解了危机。社会产品的实现遇到困难，有时候是因为消费者没有支付能力，有时候则会出现消费者有支付能力但是消费者不愿意购买这些待实现的商品，这时候经济发展遇到的问题就是供给结构与需求结构出现偏差，这种现象无论是在生产消费还是在生活消费中都存在。对于这种因供给侧结构性问题而导致的社会产品实现难与部分消费得不到满足共存的经济现象，就只能从供给侧入手进行改革，才能使问题得以解决。

（原文发表于《当代经济研究》2017 年第 4 期）

① 《资本论》第 2 卷，人民出版社 2004 年版，第 456 页。

关于供给侧结构性改革的几点思考

叶双瑜[*]

最近，习近平同志在中央政治局第二十八次集体学习时强调："要立足我国国情和我国发展实践，揭示新特点新规律，提炼和总结我国经济发展实践的规律性成果，把实践经验上升为系统化的经济学说，不断开拓当代中国马克思主义政治经济学新境界。"[①] 这为做好当前和今后经济工作提供了新的理论指引和强大动力。本文着重就学习领会中央关于"供给侧结构性改革"的重要精神，结合福建省经济运行情况谈几点粗浅体会和建议。

第一，供给侧结构性改革既是一种思维方式，又是一种经纬方略，是方法论和实践论的有机统一，是中央针对经济新常态开出的"中国疗法"。

党的十八届五中全会前后，党中央围绕谋划当前和"十三五"时期发展，提出一系列新思想、新观点、新论断。其中，多次强调了供给侧结构性改革问题。11 月 10 日，习近平同志在中央财经领导小组第十一次会议上明确指出："在适度扩大总需求的同时，着力加强供给侧结构性改革，着力提高供给体系质量和效率，增强经济持续增长动力，推动我国社会生产力水平实现整体跃升。"随后，习近平同志又多次在国内外各种重要场合作了进一步阐发。李克强同志也对供给侧结构性改革作了强调和部署。一段时间以来，这一新的概念迅速成为热词，成为国际社会观察中国经济的风向标，引发了经济学界、企业界等各方面高度关注。供

---

* 叶双瑜：福建师范大学校友，现为福建省人大常委会党组副书记、副主任。

① 《人民日报》2015 年 11 月 25 日。

给侧结构性改革贯穿辩证法、两点论，具有很强的思想性、战略性、针对性。

其一，供给侧结构性改革是相对于“需求侧”而言的。供给和需求均属经济学范畴。传统意义上的投资、消费、出口这“三驾马车”，主要从需求拉动角度来看问题，强调要素投入，短期效应比较明显。与之对应的“供给侧”问题，则是从供给角度出发，通过制度变革、结构优化、要素升级这“三大发动机”，提高资源配置效率，增加有效供给，因此更具中长期视野。二者之间，不是非此即彼的对立排斥，也不是谁替代谁的问题，它们互为依托、互为作用，犹如硬币之正面反面、手掌之心背。供给侧改革最终也是为了创造需求。在经济发展的不同阶段，供需调控需要各取所长、各有侧重、交替使用。强调供给侧结构性改革，目的是坚持“三大马车”和“三大发动机”双轮驱动、共同发力，保持供给与需求的对称平衡，实现经济良性可持续发展。

其二，供给侧结构性改革不是简单的经济学学理问题。兴起于 20 世纪 70 年代的西方供给学派，核心观点在于认为生产的增长决定于劳动力和资本等生产要素的供给和有效利用，主要手段有减税、放松管制、反过度福利等。而中央提出供给侧结构性改革，有别于西方供给学派理论，是在认真总结过去特别是改革开放 30 多年有益经验的基础上，着眼于认识新常态、适应新常态、引领新常态，立足我国发展的阶段特征，在理论和实践上进行的积极探索、大胆创新，更加关注深层次矛盾和问题，更加强调改革不合时宜的体制机制，更加注重经济社会长期平稳健康发展，既包含供给侧管理理论的合理成分，更是立足中国国情、彰显中国智慧、富有中国特色的经济方略。理论界有专家形象地说，这是“中医为主、西医配合”的综合疗法。因而，就其广度深度而言，供给侧结构性改革的内涵、外延都大大超越了传统意义上的供给侧管理。

其三，供给侧结构性改革旨在努力实现“双高”发展。经过多年发展和积累，我们如今面临的最突出矛盾，已不再是短缺经济时期总量明显不够的矛盾，而是内在的结构性问题；目前面临的经济下行压力，表象上看是速度问题，根子上看是结构问题。如果延续“高增长、高投入、高消耗、低效益、低成本”的发展老路，将带来更多的产能过剩、结构不合理问题，可能留下种种隐患甚至是“硬着陆”风险。如何加快发展“动力切换”，实现经济“升级换档”，跨过“中等收入陷阱”，是一道必须攻克逾越的坎。这就要求以提高发展质量和效益为核心，摒弃老路走新路，变一端拉动为两端发力，变粗放调控为精细调控，特别要从源头性、基础性、生产性的一端入手，综合施策，精准发力，用新供给来创造新需求，以有效供给来倒逼转型升级，推动实现“双高”发展，即经济中高速增长和产业迈向中高端水平。因此，推进供给侧结构性改革，与党的十八届五中全会提出的创新、协调、绿色、开放、共享五大发展理念极其契合，本质一致，都是为了更好地解放和发展生产力。

供给侧结构性改革是中央统筹国际与国内、着眼当前与长远、兼顾战略与战术作出的重大决策。这一决策，体现了以习近平同志为核心的党中央谋划发展大势、把握经济规律、驾驭宏观走向、制定政策策略的与时俱进，进一步开拓了马克思主义政治经济学新境界，坚定了我们应对风险挑战、破解“三期叠加”难题、开创发展新局面的信心和决心；表明随着国内外经济形势的深刻变化调整，我国宏观经济管理思路和经济改革的重点即将发生转变，经济工作的侧重点、发力点将有新的动向，必将对“十三五”乃至更长时期发展产生重大而深远的影响。

第二，供给侧结构性改革的理念为我们提供了新视野、新角度、新的方法论，有利于深入分析经济新常态下发展中存在的突出矛盾和问题。

这些年，在中央大力支持下，福建经济发展稳中有进、势头良好，成绩来之不易。全面实现“十二五”经济发展目标指日可待，已无悬念。但不可否认，与全国一样，福建经济发展也存在着这样那样的不足。从供给角度看，有些突出问题须引起重视。

其一，消费供给跟不上消费升级步伐。这些年，随着居民财富的积累增厚，消费转型升级引发的有效供给不足问题日益突出。但在实际经济运行中，给人的错觉却是消费能力不足。事实上，2014 年中国消费者的全球奢侈品消费达到 1060 亿美元，占全球奢侈品销售额近一半。2012 年以来，福建省社会消费品零售总额年均增长幅度高于国内生产总值增幅 3 个百分点以上，居民实际消费能力和蕴含潜能还有很大空间。不少民众到国外抢购智能马桶盖、化妆品、婴幼儿奶粉等商品，也从一个侧面说明了当前国内省内初级消费市场已经饱和，产品供给体系总体上仍是以规模化、标准化产品为主，中低端产品过剩，高端产品供给不足。一些企业“埋头苦干，拼命生产”，致使库存积压、利润微薄，甚至亏损甩卖，令人痛心。这种漠视市场实际需求的经营行为，就是典型的供需脱节。有必要换个角度，在供给侧多做文章，引导企业以消费意愿为信号，从创意设计、品种花样、个性化、品牌质量等方面提高消费品供给能力和水平，实现供给和需求的“无缝衔接”。

其二，投资边际效应呈现递减趋势。从全国看，传统要素增长红利放缓比较明显，据有关专家测算，2005 年每新增一个单位国内生产总值，需要增加投资 2.4 元，2008 年提升至 2.9 元，2009 年攀升至 3.6 元，2014 年更是达到 4.3 元的较高水平。从福建看，经过多年快速发展，不少传统产业已相对饱和，达到了物理性峰值，企业普遍面临着成本上升与订单减少、产品不好卖、利润下滑“两头受压”的情况，一部分企业已失去往日的风光，处于停产半停产状态，陷入“经营困难—产品老化—供过于求—经营困难”的恶性循环。有企业家反映，在福建等东部地区的生产经营成本，不仅已高于中等收入国家，甚至高于发达经济体，出现了“未富先贵”现象。之所以如此，一个重要原因是投资对经济增长的拉动作用有所减弱，根本上是整个产业还处在价值链的中低端层次。解决这个问题，出路在于以改革倒逼调结构、去杠杆、增效益，加快淘汰“僵尸企业”，出清过剩产能，引导资源向有效益的领域和企业集聚。

其三，人才保障与经济转型升级需要不相适应。在各生产要素中，人才是最重要、最活跃的因素。福建省各类专业技术人才特别是高端人才、领军人物缺乏，是这些年来制约科技创新、产业提质提效的主要原因之一。当前，新一轮科技革命和产业变革步伐加快，在激烈竞争中要站住脚跟、增创优势，必须加大人才特别是高层次人才的供给水平和保障力度，以人才支撑创新、助推跨越、抢占先机。福建省恒安集团、九牧卫浴、连天红家具等一批企业能够逆势而上，化危为机，保持行业领先位置，其秘诀就在于重视人才、持续创新，有能力提供高端制造业、服务业产品，从而扩大市场、增加利润。由此看来，育才引才、管才用才也应纳入要素供给范畴，通过建设强大的人才供给“储备库”，把人力资源这个“池子”做大做活，努力满足全社会特别是重点行业、重点企业的人才需求。

其四，服务环境与社会期望值还有落差。近年来，各级各部门转变职能、转变作风，服务效能不断提升，促进了市场主体活力进一步释放。今年前三季度，福建全省新设内资企业近10万户、外商投资企业近1500户，平均每天有400多家新企业产生。中国（福建）自由贸易试验区福州片区、厦门片区、平潭片区挂牌半年来更是风生水起。与此同时，各方面对改革措施落地生效寄予了很大期盼，对政务环境、干部作风仍有一些意见，有的地方、有的领域问题还比较突出。社会和企业的期望值在提升，是压力也是动力。在市场经济条件下，政务环境也是重要的竞争力。必须把提高政策供给水平作为一项重要任务，大力倡导“马上就办”精神，抓住“庸懒散”、怕担事、不作为等问题进行整改，着力营造更加开放、更加公平、更加高效的发展环境，最大限度地促进各类生产要素在更宽领域内自由流动。

第三，结合实际深入学习贯彻供给侧结构性改革思想，着力提高政策施行的针对性、精准度，推进福建经济社会发展再上新台阶。

在“十三五”开局前夕，中央及各有关部门围绕推进供给侧结构性改革相继出台了一系列具体政策措施。下一步，可以判断还将有相关配套政策出台。对此要加强跟踪研究，进一步对接细化，创造性地抓好贯彻落实。总的来讲，在2016年和“十三五”经济工作中，应更加强调定向、定量、定质。定向，就是坚持社会主义市场经济改革方向，变需求拉动为供需平衡，更加重视调整供给面；定量，就是合理确定增长速度、产业规模、产品产出，调控好“总阀门”；定质，就是结构优化、效益为王、以质取胜，真正以提高质量和效益为核心。当前，要统筹考虑稳增长与调结构，寓稳增长于结构性改革之中，明确重点方向，扎实推进。

其一，全力打好产业转型升级这场“攻坚战”。加强供给侧结构性改革，重点难点是产业转型升级。抓产业发展不能笼而统之，要紧紧围绕提高供给体系质量和效率，针对不同行业和企业的实际情况，分别采取有针对性的政策措施，推动传统产业改造升级、主导产业做优做强、战略性新兴产业形成新增长极、现代服务业加快发展壮大、现代农业提升比较效益，引导市场主体开展技术创新，严把产品质量关，扩大新产品和服务供给，提升竞争力和抗风险能力。具体来讲，重点要深入推进“福建制造 2025”“互联网+”等行动计划，持续下大力气抓龙头、建平台、铸链条、建集群，加快打造福建产业发展升级版。

推动产业转型升级，创新驱动既是当务之急，也是长远之策，要重视围绕产业配套部署抓好创新链条。目前，福建省纺织服装、轻工食品、冶金建材等产业大都处于价值链的中低端，竞争烈，利润薄，企业挣扎在“求生存”状态，想创新转型有心无力。这些传统产业是“存量优化”的关键，要坚持以市场为导向，用好技术、安全、环保、能耗等标准，加大产业内部整合力度，提高企业技术改造效率，支持优势企业通过合资合作、产权流转、股权置换等方式，实施产业链、价值链并购重组，及时淘汰僵尸企业，鼓励向外输出部分行业过剩产能，加快去库存速度，从而带动传统产业转型升级。新一代互联网、生物技术、新能源、机器人、高端制造等战略性新兴产业是“增量优胜”的拳头，代表了一个地方产业竞争力水平，要集聚科技资源，支持企业对上下游的核心、关键以及共性技术进行攻关，加快产业化，提升规模化，推行精致化，抢占发展制高点。广大企业在“大众创业、万众创新”中起着依托和主体作用，特别是科技型、流通型、服务型中小微企业对于搞活微观经济、完善产业链条至关重要，要在若干条件较好的地区（城市）部署建设综合性的创业创新中心，在产业聚集度高的区域部署建设专业特色鲜明的创新园区，大力发展市场化、集成化、网络化的“众创空间”，提供低成本、便利化、全要素的开放公共服务平台，引进众创、众包、众扶、众筹等新模式，激发市场活力和社会创造力，为产业转型升级提供人才和技术支撑。

其二，牢牢扭住制度供给创新这个“牛鼻子”。制度创新松绑的程度，决定着全要素生产率的提升空间。福建是改革开放先行省份，在新一轮改革中要力争走前头，创造更多有特色、可复制推广的做法经验。党的十八届三中全会以来的全面深化改革，我们主要在简政放权上下功夫，取得显著成效。下一步，要始终坚持“改革政策要实”的要求，紧紧围绕使市场在资源配置中起决定性作用这一更带有全局性意义的努力方向，进一步在国企、财税、金融、资源价格、市场准入等改革领域加快突破，切实打破制约要素在城乡区域之间自由流动和优化配置的体制机制障碍，以制度的创新释放出巨大红利，扩大供给升级的倍增效应，让企业有更多的获得感。比如，福建自由贸易试验区的一大特色是对台，要进一步挖掘和发挥独特优势，在创新行政管理体制、推进台商外商投资准入前国民待遇加负面清单管理、促进投资贸易便利化和贸易发展方式转变、两岸金融合作及服务交流往来等方面先行先试，拿出更多像“一照一码”“电子台胞证”等在全国有影响的成果，并首先在全省范围内推广复制，进一步加以检验和完善。又比如，中央明确福建是“海上丝绸之路”核心区，这是改革外贸体制机制、推动外贸转型升级的难得机遇，在外部需求萎缩短期内难以改变的情况下，我们必须反求诸己，发挥港澳侨台优势，坚持向内挖潜、对外开放，积极融入“一带一路”大布局、大通道，主动对标国际贸易投资先进规则，创新利用外资方式和工作机制，建设好“引进来”“走出去”平台，带动资源配置的全球化拓展，使要素禀赋优势转化为对外开放新优势。同时，要用好用活中央赋予的支持政策，在扩大两岸合作领域、提升航运便利化水平、建设两岸区域性金融服务中心、金融服务实体经济等方面，深化试点，总结经验，形成改革综合效应和政策高地。

其三，切实利用好消费升级引领这一“新引擎”。研究表明，发展中国家要防止或摆脱中等收入陷阱，第一程靠投资、储蓄、产业等行业的发展，第二程则是靠消费和服务业的发展。我国当前已进入消费需求持续增长、消费结构加快升级、消费拉动经济作用明显增强的新阶段，最终消费对经济增长的贡献率超过 50%，服务业已经占到国内生产总值的一半。近期，国务院连发《关于积极发挥新消费引领作用加快培育形成新供给新动力的指导意见》《关于加快发展生活性服务业促进消费结构升级的指导意见》两个文件，明确了消费升级的六大方向。我们要抓住新一轮消费升级带来的有利机遇，坚持市场主导与政策推动并举、消费升级与品质升级同步、发展生活性服务业与生产性服务业有机结合、创造新供给与增强新动力紧密衔接，积极培育信息、旅游、健康、养老、绿色、文化等消费热点，在精准扶贫、老区社会事业发展、城市建设管理等方面加大投入，使新的消费增长点成为发展“服务型经济”的突破口，为经济提质增效升级提供更持久、更强劲的动力。

互联网在新一轮消费升级中起到强大的“催化剂”作用，今后一个时期发展电子商务仍然是一片十分广阔的“蓝海”。当前应把发展电商作为优先举措和强基工程，深入实施“互联网＋”行动计划，推动电商与贸易流通、工业生产、金融服务、农村消费等相互嵌入，大力发展网络购物、网络化制造、个性化定制、跨境电商等新业态，引导企业把实体店与电商有机结合起来，使实体经济与互联网产生叠加效应，努力让“闽货”销售到海内外，实现“全球卖”“买全球”。加快现代物流业发展，不仅是发展电商的迫切需要，更是生产要素自由流动的“神经网络”，要积极构建基于“互联网＋”的智能高效物流体系，加快推进一批重点示范项目，推广第四方物流信息平台应用，应用大数据加强物流景气指数的监测分析，不断提升物流服务快捷满意度。

其四，积极打造有利于稳定市场预期和信心的“软环境”。供给侧结构性改革，从本质上讲要发挥市场在配置资源中的决定性作用，同时更好地发挥政府的作用，为企业和社会提供优质的服务供给。在市场经济条件下，政府应当是“市场型政府”，不具体干预企业的微观生产经营活动，主要职责是把法律、法规、标准和政策制定好，善于用供需“正反手”加强调控引导，形成一个稳定的市场预期，更好地调动各方面的积极性，让企业按市场需求去自主决定生产经营、产品供给。为此，要认真总结这些年实行的“一业一策”“一企一策”等经验做法，继续出台政策、帮扶企业力争急企业之所急，办企业之所需，防止出现“一头热”“中梗阻”“最后一公里卡壳”等问题。特别要紧紧盯住企业盈利水平这个核心指标，通过结构性减税、多元资本市场等途径办法，在减少企业税费负担、降低企业融资成本等方面取得看得见的进展，让企业轻装上阵，使企业有信心有余力去生产、去创新。福建民间资本雄厚，海内外企业来闽投资意愿较强，要进一步把简政放权精简到位、下放到位、承接到位，全面打破社会资本进入基础产业、公用事业领域、竞争性行业的“玻璃门”“弹簧门”，在推行政府与社会资本合作（PPP）做法、省属企业改革重组中引入战略投资者，进一步把资源盘活，形成多方共赢局面。

眼光放长远，行动在当下。学习贯彻中央关于供给侧结构性改革的重大思想方略是一项长期任务，必然随着实践展开而进一步深化。要重视发挥各类智库的特殊作用，组织专家学者加强对供给侧结构性改革思想及其政策的研究、阐释、宣传，推出一批有价值、系列化的研究成果，引导全社会了解中央和省委省政府的政策举措，悟深悟透其中的精髓要义，从而转化为行动，为实现全省经济社会发展再上新台阶、全面建成小康社会而不懈努力。

（原文发表于《福建日报》2015 年 12 月 14 日，署名“屏山人”。该文选登于 2016 年 1 月 18 日中央财经领导小组办公室有关刊物）

德国、日本“工匠精神”形成的制度基础分析和启示

蔡秀玲 余 熙*

改革开放以来，中国制造业依靠低成本、大规模的生产优势在较短时间内实现了市场的迅速扩张，并在国际市场上占据一定的份额。但是随着生产成本的快速上升以及资源环境条件的约束，中国在劳动密集型与资源密集型领域的竞争优势正在逐步丧失。同时，2008 年美国金融危机以后，欧美国家倡导“再工业化”战略，实现制造业的回归，也对中国制造业的发展带来新的挑战，制造业的转型升级成为中国制造业进一步发展所面临的重大课题。因此，自 2015 年以来，围绕着制造业升级，中国政府与学术界提出了供给侧改革、智能制造、“中国制造 2025”等顶层设计方案，这些方案的实现，亟须重塑工匠价值，培养工匠精神。为此，李克强同志在十二届全国人大四次会议的政府工作报告中明确指出，要“培育精益求精的工匠精神”，这是“工匠精神”首次被写入政府工作报告。那么，工匠精神有哪些内涵？在如今这个时代，我们又该如何培育工匠精神呢？

业界与学界普遍认为，德国、日本制造业之所以能够以高品质享誉国际，其成功的秘诀就在于工匠精神。本文拟通过回溯德国、日本制造业成功转型经验，总结工匠精神形成的制度基础，以期为催生中国制造业的工匠精神提供借鉴参考。

* 蔡秀玲：福建师范大学经济学院教授，博士生导师，经济学博士。余熙：福建师范大学协和学院讲师，博士生。

一、“工匠精神”的内涵和表现

1. 工匠精神的内涵界定。

在古代文献中，工匠也被称为“工”“匠”“工巧”“巧匠”，说明他们是古代社会中一些心灵手巧以成器物的人。[①]《辞海·工部》说：“工，匠也。凡执艺事成器物以利用者。”《考工典》中说道：“以其精巧工于制器，故谓之工。”因此工匠可以定义为具有专业技艺特长的手工业劳动者，这个定义包含了传统工匠所具备的基本元素和特征。[②]

当前学术界对于工匠精神的界定主要是基于对传统工匠所具备精神内核的抽象，并在工业化经济背景下进行延伸，它表达的是生产者对自己生产的产品精雕细琢、精益求精，追求完美和极致的精神理念。它主要表现为精益求精精神、持之以恒的专注精神和持续的创新精神三个方面。

需要说明的是，本文中的工匠精神并不是指散见于企业个体的一种品质，而是指一种群体性的精神特征，也就是企业总体特征的一种表达。事实上在任一经济体都不难发现具有工匠精神的个体，但问题在于其总体的经济形态完全有可能呈现出与工匠精神所背离的状态。因此，本文主要探讨宏观意义上工匠精神的塑造，研究在工业化背景下工匠精神广泛作用于一国经济时所呈现出来的一种经济形态。此外，从广义而言，工匠精神可以体现在任一产业部门，但本文仅把讨论的焦点放在工业部门，不涉及农业和服务业。

2. 工业化时期工匠精神的表现。

德国、日本通常被认为是富有工匠精神的国家，这个结论主要是基于大量碎片式的案例所带来的总体印象，目前文献并没有给出统计数据上的支撑。结合上文工匠精神内涵的三个方面的表现，本文试图从精益

---

① 曹焕旭：《中国古代的工匠》，商务印书馆1996年版，第1页。

② 余同元：《中国传统工匠现代转型问题研究》，复旦大学出版社2005年版，第33页。

求精程度、专注程度和创新力三个维度来表征一个国家的工匠精神。

（1）精益求精程度。工艺复杂度指标可以用来衡量企业精益求精的程度，世界经济论坛发布的《全球竞争力报告》提供了各国这一数据。图 1 显示，2015 年，在所选的参照国中，日本的生产工艺复杂度最高，其值为 6.4，德国、美国的值分别为 6.2 和 6.1。中国的生产工艺复杂度相对较低，仅为 4.1。

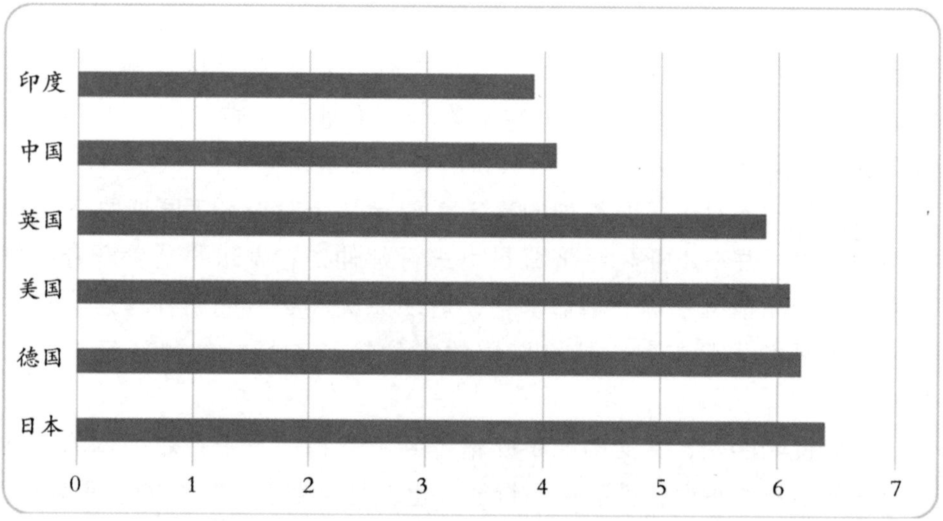

图 1 2015 年生产工艺复杂度

数据来源：Global Competitiveness Report _ 2015—2016.

注：1——劳动力密集型方式或过时的工艺基础

7——世界最优秀最高效的工艺技术

（2）专注程度。从单个企业的角度来看，企业的长寿并不必然反映出持之以恒的专注精神，因为企业从长期来看，可以通过不断地转换业务领域来延长其寿命。但长寿企业的占比可以较好地反映出一国企业平均意义上的专注程度，如果一国长寿企业占比少，那么通常意味着更大比例的企业从一个行业转向其他行业。事实上这个逻辑在现实世界中也容易获得验证，在缺乏稳定的经济环境下，企业的投资往往缺乏长期性，因为它需要不断对经济环境的变化作出调整，其表现就是长寿企业数量的减少。

根据日本经济大学教授后藤俊夫（2007）的调查显示，日本、德国拥有的寿命超200年的企业数量最多。日本拥有3146家，占全球200年以上企业数量的56.53%，紧随其后的是德国，拥有837家，占企业数量的15.04%，见表1。

表1　各洲超过200年的企业数量

洲	企业数量	占比
美洲	23	0.40%
其中美国	14	0.25%
非洲	4	0.07%
欧洲	2325	41.80%
其中德国	837	15.04%
亚洲	3213	57.70%
其中日本	3146	56.53%
合　计	5565	

数据来源：后藤俊夫：《企业的生命力》，《山东行政学院学报》2007年第2期。

（3）创新力。通常可以用两个指标来表示创新力：每百万人口专利授权数及研发支出占国内生产总值的比例。日本百万人口的专利授权数高达2692.69，德国、美国的该数据分别为858.96和729.24。中国尽管专利授权数具有很大的规模，但是百万人口的专利授权数仅为112.61，见图2。从这一数据可以看出日本、德国的企业具有很强的创新能力。从研发支出占国内生产总值的比例来看，在所选的参照国中，日本、德国也分列第一、二的位置，该数据分别为3.26%和2.84%，高出美国、中国的2.77%、1.84%，见图3。日本、德国的研发强度不仅高，而且在创新模式上相较于美国也更加专注，也就是说日本、德国的企业创新更偏好于现有优势行业的技术演进，而美国的技术变迁往往发生在边缘产业。姚洋把前一种称为“从1到n的创新模式”，而后者是“从0到1的创新模式”。[①]

① 姚洋：《相比美国，德国的创新模式更值得借鉴》，中国经济网2016年3月24日。

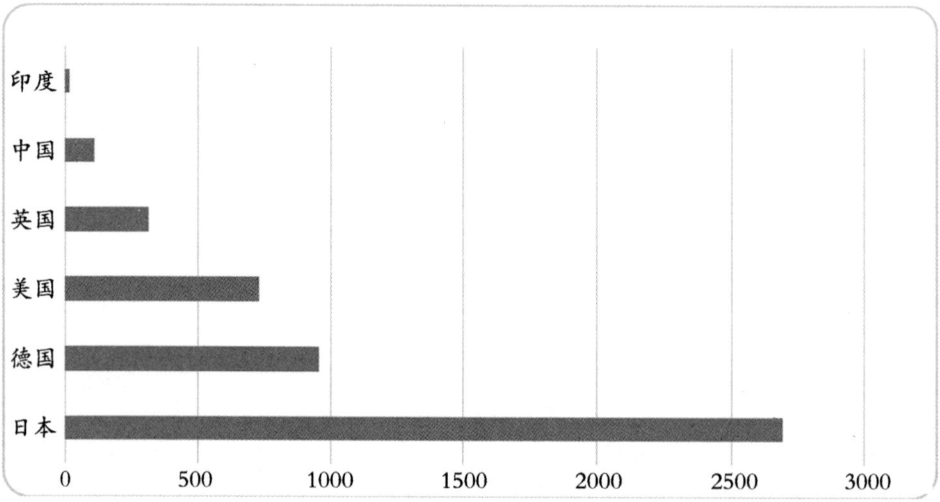

图 2　2012 年每百万人口专利授权数

数据来源：专利授权数据来自世界知识产权组织（WIPO）数据库，人口数据来自世界银行世界发展指标（WDI）数据库。

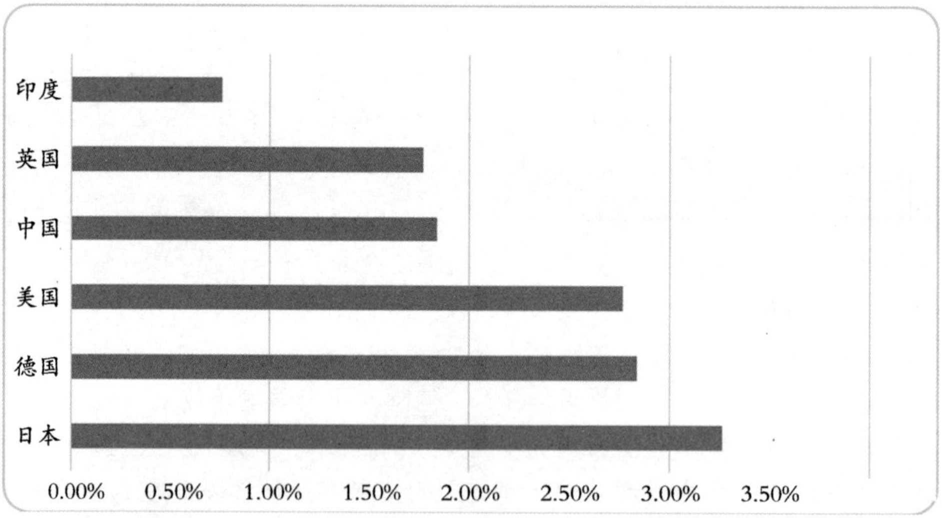

图 3　2011 年研发支出占国内生产总值的比重

数据来源：世界银行世界发展指标（WDI）数据库。

二、德国、日本工匠精神形成的制度基础

从上述三个维度的指标情况来看，德国、日本均位列前茅，这也验证了德国、日本是当今世界上最具有工匠精神的国家。然而究竟是什么力量孕育了其工匠精神呢？显然不能简单地归因于两个民族民族属性的独特性。事实上，这两个国家的工业品在历史上都曾经是劣质品的代名词①。之所以能够在短短的几十年间发生根本性的变化，一定是经济约束条件上的变化所引发的。德国、日本两国的制度约束对工匠精神的形成所产生的影响主要如下。②

1. 国家有所调节的市场经济体制。

由于各个国家经济发展水平不同，社会政治结构不同以及各自历史文化和意识形态的不同，使得各国的市场经济具有不同的特色。相比于自由市场经济的美国，德国、日本的市场经济则更加重视政府或社会的指导和干预，德国、日本的这种市场经济体制对制造业的发展，对工匠精神的形成具有重大的影响。

(1) 德国的社会市场经济体制。

德国的工匠精神之所以能够不断地传承，与其经济体制密不可分。

---

① ［美］哈渥：《德国实业发达史》，商务印书馆1925年版，第113页称，“德商之所以能廉价出售者，其一因，则货质较劣，或因生料之廉，或因其制工之省也”。关于当时德国制造劣质的另外一个佐证是，面对德国劣质廉价的产品充斥英国的市场，英国于1887年颁布《商标法案》（The Merchandise Marks Act 1887），该法案规定，所有的外国进口产品，必须打上产地国的标志。其实这项法案的重点打击对象就是来自德国的工业品。而在 Meghan Warner Mettler 的文章中几乎用嘲讽的口气表达了日本制造在20世纪50年代质量低劣的形象。参见 Meghan Warner Mettler, “Gimcracks, Dollar Blouses, and Transistors: American Reactions to Imported Japanese Products, 1945—1964,” *Pacific Historical Review*, 79 (Feb. 2010).

② 著名的新制度经济学家诺思曾经在《经济史中的结构与变迁》一书中给制度下过定义，他认为“制度是一系列被制定出来的规则、守法秩序和行为道德、伦理规范，它旨在约束主体福利或效应最大化利益的个人行为”。他进一步将制度分为正式约束与非正式约束两种类型，他明确指出：“制度是由非正式约束（道德约束、禁忌、习惯、传统和行为准则）和正式法规（宪法、法令、产权）组成。”虽然非正式约束中的历史文化、道德、传统习惯等也会对工匠精神的形成产生影响，但本文主要探讨正式约束，即规章制度对工匠精神形成的影响。

德国所奉行的经济模式乃是由米勒一阿尔马克提出的“社会市场经济”模式。这种模式是力图在国家干预的控制性经济与“自由放任”的市场经济之间寻找一种妥协。在这里，市场竞争和生产资料私人占有仍是这一制度的原则，但同时也赋予了国家一种强烈的作用，即国家必须为竞争秩序确定一个框架，并不断保护这个框架。在保证自由进入市场和防止垄断行为的条件下，市场过程的参与者可以自主作出决策，而国家则可通过市场把各个市场参与者的计划，协调成一个国民经济整体。国家对市场中的获利者实行严格的累进税制，并通过一个社会保障体系，来实现国民收入的再分配，以期达到一种市场上的自由与社会平衡的结合。可见，“社会市场经济”的核心在于“竞争原则”与“社会公正原则”的结合，其实质上是一种在生产资料私人占有前提下国家有所调节的市场经济。[①] 这种经济模式既要保证企业具有足够的竞争力，注重经济效率，又要能够保持社会的凝聚力，并能较好地平衡政府和市场机制的关系。这种市场经济模式有两个最具典型特征的微观制度安排：

第一，有效的竞争秩序。有效的竞争秩序是社会市场经济的最重要原则，被当作社会市场经济的核心。因为竞争是保证取得最大经济效益的必要条件，又是实现各方利益和权力分配的重要的经济手段。但是在联邦德国，由于利益集团势力强大，而且又有卡特尔协议的悠久传统，自发的市场机制难以形成理想的竞争秩序，因此需要政府通过立法和竞争政策来形成一种竞争秩序。早在第二次世界大战前后，德国就先后制定了一系列旨在反对限制竞争行为和反对不正当竞争行为、规范市场秩序的法律法规。[②] 二战结束后，联邦德国议院又于1957年颁布了《反对限制竞争法》来约束社会市场经济中的垄断行为，维护合理的市场结构。特别是《反对限制竞争法》确立的禁止卡特尔原则以及禁止提供价格建议原则之不适用于中小企业的条令，为中小企业开展其他企业所不允许从事的各种形式的经济合作提供了法律上的可能性，从而使中小企业在整体上处于比较有利的竞争地位，也由此形成了德国独具特色的中小企

① 李工真：《德意志道路——现代化进程研究》，武汉大学出版社2005年版，第470—471页。

② 德国于1909年就制定了《反对不正当竞争法》，1923年制定了《反对限制竞争条例》。

业制造体系。据统计，德国制造的支柱是占德国经济99.6%的中小企业，它们往往是家族传承的（占德国企业总数的92%，其中纯家族企业占56%）。小而精是德国中小企业的特点，小是指企业的规模，相对于大企业而言，从业人数较少；精是指产品的科技含量和单位产值较高。这些企业信奉世代流转的经营哲学，不擅长资本运作。与日本中小企业大多限于向大型企业提供中间产品不同，德国的中小企业更擅长于与海外厂商合作。受本国市场狭小和企业规模约束，中小企业不可能发展范围经济和进行多元化经营，它们要想在行业生产中占有竞争优势，就必须拥有专有生产技术和研发能力，成为高度精专的生产者，在细分市场上深耕，提高细分行业的工艺和技术复杂度，从而成为在国际市场上处于领先地位的“隐形冠军”。这种市场环境成为催生工匠精神的一个重要条件之一。

第二，独到的企业制度。与英美公司企业制度相比，德国公司企业制度具有两大特点：一是公司实行“双极领导体制”，即监事会与执委会的分权制度；二是雇员共同决策制度。① 在这种制度安排下，雇员至少在法律上可以与雇主分享大企业的实际控制权。因此，德国雇员享有比世界上其他国家雇员更大的经济社会权力，这种权力不仅体现在雇员简单地“参与”企业经营和分享企业收益，而且表现在雇员享有一部分企业的支配权和决定权以及对雇主决策的否决权。这种特殊的制度安排可以提高职工与企业目标的一致性，削弱雇员机会主义倾向，从而能够促使员工为了企业的生存和发展兢兢业业、精益求精地工作。

(2) 日本的政府主导型市场经济体制。

日本自明治维新后就建立起资本主义自由市场经济制度，但为了赶超欧美各国，日本政府在诱导和扶持产业发展方面发挥了重要作用。第二次世界大战以后，在运用凯恩斯主义实施积极的财政政策的同时，日本政府又基本上沿用和发展了战时经济统制时期的一系列政策和做法，充分发挥了政府的作用，因此，日本的市场经济体制被称之为“政府主导下的市场经济”体制。这种体制就是政府具有制定社会经济计划和经

① 沈越：《德国社会市场经济评析》，中国劳动社会保障出版社2002年版，第324页。

济政策的决策权，对企业决策实行诱导。日本的这种经济体制突出地表现为政府通过产业政策和经济计划的实施，对经济，特别是对企业决策进行强有力的干预和诱导，并形成了独具特色的日本式企业制度、系列化的企业关系以及以间接融资为主的金融方式。

第一，日本式的企业制度。二战后，日本在战时经济统制时期形成的企业制度得到进一步的发展与完善，形成了以大企业为中心，终身雇佣制、年功序列制和企业内工会制度。日本企业的这“三种神器”既是日本式企业制度的基本特征，也是日本工匠精神形成的重要基础。这种企业制度使日本企业成为一个全体职工安身立命、荣衰与共的命运共同体。它对于员工队伍，特别是核心员工队伍的稳定、企业内部团队精神的形成以及员工对企业忠诚度的培养等方面都起着积极的作用，也使职工经过长期培训获得的多方面的技能在企业内部得以长期发挥。一流的工匠是需要长时期才能形成的，只有稳定的职工队伍，才能保证企业员工技能的培养与延续；也只有员工对企业的忠诚度，才能保证企业员工为企业生产好每一件产品。

第二，大垄断财团与中小企业并存的市场自由竞争。与其他资本主义国家一样，在日本现代市场经济运行中，也建立了有效的反垄断体系，维持市场自由竞争。战后不久，日本政府颁布了《禁止垄断法》，限制垄断，禁止不公平交易和竞争措施，给日本经济发展带来了活力。但是众多的中小企业的存在不利于规模经济形成，因此日本政府曾三次修改《禁止垄断法》，比较灵活地调整自由竞争范围。在此背景下，日本所有的产业部门并没有完全垄断化，大部分产业形成了少数垄断大企业与大量的中小企业并存的局面。该局面的形成得益于日本特有的“系列化”生产体制，即大企业通过供应原料、加工订货、技术援助和指导以及提供贷款等方式将中小企业纳入自己的生产体系之中，中小企业在大企业的监督和指导下，为其提供零部件和各种服务，从而在大中小企业之间形成密切而稳定的分工协作关系。大企业利用协作的中小企业的专门技术与优良产品谋求自身的发展与壮大，中小企业因得到大企业的保护与扶植而得到稳定发展。在这样的系列化生产体制中，大企业处于主导地位，中小企业对大企业具有很强的依附性，除了特定的买主以外，中小企业的产品没有其他出路，且中小企业数量众多，竞争激烈。中小协作企业为了适应大企业的购入价格与产品品质要求，就要不断进行技术革新，充分挖掘内在潜力，保证产品质量，并将各自的专业化产品做到极致，从而与大企业建立稳定的协作关系。而大量中小企业员工与企业的命运共同体，也保证了员工为了企业的生存终身认真负责、精益求精地工作。

2. 企业性银企关系制度。

与英美两国不同，德国、日本企业在其发展过程中，所需要的资金主要依赖于银行间接融资。尽管 20 世纪 80 年代以后，日本企业的融资方向部分地由银行融资转向证券市场融资，但是银行仍然是大企业资本的提供者。银行与企业在长期的合作过程中形成了主办银行制度，虽然德国与日本的主办银行制度并不完全相同，但从总体而言，它们都形成一种机制安排，即银行与借贷企业形成某种产权关系。银行不仅是借款企业的债权人，而且成为企业的股东或股东的代理人，有权参与企业的经营与管理，所不同的是德国银行主导作用的基础是银行高比例的产权投资，而日本银行主导作用的基础是银行借贷，产权投资只起辅助性作用。这种银企关系有利于企业的长期发展。由于相对于美国、英国，德、日两国证券市场都不发达，银行集中了主要的社会资金，企业融资主要依赖于银行，银企之间形成以某一个或两个大银行为主导的企业融资和治理的长期稳定关系。由于银行的主导地位，以及大量资金的安全性与收益性与企业长期利益正相关，这就决定了企业经营目标的长期性。[①] 银行的利益依赖于企业长期稳定发展，它一般不会轻易出售企业的股票，是企业稳定的大股东，这使得企业的外部收购难以进行，从而减轻了企业经营的短期市场压力，使企业能够忽视短期的财务目标，从而有利于企业集中精力致力于长远规划和发展，保证企业研发投资和创新，也正是这种特有的银企关系保证了两国企业的生命力与长寿。

同时，直接融资与间接融资模式还会带来企业不同的创新模式。以美国为代表的直接融资模式更具有信息优势和更强的风险偏好，因此更

① 王昭凤：《论德国企业性银企关系制度》，《南开经济研究》2000 年第 3 期。

加倾向于发展新兴产业；而德、日的间接融资模式更加倾向于发展现有行业。[①] 因此，美国的创新往往创造出一些新领域、新行业，而德国、日本的创新则更加倾向于对原有产业进行持续的技术升级，不断提高现有企业产品的工艺复杂度。

3. 严格的行业标准与管理规定。

德、日两国在工业化进程中，都有过产品价廉质劣的经历，由于两国都是资源相对匮乏的国家，需要产品出口换取资源，源于当时工业化的外部环境和企业生存发展的内在要求，迫使两国加强产品质量管理，以一系列制度约束、规范企业和工匠进行精益生产，提高产品质量。在两国产品质量管理体系中标准化与质量认证制度最具特色，这些制度安排对两国工业生产与技术进步，对严谨的工匠文化的形成都具有重大的影响。

虽然德、日两国的工业标准化起步并不是最早的，但是由于两国出口主要以制造业为主[②]，所以工业标准化对两个国家工业所产生的影响要比其他国家来得更加深刻。通过工业标准可以淘汰掉市场上无法达到技术要求的产品，迫使低端产品进行转型升级，同时为通过工业标准的产品提供激励，从而降低其交易费用。

从 1907 年穆特西乌斯等人发起并建立了德国第一个旨在主张标准化和批量化的生产设计组织——德意志制造联盟开始，德国已经建立起了包括德国标准化协会（DIN）、德国机械制造标准委员会（NAM）、德国机床标准委员会（NWM）、德国电工委员会（DKE）[③] 等在内的健全的标准化体系，其中 DIN、DKE 两大国家标准化组织几乎涵盖了所有工业生产领域。目前德国除了拥有 3 万多项的国家标准外，还有众多的公司标准，公司标准主要在于总结各方经验，为设计、工艺、制造提供依据，

① 郑蔚、王思慧：《日本金融制度的变迁与转型：一个制度金融学的考察》，《现代日本经济》2014 年第 1 期。

② 根据世界银行 WDI 数据库的数据计算，2015 年德日两国制造业出口占出口总额的比重分别为 69.4%、69.8%，而同期的英美两国仅占 44%左右。

③ 邵志勇：《市场经济下德国标准化工作的现状——考察记述》，《仪器仪表标准化与计量》1993 年第 4 期。

促进技术进步。可以说在德国，标准已经不仅仅是工具性的生产规范原则，而且已经外溢到生活领域，成为德国严谨国民性的表现之一。

与德国主要由非政府性的民间组织来制定国家标准不同，日本的工业标准化制度则是依据1949年制定的工业标准法由政府负责制定的，它由两个部分组成：第一，制定并实施日本工业标准（JIS），主要是国家工业标准；第二，JIS标识制度及实验室认证制度。日本的工业标准内容主要包括产品标准、方法标准、基础标准等。JIS标识制度以“规格”的形式对产品的质量内容给予明确的规定，消费者通过看标识符号就可以了解产品的质量。自1990年以来，JIS标准总数一直保持在8200个左右，涉及17个部门，已有1.3万多个日本国内外厂家获得1.6万多个标志许可证。根据日本工业标准法规定，对已经取得认证的工厂及产品，政府有权进行认证后的监督与管理，以确保认证工厂和产品始终保持符合JIS标准，还规定对认证工厂的制造工序、产品管理状况定期进行书面形式的调查。

工业标准的制定，严格规范了产品的质量管理，各类企业为了符合标准要求，相应地提高了对工匠的要求。

4. 市场导向型的职业教育制度。

德日制造业成功的关键之一是他们拥有一支庞大的技术型人才和熟练劳动力队伍，这支队伍的培养要归功于两国富有特色的职业教育制度。两国的职业教育是制造业成功，也是工匠精神形成的基石。

德国主要是通过双元制职业教育体系为德国制造提供大量优秀的产业工人。在德国，有将近80%的年轻人接受的是职业教育，职业教育几乎覆盖德国所有的职业，其专业设置不仅全面，而且细分到每个细小的领域，保证了每道工序的专业性，如面包师与糕点师就分属于两个不同的专业。双元制职业教育是指教育机构与企业联合举办职业教育，企业与学校、教师与企业培训人员共同培养学生，学生可以最大限度地利用企业与学校的优势，强化理论与实践相结合，从而培养既具有专业理论知识，又具有专业技术与技能的工匠。在德国，每一名职教学生都必须经过三年的学徒训练，除了学校的毕业证之外，还必须拥有一张合格的职业培训资格证书。完整的职教体系的培养，保证了产业工匠拥有扎实的基础。职业教育主要由职校与企业负责共同完成，德国政府对职业教育主要通过各类法律法规进行全面系统的管理。为了让学生有更多的选择机会，德国没有切断学徒工继续进修的机会，实行各类教育形式之间的随时分流，学生可以在基础教育后进入职业教育，进入职业教育的学生也可以通过文化课的补习进入大学教育。这种教育系统内部的无缝对接，使得各类人才可以更加公平地共享资源，而且经过专门的职业训练的工匠也同样可以获得较高的收入和社会地位。

日本的职业教育体系在结构上是由正式学校教育中的职业教育、企业内部的职业教育和公共职业训练机构的职能训练所组成。作为日本职业教育最大特点的是其发达的企业职业教育，学校职业教育却并不发达。① 日本企业所需要的技术工人基本上是由企业招收高中毕业生自己进行培养，这是一种高中后的企业职业教育形式，多数大企业都有自己的职业教育学校，甚至一些中小规模的企业也有自己的学校或员工培养制度。② 第二次世界大战后，日本形成了国家单独负责职业教育的体制，但该体制有极大的局限性，无法真正面向企业与社会，因此 20 世纪 70 年代后，日本政府把职业教育的实施权下放给企业，通过提供信息与资金扶持企业，企业与市场发挥了主要的作用。在这种模式下，办学动机与主体都是企业，实施自由的市场监督方式，因而培养出的人才具有专门化、高针对性，解决了企业对人才的需求。

三、德国、日本经验的启示

中国的工匠文化深厚而悠久，在历史上工匠曾经是中国社会一个非常庞大且重要的阶层，他们构成了中国传统社会经济发展中的技术主体。

---

① 鲁燕、于素秋：《日本职业教育的“企业模式”与我国“非大学教育”的对比研究》，《人口学刊》2008 年第 6 期。

② 如日本“秋山木工”的创办人、秋山学校代表理事秋山利辉所著的《匠人精神》就论述了其独特的匠人研修制度和匠人八年养成的理由。参见［日］秋山利辉著，陈晓丽译：《匠人精神：一流人才育成的 30 条法则》，中信出版社 2015 年版，第 6—8 页。

中国制造也曾经是世界顶级工艺的代名词。但由于明末残破内政的交迫和清末贪婪列强的武力侵扰，中国的工匠们失去了专注精研与创新的宏观环境。随着此后的西学东进和近代工业的兴起，工厂化机器化等近代工业制度削弱了传统工匠伦理，加上制度的缺失，使得传统工匠技艺与工匠文化没有得到传承与弘扬。今天，中国要从“制造大国”走向“制造强国”，不仅需要大量的科学技术专家，也需要大批的富有工匠精神的能工巧匠。同时，在工业化的背景下，工匠精神不仅有了新的内涵，而且也依赖新的制度土壤予以保障。这种制度土壤表现出迥异于自然经济时期的特征，鉴于此，我们在积极宣传工匠精神的同时，还应该通过制度建设，促进工匠精神的形成。德国、日本工匠精神形成的上述制度基础，为中国培育工匠精神的制度建设提供了有益的启示。

1. 要正确处理政府与市场的关系。

政府与市场共同对经济运行和发展起作用，是现代市场经济的一个基本事实，后发国家更应该正确处理好政府与市场的关系。德日制造业发展经验表明，充分的市场竞争对保持活力和效率是十分必要的，但政府又必须通过计划、产业政策、发展战略以及各种经济手段引导市场机制的运行方向，根据各自特有的国情与产业发展情况，建立有效的竞争秩序。现今的中国虽然在制造业上取得了长足的发展，但制造业大而不强，正面临转型升级的压力，我们必须正确处理好政府与市场的关系，做到“有效的市场”与“有为的政府”的结合，保持市场的有效竞争，保持企业创新，精益求精提高产品质量的外在推动力。同时，我们又得营造适合大中小企业的竞争环境，让中小企业在分工协作中得到稳定发展。同时要正确处理好企业与员工的关系，保持核心员工的相对稳定性①，使企业的技能能够得到不断传承。

2. 要正确处理银行与企业的关系。

德国、日本经验表明，“命运共同体”式的企业性银企关系有助于企

① 中国当前制造业工人队伍中有8629万是由农民工组成，占制造业工人总数的55%，农民工的流动性决定了其职业的不稳定性，依靠高度流动性的农民工劳动力是无法保证他们在某一企业长期深耕和技能传承的。

业的长期经营目标，有利于企业的科研创新投入。中国虽然具有强大的银行系统，但银企关系仅仅定位于借贷债权人与债务人的关系，银行过于追求短期的盈利目标，对企业往往做不到雪中送炭，不利于企业的长期生存与发展。特别是一些中小企业更难以获得银行系统的支持，结果迫使企业转向民间借贷。由于民间借贷的高成本和短期性，使得企业热衷于追求短期的高回报，而不是在其领域内精耕细作，影响企业主业经营的延续性，更遑论将高成本的资金用于研发创新。我们应该重新建构银企关系，在充分发挥银行系统的资金配置功能的同时，积极探讨银行对企业的权益性投资。发展中小银行，解决中小企业融资难问题。

3. 采用“混合制模式”加强工业标准的制定。

德国、日本经验表明，只有严格的标准，才会有高质量的产品，也才有追求极致产品的工匠。尽管德日工业标准的制定主体不同，但他们在工业标准制定过程中都重视政府部门、行业协会、生产厂家、消费者、销售商、行业专家的广泛参与，保证标准的客观、有效和公正性。国家对安全、卫生、环保方面制定框架性法律和法规，法律法规的制定以具体的标准进行细化并靠标准进行依托。因此，中国要改变过去主要由政府各主管部门负责制定工业标准的做法，根据标准的市场性与公益性，采用政府与行业协会共同参与的“混合制模式”，进行我们制造业转型期的标准制定。通过严格的工业标准，约束企业与工匠的行为，激励企业与工匠不断创新，提高产品质量。

4. 推进职业教育的“市场导向”改革。

德国、日本经验表明，优秀的工匠是德国、日本制造高品质的保证。而优秀的工匠是来自于学校和企业的共同培养，职业学校与企业、甚至企业自己根据市场与企业的需要培养各种细分专业的人才，保证各工种对专门人才的需求。在中国制造转型期，我们应该正确处理好教育与企业的良性互动，推动职业教育制度的“市场导向”改革，推动办学主体的多元化，赋予办学主体更多的自主权，使得职业学校课程设置更加柔性化，更面向市场的需要。政府在用人信息、学校评估考核等方面进行管理，同时鼓励各行业协会与企业创办职业学校，培养行业所需要的人才。中国现阶段制造业有一半的劳动力来自于农业转移劳动力，他们中有一半的人只接受过初中以下的学校教育，只有通过行业与企业内职业教育，才能提高他们的文化水平与职业技能，才能保证他们拥有创造高品质产品的能力。

（原文发表于《亚太经济》2016 年第 5 期）

民生财政导向下的国有资本经营预算支出研究

陈少晖　朱　珍*

一、问题的提出

现行的国有资本预算制度较为明确地规定了国有资本收益的收缴范围和比例，且根据《关于完善中央国有资本经营预算有关事项的通知》（财企〔2010〕392号），中央国有资本经营预算实施范围将于2011年开始扩大，国有资本收益的上缴比例也将在2007年的基础上提高5%。然而，《国务院关于试行国有资本经营预算的意见》（国发〔2007〕26号）对国有资本收益的具体使用流向，即对国有资本预算的支出安排只作了原则性的规定，包括资本性支出、费用性支出和其他支出三大项，在其他支出项中，虽然提出"必要时，可部分用于社会保障等项支出"的内容，但既没有规定相应的支出比例，更没有给出可操作性的流程。在实践中，国有资本收益主要用于国企的再投资，这样使得本已有巨额利润的国企内部拥有了更多的现金流。这些现金流一方面用于国企的过度投资，尤其是固定资产的低效率重复投资。另一方面，用于国企内部消费，如用于发奖金（尤其是国企高管奖金的发放）、涨工资、增福利及"工作性消费"等。这样的国有资本预算支出安排使得国有资本收益的收取在某种程度上没有达到抑制国企过度投资的初衷，广大民众作为国有资产

* 陈少晖：福建师范大学经济学院教授，博士生导师，博士。朱珍：福州大学管理学院讲师，博士。

的终极所有者也未能切实有效地分享国有经济做强做大的成果。

上述政策制度的盲点及实践中国有资本收益“内部循环”的倾向，引发了国内学者对国有资本预算支出导向和结构的关注，但研究观点存在分歧。文宗瑜（2008）指出国有资本经营预算作为宏观调控的衍生手段，在其支出中必须着眼于构建和谐社会、保障并不断提高民生水平这一核心，从而体现民生的政策导向。世界银行（2010）的报告强调国企的分红和改制收入属于公共财政收入，应当按公共财政收入进行管理，并且应经过全国人民代表大会的预算程序批准来决定其具体的使用去向。陈少强（2011）则认为国有资本经营预算支出应强调经营性，并兼有社会性；他主张国有资本经营预算应重点支持国家经济安全与国有经济布局及国民经济结构的调整，在这两大类支出得以保障的基础上，可适当用于支持国有企业履行各种社会责任等。也有学者（李重华，2008）基于社会福利改进的视角，提出国有资本收益应主要用于教育支出和国企创新支出。

通过对近期文献的梳理和分析，我们不难发现，目前学界的观点大致可以归为两类：一类主张国有资本预算支出应强调其经营性，主要用于国企内部的再投资与再发展；另外一类则强调国有资本预算支出应主要投向民生领域，让民众切实分享国有资本收益，从而体现民生财政的政策导向。基于广大民众作为我国国有资产终极所有者的客观事实及“谁投资、谁受益”的市场经济原则，本文主张应该调整目前国有资本收益分配的“国企内部循环”倾向，以民生财政为导向来安排国有资本经营预算的支出重点，让全民得以分享国有资本增值收益，以最大限度地增进社会福利水平。

二、民生财政的概念辨析

何谓民生财政？学术界尚未有统一的解释，本文试图整理学者们关于民生财政的相关论述，以期归纳总结出较为规范的民生财政的内涵。

保障民生是社会建设的重要内容，是中国在新时期实现经济转型升级的根本出发点和持久动力。所谓民生，即民众生活、人民生计，主要指民众的基本生存与生活状态、基本发展机会、基本发展能力和基本权益保护的状况等。党的十七大把“加快推进以改善民生为重点的社会建设”正式写入报告，阐述了以民生为重点的社会建设包括教育、就业、收入分配、社会保障、医疗卫生和社会管理等六个方面。

而关于民生财政，学术界没有统一的内涵界定，学者们使用的概念和术语不一，视角与观点分歧较多，解释也常有抵牾。但多数学者都将以改进民生、提高人民福利水平为目标，在整个财政支出中，用于教育、医疗卫生、社保和就业、环保、公共安全等民生方面的支出占到相当高的比例，甚至处于主导地位的财政，称为民生财政，代表人物有陈昕(2009)、王宁涛（2011）等。而崔惠民、张厚明（2011）拓宽了民生财政的内涵与外延，他们认为民生财政的形式层面在于教育、医疗卫生、社保、就业、环保、公共安全等民生性支出占财政较大比例或主导地位，本质层面在于一切财政支出都直接或间接地以维护、改善民生为出发点、落脚点。刘尚希（2011）则认为民生财政是以人为本的财政，区别于以物为本、为增长而增长的财政；他还指出扩大所谓的民生支出，并不意味着就是民生财政，只有当所有的财政支出，最终都有利于保障和改善民生，最终有利于每一个人的生存与发展时，才算是民生财政。当然，也有学者认为公共财政与民生财政具有内在的一致性。如，贾康、梁季、张立承（2011）认为民生财政不可能是游离于或是作为替代物而对立于“公共财政”的另一事物，我国1998年以来为决策层所肯定且一直在努力发展、健全的公共财政，其实就是民生财政。王宁涛（2011）基于公共财政本质特征和民生财政基本概念的分析，也指出民生财政是公共财政的核心，公共财政本来就应该是民生财政。还有学者认为民生财政与公共财政的指导思想、社会背景、目标取向等都存在差异，公共财政主要是为了弥补市场失灵，而民生财政既要弥补市场失灵，又要弥补政府失灵，崔惠民、张厚明（2011）就持这种观点。

综合上述研究观点我们可以得出以下认识：仅扩大民生支出，而没有通过转移性支付等再分配手段切实提高民众福利水平的财政不是民生财政；仅增加民生投入，民众的生存与发展却得不到保证的财政不是民生财政；仅拓宽民生支出的范围，却不让公众明晰资金使用去向的财政不是民生财政；公共财政的核心应是民生财政，只是在实践中出现了偏差，即公共财政未能完整地体现其民生性，社会成员也未能享有均等的公共服务。因此，本文认为提高农民和城镇居民的收入并扩大教育、医疗卫生、社保、就业、环保、公共安全等民生性支出，使民生支出占财政支出的较大比例乃至主导地位，且这种支出最终可以转化为增进国民切实福利的财政可称为民生财政。而在民生财政与公共财政的关系上，二者尽管存在思想渊源、社会背景上的差异，但不可否认的是，民生财政应是公共财政的核心，是公共财政发展的根本价值取向与建构目标。

三、现行国有资本预算支出的非民生倾向

随着国有企业改革的不断深化，尤其是 2003 年国务院国有资产监督管理委员会成立以来，国有企业利润大幅增长，从 2003 年的 4951.2 亿元增加到 2010 年的 19870.6 亿元（如图 1 所示）。而 2007 年至 2010 年，仅收取中央企业国有资本收益 1572.2 亿元，分红比例最高仅有 10%，而按照国际惯例，上市公司股东分红比例为净利润的 30%～40%，国有资本向国家上缴盈利更是普遍高于这个水平，较好的企业上缴盈利相当于其税后利润的 70%至 80%（贾康，2011）。但是，作为制度的前期探索，为了避免给国有企业造成过大的冲击，“适度、从低”的分红制度安排是符合中国实际的。且《关于完善中央国有资本经营预算有关事项的通知》（财企〔2010〕392 号）规定中央国有资本经营预算实施范围将于 2011 年开始扩大，即将 5 个中央部门（单位）和 2 个企业集团所属共 1631 户企业纳入中央国有资本经营预算实施范围。同时，国有资本收益的收取比例也将在 2007 年的基础上提高 5%，即按照 5%～15%分三档上缴财政部。因此，我们有理由相信，国有资本经营预算收入的征收范围、比例等将会在实践中日趋规范与完善。

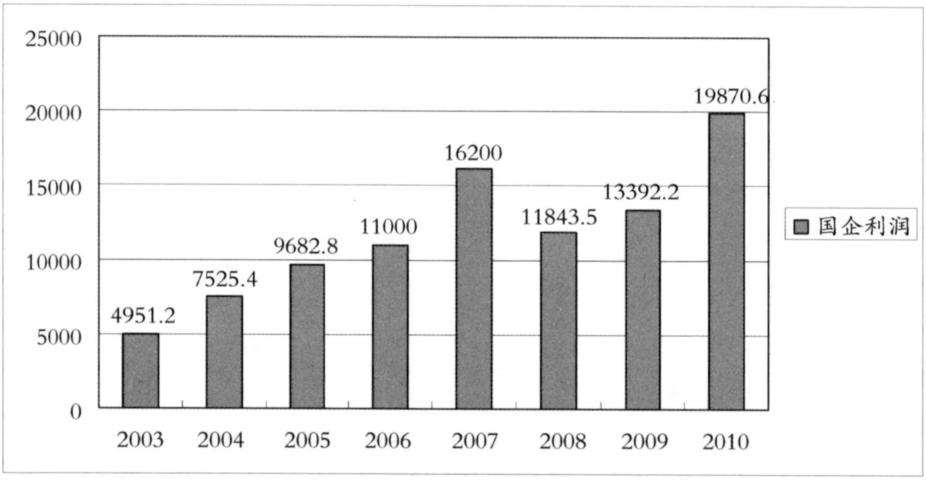

图 1 2003 年至 2010 年国企利润变化图（单位：亿元）

数据来源：中华人民共和国财政部网站。

国有资本经营预算支出的合理与否，是国有资本经营预算制度成功施行的重要标志与落脚点。倘若国有资本经营预算的支出不合理，那么国有资本收益的上缴在一定程度上也就失去了意义。按照我国宪法的基本精神，中华人民共和国全体国民是国有资产的终极所有者，理应享有终极的国有资本收益权。国家作为国民的代表，可以先代国民收取国有资本收益，形成国有资本预算收入，但在预算支出层面应该以各种有利于改善民生的形式把这部分国有资本收益全额返还于民众。然而，现行的政策制度以及实践中的国有资本经营预算支出都未能切实体现向民生倾斜的导向，而是主要在国企“内部循环”。这不仅有悖市场经济公平公正的基本原则，而且国企利润留存过大的弊端还使民众的福利不增反损，背离了国有资本经营预算制度设计的根本目的。

1. 国有资本预算支出政策制度设计缺乏明确的民生财政倾向。

2007 年 9 月，国务院发布了关于试行国有资本经营预算的意见（国发〔2007〕26 号），确定了国有资本经营预算的支出范围，具体包括三类：一是指根据产业发展规划、国有经济布局和结构调整、国有企业发展要求，以及国家战略、安全等需要安排的资本性支出；二是用于弥补国有企业改革成本等方面的费用性支出；三是其他支出。这部分支出范围是依据国家宏观经济政策以及不同时期国有企业改革和发展的任务，统筹安排确定，“必要时，可部分用于社会保障等项支出”。从文中第二部分的分析可知，民生性支出包括教育、医疗卫生、社会保障、就业、环保、公共安全等项内容。而从现行的国有资本经营预算制度规定来看，其不仅没有考虑到教育、医疗、就业、环保、公共安全等民生性的支出，就其提到的社保支出，也只是在“必要时”才予以考虑，并且在实践中主要是用于国企职工的社会保险。可见国有资本经营预算支出在政策设计之初就体现出非民生导向。2007 年 11 月，财政部会同国资委印发了《中央企业国有资本收益收取管理暂行办法》（财企〔2007〕309 号），而国有资本经营预算试行四年多来，至今没有发布专门的国有资本收益使用管理方面的文件。此外，2008 年 10 月颁布的《中华人民共和国企业国有资产法》中，第六章专门论述国有资本经营预算，也只规定了国有资本收入的范围，却没有说明国有资本支出的范围。这些都说明了国有资本收益的使用缺乏明确的预算支出导向，更没有形成以民生财政为重点的国有资本收益分配机制，民众也就很难分享到作为终极所有者的权益。

2. 实践执行中国有资本预算支出的非民生倾向。

从法律政策的规定可看出国有资本预算支出的非民生倾向，而实践中这种非民生倾向体现得更加直观与明显。从 2008 年至 2011 年中央国有资本经营预算的支出情况来看，2008 年中央国有资本经营预算支出总额 547.8 亿元，其中，用于重点央企新设出资和补充国有资本的支出 270 亿元，央企灾后恢复重建的支出 196.3 亿元，推进央企产业布局和结构调整的支出 81.5 亿元。2009 年中央国有资本经营预算支出总额 873.6 亿元，其中，用于重点央企补充国有资本的支出 75 亿元，央企灾后恢复重建的支出 139.6 亿元，推进央企产业布局和结构调整的支出 59 亿元，电信重组改革支出 600 亿元。2010 年中央国有资本经营预算支出安排 440 亿元，其中，农林水事务 5.57 亿元，交通运输 39.7 亿元，资源勘探电力信息等事务 295.52 亿元，商业服务业等事务 69.21 亿元，地震灾后恢复重建支出 20 亿元，社保等民生支出 10 亿元。2011 年中央国有资本经营预算支出安排 858.56 亿元，其中，资本性支出 706.11 亿元，费用性支出 57.45 亿元，社保保障等其他支出 95 亿元（用于中央企业的社会保障支出5亿元)。由以上数据可知，国有资本经营预算试行四年多来，大部分国有资本经营预算支出都是投向国企。只有2010年、2011年两年有大约105亿元投向社会保障等民生领域，仅占支出总量的8%，不仅比例偏低，而且多数用于国有企业内部职工的社会保障支出，并没有惠及国企以外广大民众的民生福利。

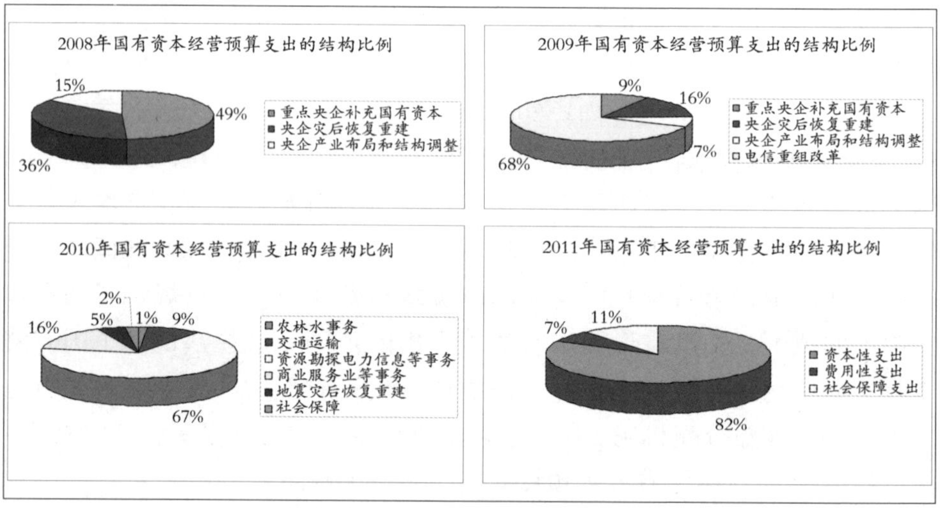

图2 2008年至2011年国有资本经营预算支出结构图

数据来源：中华人民共和国财政部网站和国务院国资委网站。

四、国有资本预算支出重点应当向民生财政倾斜

构建国有资本经营预算制度，不仅是为了收取国有资本收益，增加国家财政收入，更重要的是为了通过国有资本收益的再分配让广大国民切实分享国企改革和发展的成果。国有资本预算支出的重点向民生财政倾斜不仅是贯彻科学发展观、践行包容性增长、构建和谐社会的内在要求，也是发展市场经济的题中之意，更是提振内需、发展经济的重要手段。

1. 构建和谐社会要求国有资本预算支出应向民生领域倾斜。

构建社会主义和谐社会，必须坚持以人为本，使改革和发展所创造

的社会财富为全体人民所共享。改革开放以来，中国经济高速增长，国内生产总值总量已超越日本，成为仅次于美国的世界第二大经济体。然而，国民并没有切实分享到经济快速发展所带来的成果，居民收入的增长明显滞后于政府和企业收入的增长。这种“国富民穷”的收入分配格局最终将弱化劳动者创造财富的积极性，不仅不利于我国经济的持续增长，而且还直接影响到和谐社会的构建。因此，作为政府预算的重要组成部分，国有资本预算支出应重点投向民生领域，以助于解决各种民生问题，让国民在安居乐业中感受到国有资本作用的发挥。此外，中国的人均国内生产总值已超过3000美元，进入了中等收入阶段，同时各种社会矛盾凸显，如收入分配不公、贫富差距扩大等。若未能及时妥善地处理这些矛盾，完成经济的转型升级，经济增长将会进入“中等收入陷阱”阶段，经济社会的协调发展也将不可持续。如果把国有资本预算支出的重点放在国企内部，形成国企的“体内循环”，本来依靠垄断资源已获取巨额利润的国企就会有更多的现金流用于国企职工工资、奖金和福利的大幅度提高，将会进一步扩大行业及个人的收入差距，引发新的不公平。而把国有资本收益直接或间接地投向民生，不仅减少了国有企业内部的现金流，控制其职工薪酬福利的过快增长，从而相应地提高了广大国民收入或福利份额，这就在一定程度上可缩小收入差距。实践证明，科学发展观、包容性增长等与和谐社会的内涵是一致的，也倡导民众公平合理地分享经济增长，寻求社会和经济的协调发展、可持续发展，中国不同社会阶层的民生问题与民生期待各异，但更加富裕、更加公平正义是民众的共同诉求。国有资本预算支出向民生领域倾斜，构建惠及全民、合理公平的国有资本收益分配制度正是贯彻科学发展观、践行包容性增长、构建和谐社会的题中之意。

2. 国有资本本质和市场经济原则要求国有资本收益分配应以民生为重点。

《中华人民共和国宪法》第一章第二条规定：中华人民共和国的一切权力属于人民。宪政上的这种规定说明了国有资本本质上是全民所有的资产，是全社会的财富和价值。国有资本收益分配以民生为重点，让民众感性地认识到自己是国有资本的所有者，这有助于消除国企与民众之间的对立情绪，切实关心和爱护国有资本的保值增值，从而为国企发展创造良好的群众基础。此外，《中华人民共和国公司法》第一章第四条规定：公司股东依法享有资产收益、参与重大决策和选择管理者等权利。既然全体国民是国企终极意义上的所有者，按照市场经济“谁投资、谁受益”的基本原则，其国有股东身份就理应直接或间接地分享到国企发展的利润回报。有事实表明，国有企业近年来的高速发展，在某种程度上是以牺牲民众的福利为代价的，它们通过垄断及获取公共财政的补贴等方式获取了充足的现金流。这些现金流一方面被用于过度投资，不仅推动房价上涨，也不断挤压着民间资本的发展空间，使民众的福利受损；另一方面被用于大幅度地发放高管薪酬福利等，使得国有垄断企业与一般企业员工收入分配差距更加突出，社会总体福利再次受损。《中华人民共和国企业国有资产法》起草小组成员李曙光说：“如果用公共财政的钱来补贴国企发展，又不让纳税人享受国资收益，这就相当于让纳税人来资助与自己有竞争关系的企业。这显然不公平。”① 所以，如果把 40 多万亿元的国有资本变成少数人的利益分配，违背国有资本本质与市场经济原则，是一种低效乃至无效的再分配。而以民生为重点支出方向，则是落实国有资本出资人所有权的必然要求，更是维护社会主义市场经济公平正义原则的题中之意。

3. 扩大内需和发展经济也要求国有资本预算支出以民生财政为导向。

在国有资本经营预算试行的初期，国有资本收益较少，然而，有限的国有资本收益却面临着巨大的支出需求，有投向国企的资本性及费用性需求，也有投向民生的社会性需求。在国企已有巨额利润的前提下，把国资预算再投向国企，根据边际效用递减规律，其边际效用是比较低的；而中国的居民收入水平偏低，居民收入差距较大，基本公共服务也尚未实现均等化，把有限的国有资本经营预算支出投向民生尤其是民生的刚性需求领域，边际效用是较高的。尤其是 2008 年金融危机以来，我国经济增长开始由外向型向内需型经济转型，然而我国居民的整体收入

① 吴晓锋、王峰：《15 年国资立法争执焦点：国资委定位》，《法制日报》2008 年 4 月 13 日。

水平不高，若国有资本经营预算支出的重点以民生财政为导向，把国企红利投入到教育、医疗、养老、社会保障、农村建设等关系国计民生的领域，让低收入群体获得更多的收益，那社会的边际消费倾向也会相应增大，这就意味着国企红利转化为更多的内需消费。内需的扩大有助于提振国内发展经济的信心，调整产业结构，增加就业水平与国民收入，进一步刺激消费。且从国外的运行经验来看，大部分国家都把国企收益纳入公共财政预算，取之于民，用之于民，美国阿拉斯加州政府还将国有企业的投资收益直接给该州的公民分红，每人每年几百到上千美元不等。因此，国有资本经营预算以民生财政为导向，不仅符合国际惯例，更有利于增加民众的边际消费倾向，从而有助于扩大内需，促进经济结构的优化升级和经济发展方式的顺利转型。

五、构建民生财政导向下的国有资本预算支出机制

国民作为国企的终极所有者，法理与实践都要求国有资本预算支出向民生领域倾斜。此外，国有资本预算支出以民生财政为导向，也有利于扩大内需，调整结构，构建和谐社会。那么，应该设计怎样的机制才能保证国有资本预算支出真正体现民生财政，让广大民众分享国有资本收益呢？我们认为，应从法理制度的视角赋予国有资本经营预算民生支出的刚性机制并使支出具体化、明晰化，在此基础上，还应完善国有资本经营预算支出的信息披露制度，赋予公众以知情权，这样才能让全民共享国企发展的成果。

1. 法理基石：应确定国有资本预算用于民生支出的具体化表述。

在现有的国有资本预算体系下，与资本性支出、费用性支出相比，用于社会保障等民生性的支出表述太过含糊与笼统，即“必要时，可部分用于社会保障等项支出”。在这种含糊表述的政策条款下，当资本及费用性支出与民生性支出发生矛盾时，极有可能是民生性支出让步于资本费用性支出（在国有资本预算资金有限时尤为如此），从而难以从制度上

保证民生支出在国有资本预决算中的实际安排与落实。合理有效的制度安排有利于克服路径依赖与制度非均衡，达到制度的供需均衡即国民相对满意的状态，推进社会福利的增进与和谐社会的构建。因此构建以"宪法为前提、民主为核心、法治为基石"的国有资本预算支出的宪政框架是国企红利用于民生性支出的制度保障。从法律到具体的政策条款都要有国有资本预算用于民生性支出的具体化表述，如法律规定投向民生的细致范围、投入的方式（现金分红、提供公共产品、直接充实社保基金等）、比例等内容，政策文件再按法律的统领性要求提前做好每年国资预算民生性支出的具体安排。

2. 使用方向：由社会保障支出推广至其他的民生性支出。

民生包括教育、就业、收入分配、社会保障、医疗卫生和社会管理等诸多范畴。目前由于国企收益上缴比例偏低（5%～15%），国有资本预算收入总量有限，而有限的国有资本预算收入却面临着诸多的民生性支出需求，难以全盘兼顾。我们认为，在国有资本预算试行的初期，预算支出应首先投向民生中资金缺口最大且能最大限度地让国民受益的领域。中国社会保障资金主要来源于公共预算，而公共预算又有各方面的刚性支出要求，难以安排巨额资金划拨给社保基金，而中国的社会保障需求极大，这就导致了社保基金存在严重缺口。社会保障被称为社会的"安全网"，对国民经济及社会的稳定发展起到了保障和支撑的作用。因此，国有资本预算支出应首先考虑社会保障的支出要求，并设置最低比例保证其刚性需求。随着国有资本预算收入的不断增长，其民生支出范围应由社会保障支出推广至其他的民生性支出，如重点投向教育这一有利于社会福利持续增进的领域。通过教育投资，让更多的人享受教育，才能提高劳动者的知识技能和劳动力的边际产出，从而满足工业化和城市化的需求。就业、收入分配、医疗卫生、社会管理等领域也应随着国有资本预算收入的提高，逐渐加大支出比重。

3. 制度耦合：建立健全国有资本预算民生性支出的配套措施。

任何一项制度安排都是存在于制度结构中的，其需与制度结构中的其他制度安排实现制度耦合时才能使该项制度发挥最大的效用。因此，政府有必要采取行动来矫正制度供给不足或制度非均衡，建立国有资本预算支出的相关配套制度法规[①]，使各项制度安排相互协调，相得益彰，增强制度系统的有序性，以保障国家与国企财政分配制度系统功能的发挥。

(1) 完善国有资本预算的审计制度。审计机关应把国有资本预算的编制和执行情况作为其审计的重要内容，保证国有资本预算支出向民生倾斜。首先，审计国有资本收益是否做到了应收尽收，财政部门是否把所有的收入全部编入预算草案。其次，审计国企间是否通过关联企业隐瞒或转移收入，是否存在通过提高高管及员工的薪酬福利虚增成本或费用的情形等，以保证国企收益的真实性。再次，审计预算支出的合规性和效益性。在国资收益都应收尽收的基础上，应分析国资预算支出是否合法合理，是重点投向民生还是挪作他用。

(2) 建立公开透明的信息披露制度。以民生财政为导向的国有资本预算支出是为了能让国民切实分享国企发展的成果，改善民生水平。且民生财政的核心要义之一是赋予公众知情权，让公众明晰预算资金的使用去向。因此，国有资本经营预算应提交人大审议并及时向社会公示，且尽可能简明易懂，接受社会监督，使国有资本预算支出走上公开、公正、公平的规范化进程。在必要时，应以政府财务报告的形式，对国有资本收益的具体用途与机制向社会公众作出说明，以获得公众的理解与支持。

(3) 建立健全国有资本预算与公共预算的衔接制度。民生财政是公共财政的核心，公共财政的本质是“取之于民，用之于民”，而正如前文所述，民生性的支出范畴较多，除了优先安排社保、教育等支出外，就业、医疗、收入分配、公共安全等应怎样排序支出也是民生财政的关键点。只有建立国有资本预算与政府公共预算适度互通的衔接制度，才可能使国有资本预算按公共预算统一的优先顺序安排使用全部公共财政资源，从而最大限度地满足国民需要。此外，建立国有资本预算与公共预算的衔接制度，不仅有利于防范公共财政风险，还有助于强化部门间资金融通的监督制衡。

（原文发表于《当代经济研究》2012 年第 4 期）

① 朱珍：《国企分红制度：现行模式探讨与宪政框架重构》，《金融与经济》2010 年第 5 期。

资本逻辑与劳动伦理

——基于马克思资本理论的思考

吴宏洛*

一、问题的提出

马克思的资本理论与劳动伦理，这个论题既往少有涉及。然而，近期发生的富士康事件、广州南海本田厂事件，让我们不能不去思考资本的本性及其固有逻辑，社会主义市场经济下的“资本”是否还存在“资本逻辑”？劳动者的劳动伦理该当如何维护，这是本文提出议题的一个背景。

当众多媒体和学者质疑富士康“铁血”管理模式的时候，我们听到了为资本辩护的声音。有媒体称：要保证2亿多农民工都有饭碗，始终是中国发展所面对的巨大压力，只有在解决这个问题的基础上，我们才能同时关心他们饭碗里装着什么……富士康这种企业的最大贡献，就是带来了成千上万的工作机会，无论富士康这些企业做了什么事，我们都不能否认其对中国发展的正面意义……我们不能像要求一个慈善机构那样要求企业。我们应当允许富士康这样的企业在中国大陆有利可图，而不是把他们轰到越南、巴基斯坦或其他什么地方，让数十万中国劳动者失去工作。①

资本的运动具有两面性。一方面，资本表现为肆无忌惮地追求价值

---

* 吴宏洛：福建师范大学马克思主义学院教授、博士生导师，博士。

① 时评：《反思富士康不应脱离中国实际》，《环球时报》2010年5月31日。

的增殖；另一方面，又可创造出满足社会需要的丰富的物质基础。显然，上述观点放大了资本的文明面，粉饰了资本逻辑的道德进步性，遮盖了资本“逐利”的本性，也即亚当·斯密所说的“富之路”即“德之路”。其实，马克思在《资本论》中已经一针见血地指出：“资本是根本不关心工人的健康和寿命的，除非社会迫使它去关心。人们为体力和智力的衰退、夭折、过度劳动的折磨则愤愤不平，资本却回答说：既然这种痛苦会增加我的快乐（利润），我们又何必为此苦恼呢？”① 有鉴于资本的贪婪性，英国学者托尼在他的《贪得无厌的社会》一书中强调，应当把经济利益当作生活的一部分而不是生活的全部内容，经济活动只是一种手段，经济活动只能从属于社会目的。

毋庸置疑，改革开放 32 年来，引进和利用资本为我们带来了空前的物质财富和社会发展，但同时也引发了马克思称之为“过度劳动的文明灾祸”的资本伦理问题。尽管富士康被认为不是“血汗工厂”，但是，时间管理精确到秒、产品不合格率控制到零、人工成本压缩到极限，员工变成一架庞大生产机器的一个个零部件，时刻保证与机器一起高效运转的半军事化管理模式②，资方对待职工自杀事件的推诿态度，让我们必须重新思考资本的本性及其社会后果。

富士康事件再次印证了资本铁律，资本会在“具有无限度地提高生产力趋势的同时……使主要生产力，即人本身片面化，受到限制等等”③。让资本家自觉承担对社会和员工的责任，是有悖于资本逻辑的。1999 年联合国开发计划署在《人文发展报告》中指出：“不受约束的市场经济使穷人更穷，富人更富”，呼吁必须改变全球化的规则，使其“为人服务，而不是为利润服务”。这一报告阐发了一个事实，现代资本伦理关系并没有从根本上改变“利润至上”的资本本性，维护劳动伦理仍然是当代调整劳资关系的主题。

---

① 《资本论》第 1 卷，人民出版社 2004 年版，第 311—312 页。

② 李小彤：《“十二连跳”的背后是隔绝与无助》，《中国劳动保障报》2010 年 5 月 28 日。

③ 《马克思恩格斯全集》第 30 卷，人民出版社 1995 年版，第 406 页。

二、资本逻辑下的劳动异化

关于资本有两个考察维度：一是要素论的维度，即“作为一种生产要素的资本”，二是生产关系的维度，即“作为一种社会关系的资本”。在马克思的视野中，资本是生产要素和社会生产关系的统一。马克思首先从物的角度对资本下定义：“作为进行新生产的手段的积累起来的劳动就是资本”。[①] 但同时马克思也认为资本并不是一种单纯的物，而是体现着人类历史上的一种十分特殊和暂时的生产方式与生产关系，是人类历史上一种最极端、最贪得无厌的剥削方式。“资本不是物，而是一定的、社会的、属于一定历史社会形态的生产关系，后者体现在一个物上，并赋予这个物以特有的社会性质。”[②] 在马克思看来，资本的外在表现是生产要素；内在本质则是一种生产关系，一种运动过程，一种价值的增殖，一种经济权力，一种剥削手段。生产要素的原始形式具有“天然属性”，马克思称之为“自然力”。生产要素只有纳入到社会关系中才能成为资本。而作为生产关系力量的资本，归根到底必须通过支配和使用“自然力”才能现实地成为资本，在生产财富的同时实现价值增殖。[③] 资本无止境的求金欲，“把剩余劳动作为必要劳动的条件，把剩余价值作为对象化劳动即价值本身的界限”[④]，驱使着雇佣劳动在必要劳动时间之外，用剩余劳动时间来创造剩余价值，实现价值增殖。

实现价值增殖和不断扩张就是资本逻辑。马克思在《资本论》中指出：资本有一个奇怪的逻辑，它有一个“天生固有的规律”，即“凡是人类所能提供的一切剩余劳动都属于它”。[⑤] 资本没有发明剩余劳动，而是使对剩余劳动的贪欲具有了更加无限的性质。因而，资本的逻辑天然地

---

① 《马克思恩格斯全集》第6卷，人民出版社1961年版，第486页。

② 《马克思恩格斯全集》第46卷，人民出版社2003年版，第922页。

③ 鲁品越：《资本逻辑与当代中国社会结构趋向——从阶级阶层结构到和谐社会建构》，《哲学研究》2006年第12期。

④ 《马克思恩格斯全集》第30卷，人民出版社1995年版，第404页。

⑤ 《资本论》第3卷，人民出版社2004年版，第447页。

表现为资本实现过程不断的逻辑展开和运行。剩余价值转化为资本，不断投入到社会经济系统内部并使其自身获得增殖，从而实现资本的不断扩张。资本逻辑的活力正在于不断追求最大限度的利润，只要资本存在，资本逻辑就会发生作用，不择手段地追求利润最大化。资本总是不断地通过竞争、流动、扩张，使其在运动中增殖。

在资本的逻辑下，资本就像“有灵性的怪物”，不是作为工具而是作为剥削手段同工人发生关系；与之相反，工人却作为被动的、孤立的附属品从属于资本。“资本雇佣劳动”的结果，使劳动者的劳动，即作为个体的孤立的劳动被否定了，而资本则成为起支配作用的主体和他人劳动的所有者。劳动被异化了。马克思说：“劳动的这种现实化表现为工人的非现实化，对象化表现为对象的丧失和被对象奴役，占有表现为异化、外化。”①

在资本逻辑下劳动被异化，从而人的发展受到资本力量的强大限制。表现在：第一，资本逻辑把人变成被资本驯化的工具。资本对“自然力”的无限度开发，使机器的使用越来越广泛，分工日益细化，许多复杂的技术被分解为十分简单的操作，人失去了自身价值成为服从资本意志的工具听命于技术理性的安排，并日益产生深刻的人在社会性方面的发展危机。第二，资本逻辑使人本身丧失了自由和自我。资本扩张要求人越来越专业化，专业化的分工体系把劳动者限制在狭小的发展空间内，人的全面发展因资本扩张而受阻，劳动者逐步变成局部工人丧失了自由和自我。劳动者“在自己的劳动中不是肯定自己，而是否定自己，不是感到幸福，而是感到不幸，不是自由地发挥自己的体力和智力，而是使自己的肉体受折磨、精神遭摧残。因此，工人只有在劳动之外才感到自在，而在劳动中则感到不自在。他在不劳动时觉得舒畅，而在劳动时觉得不舒畅”②。第三，在资本逻辑下劳动关系全面异化。资本具有对劳动力本身的控制权和指挥权，资本家作为人格化的资本监督劳动者以限定的强度进行劳动；工人由于自愿订立了契约而必须遵守资本家的法规，服从

① 马克思：《1844年经济学哲学手稿》，人民出版社2000年版，第52页。
② 马克思：《1844年经济学哲学手稿》，人民出版社2000年版，第54页。

监督。对资本家和监工而言，罚款和克扣工资的处罚对他们更有利，而对工人来说，法律上和事实上的自由不见了。[①] 一旦从属于资本的劳动成为协作劳动，这种管理、监督和调节的职能就成为资本的职能。这种异化的、外化的劳动，使工人不仅生产出作为异己的、敌对力量的生产对象和生产行为的关系，而且生产出一个对劳动生疏的、站在劳动之外的资本家同这种劳动的关系。这是资本逻辑下劳资关系的产物和必然结果。

诚然，资本逻辑的概念源于西方资本主义社会，把资本逻辑同社会主义中国相联系，令人费解。但是，搞社会主义市场经济就必然要利用"资本"，这是中国当下无法回避的现实问题。我们知道，市场是资本的游戏场，有"市场"就必然会有"资本"。伴随着社会主义市场经济地位的确立，资本借助市场在中国取得了合法地位，并获得了长足发展。资本之所以能够走向中国，一是资本逻辑的逐利本性，资本对利润的无限诉求，二是在中国国富民强的强烈发展动因下资本的长期短缺。中国作为一个发展中国家，早日实现现代化是其目标。但是，对于一个力图通过改革开放寻求发展的后发国家来说，从启动现代化的那一刻起，已然处在全球化下的资本时代，面对西方国家发达的资本市场和资本逻辑的强大压力。急于改变落后面貌的中国，需要资本的要素禀赋并进行资本积累。如此，引进外资成为中国现代化进程的重要手段。[②]

然而，资本作为一种生产要素进入中国，并不意味着资本本性的改变，也不意味着资本与劳动关系的根本消解，更不意味着资本固有逻辑的消亡。[③] 正如马克思所指出的，在资本的简单概念中包含着"资本的文明化趋势"，同时又"潜在地包含着以后才暴露出来的那些矛盾"，并在其运动中产生着"过度劳动的文明暴行"。在中国特色社会主义市场经济中，资本运营依然遵循剩余价值规律，资本逻辑仍然通过一切可能的手段最大限度地攫取剩余价值。在对富士康的相关报道中，我们看到，

① 宋希仁：《剩余价值的生产与劳资伦理——〈资本论〉经济伦理思想研究》，《湘潭师范学院学报（社会科学版）》2000年第5期。

② 贾英健、孔祥翠：《风险范式、资本逻辑与中国发展》，《山东师范大学学报（人文社会科学版）》2009年第6期。

③ 贾英健、孔祥翠：《风险范式、资本逻辑与中国发展》，《山东师范大学学报（人文社会科学版）》2009年第6期。

2008年国际金融危机期间，其营业额仍高达4207亿元，利润年逾200亿元，与此相反，在员工数量相比2008年增加9.7%的情况下，人工成本总额却从2008年的6.72亿美元减少至4.85亿美元，成本总额支出同比减少28%，人均成本更是同比减少了34%。一年间仅在员工成本上就节省了1.87亿美元。[①]

来自世界银行的普查报告显示，在中国维持基本生活水平的费用是每人每月1684元，每周工作40个小时。珠三角地区的农民工每周平均工作66个小时，每个月加班120个小时才能拿到1685元工资。[②] 在北京、上海、深圳这样的大城市生活，1600多元的工资大体上属于“活命”的水平。富士康龙华园区一线员工的底薪是每月900元，低工资被认为是“N连跳”的主因。在富士康，工资由底薪加上每月不定的加班费构成。进厂员工都会签订一份“自愿加班意愿书”，随后的加班时间便不受法律规定每月上限36小时的约束（干得好一个月可拿到2000多元）。在许多打工者看来，加班是一种悖论，不加班，根本挣不到钱，没有钱的日子让他们“窒息”；加班却像是“会呼吸的痛”，过度加班没有休息时间，加上高度集中的军事化管理方式，会让身体加倍“疼痛”。[③] 在富士康，为最大限度地追求利润，机器24小时不停地运转，员工一般实行“两班倒”，劳动强度大，法律对加班的规定成为一纸空文。在半军事化的管理流程下，员工变成了机器的一部分，随着机器的节奏不停转动。有调查者称，从生产线上下来，如果企业没有一个良好的氛围把年轻普通工人从一个机器、一个赚钱工具变回一个人，就很容易导致极端事件的发生。[④]

虽然异化劳动是资本主义的产物，但是，在社会主义市场经济条件下，劳动的异化现象依然存在。富士康在中国算是一家管理比较规范的企业，富士康事件也以涨薪60%有了一个交代。但是，富士康为达到财

---

① 王晓林、林风：《担心利润受到影响关注台企是否跟进岛内热议富士康加薪30%》，《环球时报》2010年6月3日。

② 《富士康连跳和本田罢工：为了啥》，《中国企业报》2010年6月10日。

③ 刘志毅、杨继斌：《富士康“八连跳”自杀之谜》，《南方周末》2010年5月13日。

④ 朗朗：《机器轰隆下新生代农民工心里在想什么》，《中国劳动保障报》2010年5月28日。

富创造最大化而牺牲工人的尊严、健康乃至生命的整套管理制度，是对劳动的严重异化与剥夺。它暴露出来的管理伦理问题，表明资本的“逐利”本性和对剩余劳动的无限欲求。

中国在利用资本方面，存在风险。如果不对资本加以伦理限制和监管，在市场需求、竞争压力和资本逻辑的驱使下，同样会出现资本主义“过度劳动”的问题。对资本逻辑加以伦理限制，减少其可能带来的消极影响，这是资本全球化时代向中国特色社会主义提出的一个重大理论和实践课题。

对资本的伦理限制，其实质是要保证资本理性的获利行为，一种诺斯称之为“私人收益率接近社会收益率的活动”，而不是原始的资本掠夺行为。现代社会对资本的伦理要求不再是简单的“利他”或“利己”，而是对自利的抑制即“不侵害他人”，达到劳资和谐与“双赢”，实现马克思在《1844 年经济学哲学手稿》中提出的“异化劳动”向人自身、向社会的合乎人性的人的复归。

三、劳动伦理和企业道德

何谓劳动伦理，中国学术界有两派观点，一为“道德原则说”，二为“道德关系说”。道德原则说认为，劳动伦理是对劳动关系中道德现象的概括，主要是指在劳动中人与其他诸要素之间应当遵守的道德准则，主张劳动伦理是劳动中诸关系的原则协调。[①] 道德关系说认为，劳动伦理是对劳动中各种道德关系的反映，是以善恶评价为标准，依靠社会舆论、传统习俗和人的内心信念的力量来调整劳动关系的行为规范；以平衡劳动关系、保护劳动者权益为主要特点，贯穿于劳动关系的各个方面。[②] 其实，无论对劳动伦理如何表述，核心就在于立足人的自由存在、人的全面发展和社会全面进步的本质。对社会生产活动和社会的劳动关系进行

① 刘进才：《劳动伦理学》，华东理工大学出版社 1994 年版。

② 刘诚：《劳动法与劳动伦理的调整机制及其相互关系》，《东南大学学报（哲学社会科学版）》2009 年第 4 期。

伦理检审与伦理价值层面的考量，旨在劳动中守护人的价值，维护人的生命尊严，实现人的自由和全面发展。① 对此，马克思在《1844 年经济学哲学手稿》中已有阐发。马克思说："劳动这种生命活动、这种生产活动本身对人说来不过是满足一种需要即维持肉体生存的需要的一种手段……而自由的有意识的活动恰恰就是人的类特征。"② 在马克思看来，劳动伦理的本质在于自由、自觉的，符合人的类本质的劳动。马克思指出："假定我们作为人进行生产。在这种情况下，我们每个人在自己的生产过程中就双重地肯定了自己和另一个人：（1）我在我的生产中使我的个性和我的个性的特点对象化，因此我既在活动时享受了个人的生命表现，又在对产品的直观中由于认识到我的个性是对象性的、可以感性地直观的因而是毫无疑问的权力而感受到个人的乐趣。（2）在你享受或使用我的产品时，我直接享受到的是：既意识到我的劳动满足了人的需要，从而使人的本质对象化，又创造了与另一个人的本质的需要相符合的物品。（3）对你来说，我是你与类之间的中介，你自己认识到和感觉到我是你自己本质的补充，是你自己不可分割的一部分，从而我认识到我自己被你的思想和你的爱所证实。（4）在我个人的生命表现中，我直接创造了你的生命表现，因而在我个人的活动中，我直接证实和实现了我的真正的本质，即我的人的本质，我的社会本质。"③ 在这里马克思强调了劳动伦理是对劳动异化的扬弃从而人类主体从异化状态向自己本质的复归。

维护劳动伦理是马克思主义的基本价值诉求，它要求：第一，劳动必须自由、自觉，符合人的类本质。劳动不是外在于生命的抽象物质活动，而是在生产中的生命表现，是可以感性地直观地感受到的个人的乐趣。因而，人的生产活动需要一个符合人性的劳动场所和和谐的劳动环境。第二，在劳动中营建和谐的劳动关系。劳动实质上是一种社会性活动。只有在人与人之间的相互合作和相互依赖的社会关系中，在劳动满足了人的需要，从而使人的本质对象化，并认识和感觉到自己是他人本

---

① 毛勒堂：《劳动正义：发展和谐劳动关系的伦理诉求》，《毛泽东邓小平理论研究》2007 年第 5 期。

② 马克思：《1844 年经济学哲学手稿》，人民出版社 2000 年版，第 57 页。

③ 马克思：《1844 年经济学哲学手稿》，人民出版社 2000 年版，第 183、184 页。

质的补充时，人才真正实现了人的本质，并具有了社会本质。第三，经营者不但要实现企业的经济目标，也要充分考虑并满足员工的非经济需求，包括工作需要、自我实现和自我发展的需要、安全感和有意义的工作前景的需要等。对劳动伦理的维护，就是对人性的维护，进而是对和谐劳动关系的维护。

在现代市场经济中，人们越来越认识到，企业要生存并求得长远发展，除了效率原则外，“将个人归属于企业组织并不是把个人成员降低到大机器中的不负责任的齿轮”[①]。作为经济活动主体的企业，在经济活动中既要自觉遵守和维护法律的尊严，又要肩负起应有的社会责任。从“追求利润最大化”的传统经营观，转变到“服务社会，互利共赢”的现代管理理念上来，以人为本，用德性、正义等伦理价值去关心员工的全面发展和相关者利益；从传统的“我养活你”的资本雇佣逻辑转变到和谐共存的新型劳动伦理上来。如果一个企业把控制权和剩余索取权全部归股东所有，企业经营成功与否的衡量标准仅仅表现为短期利润率或当期的股票市值，不能善待员工和其他利益相关者，其结果只会导致人心涣散，在激烈的市场竞争中被逐渐淘汰。

维护劳动伦理，讲求道德责任应该成为现代企业的伦理意识并构成企业的道德原则和基本规范。具体而言，资本所有者的利益要实现，企业员工的个人价值也应得到尊重。日本索尼公司前董事长盛田昭夫曾说，如果说日本式经营真有什么秘诀的话，那么，“人”是一切秘诀最根本的出发点。被誉为“经营之神”的松下幸之助也说，松下公司的口号是“企业即人”，并多次宣称“要造松下产品，先造松下人”。[②] 这些观点和看法无疑是很有见地并且深刻的，它揭示了资本逻辑与企业道德责任之间的辩证关系。由于市场地位不平等（企业在劳动力市场上居于支配地位）、信息不对称（企业占有信息优势）和管理关系的隶属性（资本与劳动的雇佣关系），劳资双方实际上是不平等的，雇主无论是在劳动力市场上还是在劳动过程都居于强势地位。在这种不平等的劳动关系下企业的

① ［美］P. 普拉利：《商业伦理》，洪成文等译，中信出版社 1999 年版，第 102、103 页。

② 刘刚：《人本管理的理论基础及人性假设》，《南昌航空工业学院学报（社会科学版）》2004 年第 2 期。

道德责任和伦理精神是构建和谐劳资关系的关键。有道德的企业，会尊重和鼓励集体中单个成员的道德自主权，尊重员工，创造充满人性关怀和谐的工作环境，为员工提供一个以人为本的生存和发展空间，帮助员工实现自我价值。这事实上要求企业成为一个有社会责任感的道德共同体，让员工在约束得力、激励高效的环境中与企业共享“双赢”。

维护劳动伦理，并非否定法律的规制作用，而寄希望于企业道德良心的觉醒和道德自律。道德和法律作为两种不可或缺的社会规范，共同对社会生活的正常秩序起保障作用。法律作为他律性的规范，是带有刚性的硬约束，是行为的下限，调节的范围相对较窄；道德作为自律性的规范，是带有柔性的软调节，是行为的上限，调节的范围较宽。两者相互支撑、相互补充，共同规范人们的行为。[①] 需要强调的是，法律制度在调处劳动关系中始终居于主导作用，否则，“开胸验肺”“跳楼讨薪”“矿难”“黑砖窑”等严重侵害劳动者权益的资本暴行将得不到合理和妥善的解决。当然，在法律道德之上，更要求政府肩负起自身的责任，在限制资本逻辑方面体现权威，有所作为。政府应当更多地从立法层面、监管层面、职工权益保护层面限制资本逻辑，保障劳动者在体面劳动中获得尊严并实现自我价值。

（原文发表于《当代经济研究》2011年第2期）

① 刘进才：《我国工业化进程中农民工权益保护与企业伦理问题研究——基于建立和谐劳动关系》，《郑州航空工业管理学院学报》2007第5期。

创意经济：缘起、内涵与分析框架

陈伟雄　张华荣*

自从1998年英国文化媒体体育部正式提出“创意产业”的概念以来，以创意为基础，以创意产业为核心的经济发展模式日益受到世界各国的关注和重视。进入新世纪，“创意经济”及其相关内容已成为学术界研究的热点问题之一，从研究“创意”及其生成到以创意为基础的产业组织和生产活动，即“创意产业”，再发展到以创意产业为核心的经济形态和社会组织，即“创意经济”，研究内容不断充实，研究成果日渐丰硕。伴随着理论研究的不断深入，创意产业和创意经济的发展速度也在不断加快，创意产业越来越成为国民经济的支柱产业，创意经济也开始成为新一轮全球化经济竞争的重点领域之一。约翰·霍金斯在《创意经济：如何点石成金》一书中指出，全世界创意经济每天能够创造220亿美元的产值，并以5%的平均速度递增，发达国家增长更快，如美国为14%，英国为12%。《2010创意经济报告》显示，2002年创意产品与服务的世界出口额为2670亿美元，与之相比，2008年创意产品与服务的世界出口额已经高达5920亿美元，占当年全球贸易总额的3.75%。2008年受世界金融危机的影响，国际贸易额骤减12%，而创意产业的国际贸易却在持续增长。2002年至2010年间，创意产业以年均增长率10.4%的速度在全球市场的份额中迅速增加。[①] 创意经济缘何兴起？创意经济具有哪些内涵特征？创意经济的分析框架应该包含哪些内容？本文拟对这些问题进行分析，以期对完善创意经济理论研究体系有所裨益。

---

* 陈伟雄：福建师范大学经济学院讲师，博士。张华荣，福建师范大学经济学院教授、博士生导师，博士。

① 数据来源：联合国贸发会议网站。

一、创意经济缘起

创意自古有之，只是长期以来产业化程度不高，未能形成一种经济形态。二战之后，关于创意经济和创意产业的讨论开始初见端倪。美国学者佛罗里达将经济社会发展划分为农业经济时代（A）、工业经济时代（M）、服务经济时代（S）和创意经济时代（C）四个阶段，并指出自20世纪80年代以来，尽管服务经济仍然占据主导地位，但创意经济发展态势良好，呈现赶超服务经济的趋势。1994年，澳大利亚政府发布了首个国家文化发展战略，首次出现了“创意国度”（creative nation）的概念，积极推动创意产业发展。1997年，英国成立了创意产业特别工作小组，并于1998年出台的《英国创意产业路径文件》中明确提出了“创意产业”（creative industries）的概念。此后，创意经济作为国家发展战略和全新的经济形态在全球范围内兴起。应该看到，创意经济的产生和发展并非偶然，而是具有深刻的历史背景和深层原因，可以归结为以下三个方面。

1. 技术进步是创意经济产生的关键因素。从现代经济发展趋势来看，任何一种产业或经济形态的形成、发展和壮大都与技术的发展密切相关，创意产业和创意经济也不例外。创意产业脱胎于文化产业，早期的创意产业被称为文化创意产业，这就表明了创意产业与文化产业之间的渊源关系。[①] 从技术进步与文化产业发展的历史来看，每一次文化产业的升级都与技术进步存在密切关系。第一次科技革命以前，造纸术和印刷术的发明使文化内容可以批量复制，突破了人类文化交流的时空限制；18世纪60年代，以蒸汽机的发明和应用为标志的第一次科技革命兴起，使得造纸术和印刷术不断改进，极大地提高了生产力，催生了专业分工明确、技术先进、规模宏大的现代化出版企业，促进了近代报刊业、图书出版

① 张海涛、苏同华、钱春海：《创意产业兴起的背景分析及其启示》，《中国软科学》2006年第12期。

业的快速发展；19世纪70年代开始，在第二次科技革命的推动下，产生了电影、电视、广播、音像等全新的电子媒介及电子传媒产业，文化传播的内容从语言符号、文字符号拓展到声音和影像符号，并逐渐形成集中的文化产业形态，极大丰富了人们的精神文化需求；20世纪40年代开始、70年代初期达到高潮的第三次科技革命使人类经济社会发展进入了"创新驱动阶段"，出现了所谓的知识经济，技术创新、知识创新成为经济社会发展的主要驱动力，技术进步日益成为经济社会发展的决定因素，以技术群形态出现的高新技术让文化产业成为融合多种技术群因子的产业形态，为文化产业的信息化提供了发展与壮大的技术基础，也为新兴文化产品和新兴文化产业类型的出现创造了条件，由此催生了"创意产业""创意经济"的概念。因此，在技术进步的推动下，文化生产、知识创意与技术创新高度融合的创意产业越来越成为知识经济时代的标志性产业形态，创意经济则成为知识经济的核心内容和主要动力。

2. 产业结构调整是创意经济产生的直接原因。二战以后，特别是20世纪60年代，世界主要经济中心城市基本完成产业结构的优化升级，由"二三一"向"三二一"的产业结构转变。虽然制造业逐渐退出世界经济中心城市，但掌控包括制造业在内的各种产业的跨国公司总部进驻经济中心城市，由此形成总部经济，对促进城市发展起到关键作用。然而，由于中心城区的商务成本居高不下，在信息技术日益普及、交通运输日益便捷的条件下，20世纪70年代开始，跨国公司总部逐渐向成本较低的城郊转移，这就导致了城市产业空心化，引发了城市衰退。[①] 为了解决城市衰退的问题，势必要进行产业结构调整。由于产业结构演变的不可逆性，在已经建立以第三产业为主的产业结构的发达国家中心城市，实现产业结构调整的重点必须是推动第三产业内部结构的优化升级。创意产业以创新应用为核心，以创意资源为关键要素，以现代科技为支撑，体现高文化附加值和高技术含量特征，渗透于从第一产业到第三产业的各个生产环节，使全球经济的竞争方式和资源概念发生深刻转变，从而成

① 荣跃明：《超越文化产业：创意产业的本质和特征》，《毛泽东邓小平理论研究》2004年第5期。

为第三产业内部结构优化升级和推进城市复兴的全新动力，这就是创意产业和创意经济兴起的直接历史原因。英国也正是在经历60年代产业结构调整以后的短暂复苏、之后又陷入服务业疲软和城市衰退的背景下，率先正式提出发展创意产业。随着经济全球化进程的不断推进，发达国家和地区的跨国企业越来越重视利用创意产业在国际市场分工中占据高端地位，并通过创意产业的扩散和渗透效应，控制产业链上不同环节的利润分配。发展中国家为了获取在国际市场上的竞争优势，也开始强调创意产业在经济领域中的重要地位和作用。因此，创意产业得以在全球范围内广泛兴起，创意经济发展理念得到普遍认同。

3. 需求升级是创意经济产生的重要条件。消费需求是推动商品生产和价值形成的动力。人类的消费需求按其内容和水平可分为三类：生存性消费、发展性消费、享乐性消费。其中，发展性消费和享乐性消费属于较高档次的消费，也是精神文化消费的主要内容。随着社会的进步和经济的发展，恩格尔系数总体上呈不断下降趋势，人们在购买文化产品和服务方面的支出不断增加，精神需求变得越来越重要，影视、音乐、动漫、图书、戏剧等艺术及艺术品的消费有了广泛的市场基础，并且对文化消费品的内容、质量等方面的创新要求越来越高，越来越追求个人心理上的满足，崇尚个性化、时尚化消费，在重视商品使用价值的基础上，更加注重商品的文化含量，如：设计、包装、品牌及商品的品位、观念等其他创新要素。[①] 而创意经济时代的创意产业可以为人们提供满足这种精神需要的创意产品。创意经济形态中创意产业的发展、创意产品和服务的多样化满足了不同消费群体的文化需求；同时，创意产品的领先设计、包装及其他超越时代的文化因素又挖掘和提升了消费者的文化需求内容。创意产品和服务创造了消费者需要的精神价值、观念价值，满足了人们无形消费的需求，契合了消费结构的优化升级，为创意生产市场化奠定了坚实基础。因此，人类消费需求的升级是创意经济产生和发展的重要条件。

---

① 孙福良、张迺英主编：《中国创意经济比较研究》，学林出版社2008年版，第5—6页。

二、创意经济的内涵

1. 创意经济与创意产业的内涵辨析。

对于创意经济的具体含义，学术界还存在一定的争议。对已有的研究成果进行归纳，一类学者将创意经济直接等同于创意产业，认为创意经济就是一种新兴产业，比如以约翰·霍金斯为代表的大部分学者，在对创意经济或创意产业进行界定时并没有加以辨析；另外一类学者把创意经济上升到一种新的经济形态，强调与产业形态的区分。相对而言，第一种理解比较片面，忽视了创意作为生产方式在国民经济所有部门中所具有的普遍意义，仅将创意作为特殊的产业现象。创意经济并不等同于创意产业，它们应该是相互联系但又相互区别的两个概念。创意催生创意产业，创意产业构成整个创意经济的核心。[①] 创意经济是一种新型的经济形态，创意产业作为一种新兴的产业形态是创意经济的主要表现形式。因此，相对创意产业而言，创意经济是一个更偏向于宏观层面的概念。

一般意义上可以将经济理解为商品和服务进行生产、分配、交换、消费的系统。在知识经济时代，创意经济是以人的创造力即创意为核心要素，以知识产权保护为核心内容，以现代科技为主要手段，将文化、知识和创意等无形资源物化，形成高文化附加值和高技术含量的创意产品和服务，实现在市场经济条件下的生产、分配、交换和消费，并通过有效的资源整合力和产业渗透扩张能力，达到推动财富创造、提高生活质量、提升经济综合竞争力目的的经济形态。与创意产业概念相比，创意经济的独特内涵在于：首先，从发展层面来看，创意经济是继主要依靠物质资源消耗的粗放型增长之后的新型发展阶段，是可持续发展理念的延伸和深化；其次，从经济层面来看，创意经济是知识经济的核心内

① ［巴西］埃德娜·多斯桑托斯·杜伊森博格：《创意经济与创意产业》，《中国文化报》2010年11月24日，第7版。

容和高级形态，是继农业经济、工业经济、商品经济之后的新型经济类型或经济发展模式；再次，从内容层面来看，创意经济是比创意产业具有更高范畴、更广含义的交叉性概念，创意产业是创意活动构成的独立的产业部门，是后工业社会的“黄金产业”，[①] 而创意经济不仅仅是一个单纯的产业问题或产业概念，更多体现的是对具有高文化附加值、高科技含量和丰富创新度的各类产业和各种经济行为的高度概括，涵盖了新经济的总体。传统的工业经济、服务经济甚至是农业经济通过注入文化或创意的含量提升其附加值，可以实现向创意经济的转化，城市规划建设、环境建设、精神文明建设等也与创意经济建立了直接的联系，因此，创意经济具有覆盖经济、社会和文化等多方面的关联效应。

季昆森教授把对创意经济的理解概括为四句话：“发掘深厚文化底蕴，运用先进科技手段，融入新奇怪特创意，创造巨大财富价值。”[②] 创意是核心，文化是启发创意的重要依据，科技是实现创意的重要手段，而文化、科技、创意的有机结合，必将迅速形成社会生产力，创造巨大财富价值。与传统经济形态相比，创意经济实际上意味着，从以效用为重心的经济，转向以价值为重心的经济；从以理性资本（包括物质资本与公共知识“即物化知识”）为基础的经济，转向以活性资本（包括知本“即个人知识资本”、社会资本、文化资本、精神与潜意识资本）为基础的经济；从以机械组织和制序为基础的经济，转向以有机组织和活的制序为基础的经济。[③]

2. 创意经济的基本特征。

（1）创造性思维即创意或创新是创意经济的核心要素和根本动力。创意经济是“以人为本”的经济形态，人的创造力或者说创造性思维是其核心要素。佛罗里达指出，创意经济使得知识和创意代替自然资源和其他有形的物质资本成为财富创造和经济增长的主要源泉。熊彼特在20世纪初就指出，现代经济发展的动力不是资本和劳动，而是创新。罗默也曾指出，创意会衍生出大量的新产品、新市场，成为推动一国经济成

① 周膺：《创意经济与中国大变革》，《浙江社会科学》2008年第9期。
② 季昆森：《创意与创意经济》，安徽人民出版社2008年版，第45页。
③ 孙智英：《创意经济的形态和业态研究》，《东南学术》2008年第6期。

长的原动力。在创意经济时代，创新和创意对经济社会发展的动力作用将表现得更加突出。通过创意劳动这种复杂的脑力劳动、原创性劳动过程，人的创造力得以发挥和实现。在创意劳动过程中，创意劳动者利用大脑中的创意构想和设计指挥整个劳动过程，并使劳动过程的每一环节都服务于这一创意构思和设计，最终实现创意成果的新颖性、原创性和独特性。因此，创意产业处于技术创新、研发等产业价值链的高端环节，是一种高附加值的产业。当然，需要强调的一点是，创意必须体现文化内涵，文化是创意或创造性思维的重要依据，文化是创意产业和创意经济的内核和灵魂，创意可以增值归根结底是对文化内涵的挖掘，尤其是创新性、原创性、被大众认可的具有文化内涵的创意经过技术的加工便可产生巨大的价值。① 没有“文化”创意就没有真正意义上的创意经济。

(2) 知识产权是创意经济的核心资产。知识产权是知识和创意等无形资源有形化和商品化的表现载体，是创意作品到创意产品、创意产品到创意商品的转换器，可以说，知识产权的占有和交易是创意经济的实质内容。创意一旦获得知识产权并能够进行交易，就意味着创意本身实现了向创意经济的转换。霍金斯将创意经济和知识产权的关系概括为：知识产权是创意经济的“货币”，知识产权保护就是创意经济的“中央银行”。由此可见知识产权在创意经济中的核心地位。因此，知识产权的保护是推动创意企业加快创新、促进创意经济更好发展的重要保障。

(3) 创意产业是创意经济的表现形式。创意产业是创意经济的核心部分，因而也就成为创意经济的主要表现形式。创意经济作为一种经济形态，其对应的主导产业必然是创意产业。创意产业的发展壮大最终会促进创意经济的繁荣。经济全球化背景下产业结构调整的需要是催生创意产业的直接原因，而创意的产业化过程和产业的创意化过程则又反过来推动产业结构的优化升级，进而巩固创意产业的发展基础，创意经济也应运而生。

(4) 技术进步是创意经济的重要支撑。在创意经济的生产过程中，

---

① 白远、池娟：《文化创意产业发展比较研究——理论与产品的国际贸易》，中国金融出版社2009年版，第10页。

科学技术从经济发展的实践中被提炼出来并且得以运用，从而成为创意经济发展的必不可少的支撑和推动力量。伴随创意产品需求的不断增加和升级，新兴的先进技术就会逐渐从物质产品生产领域转移到创意产品生产领域。例如，在创意生产阶段，一方面，高新技术能够实现以尽可能丰富、尽可能满足不同消费者需求的媒体形态来承载创意产品及服务的信息，如出现以网页、光盘、视频、软件包、物理设备等多种形态为载体的创意产品和服务；另一方面，高新技术也会改变创意产品和服务的生产过程以及基本方式，从而提高创意产业的生产效率。此外，技术进步所带来的新兴业态、新兴产品和服务对创意经济的结构调整和产业升级也具有重要的作用。

(5) 创意环境是创意经济的外在动力。创意经济的发展除了要求具备良好的科技支撑条件和知识产权保护制度，还十分强调创意生活圈的便利条件和文化氛围。一般而言，创意阶层倾向于选择环境优美、生活便利、具有包容性和多元化的城市作为自己发展的平台。而创意企业往往也拥有与众不同的办公空间，因为创意从准备、孕育、洞察到明晰的不同阶段对于工作的实体空间有不同要求，很多创意企业根据创意不同阶段的学习和创造性特点，精心设计和布局办公场所，以此激发创意思维和创造力潜质。

三、创意经济的分析框架

根据上面的分析，创意经济是以创意劳动者的创造性思维为核心要素和根本动力，以知识产权交易为实质内容，以创意产业为主要表现形式，强调创造性、高科技与文化资源的结合，并能够实现对传统产业的渗透重塑，主要是由创意企业和创意劳动者、交易市场和中介组织、政府和社会等各个部门共同参与的经济系统。作为“创意”生产、分配、交换、消费的系统，创意经济不囿于创意产业的窠臼，包含更加丰富的内容。创意经济是经济社会发展到一定阶段的必然选择，是知识经济发展到高级阶段的必然产物。广义虚拟经济理论的观点认为，随着国家的富裕程度和个人财富的增长，人们物质资料的消费支出占整个消费支出的比例呈递减趋势，而对虚拟价值、精神产品的消费会呈现递增甚至是加速度式的增长趋势。当人均收入超过3000美元，消费者对产品满意度的评估不再以效率为依据，而转向以产品异质性、差异性、不可通约性、个性风格这些反效率的尺度为标准①，创意经济则很好地契合了这一标准。由于创意经济在核心要素、核心资产及表现形式等方面与传统的经济形态有着本质的区别，因而存在着区别于其他经济形态的创意经济动态循环过程。创意经济系统的分析框架如图1所示。

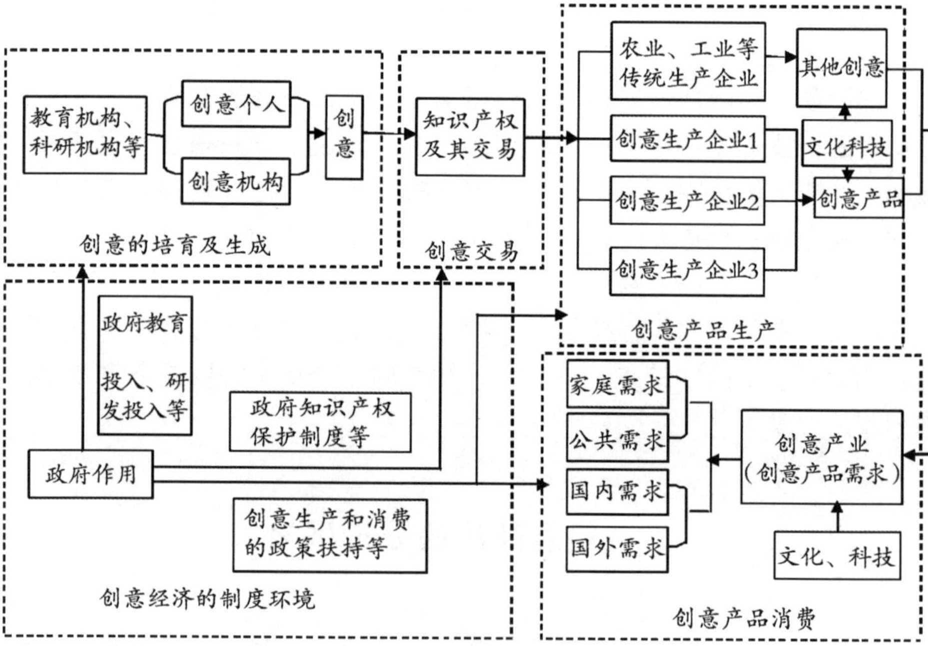

图1 创意经济分析框架图

创意经济的第一阶段是创意的培育与生成。创意的培育与生成是创意经济体系的核心和源泉，也是推动创意经济持续发展、良性循环的重要条件。创意来源于人，因此，创意劳动者即创意阶层在整个创意经济中处于关键地位，加强对创意人才的培养是完善创意经济体系的重要环

① 姜奇平：《创意经济的逻辑》，《互联网周刊》2006年第7期。

节之一。创意人才不仅要具备丰富的文化知识和专业知识、较强的创新意识和创新能力，而且还要具备敏锐的洞察力、强劲的学习力、丰富的想象力等能力素质，以此来保证取得较高的创意工作绩效。高校是培养创意人才的主阵地，高校通过开展创新性教育、创造性教育，加强与创意企业和相关科研机构的合作，在实现产学研一体化的基础上培养大批创意人才，为创意经济发展奠定坚实的智力基础。而且，通过教育还可以提高受众的文化水准，提升创意欣赏能力，增强创意者、使用者和消费受众之间的互动。在创意产品的生产、交换、消费等阶段，市场上受众对创意的反馈信息可以传达给创意劳动者，通过他们的消化吸收而不断完善甚至形成新的创意灵感。

创意经济的第二阶段是创意转化为知识产权并通过市场进行交易。创意劳动者通过将创造性思维与文化、科技等因素相结合，形成切实可行的创意。而纯粹的创意并不能带来社会财富的增加，必须要将创意进行商品化生产。知识产权则是创意的有形载体，是创意商品化的表现形式。知识产权及其交易的本质是通过市场对“创意”这种特殊的生产要素进行科学合理的定价。因此，知识产权是创意经济的核心资产，创意经济的实质内容是知识产权的占有与交易，这是创意的第一次飞跃。创意只有与知识产权有效结合才能产生真正的经济效益，发展创意经济必须重视知识产权保护。

生产创意产品、提供创意服务是创意经济发展的第三阶段。创意活动通过知识产权交易，将优秀的创意转移给不同类型的生产企业，与其他生产要素结合，转化为实实在在的创意产品和服务，这便实现了创意的第二次飞跃。在这一过程中，创意更多地运用于专门生产创意产品和服务的那些创意生产企业，如广告、影视、时尚设计、出版传媒等，也可以体现于农业、工业、商业等一般企业中生产的相关创意产品，实现创意对其他各行各业的渗透。

最后，随着创意的产生、交易和创意产品生产过程的完成，创意最终物化成可供消费者选择的创意产品和服务，从而实现了创意的生产、交换、分配和消费的循环过程。而创意企业的经济活动的不断扩大使得创意产业应运而生，并逐渐形成各式各样的创意产业园区。随着经济全球化的不断推进，创意产业在国际贸易中的地位越来越显著，发展潜力巨大，市场前景广阔，成为世界各国着力推崇的产业形态。在此过程中，社会经济形态逐渐由传统的工业经济、服务经济向高科技含量、高附加值、高关联性的创意经济转化。

值得注意的是，在创意经济的分析框架中，政府的作用是不容忽视的，构成了创意环境的一个重要组成部分。在创意的培育和生成阶段，政府要加强对创意人才的培养力度，加大科技教育投入，打造公共教育培训平台，营造良好的创意环境和氛围，更好地促进创意的形成。在创意转化为知识产权进行交易的过程中，政府通过构建完善的知识产权保护制度为创意经济的发展提供制度保障。在创意产品的生产和消费阶段，政府通过制定创意经济发展战略规划和政策措施，成立专门机构，对创意经济发展给予政策扶持和引导，推动形成创意产业集聚效应，加快创意企业“走出去”。同时，政府还通过加强信息基础设施建设促进创意经济与其他产业部门之间信息和知识等的互动交流，并且使创意产品和服务的信息能够有效传达给消费者，加快创意经济的循环过程。

此外，科学技术也是始终贯穿于创意经济发展的全过程。技术进步对创意经济的影响是深刻的，技术不仅仅是创意的工具，良好的创意必须要有技术的支撑，而且技术改变了创意经济系统的运作模式，带来的是创意阶层的“民主化”和创意群体的快速扩张，以及创意市场组织结构的演化和转化。创意产品的生产、复制、传播模式、知识产权问题以及相应的交易成本、生产成本等都发生了或将发生显著的变化。[①] 这从技术进步在创意经济兴起中所起的关键作用也可略窥一斑。

通过对创意经济系统分析框架的解读，我们对创意的形成、创意的商品化、创意的价值实现过程有了初步的认识，对于揭示创意经济发展的内在规律和本质属性具有重要的意义。创意经济是经济社会发展到一定阶段，人类生活水平和消费水平达到一定程度之后必然会出现的一种

---

① 王兴全：《创意的经济系统分析框架》，《社会科学》2008 年第 11 期。

经济形态。在创意经济的发展过程中，政策设计、法制框架、文化氛围等创意环境的作用尤为重要。而创意产业以及创意产业集群化发展是创意经济发展的直接反映和主要表现形式。在强调夯实创意基础、完善创意环境、提升创意产业的同时，必须保证创意资源的持续集聚和永续利用、保证充足的公共教育投入来为“创意的火花”提供“足够的燃料”，以实现创意经济的可持续发展。

（原文发表于《经济问题探索》2013 年第 2 期）

论扩大文化消费与转变文化发展方式

陈凤娣*

党的十七届六中全会通过的《中共中央关于深化文化体制改革推动社会主义文化大发展大繁荣若干重大问题的决定》，明确提出了“扩大文化消费”的新论断。加快转变经济发展方式是“十二五”时期的主线，加快转变文化发展方式像一条红线贯穿于“十二五”文化规划。[①] 在市场经济条件下，文化消费的增长和变化，对文化生产供给起着导向性作用，是推动文化改革发展的内在力量和主要因素。随着改革开放和社会主义现代化建设深入推进，中国人民生活总体实现小康，正在向中高收入水平国家迈进，文化消费呈现出加速增长、转型升级的发展趋势，文化消费的规模、内容、结构、层次和方式发生了深刻的变化。这要求文化产品和服务的生产与之相适应，也要求文化发展方式的转变与之相适应。把握扩大文化消费与转变文化发展方式的互动关系，并切实贯彻到文化建设中，有利于推动中央一系列重大决策部署的落实，有利于实现满足人民群众精神文化需求与推动文化科学发展可持续发展的有机统一，也将对扩大内需拉动经济增长注入强大的动力，从而更好地发挥文化在经济社会发展中的积极作用。

一、扩大文化消费与转变文化发展方式的互动关系

文化消费的增长与文化发展方式的转变，是推动文化繁荣发展的两

* 陈凤娣：福建师范大学经济学院讲师，经济学博士。

① 张晓明等主编：《中国文化产业发展报告（2012—2013）》，社会科学文献出版社 2013 年版，第 36 页。

个重要因素。扩大文化消费与转变文化发展方式，存在着相互依存、相互促进的关系。

1. 扩大文化消费对转变文化发展方式具有驱动作用。

根据经济学的观点，短缺经济，供给创造需求；过剩经济，需求创造供给。经过长期发展，我国文化市场已经从总体“短缺”转向“短缺”与“过剩”并存。[①] 文化消费作为文化产品和服务价值实现的最终环节，其快速增长势必牵引和拉动文化生产与发展，其内容、结构和方式等的变化也会引起文化生产的组织运行、结构调整、布局变动和产业转型，进而带来文化发展方式的转变，影响整个文化发展的方向。比如，20 世纪 80 年代录像放映进入市场并迅速遍布城市和乡村，90 年代 VCD 和 DVD 以其影音效果好、体积小、价格低的优势异军突起，录像放映业、租赁业就迅速退出市场。在这一过程中，最重要的是消费需求对文化产业的转移效应起着作用，推动文化设备制造业的调整、转型和升级。这就是文化发展方式转变的过程。同时，人们消费某些产品和服务，还会产生新的消费愿望，从而为转变发展方式、提升文化发展水平提供源源不断的信息和动力。所以，文化消费的结果，不仅使文化生产的价值得以体现，也使文化生产得到推动，特别是促使企业主动调整生产方向、产业加快调整结构布局、政府适时调整政策导向，努力达到转变文化发展方式与扩大文化消费相契合、相适应、相协调的目的。

2. 转变文化发展方式对扩大文化消费具有支撑作用。

文化发展方式是一个不断变化、动态发展、持续提升的过程。从历史考察来看，文化发展方式转变都始终围绕满足文化消费这一立足点着眼点来展开，来推进，从而为文化消费提供材料、创造条件。随着信息化、数字化、网络化带给人们全新的消费体验，极大地刺激了文化消费，带来了相关领域产业的快速发展。2011 年，中国主要文化产业门类增长速度最快的是网络游戏，增长率为 34.2%；之后依次为动漫，增长 32.04%，数字出版增长 31.0%。[②] 这其中，正是文化企业主动适应消费

---

① 张晓明等主编：《中国文化产业发展报告（2012—2013）》，社会科学文献出版社 2013 年版，第1页。

② 张晓明等主编：《中国文化产业发展报告（2012—2013）》，社会科学文献出版社 2013 年版，第 3 页。

发展趋势，及时改变文化资源投向和生产方式，促成了网络游戏、动漫等产业加快发展，也支撑了人民群众文化消费的实现。从这个意义上讲，文化生产对文化消费具有反作用，文化发展方式转变只有落实到满足文化消费这个支撑点上，才有价值，才能推动文化向更高层次和水平发展。

3. 扩大文化消费与转变文化发展方式共同作用于文化繁荣发展。

从文化发展动力看，文化繁荣发展是文化生产与文化消费相互联系、共同作用的结果。文化消费的进一步扩大，将有力促进文化发展空间的拓展，特别是文化产业的发展。文化发展方式的进一步转变，将使文化获得新的发展动力，进而增加文化生产的有效供给，为文化消费提供强力保障。前者只是为文化繁荣发展提供可能，是一种必要条件；后者使得适应需求的文化生产得以实现，成为一种现实。两者之间的良性互动，使得文化消费与文化生产呈现出协调促进、共同发展的良好态势，从而推动文化不断向前发展。扩大文化消费与转变文化发展方式，统一于推动社会主义文化大发展大繁荣、建设社会主义文化强国的实践之中，统一于实现满足人民群众精神文化需求的过程之中。应从转变文化发展方式的视角，努力为扩大文化消费开辟新的思路，寻找新的路径，激发新的动力。

二、文化消费与文化发展方式的现实分析

1. 当前文化消费存在的问题。

当前，中国文化消费正处于快速增长的旺盛期，呈现一系列新趋势新特点。一是规模扩大化。中国居民文化消费总支出由 2008 年的 10587.5 亿元增加到 2011 年的 15228.3 亿元，年均增速 14.6%。[①] 据预测，未来五年全国城乡居民文化消费增长率可能为 20%左右。[②] 二是内容扩散化。随着文化消费群体和个体数量的增加，文化消费内容向更多主

① 严小平：《文化消费：拉动文化产业发展的引擎》，《消费经济》2013 年第 2 期。
② 石方杰：《着力扩大文化消费的实现路径》，《经济与社会发展》2012 年第 8 期。

体覆盖，为更多的人所占有、所欣赏、所享受和所使用，从而促进大众化、普及化和互动参与型等文化消费模式迅速发展。比如，《星光大道》《中国好声音》等娱乐节目受到观众热捧，就是很好的例子。三是结构升级化。现阶段中国文化消费由简单的娱乐消遣型逐渐向高层次的精神享受型转变。居民对艺术、公共图书、文物鉴赏、旅游观光等方面表现出强烈的消费需求。四是方式现代化。随着互联网、多媒体和数字技术的不断兴起和升级换代，引发了文化消费方式的变革。以出版为例，数字出版发展迅猛，继 2010 年跨过千亿元大关之后，2011 年产业规模达到了 1377.9 亿元，年度增长速度名列主要文化产业门类的第三位。手机出版和网络游戏的市场规模占数字出版业的比例分别为 26.66%和 26.74%，占据着半壁以上江山。[①] 五是主体分众化。随着人们提倡个性、追求特色的文化消费意识不断增强，以及文化业态不断融合，分工越来越细，新业态不断涌现，相同或相近消费取向的人表现出接近的消费习惯，使文化消费逐渐呈现出个性化、分众化的特点。

虽然中国居民文化消费不断增长，但仍处于较为初级的发展阶段，还存在一些问题。一是居民文化消费比重偏低。根据国际经验，当人均国内生产总值达到 5000 美元时，居民文化消费占比约为 15%～18%。尽管我国早在 2009 年人均国内生产总值就达到了 5000 美元以上，但 2010 年，城镇居民文化消费占比为 7.2%。如果取下限 15%估算，全国文化消费总量将会增加近 1 倍，约 9000 亿元。[②] 二是城乡文化消费不够均衡。由于经济收入差距、农村公共文化设施基础较薄弱、文化产品价格偏高等原因，农村文化消费水平远远低于城镇，并且农村文化消费大多体现在子女受教育的支出上。2009 年浙江省城镇居民人均文化消费支出是农村的 2.86 倍。[③] 三是文化消费供求矛盾比较突出。一方面，生产出来的文化产品大量闲置，未能转化为现实消费。同时，提供的文化产品不论

---

① 张晓明等主编：《中国文化产业发展报告（2012—2013）》，社会科学文献出版社 2013 年版，第 4—5 页。

② 张晓明等主编：《中国文化产业发展报告（2012—2013）》，社会科学文献出版社 2013 年版，第 8 页。

③ 邱羚：《我国文化消费的理论与实证研究》，《商业时代》2011 年第 36 期。

数量还是质量都远远不能满足群众文化消费需求，价格低廉、群众喜闻乐见的文化产品和服务比较缺乏，个性化、高端化、精品化的需求更是满足不了。四是文化产品和服务的创意、科技含量不足。创意和科技含量，是影响文化产品和服务能否被市场、被群众接受的重要因素。由于企业创意研发制作水平较低，原创性不足，产品同质化现象严重，有特色、有影响、有竞争力的文化品牌不多，获得文化市场广泛认同的拳头产品较少。以动漫产业为例，我国全年动漫产量已达 26 万分钟，大大超过全球动漫大国日本，[①] 但仍然是以加工为主，真正有市场品牌号召力、有持续盈利能力的产品却不多，优秀原创作品少。2011 年，一部国产动画片《高铁侠》（2011）被网友指认全面抄袭日本动画片《铁胆火车侠》(1998)，并迅速演化为对国产动画片抄袭的网络声讨。由此，注重创意驱动、品牌驱动、科技驱动应成为扩大文化消费的战略选择，也应成为转变文化发展方式的重要内容。五是支撑文化消费的公共文化设施网络不够完善。我国图书馆、博物馆、文化馆、科技馆、文化广场和电影城、书城等文化基础设施较为不足。以图书馆为例，联合国教科文组织规定的图书馆与人口的比例为 1∶3000，而我国平均 44.35 万人才有一个图书馆。[②] 同时有的公共文化活动场馆使用率不高，变成了其他产品的展览馆、交易市场。公共文化服务体系不健全，会使已有的文化消费得不到满足，还会使潜在的文化需求得不到有效开发而无法转化为现实的文化消费需求。

2. 当前文化发展方式存在的问题。

一是文化发展不平衡。主要表现在城乡、区域、行业上，广大农村存在基本文化设施总量不足、质量不高、结构不优和公共文化产品匮乏、服务能力不强等问题，中西部地区、贫困地区、革命老区、民族地区和边疆地区的文化发展相对滞后，农村、中西部地区和落后地区成为文化建设的“短板”。[③] 二是文化结构不合理。在所有制结构上，国有或国有

---

① 张晓明等主编：《中国文化产业发展报告（2012—2013）》，社会科学文献出版社 2013 年版，第 10 页。

② 严小平：《文化消费：拉动文化产业发展的引擎》，《消费经济》2013 年第 2 期。

③ 肖庆华、桑圣毅：《文化消费视野下贵州民族民间文化传承与发展》，《贵州社会科学》2012 年第 4 期。

控股文化企业获得支持较多，发展较快，对非公有制文化企业的扶持力度相对不够，亟待营造公平参与竞争、同等受到法律保护的体制和法制环境。文化产业规模化集约化程度不高，企业规模两极明显，龙头企业为数不多，实力雄厚、对外竞争力强的“巨无霸”更是少之又少，同时存在着大量“散小弱”的小型企业，产业集群化发展能力不足。三是市场体系不健全。由于体制区隔、区域区隔、行业区隔和城乡区隔，全国统一开放的文化市场尚未完全建立，条块分割、地区封锁、城乡分离的障碍尚未根本打破。产权、资本、技术和信息等要素市场发展相对滞后，覆盖广泛、贯通城乡的文化产品流通网络尚未形成，文化市场中介机构和行业组织不健全。我国文化产品和文化企业对外竞争力不强，出口渠道不多不广，文化贸易与我国经济总量和贸易规模世界第二的地位不相称。四是资源配置不优化。由于行政配置方式作用、资本投资盲目和规划管理不到位等原因，目前文化建设各门类区域间项目雷同、重复建设、同质竞争和资源浪费问题比较突出。各类动漫、网游和主题公园、文化展会大量涌现，文化产业园区、基地纷纷建立，有的地方甚至借文化之名行“圈地”之实。这些现象既存在于传统文化产业，也出现在新兴文化产业。五是文化与科技融合不深入。文化自主创新能力低，是文化发展的软肋。文化产品科技含量不高，拥有自主知识产权的产品不多，特别是由于核心技术的缺失，很多地方文化产业发展主要靠文化制造业，在国际分工中处于附加值较低的劣势端，产业链不完善。以企业为主体、市场为导向、产学研相结合的文化科技创新体系尚未完全建立，科技对文化发展的支撑作用不强。

三、转变文化发展方式，扩大文化消费

转变文化发展方式，扩大文化消费，最重要的是找准实现路径和着力点，在解决两者不相适应不相协调的深层次矛盾和问题上取得突破，从而推动文化发展由粗放外延式增长向集约内涵式增长转变，由数量扩张向质量提升转变，为扩大文化消费提供支撑和条件。

1. 深化文化体制改革，增强文化消费市场的活力和后劲。

转变文化发展方式、扩大文化消费势必涉及文化体制机制，必然要求通过改革提供保障。文化体制改革，主要是改革调整不利于文化科学发展的体制机制，进一步解放和发展文化生产力。任何一个市场，都包含着企业、政府和市场三个要素。因此，文化体制改革应重点围绕如何更好地促进三者之间协调来不断深化，并以此增强文化消费市场的活力和后劲。

首先，要在国有经营性文化单位转企改制的基础上建立现代企业制度。国有经营性文化单位真正建立起现代企业制度，有利于减少政府的行政干预和扶持，做到与非公有制企业一起在市场上公平竞争，形成公有制为主体、多种所有制共同发展的良好格局。其次，要健全现代文化市场体系。构建统一开放竞争有序的现代文化市场体系，是发挥市场在文化资源配置中积极作用，促进文化生产要素流动，扩大文化消费的决定性因素。要在发展产品市场的同时，大力培育产权、技术、信息和人才等要素市场，在打破市场分割中释放市场活力。同时，重点培育一批大型文化流通企业和文化产品物流基地，扶持文化企业以连锁方式建设更多基层和农村文化网点，努力构建覆盖广泛的文化流通网络。此外，应研究制定加强文化产权交易所和经纪公司、行业组织管理的政策法规，促进市场管理更加规范化。第三，要加快转变政府职能。这是破除体制区隔的有效途径。一些地方政府在文化管理上存在“管得过多、管得过死”与“管得不够、管得不到位”并存的问题。对此，要进一步明确定位、理顺关系，推动政企、政事、政府与市场中介组织分开，推动文化行政管理部门把更多的精力放在制定战略规划、落实政策法规和加强执法监管上，发挥好政策调节、市场监管、社会管理和公共服务的职能作用。

2. 发展文化产业集群，增强文化消费市场的集聚效应和规模效应。

文化产业集群，具有集聚资源、延伸链条、放大规模等功能，对于促进文化发展方式转变、提高文化产业规模化集约化专业化水平具有十分重要的作用。要加强规划布局，引导关联性强的文化产业集中，形成上下游各类产业齐全、相互作用性强的现代文化产业体系。发展文化产业集群，首要的是培育骨干企业和主导产业。这是引导集聚的龙头。要用好全国文化企业 30 强评选这一载体，选择那些规模较大、成长性好、竞争力强的文化企业或产业，加大资金、项目、资源和政策等扶持力度，尽快做大做优做强，引导周边企业、产业集聚过来。要加强资源整合，实施跨地区、跨行业、跨所有制兼并重组，形成一批综合性的大型文化企业和文化集团。要加快建设文化产业园区。这是产业集群发展的依托。要针对文化产业园区重复建设、同质化的问题，通过开展摸底调查活动，尽快制定文化产业园区建设指导意见，引导各地园区规范发展。探索建立园区发展评价考核体系，引导各地加大对文化企业入驻园区的扶持力度，使文化产业园区真正成为文化企业的孵化器、优势项目的集聚区、资金人才的集中地。

3. 推动文化与科技深度融合，提高文化消费的科技含量和附加值。

推动文化与科技融合，有利于促进传统文化产业转型升级，培育发展新兴文化业态，也有利于增加文化产品和服务的科技含量和附加值，增强文化的表现力、吸引力和感染力，更好地适应人们的消费需求。必须紧紧扭住提高自主研发能力这个关键环节，把文化领域的科技研发纳入国家重大专项攻关，在重点领域和关键环节推出更多有自主知识产权的创新技术。受国际经济形势的影响，一些发达国家的原创和研发中心有向发展中国家转移的趋势。对此，要很好地利用，支持文化企业与国外先进研发机构开展技术和项目合作，借此提升自主创新能力。文化企业直接面对市场，在科技创新方面有天然优势，应通过产业规划、政策支持和资源配置，引导文化企业加大研发投入，主动与高校、科研机构开展技术研发和创新平台建设，使企业成为研发投入、项目实施和成果转化的主体。同时，特别要重视科技在文化领域的运用，实施文化数字化建设工程，策划并抓好文化资源、文化生产、文化传播和文化消费等各个方面数字化项目，加快发展文化创意、动漫游戏、数字出版等新兴文化产业。

4. 扩大对外文化贸易，努力为文化消费增长提供外部动力和更大空间。

通过文化贸易推动文化产品和服务出口，无疑拓展了文化消费的空间和容量。文化“走出去”，第一位要考虑的是“内容”，要多开发贴近国外受众需求、适销对路的产品，加强文化品牌建设，鼓励支持文化企业到境外注册商标、申请发明专利，促进中国文化产品根植海外。其次，要发展外向型文化企业。针对中国主业突出、核心竞争力强的外向型文化企业不多的现状，在鼓励国有文化企业参与文化出口的同时，重点支持更多民营文化企业通过投资、合资、控股和参股等方式，在境外设立文化企业和中介机构，使中国文化产品更直接打入国外文化市场。此外，要加强海外营销网络建设，加强海外营销渠道和落地平台，采用项目补贴等手段，加快中国文化品牌的海外营销。

5. 加快公共文化服务体系建设，完善文化消费的支撑平台。

构建公共文化服务体系，主要目的是满足人民群众基本文化需求，进而支撑着人们对更高层次的文化需求。因此，要按照公益性、基本性、均等性、便利性的要求，加强公共文化基础设施建设，推动公共文化服务向广覆盖高效能转变。一方面，公共文化服务的公益性属性，决定了必须坚持以政府为主导，各级政府要建立同财力相匹配、同人民群众文化需求相适应的政府投入保障机制。同时，要积极引导社会力量通过兴办实体、资助项目等形式参与公共文化服务，促进服务多元化社会化。另一方面，公共文化服务的均等性属性，决定了必须坚持向城乡基层倾斜，继续实施文化惠民工程，加快城乡文化一体化发展，解决城乡、区域之间发展不平衡的问题。同时，要抓住新型城镇化建设这一契机，把文化基础设施建设纳入城镇总体规划，与土地利用、交通建设等相互衔接，建设布局合理、便捷高效的公共文化服务网络。[①] 此外，公共文化服务并不排斥市场运作，可适当引入市场竞争机制，发挥市场机制的利益驱动功能，努力为群众提供更多更好的文化产品和服务，提高文化消费水平。

（原文发表于《福建论坛（人文社会科学版）》2013 年第 8 期）

---

① 傅才武：《当代公共文化服务体系建设与传统文化事业体系的转型》，《江汉论坛》2012 年第 1 期。

中国特色城镇化：学术内涵、实践探索和理论认识

石淑华　吕　阳*

目前，中国已经从乡村社会进入了城市社会。在中国经济社会发展进入新常态之际，正确认识中国城镇化的特殊性，从理论上揭示中国城镇化的内涵，探索符合中国国情的城镇化模式，对于推进中国特色社会主义建设具有重要意义。

一、城镇化的学术起源

“镇”主要包括县政府所在地、镇政府所在地（建制镇）、中心镇、乡镇管辖的小集镇。中国县镇发展历史悠久，古已有之。秦朝全国设有36个郡，郡下设县，共有800～900个县[①]。《中华人民共和国城市规划法》中规定，城市是包括镇的。该法指出：“本法所指的城市，是指国家行政建制设立的直辖市、市、镇。”中国建立了包括直辖市、市（省辖市、地级市、县级市）和镇的三级城镇体系，故城镇有广义和狭义之分。城镇化一词是伴随着20世纪70年代末国外城市化理论被介绍到中国并展开对中国城市化问题的研究而出现的，从此拉开了城市化与城镇化这两个概念的使用之争。作为外延和内涵都极其丰富的概念，城镇化到底反映的是何种历史现象、过程与结果？城镇化的标准是什么？城镇化的动力有哪些？城镇化是具有国际性、国别性，还是区域性？目前，学术

* 石淑华：江苏师范大学淮海发展研究院教授，博士。吕阳，江苏师范大学商学院硕士研究生。

① 朱铁臻：《城市现代化研究》，红旗出版社2002年版，第208页。

界仍然争论这些问题。所以，有必要加以理清，便于把握城镇化的科学内涵。

首先，我们应该明确，在中国是使用城镇化好，还是城市化更科学？很多学者认为，城镇化源于城市化，其内涵并没有什么不同。但也有少部分学者认为，城市化比城镇化更科学，主要是由于城市化着眼于人口向大中小城市集中，强调农村居民向城市居民的转化；通常都是提城市群或都市圈，不提城镇群；同时，英文中只有城市化，没有城镇化，采用城市化便于和国际接轨。[①] 实际上，城镇化与城市化在本质上没有什么区别，无论是人口向城镇聚集，还是向城市聚集，其目的都是让人口离开农村，从第一产业转向第二、三产业，接受一种不同于农村文明的全新生活方式。但是，城镇化概念更能体现中国特色：其一，中国城市体系包括镇。目前，中国约有2万个县级以下的镇。如果到2050年新增的近6亿人口全部安置在660多个县级以上的城市，将是不可承受的，也无法保证农民市民化的质量。其二，中国农村剩余劳动力转移的路径比较特殊，“先进城镇、后入城市”。改革开放之初，在乡镇企业的带动下，中国农村剩余劳动力先是就地从事第二、三产业；在农村启动工业化后，小城镇迅速发展，吸引了大量农村剩余劳动力的流入。20世纪80年代末期，在全球化背景下，国际产业转移到中国东南沿海地区，才出现了农村剩余劳动力流向大中城市。其三，城镇成为中国目前解决“城市病”和“农村病”的重要载体。城镇离农民最近，农民也最为熟悉。如果城镇通过发展产业和基础设施等公共服务，增强要素的集聚性，使其具有城市功能，成为三农现代化的策源地、农村发展的中心、城乡一体化发展的关键点。[②] 这不仅能够极大地缓解“城市病”，也能够较好地治愈“农村病”。正是由于城镇化概念反映了中国国情，立足于解决中国的现实问题，也契合了学术界的探讨，才被中国政府的官方文件所采用。但要注意的是，城镇化并不意味着要忽视大中城市的发展。

其次，城镇化是发展的过程，还是发展的结果？1867年，西班牙工

① 蔡继明：《中国的城市化：争论与思考》，《河北经贸大学学报》2013年第5期。

② 洪银兴：《新阶段城镇化的目标和路径》，《经济学动态》2013年第7期。

程师赛达（A. Serda）在其《城市化的基本理论》中指出："城市化是城市形态变化发展的过程"。当代著名的城市地理与区域规划专家约翰·弗里德曼认为，城市化作为国家或地区空间系统中的一种复杂的社会过程，包括人口和非农业活动在规模不同的城市环境中的地域集中过程、非城市景观逐渐转化为城市景观的地域推进过程，还包括城市文化、城市生活方式和价值观在农村地域扩散的过程。[①] 国内力推中国城镇化概念的代表性人物辜胜阻认为，城镇化是指在经济发展过程中人口不断由农村向城镇地区集中的过程。可见，尽管不同学科对城镇化的解释各不相同，但基本上都认同，城镇化是一种经济社会的转变过程。问题在于，这种转变过程是否只有起点而没有终点？如果有终点，其目标是什么？在此我们套用洪银兴教授描述"现代化"的双重含义来解读城镇化，即"城镇化"包含着目标和进程双重含义，如果把"化"理解为实现，就是目标，即实现了城镇化；如果把"化"理解为发展，就是指进程。赵新平、周一星也持有相同的观点。他们认为："城市化是落后的农业国在工业化、现代化过程中全面制度创新的结果，是一个国家内部人口、资源与产业在市场机制作用下以城市为主导重新进行空间配置的过程，其间伴随着全社会生产、生活方式的根本性变化"[②]。需要指出的是，城镇化在不同的发展阶段，其发展目标不同。在城镇化初期阶段，目标是建立在经济增长基础上的物质财富的丰富和生活水平的提高。随着经济发展，城镇化越来越重视精神生活的改善。因此，城镇化的阶段性目标并非最终目标。

再次，城镇化的衡量标准是什么？早期城镇化是用城镇人口占总人口的比重作为衡量指标，后来由于发达国家出现的"城市病"以及拉美国家出现的"贫民窟"等城市二元化问题，学者们认识到人口规模的变化仅仅反映城镇化的一个方面，采用这种单一的人口比重来衡量城镇化水平给实践带来很多问题，人们就越来越关注经济发展、人居环境、基本公共服务等方面的变化，即从质和量两个方面来进行衡量。剧锦文提

---

① 向春玲：《中国特色城镇化道路的探索与选择》，《江苏行政学院学报》2004 年第 6 期。

② 赵新平、周一星：《改革以来中国城市化道路及城市化理论研究述评》，《中国社会科学》2002 年第 2 期。

出了人口城镇化率、资本城镇化率、土地城镇化率和生活方式城镇化率四个指标体系。[①] 王克忠提出城镇化目标质的规定性包括具有较高现代化程度的基础设施和发达的城市非农产业的城镇化，具有资源节约、环境友好、布局合理紧凑、可持续发展的城镇化，具有较高教育文化水平、较好历史文化资源保护和利用相结合的城镇化，具有发达社会事业和较高生活质量的城镇化，具有城乡统筹、向同一方向发展的城镇化，具有较优城镇结构网络体系的城镇化等六个方面。[②] 特别是提出新型城镇化以后，单卓然、黄亚平认为新型城镇化应该强调民生、可持续发展和质量，每个内涵均可以从经济、社会、体制制度和城市建设四个层面来衡量。[③]《国家新型城镇化规划（2012—2020 年）》明确提出，新型城镇化的指标包括城镇化水平（2 个）、基本公共服务（5 个）、基础设施（6 个）、资源环境（5 个）四个方面 18 个指标。可见，城镇化是个历史范畴，是一个发展的动态概念，随着生产力水平的发展，其指标体系从数量扩大的一维指标发展到质量改善的多维指标，内涵不断丰富，层次不断提高。这也间接证明了城镇化是过程和结果的统一。当然，城镇化的指标不能简单地等同于城镇建设指标，因为城镇化不能简单地等同于城镇发展。城镇化的核心是农村人口进得来、留得下、活得好，以此相适应，关注的焦点问题是通过一系列制度改革来降低城镇化的成本。而城市建设往往通过基础设施的完善、开发区的建立、行政区域的调整来扩展城市建成区的规模，增大了城市建设的成本，抬高了农民工市民化的门槛，加大了城镇化的难度。城镇建设是城镇化的基础和载体，城镇化是城市建设与发展的目的和归宿。因此，城镇建设要“适度”。

最后，城镇化是内生还是外生的？抑或二者兼备？是否存在公认的城镇化发展模式为发展中国家的城镇化建设提供借鉴？朱铁臻按照政府和市场在城镇化过程中所扮演的角色，以及城镇化与工业化的相互关系，

---

① 剧锦文：《中国的城镇化与小城镇化发展——江苏省靖江市东兴镇考察》，中国社会科学出版社 2013 年版，第 25—27 页。

② 王克忠主编：《城镇化路径》，同济大学出版社 2012 年版，第 37—41 页。

③ 单卓然、黄亚平：《“新型城镇化”概念内涵、目标内容、规划策略及认知误区解析》，《城市规划学刊》2013 年第 2 期。

将世界城镇化发展概括为以西欧、日本为代表的政府调控下的市场主导型城镇化，以美国为代表的自由放任式的城镇化，以及以拉丁美洲和非洲部分国家为代表的受殖民地经济制约的发展中国家的城镇化等三种模式。剧锦文认为，美国以市场主导的城镇化是一种内生的城镇化，这种城镇化具有很强的稳健性和可持续性。受殖民地体制制约的城镇化属于外生模式，它是在外来资本主导下的工业化与落后的传统农业长期并存，政府调控能力不足，这种模式的基础不牢固。苏联和中国计划经济时期的政府主导的城镇化具有很强的外生性，这种城镇化的速度可快可慢，政府行政调控机制难以适应不断变化的现实。[①] 著名城市规划专家约翰·弗里德曼以全球化为背景，基于地域基础，根据城市发展的战略要素不同，将城市发展分为“城市营销”和“准国家城市”两种模式。“城市营销”的发展原动力是全球资本的竞争，它奉献在跨国资本祭坛上的祭品通常是低廉的工资、温顺的劳动力、“灵活而敏感”的地方政府，以及各种优惠政策。“准国家城市”是指城市区域不可能期望从自身外部获得一种可持续发展的动力，必须对区域的人力资源、社会资源、文化资源、智力资源、环境资源、自然资源、城市资源等七种生产性资本进行投资，才能实现城市区域内生性发展模式的可持续性。从这些研究可以发现，城镇化的内生性体现了城镇化发展的内在条件、规模与要求。但是，城镇化的实现又需要外在条件来推动。因此，外生性与内生性的有机统一，应是城镇化的合理规律。这就为发展中国家如何推动城镇化持续、快速、健康地发展提供了参考。

目前，学术界对城镇化进行了各种的界定，却没有公认的一般性定义。作为一般性概念，城镇化至少应该包括如下内容：它与城市化是什么关系？作为一种社会转变过程，转变的标准和内容有哪些？各国的城镇化建设是否存在一般规律？据此，作者认为，第一，城镇化与城市化在本质上没有什么区别，只不过前者更符合中国国情，具有中国特色；第二，城镇化是由工业化推动的从落后农村社会进入先进城市社会的过

① 剧锦文：《中国的城镇化与小城镇化发展——江苏省靖江市东兴镇考察》，中国社会科学出版社 2013 年版，第 25—27 页。

程，期间，人们的生产方式与生活方式都发生了重大变化；第三，在工业化的推动下，城镇化是不断运动的，经历了从数量变化到质量提升的演变过程，内涵不断丰富，有高低形态之分；第四，推动城镇化发展的动力既有内生性，也有外生性；第五，城镇化是过程和结果的统一，发达国家的城镇化经验可以为发展中国家提供借鉴。

二、中国特色城镇化建设的实践探索

中国城镇化作为世界城镇化进程中的重要组成部分，体现出城镇化的某些本质要求，借鉴了发达国家城镇化发展模式，吸取世界其他国家城镇化的成败经验，折射出城镇化具有世界普遍性，它是任何国家都不可逾越的自然历史过程。同时，也要看到，中国正处于社会主义初级阶段，是拥有 13 亿多人口的大国，城乡差距比较严重，工业化、城镇化和生态文明同步推进、叠加进行①，城镇化规模之大、难度之深前所未有。因此，中国城镇化建设必须要结合中国国情，彰显中国特色。

1. 中国特色社会主义城镇化建设的实践探索。

在中国悠久的历史中，城镇化建设曾经有过辉煌的历史。但是，具有现代意义的城镇化建设却始于中华人民共和国的建立。然而，由于种种原因，在 1949—1978 年的 30 年里，中国城镇化建设经历了曲折缓慢的进程，基本上处于停滞状态。1978 年以后，工业化的发展掀起了中国特色城镇化建设的帷幕，经历了三个时期，即初级发展阶段（1978—1999 年）、快速发展阶段（2000—2010 年）和质量提升阶段（2011 年至今）②，每个时期的城镇化建设都是以当时的政策为指导。

20 世纪最后 20 年，是中国特色城镇化建设的初级发展阶段，经历了从“控大促小”到大中城市的发展过程。改革开放初期，我国经济活力不足，城市基础设施比较薄弱，大量返城知青就业困难。于是，1980 年

---

① 张占斌：《经济中高速增长阶段的新型城镇化建设》，《国家行政学院学报》2014 年第 1 期。

② 石淑华、吕阳：《我国城镇体系等级规模结构演化的制度分析与改革》，《福建行政学院学报》2014 年第 6 期。

全国城市规划会议正式提出了“控制大城市规模，合理发展中等城市，积极发展小城市”的城市发展方针。1984 年，小城镇发展问题进入了 1 月份的《中共中央 1984 年农村工作的通知》和 10 月份的《国务院关于农民进集镇落户的通知》，这标志着乡镇企业发展与城镇化建设之间的密切关系上升到中央政策层面。为了把乡镇企业、小城镇发展、农民转移这三者更好地结合起来，以解决当时存在的乡镇企业分散化、小城镇无序化、农民“离土不离乡”的两栖化所引发的“农村病”，90 年代初期大力推进乡镇企业向小城镇集中、连片发展，农民“离土又离乡”“进厂又进城”，实现了城镇化建设的重大突破。因此，在 1998 年通过的《中共中央关于农业和农村工作若干重大问题的决定》中首次提出“小城镇大战略”问题。2000 年 6 月，《中共中央国务院关于促进小城镇健康发展的通知》中又具体阐述了“小城镇大战略”。在小城镇获得快速发展的同时，随着对外开放的不断扩大，特别是东南沿海地区的开发与开放，农村剩余劳动力开始向东部沿海地区的大中城市转移，很多大中城市迅速发展。

进入 21 世纪的头十年，在科学发展观的指导下，中国城镇化建设进入了以速度为核心、多样化道路并存的快速发展时期。2001 年 3 月，“十五”计划纲要提出，中国推进城镇化的条件已经成熟，要不失时机地实施城镇化战略；走符合中国国情、大中小城市和小城镇协调发展的多样化道路，逐步形成合理的城镇体系。2002 年 11 月，党的十六大报告首次提出了“中国特色城镇化道路”，即要坚持大中小城市和小城镇协调发展。2007 年 10 月，党的十七大报告进一步阐述了中国特色城镇化道路，即按照统筹城乡、布局合理、节约土地、功能完善、以大带小的原则，促进大中小城市和小城镇协调发展。以增强综合承载能力为重点，以特大城市为依托，形成辐射作用大的城市群，培育新的经济增长极。[①]

2011 年，中国城镇化率首次超过 50%，标志着中国城镇化建设进入质量提升时期。为了解决“伪城镇化”“半城镇化”问题，政府密集出台

---

① 邵宇、王鹏、陈刚：《重塑中国：新型城镇化、深度城镇化和新四化》，《金融发展评论》2013 年第 1 期。

了一系列政策。2011 年 3 月，“十二五”规划纲要明确提出，要把符合落户条件的农业转移人口逐步转为城镇居民作为推进城镇化的重要任务。大城市要加强和改进人口管理，中小城市和小城镇化要根据实际放宽外来人口落户条件。2012 年 11 月，党的十八大报告提出，坚持走中国特色新型工业化、信息化、城镇化、农业现代化道路，推动信息化和工业化深度融合、工业化和城镇化良性互动、城镇化和农业现代化相互协调，促进工业化、信息化、城镇化、农业现代化同步发展。2012 年 12 月，李克强在中央经济工作会议上更加明确地提出了今后城镇化建设的方针政策：“积极稳妥推进城镇化，着力提高城镇化质量……要围绕提高城镇化质量，因势利导、趋利避害，积极引导城镇化健康发展。”2014 年 3 月，《国家新型城镇化规划（2014—2020 年）》进一步阐述了未来城镇化的发展路径、主要目标和战略任务，即紧紧围绕全面提高城镇化质量加快转变城镇化发展方式，以人的城镇化为核心，有序推进农业转移人口市民化。

综上所述，改革开放以来进行的中国特色城镇化建设，以 2010 年为界限，分为中国特色社会主义的传统城镇化和新型城镇化。新型城镇化建设是中国特色社会主义城镇化建设的重要部分，标志着中国特色社会主义城镇化建设进入了新的发展阶段。

2. 中国特色城镇化的特殊性。

中国特色社会主义城镇化的特殊性，主要是针对我国目前所面临的时代背景、基本国情、发展阶段以及体制机制等因素，创造性地探索出一条既不同于西方发达国家的城镇化道路，也不同于拉美等发展中国家的城镇化道路。主要表现为以下五个方面。

其一，外生与内生的统一。中国城镇化建设从演化过程来看既具有内生性，也具有外生性，但在不同时期都出现了二者的分离与脱节，经历了“外生→内生→外生”交替作用的过程。在计划经济体制下，政府行政控制下的外生性城镇化居于主导地位，排斥了市场机制的作用，严格控制农村剩余劳动力向大城市的转移。改革开放后，无论是 80 年代农村剩余劳动力就地转移的内生性城镇化造成了小城镇遍地开花与大城市停滞不前，还是 90 年代以后源于东南沿海对外开放形成的劳动力异地转移所带来的各种“城市病”和“农村病”，以及在国内生产总值指挥棒下，各地政府专注于城镇建设而非城镇化建设所导致的各种城镇化问题，都从反面证明了内生与外生的分离是不利于城镇化建设的。作为外源与内生相统一的中国现代化[①]的重要组成部分，中国城镇化也应该是二者的统一。

其二，渐进性。所谓渐进性，一是指城镇化是一个长期的自然发展过程，我国作为世界上规模最大的城镇化，一定要从实际情况出发，科学把握城镇化建设的速度、规模和节奏，使之适应于国家的经济发展水平、城镇的承载能力和吸收能力。[②] 落后于或者超越于产业发展的支撑能力和城镇综合承载能力的城镇化，都会带来各种问题。二是指中国城镇化发生在从计划经济体制向市场经济体制转型的背景下，农村劳动力的流动受到黏附于户籍制度上的教育、医疗、保障、公共服务等制度约束。由于制度改革的步伐滞后于人口流动的速度，导致了世界上难度最大的中国城镇化必然分为两个阶段，先是以地域和职业转变为主的农民变农民工的传统城镇化，在条件成熟时及时推进以身份转换为主的农民工变市民的新型城镇化，实现城镇化速度与质量的统一。

其三，多样性。中国幅员辽阔，人口众多且分布不均衡，区域间经济社会发展差异巨大，中国城镇化应该选择多样化的道路。具体体现为源于经济发展水平多样化的多种城镇化阶段并存，源于人口规模多样化的大中小城市与小城镇协调发展的城市空间格局，源于在城镇化模式多样化的差异化城镇化战略，源于动力多样化的多种力量共同推动的城镇化。[③]

其四，协调性。协调性就是要正确处理城镇化与工业化、农业现代化、生态环境保护以及城与乡之间的关系。一是城镇化与工业化要协调发展。英美等发达国家往往是工业化在先，城镇化在后，城镇化围绕着

---

① 范从来：《中国特色社会主义现代化：学术起源、实践探索与理论反思》，《经济学家》2013年第2期。

② 魏后凯、关兴良：《中国特色新型城镇化的科学内涵与战略重点》，《河南社会科学》2014年第3期。

③ 魏后凯、关兴良：《中国特色新型城镇化的科学内涵与战略重点》，《河南社会科学》2014年第3期。

工业化进行，二者基本协调。而中国城镇化滞后于工业化。因此，必须在不同的发展阶段正确处理二者的关系，使之协调发展。在工业化和城镇化发展的初中期阶段，应该大力发展制造业，以工业化带动城镇化；当城镇化建设进入中期阶段以后，应该大力发展服务业，以城镇化推动工业化。二是城镇化与农业现代化要协调发展。中国是人口庞大的城乡二元结构国家，随着城镇化水平的快速提高，一方面大量进城人口的需求结构和需求水平发生重大变化，要求提高农业劳动生产率，提高农产品的质量，调整农业结构；另一方面即使将来中国城镇化率提高到 70% 甚至是 75%，至少还会有 4 亿人口留在农村，如何改善这部分群体的生活水平也是一个重要课题。这就要求在推进城镇化过程中一定要同步发展农业，实现农业现代化。三是城镇化与生态环境保护要协调发展。较高的城镇化水平必然造成优质耕地的锐减和生态环境的破坏，中国不能重复发达国家“先污染、后治理”的老路，必须根据资源的承受能力来合理布局城市的规模和空间结构。四是城乡要一体发展。城镇化不是城乡分离，只要城镇，不要农村；不能一边是“城市病”，另一边又是“农村病”。尤其是对于我国这样一个人口众多的大国，必须把农村纳入到城镇化建设的通盘考虑中，以城带乡，以城促乡，推进整个社会的共同发展。为此，必须在规划、基础设施、公共服务、就业、社保等方面实现城乡一体化。

其五，人本性。城镇化分为“物的城镇化”和“人的城镇化”①，“物的城镇化”是城镇化的基础和保障，“人的城镇化”是城镇化的出发点和落脚点。只见“物”不见“人”的城镇化，不仅背离了城镇化的宗旨，也违背了社会主义的本质。因此，城镇化要以人为本，不仅体现在进城农业转移人口享有居住、就业、教育、社保等基本公共服务，使他们能够进得来、留得下、活得好，尽快融入城镇；还体现在对农村居民的帮助与扶持，提高农村居民收入，加强农村基础设施建设，缩小城乡差距。②

---

① 乔小勇：《“人的城镇化”与“物”的城镇化的变迁过程：1978—2011 年》，《改革》2014 年第 4 期。

② 王涌彬：《新型城镇化建设不应忽视农村》，《城乡建设》2013 年第 3 期。

三、中国特色城镇化建设的若干理论认识

1. 政府与市场关系。

世界城镇化发展史证明，发端于自由竞争市场经济国家的城镇化建设中，如果哪一个国家在发挥市场机制决定性作用的同时，也有效地发挥了政府调控作用，那么该国的城镇化建设就会顺利进行，否则城镇化建设就会产生重大问题。世界城镇化发展史也同样证明了，发端于计划经济体制的转型国家，如果只发挥政府作用，忽视市场机制，其城镇化建设是停滞不前的。在政府起主导作用的城镇化进程中，不仅会出现因政府“越位”而导致了政府对微观主体的替代效应和挤出效应，更会产生因政府“缺位”导致的公共品供给不足，没有为城镇化发展提供产业支撑。①

目前，中国正处于改革深水区，正确处理政府与市场的关系，协调政府与市场两种手段的运用，不仅关系到中国社会主义市场经济体制能否真正建立起来，也关系到中国特色社会主义的命运和前途。(1) 就政府与市场的职能和边界而言，不要错位、越位和缺位。政府主要是在公共领域，围绕着“城”，做好水、电、气、路、网等城镇基础设施以及教育、医疗、卫生、社保等公共服务等公共品的供给，制定政策、措施、规划等，为要素聚集和产业发展提供物质基础和制度支撑。市场主要是在私人领域，围绕着“市”，做好人、物、地、资金、信息等生产要素的聚集，繁荣市场，重点扶持有利于就业的产业发展。(2) 就协调政府与市场两种手段的关系而言，要补位。② 在公共领域，政府起主导作用的同时，要充分发挥市场机制的作用，引入市场竞争主体，实现投资主体的多元化，增加公共品供给，但要避免公共品“市场化”。在私人领域，在发挥市场决定性作用的同时，政府要为企业的发展营造公平的竞争环境，

---

① 倪朋飞、董杨：《市场决定模式的新型城镇化：一个分析框架》，《改革》2014 年第 6 期。

② 胡拥军：《新型城镇化条件下政府与市场关系再解构：观照国际经验》，《改革》2014 年第 2 期。

但要避免政府“企业化”。

2. 府际关系。

城镇化不仅是农民进入城镇，更重要的是进城农民与原城镇居民享有基本相同的公共服务，这就需要各级政府之间进行合作。府际合作要求在理顺政府间横向和纵向的制度关系、权力关系、利益关系等各种关系基础上，明确各自的权利和职责范围，共同承担新型城镇化建设中的公共管理事项。[①]

纵向府际关系的核心是解决财权与事权划分不清晰、不匹配问题。在城镇化推进过程中，应该面对人口大规模流动的现实，矫正财权上收、事权下移的现象，健全纵向政府间财权与事权相匹配的体制，并通过法律形式予以明确。就事权而言，中央政府重点解决跨省流动人口的社保、教育、医疗等基本公共服务的管理和供给，省级政府重点解决省内跨地区流动人口的基本公共服务的管理与供给，各城市政府负责本地区的公共服务事业。就财权而言，根据各级政府对流动人口市民化提供的公共服务的分工职责来优化财税分配比例，建立与常住人口挂钩的基本公共服务的财政转移支付制度。推进省级以下财政体制改革，明确省级以下各级政府的主体税种，建立省内转移支付制度，从而确保地方政府有足够的财力提供均等化的基本公共服务，调动地方政府的积极性。

横向府际关系的核心是解决地方政府之间的合作与竞争问题。1994年分税制塑造的地方政府“经济人”本性以及国内生产总值增长率为重要指标的领导干部政绩考核与任命制度，形成了基于利益偏向的地方政府之间的过度竞争和地方保护的格局。过度竞争主要表现为地方政府为了招商引资，将财政资源主要用于生产性的公共投资，如基础设施的建设，而较少投资与民生密切相关的基本公共服务，直接导致基本公共服务供给不足。地方保护主义主要表现为地方政府将基本公共服务的供给与户籍制度挂钩，不向流动人口开放，直接结果就是流动人口不能转变为市民，带来了消费抑制、“城市病”等问题。因此，在新型城镇化建设

① 郭彩琴、卓成霞：《挑战与创新：新型城镇化进程中的府际合作》，《深圳大学学报（人文社会科学版）》2014年第3期。

中，需要以城市群为平台，加强府际合作，寻求整合性机制，化解区域间的利益矛盾与冲突。

3. 产城关系。

随着中国城镇化的转型，“产”与“城”也正经历着从分离到融合的转变发展过程。原本“产”“城”就应该融合发展，产业发展带动了人口聚集，进而促进城镇发展；而城镇发展为产业发展提供了空间载体和市场需求。没有产业做支撑的城镇，只能是“空心”城镇，最终影响城镇本身的持续发展；没有城镇做依托的产业，因公共服务供给不足影响各种资源的聚集，进而影响产业结构的调整与升级。因此，二者是互相促进、共进共荣的关系。任何割裂产业去谈城镇发展，或者割裂城镇去谈产业发展，不仅会形成理论上的逻辑错误，还会造成实践上的重大损失。

在中国传统工业化引领城镇化发展的初级阶段，为了免受高污染、高投入工业的影响，按照“产”“城”分离的原则来划分城镇功能区，以及在以国内生产总值为核心的地方政府政绩考核办法、土地财政依赖症等多种因素影响下，大量有城无产的“睡城”和有产无城的“鬼城”并存。这不仅造成了城市生活成本的攀升，还使得工业化得不到城镇化的支持而拖累了工业化的发展。[①]

在新型城镇化建设过程中，必须纠正就城市论城市的思维定式，树立“产”“城”融合的新理念，促进工业化与城镇化的同步发展。各城市根据本地的资源、人口、产业等经济社会生态等综合因素来大力发展产业的同时，必须优先发展教育、医疗、住房、社保等基本公共事业，使得劳动力不仅作为生产要素留在城市而促进经济发展，同时也作为居民常住城市而促进社会发展，真正实现以人为本的城镇化。为此，要切实解决好全国层面、城市体系层面和单个城市层面的产城融合，实现产业布局与城市布局的有机结合，处理好城市圈内部各级城市间的产业区域配置，解决好大城市新区建设中产业与城市的相互支撑和相互促进。[②]

---

① 潘锦云、姜凌、丁羊林：《城镇化制约了工业化升级发展吗——基于产业和城镇融合发展的视角》，《经济学家》2014 年第 9 期。

② 罗守贵：《中国产城融合的现实背景与问题分析》，《上海交通大学学报（哲学社会科学版）》2014 年第 4 期。

四、主 要 结 论

中华人民共和国成立之初，为了摆脱贫穷落后、医治战争创伤，开始了城镇化建设，期间经历了各种艰难曲折，甚至出现了“逆城镇化”。改革开放以后，中国在借鉴外国城镇化建设经验的同时，结合中国的具体国情，探索出具有中国特色的城镇化模式，城镇化进程快速推进，逐渐形成体系完整、内容科学的城镇化理论，丰富了中国特色社会主义城镇化的内涵。这就是：第一，城镇化是一个制度创新的过程。在中国这样一个市场发育不完善、制度不健全的发展中国家，要想使进入城镇的农业转移人口留得住，活得好，不能弱化政府的政策制定与规划引导的作用。第二，城镇化是一个梯度推进的过程。中国作为一个转型国家，制度改革的步伐滞后于人口流动的速度，城镇化必然要分阶段进行，先换职业后变身份。第三，城镇化是一个结构调整的过程。城镇化并不是简单的农业人口进入城镇，实际上需要农业现代化的支撑，需要工业化的承接，实现城镇化、工业化、农业现代化的同步发展。这样既能避免“农村病”，也能很好地克服“城市病”“贫民窟”等问题。

（原文发表于《江苏社会科学》2015 年第 4 期）

中国农村土地制度演变与农民土地权益

林　卿*

随着中国经济的快速增长，如何进一步改革农地制度，赋予并充分保障农民的土地权益，已成为中国社会稳定和经济可持续发展的关键问题。本文在分析农地制度演变及其过程中农民土地权益与资源配置效率、农村土地集体所有制的产权特征与农村土地承包权（以下简称“农地承包权”）、农村土地资源类型与农民土地权益等联系的基础上，基于公平与效率的视角对农民应有的土地权益进行经济学分析。

一、农村土地制度演变、农民土地权益与资源配置效率

1. 从土地改革到“三级所有，队为基础”的集体所有制（1949—1978年）。

这一时期，土地制度经历了戏剧性的变化，农民土地权益与农业生产效率也随之变动。1949年至1952年，政策与法律的主要内容是：改革土地制度，没收地主土地，实现“耕者有其田”。1952年底，除少数民族地区外，土地改革完成，全国有4600多万公顷土地无偿分给无地和少地的3亿农民。与1949年相比，1952年全国农业总产值增加了48.5%，粮食产量增加了42.8%。1950年至1952年，粮食产量平均每年增长12.6%，棉花产量平均每年增长43%。[①] 1954年之后的政策和法律开始

* 林卿：福建师范大学经济学院教授，博士生导师，博士。

① 林卿：《农地制度与农业可持续发展》，中国环境科学出版社2000年版，第15—23页。

鼓励和推动农民私有土地转变为集体所有。农业合作化运动从生产互助、初级农业生产合作社、高级农业生产合作社逐步发展到人民公社，最终形成“三级所有，队为基础”的土地集体所有制。到1958年10月底，全国74万多个农业生产合作社改组成2.6万多个人民公社，参加公社的农户有1.2亿户，占全国总农户的99%以上。其中，在生产互助阶段，农民土地私有性质没有改变，农民仍拥有完整的土地权益。在初级农业生产合作社阶段，强调土地集中统一使用，但按生产要素（劳动力、土地及其他生产要素）投入获取报酬的分配方式体现了农民土地的个人所有权利益。到了高级农业生产合作社阶段，农民的土地及其他主要生产资料都转为合作社集体所有，实行按劳分配，强调在国家计划指导下进行生产，对国家履行交纳公粮和交售农产品的义务。在此阶段，农民原有的土地权益均已丧失，农民生产积极性严重受挫，农业生产出现严重衰退。统计资料表明，农业总产值在1959年至1961年分别下降了14%、12%、2.5%。[①] 为此，政府进行调查与调整，纠正了盲目追求“一大二公”的极端做法，并最终确立了“三级所有，队为基础”的人民公社集体所有制。

“三级所有，队为基础”人民公社制度的确立，意味着土地改革时期形成的农民土地私有制经过合作化运动已彻底改变为国家以“政社合一”的方式可以控制农村经济的集体所有制。在这一制度下农民要按国家计划生产，生产要素供给与产品销售都由国家计划严格控制。由于这种制度安排无法激励生产效率，农业发展缓慢。直到1978年，全国农业人口人均年收入只有70多元，近1/4的生产队社员收入在50元以下。[②] 统计资料表明：1955年至1979年，粮食增长率仅为2.1%，到1979年，人均占有粮食仅340公斤。同时，除了1952年至1957年农业全要素生产率呈现一个增量极小的上升之外，1983年以前的农业集体化生产率明显低于1952年土地农民个体所有时的水平。[③]

综上可知，在计划经济时期的集体所有制下，农村土地与劳动力的

① 林卿：《农地制度与农业可持续发展》，中国环境科学出版社2000年版，第15—23页。
② 康俊娟：《三级所有，队为基础》，《档案天地》2009年第4期。
③ 马骏：《中国公共预算改革：理性化与民主化》，中央编译出版社2005年版，第33—36页。

资源配置效率较低。然而，国家通过这种农村土地制度安排积聚了农业生产剩余，在牺牲农民部分利益的同时，有效保障了国家重工业优先发展战略的实施。

2. 从集体所有集体经营到集体所有家庭承包经营（1979—1983 年）。

1979 年，中国出现了自下而上的农村土地使用方式的改革，即农村土地由集体经营开始转向家庭承包经营。针对实践中出现的农地使用方式的创新，1979 年 9 月，国家政策强调："人民公社要继续稳定地实行三级所有、队为基础的制度"，并强调"不许分田单干""也不要包产到户"。然而，1980 年 9 月到 1983 年，相关政策对集体土地家庭承包经营逐步给予肯定。1981 年底，全国农村已有 90%以上的生产队建立了各种不同形式的农业生产责任制，1983 年，实行家庭联产承包责任制的农村占比 98.3%。[①]

随着集体所有家庭承包经营集体所有制的形成，农民从所有权与使用权的分离中获得了一定程度的土地经营自主权与土地生产剩余索取权。这种农民土地权益的确立大大激发了农民的生产积极性。1978 年至 1984 年，我国粮食平均每年增产达 4.8%，总产量相比之前的 15 年，翻了一番，真正解决了我国人口的吃饭问题。[②]

3. 稳定家庭承包经营制度、保障农民土地使用权以及鼓励土地使用权流转（1984—2000 年）。

土地家庭承包经营调动了农民的生产积极性，但承包权不稳定导致土地经营预期收益不确定，也严重影响了土地生产者的投资积极性与土地资源利用方式的可持续性。因此，稳定土地承包权成为保障农民土地经营收益的重要因素。1984 年以后，有关稳定土地承包经营制度的政策不断颁布与实施，随着实践的发展，初步构建了"农村土地集体所有、家庭承包经营、稳定土地承包权、鼓励土地使用权流转"的农村土地制度框架。[③] 随着土地产权的增强，农民生产积极性提高，生活水平也迅速

---

① 宋洪远等：《改革以来中国农业和农村经济政策的演变》，中国经济出版社 2000 年版，第 21—23 页。

② 党国英：《推进农村改革面临 12 个挑战》，《新京报》2008 年 10 月 11 日。

③ 王景新：《中国农村土地制度的世纪变革》，中国经济出版社 2001 年版，第 26—33 页。

提升，统计资料显示：1987 年至 1990 年，农民人均消费水平增长速度达 5.6%，超出城市水平 1.1 个百分点。[①]

这一时期，农民土地权益与土地资源配置效率表现出多重性，具体体现为：(1) 农民因土地承包权的稳定与可流转而增加土地权益，土地资源配置效率提高。(2) 农民的土地权益因承包地的非志愿流转与强制性的农地转为非农地（如土地征收）而严重流失。(3) 农地转为建设用地的低成本导致土地利用粗放，降低了土地资源配置效率。如 1987 年至 2002 年，中国建设占用耕地量为 261 万公顷，年均 16.3 万公顷；1990 年至 2004 年，全国城镇建设用地面积由 130 万公顷扩大到 340 万公顷，同期全国 41 个城市主城区用地规模平均增长超过 50%，人均建设用地达到 130 多平方米，超过经济发达国家城市建设用地人均 82.4 平方米和发展中国家人均 83.3 平方米的水平。

4. 市场方式配置土地资源逐渐得到政策的肯定（进入 21 世纪以来）。

土地资源配置效率提升的要求使农村土地制度改革显得更加迫切。随着我国经济的发展，到 20 世纪末，农民农业以外就业机会逐步增加。同时，提升农业竞争力、实现适度规模经营以及增加农业生产收入的要求，使进一步稳定农地承包权和促进农地使用权以市场方式流转成为保护农民土地权益、提高土地资源配置效率的政策调整方向。

2003 年，《中华人民共和国农村土地承包法》将一系列政策规定的农民土地权益以法律的形式固定下来，以提高保护农民土地权益的约束力。2006 年 1 月，在中国历史上实行了 2600 多年的农业税赋被彻底取消。据统计，2006 年全面取消农业税后，农民共减轻负担 1265 亿元。2007 年，《中华人民共和国物权法》规定承包期届满，由土地承包经营权人按照国家有关规定继续承包，实际上这等于给了农民永久的土地承包经营权。2008 年，政策正式提出“建立农村集体经营性建设用地的土地市场”，并强调其“与国有土地享有平等权益”。2013 年，政策强调“全面开展农村土地确权登记颁证工作”，旨在为以市场方式配置土地资源提供明晰的产权基础。2014 年，中央一号文件明确规定：“赋予农民对承包地占有、使

---

① 党国英：《中国农村变革 60 年回顾与展望》，《人民论坛》2009 年第 19 期。

用、收益、流转及承包经营权抵押、担保权能”；“允许承包土地的经营权向金融机构抵押融资”；“在符合规划和用途管制的前提下，允许农村集体经营性建设用地出让、租赁、入股，实行与国有土地同等入市、同权同价，加快建立农村集体经营性建设用地产权流转和增值收益分配制度”；“改革农村宅基地制度，完善农村宅基地分配政策，在保障农户宅基地用益物权前提下，选择若干试点，慎重稳妥推进农民住房财产权抵押、担保、转让”；“缩小征地范围，规范征地程序，完善对被征地农民合理、规范、多元保障机制”。[①]

进入 21 世纪以来，政策与法律进一步强化农民土地承包经营权的稳定、持久与可流转。随着实践中土地资源市场配置的不断自发形成，政策逐步对土地资源市场化配置改革方向作出肯定，赋予农民更多的土地权益，但以市场方式提高土地资源配置效率还有待于实践与政策的进一步发展。

二、中国农村土地集体所有制的产权特征与农地承包权

从上述中国农民土地权益演变过程可知，随着改革的推进，虽然农村土地集体所有制的内涵已发生了深刻变化，但始终没有突破中国农村土地集体所有制的产权特征，即农用限制下的土地使用权。因此，在中国农村土地制度的演变中，农地承包权始终是最核心的问题。

1. 农村土地集体所有制的产权特征。

依据产权理论，中国农村土地集体所有制中所谓的所有权主体实际上只拥有残缺的产权。作为集体土地所有者的农民只拥有土地农用的权益，国家严格控制土地发展权与土地增值收益。尽管随着改革开放的进一步发展，农民的土地权益逐步增加，但农村土地集体所有制依然没有改变集体所有制下土地仅限于农用的产权残缺特征。[②] 集体所有土地转为

① 《关于全面深化农村改革加快推进农业现代化的若干意见》，《人民日报》2014 年 1 月 20 日。

② 周其仁：《中国农村改革：国家和所有权关系的变化（上）——一个经济制度变迁史的回顾》，《管理世界》1995 年第 3 期。

城市建设用地必须通过国家土地征收这一唯一途径，农民只能得到很低的非市场价的补偿（前 3 年平均年产值的 30 倍）；各级地方政府代表国家执行农地所有权权能，获取土地发展权收益，于是，“土地财政”逐渐成为地方财政的重要来源，在“低价征地，高价批租”的巨大利益刺激下，过度征地导致土地资源粗放利用成为必然结果。因此，中国农民的土地权益流失是制度性流失，源于农村土地集体所有制未能有效保障农民所有权的完整性。

2. 农地承包权。

改革开放后，中国农村土地集体所有制内涵的演变与农地承包权联系密切。于是，农地承包权逐渐成为中国改革发展进程中农村土地集体所有制变革的核心内容。改革开放后，中国实行渐进式改革模式，家庭联产承包责任制成为对计划经济集体所有制权能组合结构进行调整的第一步。在当时的约束条件下，这既满足了农民生存的需求，又维持了国家对集体经济的控制。长期实行的城乡差别的二元结构制度安排，在一定程度上影响了农村劳动力在经济发展进程中的有效转移。中国的农村土地既是农民的生产资料，又是农民的就业与社会保障。因此，一方面，经济的发展需要土地资源的产权可以交易，以便流向配置效率更高的资源整合方向；另一方面，土地是农民的就业与社会保障，公平的土地承包经营权是土地资源效率配置的基础。农地承包权的形成与发展就是这种均分产权与效率配置矛盾的产物。

三、农村土地资源类型与农民土地权益

中国土地资源类型按所有制性质，可分为农村集体所有土地和城市国有土地。农村集体所有土地又可分为农业生产用地和农村集体建设用地。农业生产用地指直接用于农业生产的土地。农村集体建设用地指建造建筑物、构筑物的土地，包括农民宅基地、公共设施用地、村办企业用地、交通水利设施用地等。其中，经营性集体建设用地和农民宅基地是集体建设用地的主体。1997 年以前，集体农用地转为集体建设用地只

要通过一定的审批程序。1997 年以后，农用地转为集体建设用地在政策规定上已禁止。[①]

依据农村集体所有土地的类型与现行农村土地制度的规定以及实践的发展，可以将现实中的农民土地权益分为农地农用中的农民土地权益与农地非农化中的农民土地权益。其中，农地非农化中的农民土地权益又可分为征地中的农民土地权益与集体建设用地中的农民土地权益；而集体建设用地中的农民土地权益又可分为经营性集体建设用地中的农民土地权益与宅基地利用中的农民土地权益。实际上，在政策规定中，集体建设用地转为国有建设用地也属于土地征收的范围，只是实践中集体建设用地以市场方式配置使这一类型土地资源配置中农民土地权益状况变得更加复杂，必须进行更具体的分析才能反映真实情况。

1. 农地农用中的农民土地权益。

随着中国经济改革和发展，农地农用中的农民土地权益不断扩大。目前，中国农地制度已赋予农民在农用限制下较完整的土地产权，即生产经营与收益权以及流转与流转收益权。其中，生产经营与收益权体现了承包地的使用权权益；流转与流转收益权体现了承包地的所有权权益，如承包权所有者可将承包地的使用权租赁或入股，这种租金和股权的收益体现了承包权的所有权权益；而均分的承包权体现了集体成员的福利。

中国现行农地制度赋予农民长期的农地使用权，农产品可进行市场交易，农民土地经营的收益权有保障，因此，在农地农用中，农民土地权益问题主要体现在承包地使用权流转过程中，尤其是体现在非自愿的流转中（非自愿的流转实质是对农民土地权益的剥夺）。农地包括耕地、园地、林地、牧草地、养殖水面等，其中，耕地一直是保障国家粮食安全与农民基本生活最重要的土地资源部分。因此，承包耕地使用权的流转是政策和法律阐述的主体，也是实践中承包地使用权流转的主体。下面以承包耕地使用权流转为例，分析农地农用中农民土地权益流失的现象及根源。

---

① 刘守英：《中国的土地产权与土地市场发展》，载于中国社会科学院农村发展研究所宏观经济研究室编：《农村土地制度改革：国际比较研究》，社会科学文献出版社 2009 年版，第 125—129 页。

承包耕地使用权流转可分为自愿与非自愿两种方式。自愿流转是随着经济发展进程中农业劳动力的外出务工而自发产生的，是广大农民在现有土地制度框架下对土地资源配置的一种理性经济人选择的结果，有助于提高土地资源的配置效率。自愿流转的特征是耕地使用权的转让，主要发生在亲戚和村民之间，相对而言，转让使用权期限短、规模小、范围小，通常没有正式合约，依靠村民之间的诚信和熟悉（知根知底）等非正式制度来制约。随着经济发展，自愿的承包地使用权转让方式更加多样化，部分地方出现了通过地方政府设立的服务性中介组织机构，使村民的土地使用权可以在更大范围的市场中交易，使农民的土地权益更有保障。[①] 在非志愿的承包耕地使用权流转中，农民土地权益问题突出表现在承包耕地使用权被强制、低价转让，以及迫于无奈的转让。现实中，承包耕地使用权被强制转让，包括以规模经营、农业产业结构调整、项目引资等名义，通过反租倒包或其他形式迫使农民承包耕地使用权流转，尤其是长达10年以上的转让会造成农民土地权益的严重流失。因为租金价格通常是依据现行农产品产出价值来定价（不是以农用地的市场价值来定价），这种在单个农民生产力水平和承包地用途选择严格限制下（只以承包地转出时的当下种植作物的产值定价，相当于限制了承包地使用的选择权，选择权限制会降低产权市场价值）的租金形成依据不能体现农地使用权应有的市场价值，而且租金通常是一次性界定且被人为压低。因此，强制承包地使用权流转形成了事实上的土地兼并，严重侵害了农民的土地权益。

在承包地使用权强制流转过程中，值得注意的另一个现象是，大规模经营往往是借助外来资本和企业的介入才能实现，这无形中侵占了当地种植大户种植土地的权益。因为随着土地租金的提高，外来资本往往比种植大户有更高的承受力，这种竞争会提高当地种植大户的租地成本，使其无法维持生产，只得被迫放弃。可见，工商资本将农民挤出农业也是农民土地权益流失的一个方面。

---

① 林卿、刘小锋：《经济发展进程中农民土地权益状况研究：以福建省A县为调查案例》，《东南学术》2011年第3期。

在中国城乡二元结构的制度安排下，农地对于农民来说不仅仅是生产资料，均分的农地承包权还担当着就业保障与养老保险的功能。因此，当承包地使用权被低价、强制性、较长时期转让之后，不仅意味着土地作为生产资料的经济利益的损失，也意味着农民失去了土地所内含的社会保障功能。而农地承包权的这种社会保障权益在今后相当长的一段城乡统筹发展时期对农民的生存与发展至关重要。长期的农地承包权事实上已赋予农民部分所有权权能（在农用限制下的农地所有权)。随着中国城乡一体化经济进程的推进，当农民可以走出承包地时，这份均分的土地承包权就会变成农民的一份财产权，是农民土地权益的一个重要体现。

2. 农地非农化中的农民土地权益。

根据制度规定和实践发展，这里将农地非农化中的农民土地权益从理论上抽象为征地中的农民土地权益和集体建设用地中的农民土地权益。中华人民共和国土地管理法规定，所有的农村集体所有的土地要转为国家所有的城市建设用地都必须通过国家土地征收这个环节，包含现有的农业用地与集体建设用地。实践中，部分集体建设用地配置已出现自发的市场配置趋势，由此形成了与土地强制征收不同的利益分配格局。因此，如何更合理地配置集体建设用地，随着实践的发展，政策表达上已有所突破。而在集体建设用地中，构成其主体的经营性集体建设用地与宅基地由于用途以及与农民个体利益密切程度的差异，导致政策规定上也存在较大差异。为了更真实地反映实际情况，笔者在研究中进一步将集体建设用地中的农民土地权益分为经营性集体建设用地中的农民土地权益和宅基地利用中的农民土地权益。

(1) 征地中的农民土地权益。在中国，征地是指国家为了公共利益的需要，可依法强制征收原属于集体所有的土地，并给予一定补偿。中国土地管理制度特征决定了中国土地征收中存在诸多与一般经济规律不符合的成本与代价。中国征地制度特征可归结为以下四个方面：①征地主体与征地对象的唯一性。法律规定：建设用地的所有权只能属于国家所有，而国有土地包括原来属于国家所有和国家征收的原属于集体所有的土地。集体所有的土地不能直接进入建设用地市场，只能经过国家征收的途径变为国有后才能进入市场。国家是土地征收的唯一主体，享有征收集体所有土地的权利，县级以上的地方政府可代表国家行使土地征收权。实行城市土地国家所有与农村土地集体所有两种形式。随着经济发展进程中城市建设用地需求的增加，逐步通过征收农村集体所有的土地来满足该需求。因此，土地征收的对象主要是农村集体所有的土地，且农村集体所有的土地没有发展权。②征地补偿的非市场性。世界各国征地的共同特征表明，征地是一种有偿的强制性产权交易。征地的补偿价格通常是以当前土地市场价值为基础。中国土地制度的特征决定了被征农地的补偿只是与残缺的集体所有权相对应的一种象征性的补偿。相关制度规定的征地补偿标准是“按土地原用途年产值若干倍数”。中华人民共和国成立60多年来，除了征地补偿的额度有所增加外，有关征地依据与征地补偿依据基本没有改变，并且一直有补偿上限的限制。可见，没有农村土地集体所有制制度本身的改革，残缺的集体所有权很难保证农民的土地权益。③征地目的的矛盾性。征地是为了公共利益，旨在提高土地资源的配置效率，这是征地的首要特征。然而，在中国的土地制度中，征地目的在法律表达上存在自相矛盾之处，且制度规定不够严谨，从而造成实践中土地征收权滥用，导致农民土地权益受到损害。如《中华人民共和国土地管理法》明确规定：“国家为了公共利益的需要，可以依法对土地实行征收或者征用并给予补偿。”但对哪些属于公共利益项目没有作出明确规定。同时又规定：“任何单位和个人进行建设，需要使用土地的，必须依法申请使用国有土地……前款所称依法申请使用的国有土地包括国家所有的土地和国家征收的原属于农民集体所有的土地。”④征地程序的不完善性。尽管合理的征地有利于土地资源的社会最优配置，但征地是一种强制性的产权交易，容易造成产权主体利益受损，正当法律程序是制约行政权力滥用的有力武器。中国征地程序不完善可归结为：其一，违背了征地的公共利益目标。我国土地管理法规定：国家为了公共利益的需要可以依法对土地实行征收或者征用并给予补偿，但实践中建设用地的征收并非都是为了公共利益的目的，如商业用地就违背了征地法律程序中的目标认定原则。其二，征地补偿方式滞后。我国征地补偿依然沿袭计划经济时期形成的征地补偿方式，且规定了最高补偿上限，而不是以市场价值为基础。事实上，征地补偿是对土地产权剥夺的一种赔偿，由于农村土地集体所有权的残缺，实践中征地补偿在被征地者与征地者之间的协商空间不足。其三，农民群体参与权和知情权不足。虽然法律明确规定政府要给予公告以及听取集体经济组织与农民的意见，但并未具体规定对农民的意见应如何解决，实践中征地公告与农民意见反馈常流于形式，且征地过程中存在农地产权所有者知情权、参与权、听证权、司法救济权等不健全的情况，这一定程度上违背了正当法律程序原则的基本要求，未有效保障被征地者及时、充分了解征地过程，以确保他们的土地权益。①

征地是促进土地资源优化配置的一种方式，通过土地资源在不同产业间的重新分配增加社会总收益，从而实现资源优化配置的目标。因此，从理论上说，农地被征收后，农民理应得到比经营农业更高收益的补偿，即这种补偿高于其放弃农地经营的机会成本，这样的补偿才能体现土地资源用途结构调整后土地资源配置得到优化，社会总收益得到提升。按照《中华人民共和国农村土地承包法》，农民已有了农地长期承包权的权益，因此农地被征收后，农民理应得到农地市场价值的补偿与农地社会保障功能的补偿，可以认为任何低于这个价格的补偿都是对农民土地权益的剥夺。而按照征地制度规定，农地被征收后，被征地者只能得到制度规定的“按原用途产值若干倍的补偿”。在泛化的土地征收中，一旦土地被征收，农民只能得到大大低于市场价格的征地赔偿。因此，我国征地中农民土地权益的流失是一种制度性流失，征地是导致农民土地权益流失最严重的环节，也是社会矛盾较尖锐的方面。②

（2）集体建设用地中的农民土地权益。中国的集体建设用地是指土地所有权属于农村集体的建设用地，主体组成部分是乡村工业用地（主要为原乡镇企业用地）和农村宅基地。我国集体建设用地的形成既是我国农村土地集体所有制的产物，也是经济发展的产物。由于我国实行城市土地国有和农村土地集体所有的制度，因此，农地转为建设用地包括转为城市建设用地和农村建设用地两种方式。农地转为城市建设用地一

① 梁亚荣、刘燕：《构建正当的土地征收程序》，《中国土地科学》2008 年第 11 期。
② 王小映：《土地征收公正补偿与市场开放》，《中国农村观察》2007 年第 5 期。

直采用土地强制征收的办法，而转为集体建设用地（1997 年后政策规定全部要通过土地征收方式）通常是通过申请、审批和协商调整的方式获得，所有权和使用权仍属于集体。[①] 集体建设用地几乎是与农村土地集体所有制一同诞生。改革开放前，在国家控制的集体所有制下，农业的主要功能是生产和提供农产品，因此，这一时期集体建设用地的主体主要是农村宅基地，其产权随着集体所有制的形成从中华人民共和国成立之初的个人所有转变为集体所有。中国集体建设用地的快速增加主要是在改革开放后的 20 多年，即随着农业经济的增长和农村生活水平的改善，农民对住宅建设的需求逐渐增强，与此同时，农业经济结构与农村经济结构调整、农业劳动力转移以及乡村工业的发展等使以宅基地与乡村工业用地为主体的集体建设用地数量迅速增长。从农村改革开放到 1995 年这一时期，大量农地被转为农村宅基地和乡村工业用地。土地家庭承包经营与鼓励发展乡村工业的政策供给为这一时期集体建设用地数量增长提供了经济与制度基础。据中国《统计年鉴》计算，2009 年，中国集体建设用地存量达 1800 万公顷，集体建设用地面积是城市建设用地的 4.6 倍，其中，乡村工业用地（即经营性集体建设用地）和农村居民住宅用地（即宅基地）大约各占一半。

中国正处在工业化和城市化的高速发展时期，土地资源是发展的必要条件，20 世纪 90 年代中期至 21 世纪初，数量庞大的集体建设用地成为国家工业化和城市化快速发展的重要资源基础，如何有效利用存量集体建设用地对中国社会经济的发展十分重要。与此同时，经济增长导致建设用地价值飙升，如何合理分配土地增值收益也成为十分尖锐的社会问题。在这一过程中，由于集体所有制产权的残缺，各利益集团对土地权益争夺导致农民土地权益流失严重。于是，集体建设用地配置及其利益分配成为农民土地权益问题最突出的方面。在集体建设用地的两大主要类型即经营性集体建设用地配置、宅基地配置中，经营性集体建设用地使用权与收益分配对应的主体是全部集体成员，通常由所谓的集体代

① 刘守英：《中国的土地产权与土地市场发展》，载于中国社会科学院农村发展研究所宏观经济研究室编：《农村土地制度改革：国际比较研究》，社会科学文献出版社 2009 年版，第 125—129 页。

表来行使土地资源的配置权及收益分配权。它与明晰到农户的宅基地使用权的最大区别在于：经营性集体建设用地配置的权益与农民个体的利益关系没有宅基地表现得那么直接和具体，且宅基地还承载着农户最基本的生存条件。由于这两种类型集体建设用地形成过程和利用功能不同，与农民个体生存条件、经济利益的密切程度不同，政府的政策供给也不同。

一是经营性集体建设用地配置与农民土地权益。经营性集体建设用地是指 20 世纪 80 年代中期至 90 年代中期形成的乡村工业用地，20 世纪 90 年代后期，乡村工业发展由于规模不经济和产权不明晰等原因失去竞争力，同时，由于政策对农用地转为建设用地的严格限制，乡村工业建设用地已不再形成。因此，所谓的经营性集体建设用地指的是这部分已经是建设用地，但所有权仍属于集体的存量集体建设用地。中国土地制度规定：集体土地转为建设用地都必须通过国家征收这一途径。集体建设用地也是属于集体所有的土地。显然，对已经是建设用地的集体土地按照农用地的管理方式征为国有，这种土地权益分配不合理将导致社会矛盾尖锐，因为同样是建设用地，从集体所有到国家所有，土地价格差别巨大。为了获取更多土地权益，各地区集体建设用地以市场方式配置进入市场。随着实践中各地层出不穷的集体建设用地以市场方式配置入市的发展，政府的政策也从 20 世纪末的严格禁止转变到 21 世纪初的逐步肯定。对于实践中各地区出现的不同方式的集体建设用地的市场配置创新，政府的政策最终将其归结为：出让、租赁和入股。2014 年，中央一号文件提出："在符合规划和用途管制的前提下，允许农村集体经营性建设用地出让、租赁、入股，实行与国有土地同等入市、同权同价，加快建立农村集体经营性建设用地产权流转和增值收益分配制度。"[①]

事实上，中国集体建设用地市场配置的政策始终滞后于实践的发展。学者们将各地区各具特点的集体建设用地自发进入市场的方式总结为广东省的"南海模式"、江苏省的"昆山模式"、浙江省的"湖州模式"、安徽省的"芜湖模式"等。这些模式的共同点都是通过租赁、股份、出让

① 《关于全面深化农村改革加快推进农业现代化的若干意见》，《人民日报》2014 年 1 月 20 日。

等方式绕过政府的土地征收环节，以土地直接进入市场的方式获得更多的土地权益。区别在于：在不同的模式中，农民个体与集体的土地权益比重不同。如“昆山模式”“南海模式”的共同点是在不改变集体土地所有权性质的前提下，以集体建设用地长期出租的方式让土地进入市场，让农民分享工业化进程中的土地增值收益；而二者的不同点在于“昆山模式”将集体建设用地使用权在进入租赁市场之前通过集体成员内部“招标”的方式明晰到集体成员，再由集体成员在土地上独立或合作投资（如盖厂房和宿舍），使土地使用权升值后，将土地使用权以市场方式转让。因此，“昆山模式”增加了集体与农户合约这一环节的做法，将 85% 的收益分配给农民，使土地产权进一步明晰到出资的集体成员；而“南海模式”将至少 50%以上的经营收益归为集体资产，由集体组织管理者支配。[①]

在经营性集体建设用地市场化配置中，保护农民土地权益面临着如何保护、谁来代表农民集体与如何代表等问题，这也是我国农村土地集体所有制改革必须面对的问题。同时，在各地区集体建设用地市场配置的实践创新中，其并没有像政策所强调的将经营性集体建设用地与宅基地截然分开。也就是说，尽管政策严格限制宅基地市场交易，但实践中，作为农村集体建设用地重要组成部分的宅基地的市场交易也在不断发展。

二是宅基地配置与农民土地权益。我国农村宅基地是指作为集体组织成员的农民用于建造自己居住住房的那部分土地，它的所有权属于集体，农民个体有无限期的使用权，它是无偿获得的，体现了集体成员的福利性，是农民生活的重要依赖，也是农民的一项重要财产权。中华人民共和国建立之初，土地改革形成了土地的农民个人所有制，农村宅基地与房屋的产权归属一致，都属于农民私有。后来，通过公社化运动逐渐确立了农村土地集体所有制，农民宅基地也归集体所有，农民只有宅基地的使用权，并且这一使用权不能交易（即不能出租与买卖）。改革开放后，农村住宅可以在集体成员间进行交易（出租或买卖），宅基地的使

① 蒋省三、韩俊主编：《土地资本化与农村工业化——南海发展模式与制度创新》，山西经济出版社 2005 年版，第 23—28 页。周其仁：《城市化、土地制度与宏观调控》，《经济观察报》2011 年 4 月 18 日。

用权随住宅所有权与使用权的转变而转变，宅基地在集体之外的市场交易在制度上始终被禁止。如1998年，《中华人民共和国土地管理法》规定："农村村民一户只能拥有一处宅基地，农村村民出卖、出租住房后，再申请宅基地的，不予批准。"1999年，《国务院办公厅关于加强土地转让管理严禁炒卖土地的通知》指出："农民的住宅不得向城市居民出售，也不得批准城市居民占用农民集体土地建住宅。"2014年，中央一号文件明确指出："改革农村宅基地制度""选择若干试点，慎重稳妥推进农民住房财产权抵押、担保、转让"。由此可见，政策依然限制宅基地以市场方式配置，政策只表述宅基地之上的住房财产权可选择试点进行市场交易的尝试。在经济发展进程中，政府始终强调对农村宅基地加强管理，这与实践中对宅基地以市场方式提高资源配置效率以及保护农民土地权益的要求不相适应。在大量农民离乡进城打工、城市化与工业化快速发展对建设用地需求急剧增长的背景下，提高资源配置效率的经济规律必然会使宅基地的市场交易自发形成。

中国目前实践中农村宅基地流转的方式可归结为国家征收、买卖和出租。显然后两者是属于"违规"的市场交易方式。买卖是指农民将住宅出售时，宅基地使用权被连同售出。根据调查，这种买卖的实质还在于宅基地产权的交易，也就是说，买者的购买动机是想获得原住宅下的那块宅基地。出租是指村民将房屋出租后，宅基地的使用权也连同房屋一起转移，长期出租其实已是变相的买卖。

宅基地与经营性集体建设用地最大的区别在于：它的使用权明晰到农民家庭个体。尽管制度规定农民只有农村宅基地的使用权，但由于宅基地的历史形成过程及宅基地与私有房屋的不可分离性，农民从来就将宅基地视为自己的家产，它与农民个体财产性收入联系密切。一般来说，宅基地的使用权总是与房屋的使用权密切联系在一起，通常土地产权随房屋产权的变更而变更。然而，在中国，宅基地属于集体所有，而宅基地之上的住宅则属于农民私有。"一宅两制"成为中国土地制度中最具特色的集体所有制产物。这种"一宅两制"的制度安排，使经济发展进程中宅基地的资源配置与产权保护难度增大。与此同时，宅基地又是集体建设用地配置中增加农民财产性收入最敏感与最有潜力的部分。目前，由于大量农民进城务工，而城市房价偏高，因此，对于地处城乡结合部、近郊、城中村的农民，房屋出租和宅基地开发后入股工业项目等成为农民财产性收入的重要来源。而远郊与偏远地区的农民，则可能通过建设用地指标交易实现宅基地财产权收益。但在这一过程中，由于集体所有权的残缺与地方政府的权力控制，农民个人只能得到有限的土地产权收益。[①]

四、农民应有的土地权益经济学分析：基于公平与效率的思考

在中国经济发展进程中农民应有怎样的土地权益？它的依据是什么？我认为与经济发展进程相适应的公平与效率是最基本的准则。当土地还是中国众多农民的生存依赖和主要财产时，公平分配农地资源使用权是社会稳定与发展的基础。土地资源的效率配置体现于成本收益的比较，因此，市场依然是提高资源配置效率的有效方式。而土地资源的公平与效率配置需要借助于合理的土地制度安排。中国当前土地制度的不合理表现在：制度不能有效保障农民公平的土地权益和保证稀缺土地资源的效率配置。其具体包括：（1）产权不完整无法保障农民的土地使用权，农民因土地被非公共目的征收、承包地被强制流转等原因导致失地，同时无法得到合理的补偿。（2）由于土地利用成本低，导致土地资源利用粗放和稀缺土地资源浪费。（3）农地非农化的巨大利益刺激“土地财政”与企业“圈地”，加剧农地过度非农化与农民土地权益流失。合理的土地制度能够形成合理的成本与收益，形成有效的约束与激励，从而提高资源配置效率，促进经济可持续发展与社会稳定。因此，下面从农地价值、农地产权与农地产权收益之间的关系对中国农民应有的土地权益展开分析。

1. 农地价值、产权与收益。

土地权益是土地产权所有者的土地产权收益。产权的意义在于它能

① 韩俊主编：《中国农村土地问题调查》，上海远东出版社2009年版，第16—19页。

够给产权所有者带来收益。产权之所以有收益是因为产权对应的资源有价值。对应土地资源的不同价值会形成不同的权利束，不同的权利束对应不同的产权收益构成。笔者用图 1 描述农地价值、产权与收益之间的关系。① 农地价值、产权、收益关系图阐述了资源的权益对应于资源的价值。农地资源的价值体现在可用于经营农业生产以获得收益（可在市场中得到体现）；保留一定数量的农地对于社会可持续发展、生态环境保护具有价值（表现为市场外部性）；农地可以转为非农地，表现为农地发展权的价值（可在市场中得到体现），而非农地的利用由于资本、技术、劳动力等资源的更加密集投入而使土地价值大大提升。因此，完整的农地产权收益应体现农地农用价值、农地存在价值、农地非农用价值等三个方面。根据产权经济学理论可知，产权的本质是产权所有者可获得产权收益，而产权所对应的资源配置方式和效率会影响产权的价值与收益。

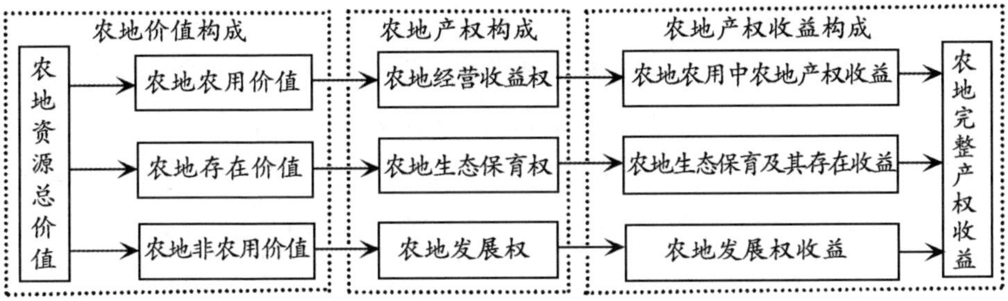

图 1 农地价值、产权与收益关系图

数据来源：The relationship among the value, property rights and income of farmland.

(1) 农地产权的本质与价值构成。农地产权的收益不仅取决于农地资源的价值，还取决于资源配置方式对资源价值的实现程度。而且，农地资源的价值会随着经济发展进程中土地资源稀缺性和土地资源配置效率的变化而变化。因此，农地产权所对应的农地价值与收益也是经济发展进程的因变量。随着经济发展，产权的完整不仅体现在产权价值的增加，还体现在产权权能的扩展上，如农地生态保育权和农地发展权的形成。这都是经济发展进程中，人们对农地资源利用多重功能与多重价值

① 林卿：《农民土地权益流失与保护研究——基于中国经济发展进程》，中国社会科学出版社 2013 年版，第 42—47 页。

的更多认知。因此，在当前经济发展进程中，农地资源的价值至少应包含农地农用价值、农地存在价值与农地非农用价值（图 1）。根据经济学理论，只有当农地资源配置在各种用途中的边际收益相等时，整个社会的土地资源才能达到最优配置。

（2）农地价值、产权、收益关系数理模型表达。在上述农地价值、产权与收益关系分析的基础上，我们假设现有的农地只有两种利用类型，即留作农用的农业用地和转为建设用地的城市建设用地，建设用地的增加只能通过农业用地的减少来形成。在该假设条件下，可将农地价值、产权与收益之间的关系用数理模型作如下更简洁的表达公式。①

$$\overline{L}=L_a+L_n \tag{1}$$

$$f^a(L_a,\ A)=f^{aa}(L_a,\ A)+f^{ae}(L_a,\ A) \tag{2}$$

$$f^n(L_n,\ B)=f^{aa}(L_n,\ A)+f^{ae}(L_n,\ A)+f^{ni}(L_n,\ A) \tag{3}$$

在公式（1）中，$\overline{L}$表示某地区共拥有的农地数量，随着经济发展，其中一部分农地 L_n 将转为建设用地；L_a 表示在$\overline{L}$数量农地中保留农用的农地数量。在公式（2）中，$f^a(L_a,\ A)$ 表示保留农用的农地 L_a 创造的价值，A 表示农地的质量（生产力），质量越好则创造的价值越多；$f^{aa}(L_a,\ A)$ 表示 L_a 农地用于农业生产经营所创造的价值；$f^{ae}(L_a,\ A)$ 表示 L_a 农地发展权价值。因此，$f^a(L_a,\ A)$ 由两个部分组成，即 $f^{aa}(L_a,\ A)$ 和 $f^{ae}(L_a,\ A)$。在公式（3）中，L_n 表示农地转为建设用地的数量（$L_n=\overline{L}-L_a$）；$f^n(L_n,\ B)$ 表示农地转为建设用地后的价值，B 表示农地的区位优势，区位优势越好则价值越高；$f^{aa}(L_n,\ A)$ 表示 L_n 数量农地转为建设用地的成本，即农地的市场价值或农地产权的补偿成本；$f^{ae}(L_n,\ A)$ 表示 L_n 数量农地发展权的市场价值或 L_n 农地发展权补偿成本；$f^{ni}(L_n,\ A)$ 表示 L_n 数量农地转为建设用地的价值增值部分，也就是 L_n 数量农地非农化的净收益。因此，$f^n(L_n,\ B)$ 由三个部分组成，即 $f^{aa}(L_n,\ A)$、$f^{ae}(L_n,\ A)$ 和 $f^{ni}(L_n,\ A)$，则 L_n 数量农地非农化后的价值增值表示为：$f^{ni}(L_n,\ A)=f^n(L_n,\ B)-f^{aa}(L_n,\ A)-$

① 王荧、林卿、李敏飞：《农地价值构成与农地产权设置的经济学分析》，《兰州商学院学报》2012 年第 4 期。

$f^{ae}(L_n, A)$。

基于土地资源配置的效率原则，我认为，从理论上说土地产权所有者应得到以下产权收益。其中，$\overline{L}$数量农地形成的总价值中，$f^{aa}(L_a, A)$ 部分应该属于 L_a 农地使用权所有者，是农地生产经营收益权的价值体现；$f^{ae}(L_a, A)$ 部分应属于 L_a 农地发展权的所有者，是农地发展权的价值体现；$f^{aa}(L_n, A)$ 部分是补偿 L_n 数量农地转为建设用地的收益损失，相当于原 L_n 数量农地农业经营收益价值，是 L_n 数量农地转为建设用地的机会成本，应属于原 L_n 数量农地使用权所有者；$f^{ae}(L_n, A)$ 部分是补偿 L_n 数量农地转为建设用地的发展权收益部分，是对 L_n 数量农地转为建设用地土地发展权收益的补偿，应属于 L_n 数量农地发展权所有者；$f^{ni}(L_n, A)$ 是农地非农化增值收益，可由代表公共利益的政府进行收入再分配，或由建设用地的投资者、地方政府管理者和农地资源贡献者共同分享，他们各自的分享数额由各自在市场交易中的讨价还价能力或利益集团的影响力所决定。

2. 中国农地产权配置与农民土地权益理论分析。

根据图 1 可知，目前，中国与农地农用价值相对应的产权表现为农地承包权。农地承包权赋予农民农地使用权与收益权，同时，均分的农地承包权也赋予农民社会保障功能收益权。与农地非农用价值相对应的产权表现为国家垄断的征地权，即农地的发展权目前由国家垄断。农地被征收后，所谓的集体农地所有者通常只能得到低于市场价值的农地征收补偿费。至于农地的存在价值，由于其公共产品特性，其产权制度安排与管理还处于理论与实践的探索中。为了进一步分析实践中的农民土地权益，笔者用积分方程式表达现实中农地价值与农民土地产权收益。同时，分别从农地保留农用与农地转为建设用地这两个层面来分析。

（1）制度与实践中的农民土地权益。公式（2）中的农地农用价值收益 $f^{aa}(L_a, A)$ 根据我国目前的农地产权配置现状可表示为永久农地承包权的价值，即 $V_t + R_t$。其中，$V_t = \int_0^{+\infty} f_t e^{-rt} dt$，$R_t = \int_0^{+\infty} g_t e^{-rt} dt$，$V_t$ 为农地生产经营权价值，f_t 为土地净收益，R_t 为农地社会保障功能价值，g_t 为农地社会保障功能收益，r 为贴现率，t 为时间。在

$V_t=\int_0^{+\infty} f_t e^{-rt} dt$ 这个积分方程式中，f_t 是一个不断增加的值，因为在经济发展进程中，随着土地资源稀缺性与土地资源配置效率的提高，土地价值不断提升。在农地农用中，农民应获得与这一产权价值对应的产权收益，但实践中，由于非自愿农地承包权流转以及农地承包权内含的社会保障功能价值表现为市场外部性等原因，在农地保留农用这个层面，农民土地权益的流失可表现在租金小于承包地的农用价值以及农地较长期出租后承包地社会保障功能丧失。

从理论上说，农地租赁时农地承包权所有者应得到的租金是：$V_x=\int_0^{+\infty} f_x e^{-rt} dt$ 。其中，V_x 为土地价值，f_x 为土地净收益，r 为贴现率，x 为时间（出租年限）。但现实中农地承包权的非志愿流转由于“政绩工程”等原因，迫使农地承包权被长期、低价出租。在这种非志愿的土地租赁中，租金的定价依据是现有农地主要粮食作物的年产值，而且常常以此作为若干年以后的租金价格。因此，在这种情况下农地承包权所有者所能得到的租金（出租期间承包权的收益）可表达为：$V_R=\sum_0^x f_r$。其中，V_r 为土地出租 x 年的总租金，f_r 为土地年租金（f_r 基本是个常数，即一次性定价，土地租金不变），x 为时间（出租年限）。如上所述，在实践中，随着技术水平的提高和规模经济的形成，农地的净收益会不断提高，土地价值随着土地资源稀缺性的提高而增加，如果用 V_x 表示承包地出租 x 年按市场价值得到的总租金，则 $V_x>V_r$ 成立。如果用 V_{xs} 表示农地被迫出租后农民土地权益的损失，则 $V_{xs}=V_x-V_r$。

与此同时，当承包地被非志愿长期出租后，意味着与被出租土地相对应的农地承包权的社会保障功能也一并丧失。由于承包地的社会保障功能价值表现为市场外部性，这部分价值不会在租金价格中得到体现。如果用 V_e 表示农地被迫出租 x 年后农地社会保障功能的损失，那么农地社会保障功能的损失可表示为：$V_e=\int_0^{+\infty} g_x e^{-rt} dt$ 。其中，V_e 为农地社会保障功能的价值，g_x 为农地社会保障功能的收益，r 为贴现率，t 为时间。如果用 V_h 表示承包地被强迫出租后农民土地权益损失的全部价值，则 $V_h=V_e+V_{xs}$。

在农地非农化过程中农民土地权益的流失就是农地征收中农民土地权益的流失，因为《中华人民共和国土地管理法》规定，所有农村集体所有的土地转为建设用地都要通过国家土地征收这一环节，一旦农地被征收，农民只能得到很低的征地补偿费。如果用 V_c 表示征地补偿费，L 为土地补偿费，H 为安置补助费及地上附着物和青苗补偿费，f_c 为土地被征收前三年平均年产值，则 $V_c=L+H\leqslant 30f_c$。因为制度规定土地补偿费与安置补助费及地上附着物和青苗补偿费的总和不得超过土地被征收前三年平均年产值的30倍，于是，体现集体成员产权利益的农村承包地一旦被征收，农民只能得到一个大大低于市场价值的所谓征地补偿，同时承包地的社会保障功能也一并丧失，该损失可表示为：$V_s=V_t+R_t-V_c=\int_0^{+\infty} f_t \mathrm{e}^{-rt}\mathrm{d}t+\int_0^{+\infty} g_t \mathrm{e}^{-rt}\mathrm{d}t-(L+H)$。我国土地制度规定了农民完整的农地农用的使用权与相应的农用限制下的所有权，因此征地中，农民理应得到基于农业用途的当前土地市场价值的价格补偿以及相应的承包地社会保障功能的补偿。任何低于这个价格的补偿都是对农民土地权益的剥夺。但土地制度又规定了农民只能得到小于或等于土地被征收前三年平均年产值30倍的征地补偿。土地制度规定自身的矛盾导致农民土地权益流失，导致权力寻租、稀缺土地资源浪费以及社会矛盾尖锐。因此，我国农民土地权益问题的根源一定程度上在于制度本身。

(2) 农民应有的土地权益。基于上述分析可知，中国农民应有的土地权益关系社会稳定、经济效率与可持续发展。在目前的经济发展阶段，农地对农民主要有两大价值，即生产资料价值与社会保障价值。随着中国经济的进一步发展，城乡一体化发展进程的推进促使农地的财产价值不断增强。同时，合理配置农业用地与建设用地的要求使土地发展权成为农地产权权能组合中的一项重要内容；而对于全社会，农地的利用还包括生态功能和生态价值。因此，在中国经济发展进程中农民应有的土地权益应随着土地价值的增加而增加，农民应得到与此相对应的土地权益。本研究将中国农民应有土地权益理论模型表达分为近期和发展后两个阶段。基于上述思考，下面用以下数理模型表述中国经济发展进程中农民应有的土地权益。

①近期农民应有的土地权益。近期农民应有的土地权益就是使具有生产资料价值与社会保障功能价值的承包地产权收益最大化。

$$\text{Max}: P_v = \int_0^{+\infty} f_t e^{-rt} \mathrm{d}t + \int_0^{+\infty} g_t e^{-rt} \mathrm{d}t = V_t + R_t$$

满足约束条件：

$S.T$：

$L_t = L_a + L_n$

$MR_a = MR_n$

其中，Lt 表示原有农地总面积，L_a 表示依然留作农用的土地，L_n 表示转为建设用地的农地，MR_a 表示留作农用的农地边际收益（或农地转为建设用地的边际成本），MR_n 表示转为建设用地的农地边际收益。

②发展后的农民土地权益。随着经济发展进程的推进，农地转为建设用地会显著提升土地价值，而理性经济人追求个体利益与当前利益的特性往往会使过多的农地非农化。因此，基于优化稀缺土地资源配置和保护一定数量的农地留作农用以利于社会经济可持续发展的考虑，农地发展权成为农地产权束中的一项重要内容。农地发展权的价值至少应相当于放弃农地转为建设用地的机会成本，即相当于农地转为建设用地后的增值部分。农业经营区的农业经营者和农地保留农用的产权所有者可以通过土地发展权的交易来分享整个社会经济发展进步的收益。

土地发展权是经济发展进程的产物，也是土地产权所有者应有的土地权益。当中国经济发展到一定阶段，土地不再是广大农民生存的主要依赖时，土地生产资料价值的重要性会让位于土地财产价值的重要性，农地产权所有者应有的土地权益是获得完整的财产权收益。因此，发展后农民应有的土地权益可表达为农地财产权收益最大化。如果此时农民的土地产权是完整的，农地财产权价值就应该包含农地生产资料价值和农地发展权价值，如下式所表达：

$$\text{Max}: P_v = \int_0^{+\infty} P_t e^{-rt} \mathrm{d}t = \int_0^{+\infty} f_t e^{-rt} \mathrm{d}t + \int_0^{+\infty} d_t e^{-rt} \mathrm{d}t$$

其中，$P_v = \int_0^{+\infty} P_t e^{-rt} \mathrm{d}t$ 表示农地的财产权价值，$\int_0^{+\infty} f_t e^{-rt} \mathrm{d}t$ 表示农地的生产资料价值，$\int_0^{+\infty} d_t e^{-rt} \mathrm{d}t$ 表示农地的发展权价值。

满足约束条件：

$S.T$：

$L_t = L_a + L_n$

$MR_a = MR_n$

$C_t > P_t > V_t$

其中，L_t 表示原有农地总面积，L_a 表示依然留作农用的土地，L_n 表示转为建设用地的农地，MR_a 表示留作农用的农地边际收益（或农地转为建设用地的边际成本），MR_n 表示转为建设用地的农地边际收益，C_t 表示建设用地市场价值，P_t 表示农地财产权市场价值，V_t 表示农地市场价值。

随着中国土地制度朝着市场化方向改革，农民的土地产权会不断明晰与完善，农地产权最终应成为完整的财产权。在这个发展阶段，对于农民来说，土地不仅是生产资料，也是农民的重要财产。因此，在土地资源实现最优配置的条件下（即满足约束条件：$MR_a = MR_n$），农地转为非农用时，农地产权的价值在市场上体现的不仅是以农地市场价值为基础的价格，而且应该体现以农地财产权价值为基础的价格，这应是一种介于农地市场价值 V_t 与建设用地市场价值 C_t 之间的一个价值 P_t，即 $C_t > P_t > V_t$。

五、结论和政策建议

中国农村土地集体所有制是计划经济的产物。这种土地制度的特征是：一方面，它体现国家强大的控制力（国家所有权特征），另一方面，它又体现出一种很强的福利特征。中华人民共和国建立之初，国家通过户籍制度、农村土地集体所有制等制度安排，将农业积累用于支持重工业优先发展战略目标的实现。同时，在城乡差别的制度安排下，农村土地承担了农民生活与社会保障的功能。改革开放后，农村土地制度改革以均分农地承包权的形式延续着农村土地分配集体成员权的福利特征，与此同时，国家控制的农村集体土地又以提供大量廉价土地资源的方式，为中国经济持续快速增长作出贡献。然而，改革开放后，中国经济的快速增长也促使现行农地制度改革，赋予农民应有的土地权益成为中国社会稳定和经济持续发展必须解决的问题。在中国经济市场化方向的改革进程中，不能没有农村土地资源配置市场化方向的改革，而农村土地资源配置市场化方向的改革必须以土地产权明晰、完整为基础。在中国经济快速增长中，不能没有广大农民对经济进步收益的分享，土地是农民的主要财产，通过赋予农民应有的土地权益让农民分享经济发展进步的收益，是缩小城乡差距与实现社会稳定和经济持续发展的正确与有效途径。因此，中国农村土地制度改革的方向是明确的。中国农村土地制度进一步改革无疑将引起整个社会利益的大调整，如何进一步改革将面临巨大挑战。我认为明晰产权——完善市场交易机制——设立农地发展权——赋予农民完整土地财产权应是中国农地制度改革的渐进过程。

1. 明晰产权。明晰的产权是产权效率的基础。中国农村土地集体所有制产权不明晰表现在诸多层面：(1) 所谓的集体所有制的所有权残缺，受到国家权力的高度控制；(2) 在农村土地集体所有制中，谁能够成为集体所有土地的代表以及如何代表才能保障农民土地权益等也是进一步改革农村土地制度必须面对的问题；(3) 农村土地承包权的确立使大部分集体土地的使用权已明晰到农户，但在这一过程中，由于人口变动、征地、农民占地建房等原因，如何使承包权与实际的承包地对应以及使宅基地使用权的占有体现公平的集体成员权福利等都有待于产权与其对应的土地资源边界的进一步确定。产权明晰是市场交易的基础，否则，在名义产权与实际土地资源没有明确对应的情况下，放开土地市场只会使农民的土地权益受到更多的侵犯，也意味着资源配置效率无法提高。因此，“确权”是农村土地制度进一步改革的一项基础性工作，是中国土地制度改革的近期目标。①

2. 完善土地市场交易机制和改革征地制度。“确权”的目的在于让明晰的产权能够借助市场机制提高配置效率，保障产权收益。农地交易包含两个方面，即农地农用限制下农地承包权与承包地使用权的交易以及

① 周其仁：《确权是土地流转的前提与基础》，《农村工作通讯》2009 年第 14 期。

农地转为非农地（建设用地等）的交易。其中，在第一个方面，政府只要提供交易的平台与制度，让市场机制发挥作用；在第二个方面，应改革现有的征地制度，在产权明晰基础上的征地制度改革就是要将征地的目的严格限于公共目的，以市场价格给予征地补偿，使征地程序规范合法。

3. 赋予农地产权所有者土地发展权以完善农地财产权。综观国际经验，土地发展权是经济发展到一定阶段的产物，体现经济发展进程中土地价值和功能的增加，也是土地资源进一步优化配置的要求。2013 年，中央一号文件提出“改革农村集体产权制度，有效保障农民财产权利”。随着农村集体产权制度的改革，农村土地明晰为农民财产后，土地财产权的完善成为土地制度改革的下一个目标。作为完整的土地财产权，在国家土地利用规划管理下，农地产权所有者至少应拥有完整的农地财产权，即农地生产经营权与农地发展权。其中，农地发展权设置的重要意义在于，通过合理分配社会经济发展的收益使一定数量的农地留作农用，保护农地的存在价值，有利于人类社会经济的可持续发展。如农业区域和边远山区为粮食安全和生态安全作出贡献，这些区域的经济效益通常较差，但可以通过土地发展权交易分享经济发展进程中土地增值的收益。[①] 在中国，这种农地发展权的雏形在现实中已表现为建设用地指标交易。通过这种建设用地指标交易，远郊区域可获得更多的农业发展资金的投入，而近郊区域则可获得建设所需要的土地。[②] 这种建设用地指标交易体现了发展权的内涵。因此，我们认为如果国家用严格的土地利用规划与用途管制来取代农村土地集体所有制的管理，会更有益于以市场的方式保护农民的土地权益，同时有助于提高土地资源的配置效率。

（原文发表于《福建农林大学学报（哲学社会科学版）》2016 年第 5 期）

---

① 黄祖辉、汪晖：《非公共利益性质的征地行为与土地发展权补偿》，《经济研究》2002 年第 5 期。

② 陆铭：《建设用地使用权跨区域再配置：中国经济增长的新动力》，《世界经济》2011 年第 1 期。陆铭：《建设用地指标可交易：城乡和区域统筹发展的突破口》，《国际经济评论》2010 年第 2 期。

建立城乡统一的建设用地市场：前提、步骤及保障

戴双兴 李建建*

一、引 言

《中华人民共和国土地管理法》规定："城市市区的土地属于国家所有，农村和城市郊区的土地，除由法律规定属于国家所有的以外，属于农民集体所有。"与此相对应，中国一直实行二元土地所有制基础之上的城乡有别的建设用地使用制度，这种使用制度的一个显著特点是，建设用地使用政策与土地所有制紧密相关。对于农村集体建设用地，由于用地者是集体经济本身，他们可以无偿取得集体建设用地使用权，但严格限制集体建设用地的流转。《土地管理法》第四十三条规定："任何单位和个人进行建设，需要使用土地的，必须依法申请使用国有土地"。这就意味着农民集体所有的土地不能直接进入建设用地市场，当农民集体所有的土地要转化为国有建设用地时，土地必须经政府征用或征收，由原来的集体所有变成国家所有。

城乡建设用地市场二元分割、地方政府垄断土地一级市场的制度安排，为城镇化建设提供了巨额资金，有效地解决地方政府财力不足的问题。据统计，2013 年 1 月至 6 月全国 306 个城市共交易土地 15493 宗，土地出让金高达 11305 亿元，与上年同期相比上涨 60%。土地收益已成

* 戴双兴：福建师范大学经济学院副教授，博士。李建建：福建师范大学经济学院教授，博士生导师，博士。

为地方财政的一大重要来源。但是，这种土地资源配置方式主要由政府主导，政府通过对土地一级市场的垄断，直接占有了农地转用的增值收益。在这一过程中，由于对失地农民的补偿严重不足，征地已经成为引发社会矛盾的焦点，农民因土地征占问题的上访占到全部上访量的2/3，严重影响社会安定和谐。

随着中国城镇化进程的加快，农村集体用地资源配置在越来越大的范围内被纳入市场调节轨道。然而，现行城乡建设用地市场二元分割、农地转用政府垄断制度也越来越暴露出其不足，改革是大势所趋。为此，党的十八届三中全会明确提出要建立城乡统一的建设用地市场，明确了深化农村土地制度改革的方向和重点。这对于全面建立土地有偿使用制度、充分发挥市场在土地资源配置中的决定性作用，对于缓解城乡建设用地供需矛盾、提高城乡土地利用水平，对于保护农民土地权益，维护社会安定团结，统筹城乡经济社会发展，都将产生重要而又深远的影响。

二、建立城乡统一的建设用地市场的两个前提

党的十八届三中全会提出："在符合规划和用途管制前提下，允许农村集体经营性建设用地出让、租赁、入股，实行与国有土地同等入市、同权同价。"[①] 建设用地具有较强的不可逆性，提高建设用地资源利用效率，市场这只"看不见的手"和政府这只"看得见的手"必须同时并用。实行土地规划和用途管制是世界多数国家的普遍做法，这是确保土地利用经济效益、社会效益、生态效益相统一的根本途径，是统筹经济发展与耕地保护的重要举措。[②] 无论是城市国有建设用地，还是农村集体建设用地的开发利用，都必须严格遵守土地利用规划和用途管制。

前提一：符合土地利用规划。

土地利用规划是为满足经济社会发展目标，依据自然与社会经济条

---

① 《中共中央关于全面深化改革若干重大问题的决定》，《人民日报》2013年11月16日。

② 姜大明：《建立城乡统一的建设用地市场》，《中国国土资源报》2013年11月22日。

件，在空间上和时间上对土地资源进行合理的分配和合理的组织。[①] 科学、合理的土地利用规划，对经济社会发展具有重要的推进作用：一是可以有效控制建设用地开发的规模、布局和进度，防止规模过大、布局混乱，避免资金、物资的浪费给经济社会发展造成巨大损失，提高城乡建设用地利用效率；二是通过建设用地合理分区，将不相容的建设用地利用方式在空间上予以分隔，有效防止建设用地利用的外部不经济；三是可以优先、合理安排基础设施等公共服务用地，保障重点建设项目用地需求。发达国家土地利用规划体系完善、内容全面、方法严谨、管理严格。以美国为例，美国土地利用规划体系分为三大类和六个层次，三大类系指总体规划、专项规划和用地增长管理规划，六个层次系指国家级、区域级、州级、亚区域级、县级和市镇级。[②] 土地利用规划对于美国实现土地资源合理配置、充分发挥土地在经济发展的基础作用发挥了重要作用。在中国，人们的规划意识淡薄，违反土地利用规划的现象时有发生。在经济发达地区的城乡结合部，一些农民在经济利益的驱使下，在土地利用规划体系之外建设小产权房，导致大量耕地被占用。在建立城乡统一的建设用地市场过程中，必须加强土地利用规划对集体建设用地入市约束，切实发挥土地利用规划的引领作用。

前提二：符合土地用途管制。

土地用途管制就是国家为保证土地资源的合理利用，通过土地利用总体规划，依法划定土地用途分区，确定土地使用限制条件，实行用途变更许可的一项强制性管理制度。[③] 实行土地用途管制作用在于强制性地严格限制农用地转为建设用地，控制建设用地总量，保护耕地资源，有效提高建设用地利用效率，促进建设用地利用方式由粗放型向集约型转变，实现社会经济可持续发展的目标。发达国家在实施土地用途管制时，一般会结合自身实际，在土地规划的指导下，借助土地用途分类进行用途管制。在土地利用规划中，土地被划分为多个功能区域，而每个功能区域上的土地都拥有严格的用途限定。不同的国家土地用途分类的细致

---

① 张占录、张正峰主编：《土地利用规划学》，中国人民大学出版社2006年版，第173页。
② 李茂：《美国土地利用规划特点及其对我国的借鉴意义》，《国土资源情报》2009年第3期。
③ 陈利根：《土地用途管制制度研究》，南京农业大学2000年博士学位论文。

程度有所不同，但基本上都包括了工业、商业和住宅三大块。一旦土地用途明确规定，就不得随意改动。1998 年修订的《中华人民共和国土地管理法》正式规定国家实行土地用途管制制度，10 多年的用途管制实践为中国实行土地用途管制积累了一些经验，但由于实行时间较短，实践经验缺乏，使得土地用途管制并不能有效地落实到位。在各地农地直接入市试点中，土地用途管制出现不少问题，随意占用耕地出让、转让、出租用于非农建设，随意改变建设用途的情况时有发生。在建立城乡统一的建设用地市场过程中，必须以土地利用规划为依托，明确城乡生产、生活和生态功能区范围，强化建设用地的政府调控力度，对建设用地用途变更实行严格管制。

三、建立城乡统一的建设用地市场的四个步骤

目前，中国已进入以工促农、以城带乡的发展阶段，进入城乡经济社会发展一体化新格局的重要时期。破除城乡二元结构要促进城乡要素的合理流动。在城乡要素流动中，最受关注的是土地要素。统筹城乡发展，必须处理好土地在农业与工业、城市与农村之间的转化问题。但是，目前完全放开集体建设用地市场的条件还不成熟，逐步减少政府对一级市场的垄断则是改革的方向。把土地一级市场进行分解，即政府垄断城市土地一级市场，分步开放集体建设用地市场，逐步建立城乡统一的建设用地市场。这样，不但有利于解决中国土地征收中的诸如公共利益泛化、耕地保护、权力寻租等问题，而且可以真正实现保护农民的利益，促进经济的可持续发展和社会的健康和谐。我们认为，推进城乡建设用地市场一体化经过四个步骤。[①] 第一步是城镇规划圈内外分别实行“市场交易与行政化征收”两种不同的制度安排；第二步是城镇规划圈内“公益性土地实行征收、经营性土地实行征购”并存格局；第三步是城镇规

① 李建建、黎元生等：《统筹城乡视野下的征地制度改革》，经济科学出版社 2010 年版，第 101 页。

划圈内用地单位和政府直接向农民购买土地；第四步是城乡建设用地市场一体化。

第一步：城镇规划圈内外分别实行“市场交易与行政化征收”两种制度。

1. 在城镇规划圈外允许集体建设用地直接入市。在城镇规划圈外，土地用途转换性增值比较小，用地需求竞争也比较小，先进行改革要容易一些。只要符合土地利用规划和用途管制，集体建设用地可以采取与国有土地一样的方式进入市场进行交易。即对于以经营性目的的农地转用，可由集体建设用地供求双方直接进行谈判，在征得承包农户的同意后，向农村集体经济组织购买农村建设用地。国家应尽快出台有关法律法规，允许集体建设用地自由出让、转让、出租，实行与国有建设用地相同的有偿使用制度。实际上现在不少地方已经这样做，只不过为了符合法律规定，还象征性地履行征地手续。

2. 在城镇规划圈外实行集体建设用地统一征收。在规划划定的相同区片内，实行集体建设用地统一征收。征地应采取统一标准补偿农民，征地补偿标准不应随项目性质不同而不同。“在征地过程中要维护被征地农民的知情权、参与权、监督权和申诉权。”① 在城市规划建设范围内征收农民集体土地时，应预留一部分建设用地给村集体。村集体有两种使用方式：一是由村集体建造标准厂房、铺面等出租，租金收益在村民中分配；二是采取招、拍、挂方式出让，土地出让收益归村集体。

第二步：城镇规划圈内“公益性土地实行征收、经营性土地实行征购”。

城镇圈内土地非农化的增值空间大，且工业化演进和城镇化扩张所需要的新增土地主要在城镇规划内，因此，政府应根据使用土地是否以营利为目的，实行公益性用地征收与经营性用地征购制度。

1. 公益性土地实行征收。以立法方式明确界定“公共利益”的概念和范围，将以公共利益的名义进行建设的项目逐一列出，只有在此范围

---

① 杨浩、阮成、吴中全：《对“土地一级市场政府垄断”的思考》，《西南农业大学学报（社会科学版）》2009 年第 1 期。

内的建设项目才可以视为是以公共利益为目的，才可以启动国家征收权，除此以外的任何建设项目都不得以公共利益为名行使征收权。为了全社会的共同利益从事公益性建设，需要征收农村集体所有的土地，集体土地所有者不能拒绝提供土地。公益性土地征收补偿应充分考虑农村经济发展的实际。对于这种类型的征地补偿，应考虑土地的区位价值和预期增值，不断完善区片综合地价，通过每 3 至 5 年调整和更新一次，稳步提高农用地的征收补偿标准。地方政府要通过耕地占用税、新增建设用地有偿使用费、土地出让金的减免，以适当的价格向公益事业供应建设用地。

2. 经营性土地实行征购。对于经营性建设用地，应按照市场价对农民集体土地进行补偿。在确定经营性建设用地的征购价格时，可综合考虑土地区位条件、当地经济发展状况和土地转为建设用地后的预期收益等一系列因素，通过有资质的评估机构进行估价，确定土地征购价格。经营性土地征购市场只是城乡统一建设用地市场的中间过渡形式，随着地方政府逐步退出土地交易主体角色，回归于规划控制与宏观调控的“裁判员”角色，由地方政府主导的经营性土地征购市场将逐步向土地供求双方谈判形成价格的城乡一体化土地市场演进。

第三步：城镇规划圈内允许用地单位和政府直接向农民购买土地。

工业化后期土地非农化的需求规模较小，城镇规划圈内在保留政府土地优先购买权的前提下，放开建设用地市场，实行完全的市场购买制，允许用地单位和政府直接向农民购买土地。其中，经营性用地由农民与开发商直接谈判，土地交易价格主要由土地市场供求或竞争地租来决定；公益性用地由农民与政府直接谈判，公益性用地征收补偿费主要参照土地市场价格。同城乡建设用地市场完全一体化相比较，此阶段最大的不同在于赋予政府土地优先购买权。为了保证公益性项目的顺利开展，在必要的区域或必要的时间，政府可以通过行使土地优先购买权，以不低于征地补偿标准的市场价格优先购买集体建设用地，取得土地后将其纳入土地储备体系，再统一给予供应。

第四步：城乡建设用地市场完全一体化。

集体建设用地的流转使得土地市场价格得到显化，集体建设用地市场价格就会和城市建设用地市场价格在空间上均衡起来。这样就能在城镇规划圈内外实现城乡土地市场一体化，实现集体建设用地和城市国有土地同地、同权和同价，真正实现城乡建设用地市场一体化。

四、建立城乡统一的建设用地市场的四项保障措施

建立城乡统一的建设用地市场，需要打破政府对农地转用垄断，让地权所有者直接参与市场交易过程，主导土地要素的定价权。这对于保护农民土地权益，统筹城乡经济社会发展，打破城乡二元经济结构具有重要意义。但是，这一改革要获得成功，还需要有相应的土地产权制度改革、土地法律制度改革、土地税收制度改革以及土地收益分配制度改革等措施来加以配套。

保障措施一：土地产权制度改革。

稀缺资源的有效利用往往要求边界清晰、内容明确、收益安全的产权制度安排。"城乡一体化发展，要求城乡土地要素自由流动、合理配置，这离不开土地产权制度的支持。"[①] 实践证明，土地产权关系明晰、主体界定明确是集体建设用地入市有序进行的基本前提。长期以来，农村集体土地所有权与城市国有土地所有权地位不对等，农村集体土地产权主体残缺不全，表现为没有明确的土地所有权主体代表、土地产权关系模糊不清、治理结构不完善等问题。农村土地承包权与城市土地出让权不一致，农民未能拥有农地转非的处置权，这是造成农地转用中农民权益流失的重要制度根源。要按照建立城乡统一的建设用地市场的要求，构建适应产权市场化的农村集体土地产权制度。农民集体应该拥有与城市国有土地相一致的土地财产权利，包括占有、使用、处分、收益等权利。

---

① 王世元：《完善土地产权制度 推进城乡一体化发展 为建设和谐社会作出积极贡献》，《国土资源通讯》2013 年第 2 期。

保障措施二：土地法律制度改革。

现行法律确立了建设用地使用的基本格局，这些法律规定限制了集体建设用地使用权流转，带来了土地市场发育不完善、农民土地财产权被侵犯等问题。为此，要修改《土地管理法》中关于任何单位和个人进行建设需要使用土地必须依法申请使用国有土地的规定，允许符合土地利用规划和用途管制的集体建设用地依法流转。抓紧出台农村集体经营性建设用地流转条例，充分保障农民获得集体建设用地流转的级差收益的权利，确保农民成为土地流转收益的主要获得者。通过研究认识集体建设用地入市规律，在法律上明确其入市流转的对象、条件、范围、方式，以及流转的主体、程序、收益处置与管理等，对其作出原则性的规定，进而为集体建设用地入市提供法律依据。

保障措施三：土地收益分配制度改革。

合理分配土地收益是建立城乡统一的建设用地市场的核心。“要按照初次分配基于产权、再次分配税收参与的原则，合理分配集体建设用地使用和流转中的土地收益。”① 属于农民集体所有建设用地流转的收益，理应属于全体村民所有，主要用来改善集体公益事业、农村基础设施和安置无地农民的生产生活，以及用于开发和保护土地资源及对农民的社会保障。农民个人可以通过按股分红、一次性补偿、直接流转等方式获取土地收益，在这一过程中农民获得的土地收益不应低于集体所保留的收益。国家虽然不能直接从流转收益中抽取利润，但可以通过营业税、增值税、物业税等，对土地收益进行合理的二次分配。

保障措施四：土地税收制度改革。

农村集体建设用地直接入市交易，这意味着在土地的初次交易中农民获得了大部分土地增值收益。但是，建设用地的自然增值与政府投资的基础设施密不可分，政府也应该分享到一部分的土地收益。虽然政府不能从建设用地流转中直接获取收益，但可以通过税收的形式间接分享。在建立城乡统一的建设用地市场的过程中，政府可开征的土地税费主要包括：（1）耕地占用税、耕地开垦费。对新增的集体建设用地，按照统

① 徐绍史：《健全严格规范的农村土地管理制度》，《理论参考》2009年第1期。

一规定标准，征收耕地占用税、耕地开垦费等有关政策性税费。（2）土地增值税和土地增值收益金。“可按照超率累进税，对存量建设用地基准地价和出让总价款之间的差额，增量集体建设用地的区片综合地价和出让总价款之间的差额，征收土地增值收益金。集体建设用地经规划部门批准改变用途的，要求向县市人民政府补缴土地增值收益金”。[①]（3）物业税。在城市试点并开征物业税的基础上，对农村流转入市的建设用地逐步开征物业税。对地方政府而言，由于物业税是永久的可持续的税收收入，可以为地方政府提供稳定的税收来源，有助于破解地方政府土地财政困境。

五、结　　语

2013 年 12 月 21 日，深圳首宗入市的原农村集体土地在市土地房产交易中心成功出让，由深圳市方格精密器件有限公司以挂牌底价 1.16 亿元竞得，该地块占地面积为 1.45 万平方米，总建筑面积为 6.99 万平方米，土地使用年期 30 年。[②] 随着中国全面深化改革的不断推进，将有越来越多的集体建设用地入市交易。建立城乡统一的建设用地市场是一项长期而又艰巨的任务，需要在符合土地利用规划和用途管制前提下，分步实施，配套推进，不断把改革引向深入。

（原文发表于《中国特色社会主义研究》2014 年第 5 期）

① 王小映：《平等是首要原则——统一城乡建设用地市场的政策选择》，《中国土地》2009 年第 4 期。

② 《深圳首宗“农地”成功入市》，《中国经济导报》2013 年 12 月 24 日。

中国村镇银行信用风险防范对策分析

——马克思金融风险理论的视角

祝　健　张传良*

实践证明，村镇银行的组建，提高了农村金融机构网点覆盖率，增加了农村欠发达地区金融供给，一定程度上满足了“三农”发展的资金需求，同时初步形成了有效竞争的农村金融市场格局。但不容忽视的是，村镇银行信贷资金营运蕴含巨大的信用风险。研究和探讨村镇银行信用风险及其防范，对把村镇银行真正办成面向“三农”的可持续发展的农村金融机构具有重要的理论和实际价值。

一、马克思金融风险理论对村镇银行信用风险防范的启迪

19世纪，马克思在《资本论》分析资本主义经济中生息资本的运动形式时曾指出，“这个运动——以偿还为条件的付出——一般地说就是贷和借的运动，即货币或商品的只是有条件让渡的这种特有形式的运动”。[①]“把货币放出即贷出一定时期，然后把它连同利息（剩余价值）一起收回，是生息资本本身所具有的运动的全部形式”。[②]

马克思在阐述商品内在矛盾时指出：“商品内在的使用价值和价值的对立，私人劳动同时必须表现为直接社会劳动的对立，特殊的具体的劳

* 祝健：福建师范大学经济学院教授、博士生导师，博士。张传良：福建江夏学院金融系副教授。

① 《资本论》第3卷，人民出版社2004年版，第389页。

② 《资本论》第3卷，人民出版社2004年版，第390页。

动同时只是当作抽象的一般的劳动的对立，物的人格化和人格的物化的对立，——这种内在的矛盾在商品形态变化的对立中取得发展了的运动形式。因此，这些形式包含着危机的可能性，但仅仅是可能性。”[①]

关于货币内含的风险性，马克思认为：“流通所以能够打破产品交换的时间、空间和个人的限制，正是因为它把这里存在的换出自己的劳动产品和换进别人的劳动产品这二者之间的直接的同一性，分裂成卖和买这二者之间的对立。说互相对立的独立过程形成内部的统一，那也就是说，它们的内部统一是运动于外部的对立中。当内部不独立（因为相互补充）的过程的外部独立化达到一定程度时，统一就要强制地通过危机显示出来。”[②] “货币作为支付手段的职能包含着一个直接的矛盾。在各种支付互相抵消时，货币就只是在观念上执行计算货币或价值尺度的职能。而在必须进行实际支付时，货币又不是充当流通手段，不是充当物质变换的仅仅转瞬即逝的中介形式，而是充当社会劳动的单个化身，充当交换价值的独立存在，充当绝对商品。这种矛盾在生产危机和商业危机中称为货币危机的那一时刻暴露得特别明显。这种货币危机只有在一个接一个的支付的锁链和抵消支付的人为制度获得充分发展的地方，才会发生。”[③]

关于货币、信用制度的风险，马克思指出：“货币危机是任何普遍的生产危机和商业危机的一个特殊阶段，应同那种也称为货币危机的特种危机区分开来。后一种货币危机可以单独产生，只是对工业和商业发生反作用。这种危机的运动中心是货币资本，因此它的直接范围是银行、交易所和金融。”[④] 马克思还指出：“信用制度加速了生产力的物质上的发展和世界市场的形成；使这二者作为新生产形式的物质基础发展到一定的高度，是资本主义生产方式的历史使命。同时，信用加速了这种矛盾的暴力的爆发，即危机，因而促进了旧生产方式解体的各要素。”“信用制度固有的二重性质是：一方面，把资本主义生产的动力——用剥削他

① 《资本论》第 1 卷，人民出版社 2004 年版，第 135 页。
② 《资本论》第 1 卷，人民出版社 2004 年版，第 135 页。
③ 《资本论》第 1 卷，人民出版社 2004 年版，第 161—162 页。
④ 《资本论》第 1 卷，人民出版社 2004 年版，第 162 页。

人劳动的办法来发财致富——发展成为最纯粹最巨大的赌博欺诈制度，并且使剥削社会财富的少数人的人数越来越减少；另一方面，造成转到一种新生产方式的过渡形式。”①

现代信用风险，一般是指由于借款人违约而导致的损失的可能性，还包括由于借款人的信用等级的变动以及履约能力的变化，导致其债务的市场价值变动而引起损失的可能性。中国村镇银行资产业务比较单一，主要是贷款业务，其经营面临的风险主要是信用风险，即贷款信用风险。村镇银行的信用风险除了具有其他银行的风险属性外，还有其特殊的表现。

第一，风险偶然性、突发性大。农业作为弱势产业，本身具有很大的风险，正如马克思指出的，农业作为“经济的再生产过程，不管它的特殊的社会性质如何，在这个部门（农业）内，总是同一个自然的再生产过程交织在一起”②。“在所有生产部门中都有再生产；但是这种同生产联系的再生产只有在农业中才是同自然的再生产一致的”。③ 农业生产过程的这种特殊性，使得农业对自然条件的依赖性很强，抵御自然灾害的能力弱。我国自然灾害多发，农村往往是重灾区，同时与“三农”相关的灾害保险不发达，一旦发生自然灾害，损失难以避免，因此村镇银行对农贷款的自然环境风险突出。

第二，违约风险不容忽视。村镇银行是“草根银行”“穷人的银行”，不仅服务弱势产业，还服务弱势群体，面对的是大量的农户和农村微小企业，缺乏以往的信用记录和有效信用评估办法，其放贷也缺乏必要的财产作抵押，村镇银行处于不利地位，其信贷资金存在严重的风险隐患。再加之一些农户信用意识、法律意识比较淡漠，认为不按时还款，自身也没有什么损害，欠账不还，签字不认，逃、废、赖债在不同程度存在。当某些农户没有按时足额偿还贷款时，其他借款者会跟风拖欠贷款，可能引发“多米诺牌效应”，导致村镇银行不良贷款增加。④ 另外，农民作

---

① 《资本论》第 3 卷，人民出版社 2004 年版，第 500 页。

② 《资本论》第 2 卷，人民出版社 2004 年版，第 399 页。

③ 《马克思恩格斯全集》第 26 卷第 2 册，人民出版社 1973 年版，第 61 页。

④ 高凌云、刘钟钦：《对村镇银行信用风险防范的思考》，《农业经济》2008 年第 5 期。

为一个文化水平相对较低的群体，他们对金融知识缺乏了解，对市场信息获取渠道也不够畅通，不能选择较好的投资方向，这无疑会影响他们贷款投资的获利能力，在客观上造成还款能力不足的可能性，这一问题也将转化为一定的信用风险。

第三，风险集中度较高。村镇银行设置在县、乡镇，经营地域范围狭小，信贷支持的域内的产业结构比较单一。目前村镇银行选址的重要依据就是看中当地的某一特色产业，业务定位也主要是服务这一特色产业，如果当地的特色产业在生产经营中出现问题甚至亏损，收不抵债，村镇银行就会因信贷业务过于集中而使信用风险凸显。

第四，风险与收益不对称。村镇银行从事的信贷业务主要是小额信用贷款，并且农业生产受自然因素的影响很大，农业经营收益具有不确定性，从而影响村镇银行资产业务的安全和获利，一旦发生贷款无法按时归还，很难追究其责任。为了降低风险，村镇银行要对贷款项目进行调查，调查越深入、详细，风险就越小，但投入成本会越大，造成银行风险与收益不对称。

村镇银行信贷资金营运的上述情况表明，信用风险不仅是村镇银行最主要的风险，而且是一种始终存在的风险。马克思揭示了银行信贷资金的运动规律，强调信贷是以偿还为条件的付出，存在借款人无法按时偿还银行贷款的信用风险。村镇银行面向“三农”，定位于弱势产业和弱势群体，因此马克思的金融风险理论对我们充分认识村镇银行信用风险以及如何采取有效措施防范信用风险具有重要的指导意义。

二、村镇银行信用风险产生的原因

村镇银行信用风险之所以产生，一个重要的原因是信息不对称。非对称信息是指市场交易或者签订契约的一方比另一方拥有更多的信息这样一种状况。非对称信息必然导致市场参与者行为的扭曲，最突出的是引发逆向选择与道德风险。逆向选择是交易之前发生的信息不对称问题，即交易双方在达成交易合同前就有关于信息问题的掌握存在不对称而产生的问题。由于村镇银行与农户、农村微小企业之间的信息不对称，银行并不能准确地了解借款农户和微小企业的风险类型或程度情况，因此，只能对所有的借款农户、微小企业收取固定的利率。这样随着利率的提高，只有高风险高收益的农户、微小企业将接受贷款银行的利率而继续申请借款，而低风险低收益的农户、微小企业将退出申请人的队伍，从而导致贷款的违约概率进一步加大。

道德风险发生在交易完成之后，通常是交易双方中的一方拥有不为对方所知道的私人信息，而对方又难以对其进行监督，或因监督的成本过高而不得不放弃监督的努力，拥有私人信息的合同方往往会有机会主义倾向，选择从事使自身利益最大化的行为并损害对方的利益。由于村镇银行和农户、农村微小企业贷后信息不对称，任何借款农户、微小企业都有改变自己项目性质的动机，如进行高风险高收益的项目以获取更高的利润，同时也加大了借款项目的风险。假定农户有两个投资额相同，均为 Q，风险程度 θ 不同的项目可供选择，用 θ_1 表示低风险水平的项目，项目成功的概率为 ρ_1，成功时的收益是 Y_1；用 θ_2 表示高风险的项目，项目成功的概率为 ρ_2，成功时的收益是 Y_2。由于高风险的项目总是与成功时的高收益相对应，所以有 $\rho_1>\rho_2$，$Y_1<Y_2$。在信息完全对称的情况下，对低风险的 θ_1 项目，对应的利率为 R_1，农户的预期收益为 $\pi_1(R_1, \theta_1)$；对高风险的 θ_2 项目，对应的利率为 R_2，农户的预期收益为 $\pi_2(R_2, \theta_2)$。已知农户的预期利润函数为：$\pi(R, \theta)=\rho(Y-Q\times R)$。因为 $\theta_1<\theta_2$，有 $R_1<R_2$，必然有 $\pi(R_1, \theta_2)>\pi(R_2, \theta_2)$，$\pi(R_1, \theta_2)>\pi(R_1, \theta_1)$。所以农户有以低利率骗取信贷来获得更大收益的欺骗动机，农户会以低风险项目 θ_1 向村镇银行申请贷款，再把贷款投资于高风险的 θ_2 项目，以获取超额利润 $\pi(R_1, \theta_2)-\pi(R_2, \theta_2)$，这就是农户的道德风险。

中国村镇银行信用风险生成除了信息不对称这一重要因素外，还有其特殊的环境和自身的原因。

1. 农村经济、金融基础薄弱。

当前中国农村经济基础薄弱主要表现为：一是自然资源严重短缺。特别是土地资源和水资源的严重短缺，将越来越削弱中国现代农业发展的基础。二是农业基础设施建设滞后。由于长期城乡二元经济结构影响，农村的道路、交通、通讯、水利灌溉等相对落后，严重制约新农村建设。三是农业产业结构不合理。虽然目前已基本解决农产品数量供给不足问题，但农产品的质量与农业生产效益提高、农民增收的矛盾没有得到很好解决，其原因是中国农产品粗加工，粗放经营。村镇银行开展的业务主要是支持农业经济发展的资金需要。农户和农村微小企业获得贷款资金大多投入到种植业、养殖业和畜产品生产等农业经济中。与非农产业不同，农业生产具有较长的生产周期，从投入生产到获得产出要有一定的时间周期，而且农业生产具有较大的风险，生产过程的每一环节都容易受到自然条件的影响和制约，从播种、养殖到收获，整个过程处于一定程度的风险之中。因此，当贷款获得者农户和农村微小企业无法取得预期的收入时，村镇银行就面临贷款信用风险。

村镇银行地处乡镇，交通不便、网点小、金融基础设施落后。村镇银行自身账户无法在人民银行开立，不能参加同城交换，有的村镇银行只有通过县农业银行开户并代理结算；村镇银行吸收的单位账户得不到核准，致使部分行政、企事业单位因结算难而流失；由于涉及跨地区等一系列的审批和收费问题，人民银行、银联公司尚未同意村镇银行推出使用发起银行的借记卡，不能满足客户的需求，这些都影响村镇银行抵御信用风险的能力。

2. 农村金融政策法规不完善。

村镇银行的诞生缘于银监会一纸文件，这从整个农村金融改革的层面来说是一种单兵突进的行为，尚缺少与之配套的制度设计及政策支持。村镇银行在营业税、所得税征收方面比照的是其他商业银行标准，所得税是25%，营业税是5%，没有享受到农村信用社改革期间的税收优惠政策。人民银行尚未明确对村镇银行申请支农再贷款等优惠政策，无法给予优惠利率的再贷款支持，相关行政性、事业性收费项目减免和涉农资金存款的支持也没有体现。同时农村金融法律法规建设滞后，现行法律对村镇银行债权保护不力，一些地方金融债权案件出现审判难、执行难问题，这些都极不利于村镇银行的生存与发展。

3. 农村信用制度建设滞后。

从征信制度来看，中国农村地区存在信用制度缺失的情况，尚未建立个人信用记录、信用账户之类的个人征信系统，农户、农村微小企业的信用资料不全且处于纸制化人工处理阶段，缺乏电子化信息管理。村镇银行虽然已经开办存贷款业务，但它的账户系统、信贷管理系统、征信系统不能与人民银行联网，无法实现资源共享和快速了解客户信用记录。这样，造成农村借款人信用评估难、信用跟踪难、信用约束难，借贷双方的信息不对称极易引发村镇银行信用风险。

4. 风险分散与补偿机制缺乏。

中国农业目前仍然主要依靠两种传统的农业风险保障途径：民政主管的灾害救济和中国人民保险公司以商业方式推进的农业保险。补偿性质的灾害救济其资金主要来源于财政补贴和民众捐款，缺乏市场化救灾机制。在国家财力紧张情况下，依靠政府救济只能维持极低的补偿水平；商业保险公司（主要指财产保险公司）提供的各类险种中没有专门针对自然灾害损失而设立的险种，只是在部分险种（如家庭财产综合险、机动车险等）中对因雷击、暴风、龙卷风、洪水、海啸、地陷、冰崩、崖崩、雹灾、泥石流、滑坡所致的保险标的损失进行赔付，其余险种则将自然灾害引起的损失作为免责。在针对农村地区自然灾害的风险分散、补偿机制尚未建立的情况下，广大农民受灾后损失无法弥补，风险中的很大一部分转嫁金融机构，而村镇银行发放的贷款基本属于涉农贷款，自然因素占绝对地位，一旦发生多年不遇的旱灾、水灾等，没有风险补偿机制做保障，必然造成信贷风险的失控。

5. 贷款管理制度不健全。

村镇银行在经营管理上缺乏有效的内部信用评级系统和信用风险管理机制，贷款业务中存在大量的控制盲点，如有的村镇银行是根据业务员对贷款人情况的熟悉程度决定贷款风险的大小，有的依据其自身制定的比较简单的《贷款信用评级和最高贷款额度核定表》来决定是否发放贷款，一些银行员工只是在开业后由发起商业银行派人“以老带新”进行简单学习，没有经过系统培训，又由于开业后业务量不多，实践机会较少，造成员工业务技能水平相对较低，合规操作意识差，加上内部控制制度薄弱，业务操作环节上的监督制约形同虚设，也可能因人的因素造成信用风险。

6. 金融监管相对落后。

一方面，村镇银行经营管理模式、业务经营方式不同于其他银行机构，这就必然要求监管方式和手段的转变以及有完善、具体的非现场监测及评价体系，而新的监管模式、方式和手段还亟待探索。另一方面，基层监管资源的严重不足与日益加重的监管任务不相匹配，银行监管机构的监管能力有限。银监会虽明确了银监分局负责对辖内村镇银行实施属地监管，具体监管工作可授权监管办事处实施，但实际监管程序并不完善，如主监管员如何配置，村镇银行高管人员由谁初审，现场检查由谁组织等问题均未明确，持股银行所在地与村镇银行所在地监管机构如何联动尚需进一步探索，这些都造成监督管理难，从而加大村镇银行经营风险。

三、防范村镇银行信用风险的对策

1. 夯实农村经济、金融基础。

当前加快农村经济发展，提高农户及农村微小企业还贷能力，应重点关注四个方面：强化乡村基础设施建设，改善以县乡为基础的农村公共服务，提高农业生产的自主创新能力，改善农村生态资源环境。

金融发展的基础设施包括机构网点建设、结算网络、交通通讯等方面，它是村镇银行可持续发展的基础，也是抵御各种金融风险必不可少的条件。因此应加强现代化的交通、通讯、计算机网络以及其他配套的服务设施建设；尽快协调人民银行解决村镇银行支付结算难题，同意开立对公结算账户，参加同城票据清算和大、小额支付系统；协调人民银行、银联公司同意村镇银行代发其发起银行的借记卡。为确保村镇银行现金头寸安全管理，银监部门应协商人民银行尽快制定村镇银行现金管理办法。

2. 完善农村金融政策法规。

增强村镇银行抵御信用风险能力的政策主要有：一是实施税收、土地等多方面优惠及呆账核销政策，稳步促进村镇银行资本积累，改善信用创造能力。对村镇银行发放的“三农”贷款给予财政贴息，进一步落实农业贷款补贴制度。建立合理的支农贷款项目的财政配套机制、农业贷款的保障机制和村镇银行利益补偿机制，调动村镇银行放贷积极性，在保证农业投资的连续性、有效性的同时降低银行放贷风险。二是实行有差别的法定存款准备金制度，降低其应缴的存款准备金率，增加村镇银行可用资金规模。三是允许村镇银行有较高自主决定利率水平的权利。与此同时，尽快制定并出台农村金融法、农村金融服务促进法、农业保险法，修订完善破产法、刑法、担保法、物权法，为村镇银行信贷资金良性运转提供法律支持。根据《中华人民共和国物权法》规定，积极探索新型“三农”信贷担保抵押方式，缓解农户、农村微小企业“寻保难”，村镇银行“难贷款”的压力。

3. 健全农村信用体系。

完善农村户籍制度，加强与农村各部门的沟通和联系，加快农村征信体系建设，规范和完善农户和农村微小企业信用档案；以信用创建为契机，加快出台县域金融生态环境建设规划、县域信用社区创建工作方案等地方信用建设方案，大力开展信用企业、信用乡镇、信用社区等信用创建活动。村镇银行可借鉴农村信用社近年来对农户信用等级评定的经验，综合农户、微小企业的各类信息进行信用评级，并在此基础上决定授信额度，形成良好信用与信贷支持的互动循环；村镇银行要建立电子化的信用记录，尽快办理银行代码，尽早与人民银行联网，将客户的信用资料及时录入人民银行的征信库系统中，实现与其他金融机构的信息共享。对有信用的客户的贷款需求，采用正向激励，在同等条件下贷款优先、利率优惠、额度放宽；对逃债、赖债、废债等各种失信行为，要加大制裁力度，提高失信者的违约成本。

4. 建立风险分散与补偿机制。

村镇银行的对农贷款存在信用风险，因而要引入农业保险，完善农业风险经济补偿机制，以增强农户抵御风险能力并降低村镇银行信贷风险。农业保险的经营原则是政府政策扶持、公司商业运作。要建立由政府主导的政策性农业保险制度，努力构建多层次的农业保险机构体系，充分发挥政策性保险、商业性保险、合作性保险公司的作用，并通过农业再保险、农业巨灾风险基金等多种渠道使农业自然灾害风险在更大的范围内分散。建议组建国家农业保险公司，承保商业性保险公司不愿承保的农业风险，并通过国家农业保险公司贯彻国家农业保险政策，经营管理国家农业风险基金，为商业性保险、合作性保险机构提供再保险等；对农业保险公司给予必要的财税政策优惠，对参加农业保险的农户给予一定的保费补贴等，有效分散农业经营风险，进而保证村镇银行信贷资金的安全运营。

5. 严格贷款管理制度。

村镇银行可以借鉴孟加拉乡村银行以及国内一些地区小额贷款的成功经验，实行“农民申请、农户联保、干部推荐、基金保证”的贷款风险控制模式。[①] 为解决小额信贷服务半径长、信息不对称和服务覆盖面窄等问题，可以外聘村社有威信、有一定担保能力的村干部或农户担任业务联络员。为保证信息真实性，联络员需为推荐的贷款提供保证担保，银行根据联络员和贷款农户的实际情况，核定最高担保额度。为防止借款人、联络员的道德风险，银行要求联络员与社区农户组成联保小组，为社区内所有贷款开展联保，形成相互制衡的风险控制机制。其主要流程是：农户需要贷款，必须在该村参加由联络员与社区农户组成联保小组，同时由村贷款推荐委员会对农户加入联保小组的情况和贷款资格进行初审、推荐，并由村联保基金作保证。银行收到贷款申请、联保协议、推荐书以后，上门调查农户贷款用途和信用状况，诊断农户的实际情况，对符合条件的农户发放贷款。

6. 加强风险内部控制。

村镇银行应将风险防控作为其业务发展的第一要务，妥善处理好业务发展与风险防范的关系。按照“股东参与、简化形式、运行科学、治理有效”的原则，强调董事会在风险防控中的核心作用，要求董事会不仅对风险控制进行全面有效的监督，而且对重点风险部位和大额贷款进行直接管控；推动建立各项内部管理制度，规范业务流程，实现有效制衡；建立一整套考评机制，加强经营管理；按照商业化经营的管理模式，

---

① 贾瑞霞：《对陇南市武都金桥村镇银行的调查与思考》，《甘肃金融》2008 年第 9 期。

通过严格落实审、贷、查分离机制，禁止大额贷款和股东关联贷款，及时抓住各种风险隐患和可能出现的苗头，发出预警信号，积极采取各种有效措施，防范和化解风险。

7. 加大金融监管力度。

为保证村镇银行信贷资金的安全运营，金融监管部门要重视定位监管，建议对村镇银行“三农”贷款投向占比作出明确规定，建立支农服务质量评价考核体系，以防止村镇银行脱离支持“三农”的宗旨；强化流动性监管，督促村镇银行坚持小额、分散的原则，努力防范信贷集中度风险；加强合规监管，促进村镇银行加强内控管理，规范业务操作，防止金融案件的发生；实施差别监管，根据村镇银行的特点，设计有效的非现场监管指标，纳入非现场监管系统。此外，应加强一线监管队伍建设，加大基层监管设施的投入，落实主监管制度，建立监管日志和定期现场走访制度，确保主要风险指标达到监管要求。

（原文发表于《当代经济研究》2010 年第 12 期）

区域虚拟科技园区的模式选择及效率探析

——基于区域生产力促进中心创新服务的视角

林子华 黄新焕*

一、虚拟科技园区对拓展生产力促进中心服务功能的作用

区域生产力促进中心是指在一定经济区域内有效衔接政府、大学、科研院所、专家学者与企业、个人或其他社会主体，向企业提供技术支持、员工培训、信息集成等的技术创新服务的非营利性组织，是国家创新体系的重要组成部分。从实践来看，中国区域生产力促进中心经过20多年的发展，不仅形成了较完整的服务体系，而且因其明显的区位优势，注重满足中小企业技术创新需求，服务针对性强以及行业性特色明显等特点而日益受到人们的重视。特别是进入21世纪以来，伴随着知识经济的快速发展，社会公众对资源和环境保护的诉求日益高涨，中国占企业总数99%以上的中小企业更加迫切需要转变发展方式，实现集约化增长。在这种情况下，中国区域生产力促进中心通过搭建桥梁，提供中介服务和信息咨询，加强引导科研机构与企业之间的沟通与合作，促进科研成果转化和企业创新，这对于促进中小企业提升竞争力，进而促进区域经济发展显然将起到越来越重要的作用。

但另一方面，我们也应该看到，由于行政区划带来的合作体系的碎片化特征，加之专业能力弱、区域间协作少以及运行机制存在缺陷等原

* 林子华：福建师范大学经济学院教授、博士生导师。黄新焕：福建师范大学经济学院讲师。

因，目前中国区域生产力促进中心向中小企业提供的服务在界面范围、支持深度和方式创新等方面都存在着许多不足。因此，为了使区域生产力促进中心在服务中小企业过程中能形成更强的辐射和集成能力，促进企业开阔合作视野，拓展产学研合作方式和市场交易动力域，目前除了需要继续推进区域生产力促进中心的运行机制改革之外，还有必要引导区域生产力促进中心借助现代信息技术开展服务创新。就此而言，我们认为，建设虚拟科技园区是拓展区域生产力促进中心技术创新服务的一条可行的路径。

所谓虚拟科技园区，从技术角度，它是借助于现代信息技术，特别是借助于互联网技术和虚拟技术，大量汇聚科技和经济等信息，开展中介服务和电子商务活动；从运作角度，它表现为产学研之间以及企业之间开展的一种网络化合作运作；从组织角度，它是依托于实体组织，并通过虚拟经营理念、虚拟组织和虚拟技术的相互结合而形成依托性的信息服务组织；从功能角度，它发挥聚合和集成的作用，将不同地区的企业、高校、科研机构乃至中介机构等连接在一起，形成各方聚合辐射、互补优势和结构能力，从而提供一种新的技术创新平台和开拓市场的途径。归结起来，虚拟科技园区作为一种依托建构的服务平台，是以推动技术创新和合作以及提升企业竞争力为出发点，借助现代信息技术，特别是互联网技术和虚拟技术的支持，通过产业发展与科技创新活动相互结合的方式，促进科技成果的产业化转化和企业间合作的发展。[①] 我们认为，虚拟科技园区的这种依托性组织建构的特点，以及以虚拟空间的信息载体方式来展开独特的信息化服务，表明其服务流程的展开可以利用区域生产力促进中心既有的现代信息技术工具。这样，依托于区域生产力促进中心建设虚拟科技园区并不需要额外的投资，所需要的只是进一步拓展业务流程和创新服务。正因为如此，所以当前在区域创新服务工作过程中选择一些地理区位优越、基础设施条件较为完善、人力资源配

---

① 林子华：《企业虚拟化运营——信息时代企业运营的一种创新》，社会科学文献出版社 2008 年版。

备较强的区域生产力促进中心作为实体依托，开展虚拟科技园区建设不仅有必要，而且在实践上是可行的。这种建设将有利于区域生产力促进中心更好地发挥以下四个方面的服务功能。

信息汇聚功能。建设虚拟科技园区有利于区域生产力促进中心一方面全面高效地收集、加工和处理技术开发等专业信息，另一方面快速收集产品开发、推广及市场化、产业化等市场信息，从而有利于推动区域科技资源共享、技术研发协作和科技成果转化。

知识辐射功能。建设虚拟科技园有利于区域生产力促进中心将具备较高的技术能力和知识经济绩效的大学、科研机构与企业、政府、中介机构等多方主体集聚成一体，形成独特的知识网络，由此通过知识辐射作用，促进企业开展自主创新。

网络合作功能。建设虚拟科技园区有利于区域生产力促进中心借助现代信息技术，促进企业以市场机遇为纽带组建灵活的网络合作组织，进而以网络结构能力快速响应市场需求。

发展及促进功能。区域中某些中心的优先增长，可以带动周边地区的经济发展，然后再通过不同的渠道向外扩散，最终对整个区域经济产生影响。这些中心地区就是所谓的“发展极”。而与传统的发展极不同，信息时代逐步演化形成了一种新的网络发展极，这种网络发展极是不同企业在一定条件下实现跨区域，乃至跨国界合作配置资源而形成网络型产业聚集效应的一种经济现象。就此而言，建设虚拟科技园区使区域生产力促进中心在形成信息汇聚功能、知识辐射功能和网络合作功能的同时，必然会在更大的范围内和更高的层次上促进网络合作的发展，从而有利于促进发展极的进一步演化。

二、虚拟科技园区的模式选择

在知识经济不断发展的时代背景下，依托于区域生产力促进中心进行建设的虚拟科技园区要促进区域创新因素的信息化整合与利用，其服务流程的展开必须体现出信息化、网络化服务对经济活动过程的引导和渗透能产生重大影响和作用，实现信息流、网络流的科技价值和经济价值。而要做到这一点，客观上必然要求依托建设的虚拟科技园区的信息化组织和服务应具有知识学习和知识创造的导向能力，具有知识分辨和知识综合的分析能力，具有知识选择和知识转化的集成能力。基于此，我们认为，依托于区域生产力促进中心进行建设的虚拟科技园区在模式选择上应是一种主动学习型的虚拟科技园区 。具体地说，这种虚拟科技园区在建设上应体现出以下的模式特征：(1) 注重学习导向和创新服务，由此促进区域企业通过学习和创新而形成或保持特定价值链环节的知识竞争优势；(2) 通过信息化的组织战略和方法，引导区域内外创新要素的汇聚交流和快速集成，由此促进创新主体间形成面向市场的网络结构能力；(3) 主动融入区域创新体系，并以其独特的中介服务平台，服务区域创新战略的发展和实施，并由此促进区域经济增长点的不断形成和发展。概而言之，主动学习型虚拟科技园区建设应基于对区域创新发展进行服务的要求，形成知识学习、知识创造和知识应用的导向，并以其相应的组织建构和学习方法来实现其功能，由此引导和支持企业不断加强学习，不断获取知识、累积知识和运用知识，进而促进企业不断优化资源配置，保持持续的发展能力。

我们认为，依托于区域生产力促进中心建设这种主动学习型虚拟科技园区，不仅在理论上符合学习型组织理论提出的组织发展的趋势要求，而且更重要的是在实践上能够适应知识经济不断发展对区域创新提出的加快科技成果产业化转化以及强化企业间合作发展的迫切需要。

众所周知，20 世纪 80 年代，美国著名管理学家彼得・圣吉（Peter M. Senge）在其撰写的名著《第五项修炼——学习型组织的艺术与实务》发展了他的老师佛瑞斯特（J. Forrester）关于未来企业的理想组织形态的构想，提出了学习型组织的概念。彼得・圣吉认为，伴随着知识在企业资源配置中所起的作用越来越突出，企业组织的能力和边界将基于学习和要素交流来重新确定，企业组织将更多地通过创新性团队来组成。①

① ［美］彼得・圣吉著：《第五项修炼——学习型组织的艺术与实务》，郭进隆译，上海三联书店 2004 年版，第 13—14 页。

基于此，企业组织首先要形成共同愿景，以把员工汇聚起来，而组织领导者也要重新定位，通过组织的扁平化和自主管理，以适应组织需要不断学习的发展要求。由于彼得·圣吉提出的学习型组织理论被认为是经典性地阐述了企业组织形态未来发展的客观要求，因而又被人们称之为第五代管理的核心理念。我们认为，对于虚拟科技园区这一依托组织建构而言，其建设同样是处于学习型社会的发展背景，因而其建设模式选择也必须体现21世纪创新发展的社会潮流。主动学习型虚拟科技园区把学习作为组织优化发展的重要支撑，能够更好地发挥出以知识化、信息化、网络化来引导和促进企业优化配置资源的作用。

再从服务于区域创新的实践要求来看，如前所述，区域生产力促进中心作为国家创新体系的重要组成部分，目前在促进区域科技创新和经济发展中承担着重要的角色。特别是进入21世纪，国际国内形势发生了新的深刻变化，区域范围内的科技进步与自主创新及其在产业上的转化和应用已成为开拓区域经济新的增长点的先导，而由区域产品技术创新、产业组织创新及工艺流程创新带来的创新网络整合，对促进企业间的合作发展所起到的作用也越来越大。在这种发展形势下，依托于区域生产力促进中心进行建设的虚拟科技园区只有以基于学习与创新的系统建构，以及基于学习型服务来激发、汇聚、联络区域内部及区域内外的知识创新要求，才能体现其融入性、实用性和效率性的创新建设目的。更为重要的是，我国建设创新型国家，就区域层面的创新建设来看，其目的和结果，最终都要体现为能形成区域创新优势，实现创新发展。从其过程发展来说，则不仅需要各个区域通过信息化与工业化的深度融合，而且需要各行业各领域推进科技创新，促进科技成果产业化转化。就此而言，我们认为，依托于区域生产力促进中心建设主动学习型虚拟科技园区，可以从一个侧面提升组织的知识学习和运用，促进企业以更快的速度和在更广的范围形成科技型组织经济和合作经济，从而促进区域经济发展。

此外，建设主动学习型虚拟科技园区，还应该形成相应的运行机制。这是因为，依托于区域生产力促进中心进行建设的虚拟科技园区，其主动学习型的建构理念及其模式实践只有具备相应的运行机制才有可操作性。就此而言，我们认为，主动学习型虚拟科技园区的运行机制设计一般要做到两个适应：一是要适应市场经济的客观规律，其运行机制的设计必须考虑市场化服务的要求，通过市场机制调节虚拟科技园区的一部分服务项目；二是要适应区域经济的发展需要，其运行机制的设计更要介入相关的产业政策及准入管理，通过政策机制和准入管理机制调节市场主体经由虚拟科技园区而实现在该区域的市场进入与退出。

三、虚拟科技园区运行效率评价

效率问题，一直是组织管理工作的中心议题。效率通常被定义为一定的投入量所产生的有效成果。就虚拟科技园区建设而言，效率的取得主要是抓好两个环节：一是建设的适用简约化；二是建构后高效的信息化服务运行。从建设的适用简约化来看，依托于区域生产力促进中心进行建设的虚拟科技园区，其构建效率的取得必须做到以下两点：第一，虚拟科技园区除了应尽量利用现有技术设备外，还应体现出是一种开放式的网络组织系统。这种组织系统具有高度的柔性，成员单位凭借其拥有的市场化核心能力即可加入园区。第二，虚拟科技园区在现代信息技术的支持下，基于信息链接能在广阔的区域为企业快速搜寻和整合符合其发展要求的各类资源，由此强化园区服务的内部效率，同时也提高园区服务的外部效率。

从建设后高效率的信息化服务运行来看，依托于区域生产力促进中心进行建设的虚拟科技园区在运行实践中应关注以下几点：其一，虚拟科技园区的组织成员应进行电信化结网。这是因为电信化结网不仅使信息沟通更加迅速，信息交流的成本更低，而且可以使虚拟技术和远程互操作技术更好地结合起来，由此使成员能够进行信息的多维立体组合。特别是在当前社会信息化环境不断优化、民众数字化生存意识日益增强、现代信息技术体系本身融合度不断提高以及消费者已日益渗透到生产过程中来的情况下，电信化结网能使入园企业基于大范围快速收集市场需求信息，开展集成运作。其二，虚拟科技园区应重视发展中介组织，引导加入园区的企业与各类中介组织建立密切合作关系。这是因为通过网络化组织结构整合中介服务，扩大园区中介组织联盟与国内同行和国际巨头的交流合作，有利于为区域产业提供规模大、领域全、成员多、服务水平高、竞争能力强的中介服务。其三，虚拟科技园区应建立通畅的人员联络、沟通渠道，形成定期和不定期的交流机制。同时，通过整合行业协会、行业专业委员会、企业家协会及政府部门工作指导委员会等组织事务，形成各具特色、各有侧重、有机结合的入园企业合作和园区整体协作的创新网络体系，促进入园企业提升创新效率。

此外，为了保证虚拟科技园区的运行效率，依托建设的虚拟科技园区还应形成配套的工作制度。我们认为，这些工作制度主要应包括四个方面：即工作标准制度、工作联系制度、工作效益评估制度和工作监督制度。其中工作标准制度是指虚拟科技园区为发挥各种服务功能而制定的工作质量要求、工作行为规范和工作运行机制。工作联系制度是指虚拟科技园区为发挥各种服务功能而制定的多方位、多层面、多渠道的联络、沟通、反馈、咨询、决策及相关活动组织的工作联系准则和工作联系方式。工作效益评估制度是指虚拟科技园区为发挥各种服务功能而制定的评估原则、评估指标体系、评估方法和评估组织保障。虚拟科技园区的工作监督制度是指虚拟科技园区为发挥各种服务功能而制定的评议、评审制度，公示制度，信息员、监督员制度和责任追究制度。

我们认为，以上述效率要求建构虚拟科技园区将使区域生产力促进中心的服务功能在结构上得到优化，由此不仅有利于拓展区域生产力促进中心的服务界面，促进企业更为便捷地开展信息搜寻和创新合作储备，而且有利于增强区域生产力促进中心中介服务的针对性，及时引入和变换相关的服务参数，进而大大提升区域生产力中心的服务效率。对此，我们构建了虚拟科技园区运行效率评价指标体系，如表 1 所示。

表 1 虚拟科技园区运行效率评价指标体系

一级评价指标	二级评价指标
服务环境	园区管理机制和管理机构运行情况
	园区提供的孵化服务
	地方政府与依托单位的政策支持
	中介服务机构设立情况及服务情况
	风险资金、种子资金设立情况
	园区信息网络建设
服务成果	园区内高等学校、研究与开发机构的入驻数
	服务企业总数
	成员企业平均净资产
	成员企业净资产收益率
	成员企业的三种专利申请授权数
服务拓展能力	近三年吸引留学创业人员及海外专家的人数
	吸引的国际合作、合资项目
	国外实际到位资源
	高技术产品进出口的地区分布

以下我们进一步采用灰靶理论的靶心度定量描述虚拟科技园区的运行效率，其基本原理是：首先以各指标的理想值构造标准模式，确定虚拟科技园区最优运行效率向量，即靶心；然后将虚拟科技园区运行过程中各指标取值构成的向量与最优运行效率向量进行比较，计算每个运行阶段的靶心度。[①] 具体计算步骤如下：

(1) 构造标准模式 w_0。

$\mathrm{POL}w_i(k)=\mathrm{POL}(\max)$，取 $w_0(k)=\max\limits_i w_i(k)$，$w_i(k)\in w(k)$

$\mathrm{POL}w_i(k)=\mathrm{POL}(\min)$，取 $w_0(k)=\min\limits_i w_i(k)$，$w_i(k)\in w(k)$

$\mathrm{POL}w_i(k)=\mathrm{POL}(\mathrm{men})$，取 $w_0(k)=u_0$(指定值)，或

① 刘思峰、党耀国、方志耕、谢乃明等：《灰色系统理论及其应用》（第五版），科学出版社 2010 年版。

$w_0(k)=\underset{i}{\text{avg}}\, w_i(k)$，$w_i(k)\in w(k)$

则 $w_0=(w_0(1),w_0(2),\ldots,w_0(n))$ 为标准模式。

(2) 进行灰靶变换。

如令 $x_i(k)=Tw_i(k)$，T 为靶心变换，如 $Tw_i(k)=\dfrac{\min\{w_i(k),\ w_0(k)\}}{\max\{w_i(k),\ w_0(k)\}}$，则靶心为 $x_0=(x_0(1),x_0(2),\ldots,x_0(n))=(1,1,\ldots,1)$

(3) 差异信息空间 Δ_{GR}。

$\Delta_{GR}=(\Delta,\zeta,\Delta_{0i}(\max),\Delta_{0i}(\min))$

其中 $\Delta_{0i}(\max)=\underset{i}{\max}\underset{k}{\max}\Delta_{0i}(k)$，$\Delta_{0i}(\min)=\underset{i}{\min}\underset{k}{\min}\Delta_{0i}(k)$

(4) 计算靶心系数与靶心度。

根据最少信息原理，分辨系数一般取 $\zeta=0.5$，从而有

靶心系数 $\gamma(x_0(k),x_i(k))=\dfrac{\underset{i}{\min}\underset{k}{\min}\Delta_{0i}(k)+\xi\underset{i}{\max}\underset{k}{\max}\Delta_{0i}(k)}{\Delta_{0i}(k)+\xi\underset{i}{\max}\underset{k}{\max}\Delta_{0i}(k)}$

靶心度 $\gamma(x_0,x_i)=\sum\limits_{k=1}^{n}\gamma(x_0(k),x_i(k))/n$

(5) 根据靶心度进行评价与选优。

靶心度的大小反映了虚拟科技园区运行阶段各评价指标向量与标准模式的关联程度，即：靶心度越大，该模式与目标模式关联度越大，运行效率越高，反之则运行效率越低。

四、促进虚拟科技园区发展的保障措施

区域生产力促进中心建设虚拟科技园区对于促进中小企业开展科技创新及形成区域创新优势具有重要的作用。因此，应采取措施，以保证其建设和发展。我们认为，这些保障措施主要应包括以下几个方面。

其一，根据区域创新体系发展的要求，建立主动学习型虚拟科技园区建设的联合启动机制。主动学习型虚拟科技园区作为一个新的科技创新平台，应以各区域的主导产业、传统优势特色产业和战略性新兴产业

的关键技术的重点跨越为导向，以提高区域创新能力为主线，最大限度地利用区域科教资源优势和产业优势，集聚创新创业人才，整合相关领域科研设施条件、先进知识成果，提高面向中小企业的科研创新和企业创新的服务能力。为此，实践中建设主动学习型虚拟科技园区应形成联合启动机制，由政府引导，企业主导，大学、科研机构及中介服务机构多方参与，联合构建高效衔接、完整配套的科技金融组织体系、市场体系、扶持体系和服务体系，以不断加强对入园企业的协同支持力度。

其二，从区域企业和社会信息化发展的实际出发，培育主动学习型虚拟科技园区的电信化经营管理人才。虚拟科技园区的产生是以网络技术的发展为前提，而它发挥作用也要以企业信息化为基础。但从目前来看，我国不少企业管理者虽然已接触计算机并利用管理软件来协助企业经营管理，但尚未真正认识到信息化的本质及其优势，企业普遍缺乏电信化经营管理人才。因此，在主动学习型虚拟科技园区的建设过程中，应从区域企业和社会信息化发展的实际出发，通过路径整合，培育懂技术、会管理、熟业务、善协调的复合型信息化经营管理人才。具体地说，培养的这类人才应达到以下几个要求：一是通识电信化经营管理流程，使信息流与资金流、人才流的交相互动能够顺畅进行。二是掌握虚拟信息的交互流动和识别性处理、归纳和储存，使电信化的管理效能转化为企业的经济效益。三是形成电信化的战略分析和实施能力，使电信化运营成为企业战略提升的重要方式。四是具备社会背景技术，即了解与信息创造和传播有联系的政治、经济和文化竞争的作用，了解信息的区域性和全球性以及信息在企业经营和区域创新发展中的深刻意义。主动学习型虚拟科技园区要充分发挥其功能，就必须要培育高素质的电信化经营管理人才。

其三，以市场调节为主，政府适当引导，开展主动学习型虚拟科技园区的“虚拟经纪人”服务。虚拟科技园区具有远程操作和集成合作的特点，通过整合大范围内成员组织的资源，可以在短时间内形成较强的竞争能力，实现对市场需求的敏捷响应。因此，方便组织成员选择合作伙伴既是虚拟科技园区的优势之一，同时也是虚拟科技园区应提供的一项重要服务。而适应于虚拟科技园区的运作特点，虚拟科技园区可以通过形成一种机制，即以市场调节为主，同时政府加以适当引导，开展虚拟经纪人服务，以满足虚拟科技园区的成员组织方便寻找合作伙伴的需求。虚拟经纪人是采用商业中介的方法寻找和选择合作伙伴的一种方式。它也是服务提供商开展服务创新的一种新形式。一般来讲，虚拟经纪人要拥有较为庞大的企业信息数据库。虚拟科技园区开展虚拟经纪人服务，可通过智能引擎对虚拟经纪人的企业信息数据库进行数据挖掘，发现潜在的企业合作伙伴。虚拟经纪人采用会员制来吸纳有意加盟虚拟科技园区的企业为会员，会员则向虚拟经纪人交纳一定的管理费用。虚拟经纪人要求加盟企业提供包括企业近年经营情况、核心能力以及合作经历等情况在内的加盟材料，并经核查及去伪存真后向其颁发身份证书和密钥。虚拟经纪人还要评估加盟企业的合作信誉和能力。在实际运营中，虚拟经纪人也可以为非加盟企业提供相关的有偿服务。

其四，多方参与，合作共建主动学习型虚拟科技园区的服务窗口和项目基金。在市场经济过程中，面对快速变化的市场需求，企业自身的知识能力和资源结构不可能在价值链上的各环节都拥有优势。特别是企业在新产品的研发过程中，不仅存在着同业者之间的激烈竞争，而且需要取得互补品供应者的广泛配合，同时还需要服务提供商和研究机构、标准协会等组织的支持与协作。而这些资源不是单个组织所能完全具备的。因此，依托建设的主动学习型虚拟科技园区作为一种新的科技创新平台，应通过多方参与，开展合作共建服务窗口和项目基金，并以契约的方式约定各方相互认可的责任、权利、成本、利益和服务方式及服务结果等，以提升虚拟科技园区的服务能力，进而促进区域创新价值链的不断形成和发展。

其五，以政府为主导，形成主动学习型虚拟科技园区的信息会议制度，促进区域新的经济增长点的不断形成。主动学习型虚拟科技园区在多方位、多层面发挥作用的同时，另一方面还有必要通过政府主导，形成信息会议制度。信息会议可由政府部门、企业、中介机构、大学和科技机构、生产力促进中心等单位的人员组成。信息会议的主要内容应包括：（1）研究探讨主动学习型虚拟科技园区通过信息跟踪、汇聚、处理而形成的相关重要决策咨询意见和建议，以利于促进区域经济增长点的不断形成和发展。(2) 基于区域经济发展情况，研究虚拟科技园区服务窗口和项目基金的服务投入方向和措施。(3) 定期开展虚拟科技园区服务区域经济增长的建设经验的交流活动，协调落实虚拟科技园区服务区域经济增长的相关工作，研究制订相关制度，依法、有序地推动虚拟科技园区服务区域经济的创新发展等。

(原文发表于《福建师范大学学报(哲学社会科学版)》2013 年第 3 期)

新常态下中国省域收入分配结构调整研究

李军军*

党的十八届三中全会再次提出收入分配改革的目标和措施，关键在于体制机制创新，逐步形成合理有序的收入分配格局，让发展成果更多更公平地惠及全体人民，为中国解决长期以来收入分配差距过大问题指明了方向。自2010年10月中国政府宣布从全面反危机的扩张政策退出后，宏观经济运行出现增速放缓、结构调整、发展方式转变、增长动力转向等一系列新特点，形成了经济“新常态”。新常态下经济发展面临更加复杂的局面，区域经济发展格局出现新的变化，如何更好地协调中央政府、地方政府、企业和居民利益关系，建立公平和谐的收入分配机制，可以从省域经济角度出发，探索收入分配结构调整的形势、原因及其趋势。

一、中国省域收入分配结构调整面临的形势

1. “人口红利”消失和劳动力结构调整提高劳动者收入。

中国制造产品在国际市场上具有明显的成本优势，一个重要原因就是中国拥有大量劳动力，青壮年人口比重较高，劳动力市场总体供过于求，工资水平和劳动保障程度较低，企业用工成本非常低廉，形成“人口红利”。但多年来随着计划生育政策的实施，中国的生育率逐年下降，2013年总和生育率只有1.4，非常接近国际上公认的1.3的“低生育陷阱”，从而导致人口结构老龄化，社会抚养比快速上升，近年来部分地区

---

* 李军军：福建师范大学经济学院副教授，经济学博士。

和行业持续出现“用工荒”，既是劳动力市场结构失衡的表现，也是中国“人口红利”逐步消失的明证。2008—2013 年中国总人口增加了 3270 万人，但 14 岁及以下人口比重下降比较快，5 年内下降了 2.6 个百分点，65 岁及以上老年人口比重持续上升，老龄化趋势明显加速，未来中国青壮年人口的比重会出现大幅度下降。从各省份来看，除了北京和上海两个直辖市能够吸引其他各地人口的大量流入，其他省份青年人口比重都很低，而且下降较快，共有 25 个省份的老年抚养比出现不同程度的上升。人口结构调整和就业人口减少使得劳动力供过于求的状况将逐步消失，教育水平的提高也大大提升了劳动者素质和就业能力，使劳动者在就业市场上转向更有利地位，从而获得更好的工资报酬和福利待遇，成为劳动者收入提高的基础。

2. 新型城镇化下促进劳动力转移。

党的十八大报告提出“坚持走中国特色新型工业化、信息化、城镇化、农业现代化道路”，新一届中央政府一直把推进城镇化建设作为重要施政方针。在城镇化浪潮席卷之下，全国各地加快了推进城镇化建设的步伐，城镇人口规模和比重明显提升。据国家统计局调查，中国 2010 年流动人口 2.21 亿人，2013 年达到 2.45 亿人，2008—2013 年城镇人口共增加 1.07 亿，乡村人口则下降了 7438 万，城镇人口比重提高了 6.7 个百分点，说明中国城镇化进程非常快，其中农村劳动力到城镇就业是人口转移的最主要方式。从居住本地人口比重来看，最低是上海、北京、浙江、福建和广东等沿海发达省份，特别是上海本地居民只有 39.3%，北京是 46.6%，外来人口超过一半，其他东部沿海省份这一比例也较低。经济发达省份吸引大量外来人口工作和就业，具有较强竞争力。城镇化进程推动农民进入城镇居住和就业，经济落后地区居民向经济发达地区转移，劳动力从生产率较低的农业部门向生产效率更高的城镇部门转移，提高了劳动力资源配置效率，有利于提高整个社会的劳动生产率，有助于劳动者获得更高收入。

3. 区域产业结构调整和产业资本转移缩小区域差异。

中国区域经济发展极不平衡，东部沿海地区凭借改革开放的先行政策优势，经济发展水平较高，产业优势明显，居民收入领先于中西部地区。近年来，东部地区逐步把处于产业链低端的劳动密集型产业和资源消耗性产业转移到中西部地区，而经济较为落后的中西部地区，凭借资源优势、人力优势和技术后发优势，大量承接东部产业，吸引其他地区资本，实现本地产业快速发展。2008—2013 年东部大部分省份第二产业增加值占国内生产总值比重都有下降，特别是天津、上海、山东和江苏等经济发达省份的下降幅度较大，而安徽、湖北、四川和广西等中西部省份的比重有较大幅度提升。总体来看，各地产业结构都处于转型升级过程中，第三产业增加值比重都会逐步上升，产业资本的流动使得区域经济发展趋于平衡，区域差距会逐步缩小，降低区域收入分配差距。

4. 社会保障体系逐步完善提高收入分配公平性。

近年来社会保障体系逐步健全，对广大城乡居民的覆盖面和惠及力度逐步增加，在维护社会公平正义、缩小收入分配差距方面发挥了较大作用。从基本养老保险和医疗保险来看，近几年我国城乡居民和职工参加人数显著增加，覆盖面明显提升，特别是“新型农村合作医疗”从 2003 年起试点，到 2010 年基本实现覆盖全国农村居民。2009 年开始在农村推广的新型农村养老保险，通过个人缴费、集体补助及其他途径的缴费补贴，为广大农村居民提供了基本养老保险。2013 年底，全国参加基本养老保险人数达到 8.2 亿人，比 2010 年增加了 4.6 亿人。2013 年底参加城镇基本医疗保险的人数达到 5.7 亿人，比 2010 年增加了 1.38 亿人，其中职工参保人数增加 3708 万人，居民参保人数增加了 1.01 亿人，覆盖面明显增加，对中低收入群体而言意义重大。

二、中国省域收入分配结构调整现状和趋势

1. 初次分配结构调整现状。

(1) 资本所得收入比重上升。企业营业盈余既是资本从事生产经营活动的报酬，也是企业积累、投资的重要资金来源，营业盈余在国民收入初次分配中的比重，反映了资本的地位。从各省份来看，这一比重差别非常大，2013 年最高的是黑龙江，达到 33.7%，最低的是西藏，只有

12%，大多数省份的比重在20%～30%之间，低于20%的8个省份除辽宁以外都是西部省份。2009—2013年大部分省份的营业盈余所占比重上升，上升幅度比较大的都是中西部省份，其中青海上升了9.2个百分点，四川和广西分别上升了6.4和6个百分点，说明资本在国民收入中的比重比较高，而且处于上升趋势。

（2）政府所得收入比重提升明显。生产税净额是抵消获政府补贴后企业所交税费，生产税净额占国民收入比重的高低反映了政府在初次分配中的地位，也是政府在资源配置和经济管控中能力的体现。这一比重差别比较大，最高的是云南和辽宁，都超过20%，除了西藏只有8.9%以外，其他省份的比重都在10%～20%之间，大部分东部省份的比重较高，中西部省份相对较低。从变化趋势来看，2009—2013年有25个省份的比重上升，西部省份的比重上升幅度较大，而东部省份的上升幅度较小，只有6个省份下降，以中部省份居多。生产税净额比重提升，反映政府在国民经济中的地位越来越突出，在资源配置和收益分配中的地位明显加强。近几年经济刺激计划实施后，货币发行量迅速增长，导致生产领域的原材料和大宗商品价格上升明显，由于生产税大部分是从价征收，物价上涨对税收比重提升有很大贡献。

（3）劳动所得收入比重下降。劳动者报酬是劳动者劳动所得的收入，也是居民获得收入的主要来源，劳动所得报酬在国民收入中的比重反映了一个国家和地区劳动者的地位，与劳动力市场的供求关系以及劳动者素质有关，也与国家收入分配政策有很大关系。中国劳动者报酬在国民收入中所占比重最高，接近50%，约为营业盈余和生产税净额比重之和，但从国际比较来看仍然偏低，特别是与发达国家相比有很大差距。从各省份来看，这一比重差别很大，2013年西藏的劳动者报酬比重最高，达到64.3%，也是唯一超过60%的省份。东部的北京、河北和福建，以及西部的广西、贵州和新疆等省、市、区的比重超过50%，而天津、吉林、黑龙江、山东和陕西五省市的比重则低于40%，另外有一半省份的比重介于40%～50%之间，整体来看，劳动者报酬所占比重与区域关系不大。从变化趋势来看，2009—2013年只有10个省份的比重上升，主要是广东、浙江等东部沿海省份，其他21个省份的比重下降，而且下降幅度比较大。这与中国当前劳动力的结构调整和资本拥有量的逐步充盈趋势不一致，随着劳动力结构的进一步调整，在经济新常态下初次分配格局有待朝着更加公平有效的方向调整。

2. 再分配结构调整现状。

(1) 城乡居民收入分配结构调整现状。

①城镇居民收入结构日益多元化。随着市场经济体制改革的深入推进，经济形势和业态越来越复杂，城乡居民收入渠道日益多元化，居民收入在快速增长的同时，居民之间的收入差距也逐渐扩大。2013 年中国城镇居民人均总收入 29547 元，人均可支配收入 26955 元。从收入来源看，工资性收入仍然是主要来源，占总收入的 64.1%，大部分省份处于 60%～70%之间。转移性收入是城镇居民的第二大收入来源，占全部收入的 1/4 左右。近年来，城镇居民的经营性收入和财产性收入有所提高，但比重仍然比较低，经营性收入比重较高的是贵州和内蒙古等中西部省份，而财产性收入比重较高的省份是福建等东、中部省份。

根据中国国家统计局调查数据，城镇居民收入按高低顺序分成五个等分组，2013 年最高组达到 56389 元，比 2008 年增长了 63%，最低组只有 11434 元，比 2008 年增长了 88.2%，最高组和最低组的比值缩小到 4.9 倍，城镇居民收入分配差距有所缩小，但差距仍然比较大。

②农村居民收入区域差距明显。随着“三农”政策的不断推行，中国农村经济得到快速发展，大量剩余农村劳动力向城镇转移，农户家庭经营日益市场化，财政补贴和农村社会保障日益完善，农村居民收入增长明显，收入来源多元化。2013 年中国农村居民人均纯收入 8896 元，工资性收入和经营性收入是最重要的两大来源。东部沿海和中部农村经济较发达的地区，工资性收入所占比重最大，大部分超过 50%，而东北和西部省份的比重相对较低，大部分在 40%以下。家庭经营性纯收入比重比较高的大多都是东北和西部省份，吉林省最高达到 71.3%，大多数省份超过 50%，而东部沿海省份的这一比例较低，北京和上海都在 5%左右。这反映了各地农民就业方式有很大不同，东部地区传统家庭农业生产的比重较低，而西部地区农民对传统农业生产的依赖还比较高。财产性收入和转移性收入比重较小，西部省份农民的转移收入所占比重比较

高，大多数超过10%，北京、上海和广东等经济发达省份的财产性收入比重相对较高。

根据中国国家统计局调查数据，农村居民收入按高低顺序分成五个等分组，2013年，最高组达到21273元，比2008年增长了88.4%，最低组只有2583元，比2008年增长了72.2%，最高组和最低组的比值从7.5倍扩大到8.2倍。农村居民收入分配差距不断扩大，低收入群体收入增长缓慢，缺乏有效增长途径。

③城乡居民收入差距有所缩小。虽然中国城乡居民收入都有快速增长，但城乡二元经济导致收入差距非常大。2013年城镇居民人均可支配收入达到26955元，农村居民人均纯收入8896元，城乡居民收入比由2008年的3.31下降到2013年的3.03，城乡居民收入差距逐步缩小，但差距仍然很大，而且这种差距在世界各国中也是少见的。从各省份来看，2013年有10个省的城乡居民收入比值超过3倍，而且都是西部省份，比值较低的是东部和东北省份，但都超过2倍。从中可以发现，经济发展水平越高的地区，城乡居民收入比值就越小。近年来所有省份的城乡居民收入比值都有下降，下降幅度比较大的多是西部省份。

(2) 行业收入差距逐步缩小。

近年来，中国不断深化市场经济体制改革，行业壁垒正在逐步消除和放开，资本和劳动力在行业间的流动更加便利，行业竞争日益激烈。但部分行业和领域垄断性较高，政府直接干预还普遍存在，行业间的盈利水平还存在巨大差异，加之人事制度改革相对滞后，人员流动和考核机制还不完善，导致行业间就业人员的收入存在很大差距。

以中国城镇单位就业人员的平均工资为例，2013年全国平均是51474元，最高的金融业达到99659元，其次是信息传输、计算机服务和软件业，达到90926元，最低的农林牧渔业只有25820元，是所有行业中唯一平均工资不足30000元的行业。制造业也比较低，只有46431元。总体来看，服务业平均工资比较高，第二产业次之，第一产业最低。增速比较快的是农林牧渔业，5年间实现翻倍，其次是建筑业、批发和零售业以及制造业等行业，增速比较低的是公共管理和社会组织、信息传输、计算机服务和软件业等行业。平均工资最高和最低的行业比从2008年的

4.4倍逐步下降到2013年的3.85倍，但差距仍然非常明显。

(3) 区域收入差距逐步缩小。

中国不同区域的经济发展水平、经济结构和产业发展差别非常大，造成各地区居民收入水平存在较大差异。2013年只有8个东部省份的城镇居民人均可支配收入超过全国平均水平，其中上海最高达到43851元。处于全国平均水平以下的有23个省份，其中黑龙江、青海、甘肃和新疆的人均可支配收入不足2万元。上海与甘肃的比值是2.3倍，比2011年的2.4倍有所缩小。2013年共12个省份的农村居民人均纯收入超过全国平均水平，最高的北京和上海接近人均2万元，西部省份的人均纯收入偏低，上海农村居民人均纯收入是甘肃的3.8倍，这一比值在2011年是4.1倍，虽然有所缩小，但区域差距非常大，也远远超过城镇居民收入的区域差距。

从区域分布来看，2013年东部、中部、西部和东北地区城镇人均可支配收入比值为是1∶0.700∶0.699∶0.704，这一比值在2008年是1∶0.689∶0.675∶0.683，从收入增长来看，2008—2013年，名义增长幅度最大的是西部地区，最低的是东部地区，说明区域间的城镇居民收入差距逐步缩小。2013年东部、中部、西部和东北农村地区人均纯收入比值为是1∶0.695∶0.569∶0.822，而这一比值在2008年是1∶0.675∶0.533∶0.773，从收入增长来看，2008—2013年，名义增长幅度最大的是西部地区和东北地区，最低的是东部地区，说明区域间的农村居民收入差距逐步缩小。

三、新常态下加快收入分配改革的政策建议

中国历来非常重视收入分配问题，21世纪初把深化收入分配制度改革作为促进国家可持续发展的重大战略举措之一，从过去的“效率优先，兼顾公平”到党的十八大提出“初次分配和再分配都要兼顾效率和公平，再分配更加注重公平”，就是要有效遏制收入分配差距扩大的趋势。因此，要借助经济新常态“调结构、转动力、保民生”的契机，继续深化

收入分配制度改革，维护社会公平正义与和谐稳定。

1. 着力提高初次分配的公平性。

统计表明，中国当前国民收入正在向政府和企业倾斜，初次分配格局正呈现“强资本而弱劳动”的趋势，城镇工薪阶层和广大农民工等中低收入者，往往只能靠自身的劳动力生产要素参与分配，而富裕阶层多以资本等其他要素参与分配，这是造成收入差距的主要原因。因此要在初次分配中处理好政府、企业、居民三者之间的关系，调动各方面积极性，优化收入分配结构，提高初次分配的公平性，关键是着力提高劳动报酬的比重，实现劳动报酬增长和劳动生产率提高同步，着力扭转劳动报酬占比连年下降的趋势，劳动者的劳动价值才能得到更为充分的体现，社会贫富差距才能不断缩小，才能在更大程度上促进社会公平。

要大力发展高新技术产业，通过升级、淘汰、转移等途径减少产能，特别是低附加值的劳动密集型产业，提高劳动生产率和经济增长质量，充分发挥高层次人才和高技能人才的作用，提高劳动者的收益。大力发展第三产业，在促进产业结构升级的同时，提高劳动者的就业能力和选择机会，有利于提高从业人员收入。逐步调整出口导向战略，经济增长要更多地依靠内需拉动，通过收入倍增计划，大力提高居民收入，通过居民消费拉动经济增长，避免过多依赖投资，尽快实现经济增长由投资驱动向创新驱动升级。由于劳动者从来处于要素分配的劣势地位，要改革现有工会组织和完善集体谈判制度，通过劳资双方与政府建立三方合作关系，提高劳动者与企业谈判能力，建立企业员工合法的工资增长机制，增加低收入者收入水平，持续扩大中等收入群体。

2. 简政放权促进创业创新。

要持续深入经济体制改革，正确地处理好政府和市场的关系，发挥市场在资源配置中的决定性作用，更好发挥政府作用，明确哪些行业、哪些资源完全由市场配置，哪些在政府指导下由市场配置，哪些完全由政府控制。在遵循有利于经济社会发展、有利于居民收入提高、有利于提高效率的原则下，逐步放宽政府管制，尽快扩大民营资本准入领域，减少各种有形和无形障碍，明确改革的步骤和进程。要达成社会共识，大力推进简政放权，减少政府对经济活动的直接干预，适时全面推广

“自贸区”成功经验，建立政府“权力清单”和行业禁入“负面清单”，激发社会活力，形式“大众创业、万众创新”局面。要进行顶层设计，细致研究每一个行业特点，尽量破除行业垄断，推动资本自由流动，提高资本利用效率，从而缩小行业收入差距。大力发展混合所有制，借鉴我国企业股份制改革的成功经验，有序推进国有企业和民营企业的混合所有制改革，充分结合两者的优势，尽快破除体制差异。

发挥市场经济条件下财政政策的导向作用，逐步扭转收入分配差距扩大趋势，促进我国“经济建设型”财政向“公共服务型”财政的转变。积极建设有中国特色的公共财政体系，加大财政转移支付力度，有助于从根本上优化收入分配结构。新常态下，完善财政管理制度，强化“收支两条线”管理，确保财政支出的科学、规范、有效，从制度上遏制腐败和低效，确保财政职能得到充分发挥。更重要的是要积极发挥财政的政策导向作用，加大对基础教育特别是偏远农村基础教育的财政投入，促进教育公平，缩小城乡差距和区域差距，推进教育资源均等化。完善财政政策优化国民教育结构，加大人才教育培训投入，尽快提高劳动者素质和就业能力。建设公共人才市场，减少各种人才收费，提高人才服务水平，促进劳动力的合理流动，为各类人才的创业创新提供更多更好的服务。

3. 深化税收体系改革。

税收体系通过筹集财政收入，可以改善或恶化居民收入分配的公平度。研究表明，由于我国传统税制设计还不太合理，当前税制整体是累退的，收入越高的家庭，税率越低，而收入越低的家庭，税率越高。因此，我国税收体系没有起到缩小居民收入差距的作用，迫切需要深化税收体系改革。一是优化税收结构，逐步降低间接税比重，提高直接税比重。因为间接税有具有转移的特点，生产和销售环节的间接税最终由消费者承担，造成资本和劳动者在税收中地位明显不平等。我国现行的直接税与间接税比例失调的税制结构，造成了收入分配的逆向调节，要通过财税制度改革，一方面为企业减轻负担，尤其是为广大中小企业和小微企业减负，另一方面降低消费者的税收负担，从根本上提高居民消费水平。在所得税方面，要适度增加资本所得税，特别是要大幅度增加资源环境税，既能增加税收，又能有效提高资源利用效率，更好地保护生态环境。大幅度提高个人所得税起征点，降低中低收入群体的税收负担，加大对高收入群体征税监管力度，堵住高收入群体避税漏洞，真正发挥税收对收入差距的调节作用。二是完善调节功能的税制，适当提高具有居民收入分配功能的税收在税收体系中所占的比重，如所得税和财产税，补充开征具有调节功能的遗产税、赠与税等新税种，这些税种主要目的在于调节收入分配而非增加财政收入，加大高收入群体存量资产的税收支出。

4. 加快完善社会保障体系。

中国初步建立了多层次的有特色的社会保障体系，在保障了广大人民的基本生存需求基础上，提高了广大中低收入群体的福利水平。但从社会需求来看，政府对社会保障转移支付仍然不足，存在覆盖面偏窄、衔接性不足、调整机制不稳、费率过高等问题，特别是农村社会保障投入还远远不足，与农民社会保障需求差距过大。为了更好地发挥社会保障体系在调节收入分配、促进社会公平的作用，需要进一步加快完善社会保障体系。要通过完善和推广养老保险个人账户的功能，坚持全覆盖、保基本、多层次的原则，逐步推进城乡养老保险并轨，增强社会保障资金的增值和可持续性，适度增加低收入人群养老保险缴费补贴，充分发挥养老保险在收入分配调节中的长期性作用。改革医疗保险收支方式，增强各项医保制度间的衔接，大力提高低收入群体医疗保障水平，加强医疗保险在收入分配调节中的积极作用。着手进行社会保障顶层设计和总体规划，优化和整合各类社会保障项目，将社会救助、社会福利和社会保险有效衔接起来，减少管理和协调的成本，避免各种社会保障项目交叉重叠所造成的资源浪费，逐步统一城乡间和地区间社会保障待遇，发挥它们在收入分配调节中的引领和托底作用。强化对政府的慈善和福利事业管理，鼓励社会资本参与社会保障体系，积极推动社会保障事业公开透明，提高资金使用效率，强化对低收入群体的保障效果。

（原文发表于《经济研究参考》2015 年第 49 期）

影响中国居民财产性收入增长的因素分析

陈晓枫*

财产性收入是指金融资产或有形非生产性资产的所有者向其他机构单位提供资金或将有形非生产性资产供其支配，作为回报而从中获得的收入。它的主要形式有利息、红利、地租等。改革开放 30 年来，随着收入分配制度不断改革与调整，中国城乡居民财产性收入快速增长，2007 年城镇、农村居民人均财产性收入分别为 349 元、128.22 元，比 2006 年增长了 42.83%、27.58%，大大高于工资性收入、经营性收入和转移性收入的增速。居民财产性收入构成亦趋于多样化，但居民财产性收入存在着基数小且占全部收入的比重很低、收入差距拉大、收入来源结构不合理等问题，究其原因，非单一因素作用的结果。本文认为，要实现党的十七大报告所提出“创造条件让更多群众拥有财产性收入”的目标，首先要让城乡居民拥有获得财产性收入所应具备的基础条件，这涉及财产因素、市场因素、制度法律因素等多层面。当前，这些基础要素层面存在的诸多问题正成为影响当前我国居民财产性收入增长的重要原因。

一、居民拥有财产性收入所必需的条件

1. 财产基础。

居民拥有财产性收入首先必须以稳定的居民财产作为前提，即获得财产性收入必须拥有财产。关键因素在于两点：一是收入在覆盖支出后

* 陈晓枫：福建师范大学经济学院副教授，经济学博士。

存在储蓄性结余，或者劳动报酬在覆盖劳动力成本后仍具备拥有财产的可能性；二是其收入结余具备市场准入条件或高于市场准入门槛（陈心宇，2008）。1978—2007 年，中国城镇居民家庭人均可支配收入、农村居民家庭人均纯收入分别增长近 40 倍、近 30 倍，达到 13785.8 元、4140.4 元。2007 年中国城市、农村居民食品支出分别占全部生活消费支出（恩格尔系数）的 36.3%、43.1%，较 1978 年 57.5%、67.7%的水平大幅下降。收入的增长、消费结构的变化使广大群众积累了越来越多的财富。仅从城乡居民储蓄存款来看，城乡居民储蓄存款余额、人均储蓄存款余额分别从 1978 年的 210.6 亿元、21.9 元跃升至 2007 年的 172534.2 亿元、13058 元[①]，为人民群众拥有财产性收入奠定了物质基础。

2. 法律基础。

健全的法律制度是居民获得财产性收入的基本保障。财产要素参与收入分配是要素所有权或产权在经济上的实现形式，财产权利是收入分配的前提条件和经济依据，合理和合法界定财产所有权就成为获得财产性收入的基本保障。在中国传统的计划经济模式中，公有财产被置于优先保护的地位，在理论上保护私有财产权是一大禁区，在法律上公民的财产权利被严重忽视。党的十六大报告提出“完善保护私人财产的法律制度”，由此保护私有财产权问题引起了人们的极大关注。2004 年 3 月 14 日十届全国人大二次会议通过的《中华人民共和国宪法修正案》完善了对私有财产保护的规定，将保护私人财产明文写入宪法，以根本大法规则的形式肯定和保护公民合法财产权。2007 年 10 月正式施行的《中华人民共和国物权法》，对于所有与物权相关的法律关系进行了明确界定，确立了对私人所有权的保护。党的十七大报告以明确的态度重申了宪法中保护公民私有财产权的规定，首次提出坚持平等保护物权，“让更多群众拥有财产性收入”，表明对财产性收入的取得与保有的双重肯定。据此，人民群众的财产性收入具有了法律基础，为广大群众增加财富、拥有更多的财产性收入创造条件。

---

① 中国产业地图编委会、中国经济景气监测中心编：《数读中国 30 年》，社会科学文献出版社 2008 年版，第 144 页。

3. 市场基础。

建立规范和有效的市场经济体制，是更多居民获得财产性收入的市场基础。居民所拥有的受法律保护的财产如果无法商品化、资本化，就无法实现其收益，获得财产性收入。从市场主体来看，企业是最主要的市场主体。没有优质的、能够为投资者创造回报的企业主体，扩大居民的财产性收入便是无本之木。这就要求完善公司治理结构，完善独立的企业制度。从市场客体来看，要有多层次的交易市场，使财产所有者拥有多元化的投资市场和投资工具，根据其财富水平和风险偏好进行相应的资产配置。从市场环境看，要营造“公平、公正、公开”的投资环境，建立健全中国证券投资者保护制度，注重保护中小投资者的利益。消除部门和行业垄断，通过降低投资门槛，使拥有财产的群众不管其财产的多寡，都有机会通过资产运营获取财富，分享经济发展的成果。从市场信用来看，企业内部人以真实信息向公众披露财务报告，才能真正保证资本市场有序运作和投资者的合法利益，获得更多的财产性收入。

4. 制度基础。

制度和体制因素是维护和增加广大群众的财产性收入的重要基础。其一，收入分配制度的不断改革与调整，拓宽了收入来源渠道。改革开放以来，我们否定了平均主义的分配制度，大胆地承认了非劳动收入，坚持并完善按劳分配为主体、多种分配方式并存的制度；确立、进而健全生产要素按贡献参与分配的制度，进行了多次收入分配制度的重大改革和创新。这使得社会资源与各种生产要素得到充分利用，促进了生产力发展，同时也拓宽了居民收入来源渠道，为提高人民群众收入水平并迅速积累财富奠定了基本的制度基础。其二，财税制度和社会保障等制度的相应调整，使更多居民有可能获得财产性收入。党的十七大报告提出“初次分配和再分配都要处理好效率和公平的关系，再分配更加注重公平”，要“提高劳动报酬在初次分配中的比重”“调节过高收入”“加快建立覆盖城乡居民的社会保障体系”等。分配、财税、社会保障等制度的综合性改革举措，意味着要调整和改善政府、企业、居民在国民收入中的分配关系，保证和提高低收入者的收入，从而保证广大群众在有更多的劳动收入用于消费外，使全体社会成员不断增加财富积累，获得财产性收入，最终逐步走向共同富裕。

二、现阶段中国城乡居民财产性收入的特点

1. 财产性收入快速增长但基数小占比低。

近年来，中国城乡居民收入快速增长的同时，财产性收入也呈现高速增长态势。根据历年统计年鉴，2007 年中国城镇、农村居民人均财产性收入分别为 349 元、128.22 元，分别比 2006 年增长了 42.83%、27.58%，比 2000 年增长了 171.5%、185%。2002—2007 年，城镇居民财产性收入占可支配收入比重分别为 1.33%、1.59%、1.71%、1.84%、2.08%、2.53%。农村居民纯收入中财产性收入占比同样很小，2007 年中国农民人均纯收入实际增长 9.5%，增收的部分主要来源于工资性收入和家庭经营纯收入，对农民人均纯收入增量的贡献率分别为 40%和 47.5%，而财产性收入人均 128.22 元，占纯收入比重仅有 3.10%。可见，中国城乡居民财产性收入增长迅速但基数小、所占比例很低。

2. 财产性收入构成多样化但来源结构不合理。

统计资料显示，现阶段中国居民财产性收入主要有利息收入、股息与红利收入、保险收益、出租房屋收入、知识产权收入和其他财产性收入等，财产性收入来源日趋多元化。但居民财产性收入的途径仍然较窄，主要集中于金融市场和房地产市场，收益风险性较高。从城镇居民来说，出租房屋收入是城镇居民的财产性收入的最主要来源。2002—2007 年，中国城镇居民人均房屋出租收入的比重都超过 40%，2005 年更是一度达到 58.2%。2002—2007 年人均金融财产性收入比重一般在 30%～40%，是城镇居民财产收入的第二大来源。[①] 从农村居民来看，农民的资产持有结构仍然以住房和储蓄存款为主，中国农民除了银行存款和住房出租外并无其他获取财产性收入的渠道。当然，不同地区有所差别，在经济发

① 国家统计局城市司、广东调查总队课题组：《城镇居民家庭财产性收入研究》，《统计研究》2009 年第 1 期。

达地区主要以房租为主，其次是利息收入和其他财产性收入。而在贫困地区和欠发达地区，就没有这种区位优势，基本不能获得房屋租金，因此，财产性收入仍然以存款利息为主。可见，居民财产性收入结构不合理，来源渠道虽有拓展但仍旧比较狭窄。

3. 财产性收入差距拉大且增长能力有限。

从绝对数上看，城乡居民人均财产性收入有很大差距。中国农村居民的财产性收入明显低于城镇居民人均财产性收入水平，1997 年农民人均财产性收入与城镇居民人均财产性收入的比率不足 19%，为历年最低。2002 年，二者比率为历年最高，但也仅为 49.63%。2002 年之后，农民人均财产性收入与城镇居民的人均财产性收入绝对数比率逐年下降，2007 年仅为 36.79%，五年时间下降了 12.84 个百分点。从增长速度看，2003—2007 年 5 年间，城镇居民财产性收入增速分别比农村居民快 2.44%、2.86%、11.05%、12.87、15.25%，呈逐步拉大之势。

此外，2007 年城镇居民家庭中每万元的金融财产只能带来 56.5 元的金融财产性收入。同年，用于出租的房产，每万元房屋财产也只产生 160.1 元的房屋出租收入，投资收益率非常低。[①] 对于普通低收入群体特别是地处偏远地区的广大农村居民来说，财产性收入的来源几乎只有银行储蓄一种方式，甚至一部分农民根本就没有财产性收入。在目前我国银行利率较低的情况下，广大农民群体要获取财产性收入更是变得十分困难。

三、影响中国居民财产性收入增长的主要因素

1. 财产因素。

(1) 居民财产占有和分布不均衡。一般而言，拥有财产越多，投入越多，获得的财产性收入也就越多。所以财产量的悬殊既是贫富差距大

---

① 国家统计局城市司、广东调查总队课题组：《城镇居民家庭财产性收入研究》，《统计研究》2009 年第 1 期。

的表现，同时也成了扩大贫富差距的原因。2002 年中国社会科学院经济研究所课题组的调查发现，中国居民财产分布存在严重不均状况。人均财产最多的 20%的人口拥有 59.3%的财产，而人均财产最少的 20%的人口则仅有 2.80%的财产，两者的比率为 21.18∶1。如果以拥有财产最多的 10%的人口同拥有财产最少的 10%的人口相比，那么，两者拥有财产的比率为 60.89∶1。2002 年全国总财产分布的基尼系数已经达到 0.55，高于当年收入分配基尼系数 0.454。[①] 来自国家统计局城调队的调查数据显示，“最高收入 10%的富裕家庭其财产总额占全部城市居民财产的 45%，而最低收入 10%的家庭相应比例仅为 1.4%”。[②] 很显然，巨大的财富差距会促成“马太效应”，在收入差距过大和财产差距过大之间形成一种恶性循环的关系，对居民财产性收入差距的扩大起了较为主要的作用。

（2）居民财产结构单一。中国社会科学院 2002 年的调查数据表明，在全国居民财产的构成中，房产、金融资产和土地三项共占居民财产总额的 89.02%，其中尤其以房产和金融资产两项最为突出，共占 79.67%。[③] 从房产来看，投资型房产积累不高是财产性收入总量少、比重低的重要原因。据广东城镇居民住户调查，2007 年居民家庭财产中，投资型财产只占家庭总财产的 29.7%。而且居民还没有将全部投资型财产用于投资。2007 年，广东城镇居民仅有 14%的家庭拥有两套及以上的住房，9.4%的住户有出租房屋。[④] 从金融资产来看，2006 年末，中国居民各类金融资产占全部金融资产的比重依次为：现金和存款 76.7%，比重最高；证券 9.3%；保险准备金 9%；各种其他资产 5.1%。同期，美国居民各类金融资产占全部金融资产的比重为：现金和存款 15.7%，低于中国居民 61 个百分点；美国 90%以上的公民拥有股票、基金等有价证

---

① 赵人伟：《我国居民收入分配和财产分布问题分析》，《当代财经》2007 年第 7 期。

② 国家统计局城调队课题组：《家庭财产总量和结构》。来源于中国国家统计局网站。

③ 赵人伟：《我国居民收入分配和财产分布问题分析》，《当代财经》2007 年第 7 期。

④ 国家统计局城市司、广东调查总队课题组：《城镇居民家庭财产性收入研究》，《统计研究》2009 年第 1 期。

券，证券和保险资产分别为52.1%和30.8%，二者合计占比高达为82.9%。[①] 财产结构层次相对较低大大影响了居民财产性收入的渠道多元化和绝对量的提升。

2. 市场因素。

市场分割、市场体系不完善、金融市场发展滞后等因素是制约居民财产性收入获得和提高的重要原因。

（1）市场分割影响财产性收入。市场分割是指市场间的流通障碍和差异导致的同质产品在不同市场的价格差异。由于交通运输条件、风俗习惯等造成的资源、要素等之间的流通障碍称为自然的市场分割。而由于人为的原因造成的要素、资源不能按照价格机制运行的障碍，则称为人为的市场分割。这两种分割都会对财产性收入分配造成一定的影响。[②] 农村的大部分地方由于交通运输条件等的影响，财产很难交易出去，也就享受不到财产给他们带来的收益或者只能得到很低的收益。人为的市场分割对财产性收入的影响主要体现为资本市场分割和土地市场分割对财产性收入的影响。从前者看，由于存在重大的区域性障碍和特殊的财政激励，全国资本市场基本上是处于分割的状态。资本并不能完全按照价格机制在整个资本市场处于均衡的状态下获得收益。有些区域的资本收益畸高，而有些地方的资本收益偏低。从后者看，由于国有和集体土地所有权和产权的不平等，分割了土地市场，使得土地的所有者获得的收益不同。国家对农村土地的交易的种种限制，使农村土地交易权不足，造成农村居民从土地上获得的财产性收入比城市居民低。

（2）市场体系不健全尤其金融市场发展滞后影响居民财产性收入提高。①农村金融市场的弱势状态无法为农民获得财产性收入提供有力的金融支持。2006年底，中国每个乡镇的银行营业网点平均不到3个，其中有3302个乡镇连一个营业网点也没有。银监会放宽了农村市场准入之后，虽有邮政储蓄银行、农村合作银行、村镇银行等多种农村金融机构共同参与，但农村金融服务基本落在农信社的身上。而农信社的发展存

① 张东生主编：《中国居民收入分配年度报告（2007）》，中国财政经济出版社2008年版，第105页。

② 孙益贤：《市场分割对财产性收入分配的影响》，《经济论坛》2008年第8期。

在如产权制度的不完善、出资人管理权弱化、经营管理效率低下等诸多问题，金融服务功能明显减弱，难以满足农民日益增长的金融需求。②证券市场发展滞后，使居民的财产性收入波动较大。目前，中国证券市场存在着上市公司的质量参差不齐、公司治理水平亟须改善、缺乏对冲机制、政府因素对市场干扰巨大、缺乏中小投资者的保护机制等缺陷，导致中国股票市场投机现象严重，稳定性差，股价频繁大幅波动，市场风险很高。2006年、2007年的暴涨和其后的大跌，套牢了许多资金，居民的劳动所得不但没有换来财产性收入，反而被吞噬。③个人投资理财市场发展滞后难以满足多样化的投资需求。首先，在现有的分业经营模式下，金融机构综合经营业务的开展受到许多限制，不利于提供多功能的综合金融服务。其次，投资渠道、结构和门槛欠佳。发达国家居民拥有股票、债券、信托、资产证券化等投资市场以及产业投资基金、房地产投资信托等丰富的金融理财产品，而这些市场中国目前有的还刚刚起步，有的还未提上议事日程。投资工具稀少，导致中国居民获得财产性收入渠道少。同时，理财投资门槛偏高，大多数理财产品的投资以1万元为起点，有的甚至高达5万元以上，导致中低收入群体参与理财受限。再次，缺乏高素质的个人理财人员，服务水平低。

3. 制度因素。

(1) 土地制度不完善对农民财产性收入的制约。按中国现行相关法律规定，农村土地属于集体所有，农民仅有不完整的土地使用权和收益权。农村土地只有经过征收或征用，进入政府控制的一级市场后才能进入二级市场流通。这就决定了农民完全无法参与到土地增值收益的分配环节之中，无法分享土地的增值部分。一方面，代表集体组织的管理者由于没有对土地的所有权，缺乏经营的积极性，土地产权主体虚置使得农民由此而获得的财产收入受到了根本性制约。另一方面，土地承包权本身被认为是一种财产权，是农民获取财产性收入的重要资源。而代表其产权的合法主体是村民委员会、村民小组和乡镇农村“集体经济组织”，这使得农民权益经常受到少数“代理人”的不法侵犯，或受到公权的不当侵占，合法权益得不到保障。

(2) 社会保障制度不完善抑制了农民的投资愿望。现有的二元社会保障体系下，农村居民始终处于国家社会保障体系的边缘。一是中国农村社会保障制度的覆盖面小、保障水平低。许多农民的生产生活基本没有失业保险、住房补贴、最低收入保障等社会保障。二是农村养老保障的社会互济性低、保障能力弱。以农民个人缴纳为主、集体为辅、国家投入为补充的资金筹集形式使国家和集体所承担的社会责任过小，使得资金来源不足、保障标准低，大大影响了广大农民参保积极性。[①] 三是农村合作医疗的可持续发展面临困境。四是农村社会保障缺乏法制保障等。社会保障制度的不完善导致农民保障水平极其低下，收入水平很低的农民群体缺乏抵御风险的能力，进而影响其投资选择。

(3) 收入分配制度不合理影响居民财产性收入增长。国民财富在国家、企业和居民间的分配制度不尽合理，制约了居民家庭财产的积累，使居民的财产性收入缺乏雄厚基础。从增速看，1997—2006 年大多数年份，中国居民收入增长慢于国内生产总值、国民总收入、财政收入、企业利润增长。如 2006 年居民收入现价增长分别比上述各项慢 1.2、1.1、9.0、18.2 个百分点。从居民收入在国民收入分配中的比重来看，1985—2006 年，中国城乡居民在国民收入分配中的比重从 56.18%下降到 44.72%。农村居民收入在国民收入分配中的占比下降速度更快，从 1985 年的 35.61%下降到 2006 年的 12.54%，降幅达 64.8%。[②] 此外，中国劳动者的工资总额占国内生产总值的比例即分配率明显偏低。市场经济成熟国家的分配率大多在 50%以上，而中国则在 15%～20%之间。可见，中国居民没有充分合理地分享到国内生产总值高速增长带来的成果，导致占居民收入主体的工资性收入增长有限，难以持续扩充家庭财产，进而获得更多的财产性收入。

(4) 财税制度对居民财产性收入的制约。一是财政投资体制安排上的“城市偏向”。农村获得财政支付的项目主要限于生产性的基础设施（如交通、水利设施等），其公共服务设施方面的福利根本无法与城市居民相比。这样，严重地影响了农民获取财产性收入的投资途径，扩大了

---

① 张时玲：《当前我国农村社会保障制度的困境与出路》，《商业时代》2007 年第 23 期。

② 张东生主编：《中国居民收入分配年度报告（2007）》，中国财政经济出版社 2008 年版，第 3 页。

城乡财产性收入差距。[1] 二是“个税”起征点偏低。新个人所得税起点，客观地说减轻了居民的税负，某种意义上就是增加居民的收入，但因目前执行的2000元标准偏低，导致工薪阶层中低收入者成为课税的主力群体，不利于增加中低收入群体的流动性财产，也在一定程度上导致居民财产性收入的总量偏低和差距拉大。

4. 其他因素。

此外，居民个人因素对财产性收入的获得也有一定影响。在广东城镇居民住户调查数据中，相关分析显示：不同文化程度、工作年限、行业、职业组的居民在有无财产性收入上并没有显著性的差异，但是居民的就业情况对居民的财产性收入有一定影响。而对农村居民而言，农村居民自身素质的障碍严重影响了财产性收入的获得。

（原文发表于《中国经济问题》2010年第1期）

① 王岐红：《城乡居民财产性收入的比较分析》，《粤港澳市场与价格》2008年第8期。

中国城镇化对公共服务均等化的提升效应

——基于 Geweke 因果分解检验

邹文杰 蔡鹏鸿*

一、问题的提出及文献评述

一个国家或地区往往会根据经济社会发展阶段和总体水平，为居民在基础教育、医疗卫生、社会保障、就业服务等领域提供制度性安排，保障居民取得最基本的生存和发展需求。适当的基本保障制度和保障水平，不仅是提高社会总体福利水平、维护社会公正与和谐的需要，也是扩大消费、提升人力资源素质、促进可持续发展的需要。近年来，中国政府在努力保持经济快速发展的同时，逐步加大对公共产品和公共服务的投入，推进中国基础教育、医疗卫生、社会保障等公共服务均等化，确保城乡居民享有同样的权利享受水平大致相当的基本公共服务。党的十八大更是明确提出加快完善城乡发展一体化机制，着力在城乡规划、基础设施、公共服务等方面推进一体化，促进城乡要素平等交换和公共资源均衡配置，形成以工促农、以城带乡、工农互惠、城乡一体的新型工农、城乡关系，加快形成覆盖城乡、可持续的基本公共服务体系。

推进公共服务均等化是一个长期累进的过程，政府需要构建一系列载体支撑才能实现，城镇化就是提高公共服务均等化的一个重要载体。城镇化过程是大量农业人口进入第二、第三产业就业，生产要素空间上向城市集聚的过程。大量农村人口以及生产要素向城镇聚集，使得原来

* 邹文杰：福建师范大学经济学院教授，博士。蔡鹏鸿：福建师范大学经济学院硕士研究生。

由于交通、信息等基础设施落后导致无法享受公共服务的农村居民，能够享受到与城镇居民相同或类似的公共服务。城镇化提高了农村居民获得政府所提供的公共服务的便利性，扩大公共服务的辐射范围，降低了农村居民获得公共服务的成本，从而缩小居民享受公共服务权利的差距，提高公共服务均等化水平。同时，公共服务均等化又是推进城镇化的内在要求。城镇化形式上表现为农村居民向城镇的聚集过程，实质上则是统筹城乡发展、促进城镇与农村公共服务水平提高的过程。城镇化是以公共服务配套为基础的，城镇公共服务水平的高低，直接决定着城镇吸纳人口居住和生活的能力。如果农村居民进城后，城镇并不能为他们提供良好的公共服务，使他们面临上学难、看病难、就业难、住房难等问题，他们就会成为无法享有城镇居民待遇的弱势群体，这势必会影响农村居民进城的积极性，从而影响城镇化的进程。因此，城镇化本质上是统筹城乡发展，促进包括交通、供水、供电、煤气等在内的基础设施建设以及包括教育、就业、医疗卫生、社会保障等在内的公共服务体系建设，努力实现城乡居民公共服务的无差别化。因此，城镇化与公共服务均等化之间存在着内在的逻辑关联，两者可以相互契合，相互促进。

随着中国城镇化的快速发展，基本公共服务体系的覆盖面不断扩大，城镇化发展过程中广大居民公共需求的全面、快速增长，与公共产品短缺、基本公共服务不到位的矛盾日益突出，公共服务体系建设与城镇公共服务体系承载能力弱化越来越明显。安体富、任强（2007）发现中国基本公共服务非均等化现象非常普遍，表现出持续性存在、阶段性差异、伴生性表现等特点，城镇化与一些领域的公共服务均等化出现背离的趋势。苏明等（2011）研究表明中国地区间人均国内生产总值差异系数在逐步缩小，居民收入差异系数变化也不大，但公共服务方面的差异系数仍较大，人均地方财政教育、社会保障和就业、医疗卫生支出差异系数远高于同期城镇居民人均可支配收入的差异系数。农村居民与城镇居民在享受义务教育、医疗卫生、社会保障等公共产品和公共服务的权利并非同步，基本公共服务城乡差异表现出持续性、阶段性、伴生性等特点（和立道，2012）。李燕等（2013）探讨了中国不同城镇化阶段公共服务的投入差异，发现不同城镇化阶段公共服务投入的增长幅度不同，随着城镇化水平的提升，公共服务的提升与城镇化率的提高非同步特征愈发突出，在城镇化水平达到51%前后呈现出公共服务投入的拐点，与城镇化速度峰值点相吻合。

众所周知，公共服务包括基础教育、医疗卫生、社会保障等诸多领域，这些不同领域都有其自身内在的运行规律，城镇化对不同领域公共服务均等化的影响应该有所差异。中国的城镇化进程是否提升了公共服务均等化整体水平？城镇化对不同领域公共服务均等化的影响是否存在差异？各领域公共服务均等化对城镇化是否存在反作用？目前还没有文献对这些问题展开系统研究。但这些问题的解决对中国实施新型城镇化以及推进公共服务均等化具有重要的理论意义。本文运用Geweke因果关系分解检验1992—2012年中国城镇化与基础教育、医疗卫生、社会保障等公共服务均等化之间的因果关系，探讨城镇化与公共服务均等化的内在关联机制，以期为制定相关政策提供理论参考。

二、研究方法、指标的选取与数据来源

1. Geweke因果关系分解检验模型。

判断变量之间是否存在因果关系是计量经济学研究的一个重要领域。克莱夫·格兰杰（Granger，1969）创建了考察两变量之间在时间上先导—滞后关系的检验方法，即格兰杰因果检验，被广泛地应用于分析检验两变量间长期是否存在因果关系。如果两变量间存在双向因果关系，即两变量间存在相互反馈时，格兰杰因果检验则无法估计变量之间双向因果关系的相对大小。约翰·葛维克（Geweke，1982）在格兰杰因果检验方法的基础上，提出了Geweke分解检验来考察变量间的因果关系。在分析变量x与y的因果关系（$F_{x,y}$）时，Geweke将其分解为三种因果关系，其一是x对y的因果关系，表示为$f_{x\to y}$；其二是y对x的因果关系，表示为$f_{y\to x}$；其三是x对y的即时因果关系，表示为f_{xy}。Geweke给出了检验时间序列变量X与Y因果关系的数学表达式：

$$X_t = a_1 + \sum_{i=1}^{p}\beta_1 X_{t-i} + \varepsilon_{1t} \qquad \mathrm{Var}(\varepsilon_{1t}) = \sigma_{1t}^2 \quad (1)$$

$$X_t = a_2 + \sum_{i=1}^{p} \beta_1 X_{t-i} + \sum_{j=0}^{q} \lambda_j Y_{t-j} + \varepsilon_{2t} \qquad \mathrm{Var}(\varepsilon_{2t}) = \sigma_{2t}^2 \ (2)$$

$$X_t = a_2 + \sum_{i=1}^{p} \beta_1 X_{t-i} + \sum_{j=1}^{q} \lambda_j Y_{t-j} + \varepsilon_{3t} \qquad \mathrm{Var}(\varepsilon_{3t}) = \sigma_{3t}^2 \ (3)$$

$$Y_t = a_1 + \sum_{i=1}^{p} \beta_1 Y_{t-i} + \varepsilon_{4t} \qquad \mathrm{Var}(\varepsilon_{4t}) = \sigma_{4t}^2 \ (4)$$

$$Y_t = a_2 + \sum_{i=1}^{p} \beta_1 Y_{t-i} + \sum_{j=0}^{q} \lambda_j X_{t-j} + \varepsilon_{5t} \qquad \mathrm{Var}(\varepsilon_{5t}) = \sigma_{5t}^2 \ (5)$$

$$Y_t = a_2 + \sum_{i=1}^{p} \beta_1 Y_{t-i} + \sum_{j=1}^{q} \lambda_j X_{t-j} + \varepsilon_{6t} \qquad \mathrm{Var}(\varepsilon_{6t}) = \sigma_{6t}^2 \ (6)$$

(1) — (6) 式中，p 和 q 表示最佳滞后长度，运用赤池信息准则（AIC）确定，则 $f_{x\to y}$、$f_{y\to x}$、f_{xy} 和 $F_{x,\,y}$ 为零的原假设的最大似然检验值分别为：

$$f_{x\to y} = \ln(\sigma_{4t}^2/\sigma_{6t}^2) * n \sim x^2(d) \qquad (7)$$

$$f_{y\to x} = \ln(\sigma_{1t}^2/\sigma_{3t}^2) * n \sim x^2(d) \qquad (8)$$

$$f_{xy} = \begin{cases} \ln(\sigma_{3t}^2/\sigma_{2t}^2) * n \sim \\ \ln(\sigma_{6t}^2/\sigma_{5t}^2) * n \end{cases} x^2(1) \qquad (9)$$

$$f_{x,y} = f_{x\to y} + f_{y\to x} + f_{xy} \sim x^2(2d+1) \qquad (10)$$

(7) — (10) 中，n 代表观测值的数量，d 代表两配对模型自由度的差。

2. 指标的选取与数据来源。

(1) 城镇化指标的选取。

衡量城镇化水平的指标众多，选取什么指标来衡量城镇化水平往往根据研究的目的来确定。考虑到本文主要探讨城镇化与公共服务均等化之间的内在因果关系，而中国当前公共服务均等化的最大障碍在于城乡差距。因此，选取非农业人口占总人口的比重来衡量一个地区城镇化水平，数据来源于《中国统计年鉴》。

(2) 公共服务均等化指标的选取。

现有文献应用泰尔指数法、基尼系数、变异系数法、综合评价法等不同方法对我国公共服务均等化水平的测度问题展开了研究（安体富、任强，2008；王国华、温来成，2008；王晓洁，2009；葛凌霄、张亚斌，2010）。公共服务包括基础教育、医疗卫生、社会保障、公共就业、社会安全、环境保护、文化体育等众多领域。考虑到数据的可获得性、连续性等因素，本文选择基础教育、医疗卫生和社会保障三个领域基本公共服务作为研究对象，运用各省本级财政教育支出、医疗卫生及社会保障支出代表这三类公共服务的支出水平。三个领域基本公共服务均等化水平用人均各类支出的基尼系数来表示，基尼系数的值越大，说明这个领域公共服务在各个省份间人均支出水平差距越大，公共服务均等化水平越低；基尼系数的值越小，说明这个领域公共服务在各个省份间人均支出水平差距越小，公共服务水平均等化水平越高。基尼系数的计算公式如下：

$$G=\frac{1}{2n^2u}\sum_{j=1}^{n}\sum_{i=1}^{n}|Y_j-Y_i| \tag{11}$$

式（11）中 $|Y_j-Y_i|$ 是任何一对人均公共服务支出水平样本差的绝对值，n 为样本容量，u 为人均公共服务支出的全国均值。

省级人口数据及省级基础教育、医疗卫生、社会保障财政支出数据来源于《中国统计年鉴》，研究的时间跨度为 1992—2012 年。由于 1998 年《中国统计年鉴》才有中国各省社会保障支出的统计数据，社会保障均等化水平仅考察 1998—2012 年。重庆市于 1997 年从四川省划出成为直辖市，1997 年之前的相关数据用《重庆统计年鉴》代替，西藏数据缺失严重予以剔除。

三、实证结果分析

1. 变量平稳性检验。

根据计量统计理论，为了避免出现伪回归，在进行 Geweke 分解检验之前，应该对变量时间序列的平稳性进行单位根检验。本文分别对样本期间我国城镇化水平（URB）与基础教育均等化水平（BEE）、医疗卫生服务均等化水平（MHE）和社会保障均等化水平（SSE）进行单位根检验，结果见表 2。

表 2　城镇化与公共服务均等化指标的 ADF 检验结果

变量	ADF 检验值	检验类型 (c，t，k)	1%临界值	5%临界值	10%临界值	结论
URB	－3.302	(c，t，1)	－4.421	－3.953	－3.574	非平稳
BEE	－3.095	(c，t，1)	－4.421	－3.953	－3.574	非平稳

续表

变量	ADF 检验值	检验类型 (c, t, k)	1%临界值	5%临界值	10%临界值	结论
MHE	−2.683	(c, t, 1)	−4.421	−3.953	−3.574	非平稳
SSE	−2.872	(c, t, 1)	−4.421	−3.953	−3.574	非平稳
ΔURB	−3.175	(c, 0, 1)	−3.024	−2.691	−2.213	平稳
ΔBEE	−2.708	(c, 0, 1)	−3.024	−2.691	−2.213	平稳
ΔMHE	−3.231	(c, 0, 1)	−3.024	−2.691	−2.213	平稳
ΔSSE	−2.962	(c, 0, 1)	−3.024	−2.691	−2.213	平稳

从表 2 可以看出，在显著性水平为 1%和 5%时，城镇化与基础教育均等化水平、医疗卫生服务均等化水平、社会保障均等化水平指标都为非平稳序列。一阶差分之后，城镇化和医疗卫生服务均等化水平的差分序列的 t 统计值均小于显著性水平为 1%的临界值，基础教育均等化水平和社会保障均等化水平指标差分序列的 t 统计值小于显著性水平为 5%的临界值。因此，在 95%的置信水平下拒绝原假设。城镇化与基础教育均等化水平、医疗卫生服务均等化水平、社会保障均等化水平经过一阶差分都为平稳序列，都是一阶单整序列，因此满足 Geweke 因果关系检验条件。

2. 城镇化与公共服务均等化的 Geweke 因果关系检验。

应用 Eviews6.0 分别对城镇化水平与基础教育均等化水平、医疗卫生服务均等化水平和社会保障均等化水平的因果关系进行 Geweke 检验，结果见表 3。

表 3 城镇化与各领域公共服务均等化的因果关系检验结果（x 为 URB）

领域	检验项	$f_{x\to y}$	$f_{y\to x}$	f_{xy}	$F_{x,y}$
BEE	反馈分解值	16.677	6.372	7.201	30.256
	相伴概率	0.0076	0.0045	0.0023	0.0058
	反馈份额（%）	55.12	21.06	23.82	100
MHE	反馈分解值	9.401	8.685	6.519	24.362
	相伴概率	0.0193	0.0281	0.1127	0.0060
	反馈份额（%）	38.59	35.65	26.76	100

续表

领域	检验项	$f_{x\to y}$	$f_{y\to x}$	f_{xy}	$F_{x,y}$
SSE	反馈分解值	6.890	7.166	4.698	18.754
	相伴概率	0.1034	0.0157	0.1213	0.1238
	反馈份额（%）	36.74	38.21	25.05	100

从表3的结果，我们可以看出中国城镇化水平与基础教育均等化水平、医疗卫生服务均等化水平、社会保障均等化水平存在以下的因果关系。

(1) 城镇化与基础教育均等化因果关系。从相伴概率看，城镇化对基础教育均等化的长期因果关系相伴概率为0.76%，基础教育均等化对城镇化的长期因果关系的相伴概率为0.45%，城镇化对基础教育均等化的即时因果关系相伴概率为0.23%，均在1%临界值以下。这表明中国城镇化与基础教育均等化之间长期因果关系和短期因果关系均显著，即城镇化不仅推动了基础教育均等化水平的提升，基础教育均等化对城镇化还具有反作用。从反馈份额看，城镇化对基础教育均等化反馈份额为55.12%，明显高于教育均等化对城镇化的反馈份额（21.06%）。因此，城镇化与基础服务均等化的因果关系中，城镇化占有主导地位。城镇化引发了大量务工人员流入城市，不少适龄儿童与青少年跟随父母进入城市，从而享受城市提供的基础教育，城市的基础教育无论是人均财政支出水平，还是学校设施和教学质量明显要高于农村地区。农村适龄儿童与青少年接受基础教育向城镇集中，无疑大大地提高了基础教育财政支出的规模效应。因此，城镇化对中国基础教育均等化的提升效果明显。另一方面，随着农村生活水平的提高，农村对教育的重视程度不断地提升，农民为子女接受更好的教育而进城务工伴读的现象越来越普遍，即因教育引发的农村人口向城镇流动逐步增多，从而在一定程度也推动了城镇化进程。总之，城镇化与基础教育均等化之间相互影响相互促进，具有明显的协同效应。

(2) 城镇化与医疗卫生服务均等化因果关系。城镇化对医疗卫生服务均等化的长期因果关系的相伴概率为1.93%，公共服务均等化对城镇化的长期因果关系的相伴概率为2.81%，均在5%临界值以下。由此可见，城镇化与医疗卫生服务均等化在长期相互影响相互促进。从反馈份额看，城镇化对医疗卫生服务均等化反馈份额为38.12%，医疗卫生服务均等化对城镇化的反馈份额为35.65%，两者比较接近，这表明城镇化与医疗卫生服务均等化之间相互促进的作用相当，因果关系中主次关系不明显。我们还可以发现，城镇化对医疗卫生服务均等化的反馈份额明显低于城镇化对基础教育均等化的反馈份额，而医疗卫生服务均等化对城镇化的反馈份额则高于基础教育均等化对城镇化的反馈份额。造成这个结果的原因可能是我国长期以来比较重视基础教育，城乡之间、区域之间基础教育差距相对较小，所以基础教育均等化水平的提升对城镇化促进作用不太明显。相比而言，医疗卫生服务直接关系人们的身体健康及寿命状况，居民对医疗卫生服务的重视程度相对较高，医疗卫生服务城乡差距明显，医疗卫生服务均等化的提升空间较大，医疗卫生服务均等化对城镇化促进作用更显著。城镇化对医疗卫生服务均等化的即时因果关系相伴概率为11.27%，高于10%临界值。由此可见，从短期看中国城镇化对医疗卫生服务均等化并没有提升作用。中国医疗卫生服务明显滞后于城镇化的进程，无法满足大量人口向城镇集中引致的医疗卫生需求，“看病难、看病贵”现象突出地反映了这一事实。

（3）城镇化与社会保障均等化因果关系。城镇化对社会保障均等化的长期因果关系的相伴概率为10.34%，城镇化对社会保障均等化的即时因果关系的相伴概率为12.13%，均超过10%临界值。因此，无论从长期还是短期中国城镇化与社会保障均等化均不存在因果关系，也就是说中国的城镇化进程的不断推进并没有导致社会保障均等化水平的相应提升。社会保障是一个相对独立的运行系统，长期以来中国城镇居民社会保障与农村居民社会保障制度安排不同，两者之间的差距十分明显。从实证检验的结果看，要提升社会保障均等化水平，通过加快城镇化进程是无法实现的，必须通过制度改革，加大农村社会保障的投入，才能有效地改善农村社会保障落后的局面。社会保障均等化对城镇化的长期因果关系的相伴概率为1.57%，小于5%的临界值，这表明社会保障均等化水平的提升有效地促进了城镇化水平的提高。社会保障均等化水平的提升就意味着城乡间、地区间社会保障水平差距缩小，消除了城乡及区域人口流动的障碍，从而加快了城镇化的进程。社会保障对城镇化的长期因果关系的反馈份额为38.21%，高于基础教育均等化和医疗卫生服务均等化对城镇化的反馈份额。因此，为了加快我国的城镇化进程，提升公共服务均等化整体水平显得十分重要，特别是提升社会保障均等化水平尤其迫切。

四、研究结论和启示

从逻辑机理上，城镇化与公共服务均等化存在着契合点，两者相互影响相互促进。在实践中中国城镇化与公共服务均等化的因果关系如何？城镇化是否提升了中国公共服务均等化水平？本文运用Geweke因果关系分解检验法考察了1992—2012年中国城镇化与基础教育、医疗卫生、社会保障三个公共服务领域均等化的长期和即时因果关系。研究结果表明，中国城镇化与不同领域公共服务均等化的因果关系存在很大差异。首先，从城镇化对公共服务均等化的长期因果关系看，城镇化对基础教育均等化、医疗卫生服务均等化的长期因果关系明显，而对社会保障均等化不存在长期因果关系。因此，从长期看城镇化对基础教育均等化和医疗卫生均等化具有促进作用，而对社会保障均等化的影响不明显。反馈份额结果表明，城镇化对医疗卫生服务均等化的促进作用比城镇化对基础教育均等化更大。其次，从公共服务均等化对城镇化的长期因果关系看，基础教育、医疗卫生、社会保障均等化对城镇化都存在因果关系。因此，公共服务均等化水平的提升能有效地加快城镇化进程，其中社会保障均等化对城镇化进程的推动作用最大。最后，从城镇化对公共服务均等化的即时因果关系看，城镇化仅对基础教育均等化具有即时因果关系，而对医疗卫生服务均等化、社会保障均等化即时因果关系未通过显著性检验。城镇对医疗卫生服务均等化、社会保障均等化的短期作用效果不明显。城镇化并不是改善中国医疗卫生服务均等化和社会保障均等化的有效手段。

以上研究结论对中国实施新型城镇化战略以及推进公共服务均等化

具有重要的启示意义。

第一，新型城镇化实施过程中应高度重视推进公共服务均等化。中国传统城镇化带来了大量人口向城镇集中的同时，不仅没有解决中国城乡差距的问题，从一定程度上还进一步加大了城乡公共服务的差距。针对传统城镇化模式出现的诸多弊端，中国调整了城镇化发展战略，提出建设功能完善、环境友好、社会和谐、城乡一体、大中小城市和小城镇协调发展的新型城镇化。新型城镇化的根本目的就在于通过城镇化建设使广大民众尤其是农村居民平等地享受经济社会发展的成果。因此，在实施新型城镇化战略过程应该积极探索城乡两种不同公共服务机制的转化模式，推动原有的城乡两种基本公共服务制度的衔接与融合，消除户籍制度的歧视，使进城务工定居常住人口以及农村居民都能享受到基本的公共服务，从而实现城镇化带动公共服务均等化。

第二，实施差异化的公共服务均等化提升政策。党的十八大确定了到 2020 年总体实现基本公共服务均等化的目标。公共服务涵盖的内容广泛，不同领域的公共服务具有不同的运行规律及社会功能，不同领域公共服务均等化程度也不尽相同。因此，在推进公共服务均等化过程中应采取差异化战略。诸如基础教育、基础设施等公共服务均等化虽然也很重要，但城镇化对它们的影响显著，城镇化的推进过程就是这些公共服务均等化水平的提升过程。而医疗卫生和社会保障是居民生产与生活关系最密切的两个公共服务领域，当前“看病难、看病贵”较为普遍，社会保障发展滞后明显。研究结果表明，通过加快城镇化进程无法从根本上解决中国医疗卫生和社会保障的区域差距和城乡差距问题。因此，提升医疗卫生均等化和社会保障均等化水平不能依赖于城镇化来实现，而要通过制度建设来保证。当前中国迫切需要建立城乡统一的公共医疗卫生体制和社会保障体制，实现医疗机构和卫生资源在城乡合理配置，全面落实农村最低生活保障，加快全面推行新型农村合作医疗制度。

第三，注重城镇化与公共服务均等化的政策协同。研究结果表明，中国城镇化能推动基础教育、医疗卫生等公共服务均等化，公共服务均等化同时又能反作用于城镇化。因此，我们在制定推进城镇化与公共服务均等化政策时，要注重政策吻合与衔接，把基本公共服务均等化纳入新型城镇化的内涵中，将碎片化的产业政策、人口政策、公共财税政策、收入分配等政策进行整合，发挥城镇化与基本公共服务均等化的政策协同效应，从而达到社会稳定和城乡社会结构调整等协同效应理想状态。同时，城镇化具有跨区域、跨城乡人口流动的特征，社会公共服务极具复杂性和多样性，仅依赖于政府的政策协同可能无法有效发挥城镇化与公共服务均等化的协同效应。因此，在政府体制内进行政策整合的基础上，应寻求政府与市场、社会组织及公众间的有效协同，使城镇化与公共服务均等化的协同效应得以最大程度的发挥。

（原文发表于《现代财经》2015 年第 5 期）

守护绿水青山　累积金山银山

——关于生态文明建设的思考

叶双瑜*

党的十八大报告把生态文明建设纳入中国特色社会主义事业的总体布局，摆在前所未有的突出地位。这是马克思主义中国化具有标志性意义的新成果。

习近平同志对生态文明建设作过许多重要论述，并率先垂范，推动中央有关生态文明重大决策部署的落实。建设生态文明，不仅深得党心民心，成为共同的价值追求，而且产生了广泛的国际影响。中国已经由以往在国际社会常常被人指责为不重视生态保护的国家，到当今成为世界生态文明的重要引领、作出重大贡献的国家。联合国环境规划署第27次理事会通过了推广中国生态文明理念的决定草案。联合国副秘书长阿奇姆·施泰纳认为："中国在生态文明这个领域中，不仅是给自己，而且也给世界一个机会，让我们更好地了解朝着绿色经济的转型。"美国著名生态学家罗伊·莫里森前不久撰文《点赞全面拥抱生态文明的中国》，认为中国有机会在21世纪生态文明建设中"担当领导角色"。近日，美国宣布退出《巴黎协定》这一具有法律约束力的重要全球气候协议，引发了众多国家的不安和谴责。在此情况下，中国明确表态："中方愿与有关各方加强合作，共同推动《巴黎协定》实施细则的后续谈判和有效落实，推动全球绿色、低碳、可持续发展。"中国又一次充分体现了大国的责任担当。凡此种种积极评价表明，中国生态文明建设的理论与实践和关于构建人类命运共同体的主张，已经得到国际社会的高度认同和积极支持。中国正在大步走向世界生态文明道德的制高点。

* 叶双瑜：福建师范大学校友，现为福建省人大常委会党组副书记、副主任。

一、生态文明建设是治国理政新理念新思想新战略的重要组成部分

1. 生态文明建设是当代共产党人应有的责任担当。

良好的生态环境是最公平的公共产品，是最普惠的民生福祉，是一个国家一个民族的重要软实力。中国已经进入中等发达国家的行列，随着生活水平的提高，人民群众对生态环境的关注度前所未有。这是社会主义社会的主要矛盾所决定的。相对于经济短缺时期，社会需求已经从“求生存”转变为“求生态”；从“盼温饱”转变为“盼环保”。不同的历史方位，决定了不同时期党的领导核心的使命、所需要回答的时代课题不同。习近平同志上任之初就指出：“人民对美好生活的向往，就是我们的奋斗目标。”党的十八大以来，习近平同志反复强调，生态文明建设与人民群众的切身利益息息相关，指出：“经济要上台阶，生态文明也要上台阶，我们要下定决心，实现我们对人民的承诺”“人民群众对清新空气、清澈水质、清新环境等生态产品的需求越来越迫切，生态环境越来越珍贵。我们必须顺应人民群众对良好生态环境的期待，推动形成绿色低碳循环发展的新方式，并从中创造新的增长点”。他告诫各级领导干部：“生态环境问题是利国利民利子孙后代的一项重要工作，决不能说起来重要、喊起来响亮、做起来挂空挡”；“要把生态环境保护放在更加突出位置，环境就是民生，青山就是美丽，蓝天也是幸福。要着力推动生态环境保护，像保护眼睛一样保护生态环境，像对新生命一样对待生态环境。对破坏生态环境的行为，不能手软，不能下不为例”。中国共产党人以为人民谋利益为根本宗旨，大力推动生态文明建设，正是以习近平同志为核心的党中央一切为了人民的执政理念的生动体现。人民群众从日益增多的生态文明建设成效的获得感中，更加坚定了中国特色社会主义的“四个自信”，更加自觉地参与到生态文明建设的实践之中。

2. 生态文明建设关系到党和国家长治久安。

建设中国特色社会主义、实现中华民族伟大复兴的中国梦，这是前

无古人的壮丽事业。在这一漫长的历史征程中，必然会遇到种种困难和挑战。其中自然资源和生态约束就是一个必须面对的难题。从国情看，中国人口占世界1/5，但国土面积仅有960万平方公里，在东部地区，人多地少的矛盾尤其突出。人类生活和经济发展需要的其他基本资源也相对紧缺。从中国人均主要自然资源与世界人均自然资源比较看，土地为1/3，矿产为1/2（列114位），耕地为1/3（列88位），河流径流量为1/4（列128位），森林为1/5（列119位）。近几十年来，中国经济快速发展，1979—2015年，国内生产总值年均增长9.7%，经济总量已居世界第二位。作为最大的制造业产能国家，在取得巨大发展成就的同时，也耗费了巨量的自然资源和生态空间，超出了自然生态的承载能力。一些领域甚至出现严重“透支”，难以为继。人口基数大，人均自然资源少，环境容量趋紧，经济规模大，人与自然关系紧张，成为突出矛盾。如何有效跨越环境“卡夫丁峡谷”，这是今后相当长一个时期必须正视的严峻挑战。从世界范围看，现代社会治理的一个特点是，生态问题往往容易同政治敏感问题捆绑在一起，成为争夺政治权力的导火索。一旦如此，国家将付出重大的政治代价。因生态环境问题处理不善，引发一个国家社会动荡，甚至执政党垮台、政权更替的案例为数不少。近年来，中国一些地区，因环境问题，引起群众不满，发生的群体性事件和激烈的矛盾冲突也有增多趋势。无论在国际还是在国内，生态环境安全，都已成为总体国家安全观特别是非传统安全观的重要内容。民心是最大的政治。习近平同志正是从党长期执政、永续推进建设中国特色社会主义伟大事业、确保国家安全的战略高度，强调全党必须高度重视生态文明建设。

3. 建设生态文明是对“三个规律”的新认识新把握。

生态文明建设理念的提出和战略制定，是以习近平同志为核心的党中央，不断深化对共产党执政规律、社会主义建设规律、人类社会发展规律认识的结果。纵观人类发展的历史，推动社会文明进步，必须处理好生产力和生产关系这一社会基本矛盾，具体而言，就是要处理好两个基本关系，即人与人之间的关系、人与自然之间的关系。而生态文明建设与这“两个关系”内在一致，高度契合。我们所处的社会主义初级阶段，根本任务是通过解放和发展生产力，使国家富强，人民过上幸福生活，但这种发展，必须是尊重规律而不是违背规律，更不能以牺牲生态环境为代价换取经济的一时发展。那种违背规律，竭泽而渔，杀鸡取卵，急功近利，盲目蛮干，导致损害生态环境，带来的教训极为深刻。

关于人与自然生态的关系，中国古代先贤就主张“天人合一”。马克思主义经典作家也曾作过研究和论述，尤其是重视和阐明了人与自然的辩证统一关系，认为人与自然是依赖性与能动性的辩证统一。离开了自然，人类就无法生存，人是自然界的一部分。恩格斯说：“我们不要过分陶醉于我们人类对自然界的胜利。对于每一次这样的胜利，自然界都对我们进行报复。”[①] 随着工业文明的发展，人们对人与自然关系有了新的认识。最早反对农业滥用杀虫剂的美国著名生态专家、《寂静的春天》一书的作者蕾切尔·卡森，在20世纪60年代说过这样的名言：“不解决环境问题，人类将生活在幸福的坟墓之中”“没有环境保护，繁荣将是推迟执行的灾难”。联合国通过的《人类环境宣言》中有一句响遍世界的口号“只有一个地球”。习近平同志指出：“我国生态环境矛盾有一个历史积累的过程，不是一天变坏的，但不能在我们手里变得越来越坏，共产党人应该有这样的胸怀和意志。”这是对人民、对国家和民族未来的庄严承诺。我们党能不能长期执政，能不能始终得到人民群众的拥护，取决于其理念和路线方针政策是否顺乎民心，给人民带来实实在在的福祉。而优美的生态环境，现已成为民生的刚性需求。正确处理人与自然的关系，其实质就是正确处理经济发展与生态环境的关系。是把二者统一起来，还是把二者割裂甚至对立起来，由此可以区分在推动发展过程中，是不是真正坚持实事求是的思想路线，是不是树立了正确的发展理念，是不是体现了一切为了人民，是不是真正贯彻中央“四个全面”战略布局和“五位一体”总体布局。习近平同志曾经对生态环境与经济发展的辩证关系作了生动形象的阐述：“绿水青山”就是“金山银山”，从而在逻辑上把保护生态环境，蕴含于保护和发展生产力之中。这种价值判断，对树立正确的政绩观，起了鲜明的引导作用。而在此之前，我们经历了用“绿水青山”换取“金山银山”、既要“金山银山”也要保住“绿水青山”

---

① 《马克思恩格斯选集》第4卷，人民出版社1995年版，第383页。

两个不同的阶段。为了进一步阐明自然生态各要素之间的“生物链”关系，习近平同志用“生命共同体”作了概括，指出：“人的命脉在田，田的命脉在水，水的命脉在山，山的命脉在土，土的命脉在树。”

从 20 世纪中期开始，国际社会集中关注生态环境问题。但这种关注主要是从经济可持续发展方面着眼。而我们党首先提出建设生态文明，具有鲜明的中国特色，是对人类文明形态演进的方向和核心价值观的阐发，也是继农耕文明、工业文明之后，中国对世界生态文明的新贡献。据有关专家查考，我们党是世界上执政党中，唯一把坚持尊重自然、顺应自然、保护自然理念，坚持生态环保基本国策，推进生态文明建设作为执政战略的政党。

生态环境保护与经济建设协调发展，展现出绿色发展天地宽的光明前景。

二、扎实推进国家生态文明试验区（福建）建设

1. 自然优势和基础条件。

福建地处东南沿海，属亚热带气候，四季如春，素有“八山一水一分田”之称，具有得天独厚的自然生态优势。福建雨量充沛，多数河流发源于本省，并由闽入海。由于福建长期处于军事斗争的前线，一方面，经济基础特别是产业基础薄弱；另一方面，国家重大项目布局较少，而各级党委政府近几年对新上的项目注重科技含量，环保严格把关，排放污染问题相对其他工业大省不那么突出。改革开放之初，邓小平同志批示，在武夷山设立中国第一个自然保护区。福建省委原书记项南同志、东山县委原书记谷文昌同志等先辈都为福建生态建设作出了重大贡献。

2. 习近平同志高度重视福建生态环保工作。

早在 2000 年，时任福建省委副书记、省长习近平同志就前瞻性地提出了建设“生态省”战略，福建成为中国第一个制定实施生态战略省的省份。他要求：“任何形式的开发利用，都要在保护生态的前提下进行，使八闽大地更加山清水秀，使经济社会在资源的永续利用中良性发展。”

2011 年、2012 年，习近平同志又先后两次对长汀治理水土流失经验作出重要批示。2014 年 11 月，习近平同志来闽视察，提出了建设“机制活、产业优、百姓富、生态美”新福建的殷切期望；对平潭开放开发中做好生态环境保护，提出了明确要求。最近，习近平同志又专门对福建集体林权制度改革作出重要指示，充分肯定了福建集体林权制度改革 15 年来取得的成绩，深刻指明了深化集体林权制度改革的方向。

3. 国家生态文明试验区的目标和主要措施。

党中央、国务院就推进生态文明建设作出了一系列决策部署，先后印发了《关于加快推进生态文明建设的意见》《生态文明体制改革总体方案》等重要文件。2016 年 8 月，党的十八届五中全会提出：设立统一规范的国家生态文明试验区，重在开展生态文明体制改革综合试验，规范各类试点示范，为完善生态文明制度体系探索路径、积累经验。在中央的有关文件中，对生态文明建设作了科学的顶层设计，包括理念确立、体制改革、政策支持、具体措施，不仅阐明了建设生态文明试验区的指导思想、基本原则，而且确定了主要目标。中央强调，生态文明试验区建设中，要突出制度创新，这是在深刻总结中国生态环保经验教训的基础上提出来的。历史上，一些地区出现的先污染后治理，对生态环保抓一阵、松一阵，陷入“损害—治理—再损害—再治理”恶性循环，缺少制度保障，这种情况为数不少。福建作为全国第一个生态文明建设试验区，得到了中央的高度重视。习近平同志指出：“生态资源是福建最宝贵的资源，生态优势是福建最具竞争力的优势，生态文明建设应当是福建最花力气抓的建设。”党中央、国务院专门出台了《国家生态文明试验区(福建) 实施方案》。《方案》指出，设立福建生态文明试验区的意义在于，探索生态文明建设新模式；培育加快绿色发展新动能；开辟实现绿色惠民新路径。《方案》确定的试验区战略定位为：国土空间科学开发的先导区；生态产品价值实现的先行区；环境治理体系改革的示范区；绿色发展评价导向的实践区。关于主要目标，《方案》要求，经过积极探索、开拓创新，力争到 2017 年，试验区建设初见成效，在部分重点领域形成一批可复制、可推广的改革成果。到 2020 年，试验区建设取得重大进展，为全国生态文明体制改革创造出一批典型经验，在推进生态文明领域治理体系和治理能力现代化上走在全国前列。《方案》还对生态环境质量主要指标，如水系水质、主要城市空气质量优良天数比例、森林覆盖率等，定下了严格的量化指标。

福建被国家确定为首个生态文明先行示范区和首批国家生态文明试验区，极大地激发了全省干部群众的积极性、创造性。省委、省政府高度重视，认真落实中央要求，把生态文明建设融入经济建设、政治建设、文化建设、社会建设各个方面和全过程。2014 年，福建省委、省政府制定了体现主体功能区特点和生态文明建设要求的各级党政领导班子和领导干部考核办法，实行差别评价机制，取消了对生态重点保护的 34 个县(市) 的 GDP 考核，形成了鲜明的导向。经过努力，在原有较好的基础上，福建生态文明建设又取得重大进展。2016 年，全省 12 条主要河流水质持续保持为优，Ⅰ－Ⅲ类水质比例为 96.5%，其中Ⅰ－Ⅱ类水质比例为 60.1%；探索建立“河长制”起步早，而且已经全覆盖；九个设区城市空气质量平均达标天数比例为 98.4% (比全国平均水平高 19.6 个百分点)；PM2.5 年均浓度 27 微克每立方米 (比全国平均水平低 42%)；森林覆盖率达 65.95%，连续多年保持全国首位。福建是全国为数不多的水、大气、生态全优省份之一。

三、生态文明建设当前需要解决的几个主要问题

生态文明建设任重道远，需要一代又一代人锲而不舍的努力。在经济发展新常态下，创新发展与绿色发展已经成为“两轮驱动”。必须坚持问题导向，从发展理念、体制机制、强化责任、依法善治、人才队伍等方面综合施策，重点突破，见到实效，使生态文明建设常态化、法治化。

1. 补好发展理念短板。

发展理念是价值观的集中体现。有什么样的发展理念，就有什么样的发展路径，也就有什么样的发展结果。长期以来，人们的目光往往过度关注经济增长速度和总量做大，以至于生态环境保护被忽视，或停留在一般号召，而没有成为实际行动。生态环境存在的问题，各地表现不

同、程度不一，但根源都出在发展理念上。牢固树立和坚决贯彻生态文明理念，首先要求各级领导，特别是党政一把手要彻底断了旧的念想，脱胎换骨，实现根本性的转变。必须把重视和加强生态文明建设，守护好“青山绿水”，作为各级党委、政府对人民、对历史、对子孙后代应尽的责任，作为衡量领导干部党性人品的一种尺度。以久久为功的毅力、“功成不必在我”的境界，驰而不息，扎实推进，敢于啃硬骨头，敢于对损害生态环境行为铁面无私，坚决惩处。企业要把生态环保指标与经济效益指标同等看重，担负起生态环保特别是减排的主体责任。绝不允许只是为了企业盈利，而把所产生的污染治理推给政府和社会。一些企业主，不遵守生产排放要求或排放按低标准，追求超额利润，而自己却在旅游胜地、生态宝地，甚至在国外奢靡享受，应受到法律和道德惩戒。无论政府还是企业，都要以生态环保的价值观，作为安身立命之本。

2. 完善和创新体制机制。

生态文明建设是一项长期的战略任务，迫切需要从国家和地方层面，加快建立与国情、省情相适应，系统完整、权威高效的法规制度，推动生态文明走上法治化轨道。习近平同志明确指出：“只有实行最严格的制度、最严密的法治，才能为生态文明建设提供可靠保障。”从当下实际情况看，离“两个最严”还有很大差距。突出表现在：一是法规制度不完善，从国家上位法到地方立法，关于生态文明的法律缺项较多，已有的大气污染治理、水污染治理、土壤污染治理三个《条例》等法律法规，一些条款比较原则，不够具体。在贯彻中，往往失之于宽、失之于软，违法获利的成本过低。因此，必须加快构建“源头严防、过程严管、后果严惩”的生态文明法治体系。二是各级党委、政府生态环保目标责任制和领导干部环保“一岗双责”制度不够明确，评价考核缺少量化指标。据《人民日报》2017年5月7日报道，最近，国家环保部发布了督查通报，揭露了其他一些省市“花式造假”的种种手段，有的报假数字，有的做假样品，有的干脆擅自编造监测数据。问题出在基层，而责任在党政领导。有必要对每个地区、每个部门及其主要领导的生态文明建设责任，分解细化、量化，以问责倒逼责任落实。探索建立领导干部任期生态环境责任台账，对出现生态环境赤字的地区和单位，主要领导不仅不能提拔重用，还应承担相应的责任，真正兑现“一票否决”，取信于民，坚决守住“环境质量只能更好，不能变坏”底线。

3. 强化生态保护补偿机制。

生态文明建设涉及各方面利益调整。如果缺少有力的利益导向，再好的目标规划也会落空，群众积极性也将受挫。现行的生态保护补偿机制存在的突出问题是，国土空间规划需要细化，补偿标准过低，禁止和限制开发的生态重点保护区，所得到补偿只是“杯水车薪”，如生态公益林，每亩每年财政补助与实际成本相差甚远，存在保护力度越大，经济吃“亏”越多的倒挂现象；补偿办法单一，现行按面积补偿的办法，未能很好体现生态功能重要性、生态保护成效、居民投入及机会成本损失的价值；多头管理、政策碎片化，生态保护职能分属林业、农业、水利、国土、环保等部门，俗称“九龙治水”，资金投入分散，项目重复、管理职责交叉。因此有必要深化改革，理顺体制，整合资源，给基层更多项目自主权。同时，切实加大资金投入，通过立法形式，确定生态文明财政支出的比例，加大对重点保护地区的中央和省级财政转移支付力度。在国家统一协调下，制定受益地区与保护地区跨区水流域横向生态补偿办法。有效引入市场机制，加快生态资源资本化，使其可抵押、能增值。规范发展碳汇交易。金融、保险部门要主动服务和融入生态文明建设。使“绿水青山”转化为“金山银山”，走出一条正向激励与损害惩处相结合，生态环境保护与绿色发展生态惠民、富民相结合的新路子。

生态文明建设是党之大计，国之重策，民之所盼，功在当代，利在千秋，在党和国家整体布局中的重要地位已经明确，有关法律和政策措施正在不断完善。只要我们保持定力，攻坚克难，脚踏实地为之奋斗，在不远的将来，福建必将以更加突出的生态优势领跑全国。

（原文发表于《福建日报》2017 年 6 月 6 日，署名“屏山人”）

中国步入低碳经济时代

——探索中国特色的低碳之路

李建建 马晓飞*

大力发展低碳经济已经成为金融危机之后世界各国一致认可的下一轮经济增长的动力。2009 年 8 月中国第十一届全国人大常委会第十次会议通过了全国人大常委会关于积极应对气候变化的决议，明确提出：立足国情发展绿色经济、低碳经济，把积极应对气候变化作为实现可持续发展战略的长期任务，并纳入国民经济和社会发展规划，明确目标、任务和要求。这一决议表明了中国政府发展低碳经济的决心，也标志着低碳经济正式进入了中国的国家战略之中。

一、发展低碳经济是大势所趋

低碳经济的产生与世界各国应对全球性气候变化的认识和行动紧密相关。气候变化问题从 20 世纪中后期开始正式进入了人们的视野。全球气候变暖已是不争的事实。目前国际社会关注的气候变化，主要是指由于人为活动排放温室气体造成大气组成改变，引起以变暖为主要特征的全球气候变化。

1979 年第一次世界气候大会呼吁保护气候。1987 年联合国环境与发展委员会主席布兰特兰的报告——《我们共同的未来——从一个地球到一个世界》拉开人类重新评价西方工业化及其后果，改弦更张走可持续

* 李建建：福建师范大学经济学院教授、博士生导师，博士。马晓飞，北京邮电大学继续教育学院工程师。

发展道路的序幕。1992 年通过的《联合国气候变化框架公约》（UNFCCC），标志着全世界 180 多个国家和地区（缔约国）一致同意把气候变暖作为威胁人类生存与发展之首要的环境问题进行治理。1997 年公约缔约国通过的《京都议定书》则提出了采用市场机制来解决环境问题的思路。《京都议定书》规定了公约附件一国家（发达国家）的量化减排指标，即在 2008—2012 年间温室气体排放量在 1990 年的水平上平均削减 5.2%。2003 年，英国政府发布了能源白皮书《我们能源的未来：创建低碳经济》，这一提议得到了联合国和欧盟的大力支持。2007 年 12 月，在印度尼西亚巴厘岛举行的联合国气候变化大会通过了“巴厘岛路线图”，明确了气候变化谈判机制和时间表，确定了 2009 年 12 月在丹麦哥本哈根举行的缔约方第 15 次会议将成为“后京都时代”谈判的最后关口，制订出一项新协定。在此背景之下，转变经济发展模式，从传统的高碳经济向低能耗、低排放、低污染的模式转型逐渐地被世界各国提上日程。

中国高度重视应对气候变化，多年来一直采取积极应对行动。早在 1990 年中国设立了国家气候变化协调小组。1998 年签署并在 2002 年批准了《京都议定书》。2007 年公布了《中国应对气候变化国家方案》，其中包含了中期减排目标；即在 2010 年前，减少 10 亿吨温室气体排放，这个指标占《京都议定书》中所有附件一国家在 2012 年前减排总量的 1/5。成立国家应对气候变化领导小组，旨在贯彻国家气候方案。2008 年发表《中国应对气候变化的政策与行动》白皮书指出全球气候变化及其不利影响是人类共同关心的问题。工业革命以来的人类活动，尤其是发达国家在工业化过程中大量消耗能源资源，导致大气中温室气体浓度增加，引起全球气候近 50 年来以变暖为主要特征的显著变化，对全球自然生态系统产生了明显影响，对人类社会的生存和发展带来严重挑战。2009 年 8 月 17 日，国务院常务会议研究部署应对气候变化有关工作，强调“把应对气候变化纳入国民经济和社会发展规划。把控制温室气体排放和适应气候变化目标作为各级政府制定中长期发展战略和规划的重要依据。培育以低碳排放为特征的新的经济增长点，加快建设以低碳排放为特征的工业、建筑、交通体系。强化应对气候变化综合能力建设。制定应对气候变化的科技发展战略与规划，开展低碳经济试点示范，推动形成资源节约、环境友好的生产方式、生活方式和消费模式”。2009 年 8 月 27 日全国人大常委会通过关于积极应对气候变化的决议，从立法的高度指出：“工业革命以来，人类活动特别是发达国家工业化过程中的经济活动是造成气候变化的主要人为因素。气候变化是环境问题，但归根到底是发展问题。我国正处于工业化的中期阶段、全面建设小康社会的关键时期，必须按照党的十七大提出的‘把建设资源节约型、环境友好型社会放在工业化、现代化发展战略的突出位置’和‘加强应对气候变化能力建设，为保护全球气候作出新贡献’的要求，坚定不移地走可持续发展道路，从我国基本国情和发展的阶段性特征出发，采取有力的政策措施，积极应对气候变化。”

二、低碳经济的各种形态、特点、本质及中国的特殊性

低碳经济是低能耗、低排放、低污染的经济形态。其特点是通过实体经济的技术创新、组织创新、发展模式转型来减少对化石燃料的依赖，以降低温室气体排放量，适应和减缓地球气候变暖；其本质是通过不断增加对气候变化科技研发的投入，提高能源利用效率，开发清洁能源技术，优化产业结构，发展循环经济，重构经济社会可持续发展的微观基础。

发展低碳经济作为具有全球共识性的选择，将改变每一个企业、单位、家庭、个人的生产、工作、消费和生活的方式。然而，中国的低碳经济发展之路与发达国家有显著的不同。发达国家早已走过了工业化阶段，正在朝着全面信息化的方向前进。而中国是一个发展中国家，人口众多、经济发展水平低、生态环境脆弱，易受气候变化的不利影响。并且中国正处于经济快速发展阶段，面临着发展经济、消除贫困和减缓温室气体排放的多重压力。这使得中国发展低碳经济的道路更为复杂，不能照搬西方提出的发展模式。中国发展低碳经济必须综合考虑以下几个因素。

第一，气候变化只是发展问题的一部分。西方发达国家已经完成了工业化、消除贫困、提高社会福利等基本的社会发展目标，而中国在响应世界减少温室气体排放的行动之外，还有大量的贫困人口有待解决，社会福利水平很低，同时城市化和工业化目标远未实现。这意味着中国政府必须同时考虑除控制温室气体排放之外的多个问题，这些问题没有孰重孰轻之分。因此，在考虑低碳经济的发展策略时，无法简单仿效西方提出的彻底的温室气体减排政策，中国面临的局面要复杂得多。

第二，历史排放是发展中国家无法让步的重要原因。西方国家在工业革命时期造成了大量的温室气体排放，而当时中国等绝大多数发展中国家几乎没有工业基础。这决定了发展中国家不可能以同样的方式承担减排的责任。发达国家占用了发展中国家未来的排放空间。即使同样发展低碳经济，在一些机制和政策的设计上，中国需要更宽松的国际环境。当然，如果在哥本哈根会议达成发展中国家仍然不承担具体的减排指标的协议，也并不意味发展中国家对遏制气候变化就没有责任和义务。

第三，应对气候变化，中国经济由“高碳”向“低碳”转变的最大制约，是整体科技水平落后，技术研发能力有限。尽管《联合国气候变化框架公约》规定，发达国家有义务向发展中国家提供技术转让，但实际情况与之相去甚远，中国不得不主要依靠商业渠道引进。

事实证明，中国前二十年“以市场换技术”的效果并不尽如人意，因此，必须两条腿走路，对外要积极争取资金和技术援助，对内要自主创新。具体讲，应该是在于生产领域的节能减排，生产领域内通过 ERP (企业资源规划计划)、流程再造等节能减排；通过引入绿色技术，如碳转化、碳锁定、碳捕捉等实现节能减排。这些方式才能从根本上减少全球的二氧化碳总量。

有鉴于此，应该说，在“后京都时代”，拥有绿色技术尤其是自主创新的绿色技术是企业拥有话语权和定价权的关键所在。应对气候变化要靠技术，技术创新和技术转让是应对气候变化的基础和支撑。

第四，当前，新能源的开发和利用已经成为低碳经济主要内容，多数国家和地区在新能源和可再生能源方面投入巨大。中国能源结构以煤为主，据计算，每燃烧一吨煤炭会产生 4.12 吨的二氧化碳气体，比石油和天然气每吨多30%和70%。所以，我们提倡发展清洁能源，包括新能源的风能、太阳能、地热、潮汐、生物质能等，也包括清洁能源的水电、核电等。

第五，在中国扩内需、保增长、调结构的背景下，中国作为一个负责任的发展中国家已经充分认识到应对气候变化的重要性和紧迫性，统筹考虑经济发展和生态建设、国内与国际、当前与长远，制定并实施应对气候变化国家方案，采取了一系列应对气候变化的政策和措施。例如，地方政府从2007年以来对应对气候变化工作非常重视，很多省、市、区以及一些城市都制定了应对气候变化的行动计划。

三、碳交易对低碳经济发展的重要作用

低碳经济最终要通过技术进步来实现温室气体的减排，但目前大部分减缓和适应气候变化的技术成本高昂，远远低于市场追逐的基本回报率。在技术商业化尚不成熟，而减排压力非常大的情况下，一方面除了政府采用传统的财税政策促进低碳技术的开发和应用之外，另一方面采用市场化的机制来引导私人资本投向低碳行业，正成为各国极为重视的手段，其中主要的方式为碳交易。

碳交易是温室气体排放权交易体系的简称，最初是由联合国为应对气候变化，帮助发达国家履约而设计的一种新型的国际贸易机制，中国正在参与的清洁发展机制（CDM）即为国际上最重要的碳交易机制之一。

碳交易的运行机制目前有两种形式。一种是基于配额的交易，即在政府强制法规的约束下，规定各地区或行业的温室气体排放总量上限，将其按照配额分配给相关的企业或机构，并根据一定的交易规则，通过市场化的交易手段将环境绩效和灵活性结合起来，使得参与者以尽可能低的成本达到规定的排放要求。一种是基于项目的交易，即通过项目的合作，买方向卖方提供资金或技术支持，获得温室气体减排额度，清洁发展机制即是这种排放机制。由于发达国家的企业要在本国减排花费的成本很高，而发展中国家平均减排成本较低，因此发达国家提供资金、

技术及设备帮助发展中国家或经济转型国家的企业减排，产生的减排额度必须卖给帮助者，这些额度还可以在市场上进一步交易。

碳交易本质上是发展低碳经济的动力机制和运行机制。低碳经济必须要通过实体经济的技术革新和优化转型来减少对化石燃料的依赖，降低温室气体排放水平。但历史经验已经表明，如果没有市场机制的引入，仅仅通过企业和个人的自愿或强制行为是无法达到减排目标的。碳市场从资本的层面入手，通过划分环境容量，对温室气体排放权进行定义，延伸出碳资产这一新型的资本类型。而碳市场的存在则为碳资产的定价和流通创造了条件。碳交易将金融资本和实体经济联通起来，通过金融资本的力量引导实体经济的发展。这是虚拟经济与实体经济的有机结合，代表了未来世界经济的发展方向。

由于碳市场在整个低碳经济中的引导性地位以及碳金融的巨大潜力和战略意义，许多发达国家开始筹备本国的碳交易系统。碳市场对实体经济的优化升级将起到越来越重要的推动作用。例如清洁发展机制涉及附件一国家（发达国家）与非附件一国家（发展中国家）之间，允许附件一国家的投资者从其在非附件一国家实施的并有利于非附件一国家可持续发展的减排项目中获取核证减排量（简称 CER）。也就是说，附件一国家提供资金和技术帮助非附件一国家减排温室气体，而减排量在经过国际机构核证后，便可用于抵减发达国家承诺的约束性义务。清洁发展机制市场的发展极大地激活了发展中国家可再生能源投资的增长。一些发达国家也开始利用碳市场的金融引导作用，促进地区经济的升级和优化。例如，美国加利福尼亚州政府正在建立州内碳排放交易系统，促进新能源的开发和利用，提高企业能效水平，进一步提升加利福尼亚州的经济竞争力。而美国政府也在筹划全国性的碳交易系统。

四、中国发展碳交易的战略意义

气候变化是个全球性的问题，由此所衍生出来的温室气体减排也是个全球性问题。这决定了应对气候变化所创造出的碳交易市场具备成为全球性交易市场的基本条件。

温室气体减排具备如下的特点：

第一，温室气体减排与实体经济密切相关。碳减排量的价值与减排行业、技术、时间等要素关系紧密。由于不同的技术在不同的行业减排的成本和成效显著不同，这种内涵的多样性为其创造更多的碳衍生商品建立了基础。

第二，不同国家和地区的温室气体排放特征差别巨大，使得全球性的碳交易市场成为必需。碳减排商品的需求和供应分布不均衡。由于不均衡的供需关系，碳减排商品在世界范围内的流通成为必须。目前比较成熟的有清洁发展机制、欧盟排放交易体系，而《京都议定书》之外，美国在《2009 美国清洁能源安全法案》中，明确提出打算建立全北美排放量交易制度。

第三，温室气体减排体系具有较高的透明性和公平性。气候变化谈判经过 20 多年的发展，已经形成了较为成熟的基础和模式。尽管现在仍在一些关键问题上难以达成一致，但建立全球性切实可行的气候变化应对体系和温室气体减排机制已是大势所趋。

在这种背景之下，中国是否发展碳交易已不仅仅是个国际谈判的政治问题，从长期来看更是一个争夺未来新兴碳金融市场话语权的战略问题。碳交易本身是个金融运作，它是对排放权额度的一个转化，排放权是一个产权交易，它本质上属于虚拟符号交易，其意义在于引领实体交易，是实体经济的方向标。

中国是发展中国家，属于非附件一国家，没有被《京都议定书》纳入强制减排计划中，但中国却一直通过清洁发展机制参与碳交易市场的活动。目前，中国在清洁发展机制项目开发方面已领先全球。2008 年中国清洁发展机制项目产生的核证减排量的成交量已占世界总成交量的 84%。

中国的实体经济企业为碳市场创造了众多减排额，但一个极为重要的问题是中国处在整个碳交易产业链的最底端。于是，中国创造的核证减排量被发达国家以低廉的价格购买后，通过他们的金融机构的包装、开发成为价格更高的金融产品、衍生产品及担保产品进行交易。不仅如此，他们还正在全力吸引中国的金融机构参与到他们所建立的碳金融市场中，进而赚取中国资本的利润。这就像中国为发达国家提供众多原材料与初级产品，发达国家再出售给中国高端产品，赚取“剪刀差”利润，有所不同的是这里“剪刀差”之“差额”是巨大的！

目前，中国有些机构已经看到了问题所在，开始探索构建国内的碳交易机构。2008年北京环境交易所、上海能源环境交易所及天津排放权交易所的相继建立便是迈出的一小步。但由于清洁发展机制市场的特点，一级市场的场内交易难以开展，这些交易所还只能从事信息发布的简单功能。而中国的金融机构大多对低碳经济仅有片面了解，对碳交易更是缺乏认知。这种局面，使得碳金融在中国的发展还有大量的工作要做，远远落后于发达国家。

中国必须在未来的低碳经济战略中意识到建立碳市场的重要性。目前清洁发展机制下，主要的第三方认证机构（DOE）都是欧洲的，清洁发展机制之外的规则 VCS、黄金标准等都是发达国家在搞。英国最近推出了供应链管理，意在将低碳经济向更广泛的行业渗透。巴克莱银行推出了碳指数，以芝加哥和伦敦气候交易所的报价各占50%比重，来描绘全球碳金融市场的波动。发达国家在悄无声息地谋划着游戏规则。

在未来的全球碳市场中，中国同样面临着在国际石油市场中丧失定价权的前车之鉴。由于没有碳市场上的参与权和话语权，中国的核证减排量的价格一直被发达国家的买家人为压低；由于没有自己的交易体系，所以自然无法获得相应的定价权；而没有相应的碳市场的规则、制度，自然无法建立自己的碳市场。另一方面，中国国内只能靠行政限价来对抗国外买家的压价。这一点已经受到了国内外许多人士的批评。

中国需要充分认识到碳交易的重要意义。清洁发展机制并不能成为引导中国低碳经济发展的主要工具。只有结合中国经济发展的现状，设计合理的碳交易金融机制，才能引导低碳经济从政府扶持走向自我驱动。

五、中国发展碳交易的技术路线

建立碳交易市场必须认清现代金融体系的弊端，如果单纯发展碳交易不仅不能够刺激和引领实体经济的发展，还会起到相反的作用。作为一种新的金融概念，或称为一种新的经济产权、技术产权，必须建立在对实体经济的准确把握上，而不能用就金融谈金融的老思路看待碳交易。利用碳交易市场机制，借助绿色利益驱动，是发展低碳经济的必由之路。

目前，中国在这方面还没有真正开始，首先需要认清两点。

第一，在市场经济条件下，引领经济主要是由金融资本实现的，碳金融是一种新兴金融，要解决金融危机背景下现代金融体系重构问题，这是一个很好的切入点。全世界碳交易市场正在构建之中，虽然有很多但都是零星布局，如果我们积极主动，有可能在认识弊端的同时提出建设性的意见，从而掌握话语权。

第二，低碳经济是建立在企业信息化基础之上的。通过区域性信息平台的建设，对企业、行业、地区的排放信息有清晰的把握，并在此基础上设计成本最低、效率最高的节能减排方案。碳交易是这种节能减排方案的最高形态。这意味着碳金融实际上是连接实体经济和金融资本的桥梁，如果两者的连接失去有效性，那么就会重蹈覆辙。

当前摆在中国面前的最棘手的问题在于：不管历史与现实的原因如何，目前中国已经成为二氧化碳第一大排放国；在现有的框架下，地方政府和大多数中小企业以牺牲生态环境为代价追求自己的高额利润的行为总是得不到有效的遏制。这是中国国情的特殊性，这决定了中国的碳交易机制在设计时应当着重于解决以上的两个问题。

基于以上的认知，我们提出如下的中国碳交易技术路线。

(1) 要充分认识碳市场在引领节能减排技术和带动经济增长方式转型过程中那种不可替代的作用。

(2) 充分认识积极参与构建全球性碳交易市场的战略意义。要尽快构建一整套与发展全国统一碳市场相关的法律法规体系，因为碳排放权交易建立在高度发达的信用体系之上，同时碳市场的运行更需要国家相关法律法规的保障。

(3) 利用清洁发展机制的经验，提高各省市对碳交易的认知和碳资产的管理能力。不仅要发挥现有的排放权交易所、清洁发展机制服务中心等机构在构建区域性的信息平台和交易平台中的作用，而且要鼓励全国各个地区，特别是长江三角洲和珠江三角洲地区积极构建碳交易区域市场；因为没有众多的区域市场，就不可能有未来统一的国内市场。

(4) 要认识构建信息平台是极为重要的基础性工作。碳交易市场一方面是与虚拟资本、金融创新、绿色技术、低碳信息咨询、新经济所需人力资源和教育培训等相关的信息经济市场，另一方面是与低碳经济的生产要素和产品市场以及现代服务业的市场相关的企业经济和产业经济的市场，因此，只有构建真实而强大的信息平台，才能最终构建碳市场。

(5) 积极构建作为碳市场之雏形的碳交易试验平台。一方面在目前排污权交易——主要是二氧化硫、化学需氧量试点交易不断完善和推进的基础上，逐步推进节能量等其他创新产品的交易，从而为进一步进行碳交易做好前期准备；另一方面在这种交易平台的技术基础上，加快与国外先进交易体系的合作。总之，通过积极开展区域性信息平台和交易平台的构建，使中国未来的碳市场具有区域碳市场形态，并将其链接起来，进而构成统一的国内碳市场。

六、结　　论

低碳经济已经成为下一轮经济增长的核心动力，也成为中国提高国际竞争力、摆脱经济危机影响的重要手段。但中国低碳经济的发展有自身的特殊性，必须充分考虑社会经济发展状况、技术水平等多种因素。

利用碳交易市场机制，借助绿色利益驱动，是发展低碳经济的必由之路。中国的碳交易应当充分考虑国情，着重于解决现有的政策法规无法解决的问题。低碳经济必须建立在对实体经济充分认知的基础之上，构建中国的碳交易制度首先需要建立起完善的低碳信息平台。

总之，低碳经济的发展是中国谋求未来经济地位、争夺金融话语权的重要突破口。把握好历史性的机遇，实现既定的经济发展目标，为中国未来几十年的发展奠定基础，需要各行各业的共同努力。

（原文发表于《广东社会科学》2009 年第 6 期）

生态文明视野下的中国环境竞争力问题探析

黄茂兴　高建设*

当前，经济全球化趋势不断深入发展，各种力量对比加速了资源要素在全球范围内重新配置，注定了未来世界将是一个多变的格局，也是一个竞争激烈的时代，各国和各地区致力于竞争优势的积累，在资源要素争夺洪流中力争上游并实现可持续发展。毋庸置疑，影响各国各地区实力较量的竞争诸因素中，环境竞争力无疑将占据越来越重要的地位。环境竞争力研究与环境问题研究是一脉相承的，深入研究环境竞争力问题，可以更加突出人类对环境能力问题的深度探索，催生崭新的经济模式、发展模式和生活方式，为推进生态文明建设作出更大的贡献。

一、环境与竞争力关系的理论分析

自人类产生以来，人类与环境之间就建立起一种不可分割的紧密关系。从原始人单纯依靠环境获取食物来源，到发明简单工具开始利用环境，再到人类活动范围不断扩大后的改造环境，以及科学技术的发展为换取现代工业文明而造成的环境破坏。在环境导致灾难频发的后工业化社会，环境开始重新回归成为人类生活的主题，并跃升成为当前人类共同应付的难题，人类与环境之间开始寻求在更高发展阶段上的重新平衡。

* 黄茂兴：福建师范大学经济学院教授、博士生导师，经济学博士。高建设：中共江西省委党校经济学教研部讲师，经济学硕士。

对环境与竞争力关系问题的研究始于环境恶化、生态破坏、资源匮乏下人类对环境保护重要性的认可。环境与竞争力关系问题不仅是经济问题，更是涉及政治、外交等多个领域的综合性问题，现已成为各国政府关注的焦点。对于环境与竞争力的关系理论，目前形成的主要观点有三种。

1. 等同说：环境就是竞争力。

自从进入生态文明社会以来，追求人与自然的和谐共处成为人类发展的目标。1992 年联合国环境与发展大会提出并通过了《21 世纪议程》，1994 年中国国务院批准了中国第一个国家级可持续发展战略《中国 21 世纪人口、环境与发展白皮书》，1996 年美国制定了面向 21 世纪的可持续美国计划，1998 年欧盟确定了建立绿色欧洲的发展战略，1999 年日本提出了环境立国的新国策[①]，目前世界各国均将环境的均衡维护和人类生存与永续发展紧密联系起来。环境就是竞争力的观点强调环境对于竞争力的决定性作用，认为环境优劣直接决定区域竞争力的强弱，同时，区域竞争力通过环境得以表现。这一观点主要被自然环境优越、居住环境宜人、投资环境突出的城市或地区所采用。当然，环境就是竞争力的观点将环境等同于竞争力，忽视了其他因素对于竞争力的作用和影响，混淆了环境与竞争力的内涵构成和独特意义。

2. 要素说：环境是竞争力的组成要素。

要素说是将环境视作衡量竞争力强弱的组成要素之一，但并不是唯一要素，它与经济、社会、政治等因素一起组成竞争力。美国斯坦福大学的道格拉斯（Douglas Webster，1990）首度将自然环境引入城市竞争力的研究框架，从自然环境对不可转移特性的区域禀赋的影响进而推及城市竞争力的程度进行描述[②]。《2009 年中国城市竞争力蓝皮书：中国城市竞争力报告》中也涵盖经济、社会、文化、环境四大系统，认为由环境质量水平、城市环境舒适度水平、城市自然环境优美度水平、城市人工环境优美度水平组成的环境竞争力直接或间接影响城市竞争力；《2009 年中国省域竞争力蓝皮书》中也在可持续发展竞争力、发展环境竞争力

---

① 曲如晓、王月水：《环保：提升国际竞争力的重要手段》，《商业研究》2002 年第 20 期。

② 赵细康：《环境保护与国际竞争力》，《中国人口·资源与环境》2001 年第 11 期。

中体现了对环境问题的重视；瑞士洛桑国际管理学院（IMD）国家竞争力指标体系构成中也将健康与环境作为20个二级指标之一。环境是竞争力的组成要素这一观点的提出，意味着开始逐步重视环境在竞争力评估中的地位，强调环境在国家、省域以及城市层面作为测度竞争力强弱的组成要素的作用，但是并没有凸显环境的相对重要地位，并忽视了环境对竞争力影响潜力和能力的评估。

3. 影响说：环境保护影响竞争力。

影响说主要是针对环境与国际贸易的关系而言的，目前国际学术界提出三种相关理论假设：（1）基于囚徒困境的环境竞次理论，认为各国为获得竞争优势、提高国际竞争力会选择采取较宽松的环境保护措施，从而加剧全球环境的恶化。（2）基于产业转移的污染避难所假说，认为采取较宽松的环境保护措施环境有利于降低成本，增加投资或生产优势，从而拉动产业向其转移。（3）基于长期变化的波特假说，认为长期来看采取严格的环境保护措施的积极因素大于成本增加带来的不利因素。[①] 由此形成两种相悖的观点：一方认为严格的环境规制会造成生产成本和管理费用的增加，从而导致产出和利润的降低，增强管理的难度，阻碍技术创新，从而影响竞争力；另一方则认为严格的环境规制会促进企业创新、提高资源使用效率、促进本国产业结构升级以及竞争力的提升。[②] 由于环境恶化而产生的社会成本效应、内生环境成本的经济增长效应以及环境作为生产要素的内生增长效应影响环境成本，由此产生基于不同“成本—收益”比例的竞争力模式，再加上由于环境规制严格与否造成竞争对手之间相互区别的效果，使得环境对竞争力的影响出现了正向、负向相互交替演进的动态变化。环境保护影响竞争力，但作用方向及程度不一，这一观点强调环境规制严格与否对产业国际竞争力的影响，把问题局限在国际竞争力的范畴之中，忽视现有环境质量对竞争力的内生影响，也忽视了环境规制以外的环境管理措施对竞争力的影响。

---

① 杨彤、王能民：《环境保护与城市竞争力关系研究综述》，《青岛科技大学学报（社会科学版）》2008年第2期。

② 诸大建、李京生：《提升上海大都市绿色竞争力的战略举措——把崇明建设成为国际性生态综合示范区的研究》，《同济大学学报（社会科学版）》2001第5期。

二、环境竞争力的内部构成和主要特征

环境竞争力是人类社会在经济发展与环境保护矛盾日益加剧背景下提出的全新的竞争力衡量方式，以竞争力为核心，以自然环境为主体，以技术创新为手段，以市场机制与政府调控为途径，以承载力—协调力—执行力—影响力—贡献力为评价基础，以容纳—响应—反馈—调整—优化为主线，以增强环境开发利用效率、降低环境破坏程度、维持全球生态平衡、实现经济社会的可持续发展为目的，以生态环境、资源环境、环境管理、环境影响、环境协调为内容，全面、系统地反映国家或区域的环境竞争能力。环境竞争力的这五个构成要素通过经济、行政等多种手段，综合反映和影响环境竞争力，如图1所示。

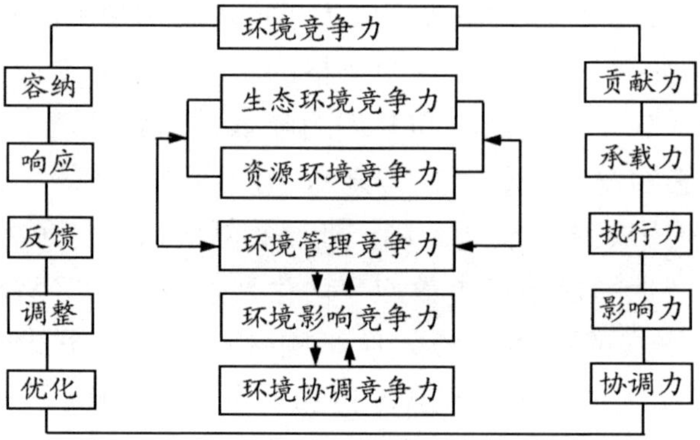

图1 环境竞争力构成要素及其内在联系

其中，生态环境竞争力、资源环境竞争力以容纳—响应的方式综合反映环境的承载能力和贡献能力，是环境管理竞争力、环境影响竞争力以及环境协调竞争力的基础和保障。离开生态环境和资源环境，人类的生产生活便得不到支持，对环境的利用、保护也无从谈起。而通过各种行政的、经济的政策手段对生态环境和资源环境进行保护和治理，其过程和效果通过环境管理竞争力和环境影响竞争力得到反馈，并根据其表现不断进行调整和改善。环境质量提升的最终目的是推进人类与环境的

和谐统一，实现人类与环境的可持续发展，这是环境协调竞争力所要反映的根本内容，也是环境优化的关键所在。因此，生态环境竞争力、资源环境竞争力、环境管理竞争力、环境影响竞争力、环境协调竞争力并非相互独立的单独个体，而是以容纳—响应—反馈—调整—优化为主线的相互作用的统一整体，并通过相互配合，推动环境竞争力的全面提升。

与传统竞争力概念相比，环境竞争力更加强调环境作为人类生产生活的基本要素作用，注重人类与环境的协调发展，突出环境的现有及潜在影响。环境竞争力有以下四个特征。

第一，环境竞争力是完整统一的概念。环境日益成为衡量各国竞争力的重要内容，一方面环境问题日益受到各国政府和人民的共同关注，另一方面全球化趋势下国际竞争日趋激烈。但目前讨论主要集中在自然环境、环境保护、产品竞争力、企业竞争力层面，将环境视为企业、产业、区域或国家竞争力中的子因素或子系统，尚未把环境竞争力与企业竞争力、产业竞争力、区域竞争力或国家竞争力放在同一层次下进行讨论，人为地缩小和限制了环境竞争力的内涵与外延，研究过程中尚未考虑环境特别是自然环境长期以来对竞争力的潜在影响以及环境保护之后环境改良对竞争力的后续影响，研究中侧重环境的经济效应，忽视了环境对社会、文化等方面的影响。事实上，离开环境探讨竞争力或者离开竞争力探讨环境都是片面的。可以说，环境竞争力本身就是一个完整统一的概念，是一个可以与企业竞争力、产业竞争力、区域竞争力、国家竞争力等在同一层次下进行讨论的问题。

第二，环境竞争力涉及的内容多，覆盖面广。与自然环境相对应，环境竞争力涵盖了自然环境的全部内容，涉及生态环境、生物环境和资源环境，包括大气、水、土壤、森林、矿产、能源、植物、动物等各个方面，是整个自然环境所有要素竞争力的综合体现。因此，在构建环境竞争力指标体系的过程中，应该充分考虑到环境竞争力所涉及的所有内容，合理确定、分布各个要素的评价指标，形成结构完整、逻辑严密、分布合理的指标体系，使之能够全面、系统、准确地反映环境竞争力的真实状况。

第三，环境竞争力不仅决定于环境系统，也受到经济系统和社会系统的影响。环境竞争力是反映环境系统状况的指标，理所当然地取决于环境系统。但是环境问题从来都不仅仅是环境问题，它同时又是一个经济问题、一个社会问题。在整个环境—经济—社会系统中，环境系统受经济和社会系统的影响，而经济和社会系统也同样受环境系统的影响。具体来说，经济系统通过生产活动影响环境系统，而环境系统则满足经济系统的资源需求；社会系统通过人类的日常生活影响环境系统，而环境系统则满足社会系统的生态需求；经济系统通过经济收入满足社会系统的经济需要，而社会系统满足经济系统的消费需求。三者之间的关系如图 2 所示。

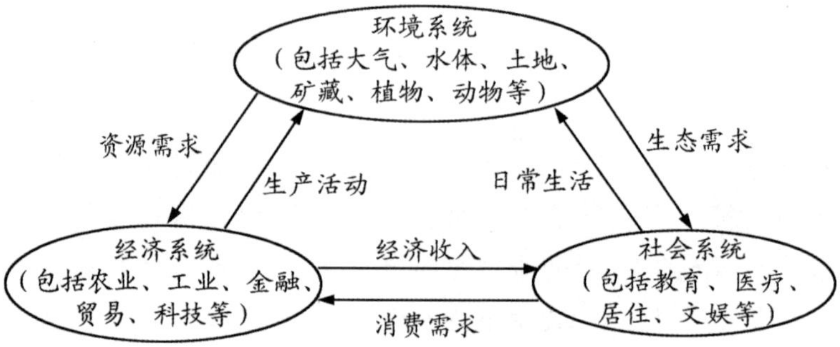

图 2 环境—经济—社会系统

当然，在环境—经济—社会系统中，一切都是围绕人来进行的，是人通过各种经济、社会手段来对环境施加影响的。因此，在构建环境竞争力评价指标体系的过程中，要充分考虑经济系统和社会系统对环境的影响，并将之反映到指标体系当中去。例如，在指标体系中加入二级指标环境管理竞争力（包含环境治理竞争力和环境友好竞争力两个三级指标）、环境影响竞争力（包含环境安全竞争力和环境质量竞争力两个三级指标）、环境协调竞争力（包含人口与环境协调竞争力、经济与环境协调竞争力两个三级指标），就是要充分反映人类的经济活动和社会活动对环境的影响。

三、提升环境竞争力对生态文明建设的重要意义

环境是人类赖以生存的基础和依托，是维系人类可持续发展的重要

保证，随着发达国家工业化的完成和发展中国家工业化进程的加快，对环境的过度“透支”已使人类经济社会发展遭遇自然环境越来越严厉的“惩罚”，人类不得不开始重新思考经济发展模式的转变，而在这种转变的进程中，环境问题无疑成为当今世界各国关注的主题和焦点。在环境的约束下，不同国家和地区之间的竞争已不仅仅是以经济实力为主体的综合国力的较量，长期被忽视的环境被日益推上了国际和区域竞争的前台，不仅作为区域经济竞争的组成要素，更日益成为关键竞争要素，且呈现愈加激烈之势。因此，开展环境竞争力的研究既是对环境和竞争力理论的进一步深化提升，又符合当前国际国内生态文明建设的变化趋势，具有重要的现实意义。

1. 人类应对全球气候变化的必然要求。

从 1861 年开始，人类就对气象进行跟踪记录，但直到 20 世纪六七十年代，人们才明显地意识到，破坏环境的经济发展是不可持续的，人类对自然的过度索取，反过来会惩罚自己，温室效应就是最明显的例子。当前，气候变化已完成了从“科学问题”到“政治问题”，再到“经济问题”的三级跳，并迅速上升到囊括一切的“发展问题”的战略高度。长期以来，国际社会对此进行了积极的努力。各国出台一系列国家政策，创建了碳交易市场，为未来的减缓和适应气候变化的努力奠定了基础。但是全球气候变化问题呈现出的复杂性和长期性，需要国际社会携手应对，并通过国际政治外交途径，转换为各国的法定义务和政策制度。

2. 缓解国际环境压力，掌握国际竞争主动权的重要路径。

全球环境问题与国际政治、经济、文化、国家主权等非环境领域因素的关系越来越紧密，其背后反映的是各国各地区在全球化趋势下对环境要素和自然资源利用的再分配，是国际范围内利益的争夺，国际竞争已经突破经济竞争的界限，环境成为国际竞争的一个新兴领域。由于环境问题没有国界，环境保护需要全世界一致行动，然而以环境污染为代价完成了工业化的发达国家，用环境问题限制新兴工业化国家的发展，不可避免带来国际矛盾和摩擦。在全球产业结构调整中，发达国家把污染严重的产业转移到发展中国家，通过进口生产过程中对环境有较大污染的廉价产品，实行低价消费，同时又通过绿色贸易壁垒，深刻影响国际贸易的发展。中国未来20年发展中解决资源环境问题所产生的巨大资金和技术需求，也使中国面临着巨大的国际环境压力，增强环境竞争力是中国缓解国际环境压力，更好地参与国际竞争的有效途径。环境竞争力研究成为决策者们制定经济发展战略、实现经济又好又快发展和推进生态文明建设的核心问题，只有这样，才能有效地利用经济全球化的机遇，在国际上有更强的威信和更大的话语权，在国际竞争中争取更大的利益，把握竞争的主动权。

3. 中国转变经济发展方式和经济结构调整的必然诉求。

经济社会发展和环境保护是相伴相生的，环境问题究其本质，是经济结构、生产方式和发展道路问题。改革开放以来，中国经济快速增长，综合国力迅速增强，但产业结构偏重和过于依赖物质资源消耗的粗放型发展方式也带来了严重的环境污染和生态破坏，环境与经济社会发展的矛盾使环境越来越成为制约经济社会发展的“瓶颈”。目前，中国环境与发展的矛盾已经表现得较为突出。在应对国际金融危机的过程中，世界各国纷纷反思传统发展方式带来的弊端，发展绿色经济、低碳经济、循环经济，已成为全球经济发展不可逆转的大趋势，中国的发展也要以此为方向，推动经济发展方式的转型。由传统粗放型经济发展方式向绿色经济、低碳经济、循环经济转变，就是要以环境为突破口，加强环境保护，而环境竞争力的研究结果可以为环境保护提供依据，通过对各项指标的衡量和评价，找出环境方面的优势和劣势，并把劣势作为环境保护着力解决的重点和难点，使经济发展方式转变和经济结构调整更有针对性，更有效率。环境竞争力的研究也客观提出了如何控制经济发展方式转变和经济结构调整的“质”与“量”，把握好合适的“度”的问题，这也正适应了经济又好又快发展的需求。

四、提升中国环境竞争力、加快推进生态文明建设的路径选择

中国经济正面临一个重要的转折点，资源能源匮乏和生态环境破坏

已经对经济社会可持续发展带来严峻挑战，经济发展方式急需转变。本部分将结合中国的实际，多视角地阐明在社会主义市场经济条件下提升中国环境竞争力的对策思路，以利于中国环境保护和生态经济的发展，加快生态文明的建设，实现经济发展与人口、资源、环境相协调，携手世界其他国家为共同应对气候变化问题作出应有的贡献。

1. 探索中国环保新道路，培育中国环境特有的竞争优势。

当前，环境是经济社会发展的重点，也是未来竞争的焦点，积极探索中国特色的环保新道路，才能累积起中国环境独有的竞争优势。工业化国家“先污染，后治理”的教训提醒我们不能再走牺牲环境换取经济增长的老路，要积极探索适合中国国情，既有利于推动我国工业化进程、又能确保生态环境安全的环保新道路，这是实现环境保护根本转变的目标，是适应新时期环境保护的要求，也是环境赋予时代发展的重任。探索中国环保新道路，要从中国当前经济社会发展的实际出发，把保护环境与转变经济发展方式、经济结构调整有机地结合起来，大力发展绿色经济和绿色产业，严格废弃物和污染物的排放；加快推进环境立法工作，以法律手段约束经济主体对环境的行为；推动规划环评条例的出台，从单纯注重环境问题向关注环境、健康、安全和社会影响等综合问题转变；统筹推进城乡环境保护，对城乡不同的环境问题实施不同的保护方式，推动区域环境协调发展。只有符合中国国情的环保道路才能切实解决中国的环境问题，才能在国际环境压力下经得起长期考验。

2. 以转变经济发展方式为契机，大力发展低碳经济。

低碳经济是对传统经济模式的挑战和颠覆，是后金融危机时期世界经济发展模式转变的方向，也是未来国际竞争力和区域竞争力培育的重点。在强大的国际国内环境压力下，走低碳经济发展道路是中国经济发展的必然选择，而当前中国着力于经济发展方式转变和经济结构调整也为发展低碳经济提供了难得的契机。要构建以低碳经济为基础的产业结构，以绿色产业、可再生能源产业、低碳环保产业等战略性新兴产业为重点；发展新兴高科技产业，加大对传统产业的改造提升，降低高耗能工业的能源消耗，推动整个产业结构在低碳的基础上转型升级，形成低碳产业的竞争力；通过制度和政策的完善，鼓励各种环保节能技术的开发和应用，促进整体经济结构转向高能效、低能耗和低碳排放的可持续发展；企业是发展低碳经济的主体，通过相关政策的扶持和制定一些激励措施，调动企业节能减排的积极性，大幅度降低工业生产的能耗，坚持走新型工业化道路；在人们日常生活中要鼓励低碳消费模式，倡导低碳生活，减少人们对污染物和废弃物的排放。发展低碳经济为中国环境竞争力的提升打开了一个新的突破口，是一个新的可靠途径。

3. 树立生态文明理念，践行人与自然和谐发展的自觉行动。

环境是人类生存与发展不可分割的外界条件，环境提供给人类生存的资源和空间，也脆弱地承受人类对它的改造，人们只有在环境保护上达成共识，并转化为自觉的、一致的行动，才能形成增强环境竞争力的强大基础。生态文明是人类继原始文明、农业文明、工业文明后的新型文明，是与物质文明、精神文明、政治文明并列的重要的文明形态，是人在处理与自然关系时要遵循的基本行为准则。因此，要通过广泛的宣传教育，通过各种环保活动的开展，强化人们对生态文明理念的理解，形成人们对环境的共同价值取向，并把生态文明思想贯彻到人们的行动中去，改变不顾自然发展的客观规律和一味追求短期利益的粗放型经济增长方式，形成环境保护的自觉行为。人与自然的和谐共处是生态文明理念的精髓，要充分发挥人们改造自然的积极性和主动性，尊重人的选择和利益，实现人与自然的共生共融，这也符合“以人为本”的科学发展观的要求。环境的改善和协调终归靠人来推动，增强整个社会的生态文明意识是提升中国环境竞争力的强大内驱力。

4. 积极参与国际环境竞争，推进资源节约型、环境友好型社会建设。

当前，国际竞争愈演愈烈，早已突破了经济的范围和尺度，将触角延伸至社会发展的各个领域，环境自然成为了各国相互竞争的焦点区域，也成为各国力量制衡和相互较量的一个重要借口。在这种形势下，我国只有积极加入国际环境竞争，在承受国际环境压力下自觉地改善我国环境的弱势面，才能不断缩小国际环境差距，在由新兴竞争领域引导的新一轮国际竞争中把握更大的主动权。提升国际环境竞争能力，要对内加强生态环境保护，增强资源环境的承载能力，人与环境更加协调，对外要履行国际承诺和义务，通过大国行为的表率争取更大的国际主动权，内外一致也是适应了环境无国界的特点。要在国际上做好表率，关键还是要以国内的环境竞争力为基础，积极推进资源节约型、环境友好型社会的建设，改变高投入、高消耗、高污染的生产模式和消费模式，走内生型经济发展道路，走新型工业化和新型城市化的发展之路。随着国内环境素质的提高，必定会不断释放出国际环境竞争的潜力。

（原文发表于《福建师范大学学报（哲学社会科学版）》2011 年第 4 期）

建立政府向社会组织购买生态服务机制

黎元生*

良好的自然生态环境，是人类社会赖以生存发展的基本条件。伴随着我国工业化、城镇化和农业现代化的深入发展，传统经济发展方式所带来的区域生态破坏和环境污染问题愈加严峻，水体污染、水土流失、荒漠化等生态危机日益凸显。生态环境是当前中国稀缺性的公共池塘资源，成为政府改善民生福祉的重要任务。然而，承担全国性生态环境服务功能的区域，往往又是经济欠发达的老少边穷地区，当地干部和群众面临着发展经济、摆脱贫困与环境保护的尖锐矛盾。如何协调好中央政府要“被子”（生态）、地方政府要“面子”（政绩）、农民要“票子”（收入）三者之间的矛盾，是中国城乡区域协调发展中必须解决的重要问题。建立政府向社会组织购买生态服务机制，正是破解上述诸多矛盾的一把钥匙。

一、生态购买是生态建设领域公私合作的重要内容

1. 生态服务的内涵及其分类。

生态服务是基于20世纪70年代全球生态危机应运而生的概念，最早源于生物学、地理学等学科，它是自然生态系统为人们提供的物品和服务的统称。美国斯坦福大学格蕾琴·戴利（Gretchen C. Daily，1996）、中国科学院可持续发展战略研究组（2003）、联合国环境规划署（2001）

* 黎元生：福建师范大学经济学院教授，博士。

分别采取概述式或列举式加以阐释。尽管学术界对生态服务概念的认知存在分歧，但都强调自然生态系统为人类提供的惠益或利益，反映着人与自然的关系。然而，生态服务不单纯是自然界对人类的恩赐，也需要大量人类生产性、管护性劳动的投入，包含着政府、企业和社会组织等多元主体间复杂利益关系。“生态服务”逐步被经济、管理等社会学科吸收和应用，生态环境与教育、医疗、卫生等服务已纳入中国政府基本公共服务范畴。

生态服务按照其特性可划分为三类：其一，私人产品附属的生态服务。它主要是物质型生态产品的附属功能，例如，个体家庭种植经济作物具有涵养水源、净化空气、保护生物多样性等正外部效应。它接近于私人产品的性质，在一定意义上具有消费上的竞争性和受益上的排他性，可直接进入经济系统，通过市场机制自主实现生态产品的经济价值。生产者并未因其生态产品的正外部性而使自身经济利益受到损失，受益者也并不存在故意侵害行为。因此，对于这类生态服务供给不必进行补偿。政府通过政策引导和市场规律作用，推动具有正外部性的绿色产业发展。其二，纯公共产品性质的生态服务。即具有消费上的非排他性和非竞争性，如沙漠治理、湿地保护、生物多样性维持和臭氧层保护等。这类生态服务具有公益性质且耗资巨大，对区域、国家，甚至全球范围生态系统都会产生重大影响，是由整个社会共同消费的产品，通常只能由政府来直接供给。其三，准公共产品性质的生态服务。此类生态服务具有公共产品的性质，具有不完全意义上的非竞争性或非排他性，介于纯生态公共产品与私人生态产品之间，易产生过度消费和搭便车现象，产生“拥挤效应”和“过度使用”问题。例如，流域水环境治理、城市涉水公共服务、社区垃圾收集和处理、农田土壤肥力修复等。由于外部性的存在，准公共产品性质的生态服务需要政府的适当介入，并通过多种公私合作方式由市场间接实现其社会价值，既能使得个体获得私人经营，又能提升生态公共服务的供给能力。

公共服务供给过程可以分解为提供和生产两个独立但又紧密相联的环节。公共服务的提供者不等于生产者，提供者和生产者可以是同一单位或机构，也可以是不同的单位或机构。公共服务的提供者与生产者是否应当分离，取决于分离与否的核算成本。同样，在生态公共服务供给过程中，由于提供者和生产者存在多种不同组合，使生态公共服务存在多种供给方式，包括政府直接供给方式（政府作为提供者和生产者合一）、公私合伙供给方式（政府提供、私人生产）、市场供给方式（私人提供与私人生产）、自治性供给方式（小规模组织的自主供给）、网络化供给方式（政府、企业、社会组织协同供给）等。因此，政府向社会组织购买生态公共服务，是生态公共服务公私伙伴供给的重要形式。如同萨瓦斯所描述的那样，“政府仍然保留服务提供者的责任并为此支付成本，只不过不再直接从事生产”①。生态公共服务提供者与生产者的分离，体现了“掌舵”与“划桨”分开的思想。

2. 生态购买的特征。

近年来国内学者延军平等基于生态补偿、生态服务市场化的理论与实践，并针对我国行政主导型生态建设引发的诸多问题，提出了生态购买的概念。生态购买是介于计划经济与市场经济之间的国家市场经济形态，国家作为购买主体，每年就林草所有者提供的生态服务支付相应的货币。② 它作为政府解决多目标生态环境问题的经济方案，生态购买与生态补偿优势互补能有效解决生态建设“两头难”的问题。李晓玲等学者阐释了政府生态购买的具体区域方案设计等。③ 我认为，生态购买即政府购买生态公共产品（服务）的简称，它是指为了改善生态环境质量，政府将本应由自身承担生态公共服务的种养、管护、监测等事项，通过经济补助、合同外包、特许经营等方式，交给有资质的企业（农户）和社会组织来完成，并根据择定者或者中标者所提供的生态产品（服务）的数量和质量，相应支付费用的相关制度安排。因此，生态购买实质上是政府主导、市场化运作的生态补偿。如果政府自身直接提供生态公共服务，将面临成本、效率、专业化程度等诸多条件的约束；政府通过向社

① ［美］E. S. 萨瓦斯：《民营化与公私部门的伙伴关系》，中国人民大学出版社 2002 年版，第 69 页。

② 延军平等：《中国西部大开发的战略与对策》，科学出版社 2001 年版，第 129 页。

③ 参见李晓玲：《铜川新区城市生态购买设计》，《西北大学学报（自然科学版）》2006 年第 5 期。

会组织委托生产，提供了生态公共服务，则有利于提升生态公共服务的供给能力，实现公共资源使用绩效的提升，增加社会净福利。

生态购买具有以下特征：(1) 各级政府是生态公共服务购买的最主要付费者。各级政府作为生态公共服务的提供者，以税收作为资金来源成为生态公共服务的购买者；符合资质要求的企业、社会组织以及特定区域的个体农民等，是生态公共服务的生产者和受偿者，全体居民则是平等地成为生态公共服务的消费者。(2) 生态服务购买包括公益性的生态产品、生态工程和管护性事务等三种类型。将个体农户种植的商品林纳入限伐的生态区位林，政府应当通过生态购买（赎买）其林木的所有权或存在权；流域防洪、水土保持、防治沙漠等水利工程设施，以及政府承担的管护性事务都可以委托社会组织建设和运营。(3) 生态服务购买是以法律契约为基础，订立标准化交易合同进行市场化交易。生态服务购买应当参照《中华人民共和国政府采购法》的相关规定，按照“政府承担、定向委托、合同管理、评估兑现”等要求，并根据生态公共服务的特征，采取合同外包、特许经营、经济补助等方式进行利益补偿。(4) 生态服务购买价格是政府主导性、动态化、差异化的调节价格。生态公共服务购买是一个准市场（准政府）的行为，政府要综合考虑不同类型的生态服务成本、公共财政实力、经济发展水平等综合因素，针对不同区域、不同类型的生态产品种养和管护等事项差异，采取招拍挂、谈判、协商等市场化方式确定价格。

二、中国政府向社会组织购买生态服务的重要意义

1. 加快转变政府生态管理职能。

在计划经济体制下，政府作为生态公共服务供给的唯一主体，扮演着提供者和生产者的双重角色，采取行政命令、直接投资或设立下属机构等方式开展生态建设，形成了行政化的生态公共服务供给机制。改革开放以来，中国形成了以经济建设为中心的发展思路，并将国内生产总值和财政收入作为各级政府政绩的核心考核指标，相对忽视生态环境质

量的改善。政府官员的生态环境保护意识不强，部门之间责权模糊不清，政府生态管理职能“缺位”“错位”“越位”等现象并存，导致生态环境保护力度明显不足。因此，在中国当前行政化生态补偿机制的基础上，逐步建立政府向社会组织购买生态服务机制，是加快政府生态管理职能转变、推动政府管理创新、提高政府行政效率的重要途径，也是培育社会中介组织、促进现代服务业加快发展的重要举措。通过将政府购买生态公共服务与生态、环保、水利等事业单位改革相结合，则能推动事业单位与主管部门理顺关系和去行政化，推动有条件的事业单位转为企业或社会组织；也有助于改变政府大包大揽的传统做法，通过发挥市场机制作用，构建多元化的公共服务供给体系，尽快补上“短板”，提高公共服务水平和效率。

2. 引导社会资本投入生态建设和环境保护。

当一个国家（地区）环境污染治理投入占国内生产总值比例为1%～1.5%时，基本能控制环境污染恶化趋势；当占比达到2%～3%时，环境质量可以有所改善。[①] 目前中国各级财政在生态建设和环境治理的投资大体维持在国内生产总值的1.2%左右，属于投入偏低的国家。国家财政投入不足，是导致生态建设进展缓慢的重要原因。党的十八大报告明确指出：要“建立吸引社会资本投入生态环境保护的市场化机制”。将政府应当承担的公益性生态环境服务、生态环境工程和生态环境管护性服务推向市场体系之中，是发挥市场机制在生态资源配置中决定性作用的重要举措。通过建立生态环境领域的投融资体系，改善营商环境，发挥财政资金“四两拨千斤”的带动效应，引导社会资本投入生态环境保护领域，有利于拓展中国民间资本的投资渠道；同时将绿色产业与生态建设、扶贫开发有机结合起来，产生乘数效应，推进经济生态化和生态经济化的进程，使生态建设和环境保护成为有利可图的行业，成为新常态下经济增长的亮点。

3. 提高生态公共服务供给水平和质量。

---

① 宋文献、罗剑朝：《我国生态环境保护和治理的财政政策选择》，《生态经济》2004年第9期。

中国传统生态建设模式主要是以项目为载体，下拨财政资金，重林草种养过程，轻林草管护和结果评价，局部地区曾出现“年年种树不见树，年年造林难见林”的尴尬局面。中共中央、国务院《国有林场改革方案》和《国有林区改革指导意见》中明确指出：“创新林业生产组织方式，造林、管护、抚育、木材生产等林业生产建设任务，凡能通过购买服务方式实现的要面向社会购买。”建立政府向社会组织购买生态服务机制，就是对我国传统生态建设模式“只能保证过程，不能保证结果”的反思，其制度优势在于：变行政机制为市场机制，变过程管理为目标管理，变国家要求为农民主动需要，变国家微效投入为显效投入，变静态投入为动态投入，变无价生态为有价生态，变国家一方投入为全民多方投入。[①] 生态环境服务作为全社会最公平的公共服务，其供给决策机制是行政化的。正如布坎南认为的：“政治选择则是离散的，即人们不能在边际上就候选对象进行取舍，只能就某一对象表示同意或不同意。其结果是一部分受益，一部分受损。而市场选择是连续的，能够实现帕累托改进状态。”[②] 生态购买将生态服务的提供者和生产者进行适度分离，有效实现了“有效市场”和“有为政府”的结合，并降低生态公共服务的供给成本，推动我国林业发展模式由木材生产为主转变为生态修复和建设为主，由利用森林获取经济利益为主转变为保护森林提供生态服务为主。

4. 带动欠发达地区农民脱贫致富。

生态购买过程坚持生态治理与发展经济并重、环境保护与改善民生并行的原则，将政府承担的公益性目标与农民追求的个体性目标有机结合起来，推进生态产品的商品化和市场化，既能促进农民增收，又改善生态环境，有助于解决欠发达地区长期存在的生态环境恶化与贫困的恶性循环现象，是市场经济体制下中国实现环境保护与摆脱贫困双重目标的必然选择。政府购买生态产品、生态工程和生态管护性事务，都能带动农民投工投劳，在家门口增加就业机会和劳动报酬。例如，山西阳曲县政府对农民实施“林木直补”购买方式，只要树木存活，农民每年都

---

① 易福金、徐晋涛、徐志刚：《退耕还林经济影响再分析》，《中国农村经济》2006年第10期。

② ［美］詹姆斯·M. 布坎南：《公共物品的需求与供给》，上海人民出版社2009年版，第5—6页。

能从中获得收益。对林地内现有树木一株每年补贴 0.5 元；新栽植、达到一定标准的树木，每株树每年直补 1 元；低于标准的，先直补 0.5 元，生长达到标准后每株直补 1 元，直补金均在一年后苗木保证存活时予以兑现；现有和新植灌木林统一按照每亩 55 元的标准进行补贴。2013 年，太原市财政共为六固村下发直补金 10 万元，带动全村人均纯收入提高 20%，随着 41.5 万元直补金的到位，预计能带动全村人均纯收入增长 82%。① 个体农民在坚持生态优先的前提下，还发展林下经济或者借助政府提供的基础设施发展家庭农场（林场），提高农业规模化经营效益。

三、中国政府购买生态公共服务的实践及缺陷

改革开放以来，中国生态建设工作稳步发展，生态公共服务供给政策总体上沿着“多一些市场调节”与“少一些政府管制”、“多一些竞争”与“少一些垄断”的方向逐步推进。20 世纪 90 年代，中国生态环境管理从 80 年代以污染治理为主转向全面的生态建设与环境保护，政府主导型生态公共服务供给格局初步形成，并主要在以下三个领域积极探索生态服务购买。

一是公益性生态环境服务。1999 年中国开始实施退耕还林还草工程，开启了中央政府面向农户进行生态建设补偿的先河，成为全球范围内“环境服务付费（PES）”机制的有益探索。2014 年 9 月第三轮退耕还林还草的政策，从前两轮以行政强制为主导的运作模式向尊重农民意愿的生态公共服务购买的准市场化方式演进。从政策操作方式看，由原来“采取自上而下，层层分解任务，统一制定政策，政府推行”的方式，改为“自下而上、上下结合”的方式实施，采取农民自愿、合同管理、自主种植、成本补助等措施②，标志着生态公共服务供给朝着市场化方向进一步发展。

二是生态环境工程建设。中国在生态环境工程建设领域的市场化运

① 刘鑫焱：《林木直补怎样掀起植树潮》，《人民日报》2013 年 11 月 29 日。

② 国家发展和改革委员会：《新一轮退耕还林还草政府不搞强迫命令》，《中国经济导报》2014 年 9 月28 日。

作起步较早。2001年，国家发展计划委员会发布《关于促进和引导民间投资的若干意见》，鼓励和引导民间资本以独资、合作、联营、特许经营等方式参与污水回收、垃圾处理等，政府采取公共支付方式，推进生态环境公共服务的有效供给，全国城市供水污水处理等民营化取得较快发展。

三是生态环境管护性事务。生态环境政策宣传、科技研发、环保监测等事务性服务是政府公共服务的重要职能，也是加强政府与社会资本合作（PPP）的重要领域。1999年，深圳罗湖区率先打破政府与环卫工人的聘用关系，首次尝试由政府购买生态环境公共服务，环境治理效果良好。2004年，上海市环保局尝试全市地表水监测任务下达形式的改革，采用政府购买服务的形式，优先让区县环境监测站等在地表水监测项目、监测断面、频率等8个标段参与招标。2006年，无锡市颁发《关于政府购买公共服务的指导意见（试行）》，实行包括环卫清扫保洁、水资源监测、城区绿化养护等政府购买服务的试点项目等。我国政府购买生态服务取得初步发展的同时，也呈现出如下诸多缺陷。

一是生态服务购买主体的“碎片化”。政府不是铁板一块，政府内部也有层级，不同层级政府之间要进行公共服务的职责分工。不同层级政府之间在职能、职责和机构设置上表现出明显的“职责同构”现象，中央与地方政府之间的行政性分权，导致各级政府在生态环境服务领域的事权和财权划分模糊不清。重要生态功能区大多数为经济欠发达地区，在生态环境服务领域总是趋向于向上级争取项目，获得专项的财政转移支付。在地方政府内部，生态建设和环境管理职能及各项补助资金分散在各级政府发改、水利、国土、林业、财政等各部门，在各相关职能部门间缺乏统一规划、统一管理，且有资金被截留、被挪用的风险。2012年福建省宁化县创新性地成立国有独资的水保生态建设公司，既受政府委托开展公益性水土流失治理，又与社会资本参股进行经营性水土治理开发。这一机制创新虽然破解了各部门职能重叠又相互割裂及投资分散等问题，提高了水利资金利用效率，但又造成了新的政企不分。水保生态建设公司仍然是政府部门的延伸，随时接受政府下派的任务，在打破购买主体“碎片化”困境的同时，又陷入了“内部化”的巢穴，如何解决公司公益性和经营性的矛盾仍是一个难题。

二是生态服务购买客体的“内部化”。受传统计划体制的影响，我国各级政府为了提升生态环境管理和生态公共服务职能，习惯于采取增设管理机构和人员编制、下设附属企事业单位等方式，并将部分事务性、工程性等项目委托给下属的企事业单位经营，从而形成了“内部化”的生态购买方式，实质上是政府直接生产提供生态公共服务的模式。例如，在购买事务性和工程性服务领域，由于地方政府及具体购买部门的监管不力，政府部门大多采取定向购买方式，把购买服务试点项目仍交由原所属事业单位承担，并面临着“购无所需”“上级内定”“人情关系”等困境；在监督管理环节，有关部门则会出现虚于应付、惯性懈怠等现象；在完成验收环节，也会有故意放水、“睁一只眼闭一只眼”的情况发生。

三是生态服务购买方式的“行政化”。在生态公共服务市场上，政府作为单一的购买主体，拥有强大的组织资源和政治动员能力，企业和社会组织缺乏对等的谈判能力，购买成为单向度合作行为。而企业、农户和社会组织作为公共服务的承接者，往往没有足够的能力和地位与购买者进行平等的谈判和协商，从而形成了不对等的市场结构。主要表现为：政府按照公共财政实力等诸多因素确定生态购买的价格，这种价格往往低于基于机会成本核算的市场价格。以公益林补偿为例，福建省现行的生态公益林补偿标准仅为每亩每年 17 元，而集体林权制度改革后市场商品林每亩每年收益达 150～200 元，即使荒山荒地每亩每年租收入也达到 30 多元。这使得林权所有者和经营商的利益损失没有得到合理补偿，挫伤林农种树护林的积极性。[①] 现行的政府主导型生态补偿，只是生态服务贡献地区农民经济利益损失的部分补助，补偿方式是定向性、行政化、强制性的制度安排。因此，加快由行政化的生态补偿向市场化的生态购买转变，是生态公共服务供给市场化的现实路径。

四是生态服务购买程序的“随意化”。2013 年，《中共中央关于全面深化改革若干重大问题的决定》明确提出：“加大政府购买公共服务力度”，“推广政府购买服务，凡属事务性管理服务，原则上都要引入竞争机制，通过合同、委托等方式向社会购买”。2015 年财政部印发《政府购

---

① 韦希成：《守望生态保护的底线》，《福建日报》2014 年 11 月 26 日。

买服务管理办法（暂行）》等文件，也只是一般地规定了政府购买事务性公共服务的指导性目录、购买方式及程序等内容。各地政府通过出台地方性政策法规，积极探索公共服务外包等工作，但目前没有专门的“政府购买生态环保公共服务”类的文件。[①] 各地政府在生态环境工程、服务外包等领域规范程度较低。政府与社会组织的双方合作或者是基于熟人关系的非制度化程序，合作过程随意性较大，经常出现购买方都未能提供所购买的产品细目与技术标准，也没有公开合理地确定公共服务价格的现象。政府购买供水、污水处理等生态环境服务过程中，甚至出现违约而致合作方利益受损的现象。例如，青岛市政府与威立雅公司在污水处理项目签约后又单方面要求重新谈判以降低承诺价格；长春市政府在汇津污水处理厂项目中废止了当初指定的管理办法，导致实施机构拖欠合作公司污水处理费最终致项目失败。因此，政府严格遵守契约精神，规范公私伙伴合作和交易程序，是提升公共服务市场化供给效率的客观要求。

四、规范政府向社会组织购买生态服务机制的思路和对策

1. 明晰生态服务政府购买清单。厘清政府向社会组织购买生态服务的边界，凡是不属于政府生态管理和服务职能范围，以及应当由政府直接提供、不适合社会力量承担的生态公共管理和服务事项，不得向社会力量购买。明确各级政府和职能部门在生态环境保护领域的权力清单、责任清单和服务购买清单。中国应借鉴发达国家的成功经验，采取概述式和列举式相结合的方式，明晰各级政府的生态服务购买清单，形成相对稳定的向社会组织放开的生态服务领域的清单目录，为社会组织在承接政府生态环境服务职能提供制度依据。清单可以细化为目录和具体事项（如表 1)：(1) 公益性生态产品。包括因公共设施建设需要，将个体

---

① 施从美：《政府购买与城镇生态公共服务供给》，《苏州大学学报（哲学社会科学版）》2011 年第 3 期。

农民的商品林划定为生态区位林的，要纳入政府赎买范围；重要生态功能区的林地、草地、水面等，不论是经济林、生态林还是个人建造的人工湖等要纳入政府生态购买范围。对于农民拥有的林木资源，政府只购买农民林草的存在权即发挥生态效益，所有权和使用权仍归村民。[①] 近年来，中国已在贵州、内蒙古、福建等省小范围试点国家赎买个体农民投资营造的生态公益林、天然阔叶林、重点生态区位内商品林的林木使用权和所有权。（2）公益性生态工程。加大生态环境工程建设是新常态下扩大内需、带动经济增长的重要途径。当前中国防洪、供水、污水处理、水土保持等民生水利、生态水利工程建设相对滞后，通过政府向社会组织购买，有利于推动政府与社会资本合作。（3）公益性生态管护事务。生态建设和环境保护要“三分治、七分管”。森林防虫防害防火，湿地、水源地等生态管护，以及相应的科技研发推广等各种公益性服务，凡属事务性管理服务，原则上都要引入竞争机制，通过合同、委托等方式向社会组织购买，由传统的过程管理转为目标管理。

表1　中国政府购买生态公共服务目录初步设计

一级目录	二级目录	具体事项	购买对象
生态公共服务	公益性生态产品	林木林地所有权由集体或个体所有变更为国家所有	集体组织、个体农民
生态公共服务	公益性生态产品	生态公益林种养；水土流失区开发治理；重要生态功能区公益林、草原、湿地等生态公共服务功能	种养大户、农民合作组织和专业企业等
生态公共服务	公益性生态工程	水土流失重点区生态工程项目；干旱地区种树造林项目；流域防洪水利设施的建设和运营；城乡供水和污水处理建设和运营等；资源节约监测及公共环境监测设施建设	符合资质要求的专业企业
生态公共服务	公益性生态管护事务	资源节约环境保护规划和政策研究、宣传服务；资源环境评估服务；资源节约环境保护教育、培训；资源节约环境保护考核、监督检查；生态环境事故鉴定辅助性工作；科技研发和成果推广	企事业单位、非营利性组织

① 杨伟民等：《实施主体功能区战略，构建高效、协调、可持续的美好家园——主体功能区战略研究总报告》，《管理世界》2012年第10期。

2. 培育生态服务交易市场体系。

欧美国家实践表明，如果可供选择的公共服务提供商较少，难以形成竞争性市场，容易诱发市场垄断和官商勾结，降低公共服务的质量。因此，加快培育生态服务政府购买的市场体系，实现公共服务供给的市场化和社会化，是逐步扩大政府生态购买的规模和比重，推进政府向社会组织购买生态服务的制度前提。要分类指导，针对生态产品、生态工程和生态管护事务等各类市场的薄弱环节，明确政策的着力点。(1) 培育竞争性市场主体。生态产品生产者通常是重要生态功能区内特定的群体，生态产品交易市场具有典型的双边市场特征。政府要改变过去主要依靠行政手段实行强制、低价购买的方式，建立发布政府购买生态产品项目信息的渠道，明确购买区域和范围，确定购买数量、质量与价格。在尊重农民意愿基础上，秉承公开、公平、公正的原则进行协商谈判方式，与个体农民和集体组织签订标准化的购买合同，明确双方的责权利关系，并强化结果考核，真正让市场在生态产品交易中发挥决定性作用。对于公益性生态工程和生态管护性劳务，一般具有比较清晰的成本收益和风险评估。采取税收优惠等政策，培育竞争性市场主体，形成市场化的竞价机制，采取招投标的方式进行交易。(2) 明晰生态服务市场交易规则。探索第三方参与的市场监管评估机制，强化项目申请、资质审查、公开招标、考核与评估等全过程的监管。规范市场主体的准入退出机制。对参与工程招标企业实行动态管理，吸纳社会信誉好、资产状况良好的企业进入交易市场；及时解除违反合同条约、涉嫌造假等不合格的企业的购买合同，将之清理出工程市场并要求其赔偿损失，情节严重的追究其法律连带责任。对于市场竞争不充分的科研项目以及需要扶持的科技成果转化项目等服务业事项，可以根据 2015 年财政部发布《政府采购竞争性磋商采购方式管理暂行办法》的规定，探索采取竞争性磋商的办法，进行交易。(3) 完善生态服务市场交易的投融资机制。由于生态建设和环境治理公益性强，投资周期长，资金回收慢，综合收益较差以及各种项目资金投入和长期收益不均衡等特点，必须创新投融资机制。各级政府整合生态建设领域的财政专项资金，设立生态环境建设的融资担保资金，建立政府性投入、市场化运作、法人化管理的运作管理机制。引导政策性银行给予投资主体长期限、低利率的信贷支持。(4) 加强市场交易管理。以各地自然资源产权交易中心为平台，开展生态服务市场交易。提升生态服务市场交易的信息化管理水平，建立互联互通的数据库网控中心，与自然资源主管部门的信息数据库进行对接，实现生态服务市场交易信息共享。

3. 探索符合国情的生态服务购买方式。

政府要根据生态产品、工程和服务的性质差异，因地制宜地采用经济补偿（补助)、特许经营、合同外包、项目申请制等政策工具，通过多样化的购买方式推进生态服务市场化供给。经济补偿（补助）是政府通过提供现金补贴、贴息、技术援助、减免税等方式，鼓励特定区域的群体保护生态环境，随着公共财政能力的提升，政府应当参照农民的机会成本损失作为补贴标准，并逐步提高兑付的比例。特许经营是指政府按照有关法律、法规规定，授予私营企业或其他非营利性部门在一定期限和范围内提供某项生态公共服务进行经营的权利，并准许其通过向消费者收取费用以清偿贷款、回收投资并获取合理利润。[①] 城市的供水、污水处理等准公共服务都可以采取特许经营方式。针对当前生态服务政府购买“内部化”的现状，要打破政府行政性垄断，培育市场性市场主体，引导社会资本参与生态建设，促进政府与社会资本多元化的合作机制。[②] 合同外包是由政府明确规定某种生态服务的数量和质量，并以签订合同的形式将原来由政府提供的生态服务委托给私营企业或其他社会机构，生态公共服务的相关费用则以财政税收来承担，政府依据合同对供给过程进行监管。非营利性的生态工程和生态管护性事务，均可以采取合同外包的方式进行。在特许经营的情况下，政府只是公共利益的代表，与企业进行谈判，消费者通过水费、排污费等方式直接向企业付费。而在合同外包中，政府则是生态服务的直接付费主体。生态环境类公共服务

---

① S. W. Stem, “Build-Operate-Transfer—A Revaluation,” *The International Construction Law Review* (1994): 103.

② 根据财政部《关于印发政府和社会资本合作模式操作指南（试行）的通知（财金〔2014〕113 号）》，社会资本是指已建立现代企业制度的境内外企业法人，但不包括本级政府所属融资平台公司及其他控股国有企业。

的科技研发等主要采取项目申请的方式进行。

4. 加强生态服务购买的绩效考核。

生态公共服务是采取政府直接供给，还是通过市场购买方式供给，关键是看生态公共服务供给的绩效评价。“花钱问效果”是现代公共财政的核心价值观，政府购买生态服务就是“花钱问效果”支出观的具体体现。20 世纪 80 年代以来，欧美国家政府购买公共服务的实践，既有成功的案例，也有失败的教训。博伊恩（Boyne）[①] 通过对大量有关政府购买服务合同效率研究的分析发现，并不存在对政府购买服务能带来更大效率的确切支持。伯瑞坦（Brittan）[②] 早就指出，民营化本身对效率的影响处于“略胜于无”和“略劣于无”之间，无足轻重。据统计，美国最大的十家水务公司民营化改革之后，普通家庭水费支付不仅未降低，相反，都成倍甚至多倍地提高了。新世纪以来，由于公私合作合同到期、规划失败或存在腐败行为等各种原因，法、德、美等国家政府在供水、垃圾回收与处理等领域出现了回购公共服务现象。因此，应加快建立中国生态服务政府购买的绩效评价体系，推动建立由购买主体、服务对象及专业机构组成的综合性评价机制，推进第三方评价，将生态环境服务政府购买的绩效评价与公共财政资金分配、政府责任目标考核等工作机制联系起来，按照过程评价与结果评价、短期效果评价与长远效果评价、社会效益评价与经济效益评价相结合的原则，对购买服务项目数量、质量和资金使用绩效等进行考核评价，切实提高政府向社会组织购买生态服务的效率和效益。

（原文发表于《经济研究参考》2015 年第 64 期）

---

① G. A. Boyne, *Public Choice Theory and Local Government: A Comparative Analysis of the UK and the USA* (New York: St Martin's Press, 1998).

② Brittans, "Priivatisation: A Comment on Kay and Thompson," *Economic Journal* 96 (1989): 33—38.

中国的绿色发展有制度优势

黄 雯*

党的十八大以来，中国生态文明建设无论在制度建构，还是实践操作中都取得了丰硕成果，再次彰显了顶层设计的魄力和社会主义制度的优势。2016年是“十三五”开局之年，为了全面推进生态文明建设、实现绿色发展，需要我们进一步发挥好这些制度优势。

首先，增进全民生态福祉。社会主义的本质特征和核心价值在于创建以实现人的全面发展为宗旨，以真正满足属于人的功能与需求为主要内容的生活方式。对此，自生态文明建设与经济建设、政治建设、文化建设和社会建设一道纳入中国特色社会主义事业总体布局以来，全党全国上下从理念、制度和行动上一并发力，充分展现了中国建设生态文明的信心和决心。正如习近平同志所指出的，“良好的生态环境是最公平的公共产品，是最普惠的民生福祉”，社会主义制度将良好的生态环境视为全体民众的共同福祉，人们不论性别、年龄、民族、区域、阶层、贫富、社会地位或受教育状况，一律享有平等的生态权利。这与近年来我党先后提出的共同富裕、“三个有利于”、全面建成小康社会、坚持以人为本等助推民生与社会建设的理念一脉相承。

其次，紧密结合政府与社会。这是中国社会主义制度的一大优势，也是全面推进生态文明建设的有力保证。

一是实现政府和社会协同治理。政府除了要加强有关生态发展战略、规划、政策、标准等的科学制定与推广，还应通过完善官员选拔、政绩考核与绩效考核机制，把创建良好生态环境作为工作重点。与西方国家

---

* 黄雯：福建师范大学马克思主义学院副教授，博士。

社会组织和政府之间既存在合作又存在对抗的关系不同，我国社会组织和政府是协助与合作关系。发挥和利用好这些组织的力量，往往能起到事半功倍的效果。例如，有关生态、环保的研究组织有助于推进生态理论创新，“自然之友”“地球纵观”“地球村”等公益类组织负责宣传环保常识、组织公众参与环保、开展社会监督，工会、妇联等基层类群众组织通过开展平等对话、规劝疏导，配合政府和环保机构化解不同利益主体间的生态利益冲突等。

二是通过协商民主强化民众参与。习近平同志指出：“在中国社会主义制度下，有事好商量，众人的事情由众人商量，找到全社会意愿和要求的最大公约数，是人民民主的真谛。”协商民主，即民众针对具体问题借助对话、探讨、审议和协商等形式进行沟通，从而促进相关部门在广泛考虑公共利益的基础上进行决策。这种方式使民众人人享有平等参与生态决策和获得决策影响的机会，而决策过程又以相互理解、劝说而非强制为主，因此有益于充分调动社会各阶层、群体的主体性，广纳群言、广集民智；尊重差异，为民众提供合理表达不同利益诉求的渠道，并在对话中达成共识，使各类矛盾、冲突与纠纷得以妥善处理；使个人、组织和团体在对话中进一步明确各自生态责任与义务，并自觉接受他人监督，有助于维护和促进生态公平。

三是积极推动全球生态治理。人类只有一个地球，在环境治理上，没有国家可以独善其身。习近平同志在巴黎气候大会上指出，应对气候变化是人类共同的事业，各国都应为推动建立公平有效的全球应对气候变化机制、实现更高水平全球可持续发展、构建合作共赢的国际关系贡献力量。近些年，我国秉持树立生态命运共同体的发展理念，与其他国家共同谋划全球生态治理规则和体系，搭建全球生态治理互动平台，把发挥在全球生态治理领域中的建设性作用与建设国内生态文明有效衔接起来，并坚持“共同但有区别的责任”原则，要求各国按照自己的国情履行义务、兑现承诺，这为我们在国际上赢得了尊重和认可，也为我们推动实现经济与生态平衡发展创造了良好的外部环境。

最后，树立科学的生态价值观。生态危机说到底是人类思维方式和价值观的危机，生态文明建设急需进行一场思想观念的深刻变革。西方国家的人类中心主义、唯科技论、唯增长论等思想，是造成技术决定论、资本至上、消费为社会核心单一文明发展模式的罪魁祸首，事实证明这些与地球资源的有限性相矛盾，与地球自我修复能力亦不能良性互动，是造成西方生态危机的根源。中国政府吸取这些教训，在对马克思主义自然观和中华传统生态智慧的借鉴中，形成了科学的生态价值观。其中，马克思主义自然观强调人与自然、人与社会的辩证统一，从根本上改变了主客二元对立的思维方式，且马克思主义以人类共同福祉为追求目标，竭力阻止为最大化短期利益和国内生产总值而掠夺自然的行为。而中国传统文化中“天人和谐”的自然观、尊重生命和兼爱万物的伦理观及中庸之道的价值观启发我们尊重自然规律，关注不平等，对自然和人类社会的发展有长远的整体视野与规划，这为我们在经济社会发展中处理好既利用又限制资本、既发展科技又把握其价值取向、既扩大生产又采用科学方式、既刺激消费又妥善引导等一系列问题提供了有力指导，使人们在正确的价值观导向中追求和获得财富。

生态文明建设是个长期的过程，正如社会主义本身从不拒绝接受人类文明的进步成果一样，我们也将在发展中不断学习、吸收和借鉴，进一步完善我们的政治制度，并使之在生态文明建设中继续大放异彩。

（原文发表于《中国社会科学报》2016 年 2 月 4 日）

论生态文明建设的科技维度

王建华[*]

生态文明建设是当代一个重大而紧迫的发展课题。党的十七大首次把“建设生态文明”写入党代会报告，这是中国共产党的科学发展、和谐发展理念的一次升华。生态文明内涵丰富，涉及意识、制度、生产方式和行为方式等方面内容，近年来理论界已经从不同的视角进行了有益探索，并取得许多积极的成果。这些探索主要是从观念、制度与政策等层面进行的，而从科技发展与人类文明进步的角度，探讨生态文明理论和实践的很少。人类文明发展的历史证明，科技是建设文明社会的一个重要维度，文明的创造和发展离不开科技的进步，建设生态文明，解决当前诸多人口、资源、环境问题，更需要有科技的支撑。但人类文明发展史又揭示没有约束的科技发展最终会导致文明的毁灭。因此，建设生态文明既离不开科技进步又必须对其进行必要的约束，通过确立生态文明的科技价值观，践行生态文明的科技发展原则，扶持和推广生态科技，寻求人与自然和谐发展的科技进步之路，这既是生态文明建设向现代科技提出的新要求，也是贯彻落实科学发展观的重要成果。

一、科技发展对人类文明进步的双重效应及不同的评价

纵观社会文明发展史，科技发展对人类文明进步是具有双重效应的。

* 王建华：福建师范大学经济学院教授。

一方面，人类的每一次科技发展都推动了社会的文明进步。科技发展经历了原始期、萌芽期、发展繁荣期及纵深发展期四个时期，与之相适应，人类文明的嬗变也大致经历了原始文明、农业文明和工业文明三个阶段，目前正处于工业文明向生态文明的过渡阶段。另一方面，科技发展也引发了日益严重的生态环境及社会问题，使人类文明进步陷入困境。在原始文明时代，由于科技水平低，人类对自然的改造和影响力是相当有限的，对自然界更多的是敬畏、依赖和顺从，人与自然的关系从整体上看是和谐的，但这只是一种在落后的经济水平上的生态平衡，因而不是我们所赞美和追求的理想境界。农业文明是人类文明发展史上的第一个重大转折，这时人类对科技的研究开始从不自觉走向自觉，由潜意识变为显意识，被看作科学技术的萌芽期，它植根于农业生产的肥沃土壤，对农业文明和农业生产起着积极的作用。这时期人类不再依赖自然界提供现成的食物，而是利用科技对自然进行积极主动的开发和改造，并创造出灿烂辉煌的古代农业文明。但与此同时，水土流失、沙漠化等问题也开始出现，人与自然关系逐步由整体和谐转为局部冲突，生态环境问题开始出现。伴随着资本主义生产方式的产生而出现的工业文明，是人类文明发展史上的第二个重大转折。工业文明时代是人类运用科技的武器以控制和改造自然并取得空前胜利的时代，随着科技的发明与广泛运用，生产力得到极大的提升，特别是近代三次科技革命导致人类社会发生前所未有的巨大变化，于是，人们在不断的自我满足和自我证明中，一味地向自然界索取，无节制地向自然界排泄和抛弃废物。但是，正如恩格斯曾告诫过我们的“不要过分陶醉于人类对自然界的胜利。对于每一次这样的胜利，自然界都对我们进行报复”①。随着人类应用科技征服自然力度的加大，对自然的破坏力度也在同步增长，人与自然关系不断恶化，出现了资源枯竭、环境污染、土地沙化、水土流失、生物多样性减少等问题，从而引发了全球化的生态危机。

如何看待科技发展对人类文明进步的双重效应？现代科技在生态危机产生及其解决中究竟起着什么样的作用？各国学者对此进行了广泛的

① 《马克思恩格斯选集》第4卷，人民出版社1995年版，第383页。

研究，并引发了科技乐观主义与科技悲观主义的大争论。基于人类中心主义的科技乐观主义是在第一、第二次科技革命中形成的影响很大的科技理念和态度。生活在近代两次科技革命中，人们无不感到科技的力量和价值，科技似乎是无所不能、战无不胜的。科技乐观主义以极大的热情充分肯定了科技的积极意义和绝对价值，高扬了人类利用科技改造自然、控制自然并建设自然的主动性、能动性和主体性，相信科技能解决一切社会问题，包括工业文明时期出现的各种形式的生态环境、社会不公等全球性问题，都可以通过科技的进步得到合理的解决。科技乐观主义学派的主要代表是美国的康恩、托夫勒、贝尔等。如康恩在《今后二百年》等著作中，坚决反对限制增长的办法，主张用发展新技术和保持经济不断增长的办法使当前的“失调性问题”得到控制。托夫勒在《未来的冲击》一书中，认为技术的发展是最根本的决定因素，甚至是决定全局的因素，他坚信科学技术能够促进生产力和社会的发展。贝尔 1978 年也推出《后工业社会的到来》表达了这样的观点：未来社会的结构和功能将直接依赖于科学技术，在“后工业社会”中最终的决定因素是运用经济的各种学科知识。科技乐观主义充分肯定了科技的正面作用，然而却忽视了科技的负面作用，这样，科技乐观主义就变成了科技统治论、科技决定论。社会的发展是多种因素共同作用的结果，并不是科技一统天下，特别是现代，随着科技的进一步的发展，科技的负面效应越来越大，严重危害着人类的生存和社会的持续发展，人们对科技的态度也由此发生了根本的变化。

基于非人类中心主义的科技悲观主义是伴随着第二次科技革命特别是第三次科技革命的发展，科技活动的负效应充分暴露出来后形成的一种强大的现代思潮和社会运动。科技悲观主义在整体上排斥科技发展的自主性、自发性，否认科技进步，恐惧科技后果，突出强调了科技活动对自然界及人类社会的破坏作用和消极影响，认为科技对解决人类社会问题，特别是生态环境问题是无能的，甚至是有害的。悲观主义学派代表主要有法兰克福学派、存在主义、后现代主义等。如存在主义的创始人海德格尔在《技术的追问》一书中以美文化的方式诠释了技术之本质。他认为，宗教、神话、科学、技术、文艺都是人类“展现”事物的方式。

所谓“展现”也就是“去蔽”，即解决事物的未知状态。不幸的是，技术的这种展现方式在近代以来逐渐取得了独霸地位，“由于现代技术……事物唯一地从技术交往中被构造，以至于它们的存在只能显示为千篇一律的功能性的材料，显示为可统治的可耗尽的可预测的对象”。现代技术本质上是一座座支架（Gestell），它支撑人类，使其登高俯视万物，并征服与统治地球。如此这般，却导致人类自身“根基持存性”丧失，让自己变成空中楼阁。在此过程中，人失去主体性，成为技术之奴隶，坠入万劫不复的灾难中去了。[①] 罗马俱乐部在其提交的研究报告《增长的极限》中更是表达了这样的观点：当代人类的许多问题是由于技术进步而产生的，目前这些问题还没有技术上的解决办法，解决当前全球难题和所有社会问题的唯一的途径，就是限制乃至停止科学技术的发展和应用，将经济增长的速度降低到“零增长”和“负增长”。他们在预测人类社会未来状况时，对科技的作用也完全持消极否定态度。如该俱乐部的主要发起人佩奇断言，滥用科学技术是当前全球性危机深化的主要根源，认为那些相信科技进步可以克服全球危机的人们是“一种集体的糊涂”[②]。

上述两大学派的争论，为我们更为客观地、全面地看待科技在生态文明建设中的作用，提供了多维的、有益的视角。技术乐观主义学派对人的能动作用的认识和科技在解决生态环境问题上的评价是值得肯定的，但是，他们忽视了某些技术的应用所蕴含着对人类及生态环境的威胁，盲目地赞美资本主义制度下科技进步带来的福利，看不到其负面作用，显然不是全面的、客观的态度。技术悲观主义学派的忧患意识在唤起国际社会对全球性生态危机问题的关注上起了重要作用，所提出的控制人口增长，限制高能耗、高污染的工业化生产方式的发展，以及对科技开发应用中的社会控制等思想，都对生态文明建设具有积极的借鉴作用。但是，技术悲观主义学派忽视了科技进步的力量，没有认识到要解决生态环境问题，最终仍然要依靠科技的进步，因而，他们对科技作用及人

① ［德］冈特·绍伊博尔德：《海德格尔分析新时代的科技》，中国社会科学出版社1993年版，第80—81页。

② ［意］奥尔利欧·佩奇：《世界的未来——关于未来问题一百页》，中国对外翻译出版公司1985年版，第61页。

类前途的悲观看法是片面的。

当前，随着生态文明建设理论研究的深入和实践的拓展，人们对科技在人类文明进步中的地位和作用的认识渐趋理性，逐步走出早期要么一味批评、要么过于推崇的非此即彼的僵化模式。进一步而言，寻求生态危机产生的根源，摆正科技在人类文明进步中的地位，充分发挥科技的正效应，是生态文明建设中必不可少的一环。

二、生态危机产生的科技根源

生态危机是伴随着工业文明的产生与发展而不断加剧的，目前已严重影响着人类生存与经济社会持续发展，引起国际社会的普遍关注和深切忧虑。所谓生态危机是指由于人的活动所引起的环境质量下降，生态系统的结构、功能遭受损害，生命维持系统瓦解从而危害人的利益、威胁人类生存和发展的现象。生态危机在很大程度上是人的问题，是人们对科技成果的运用不恰当，导致科技负效应急剧膨胀，从而影响人类自身生存与发展。因此，寻求生态危机产生的科技根源，对于克服科技应用的负效应，充分发挥科技在生态文明建设中的支撑作用，具有积极的意义。

1. 传统的、不合理的科技价值观，是生态危机产生的直接原因。

科学技术作为人类改造自然的强大物质力量，它是人类对自然施加影响和作用的中介。但是，科学技术的应用具有正负双重效应。一定的技术形态，究竟是作为生产力还是破坏力，很大程度上取决于人。科技作为调节人与自然关系实现人的价值目标的中介手段，它的工具性特征使它自身缺乏判断，必然依照人的意志介入生态过程。因此，它既可帮助人类摆脱自然的奴役，也可为人统治自然效力，更能成为推进人与自然协调发展的中间力量，关键是人的世界观、价值观以及人类运用科技是否恰当。然而，长期以来，人类未能树立正确的价值观，未能全面认识和处理好科技应用的双重效应的关系。传统的价值观，强调人是自然的主人，人的利益是唯一的标准，科技的功能在于为人类征服自然、统治自然服务，科技的价值体现在满足人对自然的索取上。这样，某种程度上科技成为人们破坏自然、榨取自然的工具，从而出现了一系列意想不到的后果，如生态失调、环境污染、资源枯竭等。因此，生态危机产生的实质是传统的、不合理的科技价值观导致科技负效应不断扩大化、普遍化和深化，是由于人的知识、人的力量不能适当地作用于自然系统从而导致人与自然平衡关系的严重破坏，使人类应用科技所创造出来的存在物，竟变成为一种脱离人控制的异己力量。

2. 对科技成果的滥用甚至恶用，是生态危机产生的根本原因。

正如前面所述，科学技术是一把“双刃剑”，是为“善”还是为“恶”，不取决于科技本身，而取决于人们对它选择和运用的结果。爱因斯坦曾说过：“科学是一种强有力的工具。怎样用它，究竟是给人带来幸福还是带来灾害，全取决于人自己，而不取决于工具。”[①] 再先进的科技，如若被滥用，只能导致生态环境的破坏和恶化。今天我们面临的严峻的生态环境问题正是人类借助科技力量造成的。伐木机械的使用加快树木的砍伐，导致森林面积锐减，水土流失严重，沙尘暴频频作威；先进采掘工具的使用，使过度开采自然矿产资源成为可能，肆无忌惮地挪占原本属于子孙的财富，加速资源耗竭；化学工业的发展，释放出越来越多的二氧化硫、二氧化碳等有毒有害气体，导致全球气候变暖，大气污染严重，酸雨与人类相伴；等等。尤其要注意的是，由于人类私欲的不断膨胀，滥用甚至恶用科技成果的情况也不断加剧。特别是一些发达国家，为了追逐高额利润和达到种种自私目的，他们可能不顾社会公德，用科技手段去干有害于人类的事：或以掠夺性经营的方式对待自然界，为了多销产品多赚钱鼓吹“高消费”，造成人为的资源“高消费”和环境的“高污染”；或把危害环境的、污染密集型企业转移到广大发展中国家。更有甚者，一些发达国家，为一国私利，肆无忌惮地恶用科技成果。大国之间的核军备竞赛已给全球自然环境造成巨大的隐患。因此，对科技成果的滥用、恶用，是造成生态危机的根本原因。

3. 科技本身的落后，是生态危机产生的重要原因。

---

① 《爱因斯坦文集》第3卷，商务出版社1979年版，第292页。

科技落后是自然生态系统遭到破坏的内在机制。一方面，科技水平的低下直接导致经济发展的不足和滞后，在贫穷面前，人类往往急功近利，只顾当前而忽略长远，加之落后的生产技术和生产方式，使自然资源过度消耗，生态环境遭到破坏，这是“贫穷污染”的典型表现；另一方面，即使有一定的科技水平，但科技意识落后，对自然界的认识偏于肤浅和片面，以无限制地向自然索取的方式发展经济，导致自然生态系统遭到破坏，造成了“富裕污染”或“工业化污染”的后果。“贫穷污染”和“富裕污染”是当今世界两种典型的环境破坏模式。此外，科技水平的高低还直接影响着环境污染的形成与发展。生产技术水平高，资源、能源的利用率就高，排放到环境中去的污染物数量就少；反之，生产技术水平低，资源、能源的利用率就低，加之与科技落后相对应的污染治理技术水平低下，排放到环境中去的污染物数量就多，加大环境污染。科技落后导致生态破坏和环境污染，生态破坏和环境污染又加剧了贫穷程度，越贫穷就越破坏生态环境，造成经济社会发展的恶性循环。例如，中国是一个以农业立国的发展中国家，农业生产已有几千年的历史，但直到近代，我国农业生产技术进步不大，总体上仍处于一种粗放经营、靠天吃饭的状况，有的地方甚至还沿用刀耕火种的落后农耕方式。加上人口增长迅速，在生存的压力面前，人们大规模地开展了毁林改地、开垦草原、围海造田等活动，虽然增加了粮食总产，但导致了大范围的水土流失、沙漠化、物种消失等严重的生态破坏后果，不得不投入更大代价进行治理。

4. 科技的复杂性和人类认识的局限性，是生态危机产生的本质原因。

科技是人们在征服自然、改造社会的实践和探索中积累的认识成果和智慧结晶。科技具有科学性和真理性，但同时具有不完善性、开放性、发展性和不可穷尽性。人们在认识和应用科技中，还有许多未知领域和不可预测的因素。人类认识发展的阶段性和局限性制约着人类对科技运用的后果的正确判断。尤其是当今，随着科学向技术转化的周期日益缩短，科技的复杂度日益提高，人们很难一一预测高技术应用所产生的各种长远的、间接的后果。像转基因作物目前已经风靡世界，但转基因的潜在危害和威胁，它对人、畜健康的作用，对环境、生态的影响，还不得而知。事实上，科技的复杂性和人类认识的局限性导致任何技术都包含着风险，包含着负面效应的可能性。无论人类是凭借已有的科技成果干预自然生态系统，还是根据人类的思想来创造人工生态系统，总难免会因认识的局限性而出现失误，产生意想不到的后果。

如何解决目前人类社会所面临的生态危机问题呢？当然，那种限制发展科技、从工业文明中后退的悲观主义观点是不切实际的，也是根本行不通的。既然生态危机产生的原因主要在人类的目标、人对自然的态度上，那么，解决问题的唯一出路只能是改变传统的价值观念，树立起以人为本、人与自然和谐发展的思想，充分发挥科技的生态正效应，走一条符合生态文明要求的科技发展之路。

三、构筑符合生态文明要求的科技发展之路

全球性生态危机对人类文明延续与发展而言不啻釜底抽薪，促使人们对工业文明进行全面反思与深刻反省，在观念、制度、生产方式和生活方式等层面开创一条扬弃工业文明的旨在实现人与自然和谐发展的生态文明之路。所谓生态文明就是指人类在改造客观物质世界的同时，不断克服改造过程中的负面效应，积极改善和优化人与自然的关系，建设有序的生态运行机制和良好的生态环境所取得的物质、精神、制度方面成果的总和，表现为人类赖以生存的生态环境的改善和社会的可持续发展。生态文明的提出是人类在反思和解决生态危机的过程中，对文明发展道路的必然选择。党中央正是在审视当代人类文明发展的这一趋势和中国全面建设小康社会的现实需求的基础上，提出了生态文明建设的要求，这是中国共产党科学发展、和谐发展理念的一次升华。科学发展观和生态文明建设在本质上是一致的，科学发展观的基本内涵是坚持以人为本，树立全面、协调、可持续的发展观，促进经济社会和人的全面发展。生态文明则是以人的全面发展为最终目标，尊重和维护生态环境，强调人与自然、人与人、经济与社会的协调发展，注重生产、生活、生态的全面发展，关注人类长远利益的可持续发展。因此，生态文明建设

体现着科学发展观的科学内涵。

生态文明建设需要现代科技作为支撑。建设生态文明涉及观念转变、产业转换、体制转轨等方面内容，哪一方面都离不开科技的进步。要转变价值观、发展观，改革社会制度，必须对自然规律、社会规律以及思维规律有科学的认知；要转变经济增长方式，发展先进生产力，就必须开发清洁生产技术、废弃物利用技术、污染防治和治理技术、能源综合利用技术等先进生态技术；要实现生态行政，加强生态监督管理，就必须有科学的管理技术、监测技术作支撑。但是，人类文明发展史也表明，科技的应用具有正负两方面双重效应。因此，消除科技应用的负面效应，把它的发展限定在有利于人类、有利于改善人与自然关系的轨道上来，这既是生态文明建设向现代科技提出的新要求，也是贯彻落实科学发展观的重要成果。为此，我们必须注意以下几方面的问题。

1. 确立生态文明的科技价值观。

生态文明是人们在对人与自然关系反思的基础上，为解决日益严重的生态环境问题，实现社会持续发展所进行的一种新的文明建设活动。它以尊重和维护生态环境为主旨，以可持续发展为根据，以未来人类持续发展为着眼点，强调自然界是人类生存与发展的基础，人与自然环境应该和谐与共生。马克思早就指出："人靠自然界生活。这就是说，自然界是人为了不致死亡而必须与之不断交往的、人的身体。所谓人的肉体生活和精神生活同自然界相联系，也就等于说自然界同自身相联系，因为人是自然界的一部分。"[①] 生态文明的价值观要求科技的发展要以维护自然的完整性为宗旨，既不能完全站在人类的角度，也不能不顾人类的利益，而是要从人与自然和谐的角度来思考问题，树立正确的科技价值观；认为科技要有利于"人与自然"系统的健全发展，要为实现自然可持续性、经济可持续性和社会可持续性发展提供认识和实践的价值论证。它反对不加区别地运用一切科技，反对刻意追求科技的工具效率，主张科技的运用不仅要从人的物质及精神生活的完善和健康出发，注重人的生活的价值和意义，而且要求科技运用与生态环境相容。也就是说，科

① 《马克思恩格斯全集》第 42 卷，人民出版社 1979 年版，第 95 页。

技的发展和应用要以人与自然协调发展为基础。科学研究和技术应用要纳入到保护自然和建设自然，实现人、社会和生态协调发展的轨道上来。

2. 践行生态文明的科技发展原则。

生态文明的科技价值观要求科技发展应遵循以下原则：第一，科技发展的生态原则。即科技开发，不仅要考虑它是否能满足人及其社会的需要以及对人及其社会的影响，而且，还要考虑它对自然的影响，要考虑其能否实现自然、社会和人的协调发展。特别是在生产技术及其产品的开发中，既要考虑它的经济、社会价值，又要考虑它的生态价值；既要考虑它对人的物质生活需要的满足，又要考虑它对自然资源的有效利用和影响，以及在生产和消费中可能给生态环境造成的破坏和污染等。这就要求我们要加强科技应用对生态环境影响方面的预警和立法工作。科技本身存在不足，决定了科技的负效应是不可避免的。问题是我们如何对其作出预测，使之减少到最小。过去，人们对科技成果评价主要着眼于科技成果的有效性、经济性和独创性，很少考虑科技成果可能带来的严重的生态环境问题。随着科技负面效应的扩大，人与自然之间的矛盾日益严重，人们尝到技术危害的苦头。因此，要加强对科技风险和安全的研究，对可能造成生态环境影响的应加以控制，防止对生态环境造成污染和破坏。此外，应通过科技立法将科技活动控制在自然环境的承载力内进行，使之不至于造成生态灾难，实现人与自然的共生共荣。

第二，科技发展的人本原则。“以人为本”，就是强调人是发展的主体和核心，是发展的出发点和归宿点。在征服与改造自然，推进社会文明进步的过程中，人类有成功的经验，也有失败的教训。正是在反思经验教训的基础上，人们越来越认识到，发展的目的是人的发展。因此，生态文明建设着眼于人与自然整体协调发展，兼顾人类当前利益，关注的是最大限度地实现人类自身的长远利益，认为人不仅是生态文明的主体，也应是生态文明的最终受益者，这既是对以西方社会为主导的“人类中心主义”的抛弃，也是对“非人类中心主义”的发展方向的否定。人本原则要求科技发展应该注重人的物质生活、精神生活等多方面需要，强调科技进步要有利于人类的整体的、长远的可持续发展，防止对科技成果的滥用甚至恶用。也就是说，当人的价值与科技价值发生矛盾时，为了实现人的价值必须放弃某些科技活动。一项科技成果在科学上可能是合理的，在技术上也是可行的，但是，它一旦不能满足人的需要，实现人的目的，甚至有害于人的长远利益，就应当理智地放弃这项技术，如克隆人技术。当然，这里所说的关心人本身、关心人的发展，不是指少数人或少数国家的一部分人的发展，而是指世界各国人民都应得到公平的发展；也不仅仅是指当代人的发展，还应包括后代人的可持续发展；不仅仅是指满足人的物质生活需要，还包括满足人们在社会生活、精神生活、政治生活、生态生活等多方面的价值需要。只有当科技活动有利于人类整体的、长远的生存与发展，有利于人自身的全面发展和人自身价值的全面实现时，科技进步才有真正的意义。如果科技发展只是片面满足了局部的、眼前的需要，而损害了人类全局的、长远的利益，为了财富的增长而损害了人自身赖以生存的自然环境，为了物质需求的满足而损害了人类精神生活，那么，科技活动就偏离了人的根本目的。

3. 扶持和推广生态技术。

生态技术为生态文明建设提供强有力的技术支撑。科技的负效应最终还要依靠科技进步来解决，生态技术具有改善生态环境的功能，这种功能的实现，为解决人类所面临的生态环境问题提供了可能。生态技术是指遵循生态原理和生态经济规律，能够保护环境，维持生态平衡，节约能源、资源，促进人类与自然和谐发展的一切有效用的手段和方法。生态技术包括清洁生产技术、废弃物利用技术、污染防治和治理技术、能源综合利用技术、资源重复利用和替代技术、环境监测技术等。如清洁生产技术能保证进入生产过程的资源量最少，产生的废弃物最少，能源消耗最少；废弃物利用技术保证在生产流程中产生的废弃物，经过处理成为下一个生产过程、下一个生产部门或行业的原材料；污染防治技术则保证对生产过程中造成的污染和暂无法再利用的废弃物进行无害化处理，保证对环境危害的最小化。

生态技术的开发与应用需要政府的推动和支持。在市场机制的作用下，技术进步具有非对称性。20 世纪 60 年代美国环境经济学家克鲁蒂拉最早提出这个问题，70 年代后期美国学者佩奇又进一步把技术分为资源开发技术与环境保护技术。资源开发技术主要被用来开发自然资源、生产产品或提供服务等，它能为其实施（使用）者带来直接的经济利益，为经济增长作出直接贡献，这种技术往往受到市场的追捧。环境保护技术或称“生态技术”，主要被用来保护生态环境、维护人类健康，其实施虽然能为社会带来生态环境效益和远期的经济效益，为经济社会的可持续发展作出贡献，但往往投入多、风险大、周期长、利润低，令人望而却步。[①] 技术进步的非对称性，就是指这两类技术在内容、水平、速度和规模上不对称或不相匹配的现象。当技术进步的非对称性现象比较严重时，就会对经济社会持续发展构成负面影响。技术进步非对称性，要求政府要对生态技术进行直接的支持，通过制定和实施发展生态技术的科技政策，加大对生态技术研发所需人、财、物的投入力度，明确生态技术发展方向，重点组织开发有普遍推广意义的生态技术等措施，为生态技术的开发与应用提供良好的外部环境。

（原文发表于《福建师范大学学报（哲学社会科学版）》2009 年第 3 期）

① 潘家华：《持续发展途径的经济学分析》，中国人民大学出版社 1997 年版，第 30—32 页。

中国环境竞争力的国际比较及提升路径研究

林寿富*

一、引　　言

20世纪以来，人类生产高速发展，经济极大繁荣，但环境也急剧恶化，环境危机步步紧逼，环境问题已经成为全球性的一大问题，更是未来经济社会发展的硬约束。在环境的约束下，不同国家之间的竞争已不仅仅是以经济实力为主体的综合国力的较量，长期被忽视的环境问题被推上了国际竞争的前台，不仅作为国家经济竞争的组成要素，更日益成为关键竞争要素，发达国家之间、发达国家和发展中国家之间已经围绕着环境展开激烈的竞争和博弈。许多国家把环境治理和应对气候变化等作为参与外交以及国际竞争的重大筹码就是一个明证。在此种背景下，环境竞争力已经成为国际竞争力的重要评价指标，环保产业和技术直接成为国际经济科技竞争的新领域，环境保护成为国际竞争和合作的主阵地。

环境竞争力代表着国家经济社会发展的潜力和持续力，是其他领域竞争力的基础，关系着国家经济社会的长远发展。当前，中国已经处于经济转型的关键时期，环境发展的目标和任务异常艰巨，努力提升环境竞争力成为中国突破发展瓶颈，开辟新的经济增长途径的重要选择。而要提升环境竞争力，必然要求准确认识和把握中国环境竞争力的现状和

* 林寿富：福建师范大学经济学院副教授，管理学博士。

水平、在国际上的地位、与其他国家的差距等，更要深入探索环境竞争力的内在本质，找出提升环境竞争力的正确路径和方法，从而更好地融入国际环境竞争当中。基于此，本文将分别对中国与世界上有重大影响的七国集团（G7）和金砖国家（BRICS）进行环境竞争力的评价与比较，并找出环境竞争力提升的基本路径。通过横向的国际比较，我们可以更准确地把握我国环境竞争力的基本状况和水平，合理定位，并找出与其他国家的差距，发现问题，找到对策，有效提升中国环境竞争力，切实改善自然生态环境，更好地参与国际竞争，促进经济社会可持续发展。

当前，对环境竞争力的研究尚处于起步阶段，研究文献较少。国内对环境竞争力的研究主要是由全国经济综合竞争力研究中心福建师范大学分中心开展的省域环境竞争力研究。该课题组已经连续出版了两部《中国省域环境竞争力发展报告》，建立了包含 1 个一级指标、5 个二级指标、14 个三级指标和 135 个四级指标的评价指标体系，并对全国 31 个省、自治区、直辖市的环境竞争力进行综合评价和比较分析。[①] 该中心的研究人员也发表了一系列与环境竞争力有关的研究成果，如黄茂兴[②]、林寿富[③]、李军军[④]、叶琪[⑤]等。总的来看，当前对环境竞争力的研究也还非常缺乏，而且对于中国环境竞争力的国际评价与比较还未有涉及，是一个比较新的研究领域。

---

① 李建平等主编：《中国省域环境竞争力发展报告（2005—2009）》，社会科学文献出版社 2011 年版；李建平等主编：《中国省域环境竞争力发展报告（2009—2010）》，社会科学文献出版社 2011 年版，第 646—661 页。

② 黄茂兴：《提升环境竞争力：应对气候变化的战略选择》，《光明日报》2010 年 12 月 14 日；黄茂兴、高建设：《生态文明视野下中国环境竞争力问题探析》，《福建师范大学学报（哲学社会科学版）》2011 年第 4 期；黄茂兴：《环境保护：生态文明建设的攻坚方向》，《人民日报》2013 年 3 月 25 日。

③ 林寿富：《区域环境竞争力评价指标体系及模型的构建》，《福建师范大学学报（哲学社会科学版）》2011 年第 4 期。

④ 李军军：《省域环境竞争力关键驱动要素探析》，《福建师范大学学报（哲学社会科学版）》2011 年第 4 期。

⑤ 叶琪：《环境竞争力理论研究的历史回顾与前沿探析》，《福建师范大学学报（哲学社会科学版）》2011 年第 4 期。

二、中国环境竞争力各要素的国际比较

本文选择西方七国集团和金砖国家作为中国的国际比较对象。西方七国集团是由西方七个最大的工业化国家（美国、英国、法国、德国、日本、意大利和加拿大）组成，每年这些国家的元首或政府首脑就共同关心的重大问题定期进行磋商。七国集团在全球经济、政治和国际事务中具有重要的影响力和特殊地位。2011 年，七国集团的国内生产总值总量约为 33.6 万亿美元，占世界经济总量的 48.0%；人口约为 7.4 亿，占世界总人口的 10.7%。同时，它们对全球环境的影响也是非常巨大的。2010 年，七国集团的能源消耗量达到 38.1 亿吨标准油，占世界能源消耗总量的 30.9%；二氧化碳排放量达到 88.6 亿吨，占世界二氧化碳排放总量的 29.2%。金砖国家包括中国、俄罗斯、印度、巴西、南非，是新兴市场国家的典型代表，发展前景非常广阔，在金融改革、全球气候变化大会等重要国际事务上发挥了越来越重要的作用。鉴于此，我们将七国集团成员国家和金砖国家作为比较对象，能较好地反映中国环境竞争力在国际上的现实状况。

借鉴中国省域环境竞争力评价指标体系的思路，本文拟从资源环境竞争力、生态环境竞争力、环境承载竞争力、环境管理竞争力和环境协调竞争力五个要素来进行评价和比较，但每个要素下面需要有具体的计量指标来衡量才能进行评价和比较，因此计量指标的选取非常关键。在选择指标时，需要考虑指标的科学性、系统性、可操作性，同时还要考虑指标数据的可获得性。由于各国环境数据比较缺乏，在世界银行数据库、联合国数据库等国际数据库中也只能找到少量比较系统的、涵盖七国集团成员国家和金砖国家的环境方面的数据。因此，根据这五个要素，本文共选取了 21 个指标来对比中国与七国集团成员国家和金砖国家的环境竞争力水平（具体指标见下文）。指标的数据主要为最新的 2011 年数据，主要来源于世界银行、联合国等权威数据库。由于涉及指标比较多，有些国家的数据比较滞后，甚至缺失，因此一些指标的数据为 2008、

2009或2010年的数据，或者为空值（在文中用“NA”表示）。涉及价值计算的指标均以当年的美元价格计算。

表1—5分别列出了各国各指标的具体数据和中国的排名情况，所有指标（包括反向指标）的排名均按指标数值从大到小进行排序。对于大部分反向指标来说，排名越靠前，状况反而越不好。

1. 资源环境竞争力比较。

关于资源环境竞争力的比较，本文选择反映土地资源、水资源、森林资源、能源资源四个方面的指标，分别为人均国土面积、人均可再生内陆淡水资源量、森林覆盖率、人均化石资源储存量，均为正向指标。

从表1可知，在12个国家中，中国的人均国土面积只排在第七位，说明中国的人均土地资源并不富裕，而且与最高的加拿大相比差距巨大；人均可再生内陆淡水资源量更低，只排在第九位，为2092.8立方米/人，仅为加拿大的2.5%，水资源匮乏问题非常严重；森林覆盖率也非常低，为22.5%，排在倒数第三位，仅高于英国和南非；人均化石资源储存量处于中等水平，排在第六位，但与俄罗斯、南非、美国、德国和加拿大相比差距还是非常大。

总的来看，中国的资源环境竞争力在各国中处于比较低的水平，与其他国家差距非常明显，特别是与那些资源丰富的国家相比，差距非常巨大。这主要是由于中国人口众多，使得人均资源拥有量非常低，导致资源环境竞争力比较低。

表1 各国资源环境竞争力比较

指标 国家	人均国土面积（平方公里/万人）	人均可再生内陆淡水资源量（立方米/人）	森林覆盖率（%）	人均化石资源储存量（吨石油当量/人）
中国	69.4	2092.8	22.5	61.1
印度	23.9	1164.7	23.1	34.8
巴西	430.2	27550.8	61.2	27.4
俄罗斯	1145.6	30169.3	49.4	853.5
南非	240.1	885.6	7.6	417.6
美国	293.6	9043.9	33.3	545.0

续表

指标 国家	人均国土面积（平方公里/万人）	人均可再生内陆淡水资源量（立方米/人）	森林覆盖率（%）	人均化石资源储存量（吨石油当量/人）
日本	28.5	3364.2	68.6	2.1
德国	42.6	1308.1	31.8	348.5
英国	38.6	2311.0	11.9	8.9
法国	83.7	3056.5	29.2	3.4
意大利	48.4	3005.4	31.4	6.6
加拿大	2637.0	82647.1	34.1	951.4
中国的排位	7	9	10	6

注：均为 2011 年数据。

2. 生态环境竞争力比较。

关于生态环境竞争力的比较，本文选择反映生物多样性和空气质量两个方面的指标，分别为生物多样性效益指数、室内空气污染指数（反向指标）、二氧化硫排放量（反向指标）、可吸入颗粒物浓度（反向指标）。

从表 2 可知，在 12 个国家中，中国的生物多样性效益指数比较高，达到 66.6%，仅低于巴西和美国，排在第三位，比其他国家高出许多，说明中国的生物多样性保护比较好；室内空气污染指数非常低，仅为 10.6%，略高于印度，排在倒数第二位，说明中国的空气污染问题非常严重；二氧化硫排放量排在第一位，为 3354.0 万吨，远高于其他国家，是排名第二的美国的 2.4 倍，是最低的意大利的 79.9 倍，甚至与发展阶段接近的印度相比也高出很多，是后者的 4.8 倍；可吸入颗粒物浓度也排在第一位，为 59.0 微克/立方米，也远高于其他国家，是最低的法国的 4.9 倍，这两个指标进一步说明中国的空气污染很严重，空气质量非常差。

总的来看，中国的生态环境竞争力非常低，与其他国家的差距非常大，主要是由于中国的空气污染严重，空气质量非常差，具体体现在室内空气污染指数、二氧化硫排放量、可吸入颗粒物浓度三个指标比较落后，极大地拉低了中国的生态环境竞争力。

表 2 各国生态环境竞争力比较

指标 / 国家	生物多样性效益指数[a]（%）	室内空气污染指数[b]（%）	二氧化硫排放量[c]（万吨）	可吸入颗粒物（PM_{10}）浓度[b]（微克/立方米）
中 国	66.6	10.6	3354.0	59.0
印 度	39.9	7.5	702.0	52.0
巴 西	100.0	38.3	150.7	18.0
俄罗斯	34.1	38.3	591.6	15.0
南 非	20.7	25.6	262.3	18.0
美 国	94.2	100.0	1370.9	18.0
日 本	36.0	100.0	83.2	24.0
德 国	0.6	100.0	56.8	16.0
英 国	3.5	100.0	70.9	13.0
法 国	5.3	100.0	56.1	12.0
意大利	3.8	100.0	42.0	21.0
加拿大	21.5	100.0	213.8	15.0
中国的排位	3	11	1	1

注：a 为 2008 年数据，b 为 2010 年数据，c 为 2009 年数据。

3. 环境承载竞争力比较。

关于环境承载竞争力的比较，本文选择反映人类农业和工业生产活动、能源消耗、温室气体排放三个方面对环境承载力影响的指标，分别为单位耕地化肥使用量、单位工业增加值工业淡水抽取量、地均能源消耗量、能源消费弹性系数、二氧化碳排放增长率，均为反向指标。

从表 3 可知，在 12 个国家中，中国的单位耕地化肥使用量是最高的，达到 488.4 千克/公顷，远高于其他国家，是排名第二的英国的 2 倍多，是最低的俄罗斯的 31.3 倍，说明中国在每单位耕地上进行农业生产所使用的化肥量很大，对环境承载水平的负面影响非常大；单位工业增加值工业淡水抽取量排在第七位，处于中等水平；地均能源消耗量和能源消费弹性系数分别排在第六位和第四位，基本处于中等水平，说明中国的经济活动对能源的消耗略微偏高，未来的发展仍需要大量的能源消耗来支撑；二氧化碳排放增长率非常高，达到 6.02%，仅次于巴西的

14.65%，比其他国家高许多，这说明中国在发展过程中温室气体的排放增长比较快，应对气候变化问题的压力比较大。

总的来看，中国的环境承载竞争力比较低，与其他国家的差距比较大，尤其是单位耕地化肥使用量、能源消费弹性系数和二氧化碳排放增长率三个指标比较落后，极大地降低了中国的环境承载竞争力。

表 3　各国环境承载竞争力比较

指标 国家	单位耕地化肥使用量（千克/公顷）	单位工业增加值工业淡水抽取量（立方米/美元）	地均能源消耗量[a]（吨油当量/平方公里）	能源消费弹性系数[a]	二氧化碳排放增长率[b]（%）
中　国	488.4	0.044	259.1	0.3964	6.02
印　度	167.8	0.053	233.0	0.1109	3.95
巴　西	124.9	0.022	31.4	0.3283	14.65
俄罗斯	15.6	0.082	42.8	0.3897	4.01
南　非	49.2	0.008	112.7	−0.1806	−5.94
美　国	109.3	0.091	242.3	0.6326	3.55
日　本	235.1	0.013	1363.1	0.5823	4.32
德　国	181.4	0.032	939.1	−7.5437	1.94
英　国	239.2	0.012	837.0	0.8316	3.87
法　国	148.3	0.070	478.9	−1.2870	1.81
意大利	135.5	0.045	578.8	−1.0190	2.33
加拿大	46.8	0.082	27.7	0.0243	2.12
中国的排位	1	7	6	4	2

注：a 为 2010 年数据，b 为根据 2009—2010 年数据计算的值。

4. 环境管理竞争力比较。

关于环境管理竞争力的比较，本文选择反映环境治理和生态保护的指标，分别为人工造林面积、农药监管力度、生物群落保护力度、陆地和海洋保护区占总领土面积比重，均为正向指标。

从表 4 可知，在 12 个国家中，中国的人工造林面积最高，达到 7715.7 万公顷，远高于其他国家，是排名第二的美国的 3 倍多，是最低的意大利的 124.2 倍，说明中国致力于植树造林，努力改变环境状况，并且取得了比较大的成就；农药监管力度的得分比较低，仅为 10.0 分，排在第十位，说明中国在农业生产过程中对农药使用的监管还远远不够；生物群落保护力度排在第七位，处于中等水平，达到 64.4%，在金砖国家中仅次于巴西，最高的为德国和英国，均达到 100%；陆地和海洋保护区占总领土面积比重相对较高，达到 16.0%，排在第五位，在金砖国家中仅次于巴西，最高的为德国，达到 42.3%。

总的来看，中国的环境管理竞争力处于中等水平，在环境治理方面，人工造林做得比较好，但是对农药使用的监管力度不够，而生态保护水平与其他国家还有一定差距。

表 4　各国环境管理竞争力比较

指标 国家	人工造林面积[a]（万公顷）	农药监管力度[b]	生物群落保护力度[a]（%）	陆地和海洋保护区占总领土面积比重[c]（%）
中　国	7715.7	10.0	64.4	16.0
印　度	1021.1	NA	29.8	4.8
巴　西	741.8	19.0	82.7	26.0
俄罗斯	1699.1	0.0	53.4	9.2
南　非	176.3	11.0	38.2	6.9
美　国	2536.3	20.0	49.4	13.7
日　本	NA	20.0	87.8	10.9
德　国	528.3	18.0	100.0	42.3
英　国	221.9	17.0	100.0	18.1
法　国	163.3	21.0	76.9	17.1
意大利	62.1	20.0	88.8	15.9
加拿大	896.3	21.0	44.5	6.2
中国的排位	1	10	7	5

注：a 为 2010 年数据，b 为 2011 年数据，c 为 2009 年数据。NA 表示数据缺失。生物群落保护力度＝生物群落保护数量÷生物群落总数比重×100%。

5. 环境协调竞争力比较。

关于环境协调竞争力的比较，本文选择反映人口与环境协调、经济与环境协调的指标，分别为获得改善水源的农村人口所占比重、单位国内生产总值二氧化硫排放量（反向指标）、单位国内生产总值二氧化碳排放量（反向指标）、单位国内生产总值能源消耗量（反向指标）。

从表5可知，在12个国家中，中国的获得改善水源的农村人口所占比重为85%，与巴西并列排在第十位，仅高于南非，说明我国人口与环境的协调程度非常低；单位国内生产总值二氧化硫排放量、单位国内生产总值二氧化碳排放量、单位国内生产总值能源消耗量三个指标的排位都非常靠前，远高于大多数国家，说明中国经济发展需要消耗较高的能源，排放出较多的温室气体和污染气体，经济与环境的协调程度非常低。

总的来看，中国的环境协调竞争力非常低，与其他国家的差距非常大，人口与环境、经济与环境的协调程度都很低。

表5　各国环境协调竞争力比较

指标 国家	获得改善水源的农村人口所占比重[a]（%）	单位国内生产总值二氧化硫排放量[b]（千克/万美元）	单位国内生产总值二氧化碳排放量[a]（千克/美元）	单位国内生产总值能源消耗量[a]（千克油当量/美元）
中　国	85	67.2	1.224	0.408
印　度	90	51.4	0.965	0.411
巴　西	85	9.3	0.181	0.124
俄罗斯	92	48.4	1.063	0.472
南　非	79	92.7	0.954	0.377
美　国	94	9.9	0.372	0.154
日　本	100	1.7	0.208	0.091
德　国	100	1.7	0.232	0.100
英　国	100	3.2	0.214	0.090
法　国	100	2.1	0.140	0.103
意大利	100	2.0	0.195	0.083
加拿大	99	16.0	0.340	0.160
中国的排位	10	2	1	3

注：a为2010年数据，b为2009年数据。

综上所述，中国的环境竞争力比较低，尤其是生态环境竞争力和环境协调竞争力处于非常低的水平，与其他国家的差距非常大；而资源环境竞争力、环境承载竞争力和环境管理竞争力处于中等水平，与其他国家相比也有一定差距。这说明中国的生态环境质量、环境与经济社会发展的协调程度非常低，而资源环境、环境承载、环境管理等方面表现相对较好，但仍然处于比较低的水平，这一定程度上说明当前我国的生产方式还比较落后，生产效率比较低，经济社会活动对环境的负面影响比较大，自然生态环境状况堪忧，面临着巨大的环境压力。

三、中国环境竞争力的综合评价和比较分析

通过上文的比较仅能说明中国与其他国家在以上五个方面的具体差异，并不能看出各国综合的环境竞争力情况及其差距，也无法准确地评估中国环境竞争力在各国中所处的地位，因此需要进一步借助综合的多指标评估技术对环境竞争力进行评价和比较，整体把握各国的环境竞争力差异。

一般来说，运用比较广泛的综合多指标评估技术有层次分析法(AHP)、主成分分析法等。由于层次分析法需要人为地确定各指标的权重，主观性较大，同时也不能很好地反映环境竞争力的内在影响因素及其影响程度，因此本文将用主成分分析法来对各国环境竞争力进行评价。主成分分析法是一种实用的多元统计分析方法，它能够在保持样本主要信息的前提下，提取少量具有代表性的主成分来反映复杂现象的内在关系，既可以排除在指标选择和权重确定时的主观因素影响，又可以消除指标间相互重叠的信息影响，使得定量分析涉及的变量较少，而得到的信息量又较多，从而更容易抓住主要矛盾，综合评价结果客观、合理。

为了和上文的比较保持一致，按照上文参与比较的各个指标构建指标体系，分 5 个要素，共 21 个基础指标，如表 6 所示。

表 6　环境竞争力评价指标体系

要素	数据指标	单位	标识
资源环境竞争力	人均国土面积	平方公里/万人	x1
	人均可再生内陆淡水资源总量	立方米/人	x2
	森林覆盖率	%	x3
	人均化石资源储存量	吨石油当量/人	x4
生态环境竞争力	生物多样性效益指数	%	x5
	室内空气污染指数	%	x6
	二氧化硫排放量	万吨	x7
	可吸入颗粒物（PM_{10}）浓度	微克/立方米	x8
环境承载竞争力	单位耕地化肥使用量	千克/公顷	x9
	单位工业增加值工业淡水抽取量	立方米/美元	x10
	地均能源消耗量	吨油当量/平方公里	x11
	能源消费弹性系数		x12
	二氧化碳排放增长率	%	x13
环境管理竞争力	人工造林面积	万公顷	x14
	农药监管力度		x15
	生物群落保护力度	%	x16
	陆地和海洋保护区占总领土面积比重	%	x17
环境协调竞争力	获得改善水源的农村人口所占比重	%	x18
	单位国内生产总值二氧化硫排放量	千克/万美元	x19
	单位国内生产总值二氧化碳排放量	千克/美元	x20
	单位国内生产总值能源消耗量	千克油当量/美元	x21

表 7　完全变量解释

Component	Initial Eigenvalues			Extraction Sums of Squared Loadings		
	Total	% of Variance	Cumulative %	Total	% of Variance	Cumulative %
1	7.604	36.208	36.208	7.604	36.208	36.208
2	4.364	20.780	56.988	4.364	20.780	56.988
3	2.761	13.146	70.134	2.761	13.146	70.134
4	1.766	8.410	78.545	1.766	8.410	78.545
5	1.468	6.991	85.535	1.468	6.991	85.535
6	1.015	4.835	90.371	1.015	4.835	90.371
7	0.802	3.819	94.189			

续表

Component	Initial Eigenvalues			Extraction Sums of Squared Loadings		
	Total	% of Variance	Cumulative %	Total	% of Variance	Cumulative %
……	……	……	……			
20	−2.738E−16	−1.304E−15	100.000			
21	−4.032E−16	−1.920E−15	100.000			

对指标数据进行标准化处理后，通过主成分分析法对中国、七国集团成员国家和其他金砖国家的环境竞争力进行评价。表 7 为完全变量解释，可以看出前 6 个主成分的累积贡献率达到 90.371%，并且各主成分的特征根都大于 1，因此提取的主成分共有 6 个，主成分负荷矩阵如表 8 所示。

表 8 主成分负荷矩阵

指标 \ 主成分		1	2	3	4	5	6
人均国土面积	x1	0.041	0.755	0.226	0.398	−0.122	0.268
人均可再生内陆淡水资源总量	x2	−0.016	0.782	0.437	0.112	0.082	0.104
森林覆盖率	x3	0.267	0.015	0.638	−0.386	0.153	−0.413
人均化石资源储存量	x4	−0.224	0.827	0.041	0.175	0.383	−0.109
生物多样性效益指数	x5	−0.418	−0.126	0.739	−0.297	0.015	0.163
室内空气污染指数	x6	0.880	0.207	0.051	0.311	−0.066	−0.122
二氧化硫排放量	x7	0.702	0.387	−0.317	−0.455	−0.080	−0.019
可吸入颗粒物（PM_{10}）浓度	x8	0.658	0.513	−0.137	−0.279	0.170	−0.063
单位耕地化肥使用量	x9	0.167	0.827	−0.187	−0.444	0.094	−0.024
单位工业增加值工业淡水抽取量	x10	0.177	−0.572	−0.353	−0.388	−0.174	0.199
地均能源消耗量	x11	−0.654	0.501	0.192	−0.167	0.123	0.343
能源消费弹性系数	x12	0.437	−0.141	−0.350	0.210	0.676	0.243
二氧化碳排放增长率	x13	−0.067	0.307	−0.823	0.317	−0.133	−0.027
人工造林面积	x14	−0.621	−0.422	0.401	0.456	0.121	−0.079
农药监管力度	x15	0.691	−0.030	0.239	0.159	−0.409	0.449

续表

指标		1	2	3	4	5	6
生物群落保护力度	x16	0.752	−0.512	0.047	−0.018	0.201	−0.102
陆地和海洋保护区占总领土面积比重	x17	0.523	−0.434	0.036	−0.007	0.669	0.293
获得改善水源的农村人口所占比重	x18	0.798	0.111	0.051	0.420	−0.049	−0.345
单位国内生产总值二氧化硫排放量	x19	0.899	−0.017	0.378	0.078	−0.003	−0.090
单位国内生产总值二氧化碳排放量	x20	0.951	0.052	0.201	−0.072	−0.121	0.147
单位国内生产总值能源消耗量	x21	0.934	−0.066	0.201	0.054	−0.145	0.185

由表8可知，第一主成分主要反映室内空气污染指数、二氧化硫排放量、可吸入颗粒物（PM_{10}）浓度、地均能源消耗量、农药监管力度、生物群落保护力度、获得改善水源的农村人口所占比重、单位国内生产总值二氧化硫排放量、单位国内生产总值二氧化碳排放量、单位国内生产总值能源消耗量共10个指标的信息，涵盖了全部指标信息的36.208%。

第二主成分主要反映人均国土面积、人均可再生内陆淡水资源总量、人均化石资源储存量、单位耕地化肥使用量共4个指标的信息，涵盖了全部指标信息的20.780%。

第三主成分主要反映森林覆盖率、生物多样性效益指数共2个指标的信息，涵盖了全部指标信息的13.146%。

第四主成分主要反映二氧化碳排放增长率、人工造林面积共2个指标的信息，涵盖了全部指标信息的8.410%。

第五主成分主要反映能源消费弹性系数、陆地和海洋保护区占总领土面积比重共2个指标的信息，涵盖了全部指标信息的6.991%。

第六主成分主要反映单位工业增加值工业淡水抽取量1个指标的信息，涵盖了全部指标信息的4.835%。

通过因子载荷量和特征根可以求各个主成分的特征向量，并将之与各指标标准化后的值相乘，得到各主成分的得分函数，再以各主成分的贡献率为权重，用线性加权的方法求得综合主成分的得分函数，其综合主成分得分函数为：$F=0.36208\times F_1+0.2078\times F_2+0.13146\times F_3+$

$0.0841\times F_4+0.06991\times F_5+0.04835\times F_6$，最后求得环境竞争力的综合得分如图1所示。

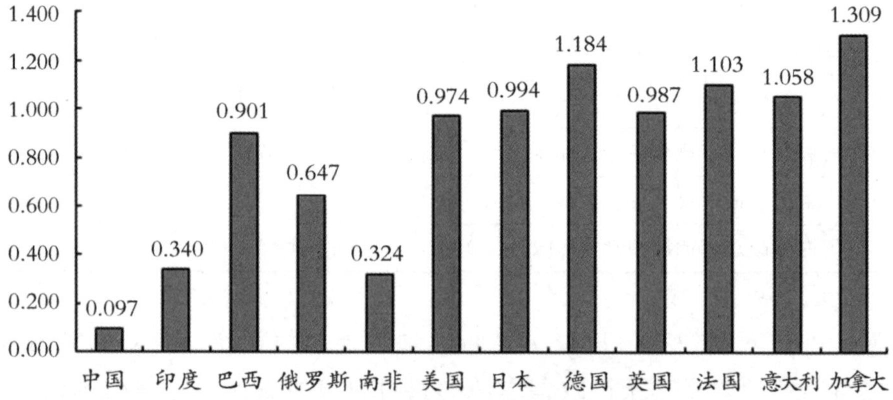

图1　各国环境竞争力综合评价得分

由图1可知，加拿大的环境竞争力最高，达到1.309分，其次为德国，得分为1.184分，中国的得分最低，仅为0.097分；七国集团成员国家中有4个国家超过1分，分别是加拿大、德国、法国、意大利；金砖国家中，得分最高的是巴西，为0.901分，但仍然低于七国集团成员国家中的任何一个国家。整体上看，金砖国家的环境竞争力均低于七国集团成员国家，而且差距比较大；中国的环境竞争力不仅远远低于七国集团成员国家，而且也比其他金砖国家低很多。这一结果从前一部分的比较中也可以得到印证：中国的许多指标都处于倒数几位，而且绝对差距非常大，整体的环境竞争力最低是可想而知的。

环境竞争力及其五个要素的得分情况如表9所示。中国的资源环境竞争力得分为0.022分，排在第十位，仅略高于印度和英国；生态环境竞争力和环境承载竞争力均排在第十二位，与其他国家的差距非常大；环境管理竞争力和环境协调竞争力均排在第十一位，与其他国家的差距也很大。通过对比可以发现：中国的环境竞争力比较低，是各个要素共同作用的结果，其中生态环境竞争力和环境承载竞争力的表现最差，其他三个要素相对较好，但是表现仍然很差。因此，在今后的环境竞争力提升过程中，中国要特别注重生态环境竞争力和环境承载竞争力的提升，而资源环境竞争力、环境管理竞争力和环境协调竞争力也要得到足够的重视，从整体上提升环境竞争力。

表 9　各国环境竞争力及要素综合评价得分

得分＼国家	中国	印度	巴西	俄罗斯	南非	美国	日本	德国	英国	法国	意大利	加拿大
环境竞争力	0.097	0.340	0.901	0.647	0.324	0.974	0.994	1.184	0.987	1.103	1.058	1.309
资源环境竞争力	0.022	0.016	0.109	0.212	0.047	0.096	0.056	0.053	0.007	0.025	0.025	0.363
生态环境竞争力	−0.008	0.067	0.201	0.211	0.193	0.276	0.300	0.327	0.334	0.336	0.314	0.322
环境承载竞争力	−0.065	0.005	0.077	0.145	0.045	0.131	0.026	0.144	0.046	0.136	0.088	0.141
环境管理竞争力	0.047	0.080	0.187	0.016	0.070	0.125	0.159	0.232	0.177	0.179	0.181	0.123
环境协调竞争力	0.100	0.188	0.429	0.171	0.069	0.447	0.540	0.533	0.537	0.543	0.543	0.469

四、中国环境竞争力提升的基本路径

环境竞争力是一个综合性的体系，既包括自然环境、生态环境，也包括环境质量和环境安全，还包括政府和社会对环境的管理和协调，因此，提升环境竞争力是涉及政治、经济、社会等多个层面的系统工程，必然是一个缓慢的过程。环境保护是中国的基本国策之一，自从 1983 年提出来后已经有 30 年的时间，但中国的环境形势仍然严峻，这也说明了环境问题的复杂性和长期性，环境竞争力的提升需要进行全局性的考虑和持久的努力。结合上文各国环境竞争力及其各要素的比较和综合评价结果，以及当前中国面临的环境压力，这里提出中国环境竞争力提升的四条基本路径。

1. 加快推进技术创新，大力发展新能源和可再生能源，促进资源节约和循环利用，持续提升资源环境竞争力。

中国人口众多，人均资源相对不足，经济发展面临着较大的资源压力，资源环境竞争力比较低。虽然这主要是由中国的先天自然条件决定的，但可以改变资源在后天的利用方式，节约资源利用，提高资源利用效率，加大对资源的保护力度，同时加快开发新的资源、能源作为替代，提升资源环境竞争力。

加快推进技术创新是提高资源利用效率、提升资源环境竞争力的有效手段。中国应该积极开展产业和企业技术创新活动，加强资源的综合利用和再生利用，加强高效能、可循环技术研发，推广循环生产模式，按照减量化、再利用、再循环的原则，加快化工、电力、建材、轻工等行业技术改造，构筑循环经济产业链。

大力发展新能源和可再生能源是缓解资源压力、提升资源环境竞争力的重要途径。新能源和可再生能源的开发无疑是世界发展的趋势，它既能够作为当前常规能源的重要补充，缓解经济发展与资源利用的矛盾，又能够改善环境，防止大气污染，破解资源利用与环境保护的矛盾，同时突破常规能源的经济和环境双重桎梏，应该作为一种战略性产业来大力发展。

2. 加强生态文明建设，加大环境监管和治理力度，改善环境质量，合力提升生态环境竞争力和环境管理竞争力。

中国正处于快速的工业化和城镇化进程中，经济社会发展迅速，在较长的一段时期内，中国的环境污染物排放量仍然会比较大，环境保护仍然面临着巨大压力。如何将经济发展与环境保护和建设有机地统一起来，提升生态环境竞争力和环境管理竞争力，是拷问中国生态文明建设的一大难题。

中国应该全面树立尊重自然、顺应自然、保护自然的生态文明理念，把生态文明建设放在突出的地位，着力推进生态环境建设和保护。大力加强生态林、自然保护区、生态示范区、水源涵养区、重要地质遗迹、湿地、草地、滩涂和生物物种资源等保护，保持生物多样性和植物原生态，发展生态产业。

此外，不断加大环境监管和治理力度，强化污染物的减排和治理，严格按照国家产业政策，加速淘汰污染严重的企业和落后的生产能力、工艺、设备与产品；继续推进重点流域和区域水污染防治，加强重点湖库及河流环境保护和生态治理，加强地下水污染防治；依法开展环境影响评价，强化产业转移承接的环境监管。

3. 深入挖掘环境潜力，有效扩展环境容量和空间，大力提升环境承载竞争力。

环境的承载能力和水平是经济社会发展的基础，是可持续发展的支撑力，决定了经济社会发展的模式、规模及速度。提升环境的承载能力和水平，是生态文明建设的内在要求。环境承载竞争力与环境承载能力和水平在某种程度上是高度一致的。一直以来，中国的环境承载能力和竞争力都比较弱，环境承载压力非常大，这严重制约了经济社会的发展。今后，中国应该深入挖掘环境潜力，不断扩展环境容量和空间，大力提升环境承载竞争力，为经济社会发展提供更好的环境支撑和发展空间，推动经济转型升级。

把完善环保基础设施、加强农业污染控制作为挖掘环境潜力、提升环境承载力的关键点。进一步加大对环保基础设施的投入力度，重点加快推进城镇、工业园区等的废水、废气、废弃物的处理设施建设。加强对农业污染的控制，鼓励推广使用有机肥，减少和控制农药、化肥的使用。

把调整产业结构作为扩展环境容量、提升环境承载竞争力的落脚点。以环境容量确定产业布局，以污染防治优化产业结构，对四类主体功能区制定分类管理的环境政策和评价指标体系，逐步实行环境分类管理，合理利用环境容量，确保产业结构和产业发展规模与资源环境承载力相适应。

4. 统筹协调人口、经济与环境的关系，转变发展方式，显著提升环境协调竞争力。

环境的协调既包括人口与环境的协调，也包括经济与环境的协调。中国作为一个人口大国、经济大国，人口与环境、经济与环境的矛盾十分突出，如何促使人口、经济与环境协调发展是中国面临的一大难题。

人是经济社会发展中最为活跃的主体和因素，既是环境的适应者，也是环境的改造者，处理好人与环境的关系是处理好其他关系的前提和基础。协调人口与环境之间的关系一方面要严格控制人口数量，坚定不移地实施计划生育政策，降低人口对资源、环境的压力；另一方面要注重提高人口素质，强化国民的环保意识，培养人们良好的生活习惯和消费方式。

经济与环境相协调是提升环境协调竞争力的另一个重要方面。中国应该加快转变经济发展方式，调整优化产业结构，大力发展战略性新兴产业，积极推广先进的现代生产方式和技术，倡导绿色经济、循环经济、低碳经济，降低经济活动对环境的负面影响，把经济持续稳定增长与环境持续改善有机地统一起来。

（原文发表于《社会科学辑刊》2013年第5期）

海峡两岸服务贸易竞争力比较及合作前景

李碧珍*

随着全球经济一体化的深入发展和产业结构高度化进程的不断加快，企业和个人对服务的需求更加强烈，服务业在国民经济中的比重不断扩大，服务贸易在全球贸易总量中的比重不断扩大，在世界经济中的地位也更加凸显。服务贸易的发展和深化，有利于扩大就业，有利于经济体向低碳方向转变，带动经济结构的转型和升级。因此，近些年来，加快发展现代服务业和服务贸易，增强服务贸易国际竞争力，已经成为衡量一个国家综合国力的重要指标，是世界各国制定服务产业政策和进行服务产业规划的共同选择。

一、文　献　综　述

全球服务贸易的快速发展带动了服务贸易领域的研究，在服务贸易竞争力的研究中，主要有理论和实证两方面。在理论上，主要对服务贸易的影响因素，服务贸易与经济增长联动发展的机理、机制、模式进行分析。Joanne 和 Sabuhoro 等研究了欧洲国家服务贸易竞争力，指出了人力资本和知识资本的差距是直接影响欧洲各国服务贸易竞争力的重要因素。① Guerrieri 和 Meliciani 的研究发现了服务贸易在一国经济与贸易发展中的

---

* 李碧珍：福建师范大学经济学院教授，博士。

① Joanne, "Competition in the Business Services Sector: Implications for the Competitiveness of the European Economy," *Competition & Change*, 7 (Jun. 2003): 123—148; Larue Sabuhoro, "Factors determining the success or failure of Canadian establishments on foreign markets : a survival analysis approach," *International Trade Journal*, 20 (Jan. 2006): 33273.

作用和影响日益扩大的主要成因：一是服务在商品贸易中的作用更加凸显，二是第三产业在国民经济中的地位越来越重要。[①] Hoekman 和 Mattoo 研究了服务贸易对经济的影响，发现以印度、中国、巴西为首的发展中国家，在 1995—2005 年间服务贸易年均增长率分别达到 25.4%、16.6%和 15.1%，服务贸易呈现快速增长态势，服务贸易成为发展中国家日益关注的重点领域，也是上述国家对外贸易和经济持续发展的重要因素之一。[②]

从已有的文献资料来看，学术界对服务贸易的研究还从国别竞争力的比较层面展开。Seyoum 和 Ahn Lee 等学者，应用比较优势指数(RCA)，对以中国、巴西、印度为代表的发展中国家和以美、日、韩为代表的经济发达国家，就金融业、运输业、旅游业等行业的贸易竞争力进行了比较分析，研究结果表明：一个国家或地区服务贸易竞争力的大小与该国或该地区的经济发展水平、对外贸易发展状况密切相关，一般来说，经济发达国家的服务贸易竞争力普遍高于发展中国家，尤其是在金融服务、专利、商标、商业秘密以及版权转让等领域的差距尤为明显。[③] 国内学术界一般也通过显示性比较优势指数（RCA）和贸易竞争力指数（TC）来衡量一国的服务贸易竞争力水平。如谭晓芬、刘凤颖、刑孝兵等对大陆服务贸易的整体竞争力进行了测度，研究表明大陆服务贸易的总体水平不高，国际竞争力较弱，但呈现出快速发展的势头。[④] 在两岸服务贸易研究方面，沈丹阳、杨圣明等认为两岸服务业存在着多方面的互补性，应加大服务业的合作力度，促进两岸服务贸易的发展与合作，

---

① Meliciani，Guerrieri，"Technology and international competitiveness：The interdependence between manufacturing and producer services ，" *Structural Change and Economic Dynamics* Volume 16，4（Dec. 2005）：489—502.

② Mattoo，Hoekma，"Services Trade and Growth. Policy Research Working Paper 4461，" *World Bank Development Research Group Trade Team*，（Jul. 2008）：13.

③ Seyoum，"Revealed comparative advantage and competitiveness inserice，" *Journal of Economic Studies*，34（May 2007）：376—388；Ahn Lee，"Service industries in the northeast Asian countries，" *Global Economic Review*，36（Jan. 2007）：1—15.

④ 谭晓芬：《中国服务贸易竞争力的国际比较》，《经济评论》2003 年第 2 期；刘凤颖：《我国服务贸易竞争力及其发展对策研究》，《东北师范大学学报（哲学社会科学版）》2009 年第 4 期；刑孝兵、张清：《我国服务贸易竞争力的实证分析》，《经济问题》2010 年第 7 期。

共同开拓国际市场。[①] 针对台湾地区服务贸易竞争力问题的研究较为鲜见。石正芳、胡石青等主要研究了两岸经济合作框架协议（ECFA）框架下两岸经贸的发展。[②] 陈萍、李红梅等主要研究台湾地区知识型服务业的发展问题。[③] 丁振辉对两岸服务贸易竞争力进行了比较研究。[④]

已有文献为本文的研究提供了良好的理论基础，文献中也有较多观点鲜明的结论，其分析思路、研究角度和整体框架具有参考和借鉴价值。然而，上述关于服务贸易竞争力的研究，主要集中于金砖国家以及金砖国家与美、日、韩等发达国家的服务贸易竞争力的比较研究上，对两岸服务贸易竞争力的研究还较为鲜见。因此有必要对两岸服务贸易竞争力进行比较研究，为两岸服务业深度合作对接提供理论依据。

二、竞争力比较

1. 规模与市场占有率。

(1) 两岸服务贸易的发展规模。据统计，大陆服务贸易2010年进出口总额为3624亿美元。2001—2010年，大陆服务贸易出口额从329亿美元增长到1702亿美元，增长了4.17倍；服务贸易进口额从390亿美元增长到1922亿美元，增长了3.93倍。同期，台湾地区服务贸易出口额从215亿美元增长到410亿美元，增长90.7%；进口额从319亿美元增长到370亿美元，增长了16.0%（见表1）。从绝对值看，近年来大陆服务贸易的年均进口额和年均出口额均远远高于台湾地区，服务贸易规模大大超过台湾地区，这显示了大陆服务贸易的发展势头很好，竞争力在逐步增强，而台湾地区服务业增速减慢。

---

① 沈丹阳：《海峡两岸服务业合作：意义、模式及问题》，《国际经济合作》2007年第7期；杨圣明：《关于加快发展两岸服务贸易的问题》，《发展研究》2008年第6期。

② 石正方：《两岸经济合作框架协议生效后台湾经济观察》，《统一论坛》2011年第5期；胡石青：《ECFA早期清单启动对两岸经贸的影响》，《两岸关系》2011年第1期。

③ 陈萍：《台湾发展知识服务产业的难点与机会》，《福建论坛》2005年第7期；李红梅：《台湾发展知识型服务业的经验与启迪》，《海峡科技与产业》2005年第6期。

④ 丁振辉：《海峡两岸服务贸易竞争力比较研究》，《亚太经济》2012年第2期。

表 1 海峡两岸服务贸易规模比较 单位：亿美元

年份		2001	2002	2003	2004	2005	2006	2007	2008	2009	2010
大陆	出口	329	394	264	621	739	914	1217	1465	1286	1702
	进口	390	461	549	716	832	1003	1293	1580	1581	1922
台湾	出口	208	215	230	255	256	289	309	340	310	410
	进口	236	239	248	299	314	325	353	340	290	370

资料来源：根据世贸组织年报数据和中国服务贸易指南网统计数据整理计算而得。

(2) 两岸服务贸易的国际市场占有率。国际市场占有率是一个国家或地区某种产品或服务国际竞争力最直接的表现。该指标数值越大，表明这种产品或服务的国际竞争力越强。2001 年台湾地区服务贸易出口额 208 亿美元，国际市场占有率为 1.39%；2010 年服务贸易出口额 410 亿美元，国际市场占有率为 1.1%。同期大陆服务贸易出口额分别为 329 亿美元和 1702 亿美元，国际市场占有率分别为 2.2%和 4.6%。在世界服务贸易进口份额中，大陆占比从 2001 年的 2.54%攀升到 2010 年的 5.5%；台湾地区占比却呈下降态势，2001 年为 1.64%，2010 年则为 1.1%。这一方面说明，在世界服务贸易进出口份额中，大陆服务贸易的国际市场占有率逐年递增，但与美国、德国相比，大陆服务贸易占比还不高，而台湾地区的比重在下降。同时也说明了在大陆服务贸易的整体增长中，有相当一部分是依靠进口维持的。对台湾地区而言，近 10 年来服务贸易增长缓慢，服务贸易市场占有率较低（见图 1）。

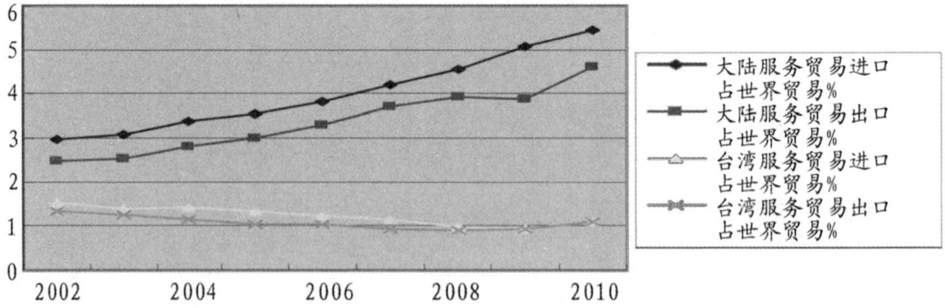

图 1 2001—2010 年两岸服务贸易进出口所占世界份额

2. 国际竞争力。

服务贸易的发展规模和增长速度仅能从一个较宏观的角度说明服务贸易竞争力水平。通过显示性比较优势指数（RCA）和贸易竞争力指数

(TC) 对两岸服务贸易竞争力进行比较，可以更为客观地评价两岸服务贸易当前的竞争力水平，找出两岸服务贸易的比较优势，进而明确两岸服务贸易合作对接的发展方向和制定积极合理的产业扶持和合作政策。

(1) 显示性比较优势指数 (RCA) 的比较。RCA 指数是美国经济学家贝拉·巴拉萨 (Bela Balassa) 1965 年测算部分国际贸易比较优势时所采用的一种方法，可以反映一个国家 (或地区) 某一产业贸易在国际竞争中的地位。1984 年 Hindley 和 Smith 证明 RCA 指数适合研究服务贸易部门的竞争力：如果 RCA>2.5，表明该国 (地区) 服务贸易具有极强的国际竞争力；如果 1.25≤RCA≤2.5，表明该国 (地区) 服务贸易具有较强的国际竞争力；如果 0.8≤RCA≤1.25，则可以判断该国服务贸易仅具有中度的国际竞争力；如果 RCA<0.8，则反映出该国 (地区) 服务贸易竞争力较弱 (见表 2)。

表 2 两岸服务贸易整体的 RCA 指数

年份	2001	2002	2003	2004	2005	2006	2007	2008	2009	2010
大陆	0.56	0.54	0.49	0.49	0.47	0.47	0.50	0.51	0.47	0.65
台湾	0.68	0.68	0.66	0.62	0.58	0.60	0.60	0.65	0.62	0.66

资料来源：根据世贸组织年报数据和中国服务贸易指南网统计数据整理计算而得。

上述数据表明，2001—2010 年期间，大陆的 RCA 指数在 0.47～0.65 间，台湾地区为 0.58～0.68 间，两岸服务贸易的 RCA 都小于 0.8，说明两岸服务贸易在世界的竞争地位均处于微弱的比较劣势中。当然，两弱相权，在总体出口方面台湾地区的服务业又比大陆略具比较优势。

(2) 贸易竞争优势指数 (TC) 的比较。TC 指数是服务贸易国际竞争力分析的一种重要工具，能够反映一国 (地区) 提供的服务产品相对于其他国家 (地区) 同种产品来说是否具有竞争优势，从而反映出一国 (地区) 服务贸易的竞争力状况。其计算公式为 TC 指数=(出口－进口)/(出口＋进口)。这一指标的取值范围为 (—1，1)，如果 TC>0，表示该国 (地区) 该种产品的贸易竞争优势大；如果 TC<0，则表示该国 (地区) 是该产品的净进口国 (地区)，该产品处于竞争劣势 (见表 3)。

表 3 两岸服务贸易 TC 指数的对比

年份	2001	2002	2003	2004	2005	2006	2007	2008	2009	2010
大陆	−0.085	−0.078	−0.084	−0.071	−0.059	−0.046	−0.031	−0.039	−0.102	−0.061
台湾	−0.103	−0.067	−0.051	−0.087	−0.114	−0.057	−0.024	0.026	0.032	0.033

数据来源：根据世贸组织年报数据和中国服务贸易指南网统计数据整理计算而得。

从表 3 可以看出，2001—2010 年大陆服务贸易竞争力 TC 指数总体上一直为负数，长期为净进口国家，这表明大陆服务贸易总体上竞争力水平较低，长期处于比较劣势中。2001—2008 年期间，大陆服务贸易 TC 指数值由 2001 年的−0.085 下降至 2008 年的−0.039，逐步接近于 0，说明大陆服务贸易竞争力有逐年上升的发展趋势；由于受 2008 年全球金融危机的影响，2009 年这一指数下降到−0.102。2010 年大陆服务贸易竞争力指数较 2009 年有所上升，但仍有许多服务项目的 TC 指数小于 0，反映出大陆的服务贸易竞争力比较弱。

2001—2007 年台湾地区 TC 指数在−0.024～0.114 之间浮动，与大陆−0.085～−0.031 相比，弱势程度相差不大。但自 2008 年起，台湾地区服务贸易的 TC 指数已从负值转为 0.026，2010 年上升为 0.033，而同期大陆的 TC 指数仍为−0.06，可见，这两年来台湾地区服务贸易的出口能力有所加强，但整体上仍呈较弱的竞争力。

3. 服务贸易分部门的国际竞争力比较。

表 4 大陆服务贸易分部门 RCA 指数

年份	交通运输	旅游	通讯	建筑	保险	金融服务	计算机及信息服务	版税及许可证费用	其他工商业服务	个人服务	政府服务
2001	0.63	1.79	0.36	1.28	0.37	0.05	0.41	0.06	1.10	0.07	0.48
2002	0.67	1.74	0.66	1.64	0.20	0.02	0.45	0.06	1.11	0.06	0.33
2003	0.80	1.31	0.63	1.45	0.24	0.06	0.60	0.04	1.54	0.05	0.27
2004	0.88	1.48	0.32	1.26	0.25	0.02	0.62	0.07	1.34	0.05	0.23
2005	0.92	1.46	0.29	1.73	0.39	0.03	0.58	0.04	1.31	0.15	0.26
2006	1.02	1.42	0.33	1.42	0.28	0.02	0.70	0.04	1.33	0.12	0.25
2007	1.16	1.23	0.41	2.02	0.34	0.02	0.74	0.05	1.38	0.22	0.21
2008	1.14	1.14	0.45	2.49	0.45	0.03	0.81	0.08	1.31	0.27	0.23
2009	0.99	1.29	0.38	2.83	0.59	0.05	1.21	0.06	1.51	0.16	0.34
2010	0.94	1.06	0.28	3.08	0.46	0.10	0.93	0.08	1.36	0.07	

资料来源：根据商务部《中国服务贸易统计数据表组 2011》及国际贸易统计数据库的数据整理计算而得。

表 5　台湾地区服务贸易分部门 RCA 指数

年份	交通运输	旅游	通讯	建筑	保险	金融服务	计算机及信息服务	版税及许可证费用	其他工商业服务	个人服务	政府服务
2001	0.82	0.73	0.59	0.25	1.11	0.41	0.23	0.34	2.18	0.14	0.25
2002	0.81	0.72	0.62	0.24	0.97	0.62	0.15	0.23	2.17	0.16	0.23
2003	0.89	0.45	0.67	0.26	0.69	0.65	0.12	0.19	2.40	0.13	0.21
2004	0.93	0.56	0.59	0.32	0.61	0.73	0.10	0.22	2.23	0.15	0.36
2005	1.02	0.71	0.55	0.23	0.74	0.90	0.10	0.17	1.93	0.20	0.39
2006	0.96	0.68	0.38	0.25	0.86	0.55	0.14	0.16	2.13	0.21	0.57
2007	1.19	0.63	0.38	0.27	0.56	0.46	0.08	0.13	2.03	0.18	0.40
2008	1.08	0.66	0.39	0.23	0.43	0.41	0.07	0.11	2.11	0.25	0.39
2009	0.99	0.86	0.44	0.32	0.63	0.31	0.07	0.14	2.01	0.25	0.54
2010	1.07	0.98	0.57	0.46	0.56	0.36	0.15	0.20	2.71	0.26	0.45

资料来源：根据商务部《中国服务贸易统计数据表组 2011》及国际贸易统计数据库的数据整理计算而得。

从表 4、表 5 的统计数据来看，两岸服务贸易分部门的 RCA 水平均有待提高。从大陆方面来看，大陆服务贸易竞争力差距较大，旅游服务、建筑服务和其他商业服务方面的 RCA 值大于 1，其中，2006—2008 年 3 年间，交通运输业的 RCA 值大于 1，说明其运输服务业具有显性比较优势；2007 年以来建筑服务业的 RCA 指数一直保持在 2 以上，显示出较强的竞争力优势；通讯、保险业以及政府服务的 RCA 指数介于 0.20 至 0.66 之间，表明这三大行业的比较优势较弱；金融服务、版税及许可服务、个人服务的竞争力指数 10 年来均小于 0.1，竞争力较弱，这突出地反映出大陆在金融服务、专利服务等高端服务贸易领域发展的欠缺，尤其是金融服务和专利服务等知识型服务业发展严重滞后。当然，旅游和建筑作为大陆服务贸易较强的两个部门，近年来已成为大陆最主要的服务贸易出口部门。据《中国入境旅游发展年度报告 2012》的研究成果显示，大陆入境旅游接待人数已从 1978 年的 181 万人次，增长到 2011 年的 1.35 亿人次，增长近 75 倍，年平均增长率 28.3%。入境旅游外汇收入从 1978 年的 2.6 亿美元，增长到 2011 年的 470 亿美元，增长近 181 倍，年平均增长率 28.9%。大陆接待过夜旅游者人数和入境旅游外汇收入的世界排名分别从 1980 年的第 18 位和第 34 位上升至 2010 年的第 3 位和第 5 位。[①]

① 国家旅游局旅游促进与国际合作司：《中国入境旅游发展年度报告》，旅游教育出版社 2012 年版。

王志伟对中美两国旅游业的国际竞争力进行了比较研究，研究结果表明中国旅游业具有中度竞争力。[①] 而大陆建筑服务贸易之所以具备较强的竞争力，从根本上是得益于国内产业的发展和劳动力的价格优势。据中国对外承包工程商会发布的数据显示，2008—2011 年期间，大陆对外承包工程业务完成营业额从 566 亿美元上升到 1034 亿美元，新签合同额从 1046 亿美元上升到 1423.3 亿美元，2011 年大陆对外承包工程完成营业额和新签合同额均首次突破千亿美元的大关。其中，电力、房屋建筑、交通运输新签合同额分别为 310.7 亿美元、277.9 亿美元、270.6 亿美元，分别占 2011 年大陆对外承包工程新签合同总额的 21.83%、19.53% 和 19.01%，电力工业业务贡献度首次超过房屋建筑和交通运输，成为大陆对外承包工程最大的签约领域。[②] 这说明大陆国际工程类企业充分抓住了金融危机后世界各国经济复苏对基础建设项目的需求，充分发挥自身的竞争优势，积极抢占国际市场，不断提高了大陆对外承包工程的市场占有率。陆菊春、张如庆等检验了中国建筑业服务贸易竞争力及其国际比较，认为整体上中国建筑业竞争力呈上升趋势，且已具备一定的国际竞争力。

整体来看，同期的台湾地区服务贸易竞争力强于大陆。在其他工商业服务业方面，10 年来其 RCA 值基本保持在 2 以上，说明台湾地区具有其他工商业服务方面的显性比较优势。从交通运输业来看，自 2004 年起，台湾地区运输业的 RCA 值基本围绕 1 上下波动，比较优势较稳定。两岸竞争力相当的部门主要是通讯、保险、个人服务和政府服务，竞争力低于大陆的主要服务贸易部门有旅游、建筑、计算机及信息服务。10 年来，台湾地区旅游服务贸易 RCA 值介于 0.45～0.98 中，表现出一定程度的波动，并由较强的比较劣势向微弱的比较劣势转化。2009 年以来，得益于大陆赴台游的快速增长，台湾地区旅游业显示出一定的比较优势。其他工商业服务的 RCA 值 10 年来基本上都大于 2，表明其一直处于较强的比较优势中。而以金融保险、版税及许可证服务贸易为代表的高端服

① 王志伟：《中美旅游服务贸易竞争力比较及启示》，《对外经贸实务》2009 年第 11 期。

② 《2011 年行业报告工程篇——2011 年对外承包工程业务主要特点》，《国际工程与劳务》2012 年第 3 期。

务贸易，具有附加价值较高、知识和人才较为密集以及能源消耗低、碳排放污染少等优点，具有巨大的合作空间，有望成为两岸服务贸易深度合作的新引擎。

三、整体态势和合作前景

1. 总体上的劣势。

上文的实证分析结果表明，台湾地区已基本步入服务经济时代，服务业占国内生产总值比重已高达七成以上，吸纳就业人口超过六成，台湾地区服务贸易总体规模在逐步扩大，整体服务贸易竞争力高于大陆，但受累于疲软的地区经济发展态势，台湾地区服务贸易的发展速度明显落后于大陆，部门行业和部门的领先优势也正在逐步丧失。从大陆方面来看，由于第三产业发展不充分，大部分行业的贸易竞争力较弱，但得益于近年来经济的强劲增长，大陆服务贸易竞争力逐步上升，发展较快，两岸服务贸易竞争力差距在逐步缩小。从分行业来看，大陆和台湾地区均有其具有相对优势的行业，大陆在旅游和建筑服务贸易行业竞争力较强，台湾地区在运输和金融服务贸易行业竞争力较强。这就需要两地充分发挥各自的比较优势，在海峡两岸经济合作框架协议（ECFA）下，本着互惠互补的原则，积极拓展贸易合作领域，大胆创新服务贸易方式，主动探索经济合作形式，努力提高各自的服务贸易竞争力水平。

2. 提升空间。

从上文各项竞争力指标的实证分析结果看，两岸服务贸易分部门的竞争力发展水平并不平衡。大陆和台湾地区在不同领域各自具有相对竞争力优势，同样有些处于竞争力相对劣势，这就需要分清各自的比较优势基础和服务贸易竞争力状况，制定相应的鼓励和扶持措施，发挥政府的积极作用，促进服务贸易的跨越式发展。

大陆比较优势在于丰富的劳动力资源、较好的劳动力素质和发达的产业经济基础。劳动力是第三产业发展的基础性条件，而发达的产业经济是经济体由第二产业向第三产业发展的必要基础，同时，大陆在旅游和建筑行业具有较强的竞争力，而在金融、保险和专利等行业竞争力极弱。因此，应充分发挥大陆旅游资源丰富、旅游发展潜力巨大的优势，在挖掘旅游业优势的基础上，进一步延伸旅游产业链条，加快重大文化旅游项目建设，加快旅游基础配套设施建设，建立完善配套服务，提升入境旅游便利化水平，促进旅游业发展。在国际工程承包业务方面，要加大企业走出去步伐，通过细化产业市场，拓展大型工程、复杂工程和高科技工程集成化发展空间，控制海外经营风险。在金融保险领域，要积极推动金融服务业开放，促进金融创新，加快人才培养速度，努力提高人才质量，促进服务业向知识密集型和人才密集型发展，提高金融服务行业的国际竞争力。

台湾地区比较优势在于高素质的劳动力、较高的经济发展水平和发达的高技术产业。相较于大陆，台湾地区运输服务业竞争力较强，金融保险服务业也有相对的竞争力优势，而在计算机及信息和专利行业竞争力较弱。对台湾地区的运输服务业而言，应充分利用其自身竞争力强的优势，充分利用两岸三通的有利条件，积极整合两岸港航优势资源，加强与大陆运输业开展平等、互补互利的伙伴式合作，共同开拓国际市场，进一步提升运输服务业的竞争力。金融保险业是今后台湾地区应着力发展的方向之一。台湾地区金融业发展较早，竞争力较强，从业人员整体素质较高，金融法规法律较为完善，但在与香港的竞争上，由于地区产业政策的限制难以和大陆开展有效的业务往来，致使金融市场狭窄，发展后劲不足，因此，亟须放开金融经营限制，加大与大陆金融交往。奇怪的是，台湾地区高技术产业密集，至今仍是世界重要的高技术产品生产基地之一，但是在电子计算机及信息和专利行业竞争力较差，主要原因可能是台湾地区相关行业贸易方式上主要是岛内相关企业之间的资源共享和专利同盟以及加工贸易，较少有计算机及信息和专利服务贸易的出口，这反映了目前台湾地区计算机服务及专利服务主要还是以基础实用型为主，内部消化能力大，今后需要提高在基础科学领域的研究力度，鼓励国际合作研究和专利成果的国际化，鼓励应用型专利创新和转化。

3. 现代服务业正逐步成为两岸经济合作的新引擎。

从两岸服务贸易分部门的 RCA 指数分析结果来看，两岸服务业的合作领域，除了传统服务业外，未来应重点加强在现代服务业领域的合作。从大陆来看，由于现代服务业发展起步较晚，亟须吸取外来资金和先进经验；对于台湾地区来说，现代服务业的发展较为成熟，加强与大陆现代服务业的联系与合作将是台湾地区实现其布局全球的重要一环，因此，完全可以在两岸经济合作框架协议下加强两岸在服务贸易领域的紧密合作，实现技术、市场、管理以及资金等方面的融合发展，形成两岸现代服务业互利双赢的局面。目前，两岸可首先考虑在经济合作框架协议下，放宽服务业政策限制，在福建的平潭、厦门或者上海浦东等地设立政策性试验平台，允许台资银行及其他台资金融机构入驻，实现两岸货币的直接双向通兑。在资本市场方面，开放大陆市场，实现特区台资企业在陆上市融资，以逐步形成两岸资本市场双向开放的格局。也可通过金融创新实现两岸银行业的合作，如可创新两岸金融合作模式，由两岸的银行业者合作成立融资性担保公司，开展“异地抵押”业务，以有效突破大陆台商融资的瓶颈。其次，两岸应加强合作拓展旅游市场。两岸旅游资源丰富，旅游市场广阔，两岸应就互推旅游产品、互送旅游客源、互拓发展空间、互通旅游资讯、制定互惠政策等领域加强交流与合作，促进“海峡旅游”品牌的形成。

（原文发表于《集美大学学报（哲学社会科学版）》2013 年第 3 期）

"21世纪海上丝绸之路"的空间范围、时代特征和战略愿景

黄茂兴 贾学凯*

海上丝绸之路自古有之，在中国数千年的历史长河中一直是中外经贸和文化往来的海上大通道。随着21世纪中国的崛起和改革开放的进一步深化，这条古老的通道又开始焕发出新的活力。2013年10月3日，中国国家主席习近平出访东南亚国家，在印度尼西亚国会做了题为《携手建设中国—东盟命运共同体》的演讲，提出要与东盟国家加强海上合作，发展海洋伙伴关系，共建"21世纪海上丝绸之路"的倡议。[①] 当前，"21世纪海上丝绸之路"已成为政界、商界、民间、学术界所关注的焦点。本文试着从政治、经济、文化、外交等方面来阐述"21世纪海上丝绸之路"的主要内涵、时代特征、空间范围和战略目标，以期能对深化这一重大战略认识提供有益参考。

一、"21世纪海上丝绸之路"的主要内涵和空间范围

1. "21世纪海上丝绸之路"的主要内涵。

"21世纪海上丝绸之路"的概念源于古海上丝绸之路，在新的时代条件下被重新提出，是以习近平同志为核心的党中央对外战略的顶层设计，肩负着实现中华民族伟大复兴的历史使命。"21世纪海上丝绸之路"是一

---

* 黄茂兴：福建师范大学经济学院教授、博士生导师，经济学博士。贾学凯，福建师范大学经济学院硕士研究生。

① 习近平：《携手建设中国—东盟命运共同体——在印度尼西亚国会的演讲》，《人民日报》2013年10月4日。

个内涵丰富的战略概念，中国在丝路沿线国家所进行的有利于互联互通、区域合作、共同发展的外交举措都可以归到"21世纪海上丝绸之路"的概念之下，因此"21世纪海上丝绸之路"可以说是一个指引合作的理念、实现合作的平台。下面，着重从合作动机、合作内容和合作模式三个方面来阐述"21世纪海上丝绸之路"的具体内涵。

第一，维持经济持续稳定发展，构建开放型经济新体制，实现全面建成小康社会和中华民族伟大复兴的中国梦是构建"21世纪海上丝绸之路"的根本动机。改革开放以来，中国逐步融入全球化进程，对外经贸联系日益加深，2013年中国货物进出口总额达到4.16万亿美元，成为世界第一货物贸易大国，吸引外资1239亿美元，连续多年成为仅次于美国的资本输入国，对外贸易与投资对稳定中国经济持续发展已起着无可替代的作用。但由于全球金融危机频发，中国经济的稳定受到剧烈冲击，对外贸易投资过度依赖发达国家的问题凸显。同时随着美国的战略东移，中国与周边国家在东海、南海上的利益冲突频发，中国遵循多年的保守型外交策略受到严峻挑战。中国经过30多年的快速发展，现已成为世界经济总量第二大国、第一大出口国、第二大进口国、第二大吸收外资国、第三大对外投资国、第一大外汇储备国，参与全球化的物质实力日渐增强，但受制于经济体制的影响，"引进来"与"走出去"仍受到诸多限制，依然不具备引领全球化的能力。当今世界，区域合作已主导全球化发展，跨太平洋伙伴关系协定（TPP）、跨大西洋贸易与投资伙伴协议（TTIP）等超大自由贸易区的形成，必将会对经济全球化的发展产生深远影响。全球需求结构深度调整，联合国贸发会议统计，2008—2012年发展中国家进口总额占全球进口的比重由39%升至45%，全球经贸格局东升西降趋势明显。[①] 因此，通过建设"21世纪海上丝绸之路"，促进区域合作，形成良好的外部环境，积极开拓新兴市场，发挥强大的物质基础优势，构建开放型经济新体制，以更大的影响力参与到全球化的进程当中，对维持经济的稳定发展，实现全面建成小康社会和中华民族伟大复兴的中国梦具有重大意义。

---

① 汪洋：《构建开放型经济新体制》，《人民日报》2013年11月22日。

第二，构建“21 世纪海上丝绸之路”涉及的内容众多，重点围绕“五通”的战略倡议而展开，即“政策沟通、道路连通、贸易畅通、货币流通、民心想通”。“五通”是“一带一路”倡议首次提出时的核心内容，为后续的一系列丝路外交奠定了基础。本文以“五通”为基础，并整合后续丝路外交中中国政府及领导人所提出的各种政策、方针、措施、项目，将“21 世纪海上丝绸之路”构建的主要内容概括为：统一的政策法规、互联互通的基础设施、便利的贸易与投资、以本币为主的金融合作和更加紧密的人文联系。其中，统一的政策法规，主要包括巩固中国与海上丝绸之路沿线国家的政治互信，在此基础上求同存异，协调各国经济发展战略与政策，协商区域合作的规划和措施，整合各方在贸易、投资、金融、海关和交通运输等方面的法规和管理制度，让政策法规为区域经济融合开绿灯。互联互通的基础设施建设是构建“21 世纪海上丝绸之路”的初期重点，包括海上港口互联互通，港口与腹地互联互通，陆上铁路、公路互联互通，空中航线互联互通，通信网络互联互通，能源管道互联互通，形成亚非范围内的高效互联的基础设施网络，为打造新的区域供应链、产业链、价值链，实现区域融合奠定物质基础。便利的贸易与投资是“21 世纪海上丝绸之路”的核心内容，通过贸易与投资便利化的制度安排，降低贸易壁垒与投资限制，提高双边、多边贸易和投资的便利化水平，释放各国的贸易投资潜力。中国的企业要借助“21 世纪海上丝绸之路”积极“走出去”，化解国内产能过剩与国内资本走不出去的问题，尤其是在能源方面，要发挥中国资本与技术的优势，扩大海外能源产业的投资，确保国家的能源安全。金融合作是“21 世纪海上丝绸之路”经济带发展的助推器。以本币为主的金融合作包括：稳步开放金融市场，扩大本币结算和货币互换的规模，建立多边结算体系与货币互换网络，构建和完善区域金融安全和服务网络；中国应积极推动人民币走出去战略，使人民币成为区域性的功能货币，并主导建立区域性的开发基金或银行，为“21 世纪海上丝绸之路”的推进提供融资渠道。更加紧密的人文联系包括：加强政府层面的沟通和民间的交流，扩大旅游、教育、科技、文化等方面的人员往来，密切人文交流，为各国之间的合作打好感情基础。

第三，“21 世纪海上丝绸之路”涉及国家多，跨越范围广，国家之间差异巨大，利益诉求难以统一，决定了它不可能采用传统的区域合作模式，即要通过签署统一的自由贸易协定，构建自由贸易区，然后升级为货币共同体与政治共同体。传统的合作方式要求各个国家对主权和利益做出巨大的让步，不可能符合“21 世纪海上丝绸之路”构建的现实，因此“21 世纪海上丝绸之路”不能是零和博弈，或是利益换利益，而是采取更加务实的合作模式，在不损害各国现有利益的前提下，实现利益最大化，打造利益共同体。“21 世纪海上丝绸之路”不是一个实体和机制，而是合作发展的理念和倡议，将充分依靠中国与有关国家既有的双多边合作机制，借助区域合作平台，通过更多的双赢或多赢的经济合作项目和贸易与投资便利化制度来促进区域融合发展，不寻求建立排他性的关税同盟或是超国家的管理机构，而是在开放、包容、平等、互利的原则上促进区域合作，最终实现各国共同发展。

2. “21 世纪海上丝绸之路”主要空间范围。

历史上的海上丝绸之路有三条航线，分别为东海航线、南海航线和美洲航线。东海航线主要是从中国的东部港口出发到达朝鲜、日本；南海航线也是影响最大的一条航线，主要从中国的东南和南部的港口出发，经东南亚、南亚的各个沿海国家到达西亚、北非和印度洋西岸的沿海国家；美洲航线主要从福建的泉州出发，经菲律宾的马尼拉到达美洲。[①]“21 世纪海上丝绸之路”的构建主要围绕着南海航线展开。在“21 世纪海上丝绸之路”提出之后，中国高层“海丝”外交所涉及的国家包括东盟十国，南亚的印度、巴基斯坦、斯里兰卡、马尔代夫，西亚和北非的阿拉伯联盟。我们将这些国家划为“21 世纪海上丝绸之路”的主要空间范围，并根据其所处的地理位置和各国联系的紧密程度分为三部分，即东盟航线，南亚航线，波斯湾和红海航线（如图 1 所示）。

（1）东盟航线。

东盟是“21 世纪海上丝绸之路”空间范围内距离中国最近并与中国联系最紧密的部分，是“21 世纪海上丝绸之路”建设的重中之重。如表

---

① 陈炎：《略论“海上丝绸之路”》，《历史研究》1982 年第 6 期。

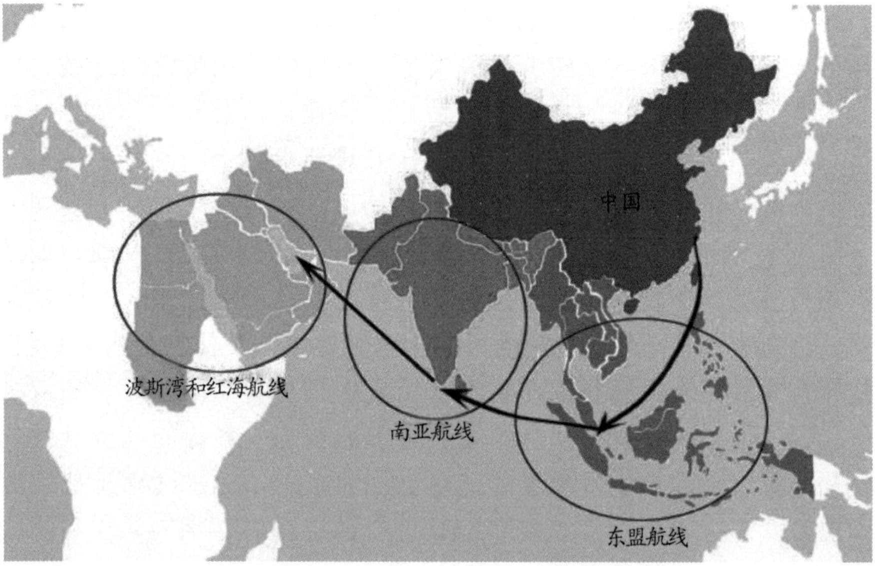

图 1 “21 世纪海上丝绸之路”主要空间范围

1 所示，东盟人口与经济总量巨大，大部分国家都是中低收入国家，经济增长迅速，除老挝之外都为海洋国家，拥有新加坡、马尼拉、雅加达、海防等众多的港口城市。中国和东盟山水相连，血脉相亲，文化相通，利

表 1 2013 年东盟航线范围内主要国家概况

国家和地区	总人口（亿人）	GDP（亿美元）	人均 GDP（美元）	GDP 增长率（%）	主要港口城市
文莱	0.04	161.1	38563.3	−1.75	斯里巴加湾港、麻拉
柬埔寨	0.15	152.5	1007.6	7.46	西哈努克港
印度尼西亚	2.50	8683.5	3475.2	5.78	雅加达
老挝	0.07	111.4	1645.7	8.15	无
马来西亚	0.30	3124.4	10513.7	4.68	巴生港、槟城
缅甸	0.53	531①	870.8①	6.3①	仰光
菲律宾	0.98	2720.2	2764.6	7.16	马尼拉
新加坡	0.05	2979.4	55182	3.85	新加坡
泰国	0.67	3872.5	5779.0	1.77	曼谷、林查班
越南	0.90	1713.9	1910.5	5.42	海防、胡志明市

资料来源：世界银行数据库。

注：表格采用现价美元，①为 2012 年数据

益相融，自 1991 年中国与东盟开启对话进程以来，双方已在互联互通、金融、海上、农业、信息通信技术、人力资源开发、相互投资、湄公河流域开发、交通、能源、文化、旅游、公共卫生、环境等 20 多个领域开展合作。目前双方互为重要的投资贸易伙伴，2013 年双边贸易额达到 4436 亿美元，东盟已成为中国第三大贸易伙伴，中国成为东盟最大的贸易伙伴。中国和东盟相互投资总额在 2013 年达到 140.9 亿美元，东盟成为中国企业投资合作的首选地，目前中国企业 16 个境外经贸合作区有 5 个落户东盟，为各区域之最。根据新加坡大华银行调查显示，中国有六成企业计划对外投资，且首选东南亚地区。中国和东盟的合作机制、平台众多，涉及政治、经贸、安全、科技、文化、次区域合作、海上合作等方方面面，其中，中国—东盟领导人会议是中国与东盟最重要、最高级别的对话机制，是中国和东盟合作的风向标；中国—东盟博览会、中国—东盟商务与投资峰会是推动中国和东盟的全面经济合作，促进中国—东盟自由贸易区建设的重要经贸合作平台；中国—东盟投资合作基金是中国设立的，专注于投资东盟基础设施、能源和自然资源等领域的离岸股权投资基金，对东盟的公路、铁路、水路、航空、信息通信的互联互通起了重大作用。中国、东盟在经贸投资上越来越深的相互依赖关系，以及自贸区的建设和各种各样的合作机制都为"21 世纪海上丝绸之路"在东盟的推行奠定良好的基础。

可以说，东盟是推进"21 世纪海上丝绸之路"建设的重中之重，做好东盟范围内的"21 世纪海上丝绸之路"建设会对其他部分的推进产生巨大的示范效应。在"21 世纪海上丝绸之路"框架下，东盟范围内区域合作的拓展空间和重点发展方向有：一是积极推动自贸区升级谈判，扩大双方贸易投资开放的领域，力争使双边贸易额在 2020 年达到 1 万亿美元，新增双向投资 1500 亿美元；二是已经推动达成建立"亚洲基础设施投资银行"的合作框架，提升中国—东盟海上合作基金规模，用好中国—东盟互联互通合作委员会、中国—东盟交通部长会等机制，加强陆上海上互联互通的基础设施建设，尤其是推动"泛亚铁路"的建设；三是利用好中国—东盟海上合作基金，稳步推进包括海洋经济、海上环保科研、海上搜救等在内的海上合作；四是共同制定《中国—东盟文化合作行动计划》，密切人文、科技、环保等交流。

(2) 南亚航线。

南亚航线位于“21世纪海上丝绸之路”的中段，面向印度洋，是世界商贸水上要道，全球一半集装箱货运、三分之一的散运及三分之二的石油运输都要取道印度洋，它是东南亚和东亚连接非洲、中东、欧美的必经之路。[①] 南亚航线四个国家除马尔代夫外，其他三个国家均为中低收入国家，经济发展水平落后，但增长迅速，都为海洋国家，主要港口城市包括：加尔各答、孟买、卡拉奇、瓜达尔、科伦坡。印度是南亚最重要的国家，为世界重要经济体，但长期以来受经济结构互补性不强和印度市场开放程度低等因素的影响，中印两国的经贸关系与两国的经济规模并不匹配，2013年双边贸易额为654亿美元，2012年双边投资额仅为3.2亿美元，投资贸易空间急待开拓。另外，印度一直视中国为竞争对手，而且双边一直存在着领土纠纷，中印之间长期缺乏信任。巴基斯坦是南亚的重要国家，中国全方位的战略伙伴，临近世界能源基地波斯湾，是中国在南亚构建“21世纪海上丝绸之路”的重要战略基点。南亚国家的基础设施建设普遍落后，因此工程承包成为中国与南亚经贸合作的亮点，2013年中国在这四个国家的承包工程完成营业额达到111亿美元，其中印度、巴基斯坦是中国对外工程承包的第四大、第八大市场。中国对南亚的工程承包重点集中在港口建设，其中瓜达尔港是中国承包建设的巴基斯坦第三大港，靠近霍尔木兹海峡，是印度洋上的咽喉要地，将来可以作为东亚国家转口贸易及中亚内陆国家出海口。中国在2013年2月取得瓜达尔港的经营权，使得中国通过“中巴经济走廊”开通一条从阿拉伯海直接通往新疆等西部地区的能源通道成为可能。另外，斯里兰卡的科伦坡港南集装箱码头和汉班托塔港也是中国参与建设的重要海港，科伦坡港南集装箱码头是中国在斯里兰卡的最大投资项目，建成后会成为“21世纪海上丝绸之路”重要枢纽。在自贸区建设上中国与这四个国家合作还处于起步阶段，只与巴基斯坦签署了完整的协议，在合作机制

---

① 卢永昌、李苏：《斯里兰卡 Hambantota 港口项目港址选择及一期工程设计介绍》，《水运工程》2009年第7期。

和平台建设上也不够完善，仅存在一些政府层面的对话机制，缺乏更能激活贸易与投资合作的工商界的合作平台。

南亚处于"21世纪海上丝绸之路"的枢纽地带，对"21世纪海上丝绸之路"的建设至关重要，但中国与南亚的合作现状是：与小国的联系紧密程度远远大于地区超级大国印度。因此，加深与印度的合作，发展与印度的战略伙伴关系成为南亚航线"21世纪海上丝绸之路"建设的关键。在"21世纪海上丝绸之路"框架下，南亚范围内区域合作的拓展空间和重点发展方向：一是推进自贸区建设，扩大双方贸易投资额，尤其是尽快启动与印度的自由贸易区谈判，争取在2020年使双边贸易额达到1500亿美元；二是通过铁路、公路的等基础设施的互联互通建设推进"中巴经济走廊""孟中印缅经济走廊"的建设进程，通过参与南亚港口建设，推进海上互联互通；三是加大对南亚尤其是印度的工业和基础设施的投资，建设工业园区，升级和修建高速铁路；四是建立海上合作对话机制，就海洋事务、海上安全交换意见，加强海上合作；五是共同制定"文化交流计划"，密切人文联系。

表2 2013年南亚航线范围内主要国家概况

国家和地区	总人口（亿人）	国内生产总值（亿美元）	人均国内生产总值（美元）	国内生产总值增长率（%）	主要港口城市
印　度	12.52	18768.0	1498.9	5.02	加尔各答、孟买
巴基斯坦	1.82	2366.3	1299.1	6.07	卡拉奇、瓜达尔
斯里兰卡	0.20	671.8	3279.9	7.25	科伦坡、汉班托塔
马尔代夫	0.00	23.0	6665.8	3.71	马累

资料来源：世界银行数据库。表格数据使用现价美元统计。

（3）波斯湾和红海航线。

波斯湾和红海航线区域范围内主要是阿拉伯国家联盟。阿拉伯国家联盟简称阿盟，由西亚和北非的22个阿拉伯国家组成，包括阿尔及利亚、阿联酋、阿曼、埃及、巴勒斯坦、巴林、吉布提、卡塔尔、科威特、黎巴嫩、利比亚、毛里塔尼亚、摩洛哥、沙特、苏丹、索马里、突尼斯、叙利亚、也门、伊拉克、约旦、科摩罗。阿盟国家是世界最主要的能源基地，拥有全球62%的石油储量和24%的天然气资源，对中国乃至世界的能源安全都至关重要。阿盟国家经济发展状况表现不一，如表3所示，有高收入的产油国，如海湾阿拉伯国家合作委员会（海合会）六国的沙特、阿联酋、阿曼、卡塔尔、巴林、科威特，这些国家社会稳定，经济增长迅速；也有低收入的非产油国，如也门，北非的苏丹、埃及等，社会局势动荡，经济甚至出现负增长。阿盟国家重要的港口城市有达曼、吉达、迪拜、多哈、苏赫奈泉、苏丹港等。古代阿拉伯商人和中国的商人就通过陆上和海上丝绸之路往来于中阿之间，为东西方文明交流作出了重大贡献。当代中阿在资源禀赋和经济结构上的互补性，使中阿经贸联系日趋紧密，为中阿携手共建“21 世纪海上丝绸之路”打下了良好的基础。目前，中国已是阿盟国家第二大贸易伙伴，阿盟国家是中国第七大贸易伙伴，中阿贸易额在 2013 年达到 2389 亿美元，阿盟更是中国最主要的能源合作伙伴、重要的工程承包和海外投资市场，2013 年中国从阿拉伯国家进口原油达 1.33 亿吨，占中国总进口量的 47.2%。中国在阿盟完成承包工程营业额达到 234.26 亿美元，沙特成为中国对外承包工程第二大市场。在自贸区建设上中阿还处在比较落后的阶段，目前中国与阿盟内部海合会的自贸区谈判已处于停滞状态，亟待重启。中阿合作论坛是中阿之间最重要的交流机制，下设部长级会议、高管委员会、企业家大会、能源合作大会、高教和科研交流、文化交流等多个子机制，是促进中阿合作和推进“21 世纪海上丝绸之路”建设的全方位平台。

阿拉伯国家位于“一带一路”的西端交汇地带，是中国推进“一带一路”建设的天然和重要的合作伙伴。建设好“21 世纪海上丝绸之路”，中阿应利用好现有的合作机制，尤其是中阿论坛，发挥好各国的优势，促进资源要素在中国和阿拉伯国家之间有序自由流动和优化配置，突破

表 3 2013 年波斯湾和红海航线范围内主要国家概况

国家和地区	总人口（亿人）	国内生产总值（亿美元）	人均国内生产总值（美元）	国内生产总值增长率（%）	主要港口城市和自贸区
沙特阿拉伯	0.29	7452.7	25851.6	3.80	达曼、吉达
阿联酋	0.09	3838①	41681①	4.37①	迪拜、沙加
阿曼	0.04	805.7	22180.8	5.07	玛斯奎特
卡塔尔	0.02	2024.5	93352.0	5.55	多哈
巴林	0.01	327.8	24612.5	5.49	巴林港

续表

国家和地区	总人口（亿人）	国内生产总值（亿美元）	人均国内生产总值（美元）	国内生产总值增长率（%）	主要港口城市和自贸区
科威特	0.04	1832.2①	56366①	6.19①	科威特城
伊拉克	0.31	2228.8	6669.5	3.95	巴士拉
也门	0.24	359.5	1473.1	4.16	亚丁港
埃及	0.82	2719.7	3314.5	2.10	苏赫奈泉
苏丹	0.38	665.5	1752.9	-6.00	苏丹港

资料来源：世界银行数据库。阿盟成员国有22个，本文选取波斯湾和红海航线的海合会六国及伊拉克、也门、埃及、苏丹四国做重点介绍。表格数据采用现价美元，标有①的为2012年数据。

中阿务实合作转型升级面临的瓶颈制约，实现从能源到投资、科技、文化全方位的合作。在"21世纪海上丝绸之路"框架下，波斯湾和红海范围内区域合作的拓展空间和重点发展方向：一是扩大中阿双边贸易和相互投资，并就贸易和投资便利化建立适当的制度安排，尽快重启与海合会的自贸区谈判；二是加强中阿在铁路、公路、港口、民航、电信等领域合作，推进基础设施互联互通，积极参与阿拉伯半岛铁路等战略项目建设；三是拓展金融、核能、航天等新领域合作，带动中阿务实合作转型升级；四是深化油气领域上下游合作，开拓太阳能、风能等可再生能源领域合作，实现双方能源发展长期规划的对接；五是扩大文化、教育、卫生、体育等人文领域交流，促进文明之间的交流对话。

"21世纪海上丝绸之路"涉及的空间范围十分广阔，国家众多，各国经济发展水平、政治制度、社会文化等方面差异较大，因此其构建过程必定漫长复杂，在这个过程中我们要秉持平等开放的原则，从实施起来比较容易的国家开始，然后以点带面、逐步推进，最终实现广泛区域内的深化合作。

二、"21世纪海上丝绸之路"的时代特征

"21世纪海上丝绸之路"与"丝绸之路经济带"是党中央、国务院根

据全球形势深刻变化，统筹国内国际两个大局作出的重大战略决策，不仅对中国构建开放型经济新体制、形成全方位对外开放新格局、全面建成小康社会、实现中华民族伟大复兴的中国梦具有重大意义，而且会对构建新型的世界经贸格局，促进全球化进程，实现各国经济繁荣、人民生活幸福以及世界的和平与发展产生深远影响。

1. “21 世纪海上丝绸之路”是实现“两个一百年”奋斗目标的重要战略支撑。

党的十八大报告明确提出了“两个一百年”的奋斗目标，即在中国共产党成立 100 周年时全面建成小康社会，在中华人民共和国成立 100 周年时建成富强民主文明和谐的社会主义现代化国家，实现中华民族伟大复兴的中国梦。“两个一百年”奋斗目标是中国梦的核心内容。随着改革开放的开启，中国终于踏上了实现梦想的正确道路，改革开放也成为决定当代中国命运和实现“两个一百年”奋斗目标的关键一步。当前，中国逐渐走到了改革的攻坚区、深水区，如何深化改革开放，支撑中国进一步发展，成为了实现“两个一百年”奋斗目标的关键。“21 世纪海上丝绸之路”是深化改革开放的重要战略举措，有助于形成全方位开放新格局和开放型经济新体制，对内倒逼改革，释放制度红利；对外拓展空间，谋求更大发展，通过实现深化改革为“两个一百年”奋斗目标提供重要战略支撑。“一带一路”（“丝绸之路经济带”“21 世纪海上丝绸之路”）倡议是中国站在对外开放新起点上，全面提高开放型经济水平，完善开放型经济体系的主动出击，必将推动中国利用好战略机遇期，渡过经济社会转型的矛盾凸显期，向着实现“两个一百年”奋斗目标昂扬前进。

2. “21 世纪海上丝绸之路”是连接中国梦与世界梦的桥梁。

鼓励其他国家走符合本国国情的发展道路，寻求中国梦与世界梦的相通性，是中国模式之国家治理与民族复兴层面在外交领域的体现。[①] 和平、发展、合作、共赢是中国的外交理念，亲、诚、惠、容是中国的周边外交理念，“21 世纪海上丝绸之路”的“利益共同体”和“命运共同体”模式，就是这些外交模式和外交理念的具体表现。首先，“21 世纪海

---

① 王义桅：《中国外交模式的意义》，《人民日报（海外版）》2014 年 9 月 22 日。

上丝绸之路"尊重各国的发展模式，不干涉他国内政；其次，"21世纪海上丝绸之路"致力于做大共同利益，通过各国发挥各自比较优势，促进区域内要素有序自由流动，把经济互补性转化为发展推动力，做大共同利益的蛋糕，形成互补互利互惠的良好局面；再次，"21世纪海上丝绸之路"将会对周边国家乃至整个世界发展带来巨大的机遇，今明两年，将有1/3的中国省市人均国内生产总值超过1万美元，未来7年，预计中国将进口超过17万亿美元商品，对外直接投资规模达到1.2万亿美元，到2020年，将有6亿中国人进入中等收入阶层，一个巨大的"世界市场"将日益呈现在世人面前。"21世纪海上丝绸之路"以发挥各自优势，实现多元共生、包容共进，共同造福于本地区人民和世界各国人民为基本路径，即不损人利己，也不图谋霸权，给亚洲和世界带来的是发展机遇而不是威胁。"21世纪海上丝绸之路"通过利益共同体和命运共同体将"中国梦"与"世界梦"相连，通过实现国家富强、人民幸福、民族复兴的中国梦，来实现各国经济共繁荣，世界和平与发展的世界梦。"21世纪海上丝绸之路"是连接中国梦与世界梦的桥梁，通过实现中国梦来促进实现世界梦，又通过实现世界梦形成良好的外部环境促进中国梦的实现，最终实现全世界共同的繁荣发展。

3. "21世纪海上丝绸之路"是中国错综复杂的竞争环境下的战略突围。

当前，世界形势深刻变化，新兴国家不断崛起，发达国家实力下滑，虽然新兴国家不断重塑着国际竞争格局，但发达国家仍掌握着世界政治、经济、安全博弈的主导权。进入21世纪，世界范围内市场、技术、资源等方面的竞争日益激烈，经济危机后美国积极推动跨太平洋伙伴关系协定（TPP）、跨大西洋贸易与投资伙伴协议（TTIP）的谈判来主导新的国际贸易规则，并试图将中国排除在新的贸易体系之外；世界经济中心东移，亚太逐渐成为各国利益争夺的焦点，尤其在奥巴马政府上台之后，美国提出了"亚太再平衡"战略，积极拉拢日、韩、菲遏制中国的崛起，挤压中国在亚太的战略空间；区域合作方兴未艾，中国虽然很早就主导成立了以安全问题为主要内容的上海合作组织，但在其他的多边的区域合作方面并没有什么建树，与中国联系最紧密的东亚一体化也是由东盟主导，并随着澳大利亚、新西兰、印度、美国和俄罗斯加入东亚峰会，使得东亚一体化进程中的大国博弈更加激烈。“21世纪海上丝绸之路”是中国在错综复杂的外部环境下拓展战略空间的主动出击，有助于中国整合区域资源，构建自己主导的区域经贸体系，变革现有的世界经贸格局；有助于中国培育国际竞争新优势，制定新的国际规则和标准，掌握国际竞争的主动权。推动“21世纪海上丝绸之路”中中国以更加积极姿态参与全球治理，在新起点上谋划走向未来的全球战略，将改变过去中国国际秩序被动接受者的局面，实现中国全球战略的突围，使中国真正成为能够主动提出并主导议题，构建世界秩序的世界大国。

4. “21世纪海上丝绸之路”是传播中华文明的重要通道。

自古以来，海上丝绸之路与陆上丝绸之路一样，不但沟通了古代东西方之间的贸易和友好往来，增进了各民族之间的了解和友谊，而且也推进了东西方经济文化的交流，是东西文化交流的大通道，对世界文明作出了重大贡献[①]。“21世纪海上丝绸之路”秉承古海上丝绸之路的精神，把推进人文交流、弘扬中华文明作为自己的重要组成部分，在东盟部分，双方将共同制定《中国—东盟文化合作行动计划》，办好2014年中国—东盟文化交流年活动，中国将为东盟提供更多奖学金名额和资金促进双方教育和人文交流；在南亚部分，中印将启动“中国—印度文化交流计划”，中斯将在斯里兰卡建立中国文化中心，中方愿向马方提供更多政府奖学金名额，为马尔代夫公民学习汉语提供协助，在公务员培训方面同马方开展合作；在阿拉伯国家联盟方面，中阿双方决定把2014年和2015年定为中阿友好年，今后3年，将为阿拉伯国家再培训6000名各类人才，未来10年，将组织10000名中阿艺术家互访交流，推动并支持200家中阿文化机构开展对口合作。“21世纪海上丝绸之路”通过各种的文化交流项目，必将让世界更加了解当代中国，让中国中华文明更加远播。

---

① 陈炎：《海上丝绸之路对世界文明的贡献》，《今日中国（中文版）》2001年第12期。

三、“21 世纪海上丝绸之路”的战略愿景

1. 以自贸区和港口为依托实现互联互通。互联互通的贸易物流与网络连接是“21 世纪海上丝绸之路”的最基本的目标，是将各国紧密联系在一起的物质纽带。自贸区和港口作为互联互通网络上的结点，是实现互联互通的依托，更是各个国家之间开放的窗口。因此，要实现以自贸区和港口建设为重点的互联互通，促进生产要素在区域内的合理流动，充分发挥各国的资源优势，为“21 世纪海上丝绸之路”打下坚实的物质基础。

2. 深化金融和物流合作，推动区域一体化发展。“21 世纪海上丝绸之路”本质上是区域一体化的一部分，在其构建过程中，要着重深化物流与金融方面的合作，推动区域一体化的发展。在深化物流合作方面，要加强公路、铁路、海路、航空等各个领域的互联互通，形成现代化的物流网络。在金融合作方面，金融合作一直是新兴经济体合作的薄弱环节，两次金融危机使亚洲的新兴经济体认识到，只有新兴国家联合起来才能抵御金融危机的冲击。因此，构建“21 世纪海上丝绸之路”要通过深化物流与金融的合作，实现以物流与金融的一体化促进区域一体化的发展。

3. 构建新型多边友好关系，形成开放型经济新格局。“21 世纪海上丝绸之路”作为在广阔空间范围内的合作，能够以经贸为主线，突破地缘与文化的限制，串联起亚非欧范围内的广大国家，为中国与广大亚非国家构建起平等、开放、互利旨在实现共同发展的新型多边友好关系，推动形成中国对外开放的新格局。通过建设“21 世纪海上丝绸之路”，一方面能够平衡中国与发达国家和发展中国家的投资与贸易的关系，摆脱投资与贸易对发达国家的过度依赖，开拓新的贸易、投资空间；另一方面能够平衡“引进来”与“走出去”之间的关系，改变中国长期以来资本流入大于资本流出的格局，促进中国资本走出去，更多地流入亚非等新兴经济体，形成发达国家与发展中国家均衡发展，“引进来”与“走出

去”并重的对外开放新格局。

4. 加快人文交流合作，实现心灵沟通与文明对话。“海上丝绸之路”自古以来就不单是一条贸易通道，更是一条连接不同国家的文化纽带。当今世界文明向多极化发展，文化逐渐超过经济和意识形态成为造成国际冲突的主要根源，而欧盟区域一体化的成功则体现了文明相似性在实现区域合作上的凝聚力，因此加强人文交流，实现文明与文明之间的相互包容就成为国家与国家之间实现合作的支撑。“21 世纪海上丝绸之路”涵盖的文明众多，这种合作本身所具有的文化多样性就决定了其内部必然存在着诸多矛盾，缺乏实现合作的文化凝聚力，因此想要“21 世纪海上丝绸之路”的持久稳定，就必须把实现文明之间的沟通与包容作为基础性的战略目标，通过加强人文交流，实现心灵沟通与文明对话。

（原文发表于《东南学术》2015 年第 4 期）

"一带一路"背景下的环境冲突和矛盾化解

叶　琪*

丝绸之路是古代中国与世界经贸往来的重要通道，伴随着丝绸之路的延伸，中国的文明与世界的文明相互传导，相互交融，共同推动了世界文明的进程。虽然后来由于海运对陆运的替代，以及明清时期政府实施对外贸易的限制和防范海外势力入侵，丝绸之路逐渐走向衰落，但丝毫不能掩盖其在世界文明进程中焕发的光芒。在新的经济发展阶段，建设"丝绸之路经济带"和"21世纪海上丝绸之路"倡议的提出不仅明确了中国对外开放的新路径，开辟中国经济新增长点，而且有利于增进中国与沿途国家的经济繁荣和地缘政治稳定，真正构建起"利益共同体"和"命运共同体"。

当前有一些学者围绕着"一带一路"倡议展开了研究，冯宗宪(2014)、霍建国(2014)、高虎城(2014)等分析了"一带一路"倡议的意义，认为这一倡议有利于促进多层次的区域合作，促进中国新一轮对外开放和沿线国家的发展繁荣；韩勇华、邹建华(2014)，潜旭明(2014)等分析了"一带一路"背景下中国与西亚国家的贸易合作、中国与中东能源合作等区域合作的问题，认为这一倡议可以进一步强化区域的经贸合作关系。蔡武(2014)认为应加强文化交流与合作实现沿线各国的全方位交流与合作。各个省市也积极响应"一带一路"的倡议号召，并为此召开专题研讨会，从互联互通、平台建设、产业对接、经贸合作等多个层面为各地区如何更好地融入"一带一路"提出了具体的对策建议。由于"一带一路"倡议才处于刚刚起步阶段，当前的多数研究主要

* 叶琪：福建师范大学经济学院副教授，经济学博士。

集中于战略意义探讨及“一带一路”对区域发展、经贸合作、文化交流等带动效应，并对如何推动“一带一路”倡议实施提出预判性的建议。当前的研究鲜少涉及对“一带一路”的环境方面的研究，无论是陆上丝绸之路所经过的广阔无垠的沙漠和戈壁，还是海上丝绸之路沿线对海洋资源的无限制开发，抑或是国家间贸易环境壁垒的阻挠，生态环境问题已经成为“一带一路”倡议持续推进中亟待解决的重要问题。妥善化解“一带一路”建设中的各项环境矛盾冲突，将“一带一路”建设成为和平之路、绿色之路，实现经济、社会、环境的协调发展至关重要。

一、“一带一路”建设中的环境命题

树立生态安全理念，注重生态环境合作，不仅可以增加中国在全球经济合作中的筹码，而且还会增强中国的地缘政治影响力，更好地维护国家利益。“一带一路”建设肩负着促进国家间生态合作互惠化、建设具有生态环境意义上的互联互通基础设施、实现生态利益共享等艰巨任务，可以从中引申出四个重要的命题。

1. “一带一路”的生态环境涉及的范围是全球性的。环境问题不仅是一个国家和区域发展的问题，而且是全球面临的共同难题，由于环境的无界性，环境问题的解决需要多个国家共同努力，相互合作。资源和环境问题一旦出现便具有扩散性，即通过物质循环和能量流动逐渐向全球扩散，不受国界的约束（张海滨，2008）。“一带一路”作为贯穿亚欧非、连接东西方的重要通道和纽带，同时也把这些地区的生态环境串联在一起，凸显环境是一个不可分割的整体。在“一带一路”建设的环境保护也顺应了全球生态演化的趋势和潮流，凸显中国参与全球合作的责任感和使命感。只有在全球性的视野下来倡导“一带一路”的环境保护战略和理念才更有意义和价值。

2. “一带一路”的生态环境是历史问题和现实问题的交汇。“一带一路”生态环境的历史问题主要表现在陆上丝绸之路沿线地区生态脆弱，环境相对恶劣，如原苏联粗放式的工业化和无节制的核试验严重污染了陆上丝绸之路，海上丝绸之路的沿线国家和地区对海洋资源无限制的争夺和污染也极大破坏了海洋生态系统。"一带一路"生态环境的现实问题主要表现在随着全球气候变化，中国西部、中亚、中东等地区荒漠化、水资源危机加剧，原来很多绿洲变成了沙漠和戈壁。历史问题和现实问题交汇在一起形成了对"一带一路"生态环境改善巨大的挑战，这也意味着"一带一路"生态环境的建设，既要着眼于历史，又要充分考虑到未来长期的持续发展和代际的传承，必须贯彻可持续发展的理念和原则。

3. "一带一路"的生态环境赋予文明发展新的内涵。古代丝绸之路不仅仅是贸易和物质运输的通道，而且促进了古代的中华文明、印度文明、波斯文明、阿拉伯文明和希腊—罗马文明等文明的交融和传递，促进不同文化、民族及其思想的成长，为人类文明增添了绚烂的色彩。在新的历史发展阶段，文明的发展已经大大超越了物质和精神层面的界限，在探索人与自然和谐共存、经济发展与环境保护协调推进的时代背景下，中国率先提出"生态文明"这一全新的理念，既是对古代文明的发展和传承，同时又是适应新的发展阶段而孕育出的新的文明形态。中国应凭借着日益增强的世界经济影响力，承担起大国的责任，充分发挥丝绸之路的文明通道，把生态文明的理念向世界推介，与世界各国一起共同保护生态环境，携手缔造更加灿烂的新时代的生态文明。

4. "一带一路"的生态环境问题旨在实现可持续发展。可持续发展是应对全球资源和生态环境系统变化，着眼于人类社会发展的长期性和持续性而提出的发展战略和理念。"一带一路"倡议一旦变成现实，将构建起世界跨度最长、最具发展潜力的经济走廊，它所带来的利益将惠及几代人。要吸取古代丝绸之路发展的经验教训，一开始就注重保护自然资源和生态环境，开展生态环境的国际合作，携手共同解决环境发展的难题。同时要借助"一带一路"倡导公平的发展权和公平的资源使用权，给予发展落后的国家更多的环境援助。只有实现资源环境上的可持续才能更好地实现经贸往来、文化交流上的可持续，让"一带一路"真正成为一条和平之路、友谊之路和可持续发展之路。

二、“一带一路”建设中的环境冲突

经济系统化和人类自身福利的需要对经济增长提出了迫切要求，这一要求导致经济与环境之间存在着似乎永远无法消弭的紧张与冲突（蒋新，2006）。面对着不断恶化的生态环境，人类不得不在环境与经济的冲突困境中进行艰难的抉择，不得不重新考虑发展方式的转变，探索经济和环境协调发展之路。但是人类的活动总是依托于环境进行的，总是或多或少会对环境产生影响，“一带一路”建设中也不可避免会带来环境冲突。

1. 发展任务的艰巨性和生态环境的脆弱性的冲突“一带一路”建设面临着艰巨的挑战，如沿线的欧亚地区一些国家经济基础薄弱、基础设施落后、债务负担沉重等，南海争端问题未决，一些国家政治不稳定，严重影响了经济政策的连续性和稳定性，“一带一路”涵盖了多种思想和文化，可能会产生文明的冲突，等等。从国内来看，中国区域经济发展不平衡，西部地区经济发展仍然落后，要承担起“一带一路”的区域重任还有待于经济发展水平的提升。这些因素共同决定了“一带一路”建设在基础设施互联互通、投资长期化等发展面临着艰巨的任务。同时，丝绸之路经济带所经过的欧亚大陆，气候异常干燥，降雨量极其稀少，有大片的沙漠和戈壁；海上丝绸之路沿线也面临海水污染和生物多样性的减少等问题，生态环境的脆弱性挑战着其对人类活动和经济活动的承载力，考验着现存的生态环境能否支撑得起庞大的发展规模和任务。

2. 环境技术发展和环境制度创新的冲突。根据《专利与清洁能源——缩小证据与政策之间的差距》分析报告，自 1997 年以来，全球气候技术的专利授权数平均每年增长约 20%，清洁能源技术的专利数量增长速度也超过了化石燃料及核能的增长速度。然而环境制度创新方面又是比较落后的，各国在环境责任的承担和具体实施方式上经常经过多轮谈判后仍难以达成一致的意见，环境制度创新严重滞后于环境技术的发展。“一带一路”沿线各国和地区从本区域利益出发，开发新能源和发展现代环保产业，开展了不同程度的环境技术改善。但是迄今为止，“一带一路”沿线国家和地区还没有形成一个区域性的环境组织和联盟，没有达成双边和多边的环境合作相关机制，在节能减排和应对气候变化方面也没有达成统一的共识。这就会造成“一带一路”建设过程中环境技术发展缺乏环境制度创新的支撑。

3. 结构升级的紧迫性和环境规制约束的冲突。当前全球经济仍处于复苏之中，获取经济发展新的动力是各个国家实现新一轮经济增长的紧迫任务。以“一带一路”建设为依托，中国将与沿线国家对接发展战略，开展多层次和多领域合作，提升向东开放水平的同时加快向西开放步伐。这将极大有利于中国的产业结构、贸易结构、投资结构等结构升级，开拓出中国与沿边国家和地区的新的经济增长点。但是经济的发展又会受制于环境的约束，比如中国的西部地区在产业转移时又要警惕污染产业的转移，要避免走粗放式的工业化发展道路，中国的对外合作和投资也要符合当地国家的环评标准和要求，同时又要警惕和排斥其他国家向中国的污染输入，在能源合作中注重生态安全和清洁能源的开发。“一带一路”在释放结构升级动力的进程中不得不考虑环境规制的约束。

4. 经贸合作的拓展和环境贸易壁垒的冲突。“一带一路”所构建的对外开放的新格局切合了沿线国家的共同需求，将进一步拓展中国同沿线国家经贸合作的领域，扩大相互开放的程度，提供了优势互补的平台，聚集商流、物流和人流（高虎城，2015）。据统计，过去10年，中国与沿线国家贸易额年均增长19%，对沿线国家直接投资年均增长46%，均明显高于同期中国对外贸易、对外直接投资总体年均增速（高虎城，2014）。然而，在经贸合作往来中，又不得不面对贸易壁垒的限制，如沿线各国为了保护资源和环境设置的不同层次的绿色贸易壁垒，以“污染”为由对外来投资进行抵制和排斥等。环境往往容易成为各国实施贸易保护主义的借口，影响了“一带一路”经贸合作的自由开展，建立起统一的环境制度显得至关重要。

5. 个体行动独立性和整体合作协调性的冲突。“一带一路”建设是沿线各国的共同事业，通过各国的相互合作和努力，可以将政治互信、地缘毗邻、经济互补等优势转化为持续增长优势。同样，在环境治理方面，沿线的各国也应该超越狭隘的国家利益理念的束缚，朝着人类追求的国际合作、集体安全、共同利益、理性磋商的方向发展。然而，在具体的操作过程中，往往又很难挣脱个体利益的束缚。许多国家一方面支持国际合作，但另一方面又将环境责任推卸给其他国家和地区，都希望能在维护个体利益的同时尽量享受全体利益的好处。如在减排方面，各国都不愿意以限制本国经济发展和居民生活水平为代价，都希望本国少减排，别国多减排。这就会造成各国的个体利益与沿线整体利益的冲突，各国在各自利益上的不同分歧难以将国际环境合作推向一个实质性的高度。

三、生态文明是化解“一带一路”建设中环境矛盾的重要利器

在人类的发展进程中，经济与环境之间的矛盾似乎是难以调和的，处理两者的关系其实并不是一个选择题，而是要在两者之间寻求一个平衡的支点。我国提出的“生态文明”作为保护和建设美好生态环境而取得的物质成果、精神成果和制度成果的总和，不仅是对工业文明发展瓶颈的突破，而且代表着人类文明发展的新方向。生态文明是中国基于人与自然的和谐，基于生态环境的改善，基于工业化发展模式的突破提出的全新的发展理念，这一理念顺应了世界工业化发展的潮流，是全世界文明发展的新动力，也是化解“一带一路”建设中环境矛盾的重要利器。

1. 生态文明是对“一带一路”文明的传承和发展。“一带一路”建设所缔造的文明是维系着不同国家不同民族紧密关系的精神纽带，是抛开一切发展水平差异，平等地引导合作与交流的精神支撑。虽然“一带一路”文明的发展会由于不同的经济发展水平、不同的民族文化和宗教文化而产生分歧，但是各个国家和地区对人与自然和谐相处、良好生态环境追求的目标是一致的，中国提出的生态文明理念超越了以往一切文明的形态，其所倡导的开放、包容、共赢、创新开拓了人类文明发展新的方向和领域。生态文明也必然是“一带一路”文明发展的新形态，续写着“一带一路”文明传播辉煌的历史。“一带一路”生态文明强调产业的

调整和优化，节约集约利用资源，构建陆地和海洋生态环境保护系统，实现人与自然的和谐相处，生态文明为"一带一路"文明注入的新的元素，既是传承，也是发展。从传承的角度上来看，生态文明与传统文明是一脉相承的，都顺应了文明发展的趋势，旨在促进不同国家和地区之间的文化交流和互通。从发展的角度来看，生态文明突破了传统文明在物质上和精神上的限制，从生态这一超物质的基础上诠释经济发展的新思维和新理念，这也正符合了国际环境保护的趋势，顺应了人类文明发展的进程。

2. 生态文明会沿着"一带一路"不断延伸扩散。由于环境的无界性和生态系统的统一性，"一带一路"环境矛盾的解决不是一个国家可以完成的，需要各个国家加强合作，采取协调一致的行动。"一带一路"发端于中国，贯通中亚、东南亚、南亚、西亚乃至欧洲部分区域，东牵亚太经济圈，西系欧洲经济圈，是世界上最长的经济大走廊。文明是开放和包容的，生态文明虽然是中国对人类文明发展新阶段的高度概括和总结，是对人们处理与生态环境关系中取得的物质成果、精神成果和制度成果的综合性凝练，但是生态环境的保护是全世界面临的共同难题，这一理念是中国对生态环境理解和保护基础上的创新，已经超越了国家和制度的界限，对全球环境建设具有普遍适用性。"一带一路"建设不仅沿袭了传统丝绸之路贸易往来和文化交流的重要通道作用，而且在国家间竞争日益激烈、区域合作日益紧密的形势下，"一带一路"建设更应该承载现代文明与和平、友谊与发展。生态文明会同以往的文明交流方式一样，在沿路各个国家间不断拓展和延伸，并与这些国家的环境保护理念沟通、交流与碰撞，不断丰富生态文明的内涵，使生态文明的思想成为现代人类文明发展的重要坐标。

3. 生态文明必将引领"一带一路"建设中环境矛盾的化解。生态文明会使沿丝路不同国家和地区的环境利益具有高度的一致性，使这些国家和地区在生态环境保护上能相互合作，良性互动，互利共赢，共同致力于生态环境的改善，在经贸往来、基础设施互联互通等方面携手解决环境难题，能统一环境思想，共同推动环境制度的创新。生态文明反映了人—自然—社会的复合生态系统中人与自然、人与人、人与社会之间的关系，这意味着生态文明在环境矛盾解决中会起到重要的基础作用。生态文明会借助技术创新、制度创新等手段不断作用于生态环境系统，改善生态环境和资源环境，提升政府部门的环境管理和协调能力，提高环境开发利用效率，降低环境破坏程度，维持全球生态平衡，实现经济社会的可持续发展。生态文明会使沿路各个国家和地区基于生态环境的共同利益，共同致力于环境问题的解决，共同的行动也会反馈于“一带一路”的经济社会系统，使经济社会发展产生一系列积极的效应。各个国家和地区会不断改善自身在生态环境中的弱势环节，积极吸收生态文明的先进理念，如正确评估环境资源价值、制定制度促使外部影响内化等，不断矫正国家间传统环境行为中的过度资源掠夺和污染物任意排放，国家之间更加注重相互合作，对共同环境安全问题上相互约束，共同将“一带一路”打造成绿色之路、生态之路、和谐之路。

四、“一带一路”建设中环境矛盾化解的实现路径

“一带一路”建设中环境矛盾的化解从根本上就是在生态文明理念的引领和约束下，沿线各个国家和地区重新寻求经济利益与生态效益之间的平衡。要从根本上化解环境矛盾，加强环境合作是各国必然的选择。但毕竟不同国家和地区的经济发展水平不同，利益诉求不同，要妥善处理好利益的分配、各国政策制度的衔接、统一平台机制的建设、经济与环境的关系等关键的节点。具体而言，“一带一路”建设中环境矛盾的化解可以通过以下几条路径实现。

1. 开展多种形式的环境合作。由于环境矛盾的解决会涉及生态环境、资源环境、环境承载、环境管理、环境协调等多个方面，因此，沿线各个国家应该在从生态环境保护到环境管理等多个层面开展全方位、多形式的环境合作。当前，中国和新加坡正合力打造生态城，中国与欧洲携手共建清洁能源中心，瑞士有关部门也在和贵州共同规划生态乡村蓝图，这些表明了多种形式的国际合作形式已经陆续展开。“一带一路”沿线各个国家和地区可以在陆域生态信息和海洋信息共享上合作与对接，共建

沿线气候灾难综合防御体系；各国之间构建排污交易体系，严格控制污染物直接排放，重点划定几个区域为重点，共建国际生态保护区；在海上丝绸之路上各国开展海洋渔业合作，顺应海洋生物的生长规律，共建休渔制度和进行渔业养殖合作，等等。通过多种形式的环境合作也有利于各国形成共同的环境利益。

2. 构建环境利益共享机制。沿线各个国家和地区在“一带一路”建设中已经形成了紧密联系的环境利益网，要加强这些国家之间的环境合作首先要协调好利益的分配与平衡。处于不同发展阶段的国家应该担负着不同的责任，经济发展较快的国家，应加强对环境基础设施建设的投入，加强对资源可持续管理与保护，并无偿地提供给其他国家使用。从资源开发中得到的收益可以拿出一部分来，通过设立专项资金、帮扶资金等方式帮助资源少的国家和地区。发展较为落后和不发达国家要积极推动产业转型，构建新型产业体系。此外，要确保环境利益面前“国国平等”，各个国家和地区共同约定，如果有哪个国家或地区不履行相应的责任，其他国家可以在国际贸易、投资等方面进行相应的惩罚，从而形成自觉维护的机制。通过利益的合理分配与共享，共同推动经济的持续发展。

3. 建立统一的环境协调机构。由于环境治理需要沿线国家和地区的一致行动和共同努力，重视国别间和区域间合作机制和平台建设工作，建立一个统一的协调机构或对话机制显得至关重要。“一带一路”沿线国家可以建立类似于二十国集团（G20）领导人峰会这样的国际合作机制，可以提供生态安全风险方面的保险产品，可以推出具体的环境保护促进措施，通过机制化安排推进工作。充分发挥协调机构或对话机制作用，定期或不定期地开展主要领导人会晤，对“一带一路”建设中基于生态环境问题而产生的矛盾和摩擦共同协商，和平解决；商议通过合理开发利用自然资源和生态环境保护的统一行动纲领，建立奖惩机制，加强分工合作，使沿路各个国家能将维护生态安全转化为自觉行动。

4. 积极推动环境制度创新。加强生态环境保护已经成为沿线各国和地区的共识，很多国家就如何更好地开发利用海洋资源和加强海洋环境保护设立专门的组织机构，制定专门的规章制度，形成自上而下有序的环境治理模式。由于各国和地区的环境政策安排是基于本国的环保需要而建立起来的，带有国别特色和区域特色，因此，各国的环境治理制度也缺乏沟通和衔接，各自为政。要积极推动“一带一路”沿线各国环境制度创新，加强各国政策规划的沟通衔接，要制定出共同治理生态环境的时间表和路线图，更好地指导各国形成一致的行动。面对着生态环境这一公共物品，在制度设计上针对不同的国家也要有所差异，发达国家应该积极承担更多的责任和义务，率先开展减排的示范，同时向发展中国家和不发达国家提供资金和技术上的援助。通过更加合理的制度安排，指导环境保护行动更有效率地开展。

5. 协调推进环境与经济的发展。在当代，“一带一路”建设除了继续承载着沿线各国经贸合作往来的传统重任外，还要坚持经济合作和人文交流共同推进，更重要的是要转变以往掠夺式的经济发展模式，建立完善基础设施互联互通，通过开拓港口、海运物流和临港产业等领域合作，发展产业双向投资，共同建立产业转型升级的良好运行机制。积极开展技术创新与合作，实施创新驱动，提高产业发展的技术含量，以先进技术推动产业结构升级，构建现代化产业体系，通过合理的产业分工体系，实现共赢。走出一条经济与环境协调发展之路，使“一带一路”建设成为全球发展方式转变的典范。“一带一路”倡议的经济意义、政治意义和生态意义并存使各国更加重视环境合作和协同发展。

（原文发表于《现代经济探讨》2015 年第 5 期）

四地自贸试验区建设的比较研究：共性、个性及着力点

王珍珍*

一、引　　言

2015年4月20日，国务院正式公布广东、天津、福建三个新设的自贸试验区总体方案以及进一步深化上海自贸试验区改革开放方案。四个“各具特色的改革开放高地”正式启动。四地在建设和发展的过程中既存在着共性，更存在着个性，将带来新一轮的城市与城市间、区域与区域间、产业与产业间的竞争与合作。如何协调四者的建设共同服务于国家战略和区域经济发展的需要成了当前理论界探讨的热点问题。

现有研究中，Ghanem（1997）指出自由贸易园区降低了国内市场进口关税，促进国内外市场进口自由，使商品和资产免税等。国内目前主要集中于对中国自贸试验区建设的机遇、实践、内容、对策的探讨，研究成果中多见于对上海自贸试验区建设的研究。袁志刚和余宇新（2013）指出上海自贸试验区建设的意义是重启新一轮的中国经济制度改革和制度创新。李墨丝、彭羽和沈玉良（2013）探讨了自贸区试点的本质在于可复制和可推广。沈国兵（2013）指出建立上海自贸区是国家实验，是应对国际、国内经贸发展形势的迫切需要。上海对外经贸大学2011计划办公室和上海对外经贸大学科研处（2014）集中探讨了中国（上海）自由贸易试验区下的政府职能转变、企业境外投资、金融发展、法律、财

* 王珍珍：福建师范大学经济学院副教授，管理学博士。

税制度创新、企业运营机制、贸易便利化评价体系、文化产业化等问题。金庆培（2014）系统地梳理了中国（上海）自由贸易试验区的相关政策并对其进行点评。沈开艳和黄钟（2014）集中探讨了上海自贸试验区建设对外资管理体制改革、航运中心发展、金融创新、制度创新等的影响。王新奎（2014）重点探讨了对外商投资准入实施的“负面清单”管理。而对广东、福建、天津自由贸易试验区的研究尚处于初步阶段，罗海成（2014）指出平潭综合试验区要积极对接台湾自由经济示范区，建设两岸自由贸易区。李文溥等（2015）指出自由贸易区是开放推动改革的第三次浪潮。

目前所形成的四个自贸试验区既存在着竞争更存在着合作关系，已有研究中鲜见将四个自贸试验区结合起来分析的。本文拟以自贸试验区总体方案作为切入点，结合各地自贸试验区建设的背景、主要任务、管理模式、发展条件、分布特征、功能定位、实施重点、产业开放度等方面综合探讨四地自贸试验区建设的共性、个性以及对未来四地自贸试验区协同发展的启示。

二、四地自贸试验区建设的共性分析

1. 共同背景：新常态下主动应对全球竞争。

(1) 自贸试验区建设是顺应国内经济发展进入新常态、推动产业结构转型升级优化的现实需要。改革开放 30 多年来，中国以接近于两位数的速度增长，但自 2008 年以来，这种高速增长结束，中国经济增速迎来换挡期，从高速增长期向中高速平稳期过渡。2010 年，中国国内生产总值实际增速为 10.4%，之后一路下降，整体经济增速放缓，经济增长的下行趋势明显，而增速放缓的背后更凸显出结构调整优化升级的重要性。外向型出口工业发展模式的世界需求动力增加减弱，迫切需要调整结构和转型升级，寻找新的改革的突破口。而自贸试验区的试点、简政放权、负面清单管理模式等一系列深化改革措施的持续发力将助推我国形成更加开放的格局，借力国际新规则推动新常态下的产业结构转型升级优化。

(2) 自贸试验区建设是顺应区域合作大开放格局、服务于国家“三大支撑带”的战略选择。四地自贸试验区均被冠以“中国”两个字，说明它们的设立均是服务于国家战略，是以习近平同志为核心的党中央作出的一个新时期有关中国经济改革、转型和升级的战略决策之一。李克强同志在2015年十二届全国人大三次会议政府工作报告中指出，拓展区域发展新空间，统筹实施“四大板块”和“三大支撑带”战略组合①，表明中国的区域战略逐步走向全局化和整体化。在此背景下，自2008年以来，国家出台了数十个国家战略，以促进区域崛起，在这一过程中，国家批准了九个国家级新区、上海自贸试验区一年之后，即推出天津、广东、福建三个自贸试验区，足见国家转变发展模式、寻找新的战略支点的迫切性。为深化各种形式的区域次区域合作，自贸试验区的建设正是其中的黏合剂，“一带一路”倡议是从构建对外开放新格局的战略高度出发，而自贸试验区建设则是在投资自由化、贸易自由化、金融国际化、行政管理简化等方面的先行先试，是以制度创新为核心，贯彻“一带一路”建设、京津冀协同发展、长江经济带发展等国家战略。

(3) 自贸试验区建设是积极应对国际经济新秩序、对标美日欧的大国经济体模式的必然选择。自2008年环球金融危机爆发后，欧美等发达国家深陷债务危机，导致其在国际经济中的话语权下滑，而新兴经济体正逐步崛起为全球经济的推动力，呼吁更多地参与到全球贸易规则的制定和全球治理体系中。美国认为现有的世界贸易组织（WTO）规则对发达国家的贸易红利消退是下滑的主要肇因，导致世贸组织框架内进展停滞，同时其采取各种手段力求巩固其在全球贸易规则制定者的地位，试图通过《跨太平洋伙伴关系协议》（TPP）、《跨大西洋贸易与投资伙伴协议》（TTIP）和《诸（多）边服务业协议》（PSA）等新一轮的多边贸易谈判，以形成新一代高标准、高规格的全球贸易和服务业的规则，借此打造包括3D打印、物联网、互联网等全系列高端服务产业，以继续维持美国在世界经济中的主导地位。为此，中国急需找到新的对外开放窗口，

---

① “四大板块”指的是西部大开发、东北振兴、中部崛起和东部率先发展。“三大支撑带”包括“一带一路”、长江经济带和京津冀协同发展。

避免在未来世界经济发展中被边缘化，以更积极主动地寻找广阔的国际贸易市场，争取在高标准的国际贸易新规则制定中争取话语权。当前，中国正在与多个国家构建自由贸易区，签署实施多个自由贸易协定，国内自贸试验区的建设正是与国外自贸试验区建设形成相互呼应的“双轮架构”，实现内外自贸试验区战略的对接。

2. 核心任务：以开放促进政府职能的转变。

四地自贸试验区在公布的方案中均提及了加快政府职能转变，其中上海、天津、福建把政府职能的转变摆在特别突出的位置，也就是说自贸试验区的建设是一种改革的高地，是在转变政府职能和管理服务体制机制创新上下功夫，通过政府职能的转变，逐步推进商事制度改革，提高政府行政审批的效率，营造更加公开、透明和便利的市场环境，更好地服务于贸易发展方式转变、金融领域开放创新以及投资领域的改革。党和政府在对政府职能转变上的态度也是一个逐步明朗化的过程，自2002年党的十六大第一次把政府职能转变归结为四项内容到2013年提出建设法治政府和服务型政府，凸显出以开放促进政府职能转变的决心(如表1所示)。上海自贸试验区建设一年多来，推出了50多条创新举措被全国复制推广；福建自贸试验区共公布了三批的自贸试验区创新改革举措，其中第一批创新举措中已有18项得到不同程度的复制推广；第二批创新举措也有12项得到复制推广，天津自贸试验区制定并公布了第一批制度创新清单122条，包括政府服务和监管创新22条、促进投资与贸易便利化51条、金融创新37条、促进创新要素集聚与流动12条；广东自贸试验区税务部门、检验检疫部门、海关等也陆续发布了一系列的创新举措。[①]

① 此部分的数据来自以下相关报道和网站，只是反映一种变化的趋势，各部分的数据也将在实时更新中：《天津自贸区亮出一个月“成绩单”，创新举措频出》，《中国新闻网》2015年6月23日；林娟：《闽推广福建自贸试验区第二批12项改革创新成果》，《东南快报》2015年7月17日；《福建自贸区18项举措全国首创将分批、分期推广》，《福州晚报》2015年5月19日；《上海自贸区已形成50多项可复制可推广改革措施》，《第一财经日报》2014年9月30日。

表 1 党的十六大以来对政府职能转变的相关表述

时间及事件	政府职能转变的内容
2002 年 11 月 党的十六大	第一次把政府职能归结为四项内容：经济调节、市场监管、社会管理和公共服务
2006 年 10 月 党的十六届六中全会	通过了《中共中央关于构建社会主义和谐社会若干重大问题的决定》，强调要建设服务型政府，强化社会管理和公共服务职能。这是党首次在党的文件中提出服务型政府建设的明确要求
2007 年 10 月 党的十七大	明确提出了加强行政管理体制改革，建设服务型政府
2008 年 2 月 中央政治局第四次集体学习	再次强调了建设服务型政府的基本目标
2008 年 2 月 党的十七届二中全会	作出了《关于深化行政管理体制改革的意见》，指出通过实现政府职能向创造良好发展环境、提供优质公共服务、维护社会公平正义的根本转变
2009 年 12 月 中央经济工作会议	深化行政管理体制改革，加强政府自身建设，打造服务型政府
2010 年 10 月 党的十七届五中全会	通过了《中共中央关于制定国民经济和社会发展第十二个五年规划的建议》，提出推进基本公共服务的均等化
2011 年 3 月 十一届全国人大四次会议	《中华人民共和国国民经济和社会发展第十二个五年规划纲要》明确提出要履行政府公共服务职责，提高政府保障能力
2012 年 11 月 党的十八大	再次强调了建设“职能科学、结构优化、廉洁高效、人民满意的服务型政府”的重要性
2013 年 11 月 党的十八届三中全会	通过了《中共中央关于全面深化改革若干重大问题的决定》，提出转变政府职能，建设法治政府和服务型政府

资料来源：作者根据已有的资料整理而得。

除了核心任务之外，四地自贸试验区在总体方案任务措施中均提出了促进贸易转型升级、实现投资开放便利、加快金融开放创新、深化区域经济合作等改革方向。在贸易转型升级方面，上海自贸试验区提出了“积极推进贸易监管制度创新”，天津自贸试验区提出了“推进贸易转型升级”，福建自贸试验区提出了“推进贸易发展方式转变”，广东自贸试验区提出了“深入推进粤港澳服务贸易自由化和强化国际贸易功能集成”；在投资开放便利方面，上海自贸试验区提出了“深化与扩大开放相适应的投资管理制度创新”，天津自贸试验区提出了“扩大投资领域开放”，福建自贸试验区提出了“推进投资管理体制改革”和“率先推进与台湾地区投资贸易自由”，广东自贸试验区提出了“建设国际化、市场化、法制化营商环境”；在金融开放创新方面，上海自贸试验区提出了“深入推进金融制度创新”，天津自贸试验区提出了“深化金融领域开放创新”，福建自贸试验区提出了“推进金融领域开放创新”，广东自贸试验区提出了“深化金融领域开放创新”。

3. 管理模式：共用一张负面清单。

目前国际上各大自贸试验区通用的是采取负面清单的管理模式，即政府明确列明禁止或者限制投资的产业或者产品目录，只要没有列入负面清单的行业，企业投资都不需要审批。这种负面清单管理模式有利于规范政府行为，使市场在资源配置中起决定性作用。2013 年和 2014 年版负面清单由上海方面制定，并经过国家发改委认可。2015 年 4 月 20 日，国务院办公厅印发《自由贸易试验区外商投资准入特别管理措施（负面清单）》和《自由贸易试验区外商投资国家安全审查试行办法》，决定在上海、广东、天津、福建四个自贸试验区内实施，具有极大的政策统一性，这种共用一张清单的模式有利于未来的可复制，有利于保证中国对内改革和对外开放的一致性。此次列明了不符合国民待遇等原则的外商投资准入特别管理措施，共计 15 个门类，50 个条目，122 项特别管理措施，其中有限制性措施 85 条、禁止性措施 37 条。同 2014 年版上海自贸试验区负面清单相比，这次出台的自贸试验区负面清单更加全面，同时删除了 17 条，调整比例为 12.2%。这种市场准入门槛的放宽，外商投资限制性及禁止性管理措施的统一、规范、透明，对于我国构建成熟的市场经济体系具有积极的指导意义，将成为我国与其他国家推进双边或者多边贸易投资协定的磋商样本，进一步推进参与经济全球化建设。

4. 建设基础：东南沿海开放型城市。

(1) 优越的地理位置。四地自贸试验区均处于东部沿海地带，面向太平洋，上海、广东、福建和天津分别处于长江三角洲、珠江三角洲、海峡西岸经济区、京津冀区域，拥有广阔的腹地。四个地区的交通基础设施建设四通八达，水运、空运、陆运等都很便利，为贸易的往来提供了便捷的条件。根据上海国际航运研究中心发布的 2014 年《全球港口发展报告》，2014 年上半年货物吞吐量排名中，上海、天津、广州分别位居第 2 位、第 4 位和第 7 位。集装箱吞吐量中上海、广州、天津分别位居全球第 1 位、第 8 位和第 9 位。中国沿海集装箱中上海、深圳、广州、天津、厦门分别位居第 1 位、第 2 位、第 5 位、第 6 位和第 8 位。

（2）丰富的对外开放经验。在国务院批准的全国首批对外开放城市中，天津、上海、广州、福州均在其列，而这些地区均为四地自贸试验区的全部或者部分地区。根据 2013 年国家发改委国际合作中心发布的“中国区域对外开放指数研究报告”，四大自由贸易实验区的对外开放指数均位居于前五位，其中，上海位居第一位，广东位居第三位，天津位居第四位，而福建位居第五位。而在城市对外开放指数研究报告中，位于第一梯队的深圳、广州、厦门均属于四地自贸试验区的范围之内，福州位居第十位[①]。

（3）良好的经济基础条件。四地自贸试验区总体的经济基础条件较好，四地自贸试验区均是在原先的保税区、保税港区、保税物流园区、综合保税区、综合试验区、经济技术开发区等的基础上发展而来的，各类“区”的发展为自贸试验区的建设奠定了坚实的基础。表 2 中给出各个地区的人均地区生产总值状况，从中可以看出，这四大区域的人均地区生产总值均高于全国平均水平。在 2014 年全国各城市经济实力排名中，上海、广州、天津、厦门、福州均为一线城市，具有较强的辐射力。

表 2　全国及四地人均地区生产总值比照表

人均地区生产总值（元）	2009	2010	2011	2012	2013
上海	69164	76074	82560	85373	90092
广东	39436	44736	50807	54095	58540
天津	62574	72994	85213	93173	99607
福建	33437	40025	47377	52763	57856
全国平均	28218.26	33359.84	39441.87	43386.74	47046.55

资料来源：中国统计年鉴（2010—2014）。

除此之外，四个地区的领导干部素质比较高，行政管理效率较高，

① 区域对外开放指数研究报告中对北京、上海、天津、重庆的开放度进行了评估，因此，此结果并未将 4 个直辖市纳入其中。

企业家能力比较强，商品市场和资本市场较为活跃，拥有丰富的人力资源，为自贸试验区的建设奠定了坚实的基础。

三、四地自贸试验区建设的个性比较

1. 上海自贸试验区建设的个性分析。从区位分布来看，扩容后的上海自贸试验区面积最大，为120.72平方公里，涵盖了外高桥、洋山港、浦东机场保税区、陆家嘴、张江和金桥地区，但均在浦东新区管辖范围内，相对比较集中。因此，上海自贸试验区设立了管委会，统一管理几个片区。从功能定位来看，上海自贸试验区定位于面向全球，侧重于金融中心的建设，致力于构建开放度最高的投资、贸易便利和货币兑换自由，突出强调了推动“一带一路”建设和长江经济带发展，形成与国际投资通行规则相衔接的制度创新体系，提升中国在全球价值链中的地位，因此，上海的开放度在四地自贸试验区中是最高的。当然各个片区又有其各自的功能定位，具体见表3。从实施重点来看，上海自贸区着重突出强调了金融改革新政，涵盖人民币资本项目可兑换、进一步扩大人民币跨境使用、扩大金融服务业对内对外开放、加快建设面向国际的金融市场以及不断完善金融安全网建设等方面。

表3 基于总体方案的四地自贸试验区比较分析

区域	战略意义	首要任务	总的功能定位	主要任务	实施范围	各个片区功能定位
上海	顺应全球经贸发展新趋势，实行更加积极主动开放战略的一项重大举措，是国家战略，先行先试，深化改革，扩大开放的重要举措	政府职能转变再细化	中国第一个自贸试验区，面向全球，给全国积累可复制的经验，打造人民币离岸中心	1. 加快政府职能转变。 2. 深化与扩大开放相适应的投资管理制度创新。 3. 积极推进贸易监管制度创新	涵盖4个海关特殊监管区、陆家嘴金融片区（34.26平方公里）、金桥开发片区（20.48平方公里）、张江高科技片区（37.2平方公里），总面积从28.78平方公里大幅拓展到120.72平方公里	外高桥片区定位为物流贸易，洋山片区定位为国际航运功能服务区，浦东机场片区定位为国际航空服务和现代商贸功能区；陆家嘴金融片区是主要以总部经济、金融为主；张江主要是高科技、智库研发；金桥是高端制造业

续表

区域	战略意义	首要任务	总的功能定位	主要任务	实施范围	各个片区功能定位
天津	新形势下推进改革开放和加快实施京津冀协同发展战略的重要举措	转变政府职能	北方地区首个自贸试验区，努力成为京津冀协同发展高水平对外开放平台、全国改革开放先行区和制度创新试验田、面向世界的高水平自由贸易园区	1. 体制改革。 2. 服务业开放。 3. 金融创新。 4. 贸易便利化。 5. 国际租赁和远洋航运	总面积 119.9 平方公里，涵盖天津港片区、天津机场片区、滨海新区中心商务片区	天津港东疆片区重点发展航运物流、国际贸易、融资租赁等现代服务业；天津机场片区重点发展航天航空、装备制造等高端制造业，航空物流等生产性服务业。滨海新区中心商务片区重点发展以金融创新为主的现代服务业。
福建	新形势下推进改革开放和深化两岸经济合作的重要举措，对加快政府职能转变、积极探索管理模式创新、促进贸易和投资便利化，为全面深化改革和扩大开放探索新途径、积累新经验，具有重要意义	转变政府职能	立足两岸、服务全国、面向世界，要建设成为制度创新的试验田，深化两岸经济合作的示范区和建设 21 世纪海上丝绸之路的核心区	1. 切实转变政府职能。 2. 推进投资管理体制改革。 3. 推进贸易发展方式转变。 4. 率先推进与台湾地区投资贸易自由。 5. 推进金融领域开放创新。 6. 培育平潭开放开发新优势	福建自由贸易试验区的三个园区分别位于福州（31.26 平方公里，含福州保税区 0.6 平方公里、福州出口加工区 1.14 平方公里、福州保税港区 9.26 平方公里）、厦门（43.78 平方公里，含象屿保税区 0.6 平方公里、象屿保税物流园区 0.7 平方公里、厦门海沧保税港区 9.51 平方公里）和平潭综合实验区（43 平方公里），总计面积达到 118.04 平方公里	平潭片区重点建设两岸共同家园和国际旅游岛；厦门片区重点建设两岸新兴产业和现代服务业合作示范区、东南国际航运中心、两岸区域性金融服务中心和两岸贸易中心；福州片区重点建设先进制造业基地，21 世纪海上丝绸之路沿线国家和地区交流合作的重要平台，两岸服务贸易与金融创新合作示范区

续表

区域	战略意义	首要任务	总的功能定位	主要任务	实施范围	各个片区功能定位
广东	新形势下推进改革开放和促进内地与港澳深度合作的重要举措，对加快政府职能转变、积极探索管理模式创新、促进贸易和投资便利化，为全面深化改革和扩大开放探索新途径、积累新经验，具有重要意义	营造国际化、市场化以及法制化的营商环境（在更宽广的维度上与国际规则对接）	粤港澳深度合作示范区、21世纪海上丝绸之路重要枢纽、全国新一轮改革开放先行区	1. 建设国际化、市场化、法制化营商环境。 2. 深入推进粤港澳服务贸易自由化。 3. 强化国际贸易功能集成。 4. 深化金融领域开放创新。 5. 增强自贸试验区辐射带动功能	中国（广东）自由贸易试验区总面积116.2平方公里，其中，南沙新区片区为60平方公里，前海蛇口片区28.2平方公里，珠海横琴新区片区28平方公里	前海蛇口片区重点推动粤港深度合作，建设我国金融业对外开放试验示范窗口、世界服务贸易重要基地和国际性枢纽港；横琴片区重点推动粤澳深度合作，建设文化教育开放先导区、国际商务服务休闲旅游基地和促进澳门经济适度多元发展的新载体；南沙片区则重点面向世界先进发达国家，建设以生产性服务业为主导的现代产业新高地和具有世界先进水平的综合服务枢纽

资料来源：根据国务院公布的四地自贸试验区总体方案整理而得。

2. 天津自贸试验区建设的个性分析。从区位分布来看，天津自贸试验区总面积为119.9平方公里，涵盖天津港片区、天津机场片区、滨海新区中心商务片区，是我国北方第一个自贸试验区，分布相对比较集中，因此，天津自贸试验区设立了管委会，统一管理几个片区。从功能定位来看，天津自贸试验区是京津冀的自贸试验区，要打造京津冀协同发展的对外开放平台，其特色在于航空融资租赁，旨在促进京津冀制造业的升级，从而达到京津冀协同发展，探索区域经济发展的创新路径和合作模式。从实施重点来看，天津自贸试验区单独探讨了“京津冀协同发展战略”，通过自贸区平台助推京津冀协同加速。

3. 福建自贸试验区建设的个性分析。从区位分布来看，福建自贸试验区总面积为118.04平方公里，分别位于福州、厦门和平潭综合实验区，地理位置跨度较大，并且福州片区还涵盖了福州保税区、福州出口加工区、马江—快安片区、长安片区、南台岛片区、琅岐区和福州保税港区，区块分布较为分散，不利于自贸试验区建设的整体规划与管理，因此，福建自贸试验区是几个片区分别设立管委会，省里设立自贸办，承担省自贸试验区工作领导小组日常工作，统筹领导、综合协调自贸试验区各项工作。从功能定位来看，福建对台优势全国独有，定位于深化两岸经济合作的示范区、21 世纪海上丝绸之路核心区。从实施重点来看，福建自贸试验区则提出了“率先推进与台湾地区投资贸易自由”，着重做足对台文章，但受限于其自身的经济发展基础条件，福建自贸区对台资企业的虹吸效应远没有上海、广东来得大，这也是未来发展过程中要着重考虑的。

4. 广东自贸试验区建设的个性分析。从区位分布来看，广东自贸试验区的面积最小，为 116.2 平方公里，涵盖了广州南沙新区片区、深圳前海蛇口片区以及珠海横琴新区片区三市，相对来说分布也相对分散，因此，也没有像上海、天津统一设立管委会，而是由几个片区分别设立管委会。从功能定位来看，广东自贸试验区的产业开放，着重于在内地与香港、澳门关于建立更紧密经贸关系的安排（CEPA），框架下探索粤港澳的联动发展，建设粤港澳深度合作示范区和 21 世纪海上丝绸之路重要枢纽。从实施重点来看，广东自贸试验区在“深入推进粤港澳服务贸易自由化和增强自贸试验区辐射带动功能”中给予了着重强调。

四、未来四地自贸试验区建设的着力点

1. 差异化功能定位，形成区域经济发展新增长极。新成立的三个自贸试验区致力于复制和推广上海自贸试验区的经验，但其又不完全与上海自贸试验区的建设完全同质化，在建设的过程中，要充分考虑到各个自贸试验区的战略目标、功能定位、主要任务、进行有差异化的发展，避免过多的同质化竞争，优化区域产业结构。上海自贸试验区要突出通过建设长三角区域国际贸易推动长江经济带的发展，广东自贸试验区要通过加工贸易转型带动泛珠三角区域和内地区域的产业升级，天津自贸

试验区旨在通过京津冀协同发展来辐射内陆地区，福建自贸试验区要加强闽台产业对接、创新两岸服务业合作模式。同时，四地自贸试验区又要充分考虑到各个片区的功能定位，结合各个地区的经济发展基础选择合适的产业、各个片区统筹协调发展，共同服务于自贸试验区建设的需要，争取形成中国区域经济发展新的增长极。

2. 构建跨区域合作战略联盟，建立利益共享机制。自贸试验区的建设是一项复杂的系统工程，本质在于从自身的内部改革上下功夫，以转型和寻找新的经济增长突破口作为契机，打造新的经济增长极。当前四地自贸试验区的建设面临着国家三大支撑带（“一带一路”、长江经济带和京津冀协同发展）的战略机遇下，也面临着新常态下经济下行压力加大的风险，传统的增长极驱动作用减弱。因此，要服从和服务于国家战略的需要，在经济下行压力增大的基础上，加大四地在决策层、协调层和执行层的对接，加强四地之间相互沟通和协调能力，依托国务院自贸试验区工作部际联席会议对全国自由贸易试验区深化改革试点工作进行宏观指导，协调解决自由贸易试验区改革试验中遇到的重大问题，及时评估、总结自由贸易试验区改革试点经验，推出可复制和推广的意见建议，构建跨区域的战略联盟。拓宽合作领域，创新多元化合作模式，了解合作方的诉求和平衡点，区域之间产业开展合理的竞争与合作，创新多元化的合作模式，建立健全双赢的利益协调机制，使得不同地区之间的合作创造出更多的价值。

3. 健全自贸试验区建设保障体系，共同服务于自贸试验区大战略的需要。自贸试验区的建设要建设好各种保障体系，建立公共信息平台，促进相互之间的信息共享，构建四地互联互通的供应链平台，实现商流、信息流、物流和资金流的“四流”合一；四地要共同参与到自由贸易协定（FTA）贸易规则的研究中，共同研究国际贸易规则，实现资源的共享；完善四地合作治理的评估监督机制，不断改善其投资环境；完善风险防范机制，四地监管机构要警惕国际资本流动冲击所带来的风险，建立四地应急协调联动机制；完善自贸试验区人才培养和引进机制，为自贸试验区的建设提供人员保障。

（原文发表于《东南学术》2015 年第 5 期）